2021

中国渔业年鉴

China Fisheries Yearbook

农业农村部渔业渔政管理局 主编

中国农业出版社
北 京

图书在版编目（CIP）数据

中国渔业年鉴.2021/农业农村部渔业渔政管理局主编.—北京：中国农业出版社，2022.1
ISBN 978-7-109-30063-7

Ⅰ.①中… Ⅱ.①农… Ⅲ.①渔业经济－中国－2021－年鉴 Ⅳ.①F326.4-54

中国版本图书馆CIP数据核字（2022）第174948号

中国渔业年鉴 2021
ZHONGGUO YUYE NIANJIAN 2021

中国农业出版社出版
地址：北京市朝阳区麦子店街18号楼
邮编：100125
责任编辑：贾 彬
文字编辑：耿增强 杨新慧 贾 彬
印刷：北京通州皇家印刷厂
版次：2022年1月第1版
印次：2022年1月北京第1次印刷
发行：新华书店北京发行所
开本：787mm×1092mm 1/16
印张：22 插页：26
字数：750千字
定价：300.00元

服务电话：010－59195115 010－59194918

ISBN 978-7-109-30063-7

中国渔业年鉴理事单位

中国渔业年鉴编辑部

通讯地址　北京市朝阳区麦子店街18号楼418室

邮政编码　100125

电　　话　(010) 59194981

传　　真　(010) 65005665

中国渔业年鉴编辑委员会

中国渔业年鉴编辑部

2020年12月5日，首届中国水产种业博览会在广东省广州市南沙区广东国际渔业高科技园开幕。农业农村部副部长于康震出席开幕式并致辞。

2020年12月30日，农业农村部在湖北省武汉市举行部省共建渔政基地授牌和新购建渔政执法船艇集中入列授旗活动。农业农村部渔业渔政管理局局长张显良出席活动并讲话。

2020年4月22—27日，中俄渔业合作混委会第29次会议以视频方式举行。农业农村部渔业渔政管理局副局长刘新中出席会谈。

2020年9月17日，农业农村部组织在京集中研讨水产苗种产地检疫工作。农业农村部渔业渔政管理局一级巡视员李书民参加研讨并讲话。

2020年12月15日，2020年罚没水生野生动物制品销毁活动在广西壮族自治区南宁市举办。农业农村部渔业渔政管理局副局长韩旭出席活动并讲话。

2020年9月16日，中国农民丰收节系列活动暨第二十三届中国（象山）开渔节开船仪式在宁波市象山县石浦渔港举行。农业农村部渔业渔政管理局副局长江开勇出席活动并讲话。

2020年11月11—12日，农业农村部、应急管理部赴广东省开展渔业安全生产联合调研。农业农村部渔业渔政管理局副局长袁晓初带队调研并讲话。

2020年12月31日，长江流域重点水域"十年禁渔"全面启动活动于湖北省武汉市举行。农业农村部长江渔政监督管理办公室主任马毅主持活动。

2020年9月25日，中国水产科学研究院院长王小虎赴雄安新区调研白洋淀水生生物资源环境调查及水域生态修复项目进展情况。

2020年12月5日，首届中国水产种业博览会在广东省广州市南沙区广东国际渔业高科技园开幕。全国水产技术推广总站站长、中国水产学会秘书长崔利锋出席开幕式并致辞。

中国水产科学研究院

中国水产科学研究院与韩城市签订科技合作框架协议

中国水产科学研究院作为国家级水产科研机构，担负着全国渔业重大基础、应用研究和高新技术产业开发研究的任务。全院现有13个独立科研机构及院部、5个共建科研机构，学科齐全、布局合理、国内外影响广泛。全院以解决渔业产业发展过程中基础性、方向性、前沿性、关键性重大科技问题为使命，依靠科技创新不断提升渔业发展质量、效益和竞争力，在现代渔业的前沿科学研究、核心技术研发及成果转化应用等方面充分发挥作用，为我国渔业快速发展、渔民持续增收、渔村渔港的建设做出了应有贡献。

截至2020年年底，全院在职职工3 090人，其中中国工程院院士2名，国家级、部级有突出贡献专家27人，享受政府特殊津贴专家25人，“新世纪百千万人才工程”国家级人选11名。全院共有各类科技创新平台112个，其中国家实验室功能实验室1个、联合实验室1个，国家地方联合工程实验室（中心）2个，国家野外台站1个，国家种质资源平台2个；世界动物卫生组织（OIE）参考实验室2个；农业农村部重点实验室19个、水产品质量安全风险评估实验室7个、野外观测台站17个，科学试验基地38个。重大科技基础设施10个，包括国家海水种质资源库1个，渔业科学调查船9艘。研究内容涵盖渔业资源保护与利用、渔业生态环境、水产生物技术、水产遗传育种、水产病害防治、水产养殖技术、水产加工与产物资源利用、水产品质量与安全、渔业工程与装备、渔业信息与经济等十大学科领域。

2020年，新上包括国家重点研发计划“蓝色粮仓科技创新”等科研项目1 191项，合同经费总额达7.84亿元。全年获得省部级成果奖励16项，发表论文1 655篇，获得软件著作权202项，获国家授权专利479件。破译了中国真蛸、绿鳍马面鲀和黄鮟鱇全基因组；阐明了人工鱼礁原生生物变化过程；应用基因编辑技术获得无肌间刺鲫鱼；利用高效RNA功能阻抑技术培育出不育罗非鱼；创制了池塘水环境调控设施，突破了池塘尾水减排关键技术；构建了稻-鱼、稻-蛙等养殖模式；突破了大型养殖工船单点锚泊关键技术；中国对虾黄海4号、中华鳖珠水1号和罗非鱼粤闽1号3个新品种通过国家审定。深入推进乡村振兴支撑行动，山东东营、广西三江和江苏武进等3个示范点入选农业农村部乡村振兴100个示范村镇，其中东营现代渔业示范区入选农业农村部乡村振兴十大样板。创新线上线下相结合的交流形式，举办了丝路国家水产养殖国际论坛等系列国际交流活动。

“传承与弘扬科学家精神 凝聚现代渔业绿色高质量发展科技力量”学术活动在青岛成功举办

农业农村部长江流域水生生物资源监测中心在长江所揭牌成立

在海南举办水产遗传育种学科暨创新团队建设研讨会

在京举办中国水产科学研究院科技创新团队培训班

中国–挪威渔业科技合作40周年学术论坛成功举办

中国渔业互保协会

中国渔业互保协会（原中国渔船船东互保协会）1994年7月经农业部发起、民政部批准设立，是由从事渔业生产经营或为渔业生产经营服务的单位和个人，以及开展渔业互助保险的社会组织自愿组成，实行互助保险的全国性、非营利性社会组织。

渔业互助保险系统在农业农村部及各级渔业行政主管部门的关心指导和正确领导下，秉承“互助共济、服务渔业”的宗旨，推进渔业互助保险事业从小变大、由弱变强，不断发展壮大，业务范围覆盖沿海及主要内陆省份和港澳流动渔民，为广大渔民群众提供渔船财产、渔民人身和水产养殖等保险服务。同时积极开展渔业安全培训、防灾减损、海事处理、困难帮扶等公益服务，在促进渔业产业发展、保障渔民群众生命财产安全和维护渔区社会稳定方面做出了重要贡献，在确保水产品的有效供给和服务现代渔业、平安渔业、渔业高质量发展中发挥了积极作用。

中国渔业互保协会第六次会员代表大会以视频会议形式召开，会议选举产生了六届理事会、监事会成员，并研究确定了今后一个时期的工作思路。李健华当选为六届理事会理事长，杨斌为副理事长、秘书长。于康震副部长向大会发来贺信，希望协会以全国渔业互助保险系统体制改革为契机，发挥好渔业互助保险社市场主体和互保协会统筹协调的双重作用，切实提升渔业风险保障能力，为推进渔业高质量发展做出新的更大贡献。

中国渔业互保协会与国元农业保险公司2013年起在安徽省联合开展水产养殖保险业务，截至2020年年底已累计为260余万亩水面提供近55亿元风险保障。2020年，双方共同处理了长江淮河流域特大暴雨洪涝灾害事故，为2183户受灾养殖企业和个人支付理赔款1.13亿元，对水产养殖业恢复再生产起到了至关重要的作用。

中国渔业互保协会与中国船级社（CCS）签署合作框架协议，加强双方在渔船技术勘验、风险管理和信息共享等方面的合作与交流，为渔业互保系统承保渔船的境内外事故勘验定损提供支撑。

“桂北渔65886”船在我国南沙永署礁附近锚泊期间遭遇风暴搁浅。中国渔业互保协会委托交通运输部广州打捞局实施救助，历经14天行程约2000海里，成功将该渔船拖带回北海港。

中国渔业互保协会辽宁省办事处将787.5万元火灾事故理赔款交付“金祥6”远洋渔船所属渔业公司。

为贯彻落实中央关于统筹推进新冠肺炎疫情防控和经济社会发展工作精神，中国渔业互保协会牵头并联合渔业互助保险系统的8家地方协会，向全国范围内参保的渔民会员赠送每人20万元新冠肺炎身故保险，推动和保障全国广大渔民会员的复工复产。

广东省渔业综合发展情况

2020年，面对突如其来的新冠肺炎疫情，广东省渔业渔政工作在省委、省政府的高度重视和正确领导下，在农业农村部的悉心指导下，全省各级渔业主管部门坚持以习近平新时代中国特色社会主义思想为指导，按照省委、省政府的部署，认真落实各项渔业政策，努力化解疫情不利影响，持续保持攻坚态势，充分发挥“抗疫保供”积极作用，水产品总产量仍保持增长，现代渔业获得长足发展。渔业经济占全省农业生产总产值比重达到19.7%，渔业经济总产值、水产品总产量连续多年居全国前列。

2020年，全省渔业经济总产值3840.71亿元，同比增长5.98%，居全国第二。其中，渔业产值(第一产业)1608.79亿元，同比增长10.31%；渔业工业和建筑业(第二产业)产值439.15亿元，同比增长4.27%；渔业流通和服务业(第三产业)产值1792.77亿元，同比增长2.78%(其中休闲渔业119.00亿元)。全省水产品总产量875.81万吨，占全国13.37%，比上年增长1.09%，其中水产养殖产品产量稳步增长，捕捞产品产量有所下降。海洋捕捞产量(不含远洋)113.17万吨，同比下降10.44%。远洋渔业产量6.12万吨，同比下降9.8%；内陆捕捞产量9.87万吨，同比下降8.53%；海水养殖产量331.24万吨，同比增长0.64%；淡水养殖产量415.41万吨，同比增长3.82%。全省水产养殖产量746.65 万吨，同比增长2.39%。水产养殖面积41.54万公顷，同比略有下降，其中海水养殖面积16.47万公顷，下同比降0.16%；淡水养殖面积30.94万公顷，同比下降1.23%

2020年，广东产出各种鱼虾苗种超过1.3万亿尾，约占全国的35%；其中淡水鱼苗8091.35 亿尾，占全国的61.78%；海水鱼苗产量46.99亿尾，占全国的40.31%。罗非鱼、南美白对虾苗种分别占总量的45.84%和28.72%；虾类育苗、鲍鱼苗分别占总量的21%、18.11%。

上海海洋大学

上海海洋大学是一所以水产、海洋、食品学科为特色，农、理、工、经、管、文、法等学科协调发展的多科应用研究型大学，是上海市人民政府与农业农村部、国家海洋局共建高校。2017年9月入选国家“世界一流学科建设高校”。

学校前身是张謇、黄炎培创建于1912年的江苏省立水产学校，1952年升格为新中国第一所本科水产高校——上海水产学院，1985年更名为上海水产大学，2008年更名为上海海洋大学。学校的校训是“勤朴忠实”，创校使命是“渔界所至，海权所在也”，办学传统是“把论文写在世界的大洋大海和祖国的江河湖泊上”。

学校现有上海市浦东新区沪城环路、杨浦区军工路2个校区，设14个学院（部），现有全日制在校本科生12 000余人、全日制在校研究生4 600余人。

学校拥有1个国家重点学科、9个省部级重点学科，学校水产学科入选国家“世界一流学科”建设行列，在全国第四轮学科评估中获A+评级，植物与动物科学、农业科学、环境/生态三个学科跻身ESI国际学科排名全球前1%。拥有水产、海洋科学、食品科学与工程、生物学4个一级学科博士学位授权点、14个一级学科硕士学位授权点、8个硕士专业学位授权点；45个本科专业（含专业方向），其中国家特色专业5个，国家级一流本科专业建设点7个，形成了“本科-硕士-博士”较为完备的人才培养体系。

学校现有教职工1 500余人，其中，教学科研人员900余人，具有高级专业技术职务520余人，校内博士生导师、硕士生导师500余人。拥有国家级各类人才28人次、省部级各类人才212人次，国务院第八届学科评议组成员2人。

学校建有国家级实验教学示范中心、国家级虚拟仿真实验教学项目等实践教学平台，国家远洋渔业工程技术研究中心、国家海洋生物科学国际联合研究中心、国家大学科技园等30余个省部级及以上平台。拥有远洋渔业资源调查船“淞航”号、获得CNAS、CMA、DNV GL和USCG多重资质认证的船舶压载水实验室。创办水产类英文期刊*Aquaculture and Fisheries*，主办的《水产学报》获“中国百强期刊”“中国精品期刊”“百种中国杰出学术期刊”等称号。

2011年以来，学校在自然科学和人文社会科学方面取得多项突破性研究成果，以第一完成单位获省部级及以上奖励30余项。注重发挥学科与科研特色优势，服务社会成果显著。2011年以来辅导中国台湾苗栗县农户养殖大闸蟹，开创两岸农业合作范例；组建渔业科技教授博士服务团遍及全国开展科技服务，助力西藏、新疆、陕西、贵州等地精准扶贫，项目入选教育部第二届省属高校精准扶贫精准脱贫典型项目；远洋渔业国际履约团队入选教育部首批全国高校黄大年式教师团队。

学校已与35个国家和地区的139所高校、科研机构签署合作协议，入选中日韩三国政府主导实施的“亚洲校园”项目，与联合国粮农组织、亚洲水产学会等国际组织建立了长期友好合作关系，为师生进一步拓展国际化视野、培养国际交往能力、提升国际竞争力提供了平台。

学校新时代的发展目标是：2035年，将学校建设成为在国际上有重要影响的高水平特色大学；到21世纪中叶，将学校建设成为世界一流特色大学。

广东海洋大学

广东海洋大学是广东省人民政府和自然资源部共建的省属重点建设大学，是一所以海洋和水产为特色、多学科协调发展的综合性大学，是教育部本科教学水平评估优秀院校，是具有学士、硕士、博士完整学位授权体系的大学，是广东省高水平大学重点学科建设高校。

学校坐落于湛江市，校园总面积4892亩。现有全日制本科生、研究生、留学生3.5万人，成人高等教育学生1.2万人。

学校坚持“人才强校、质量立校、学术兴校、特色扬校”的办学理念，秉承“坚韧不拔 自强不息”的海大精神，实施“内涵发展、特色发展、创新发展”战略，立足广东、面向南海、辐射全国，以建设国内一流、国际知名高水平海洋大学为目标。

学科专业齐全。学校现有水产、海洋科学、食品科学与工程三个广东省高水平大学重点建设学科和6个省级重点学科，有7个专业入选国家级一流本科专业建设点、6个专业入选省级一流本科专业建设点，有5个国家级特色专业、1个国家级综合改革试点专业、4个国家首批卓越农林人才教育培养计划改革试点专业。

师资力量雄厚。学校现有教职工2116人，其中专任教师1495人、副高以上职称人员750人、博士学位者589人，博士生导师79人、硕士生导师339人，特聘院士3人，双聘院士1人。

教学科研平台优良。学校现拥有1个国家级实验教学示范中心——水产科学与技术实验教学示范中心，以及广东省水产经济动物病原生物学及流行病学重点实验室、广东省水产品加工与安全重点实验室、国家贝类加工技术研发分中心（湛江）等38个省部级科研平台。

办学条件设施完备。学校现有校舍总建筑面积80.37万平方米，固定资产20.68亿元，教学科研设备5.51亿元，图书馆藏书392万册（含电子图书）。建有规模可观、覆盖面广、方便快捷的校园网。

人才培养成效显著。建校85年来，学校为国家及地方输送了20多万名各类高素质专门人才，涌现出了以新中国第一位远洋船长陈宏泽、中国四大家鱼全人工繁育之父钟麟、中国珍珠大王谢绍河为代表的一大批社会英才。

科技创新能力显著增强。近五年，学校承担包括国家重点研发计划、国家自然科学基金、国家社会科学基金等科研项目共2318项，科研经费达8.6亿元；获得授权专利1042项；发表学术论文6444篇，出版著作教材146部；获得计算机软件著作权706件；获得市厅级以上科研奖励71项。

大连海洋大学

大连海洋大学是我国北方地区以海洋和水产学科为特色，农、工、理、管、文、法、经、艺等学科协调发展的多科性高等院校。学校创建于1952年，前身为东北水产技术学校，1958年升格为大连水产专科学校，1978年升格为大连水产学院，2000年由农业部划转辽宁省管理，2010年经教育部批准更名为大连海洋大学。

学校坐落于美丽的海滨城市大连。有黄海校区、渤海校区和瓦房店校区3个校区，占地面积74万平方米，教学、科研使用海域面积67万平方米，总建筑面积40万平方米。学校现设有15个学院、1个教学部。有教职工近1 200人，全日制在校生15 000余人。拥有一级学科硕士学位授权点13个、二级学科硕士学位授权点47个，有硕士专业学位授权领域12个，分布在农业、法律、翻译、土木水利、机械、电子信息等6个类别；有46个本科专业。2017年，学校入选辽宁省一流大学重点建设高校。

学校优势特色学科明显，其中水产一级学科为辽宁省“双一流”建设学科，在教育部第四轮学科评估中并列第四。学校拥有国家级多学科协同创新平台——大连海洋大学新农村发展研究院。学校承担了国家重点研发计划、国家“863”计划、国家科技支撑、国家自然科学基金、国家海洋公益专项等各级各类科研项目2 530余项。获批中间球海胆大金、菲律宾蛤仔斑马蛤、菲律宾蛤仔白斑马蛤和虾夷扇贝明月贝4个水产新品种。

学校拥有一支结构相对合理，学科领域覆盖较全的师资队伍，有专任教师869人，其中高级职称414人。目前，有“双聘院士”5人，国家杰出青年基金获得者1人，国家“万人计划”科技创新领军人才1人，国务院水产学科评议组成员1人，“863”项目首席科学家1人，国家百千万人才工程人选2人，全国优秀教师1人，教育部新世纪优秀人才支持计划1人，教育部教学指导委员会副主任委员2人、委员2人，农业农村部农业科研杰出人才3人，农业农村部产业技术体系岗位专家5人，辽宁攀登学者1人，辽宁特聘教授5人，辽宁杰出科技工作者2人，享受各级政府特殊津贴17人。

学校先后与世界13个国家（地区）的72所院校（机构）签订了友好协议，与新西兰奥塔哥理工学院合作举办机械设计制造及其自动化专业“3+1”本科教育项目。

学校拥有浓厚的蓝色育人氛围，形成了以“学贯江海、德润方厚”的校训精神和“兼容并蓄、追求卓越”的大海大精神为核心的蓝色大学文化特色。站在新的历史起点，学校将全力贯彻落实党的十九大提出的“实现高等教育内涵式发展”“加快建设海洋强国”的战略部署，以建设“蓝色大学”为发展理念，朝着“特色鲜明、国家一流研究应用型海洋大学”的目标加速迈进！

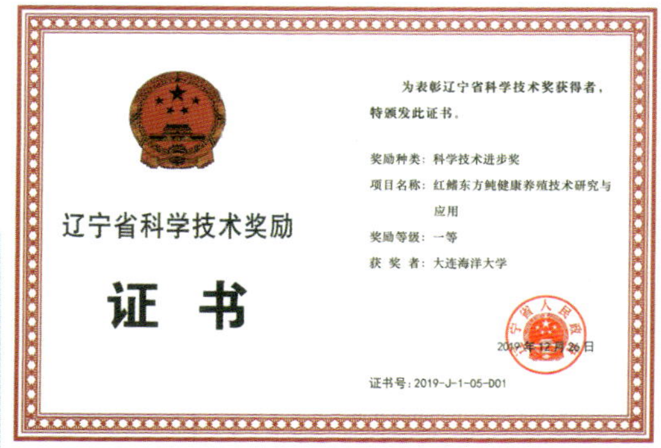
辽宁省科学技术奖励
证　书
为表彰辽宁省科学技术奖获得者，特颁发此证书。
奖励种类：科学技术进步奖
项目名称：红鳍东方鲀健康养殖技术研究与应用
奖励等级：一等
获 奖 者：大连海洋大学
2019年12月26日
证书号：2019-J-1-05-D01

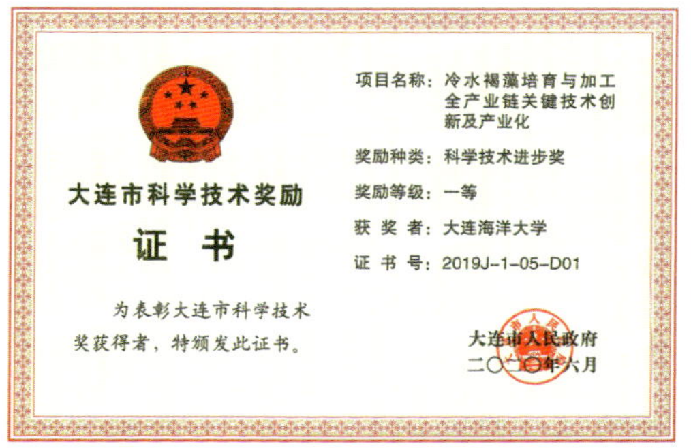
大连市科学技术奖励
证　书
为表彰大连市科学技术奖获得者，特颁发此证书。
项目名称：冷水褐藻培育与加工全产业链关键技术创新及产业化
奖励种类：科学技术进步奖
奖励等级：一等
获 奖 者：大连海洋大学
证 书 号：2019J-1-05-D01
大连市人民政府
二〇二〇年六月

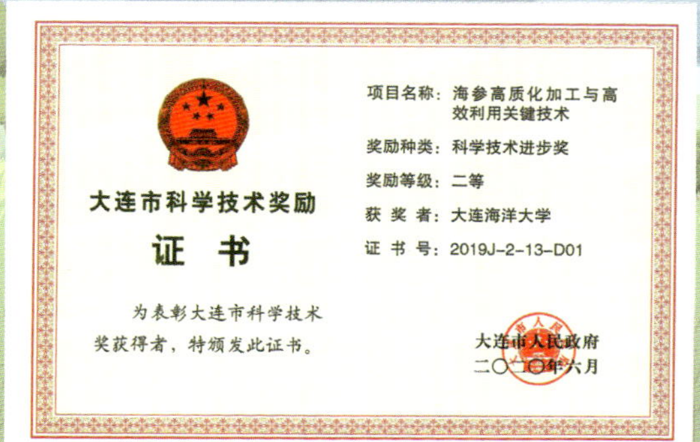
大连市科学技术奖励
证　书
为表彰大连市科学技术奖获得者，特颁发此证书。
项目名称：海参高质化加工与高效利用关键技术
奖励种类：科学技术进步奖
奖励等级：二等
获 奖 者：大连海洋大学
证 书 号：2019J-2-13-D01
大连市人民政府
二〇二〇年六月

宁波大学海洋学院

宁波大学海洋学院是宁波大学国家一流学科建设群支撑学院、全国高校党建工作标杆院系。学院成立于2011年11月，因国家海洋局与宁波市政府共建宁波大学涉海学科而改名。前身为生命科学与生物工程学院，由原浙江水产学院水产系(1958年创办)和原宁波师范学院生物系（1988年创办）合并而成。学院紧紧围绕国家“蓝色粮仓”和乡村振兴战略，坚持党建、学科融合，不断凝练学科特色，实现快速发展。

学院现有教职工159名，其中正高职称43名、副高职称45名；博士生导师33名、硕士生导师75名。拥有全职院士、共享院士各1名，具国家级荣誉、兼职与人才称号22人次，省级41人次。

学院拥有水产、生物学两个一级学科，有水产一级博士点、生物学一级硕士点、农业专业学位硕士点。以水产学科为主的动植物学科、农业学科均进ESI前1%，水产学科总体水平位居全国前列。

学院拥有农产品质量安全危害因子与风险防控国家重点实验室等国家、省部级科研、教学平台16个，科学研究注重基础与产业融合，“十三五”分别承担国家、省部项目146、141项，经费超1亿元；发表核心期刊论文1 500余篇；研究成果获奖35项，其中省部级及以上奖项12项；获发明专利400多项。在三疣梭子蟹、拟穴青蟹、大黄鱼、银鲳、缢蛏、乌贼、紫菜等东海区物种养殖产业链技术系列研究方面颇具特色。

学院拥有水产养殖学、生物技术两个国家一流本科专业。年招博士生30余名、硕士生100余名、本科生180余名。人才培养注重立德树人、创新创业训练，“十三五”期间，“挑战杯”“创青春”“互联网+”等全国性学科竞赛获得的成绩位居全国同类学科学院前列，本科升硕士比率超50%，就业率保持在97%以上，创业率逐年递增。

学院致力地方服务，先后组建了60支科技服务团队，派出70余位省市及以上科技特派员，入驻地方生产一线，已有数百项科研成果得到产业化应用，其中海洋病原微生物检测系列技术与设备成果转让费超千万元，为地方经济建设做出重大贡献。

江苏省淡水水产研究所

江苏省淡水水产研究所以提升全所科技自主创新能力和促进江苏渔业发展为宗旨，围绕渔业增效、渔（农）民增收目标，集中优质资源，开展产业共性技术和关键技术研究、集成和示范推广，着力解决制约水产种业发展中的“卡脖子”问题，高标准、严要求做好新形势下内陆水域水生生物资源监测及评价体系建设。

着力加强种业创新，建立特色品种优势。把握种业发展主题，紧紧围绕江苏优势品种，承担十余项种业相关科研项目，建立“3355”种业发展格局，在全国省级科研院所中名列前茅。包括国家虾蟹产业技术体系克氏原鳌虾种质资源与品种改良、国家虾蟹产业技术体系中华绒螯蟹种质资源与品种改良、国家特色淡水鱼产业技术体系鮰种质资源与品种改良3名岗位科学家，河蟹、大宗鱼、克氏原螯虾3个省体系种质岗位，中华绒螯蟹、克氏原螯虾、斑点叉尾鮰、沙塘鳢、黄颡鱼（参与）等5个渔业重大新品种创制项目，中华绒螯蟹、克氏原螯虾、鳜鱼等5个江苏省种业振兴“揭榜挂帅”项目。以稳定提高良种覆盖率、有效提升种业创新、良种保供及产业支撑能力为目标，重点针对种质资源混杂、优良性状退化、资源利用率低等水产种业突出问题，围绕种质资源鉴定、优异基因挖掘、育种技术研究、核心种源培育等开展攻关，推进优质抗逆新品种（系）选育进程，建立以产业为主导、基地为依托、产学研相结合、“育繁推”一体化的新型现代种业体系，实现保种、育种、制种、扩繁、推广全链条闭循环运行。

成功挂牌江苏站，加强渔业资源保护。在江苏省长江以北内陆水域开展大规模、专业化、标准化、系统化的水生野生动物资源普查，调查遍及8个地级市内陆水域137个样区，基本摸清江苏长江以北内陆水域野生生物种类、资源状况及分布地点。连续多年对长江江苏段、五大省管湖泊开展渔业资源与环境监测，覆盖范围逾6000平方千米，监测点位100余个，初步构建覆盖江苏重要内陆水域的监测体系。加强渔业资源保护机构建设，提高公益服务能力，牵头成立江苏省内陆水域渔具渔法鉴定中心，为江苏省渔政执法、渔业管理、“两法衔接”等工作提供技术保障。挂牌建立农业农村部长江流域水生生物资源监测江苏站，统筹开展江苏省长江流域重点水域水生生物资源监测工作，落实监测点位，细化监测内容，建强监测队伍，进一步推进江苏水生生物监测体系的建立健全，为长江流域禁渔效果评估和水生生物完整性指数评价提供有力支撑。

渔具渔法鉴定中心

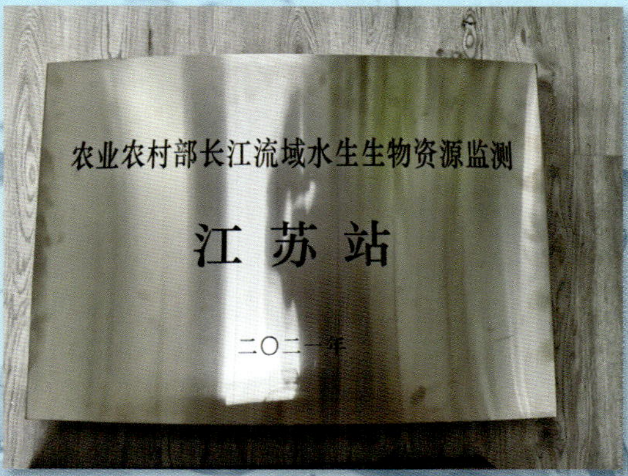

水利部中国科学院水工程生态研究所

"973"项目验收会现场

水利部中国科学院水工程生态研究所（以下简称水生态所）成立于1987年，是专门从事水生态保护与修复的科研事业单位，现有职工160人。研究范围涉及水生态保护规划、水生态监测评价、水工程环境影响评价、水工程生态效应基础研究、生态流量与生态调度、河湖水生态保护与修复、栖息地保护与修复、过鱼设施、水生动物繁育与增殖放流、水环境生物监测预警与治理等水生态环境保护修复关键技术研究与应用。现有2个省部级研究平台、1个部级试验基地、1个委级研究平台、1个科协培训中心、1个监测中心、1个学术组织、1本学术杂志。此外，水生态所建有博士后科研工作站，是农业农村部濒危水生野生动植物种鉴定单位；是水利部三峡库区生态环境监测系统水生生态的负责单位、农业农村部全国渔业生态环境监测网的全国水库渔业生态环境监测站成员；是国际河流科学学会、世界鲟鱼保护学会理事成员，世界水理事会单位会员，以及中国水利学会、中国环境科学学会、中国水产学会和中国科学技术院所联谊会水利水电分会等学术机构的理事单位，《水利发展研究》杂志常务协办单位。2015年通过计量认证，持有中华鲟、达氏鲟驯养繁殖许可证，中华鲟、达氏鲟湖北省苗种生产许可证。

建所30多年来，积极响应国家改革开放战略，紧紧围绕国家、行业发展需求，以水利工程建设引起的生态与环境问题及其相关减缓措施的基础与应用研究为主攻方向，开展了大量的水生态保护与修复科研与实践，为我国尤其是长江水生态保护提供了重要科技支撑。是国务院批复的"三峡后续工作总体规划"、《长江流域综合规划（2012—2030年）》以及长江重要支流和主要湖泊规划的编制单位。以水利水电工程影响区为重点开展了大量水生态监测工作，积累了近20年水生态的系列基础资料，为流域规划、水电工程建设等提供了重要的基础支撑。承担了"973"项目、国家科技支撑计划、国家自然科学基金等国家和地方各类重大科研计划项目或课题100多项，重点研究探讨了水文要素对不同层次生态系统组分的影响及作用机理。已完成各类项目500余项，获得省部级等各项奖励67项；发表学术论文600余篇，其中百余篇论文被SCI收录；申报并获得专利软件著作权58项；出版专著及标准30余部。

澜湄水生态监测与评价技术培训班开幕式

牵头承办过鱼设施效果监测技术国际研讨会

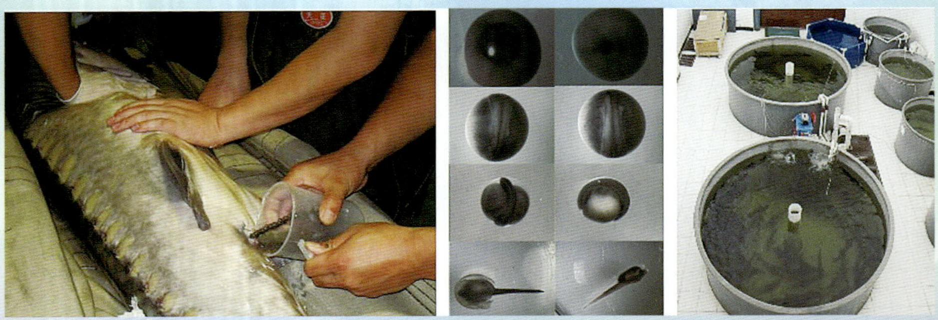

中华鲟全工繁殖和大规格幼鱼人工驯养

国家海藻与海参工程技术研究中心

国家海藻工程技术研究中心2006年经科技部批准建设，依托单位为山东东方海洋科技股份有限公司。2014年经科技部批准更名为“国家海藻与海参工程技术研究中心”，主要进行海藻与海参的育种、育苗、养殖和加工技术开发。目前已拥有设施先进、功能配套的种质保存-新品种培育-苗种繁育-栽培技术配套-精深加工-产业化推广一体化的科研及生产技术平台，居同行业领先水平。中心具备较强的工程化开发能力，取得多项国际先进的科技成果，“十二五”以来，中心共承担各级研发项目51项，其中国家级项目16项;取得新品种权3件，获授权发明专利41件、实用新型专利26件；参与制定国家标准5个，行业标准6个；获国家科技进步奖二等奖1项，山东省科技进步奖一等奖3项、二等奖2项、三等奖1项。形成技术集成度、配套性高，稳定性、可靠性强的工程化技术体系20多项，其中15项已在生产中应用。

白刺参

海带苗

大叶藻

紫刺参

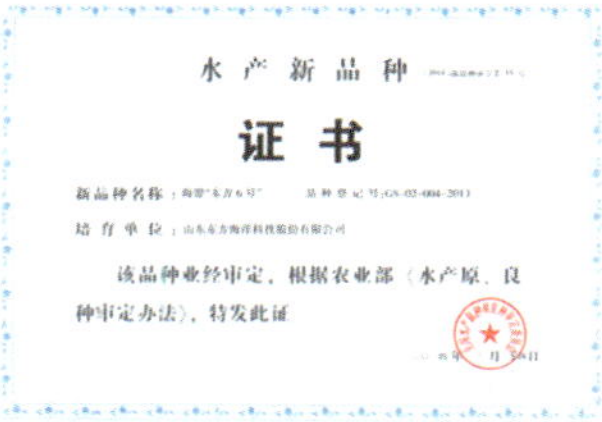

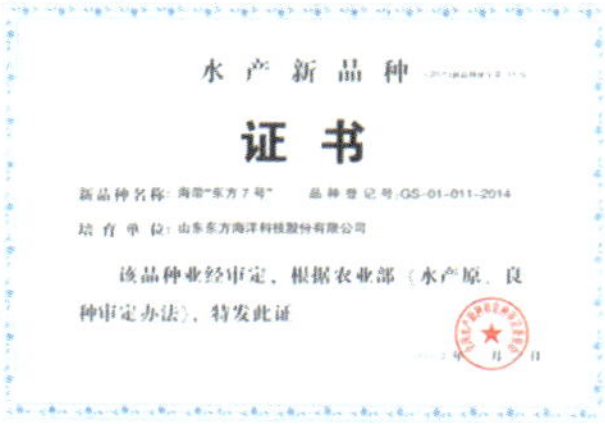

宏东渔业股份有限公司

宏东渔业股份有限公司创立于1999年，位于福州市自由贸易试验区，现有员工3 100人。旗下拥有宏东国际（毛塔）渔业发展有限公司、福州宏东食品有限公司、福建宏东控股有限公司、福州宏东海产品贸易有限公司、连江宏东水产品市场管理有限公司、福州瀚麟渔业有限公司、香港（辰宇）海运有限公司、越泽企业有限公司、福州瀚麒渔业有限公司等分支机构。目前公司拥有各类作业船舶170艘，常年在太平洋公海、印度洋公海、毛里塔尼亚等海域进行捕捞作业。有围网、拖网、笼捕、流网、延绳钓等多种作业方式，捕捞鱼种达90多种，公司产品为纯天然远洋捕捞产品，深受国内外水产贸易和水产食品加工、餐饮、商超、电子商务等客户及消费者的青睐，产品远销欧洲、非洲、东南亚、俄罗斯、日本、韩国、澳大利亚、美国等国家和地区。公司在马尾工业园区内拥有约10 000平方米加工厂房、万吨冷库、办公楼、物资仓库及相关附属设备楼等；在连江县分别投资建设占地逾33公顷的宏东远洋渔业产业园区（涵盖水产品加工、海洋生物、冷链仓储等产业）与70 000多平方米的连江海产品交易市场。公司是一家集远洋捕捞、远洋渔业基地运营、冷链物流服务、水产品加工、海洋生物为一体的具有完整产业链的远洋渔业企业。公司贯彻落实“一带一路”国家战略，着眼世界丰富渔场资源的持续性开发，已经与毛里塔尼亚建立合作，并将以其合作模式为蓝本，继续扩大与产业链上下游的合作共赢，开发更多优秀世界渔场资源，力求稳定持续地为客户提供更多营养、安全、健康、美味的纯天然海洋水产食品。

董事长兰平勇向毛里塔尼亚总统阿齐兹介绍公司渔获产品

董事长兰平勇介绍公司产品

宏东毛里塔尼亚渔业基地全景

Baolai-leelai®
宝来利来
致力于生态养殖与食品安全
中国水产微生
★新三板挂牌企业(证券代码：831827)
★国家级高新技术企业
★2021中国水产投入品产业年度十佳品牌
★2021中国水产动保荣耀榜年度爆品(丁酸梭菌)
★2020中国水产动保产业年度企业
★2020中国水产动保荣耀榜年度领军企业
★2020中国水产动保荣耀榜年度优秀水产动保配方师
★2020中国水产行业十大杰出成果奖
★中国水产动保产业40年功勋企业
★中国水产学会渔药专业委员会委员
★中国渔药产业技术创新战略联盟副理事长单位
★中国水产业最值得信赖动保品牌

罗氏沼虾南太湖3号新品种通过国家水产新品种审定

国家罗氏沼虾遗传育种中心

浙江省罗氏沼虾苗种产量占全国的60%以上，其中以浙江省淡水水产研究所培育的首个沼虾类国家水产新品种——罗氏沼虾南太湖2号为主养品种，因其生长快、存活率高、种虾价格低等特点，推广养殖面积达70万亩。在此基础上，浙江省淡水水产研究所持续选育，利用多性状复合育种技术、无特定病原培育技术等关键技术，培育出罗氏沼虾南太湖3号新品种并通过全国水产原种和良种审定委员会审定。与南太湖2号相比，罗氏沼虾南太湖3号的生长速度提高了23.36%，养殖成活率提高了6.03%，饲料系数降低了10.60%，表现出生长速度更快、抗逆能力更强、养殖成本更低等特点，适宜培育大规格商品虾，且适合在水温连续90天达22℃以上的淡水或盐度在3‰以内的咸淡水地区养殖。罗氏沼虾南太湖3号的培育，能有效遏制我国罗氏沼虾种质衰退、铁虾综合征等产业突出问题，推动罗氏沼虾种业持续发展。

经浙江湖州、嘉善等地为期两年养殖对比测试，罗氏沼虾南太湖3号每亩产量可提高117.5千克～132.5千克，增加效益1 600元～2 000元。目前，浙江省淡水水产研究所每年可向市场提供南太湖3号罗氏沼虾亲本80万尾～100万尾、种苗300万尾～500万尾，并将持续做好水质调控、病害防控、营养强化、生态繁育等全产业链技术创新与示范应用。同时结合“种虾+技术+品牌”三合一成果转化模式，全面推进“种业强农”建设，让南太湖3号真正成为农民致富增收的“聚宝盆”。

罗氏沼虾南太湖3号

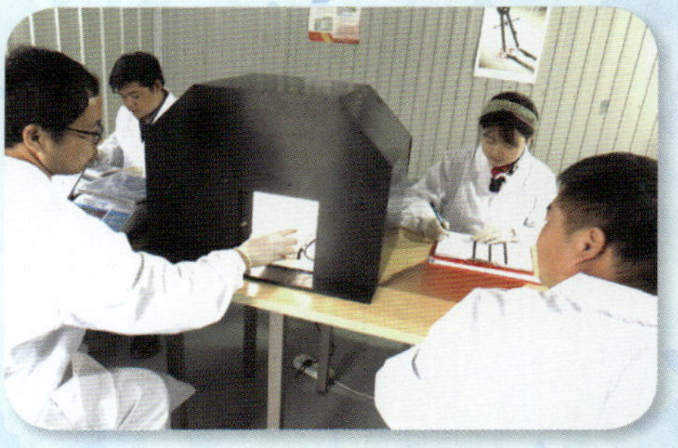

罗氏沼虾生长性能数据采集

“南太湖”系列育种家系标准化工作

开展罗氏沼虾产业化技术服务

渔获现场

广西渔业

近年来，广西渔业工作围绕脱贫攻坚和乡村振兴战略，以满足人民对优质水产品和优美水域生态环境的需求为目标，以推进渔业供给侧结构性改革为主线，深化渔业改革开放，不断创新体制机制，推进水域滩涂养殖权制度建设、渔业发展方式转变和产业结构调整，构建水产养殖绿色发展空间格局，促进渔业提质升级和高质量发展。2020年，广西水产养殖业绿色发展全面推进，海洋渔业发展动力持续增强，新型高效设施渔业发展迅猛，稻渔综合种养产业再升级，大水面生态保护与渔业发展逐步实现融合，养殖品种结构进一步优化，水产品总产量持续增长、质量安全形势稳定，渔业经济总产值首次突破千亿元，渔民人均纯收入高于全国平均水平。

大蚝丰收

对虾丰收

金鲳鱼丰收

陆基圆形池循环水养殖基地

深水抗风浪网箱

深水抗风浪网箱养殖金鲳鱼捕获现场

编辑说明

一、《中国渔业年鉴》由农业农村部主管，农业农村部渔业渔政管理局主持编撰，中国农业出版社有限公司中国渔业年鉴编辑部负责编辑、出版。

二、本年鉴是一部反映中国渔业年度基本情况的权威性资料工具书，每年出版一卷，以出版年份标序。

三、本年鉴所载资料全部截止到2020年年底。

四、年鉴文稿主要由全国渔业行政机构、企事业和科研单位、水产院校等部门的管理人员和专业技术人员撰写。全部文稿由中国渔业年鉴编辑部负责编辑修改或删节，由农业农村部渔业渔政管理局审定后发表。

五、各省、自治区、直辖市及计划单列市，按全国行政区划顺序排列。

六、各类资料数据均未包括台湾省和香港与澳门特别行政区。

七、本年鉴在编撰过程中，得到全国各级渔业行政主管部门和有关单位的大力支持，在此表示衷心感谢。

目　录

各 地 渔 业

全国渔业重点事业单位

渔业社会团体

法律法规文献

渔业经济统计

领 导 讲 话

2020 年渔业大事记

索 引

发　展　综　述

全国渔业发展概况

【概况】 2020年，面对严峻复杂的国内外环境，全国渔业系统深入学习贯彻习近平总书记关于“三农”工作重要论述和涉渔工作重要指示、批示精神，全面落实党中央、国务院和农业农村部党组各项决策部署，围绕水产品稳产保供、做好“六稳”工作、落实“六保”任务和实施乡村振兴战略，有效应对新冠肺炎疫情、洪涝台风灾害、国际经济下行等风险挑战，扎实推进渔业高质量发展。

1.渔业生产和经济运行稳定向好 全国水产品总产量6 549.02万吨，同比增长1.06%；养殖产量5 224.20万吨，同比增长2.86%；捕捞产量1 324.82万吨，同比下降5.46%；养殖产品与捕捞产品的产量比例为79.8∶20.2。其中，海水养殖产量2 135.31万吨，同比增长3.39%；淡水养殖产量3 088.89万吨，同比增长2.49%；海洋捕捞产量947.41万吨，同比下降5.27%；淡水捕捞产量145.75万吨，同比下降20.84%；远洋渔业产量231.66万吨，同比增长6.75%。全国水产品人均占有量46.39千克(根据第七次全国人口普查结果，全国人口为141 178万人)，比上年减少0.06千克，下降0.13%。渔民人均纯收入21 837.16元，比上年增加728.87元，增长3.45%。按当年价格计算，全社会渔业经济总产值27 543.47亿元。其中，渔业产值13 517.24亿元，渔业工业和建筑业产值5 935.08亿元，渔业流通和服务业产值8 091.15亿元，三个产业产值的比例为49.1∶21.5∶29.4。渔业流通和服务业产值中，休闲渔业产值825.72亿元，同比下降14.32%。据海关统计，我国水产品进出口总量949.04万吨、进出口总额346.06亿美元，同比分别下降9.89%和12.07%。贸易顺差34.76亿美元，比上年增加15.24亿美元。

2.水产品稳产保供有序有力 开展监测调度，深入分析堵点，压实主体责任，集中破解水产品压塘卖难问题。从全国遴选120家水产品加工企业建立了“点对点”联系机制，全力推动企业复工复产，加大压塘鱼收储。推动将水产品纳入疫情防控生活必需品保障范围，推动出台《国家发展改革委办公厅　农业农村部办公厅关于多措并举促进禽肉水产品扩大生产保障供给的通知》，推动落实水产企业纳入国家和地方疫情期间重点保障和享受支农支小政策范围。指导各地突出抓好春季养殖渔业生产、疫病防控和存塘水产品的质量安全监管工作，协调做好苗种、饲料、兽药等物质供需对接和余缺调剂。抓好捕捞生产疫情防控，推进国内渔业安全有序复工复产，采取措施加强远洋渔业疫情防控，部署做好远洋渔船防范境外疫情输入工作。广东、海南、广西、湖北等地出台水产品临时收储政策，福建、浙江出台了支持水产品加工企业建设冷库等政策，有效解决水产品积压滞销问题。开通全国水产品产销对接平台，29个省份4 200余家商家入驻，实现采购量1万多吨。

3.长江“十年禁渔”全面实施 认真学习贯彻习近平总书记重要指示、批示精神，落实党中央、国务院决策部署，将长江禁捕退捕作为重大政治任务，全力打好长江禁捕退捕攻坚战。重点水域退捕任务如期完成，累计退捕渔船11.1万艘、渔民23.1万人，“一江两湖七河”和332个水生生物保护区等重点水域渔船渔民均已实现证注销、船集中、网销毁、人上岸。退捕渔民生计有保障，中央财政安排补助资金130亿元，引导各地安排资金，落实退捕渔民社会保障，帮助退捕渔民转产就业，让渔民上岸有出路、就业有门路、生活有保障。开展非法捕捞专项整治，2020年沿江各地渔政执法机构累计清理取缔涉渔“三无”船舶3.4万艘，查处非法捕捞案件7 579起、涉案人员8 361人。

4.水产养殖业绿色发展有效推进 划定重要养殖水域滩涂空间，全国已有1 555个县级人民政府发布了养殖水域滩涂规划，基本覆盖了全国所有水产养殖主产县。启动实施水产绿色健康养殖“五大行动”，重点围绕推广生态健康养殖模式、水产养殖用药减量、配合饲料替代幼杂鱼、水产种业质量提升、养殖尾水治理模式推广 5 个方面，全面提升水产养殖业绿色发展水平。累计创建国家级水产原良种场 86 家，依法审定新品种 229 个。实现水产苗种产地检疫制度全覆盖，国家产地水产品兽药残留监测合格率为 99.1%。促进稻渔产业规范发展，截至 2020 年年底，全国稻渔综合种养面积逾 253 万公顷，带动农民增收超过 650 亿元。

5.产业扶贫及融合发展取得实效 贯彻落实习近平总书记关于脱贫攻坚的重要讲话精神和党中央、国务院脱贫攻坚决策部署，充分发挥渔业产业特色和优势，积极开展渔业产业扶贫。据不完全统计，全国 500 多个国家级贫困县开展了稻渔综合种养、盐碱水养殖、集装箱养殖、池塘以及大水面养殖等形式的产业扶贫，养殖面积逾 73 万公顷，带动 52 万余户贫困户，涉及贫困人口 185 万人。继续开展援藏援疆，组织编制雅鲁藏布江水生生物保护规划，支持西藏建设特有鱼类种质资源场，协调专家为新疆提供点对点水产养殖技术指导和培训。贯彻落实《关于推进大水面生态渔业发展的指导意见》，推进大水面生态渔业；发布《大水面增养殖容量计算方法》行业标准。组织开展象山开渔节，江西彭泽、辽宁营口、广西三江丰收节等中国农民丰收节渔业庆祝活动，指导举办中国水产品大会，发布中国水产品十大品牌，发布《中国休闲渔业发展监测报告(2020)》，举办厦门休闲渔业高峰论坛。

6.水生生物资源养护持续推进 完善渔业资源保护相关制度，沿海各省份全面开展限额捕捞试点。推动渔港渔船管理改革，成立全国渔船和渔港管理专家委员会，公布了 66 座第一批国家级海洋捕捞渔获物定点上岸渔港。继续开展水生生物增殖放流，“全国放鱼日”增殖各类水生生物苗种 12 亿余尾，全年放流各类水生生物苗种超过 400 亿尾。公布第六批国家级海洋牧场示范区 26 个。认真贯彻落实全国人大常委会关于野生动物有关决定，会同国家林业和草原局联合发文明确黑斑蛙、棘胸蛙、棘腹蛙、中国林蛙(东北林蛙)、黑龙江林蛙等 5 种蛙类按照水生动物管理，推进国家重点保护野生动物名录修订，开展打击野生动物违规交易专项执法行动，组织开展 2020 年罚没水生野生动物制品销毁活动，共销毁砗磲、玳瑁、唐冠螺等非法水生野生动物制品 60 余吨。

7.涉外渔业规范有序发展 召开远洋渔业发展 35 周年专题座谈会，修订出台《远洋渔业管理规定》。为促进公海鱿鱼资源可持续利用，中国籍鱿鱼捕捞渔船首次在西南大西洋公海和东太平洋公海部分海域试行自主休渔，休渔期间秩序井然，未发生任何违规捕捞行为。首次发布《中国远洋渔业履约白皮书》，系统总结“十三五”中国远洋渔业发展和履约成效。广泛开展多边、双边渔业合作，与联合国和联合国粮食及农业组织、区域渔业管理组织保持密切联系，与欧盟、俄罗斯、韩国、新西兰等双边渔业合作和对话如期开展。加强涉外渔业综合管理。积极研究应对水产品国际贸易问题，推动我国水产品出口。

8.渔业法治及安全保障持续强化 加快推进《中华人民共和国渔业法》修订，并将修订草案报请国务院审议，顺利完成全国人大常委会渔业法检查落实情况报告，联合有关部门出台一系列渔政执法规范性文件。中国渔政亮剑执法行动持续发力，各地查处涉渔违法违规案件 4.2 万件、违法人员 5.5 万名，同比分别增长 29%和 28%，其中向司法机关移送案件 5 582 件、涉案人员 8 870 名，同比分别增长 92%和 88%。5 143 人通过渔业行政执法人员执法资格全国统一考试取得执法资格，1.3 万名渔政执法人员参加了在线培训，78 卷案卷在全国渔政执法案卷评查中被评为优秀。贯彻落实国务院安全生产委员会要求，开展渔业安全生产专项整治三年行动，组成 8 个工作组开展为期 3 个月的全国渔业安全生产专项治理行动。举办 2020 全国渔业水上突发事件应急演练，全年开展 24 小时应急值班。

(农业农村部渔业渔政管理局)

水产养殖业管理

【概况】 2020 年积极贯彻落实党中央、国务院有关推行水产绿色健康养殖的部署，按照中央 1 号文件要求，认真对照《2020 年渔业渔政工作要点》和要点分工的具体部署，加快推进水产养殖业绿色发展，扎实推进各项工作取得新成效、新亮点。

1.全力做好养殖水产品稳产保供工作 新冠肺炎疫情防控期间，积极指导各地开展春季水产养殖生产指导，努力把对全年生产的影响降到最低。一是加强疫情期间春季养殖生产准备指导。编发《春季水产养殖技术操作指南》，指导国家级、省级水产原良种场等苗种生产单位恢复生产能力，利用全国水产技术推广总站“优苗网”等供需平台，协调做好苗种、饲料等物质供需对接。二是强化疫情期间水生动物疫病防控和养殖水产品质量安全监管。组织编制发布《防范发生重大水生动物疫情建议》，印发《水生动物防疫系列宣传图册》《黄颡鱼、虹鳟和对虾疾病防控知识手册》2.6 万册，加强重大疫病监测，组织开展水产养殖动植物病情测报，指导养殖者科学防病、依法用药。指导各地加强养殖水产品尤其是存塘水产品的质量安全监管。三是加强舆情监测与应对。此次疫情中水产品两次遭到谣言中伤，对产业造成严重影响。通过积极开展舆情专项监测，紧急召集专家进行分析研判、编写科普文章，取得明显成效，还水产品以清白。赴湖南等4省份开展稳产保供调研，了解渔业行业"六稳""六保"落实情况。

2.强力推动养殖水域滩涂规划制度落实 针对近年水产养殖业发展受到来自国土、环保等方面的密切关注，养殖空间和水域滩涂养殖权面临的严峻挑战，迫切需要落实养殖水域滩涂规划制度，保障养殖生产空间和生产者合法权益。4月印发《农业农村部关于进一步规范推进水域滩涂养殖发证登记工作的通知》，要求各地加快养殖水域滩涂规划编制发布和养殖证核发的力度和进度，确保2020年年底全面完成省、市、县三级规划编制发布，实现规划全覆盖，全面完成已颁布规划县的养殖证核发工作，做到应发尽发，并将此项工作列入农业农村部2020年延伸绩效考核的重要组成部分。截至2020年年底，已发布1 544个县级规划、257个市级规划、6个省级规划。据中国渔政管理指挥系统统计，水域滩涂养殖证核发13万本，比2019年年底增发2.4万本，发证面积441.5万公顷，比2019年年底增加112.4万公顷，取得显著成效。

3.首次启动实施水产绿色养殖"五大行动"并取得积极进展 水产绿色养殖"五大行动"作为落实农业农村部等10部委《关于加快推进水产养殖业绿色发展的若干意见》的有力抓手，3月印发《关于实施2020年水产绿色健康养殖"五大行动"的通知》后全国各地纷纷积极响应，31个省、自治区和直辖市以及计划单列市和新疆生产建设兵团均出台了配套实施方案，精心分类指导、组织专题培训、积极筹措资金为行动开展提供保障。经过一年努力，各项行动的推广基地建设数量均超出预期，取得了丰硕成果，并陆续在"中国水产"公众号上进行了连载宣传。在生态健康养殖模式推广行动中，各地加强先进引领性技术的集成创新和示范推广，全国建立推广基地328个，示范面积达9.3万公顷，其中深水网箱100多口、养殖跑道400多条、工厂化养殖面积84.06万米^2、集装箱式养殖箱体200多套。在水产养殖用药减量行动中，各地围绕重点品种、重点地区、重点病害，认真落实用药减量各项技术措施，全国建立推广点416个，推广面积2.1万公顷，水产养殖用药量总体呈下降趋势。在配合饲料替代幼杂鱼行动中，全国建立试验推广点95个，主要品种中大口黑鲈、花鲈、中华绒螯蟹、大菱鲆的配合饲料替代率达到80%以上。周边养殖者也普遍接受使用配合饲料，示范带动效应初步显现。在水产种业质量提升行动中，全国建立试验推广基地164个，形成了一批良种良法配套技术操作规程。在主要示范新品种中，大口黑鲈优鲈3号、福瑞鲤、异育银鲫中科5号在实验省份平均比对照组生长速度提高11%以上，增产近15%。在养殖尾水治理模式推广行动中，各地因地制宜示范尾水治理模式，全国建立推广基地161个，示范面积达0.32万公顷，各推广基地率先实现养殖尾水资源化综合利用或达标排放。

4.全面实施水产苗种产地检疫制度取得积极进展 4月印发《关于全面推进实施水产苗种产地检疫制度的通知》，首次推进水产苗种产地检疫全覆盖，提出到2022年年底，力争实现水产苗种产地检疫申报检疫率100%，检疫合格电子出证率100%的工作目标。9月在北京召开水产苗种产地检疫工作研讨会并举办产地检疫培训班，集中调度各地工作进展情况，并提出下一步工作要求。截至2020年年底，各省(自治区、直辖市)确认渔业官方兽医7 766人，设置检疫申报点1 304个，2020年出具电子动物检疫合格证明4 861份，检疫水产苗种433亿尾，该项工作已从部分省份试点过渡到全面落地新阶段，为从源头防控重大疫病传播、全面加强产地检疫和监督执法工作奠定了坚实的基础。

5.积极开展水产健康养殖示范创建和转型升级 国家级水产健康养殖示范创建工作已成为推进水产养殖业绿色发展的重要引擎和金字招牌。5月，发文部署示范创建工作。2020年共完成国家级渔业健康养殖示范县验收12个，复查5个，创建国家级水产健康养殖示范场723个(累计达5 778个)，示范县总数达到61个。2020年9月8日，全国评比达标表彰工作协调小组办公室发布了《关于公布第二批全国创建示范活动保留项目目录的通告》，国家级水产健康养殖和生态养殖示范区依法正式纳入了《全国创建示范活动保留项目目录(第二批)》。积极借鉴有关现代农业园区创建办法中成熟有效的规则制度设计，组织起草了《国家级水产健康养殖和生态养殖示范区管理办法(试行)》并报国家表彰奖励办公室备案。

6.不断强化水产养殖环境整治力度 一是推动池塘养殖尾水治理。研究制定"十四五"渔业油补内陆集中连片池塘尾水治理项目实施方案和管理细则，参与制定《全国池塘养殖尾水治理专项建设规划》《重点流域农业面源污染综合治理建设规划》，多渠道推进池塘养殖尾水治理列入财政支持范围。二是组织实施污染防治重大行动。及时调度"渤海污染攻坚战""长江保护修复攻坚战""农业农村污染治理攻坚战”，以及长江经济带污染治理等重大行动中涉及水产养殖工作进展，定期报送工作进度。三是配合开展“二污普”（第二次全国污染源普查）工作。与“一污普”相比，10 年间水产养殖在增产 50％的基础上排放总量仍然保持基本持平，且单位水产品养殖化学需氧量、总氮、总磷排放强度分别下降了 20.04％、19.06％、30.68％，实现了增产少排污的阶段性绿色发展成效。

7.继续加强水生动物疫病监测防控工作 一是开展重大水生动物疫病专项监测。组织实施 2020 年国家水生动物疫病监测计划，在全国范围监测鲤春病毒血症、白斑综合征等 10 种重大水生动物疫病，监测样品 3 400 个，阳性样品检出率 9％，对鲈鱼、黄颡鱼等品种的新发病开展调查，监测样品 1 445 个，各地均对染疫场妥善进行了无害化处置。组织中国水产科学研究院、北京海关等 10 余家单位开展鲑鳟鱼寄生虫监测和风险评估，为研判我国鲑鳟鱼类寄生虫有关情况提供数据支撑。二是宣传我国水生动物防疫工作。编写发行《2020 中国水生动物卫生状况报告》和《2020 我国水生动物重要疫病状况分析》，公布了 2019 年国家水生动物疫病监测阳性和阴性场名单。升级新版全国水生动物疾病远程辅助诊断服务网，不断提升水产养殖病害防治服务水平。

8.加快健全现代水产种业体系 一是发布《中国水产种业发展报告（1949—2019 年）》。从管理体制机制、制度建设、科研学术、推广应用、产业发展等方面全景式展示水产种业发展成效。二是开展水产种质资源挂牌和登记工作。贯彻落实《国务院办公厅关于加强农业种质资源保护与利用的意见》要求，研究起草《全国水产种质资源登记细则》，为摸清全国水产种质资源“家底”打基础。三是审慎开展水产新品种审定。修订完善《水产新品种审定办法》，发文公布 2019 年经审定的 14 个水产新品种，2020 年现场审定 10 个新品种，为市场提供更多优质适用的品种。四是加强国家级水产原良种场监管。新增加 2 个国家级良种场，复查合格 9 个国家级原良种场，水产种业国家队持续壮大。支持 19 个大宗淡水鱼国家级场开展原种保存工作，保障水产苗种基本生产力。五是积极开展联合育种。组织相关水产科研院校和育种企业开展对虾、虾夷扇贝、海带等重点品种联合育种，促进政产学研用一体发展。六是严格水产苗种进出口管理。批准对虾种虾进口 46.57 万尾、鳗鱼苗进口 40.4 吨、其他鱼类进口 755.7 万尾，总金额 1.07 亿美元。此外还起草并向农业农村部上报水产苗种进出口工作报告。

（农业农村部渔业渔政管理局）

近 海 捕 捞

1.近海海洋捕捞生产量减值减 据全国海洋捕捞动态采集网络监测数据分析，2020 年我国海洋渔业总体状况不如 2019 年，海洋捕捞产量和产值评估结果为 736.9 万吨和 686.24 亿元，比 2019 年的 788.16 万吨和 837.44 亿元，分别减少 6.5％和 18.05％。拖网、流刺网、围网和张网渔业构成全年海洋渔业的主体；鳀鱼、鲹类、带鱼、鲐鱼、青鳞鱼、马鲛鱼、小黄鱼、鲳鱼、二长棘鲷和沙丁鱼等资源种类是我国海洋渔业的主要利用对象，但资源利用结构仍以当龄和低龄鱼为主。分品种渔获量与 2019 年相比，鲐鱼、二长棘鲷和沙丁鱼产量较上年有明显增加，鲹类、马鲛鱼和鲳鱼有小幅增加，而鳀鱼、带鱼、青鳞鱼和小黄鱼有明显下降。全国各渔港多数渔获种类的销售价格相比上年有所下降；经济鱼类比例相比上年有所下降；渔业生产燃油成本相比上年有明显下降，但人力成本有显著增加，捕捞渔民的总体收益不如上年。

2.近海主要作业类型生产特点

单拖作业：黄渤海产量相对较高水域出现在辽东湾渔场、沙外渔场和大沙渔场。东海产量相对较高水域出现在温外渔场、舟山渔场和闽中渔场。南海产量相对较高水域出现在西沙西部渔场、台湾浅滩渔场和北部湾南部及海南岛西南部渔场。全国单拖作业整体生产情况差于上年。

双拖作业：黄渤海产量相对较高水域出现在辽东湾渔场、吕四渔场和烟威渔场。东海产量相对较高水域出现在舟山渔场、温外渔场和舟外渔场。南海产量相对较高水域出现在南沙东北部渔场、粤东渔场和东沙渔场。全国双拖作业整体生产情况好于上年。

桁杆拖虾作业：黄渤海产量相对较高水域出现在海州湾渔场、连青石渔场和沙外渔场。东海产量相对较高水域出现在鱼外渔场、温台渔场和鱼山渔场。南海产量相对较高水域出现在东沙渔场、粤西及海南岛东北部渔场和北部湾北部渔场。全国桁杆拖虾作业整体生产情况好于上年。

围网作业：黄渤海产量相对较高水域出现在连青石渔场、大沙渔场和沙外渔场。东海产量相对较高水域出现在台北渔场、闽中渔场和闽东渔场。南海产量相对较高水域出现在其他渔场、南沙中北部渔场和西沙西部渔场。全国围网作业整体生产情况好于上年。

光诱敷网作业：黄渤海产量相对较高水域出现在石东渔场、连青石渔场和石岛渔场。东海产量相对较高水域出现在温外渔场、鱼山渔场和鱼外渔场。南海产量相对较高水域出现在南沙东北部渔场、南沙西北部渔场和西中沙渔场。全国光诱敷网作业整体生产情况好于上年。

流刺网作业：黄渤海产量相对较高水域出现在吕四渔场、海州湾渔场和大沙渔场。东海产量相对较高水域出现在鱼外渔场、鱼山渔场和江外渔场。南海产量相对较高水域出现在东沙渔场、台湾浅滩渔场和北部湾南部及海南岛西南部渔场。全国流刺网作业整体生产情况差于上年。

帆式张网作业：黄渤海产量相对较高水域出现在大沙渔场、沙外渔场和连青石渔场。东海产量相对较高水域出现在舟外渔场、舟山渔场和江外渔场。南海没有该作业生产。全国帆式张网作业整体生产情况差于上年。

定置张网作业：黄渤海产量相对较高水域出现在海州湾渔场、吕四渔场和大沙渔场。东海产量相对较高水域出现在江外渔场、舟外渔场和闽东渔场。南海产量相对较高水域出现在北部湾南部及海南岛西南部渔场和北部湾北部渔场。全国定置张网作业整体生产情况差于上年。

钓具作业：黄渤海产量相对较高水域出现在连青石渔场。东海产量相对较高水域出现在闽南渔场。南海产量相对较高水域出现在东沙渔场、台湾浅滩渔场和北部湾南部及海南岛西南部渔场。全国钓具作业整体生产情况好于上年。

笼壶作业：黄渤海产量相对较高水域出现在石岛渔场、吕四渔场和大沙渔场。东海产量相对较高水域出现在温台渔场、鱼山渔场和闽南渔场。南海产量相对较高水域出现在台湾浅滩渔场、粤东渔场和其他渔场。全国笼壶作业整体生产情况差于上年。

3.近海主要经济渔业种类资源动态

带鱼：全年主要汛期为9—10月。生产情况相对较好的水域分布在石东渔场、南沙中西部渔场和台东渔场。整体资源状况比2019年减少17.87%。

小黄鱼：全年主要汛期为10—11月。生产情况相对较好的水域分布在大沙渔场、石东渔场和中沙东部渔场。整体资源状况比2019年减少42.35%。

鲳鱼：全年主要汛期为9—12月和2月。生产情况相对较好的水域分布在中沙东部渔场、沙外渔场和连东渔场。整体资源状况比2019年增长3.26%。

马鲛鱼：全年主要汛期为9—10月和4月。生产情况相对较好的水域分布在海州湾渔场、中沙东部渔场和沙外渔场。整体资源状况比2019年增长0.36%。

鲐鱼：全年主要汛期为8—12月和4月。生产情况相对较好的水域分布在温外渔场、江外渔场和石东渔场。整体资源状况比2019年增长22.79%。

鲹类：全年主要汛期为9月和4月。生产情况相对较好的水域分布在鱼山渔场、温外渔场和温台渔场。整体资源状况比2019年增长4.11%。

鳀鱼：全年主要汛期为2—3月和10—12月。生产情况相对较好的水域分布在江外渔场、舟外渔场和舟山渔场。整体资源状况比2019年减少16.72%。

虾蟹类：全年主要汛期为8—10月。虾类生产情况相对较好的水域分布在闽东渔场、温台渔场和吕四渔场。蟹类生产情况相对较好的水域分布在滦河口渔场、长江口渔场和大沙渔场。整体资源状况比2019年减少23.42%。

头足类：全年主要汛期为11月和3—4月。生产情况相对较好的水域分布在台湾南部渔场、南沙东北部渔场和中沙东部渔场。整体资源状况比2019年增长14.7%。

4.近海渔业资源养护措施实施效果显著 休渔期结束后首月全国总产量可用作对比历年休渔效果的差别。据全国海洋捕捞动态采集网络监测数据结果，2020年9月全国海洋捕捞产量比上年同期下降6.08%，可见2020年伏休期对资源的养护效果差于上年。三大海区伏季休渔前后产量变化差别明显。其中，黄渤海伏休前后产量差别最大，伏休后(9月)产量比伏休前(4月)增长559.35%；其次为东海，伏休后(9月)产量比伏休前(4月)增长59.03%；而南海差别最小、且不增反降，伏休后(8月)产量比伏休前(4月)下降2.35%。

(全国海洋捕捞动态采集网络)

远 洋 渔 业

【概况】 2020年，全国远洋渔业生产在疫情影响情况下逐步适应并恢复发展，产量产值稳中有增，个别品种受疫情影响较大；在产业政策上，重大政策措施陆续出台，社会反响积极；在行业管理上，总体保持规范有序总基调；在对外合作上，多双边谈判受疫情影响较大。总体上，远洋渔业生产总体规范有序发展，圆满完成“十三五”各项发展任务，为“十三五”收好官、“十四五”开好局奠定了坚实基础。

1.远洋渔业生产总体平稳有序 据统计，2020年全国获得农业农村部远洋渔业企业资格的企业共181家，参加年审的作业远洋渔船共2 705艘，比上年增加4艘。远洋渔业总产量和总产值分别为232万吨和239亿元，同比分别增长7%、减少2%。

2.公海大洋性渔业产量结构性波动明显 公海作业渔船1 554艘,较上年增加25艘;产量165万吨、产值175亿元,同比分别增长11%和2%。其中,受投产渔船增加以及资源有所恢复影响,公海鱿鱼(含秋刀鱼)产量产值同比均增长19%。受疫情冲击、投产渔船减少和市场低迷影响,金枪鱼产量产值均大幅下降,同比分别减少21%和28%。公海拖网、围网作业稳定,产量产值同比进一步增长。受资源恢复影响,大型拖网产量同比增长27%、产值与上年持平,特别是南极磷虾产量大幅增长。

3.过洋性渔业产量小幅下降 入渔他国专属经济区海域的过洋性渔业项目共28个,作业渔船数量1 091艘,同比减少15艘;受疫情等因素影响,产量66万吨、产值64亿元,同比分别减少3%和7%。其中,亚洲项目持续萎缩,产量产值同比分别下降20%和8%;非洲项目入渔船数继续增加,但单船效益持续下降,产量与上年持平,产值减少10%;南美洲项目作业渔船、产量及产值均有所增加。

【监督管理】

1.统筹应对新冠肺炎疫情影响,促进远洋渔业稳产保供 受新冠肺炎疫情影响,远洋渔业生产经营受到严重冲击,主要表现在:出口订单大量取消、产品销售大幅减少;鱼货积压、仓储不足、成本上升;海上补给短缺、渔获运输不畅;船员轮换受阻、外籍劳务问题频发。为此,农业农村部渔业渔政管理局一方面积极采取措施加强远洋渔业疫情防控,部署做好远洋渔船防范境外疫情输入工作,建立远洋渔船回国提前申报、定点停靠上岸检查和统计日报制度。另一方面,采取积极措施指导企业在做好疫情防控措施基础上推动复工复产。加快远洋渔业行政审批进度,及时应对妥善解决行业发展需求;专题研究远洋水产品国内市场开拓,指导中国远洋渔业协会加强企业与市场对接,稳定市场销售,推动复工复产取得较好成效。

2.加强远洋渔业顶层设计,推进发展政策协调 一是组织召开远洋渔业发展35周年专题座谈会,农业农村部副部长于康震出席并讲话,总结35年来远洋渔业发展成就,谋划和部署"十四五"发展初步思路及重点任务,为制定"十四五"发展规划和今后一段时期远洋渔业发展指明了方向。二是推动修订出台《远洋渔业管理规定》,全面规范新时期远洋渔业发展和管理制度。经农业农村部常务会议审议通过,4月1日起正式实施。开展系统宣传贯彻,为强化远洋渔业规范管理提供制度保障,得到国际社会的关注和肯定。三是组织起草《"十四五"远洋渔业发展规划》,形成规划初稿后征求各地各企业意见并认真研究,修改形成会议讨论稿提交35周年专题座谈会进行讨论。四是修订远洋渔业自捕水产品目录,并经海关总署批准发布2020版目录,充分反映企业实际需求和利益,有效解决了自捕水产品起运地和项目地不一致导致无法报关或高额押保的困难。

3.重点抓住"两鱼一虾",深入推动远洋渔业转型升级 一是重点打造远洋鱿鱼优势产业。在专家研究论证、广泛征求意见基础上,发布实施公海鱿鱼养护文件,首次实施公海自主休渔,并采取全方位管理措施,切实养护公海鱿鱼资源,推动鱿鱼产业全面转型升级。首次休渔得到认真执行,没有发生一起违规捕捞事件,得到国际社会高度肯定和企业广泛拥护。二是重点开拓金枪鱼国内市场。推动企业加大市场开发力度,引导企业开展市场展示示范、网络营销,加大国内金枪鱼加工物流建设,促进金枪鱼全产业链发展,提升金枪鱼产业发展质量和效益。三是稳妥推进南极磷虾资源开发,首次根据南极养护公约要求在我港口实施回国渔船港口国检查,并向秘书处提交检查报告。组织相关企业开展履约研讨和培训,总结南极磷虾开发十周年成效,研究部署今后一段时期发展思路。四是继续严控远洋渔业规模节奏。农业农村部渔业渔政管理局局内相关部门携手,继续严控远洋渔船和企业规模,开展远洋渔船和项目摸查清点,原则上不新增远洋渔船和远洋渔业企业,以保持"十三五"发展政策的稳定性和连续性,明确远洋渔业企业政策预期。

4.坚持不懈多措并举,全面强化远洋渔业规范管理 一是以海上转载为抓手加强公海渔业监管。印发加强远洋渔业公海转载和运输管理文件,积极组织实施准备工作,建设监管服务平台,开展转载观察员培训,起草观察员管理办法。二是以查处重点违规案件为抓手严厉打击违规。对重点违规案件进行深入调查、鉴定核实、专家论证、沟通对话,做到慎重决策,对违规企业和渔船区分情节轻重分别给予相应处理,并调整完善远洋渔船船位监测办法,建立船位监测日报和周报制度,在制度上进一步加大打击违规的力度。三是以应对涉外籍船员事件为契机加强外籍船员管理。积极配合外交部和驻外使领馆,加强涉外事件协调沟通和交涉处置。研究起草外籍船员使用管理办法,指导远洋渔业协会从行业自律角度引导外籍船员规范使用,以规范外籍船员使用,促进远洋渔业健康发展。四是首次试行开展远洋渔业企业履约评估工作,相关履约评估结果作为今后开展远洋渔业审批、财政政策支持和行政监督管理的考虑因素,在测算远洋渔业企业的油补系数时予以考量。五是积极推动加强部门协调合作。组织更新2020年各区域渔业管理组织IUU渔船名单，联合外交部转发各部门、各商港和渔港，推动港口布防，进一步落实港口国措施。协调中国海警局在北太平洋渔业委员会注册执法船并首次进行公约框架下公海执法巡航，积极履行我国际义务，展现我负责任国家形象。

5.统筹兼顾按需推进，稳妥开展远洋渔业对外合作 受疫情影响，远洋渔业对外合作多数改为线上视频会谈。在多边方面，一是全面参与区域渔业组织年会和分委会、工作组视频会议谈判磋商；二是针对疫情蔓延情况，向相关区域渔业组织发出倡议，建议加强疫情防控暂缓派遣科学观察员和执法人员，以减少各方人员感染疫情风险；三是坚持做好日常履约事务，及时完成渔船注册、船位监控、产量统计、数据报送、观察员派遣、违规调查、科学研究等日常工作。在双边方面，与阿根廷、厄瓜多尔、秘鲁等沿海国以及印度尼西亚、坦桑尼亚、索马里等合作国举行双边视频会谈，加强沟通交流和信息分享，研究有关渔业合作事宜。此外，在11月21日世界渔业日首次对外发布中国远洋渔业履约白皮书，全面介绍我远洋渔业管理原则立场、政策措施和履约成效，展现了中国远洋渔业坚持走绿色可持续发展道路、致力于科学养护和可持续利用渔业资源的负责任形象，得到国内外各界广泛认可。

（农业农村部渔业渔政管理局）

水产品加工业

【概况】 截至2020年年底，我国水产加工企业共计9 136个，其中规模以上加工企业2 513个。水产品加工能力2 853.4万吨/年，水产加工品总量达2 090.8万吨，其中淡水加工产品411.5万吨、海水加工产品1 679.3万吨。

指导国家水产品加工技术研发中心、中国水产流通与加工协会开展新冠肺炎疫情对水产品加工影响调研和加工企业复工复产情况监测，精准摸排问题，提出措施意见，助力稳产保供。

指导国家水产品加工技术研发中心在厦门召开国家水产品加工技术研发体系技术交流会议。在同期中国水产流通与加工协会举办的“2020中国水产品大会”上，对研发体系发展历程、体系组成、重大科技成果等进行了展示，12家水产科研单位在会上进行了技术成果推介。

指导中国水产流通与加工协会举办“2020中国水产品大会”，以“创新、合作、共赢”为主题，聚焦多业态消费，整合资源推动企业改变产品，为产学研各方开展对接和交流提供平台。修订《养殖河鲀加工企业资质审核办法》，开展新申报企业资质审核和到期企业复审工作。

（农业农村部渔业渔政管理局）

水产品市场运行

2020年在克服疫情、汛情等不利因素的综合影响下，全国水产品市场成交规模缩减，交易价格总体平稳。

【水产品综合平均价格持平略涨、成交规模缩减】 据可对比的40家批发市场数据，2020年1—12月水产品成交量740.15万吨，成交额1 701.02亿元，同比分别下降12.18%和14.92%。据对全国80家水产品批发市场成交情况统计，水产品综合平均价格整体上行，同比略涨0.65%，达到23.29元/千克。监测的49个品种中，有29个品种价格上涨，占比59.18%，其中鲫鱼、海带、牡蛎、鲢鱼、蛙、花蟹、梭子蟹、鳊鲂价格同比上涨幅度超过6%；20个品种价格下跌，占比40.82%，其中贻贝、克氏原螯虾、鳜鱼跌幅在10%以上；10个品种价格稳定，涨跌幅度在1%以内（表1）。与其他肉禽产品价格相比，水产品价格波动较为温和。水产品价格对稳定菜篮子价格水平做出了重要贡献。

表1 2020年1—12月涨跌幅度较大的品种

品种	均价（元/千克）	同比增减（%）
鲫鱼	16.79	20.14
海带	7.92	12.29
牡蛎	19.23	12.10
鲢鱼	7.57	10.37
蛙	15.57	9.77
花蟹	163.67	8.73
梭子蟹	164.30	6.75
鳊鲂	17.24	6.09
草鱼	12.54	5.94
海鳗	43.03	4.69
贻贝	4.06	−16.19
克氏原螯虾	49.79	−15.20
鳜鱼	61.10	−13.64
马面鲀	27.99	−9.29
中华绒螯蟹	91.95	−7.21

(续)

品种	均价(元/千克)	同比增减(%)
罗氏沼虾	62.80	－7.06
日本对虾	228.45	－6.51
扇贝	39.01	－6.41
大菱鲆	50.40	－6.21
甲鱼	53.20	－6.00

分品类看,2020 年 1—12 月淡水产品综合平均价 15.61 元/千克,同比上涨 0.32%,海水产品综合平均价 43.14 元/千克,同比上涨 1.10%。从月度价格变化来看,3 月之前,海、淡水产品均呈下行态势,4—6 月价格企稳回升,淡水产品价格的回升趋势则延续到 8 月;受新冠肺炎疫情影响,消费者对冷冻海鲜产品消费热度下降,海水产品价格一路下行,直到 10 月进入消费旺季才有所好转(图 1)。

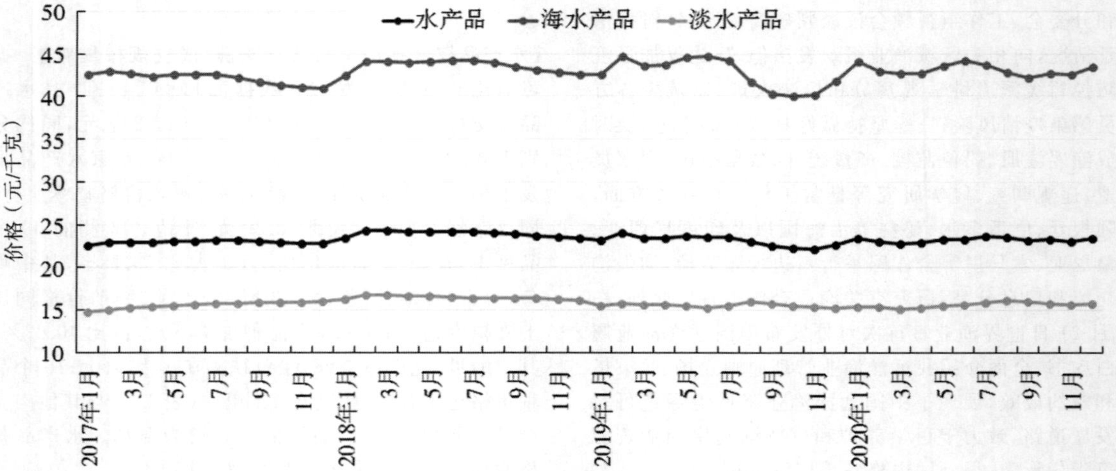

图 1 全国水产品月度价格走势

【海水产品价格上涨品种略多于下跌品种】

1.海水鱼类价格稳中有降 海水鱼类因内部品种较多,且价格差距较大,平抑了价格波动,海水鱼价格总体稳中有降(图 2)。从具体品种变化来看,监测的 10 个海水鱼品种中,马面鲀(27.99 元/千克)、小黄鱼(67.42 元/千克)、大菱鲆(50.40 元/千克)价格同比跌

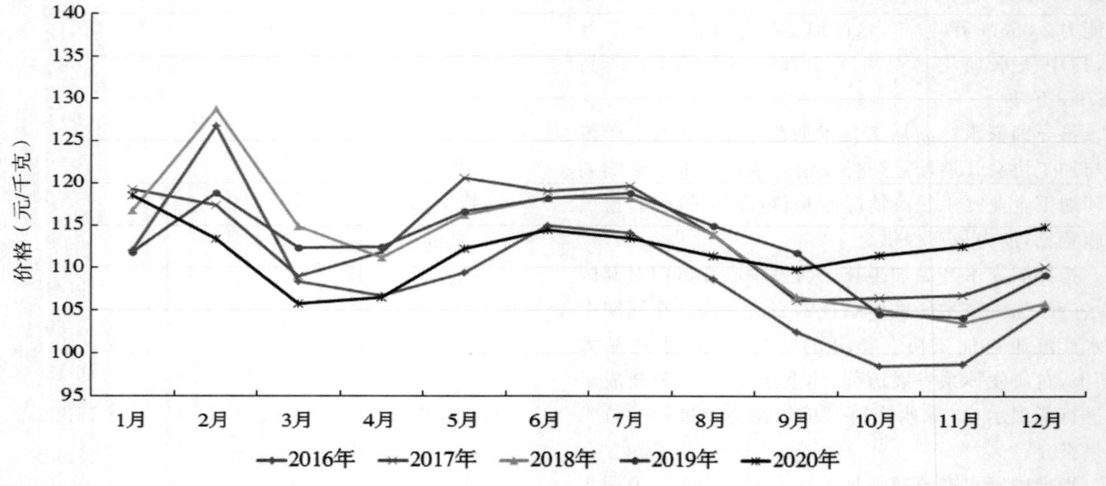

图 2 2016—2020 年 1—12 月海水鱼类价格指数
(2015 年为基期)

幅均超过 5%，分别为 9.29%、5.10%和 6.21%。受疫情影响，捕捞推迟，加上渔业资源恢复，小黄鱼供应量大幅增加，价格随之下跌。大黄鱼(35.00 元/千克)、带鱼(29.41 元/千克)、马鲛鱼(35.49 元/千克)和银鲳(113.12 元/千克)价格与上年同期基本持平。蓝圆鲹(12.99 元/千克)价格同比上涨 4.44%。海鳗(43.03 元/千克)和鲐鱼(7.00 元/千克)价格同比分别上涨 4.69%和 0.03%。

2.海水甲壳类价格与上年同期基本持平(图 3) 虾类产品方面，受餐饮需求萎缩严重及下半年多地曝出进口冻南美白虾部分外包装检测新冠肺炎病毒核酸呈阳性的影响，南美白对虾(68.34 元/千克)、日本对虾(228.45 元/千克)和鹰爪虾(43.45 元/千克)跌幅明显，分别为 5.03%、6.51%和 2.74%。由于 2020 年夏季全国高温、强降雨轮番交替，病害频发，前期养殖户着急出虾，8 月以后大部分地区秋茬投苗接近尾声，成品虾存塘相对较少，再加上部分地区进口冻虾包装新冠肺炎病毒核酸检测呈阳性影响，斑节对虾(195.12 元/千克)价格持续看涨，涨幅为 2.40%。蟹类产品方面，梭子蟹(164.30 元/千克)价格同比上涨 6.75%，青蟹(144.96 元/千克)与上年同期价格基本持平。进入休渔期后，花蟹(163.67 元/千克)因产量减少，价格同比上涨 8.73%。

3.海水贝类价格稳中有涨(图 4) 受疫情影响，贻贝收割期变短导致集中上市，贻贝(4.06 元/千克)价格

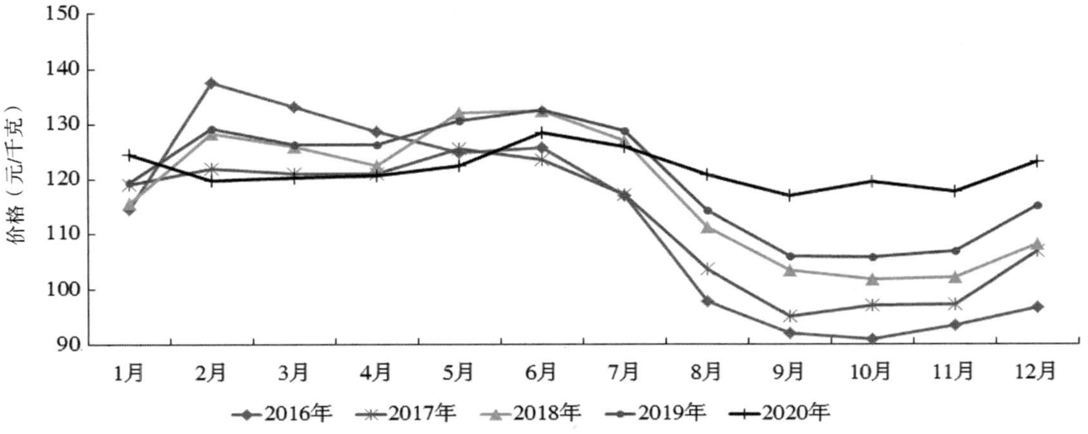

图 3 2016—2020 年 1—12 月海水甲壳类价格指数
(2015 年为基期)

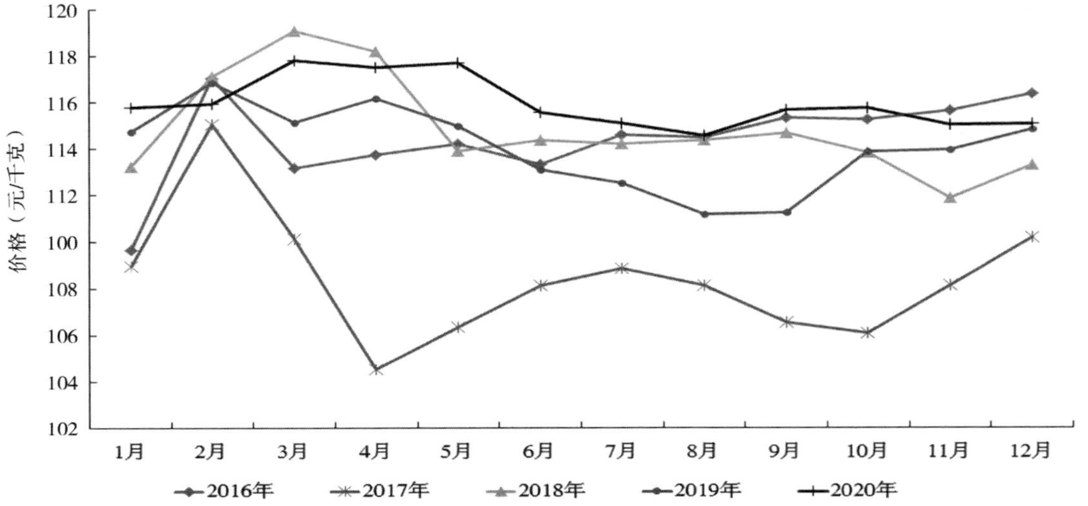

图 4 2016—2020 年 1—12 月海水贝类价格指数
(2015 年为基期)

大幅下跌 16.19%，鲍鱼（136.11 元/千克）和扇贝（39.01 元/千克）价格同比下跌幅度分别为 4.17%和6.41%；由于出水分拣成为牡蛎上市的主要模式，近两年市场牡蛎（19.23 元/千克）价格保持高位，价格涨幅最大，同比上涨 12.10%。蛏（28.65 元/千克）价格同比上涨4.07%。杂色蛤（14.75 元/千克）价格与上年同期基本持平。

4.海水头足类价格与上年同期基本持平，海水藻类价格全面上涨（图 5） 海蜇（39.95 元/千克）价格上涨 2.26%，墨鱼（34.05 元/千克）价格同比下跌 4.58%，鱿鱼（34.14 元/千克）价格与上年同期基本持平。海带价格（7.92 元/千克）涨幅较大，同比上涨 12.29%。紫菜（76.66 元/千克）价格同比略涨 1.03%。

【超过半数淡水产品价格上涨】 监测的 20 个淡水品种中，超过半数品种价格上涨，8 个品种价格下跌。分品类来看，淡水鱼类扭转近两年的价格颓势，止跌回升，同比小幅上涨4.75%；淡水甲壳类和淡水其他类产品价格大幅下跌，同比跌幅分别为 7.79%和 4.79%。

1.淡水鱼是提振价格水平的主力品种 13 个淡水鱼监测品种里，10 个品种价格上涨。其中，鲫鱼（16.83 元/千克）价格涨幅最大，同比上涨 20.14%。一方面，近两年随着国家“退渔还湿”政策逐步落地，江苏省等鲫鱼主产区的养殖面积减少。另一方面，2020 年部分地区鲫鱼爆发水霉病，死鱼和病鱼严重，健康成鱼供应减少，加上部分地区由精养模式改为鱼虾混养，养殖产量受到一定影响。此外，由于夏季淡水鱼出塘减少，养殖户为减少洪涝灾害损失而提前出鱼，汛期过后供应短缺，加之进口冻品多次检出新冠肺炎病毒核酸阳性，国内鲜活水产品受到消费者欢迎的程度提升，国内淡水鱼行情回暖好转，导致淡水鱼价格明显上涨（图 6），鲢鱼（7.57 元/千克）、鳊鲂（17.24 元/千克）、草鱼（12.54 元/千克）和鳙鱼（13.70 元/千克）价格同比分别上涨 10.37%、6.09%、5.94%和 3.65%。有 3 种淡水鱼价格下挫，其中，跌幅最大的是鳜鱼（61.10 元/千克），同比下跌 13.64%。这主要是因为 2019 年上半年鳜鱼价格暴涨，很多养殖户跟风养殖，供应量增加。乌鳢（20.30 元/千克）和虹鳟（37.37 元/千克）价格同比下跌幅度分别为 5.00%和 3.25%。罗非鱼（16.11 元/千克）和鲈鱼（28.31元/千克）价格与上年同期基本持平。

2.淡水甲壳类和淡水其他类价格大幅下跌 淡水甲壳类价格全面下跌（图 7），是拉低水产品价格总水平的重要因素。其中，小龙虾（克氏原螯虾 49.79 元/千克）下跌幅度较大，同比下跌 15.20%。受疫情影响，小龙虾养殖无法正常投喂，品质普遍不高，加上疫情期间餐馆闭市采购量跟不上、养殖面积急剧增加和主产区上市量持续增加等原因，小龙虾市场价格下挫。罗氏沼虾（62.80 元/千克）由于市场供大于求，价格继续下滑，同比下跌 7.06%。经历了疫情和禁野令风波，甲鱼（53.20 元/千克）价格受到影响，同比下跌 5.89%。蛙类（15.57 元/千克）由于产业链比较成熟，随着疫情不断向好，消费市场慢慢恢复，再加上夏季高温多雨天气，病蛙增加，成品蛙存量减少，市场价格大涨 9.77%。

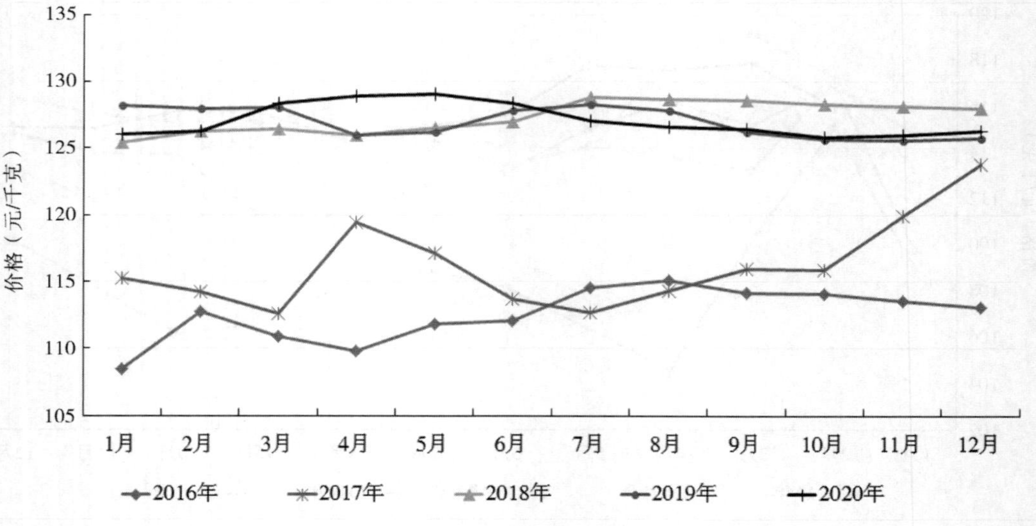

图 5 2016—2020 年 1—12 月海水头足类价格指数
（2015 年为基期）

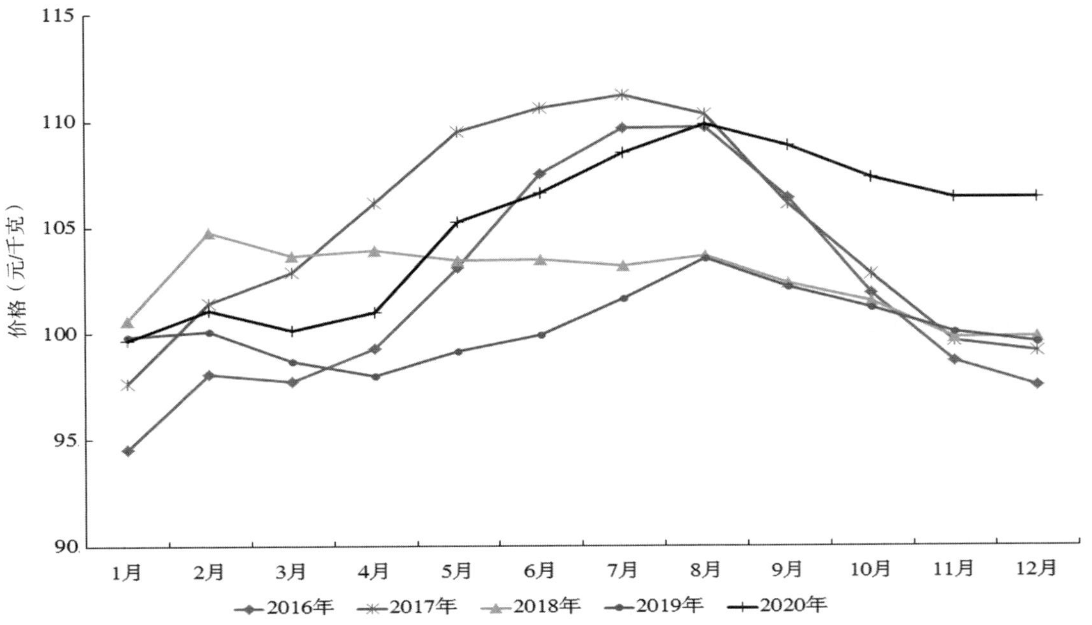

图 6 2016—2020 年 1—12 月淡水鱼价格指数
（2015 年为基期）

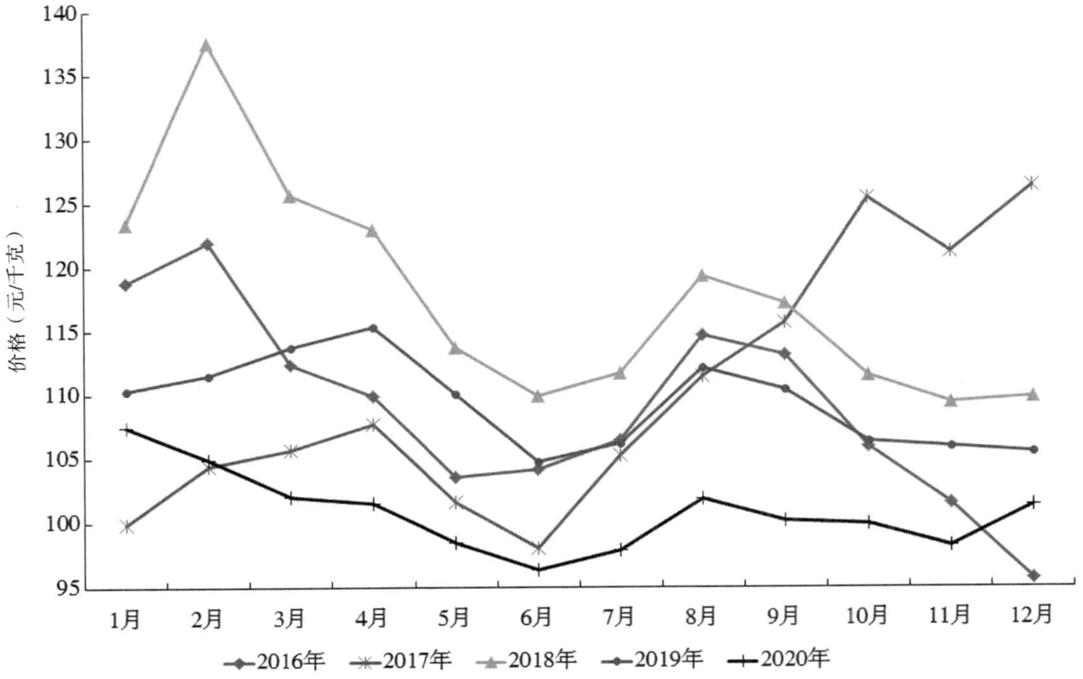

图 7 2016—2020 年 1—12 月淡水甲壳类价格指数
（2015 年为基期）

（农业农村部渔业渔政管理局）

水产品进出口贸易

据中国海关统计，2020 年我国水产品进出口总量 949.04 万吨，进出口总额 346.06 亿美元，同比分别下降 9.89％和 12.07％；贸易顺差 34.76 亿美元，同比增长 78.04％。全年进出口量额双降，贸易顺差显著增加的原因是出口额降幅小于进口额降幅。其中，上半年出口额和进口额同比分别下降 16.25％和 9.27％，但此后出口逐步回稳、进口大幅下降，下半年出口额同比增长 0.19％、进口额同比下降 23.29％。

【出口情况】 2020 年水产品出口量 381.18 万吨，同比下降 10.66％；出口额 190.41 亿美元，同比下降 7.81％。

1.一般贸易出口量额双减 2020 年水产品一般贸易出口量 277.44 万吨，同比下降 9.04％；出口额 141.62 亿美元，同比下降 4.81％。一般贸易仍是出口的主要方式，分别占总出口量额的 72.78％和 74.38％。头足类、对虾、罗非鱼、贝类等是一般贸易的主要出口品种，其中，金枪鱼是唯一出口量额均出现增长的品种，分别增长 25.69％和 26.54％；淡水小龙虾出口降幅最大，量额分别下降 48.18％和 54.97％，对虾出口量额分别下降 5.25％和 11.89％（表 1）。

2.来进料加工贸易出口量额双减 2020 年水产品来进料加工贸易出口量 88.94 万吨，同比下降 15.16％；出口额 45.81 亿美元，同比下降 16.64％。来进料加工贸易分别占总出口量额的 23.33％和 24.06％。其中，进料加工出口量 73.18 万吨，出口额 34.27亿美元，同比分别下降 13.22％和 16.04％，出口额占来进料加工出口总额比例为 74.80％，占比与 2019 年基本持平。来料加工出口量 15.76 万吨，出口额 11.54亿美元，分别下降 23.12％和 18.40％，出口额占来进料加工出口总额比例为 25.20％。

表 1 一般贸易主要出口品种

出口品种	占一般贸易出口额比例（％）	2020 年		同比增减（％）	
		数量（万吨）	金额（亿美元）	数量	金额
头足类	23.53	44.80	33.33	－6.29	0.01
对 虾	10.01	13.91	14.18	－5.25	－11.89
罗非鱼	8.61	44.19	12.20	1.31	－5.04
贝 类	7.20	18.80	10.20	－10.57	－4.22
鳗 鱼	6.57	4.95	9.30	10.81	－6.53
金枪鱼	6.42	19.15	9.09	25.69	26.54
鲭 鱼	3.42	24.07	4.85	－29.28	－32.43
蟹 类	2.84	4.21	4.02	－16.82	－7.10
藻 类	2.81	6.54	3.98	－9.22	－4.72
大黄鱼	1.84	3.44	2.61	－9.08	－9.41
淡水小龙虾	0.53	0.77	0.75	－48.18	－54.97

3.对主要市场出口以降为主 2020 年水产品前六大出口市场分别为日本、东盟、美国、欧盟、韩国和中国香港（表 2）。对日本、美国、欧盟出口明显减少，其中对日本出口量额同比分别下降 12.71％和11.81％，对美国出口量额同比分别下降 6.59％和14.88％，对欧盟出口量额同比分别下降 22.05％和24.87％。对东盟出口量减额增，其中对泰国出口量额同比分别增长 13.85％和 36.71％。对中国香港出口量额同比分别增长 4.02％和 1.17％。

表 2 主要出口市场

出口市场	数量（万吨）	同比增减（％）	金额（亿美元）	同比增减（％）
日本	56.19	34.69	－12.71	－11.81
东盟	59.57	34.68	－3.59	18.44
泰国	24.09	13.94	13.85	36.71
美国	42.63	21.31	－6.59	－14.88
欧盟	41.19	17.03	－22.05	－24.87
韩国	48.35	16.81	－6.08	－3.46
中国香港	18.27	15.63	4.02	1.17

【进口情况】 2020 年我国水产品进口量 567.86 万吨，同比下降 9.36％；进口额 155.65 亿美元，同比下降 16.77％。

1.食用水产品进口大幅缩减，鱼粉进口保持稳定 从进口结构看，直接食用水产品进口量248.37万吨，进口额100.67亿美元，同比分别下降6.59%和15.46%。其中，对虾进口量最大，为56.96万吨，同比下降15.33%；鲑鱼（三文鱼）进口降幅最大，量额同比分别下降39.58%和49.37%。鱼粉进口保持稳定，进口量142.05万吨，同比增长0.13%，进口额19.52亿美元，同比下降0.89%。来进料加工进口量85.92万吨，进口额20.31亿美元，同比分别下降23.64%和26.54%。

2.自主要市场进口同比普遍下降，自东盟进口量额齐增 东盟继2019年超过俄罗斯，成为我国水产品第一进口市场后，2020年继续维持这一地位，进口量额分别为131.29万吨和30.90亿美元，同比分别增长12.08%和1.08%，占进口总额的19.85%。其中自越南进口量额同比分别增长9.18%和8.29%，自印度尼西亚进口量额同比分别增长5.14%和0.82%。自印度、秘鲁和俄罗斯进口降幅较大，其中自俄罗斯进口量额同比分别下降13.37%和14.13%（表3）。

表3 主要进口国家和地区

国家和地区	占进口总额比例(%)	2020年		同比增减(%)	
		数量(万吨)	金额(亿美元)	数量	金额
东盟	19.85	131.29	30.90	12.08	1.08
越南	7.96	55.55	12.39	9.18	8.29
印度尼西亚	5.44	40.87	8.47	5.14	0.82
俄罗斯	12.63	107.55	19.65	−13.37	−14.13
厄瓜多尔	11.24	36.08	17.50	−3.67	−9.23
秘鲁	7.23	75.76	11.26	−19.00	−25.79
美国	6.28	32.97	9.77	−15.52	−7.52
印度	5.43	23.24	8.45	−29.63	−32.12

（农业农村部渔业渔政管理局）

国际交流与合作

【概况】 2020年，渔业国际交流合作克服新冠肺炎疫情的不利影响，以促进渔业高质量发展和服务外交大局为目标，主动创新工作方式，稳步有序推进各项重点工作，取得显著成效。

【稳定周边秩序，在周边协定谈判中突出维护权益】

1.做好中韩渔业协定谈判、执行及相关工作 一是组织做好协定实施工作。为落实第19届中韩渔业联合委员会（以下简称中韩渔委会）年会纪要，及时组织协调有关省份渔业部门做好渔船入渔组织和管理工作，指导中国渔业协会，按照新的入渔作业程序和规则，重点做好渔船进出水域通报、渔获物报告、渔船避风以及保证金缴纳等工作，维护黄海渔业正常生产秩序。二是筹备并完成第20届中韩渔委会谈判工作。根据双方商定，筹备并召开了第20届中韩渔委会第一次和第二次筹备会，并参加中韩海洋生物资源专家组第十七次会议和2020年度中韩渔业执法工作会谈，为顺利举行中韩渔委会年会奠定了坚实基础。农业农村部渔业渔政管理局有关负责同志率团出席关键会议，与韩方进行了艰苦会谈，最终就入渔规模和捕捞配额达成共识，并签署了会议纪要。

2.做好中俄渔业合作混合委员会谈判及相关工作 一是筹备并召开第29次中俄渔业合作混合委员会会议。双方就黑龙江、乌苏里江两江渔业资源养护、海洋捕捞合作、实施打击IUU协议达成一致，并顺利签署会议纪要，进一步密切了中俄渔业合作关系。二是积极克服新冠肺炎疫情的不利影响，创新联合检查方式，以不过境形式分别在中俄各自边境水域开展执法检查，均未发现违法违规行为，展示了共同养护两江渔业资源的负责任态度。

3.做好中越北部湾渔业合作协定到期后相关工作 一是加强北部湾海域作业渔船管控。配合外交部照会，向南海3省（自治区）下发文件，要求进一步加强对在北部湾作业渔船的管控，指导渔民严格按照海上分界线开展渔业生产活动，避免进入海上分界线越方一侧水域。二是参加中越有关海上合作磋商。参与外交部牵头与越方进行的海上共同开发磋商、湾口外海域划界磋商和低敏感领域合作相关磋商会谈，提供渔业相关材料和会谈口径。

【加强双边合作，在服务外交大局中突出渔业特色】

1.全面推进中欧渔业合作 一是召开中欧第五次渔业高级别对话。会议以视频形式举行，双方就落实中欧《蓝色伙伴宣言》、打击IUU渔业活动、设立南极海洋保护区、国际渔业治理等方面交换意见。通过对话，沟通协调立场，弥合分歧，保障我水产品顺利对欧出口。二是参加中欧打击IUU工作组第五次会议。双方通报了各自打击IUU渔业活动的政策措施和中国远洋渔船违规调查处理情况，并就我输欧水产品合法性认证执行情况和存在问题协调立场。通过交流，双方梳理了工作程序，共享了执法信息，密切了工作层的沟通联络。

2.继续保持中美渔业合作关系 通过视频形式与美国驻华使馆举行会谈，就推动签署中美渔业合作备忘录、国际组织和区域性渔业组织框架下重点关切议题等交换了意见。

3.继续开展中新渔业对话 2020年11月，召开中国新西兰双边渔业会谈第四次会议。双方就渔业政策进展、渔业补贴改革、落实中新打击IUU声明以及区域渔业管理等议题深入交换了意见。对话期间还举办了中新海鸟保护研讨会，帮助我远洋企业了解新方海鸟养护措施，推动我企业切实提高相关区域渔业组织履约能力。

【加强多边合作，在参与国际渔业治理中突出中国声音】

1.多方位参与国际渔业治理规则顶层设计 积极参与联合国大会可持续渔业决议磋商、生物多样性公约、《全面与进步跨太平洋伙伴关系协定》(CPTPP)等相关工作，研究提出应对方案，全力维护我渔业利益。组织开展多边渔业治理框架及中国立场研究，积极推进加入联合国粮食及农业组织港口国措施协定相关工作。

2.积极筹备第四届全球水产养殖大会 积极与联合国粮食及农业组织(FAO)沟通协商，确定会议议程；会同上海海洋大学研究制定会议方案，妥善应对新冠肺炎疫情影响。

此外，根据工作需要，继续为我参与的国际渔业组织申报会费与捐款预算并做好缴纳工作。

【统筹推进政策研究，强化支撑体系建设】 一是支持上海海洋大学成立国际渔业研究中心。该中心承担国际渔业发展和管理制度动态研究工作，开展联合国与FAO重要渔业条约和议题研究与谈判、区域渔业组织等多双边渔业合作研究工作，并按要求定时保质提交政策性或建设性战略研究报告，为我参与国际组织渔业有关活动提供科学支撑和人才储备。二是推动形成覆盖重点区域双边渔业关系研究网络。积极整合资源，加大对中国水产科学研究院黄渤海等4个渔业战略研究中心支持力度，重点开展分国别、分区域渔业政策、产业发展和对华关系研究，为我推进双边渔业合作打基础。三是积极为中央外事工作领导小组办公室、外交部、商务部等部门就有关涉渔事项、条目等研提意见建议，包括研究提出全国和自贸区负面清单中涉及渔业的意见、海南自贸区优惠政策涉及渔业的意见等。

（农业农村部渔业渔政管理局）

渔 业 管 理

渔业法制建设

2020 年，各级渔业渔政主管部门和渔政执法机构在沉稳应对新冠肺炎疫情、做好疫情防控工作的基础上，狠抓渔业法规制（修）订和制度供给，加强执法支撑，为加快推进渔业高质量发展提供制度保障。

【推进渔业法律法规制（修）订】 2020 年 2 月，《中华人民共和国渔业法（修订草案送审稿）》报请国务院审议。在渔业法修改工作领导小组的领导下，农业农村部渔业渔政管理局加强与司法部沟通，会同司法部梳理 106 条部委意见、197 条地方意见和 39 条院校意见并研究和吸纳。就渔业法修订草案中的相关行政审批事项与国务院行政审批办公室协调沟通。配合做好立法征求意见工作，就《海商法》《罚没财物管理办法》《乡村振兴促进法》等 44 部法律法规中涉及渔业的相关条款与相关部门进行了立法协调。

【推动落实全国人大常委会《渔业法》问题检查整改】 对照《全国人民代表大会常务委员会执法检查组关于检查〈中华人民共和国渔业法〉实施情况的报告》中提出的问题和意见建议，组织最高人民检察院、国家发展和改革委员会、科学技术部、公安部、司法部、交通运输部、水利部、海关总署、国家林业和草原局以及武警部队等 15 个部门（单位）和河北、辽宁、江苏、安徽、广西等 9 个省（自治区）人民政府，研究制定相关落实举措。完成全国人大常委会《渔业法》执法检查报告及审议意见情况的报告，6 月上旬，该报告经李克强总理等国务院领导同志签发，报全国人大常委会。

【制定渔政执法支撑制度】 发布《渔政执法装备配备指导标准》，印发《重大渔业违法违规案件挂牌督办工作规定》《非法捕捞案件涉案物品认（鉴）定和水生生物资源损害评估及修复办法（试行）》，出台《渔政执法工作规范》，为加强渔政执法提供支撑。

（农业农村部渔业渔政管理局）

渔 业 标 准 化

【水产标准制（修）订】 围绕渔业绿色发展积极组织开展水产标准制（修）订工作，2020 年，新发布实施水产国家标准 4 项、行业标准 45 项（详见表 1），为行业管理和产业发展提供了有力技术支撑。

【技术性贸易措施通报评议（官方评议）】 组织开展 WTO/TBT—SPS 水产品技术性贸易措施通报评议工作，对 86 项通报进行了初评，并对其中 22 项重要通报进行了深入评议，对外提出 37 项评议意见，对内提出 27 项预警建议。评议意见全部被 WTO/TBT—SPS 国家咨询点农业农村部联系点采纳，有 6 项通报评议意见被中国 WTO/TBT—SPS 国家咨询中心采纳报出。

【国家和行业标准目录】

表 1　2020 年发布的水产国家标准和行业标准目录

序号	标准号	标准名称
		一、国家标准
1	GB/T 38583－2020	刺参
2	GB/T 39122－2020	养殖暗纹东方鲀鲜、冻品加工操作规范

（续）

序号	标准号	标准名称
3	GB/T 39174－2020	河川沙塘鳢
4	GB/T 39175－2020	松江鲈 亲鱼和苗种
		二、行业标准
1	SC/T 1135.4－2020	稻渔综合种养技术规范 第4部分：稻虾（克氏原螯虾）
2	SC/T 1135.5－2020	稻渔综合种养技术规范 第5部分：稻鳖
3	SC/T 1135.6－2020	稻渔综合种养技术规范 第6部分：稻鳅
4	SC/T 1138－2020	水产新品种生长性能测试虾类
5	SC/T 1144－2020	克氏原螯虾
6	SC/T 1145－2020	赤眼鳟
7	SC/T 1146－2020	江鳕
8	SC/T 1147－2020	大鲵 亲本和苗种
9	SC/T 1148－2020	哲罗鱼 亲本和苗种
10	SC/T 1149－2020	大水面增养殖容量计算方法
11	SC/T 1150－2020	陆基推水集装箱式水产养殖技术规范通则
12	SC/T 2085－2020	海蜇
13	SC/T 2090－2020	棘头梅童鱼
14	SC/T 2091－2020	棘头梅童鱼 亲鱼和苗种
15	SC/T 2094－2020	中间球海胆
16	SC/T 2100－2020	菊黄东方鲀
17	SC/T 2101－2020	曼氏无针乌贼
18	SC/T 3054－2020	冷冻水产品冰衣限量
19	SC/T 3312－2020	调味鱿鱼制品
20	SC/T 3506－2020	磷虾油
21	SC/T 3902－2020	海胆制品
22	SC/T 4017－2020	塑胶渔排通用技术要求
23	SC/T 4048.2－2020	深水网箱通用技术要求 第2部分：网衣
24	SC/T 4048.3－2020	深水网箱通用技术要求 第3部分：纲索
25	SC/T 6101－2020	淡水池塘养殖小区建设通用要求

（续）

序号	标准号	标准名称
26	SC/T 6102—2020	淡水池塘养殖清洁生产技术规范
27	SC/T 6103—2020	渔业船舶船载天通卫星终端技术规范
28	SC/T 7021—2020	鱼类免疫接种技术规程
29	SC/T 7022—2020	对虾体内的病毒扩增和保存方法
30	SC/T 7204.5—2020	对虾桃拉综合征诊断规程　第5部分:逆转录环介导核酸等温扩增检测法
31	SC/T 7232—2020	虾肝肠胞虫病诊断规程
32	SC/T 7233—2020	急性肝胰腺坏死病诊断规程
33	SC/T 7234—2020	白斑综合征病毒(wssv)环介导等温扩增检测方法
34	SC/T 7235—2020	罗非鱼链球菌病诊断规程
35	SC/T 7236—2020	对虾黄头病诊断规程
36	SC/T 7237—2020	虾虹彩病毒病诊断规程
37	SC/T 7238—2020	对虾偷死野田村病毒(CMNV)检测方法
38	SC/T 7239—2020	三疣梭子蟹肌孢虫病诊断规程
39	SC/T 7240—2020	牡蛎疱疹病毒Ⅰ型感染诊断规程
40	SC/T 7241—2020	鲍脓疱病诊断规程
41	SC/T 9436—2020	水产养殖环境(水体、底泥)中磺胺类药物的测定　液相色谱—串联质谱法
42	SC/T 9437—2020	水生生物增殖放流技术规范名词术语
43	SC/T 9438—2020	淡水鱼类增殖放流效果评估技术规范
44	SC/T 9439—2020	水生生物增殖放流技术规范　兰州鲶
45	SC/T 9609—2020	长江江豚迁地保护技术规范

（农业农村部渔业渔政管理局）

渔业安全生产与渔港监督管理

【渔业安全生产】 2020年，农业农村部渔业渔政管理局认真贯彻党中央、国务院关于安全生产工作部署，坚持疫情防控和安全生产两手抓，切实加强工作部署、狠抓落实见效、强化责任考核，确保渔业安全生产形势回稳向好。

1.慎终如始抓好疫情防控 新冠肺炎疫情发生后，农业农村部迅速响应、快速到位、部署落实，一方面加强渔船渔民疫情防控，一方面推进渔业安全有序复工复产。2月1日，农业农村部印发《关于做好渔船渔民新型冠状病毒感染的肺炎疫情防控工作的通知》，要求各地加强渔船渔港疫情防控，严格落实渔船进出港报告制度，派员驻港对上船人员开展全员健康检测，实施每日零报告制度，严防疫情发生船岸交互扩散和在海上蔓延。截至2020年年底，国内近80万艘渔船，160多万渔民没有发生一例确诊病例。针对渔船集中出海作业的安全管理和出海无船员、船员上船无证书等问题，专题下发《关于加强新冠肺炎疫情期间渔业安全生产工作的通知》和《关于做好新冠肺炎疫情防控期间渔业船员、培训和考试发证工作的通知》，要求各地进一步强化责任担当，主动服务生产，加强出港检查，消除事故隐患，加强应急值守，创新安全执法。鼓励支持高校毕业生"先上岗、后考证"，出台渔业船员证书到期后延期换证便民措施，推行渔业船员远程线上理论考试、实操视频评估考核和发证，缩减审核时限，推动数据共享，提高制证效率，有力推进了渔业安全有序复工复产。同时，还指导中国渔业互保协会联合全国8个省份渔业互保协会，免费向全国渔民会员赠送新冠肺炎身故保险。截至3月中旬，7万余艘海洋渔船已出海作业，达到往年同期作业渔船的94%。

2.坚持不懈抓牢安全生产 3月18日，农业农村部召开全国渔业安全生产工作视频会议，副部长于康震出席会议，对全年重点工作进行专题部署。印发渔业春汛、复工复产、防汛防台、消防检查、商渔船碰撞防范、"两会""十一"等重要时段安全生产工作指导文件，压实部门监管责任和船东船长主体责任，严防渔船"带病"出海作业。部署开展渔业"安全生产月"和"安全生产万里行"活动，消除事故隐患、筑牢安全防线、防范险情事故。落实全国安全生产专项整治三年行动，印发《渔业安全生产专项整治三年行动工作方案》，明确13项主要任务和50余项具体工作。部署开展为期3个月的全国渔业安全生产专项治理行动，组成8个工作组进行交叉互检和问题集中整治，切实做到排查隐患、防范风险。针对商渔船碰撞险情事故高发态势，专项部署商渔船碰撞隐患排查整治和风险防范工作，有效防范和遏制重特大事故发生。相关工作情况已形成专题报告并上报国务院。树立典型标杆、扩大榜样效应，部署开展"平安渔业"创建活动。持续开展渔业安全警示教育和技能提升，组织开展3期渔业安全与应急管理骨干队伍业务培训，切实提升渔业安全管理能力。组建渔业安全信息宣传工作专班，报送一期信息专报和农业农村部信息，得到国务院领导批示肯定，同时开设渔业安全专题专栏，对三年行动开展全程跟踪报道，共组织宣传报道达50篇，正向舆论引导作用明显。

3.持之以恒做好应急值守 加强渔业应急管理体系建设，常年坚持24小时渔业安全应急值班制度，印发通知推动渔业安全应急中心建设，申请设立全国统一的渔业安全应急值守电话，全面提升渔业安全对外服务能力和水平。加快推进渔业安全事故直报系统升级改造，完善渔业安全事故接警、应急处置、事故调查和善后处理等全流程、封闭式管理，并整合纳入渔船渔港综合管理平台。加强重特大险情事故应急处置，积极妥善处置"4·12"浙普渔68628沉船事故，协调、督促开展搜救搜寻，及时调度、跟踪报道工作进展。督促指导开展事故调查，全力做好各项善后处置和舆情应对，确保渔区社会和谐稳定。会同交通运输部、武警部队和福建省人民政府联合举办2020全国渔业水上突发事件应急演练，《新闻联播》《朝闻天下》等中央电视台一套、二套、四套和农业频道栏目，以及新华社等媒体进行全程跟踪报道，全面检验和提升了渔业部门的突发事件应急管理能力。及时调度各地渔业防灾减灾情况，争取并落实渔业生产救灾补助1亿元，指导帮助受灾地区加快恢复生产。全力抓好渔船险情事故搜救工作，1—11月，各级渔业主管部门共组织参与救助的渔政船105艘次、渔船984艘次，救助渔业海难险情事故840起，救助渔船967艘、渔民6 524人，其中渔船自救互救占比超过90%；实际投入救助费用2 266万元，挽回经济损失44 772万元。同时，加快渔业海难救助补助项目实施，共拨付补助资金1 044万元，对1 281艘渔船和87艘渔政船予以支持鼓励。

4.开拓创新规范无线电管理 印发渔业无线电专项整治实施方案，组织开展为期6个月的专项治理，全面摸排渔业无线电设备、电台识别码以及生产企业、服务站点等基本信息，并对严重违法违规行为进行集中治理。探索建立长效机制，推进"插卡式AIS"管理改革，推行"一船一码一设备"管理制度，推动研制"插卡式AIS"设备，组织研发服务平台规范"九位码"管理，并在福建省4 579艘渔船上成功试点示范，在线率高达99.7%，守牢事故防范"最后防线"。召开专题研讨和专家论证会议，督促开展设备稳定性、适用性集中攻关，会同工业和信息化部、交通运输部等部门，共同编制"插卡式AIS"设备技术标准规范，完成设备选型定型工作，拟印发"插卡式AIS"推广应用工作方案，力争通过2年时间全面完成"插卡式AIS"设备更新换代工作。

5.蹄疾步稳推进互保体制改革 会同中国银行保险监督管理委员会确定"剥离协会保险业务，设立专业保险机构承接"的总体思路，联合报送渔业互助保险系统体制改革总体方案，得到李克强总理等国务院领导同志批示同意。联合印发实施意见，明确改革时间任务，加强指导、强化服务，分级分批、统筹推进体制改革工作，确保改革期间渔民风险保障不断档、不弱化。加强与国务院办公厅、国家市场监管总局、中国银保监会等部门沟通协调，全国性渔业互助保险机构冠名为"中国渔业互助保险社"已获国务院批准，至此新设保险机构筹建、登记注册等工作正式开启。督促指导、扎实落实南沙渔业生产综合保险，及时拨付中央财政托管资金1 148万元，认真测算并提出增资需求意见。

6.坚定落实长江禁捕工作任务 认真落实长江禁

捕退捕专班要求,积极参与政策文件、领导讲话等材料撰写,执法监督,巡查督导和就业帮扶相关工作。出台政策文件,支持有意愿的退捕渔民到海洋渔船工作,针对性免费开展易学、易懂、易用的远程线上实用技能培训和考试,扎实做好退捕渔民精准就业帮扶。同时,组织沿海地区开展劳务对接,提升政策扶贫的精准性、匹配性。撰写丹江口水库、洞庭湖、鄱阳湖、太湖、高邮湖等重点区域政策协同问题风险防控总报告,提出妥善防范化解的应对措施。积极推动中国渔政服务平台建设,提升渔业对外公共服务能力和水平。截至2020年年底,"一平台、两中心"建设方案和工作机制已制定完成,中国渔政值守中心办公场地已到位、工作经费已落实、人员遴选已启动,通信设施已按"热线先行开通、平台跟进建设、体系逐步完善"思路分步推进实施。

7.加强部门联动筑牢安全防线 深化商渔船安全工作会商机制,策划召开第五次商渔船安全工作会商会议,深入研究商渔船安全管理合作事宜,进一步强化渔业与海事安全管理工作协调联动。认真落实国家海上搜救和溢油应急处置部际联席会议部署,配合开展走进搜救一线专题调研和遇险船舶船员海上联合搜救,切实保障渔民群众生命财产安全。建立完善海洋气象灾害预警预报信息共享机制,及时准确将天气预报和台风、风暴潮等灾害信息通过北斗系统、无线电台、手机短信等多种渠道,发送给渔区、渔船和渔民,为广大渔民群众提供气象预警和避险信息服务。

【渔港监督管理】 2020年,渔港监督管理工作稳步推进,起草了《关于加强沿海渔港建设和管理的意见》,成立了渔港管理专家委员会,启动了渔获物定点上岸渔港评审,探索了渔获物合法性标签和可追溯管理,开展了渔港环境整治。

1.成立专家委员会,充分发挥专家智库作用 2020年2月,农业农村部印发《关于成立全国渔船管理专家委员会的通知》和《关于成立全国渔港管理专家委员会的通知》,重点推动渔获物定点上岸渔港审定、渔获物可追溯制度、"十三五"渔船管理政策评估、渔船渔港核查及信息互联互通等方面的研究。11月底,召开了全国渔船和渔港专家委员会成立大会,为各位委员颁发了聘书,还就重点推动问题进行了集中研究讨论。

2.组织开展国家级海洋捕捞渔获物定点上岸渔港评审 为落实农业农村部办公厅《关于组织开展渔获物定点上岸渔港申报工作的通知》,加快推动渔获物定点上岸制度实施,农业农村部渔业渔政管理局组织制定了《渔获物定点上岸渔港申报标准》,对定点渔港的申报标准、申报材料和申报流程做出了具体规定。依托全国渔港管理专家委员会,制定了《渔获物定点上岸渔港审查工作细则》和《渔获物定点上岸渔港评分标准》。9月8日,农业农村部公布了66座通过评审的第一批国家级海洋捕捞渔获物定点上岸渔港(农业农村部公告第334号)。11月,启动了第二批国家级海洋捕捞渔获物定点上岸渔港申报工作。

3.探索开展渔获物可追溯制度及合法性标签试点 依托全国渔港管理专家委员会,对国内海洋捕捞渔获物的合法性进行了定义,并制定了分项标准;同时组织中国水产流通与加工协会、中国水产科学研究院南海水产研究所与渔业工程研究所等单位,组织开展捕捞水产品合法性标签及可追溯性试点的可行性,推动渔获物合法性标签管理研究工作。

4.开展渔港环境整治 根据《沿海渔港环境监测评价规程(试行)》和《沿海渔港水域环境监测评价技术规程(试行)》,组织中国水产科学研究院黄海水产研究所、东海水产研究所、南海水产研究所开展了沿海重点渔港的环境监测工作,完成了113个重点渔港水陆域环境监测工作;就渔港水域环境监测结果纳入《2020年渔业生态环境状况公报》事宜与农业农村部渔业生态环境监测中心进行了对接,确定了渔港水域环境监测结果在公报中位置、篇幅和指标。

(农业农村部渔业渔政管理局)

渔业船舶水上安全事故及救助情况

【事故情况】 2020年全国共发生渔业船舶(不含特殊船舶)水上安全事故140起、死亡(或失踪)145人。其中水上生产安全事故发生120起、死亡103人;水上交通事故17起(未按《统计规定》减半)、死亡39人;自然灾害事故发生3起、死亡3人。

1.按事故分类划分

(1)生产安全事故。生产安全事故发生120起、死

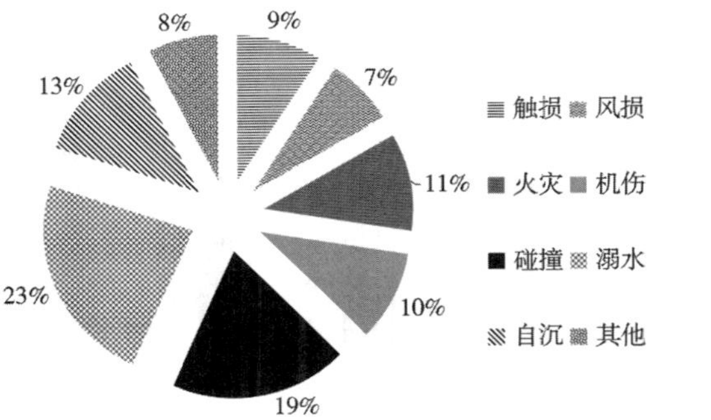

图1 生产安全事故起数比例

亡 103 人，分别占全年水上安全事故总数的 85.71%和 71.03%，沉船 49 艘。同比事故起数减少 30 起，死亡人数减少 15 人。

在生产安全事故中，触损 11 起、死亡 8 人；风损 9 起、死亡 37 人；火灾 13 起、死亡 0 人；机械损伤 12 起、死亡 9 人；碰撞 23 起、死亡 6 人；溺水 28 起、死亡 31 人；自沉 15 起、死亡 5 人；其他 9 起、死亡 7 人。2020 年各类生产安全事故所占比例与 2019 年同期比较情况见图 1、2、3、4。

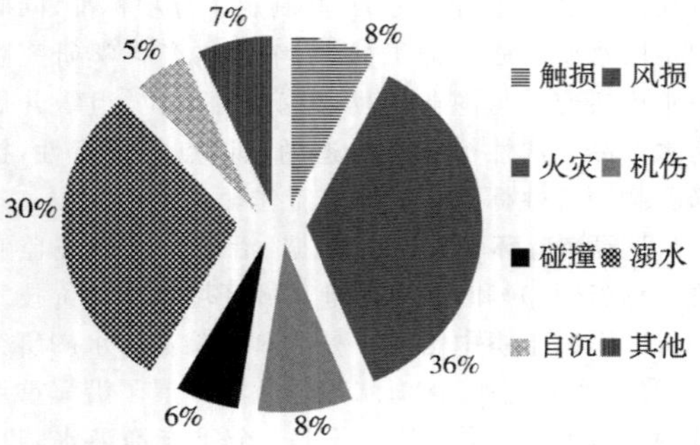

图 2　生产安全事故死亡人数比例

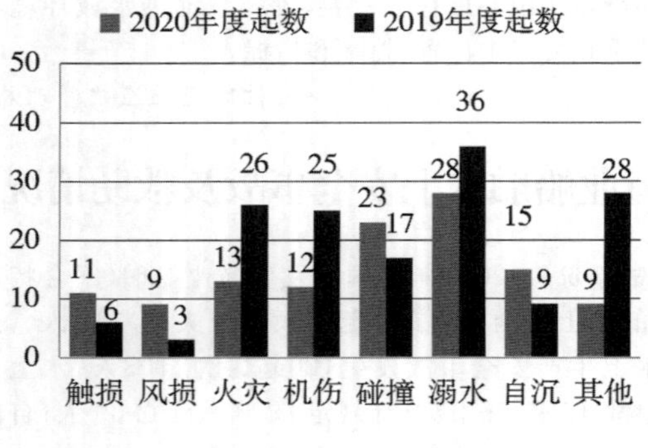

图 3　生产安全事故发生起数比较

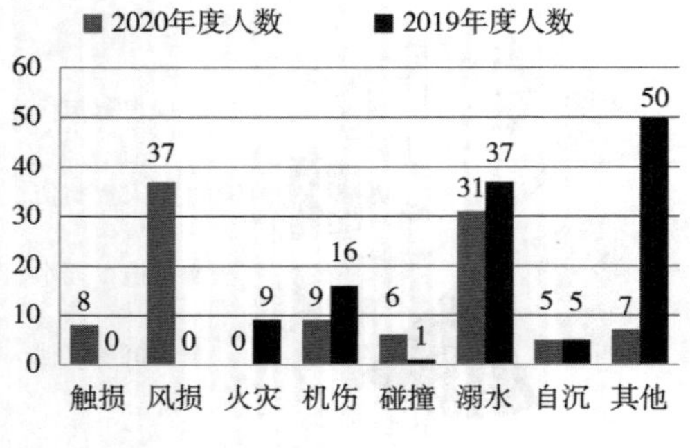

图 4　生产安全事故死亡人数比较

(2)水上交通事故。水上交通事故发生 17 起、死亡 39 人，分别占水上安全事故的 12.14%和 26.90%，沉船 11 艘。同比事故增加 8 起、死亡人数增加 5 人。

(3)自然灾害事故。自然灾害事故共发生 3 起、死亡 3 人，分别占水上安全事故的 2.14%和 2.07%，沉船 0 艘。同比事故减少 3 起、死亡减少 16 人。

2020 年事故分类与 2019 年比较和所占比例情况见图 5、6、7、8。

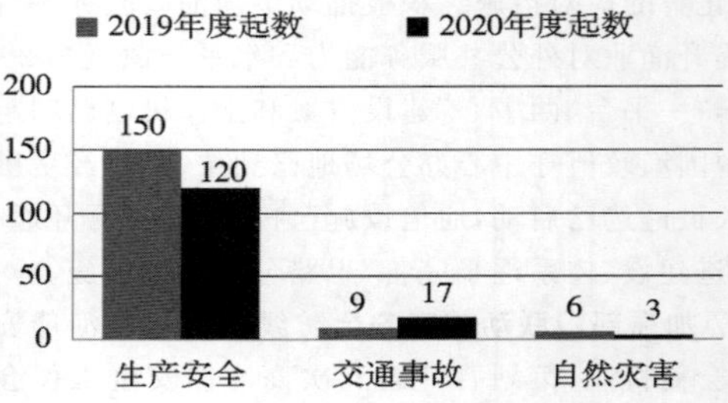

图 5　事故发生起数比较

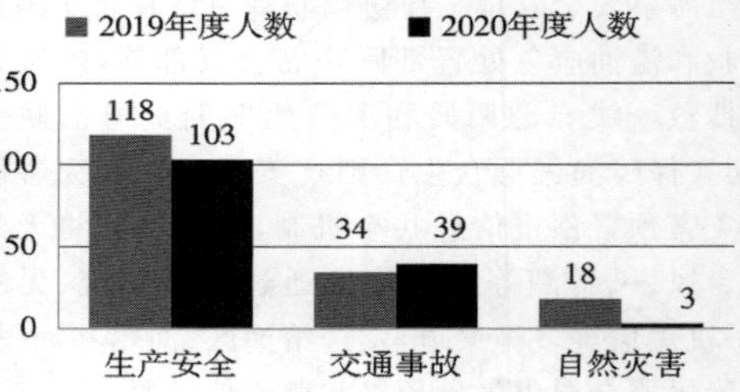

图 6　事故死亡人数比较

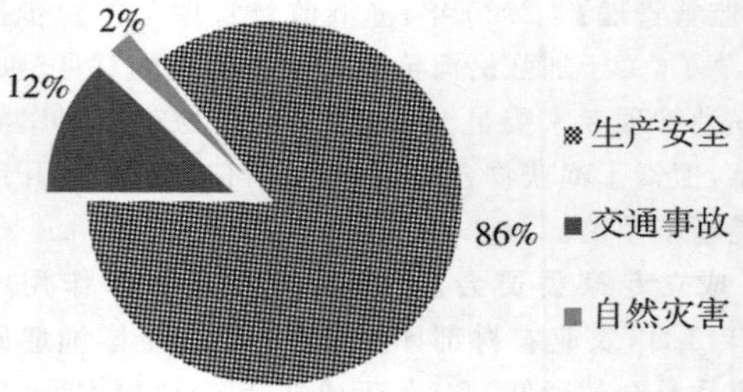

图 7　事故分类起数比例

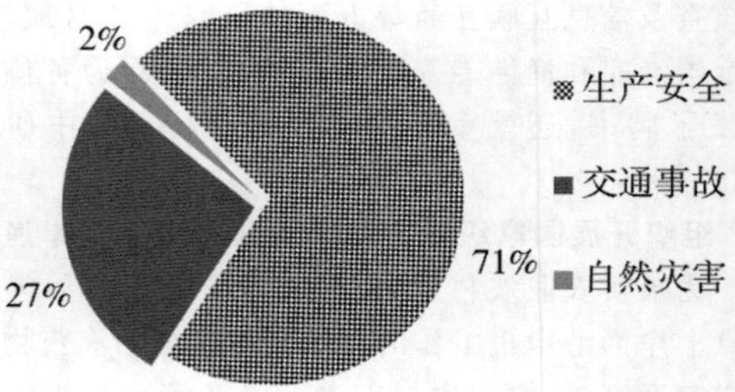

图 8　事故分类死亡人数比例

2.按事故等级划分

(1)一般事故。一般事故发生 127 起、死亡 64 人，分别占 2020 年事故总数的90.71%和 44.14%。同比事故起数减少 22 起、死亡人数减少 21 人。

(2)较大事故。较大事故发生 12 起、死亡 60 人，分别占 2020 年事故总数的 8.57%和 41.38%。同比事故起数减少 4 起、死亡人数减少 25 人。

(3)重大事故。重大事故发生 1 起、死亡 21 人，分别占 2020 年事故总数的 0.71%和 14.48%。同比事故起数增加 1 起、死亡人数增加 21 人。

(4)特别重大事故。无特别重大事故发生。

2020 年事故等级与 2019 年比较和所占比例情况见图 9、10、11、12。

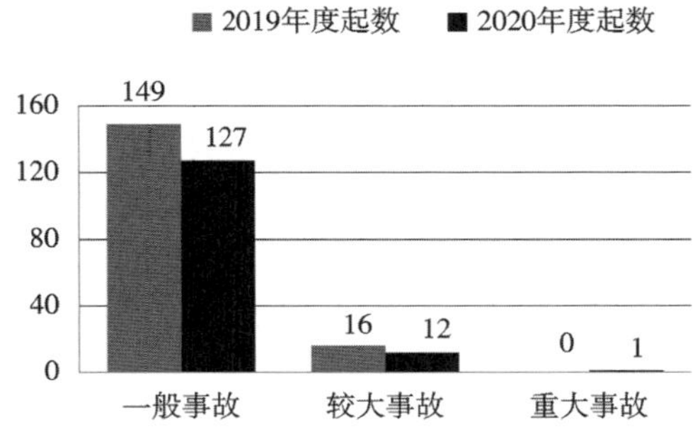

图 9 事故等级发生起数比较

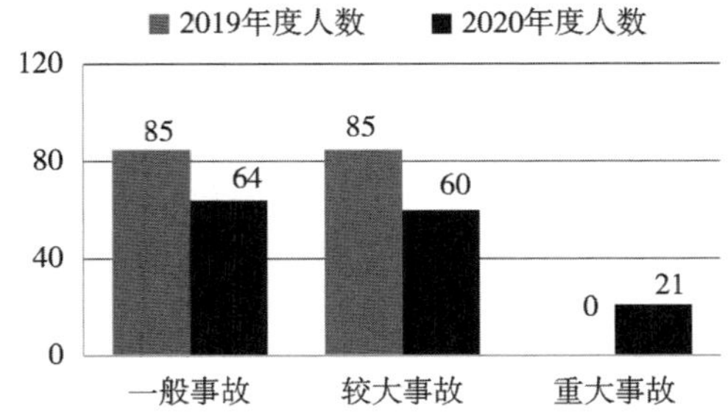

图 10 事故等级死亡人数比较

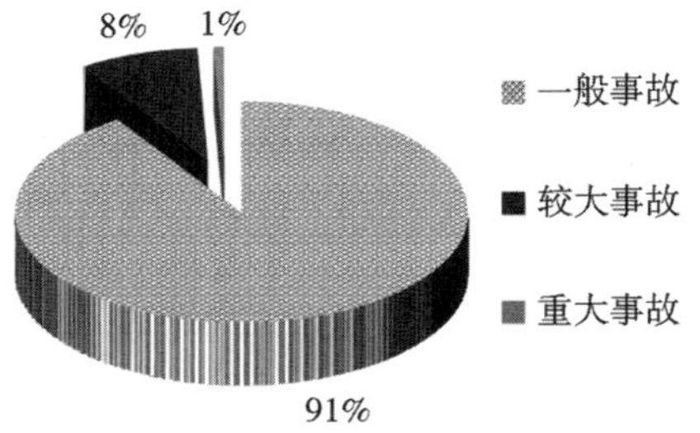

图 11 事故等级起数比例

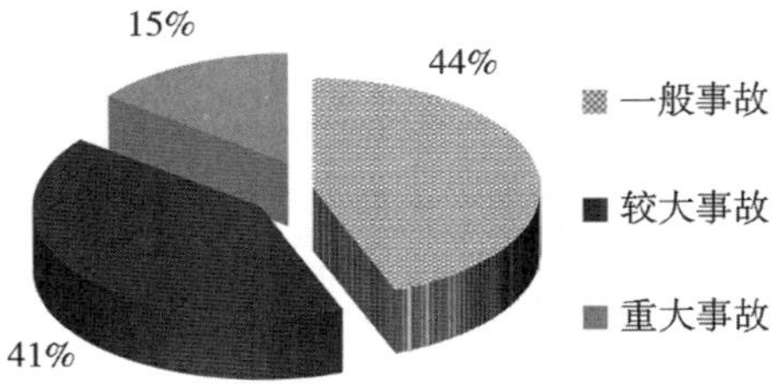

图 12 事故等级死亡人数比例

3.按照事故发生省份划分 2020 年度各省份渔业船舶水上安全事故发生情况见表 1。

【事故特点与原因】

1. 按事故类型分析

(1)生产安全事故最多。2020 年共发生生产安全事故 120 起，死亡 103 人(图 13)，分别占事故总数的 85.71%和死亡人数的 71.03%。安全生产意识淡薄是造成生产安全事故的最大隐患，另外，违反安全操作规程也是发生生产安全事故的重要原因之一。

(2)溺水事故多发。溺水事故共发生 28 起，死亡 31 人(图 14)，分别占第二季度生产安全事故的 23.33%和30.10%。溺水事故多发主要与内陆劳务人

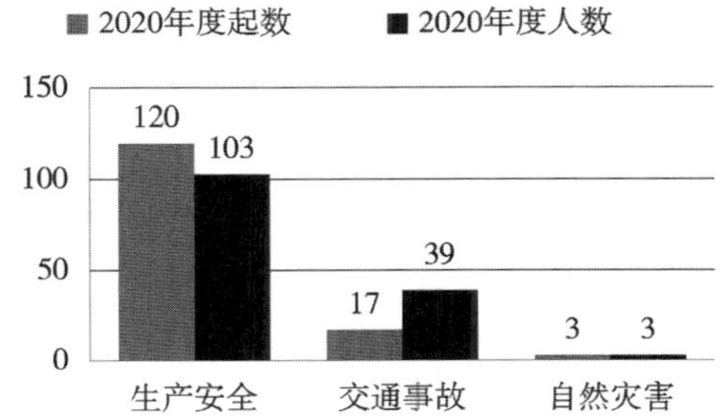

图 13 渔业安全事故

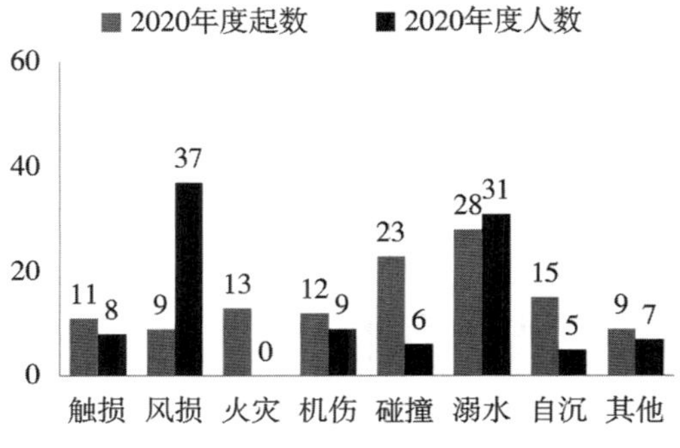

图 14 水上生产安全事故分类

表 1 2020 年度渔船水上安全事故汇总表

地区	事故总数		生产安全事故		水上交通事故		自然灾害事故	
	事故起数	死亡人数	事故起数	死亡人数	事故起数	死亡人数	事故起数	死亡人数
辽宁	29	32	24	20	3	10	2	2
河北	3	3	2	0	1	3	0	0
天津	0	0	0	0	0	0	0	0
山东	6	18	3	4	3	14	0	0
江苏	14	13	13	12	0	0	1	1
上海	7	0	7	0	0	0	0	0
浙江	23	42	20	34	3	8	0	0
福建	13	19	10	15	3	4	0	0
广东	21	9	18	9	3	0	0	0
广西	21	3	20	3	1	0	0	0
海南	3	6	3	6	0	0	0	0
合计	140	145	120	103	17	39	3	3

员出海作业缺少专业培训，防范风险意识低，以及违章操作等因素有关。

(3)商渔船碰撞事故多发。水上交通事故发生 17 起、死亡 39 人(图 13)，分别占水上安全事故的12.14%和26.90%，沉船 11 艘，同比事故增加 8 起、死亡人数增加 5 人。疫情进入常态化防控后，大批商船集中复工复产，此间正值伏季休渔结束，渔船集中出海作业，商渔船交汇频繁，碰撞事故明显增多。

2.按事故发生时态分析 2020 年渔业船舶水上安全事故时态图如图 15 所示，全年平均每月发生事故

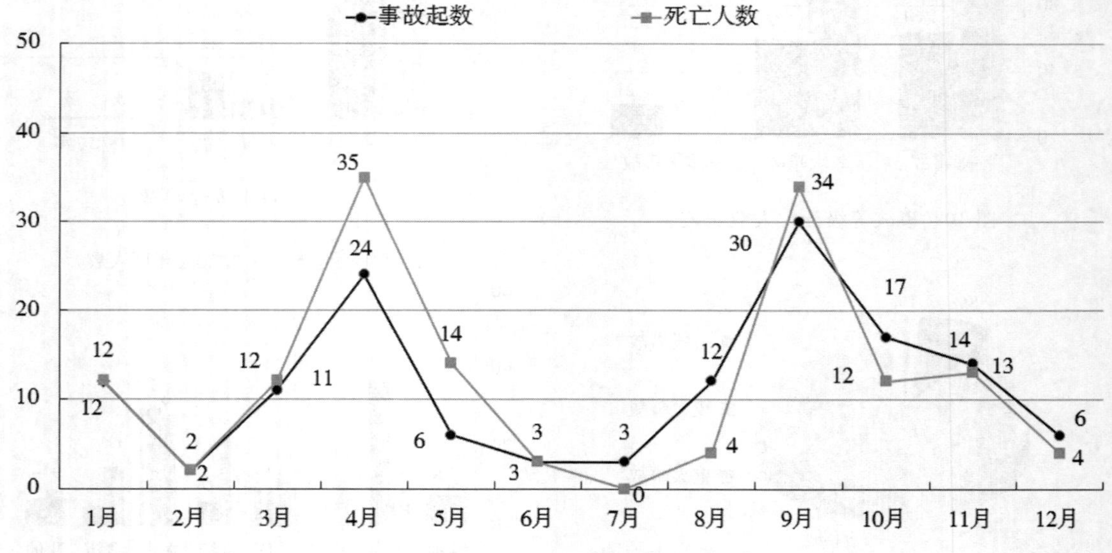

图 15 2020 年渔船水上安全事故时态分布

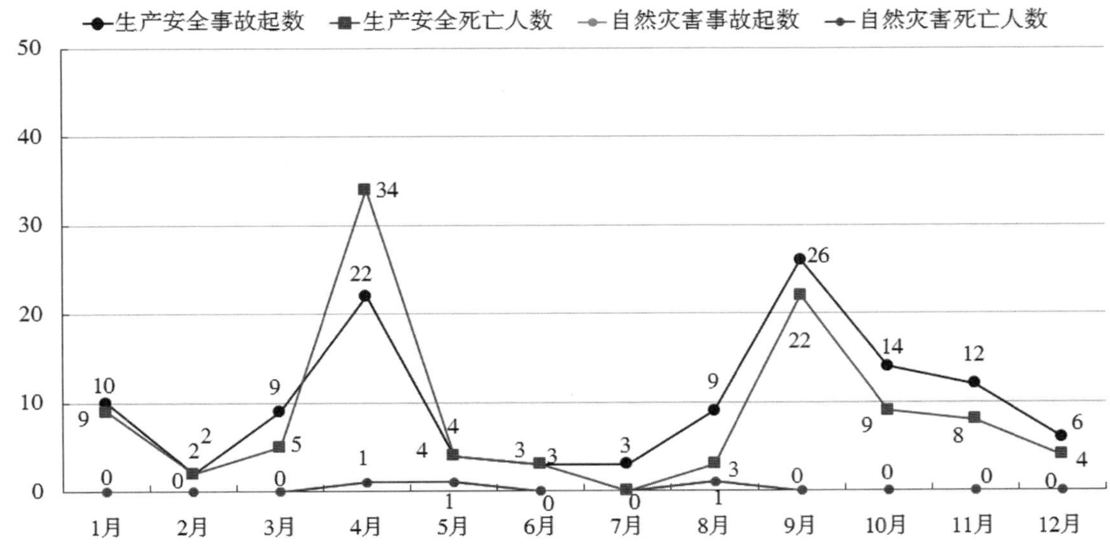

图 16　2020 年渔船生产安全事故、水上交通事故时态图

11.67起，死亡 12.08 人。9 月事故最多，发生 30 起，2 月事故最少，发生 2 起；4 月死亡人数最多，35 人死亡，7 月死亡人数最少，无人员死亡。上半年发生事故 58 起、死亡 78 人；下半年发生事故 82 起、死亡 67 人。下半年事故数量较上半年增加 41.38%，死亡人数较上半年减少 14.10%。

事故发生起数和死亡人数折线图走势基本吻合，其中 4 月和 9 月是事故高发月份，伤亡人数较多。渔船生产安全事故和自然灾害事故发生时态趋势与以上折线趋势也有相似之处，见图 16。

3.按捕捞渔船作业类型分析　刺网渔船发生事故 48 起、死亡 39 人，分别占事故总数和死亡总人数的 34.29%、26.90%；拖网渔船发生事故 53 起、死亡 34 人，分别占事故总数和死亡总人数的 37.86%、23.45%。刺网渔船和拖网渔船是捕捞事故中发生事故数量和死亡人数最多的两种渔船，这主要与两种渔船的数量较多，基数较大有关（图 17）。

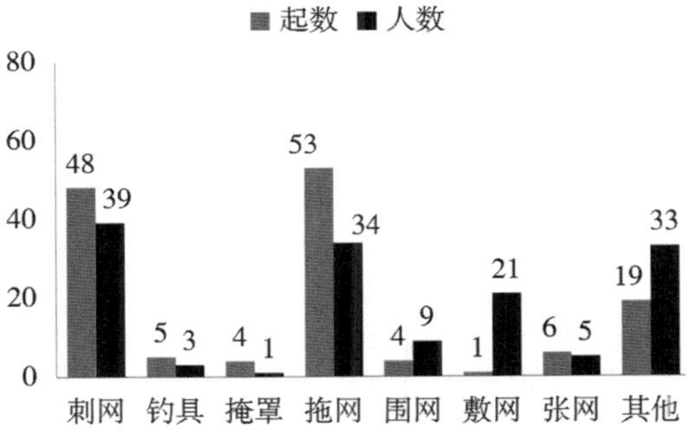

图 17　不同作业类型渔船事故起数及死亡人数

【渔业海难救助概况】　2020 年全国各级渔业行政主管部门及其渔政渔港监督管理机构共组织渔业救助 1 089起；渔业行政执法船艇参与救助 151 艘次，渔船参与1 359艘次；救助渔船 1 263 艘，救助渔民 8 402 人；实际投入救助费用 2 998.07 万元，挽回经济损失 53 904.95 万元。2020 年渔业海难救助具体情况见表 2。

表 2　2020 年渔业海难救助情况

地区	救助起数（起）	救起渔民（人）	救起渔船（艘）	调度救助船舶（艘）		投入救助费用（万元）	挽回经济损失（万元）
				公务船	渔船		
天津	1	0	1	3	27	0	0
河北	10	16	13	5	13	2.07	0
辽宁	17	80	29	8	40	49.30	1 958.50

（续）

地区	救助起数（起）	救起渔民（人）	救起渔船（艘）	调度救助船舶（艘）		投入救助费用（万元）	挽回经济损失（万元）
				公务船	渔船		
山东	41	147	102	21	137	237.46	875.00
上海	13	80	13	5	8	13.15	730.00
江苏	28	129	26	11	29	87.99	6 280.00
浙江	877	7 223	943	46	932	2 129.25	27 014.20
福建	38	402	63	1	90	331.87	14 550.00
广东	28	133	36	47	18	77.50	363.00
广西	5	34	8	0	6	2.50	80.00
海南	31	158	29	4	59	66.98	2 054.25
全国总计	1 089	8 402	1 263	151	1 359	2 998.07	53 904.95

（农业农村部渔业渔政管理局）

捕捞许可和渔船管理

1.完成减船减产和更新改造目标任务 指导各地认真落实《农业部关于进一步加强国内渔船管控实施海洋渔业资源总量管理的通知》（农渔发〔2017〕2 号）文件通知精神和签订的《责任书》，认真研究，明确措施，加大减船转产工作力度，确保按时完成海洋大中型捕捞渔船管控任务。据全国海洋渔船动态管理系统统计，“十三五”期间全国累计压减海洋捕捞渔船超过4 万艘、150 万千瓦，完成海洋捕捞渔船更新改造 1.6 万艘，完成了国家“十三五”海洋捕捞渔船压减和渔船更新改造任务。

2.改革渔船用柴油机型谱管理制度 为贯彻落实国家“放管服”改革要求，2020 年 3 月 9 日，农业农村部发布第 276 号公告，废止《渔船用柴油机型谱与标识管理办法》。3 月 16 日，农业农村部渔业渔政管理局印发《关于明确农业农村部第 276 号公告有关事项的通知》，进一步明确了农业农村部第 276 号公告有关具体要求，并及时通过微信公众号、网站等多种渠道通知全国各级渔船管理相关人员及渔民，调整部署全国渔船动态管理系统业务办理功能，加强渔船用柴油机事中事后监管。农业农村部第 276 号公告的发布标志着渔船管理改革迈出了实质性步伐。

3.修订《渔业捕捞许可管理规定》 2020 年 7 月 8 日，农业农村部发布了《农业农村部关于修改和废止部分规章、规范性文件的决定》（农业农村部令 2020 年第 5 号），对《渔业捕捞许可管理规定》（农业农村部令 2018 年第 1 号）部分条款进行了修订。本次修订主要围绕简化程序、规范管理、优化服务开展，进一步简化了有关业务办理程序，延长了有关业务办理时限，满足了有关业务办理需求，切实减轻了渔民和企业负担。

4.规范远洋渔船审批管理 2020 年 4 月 7 日，农业农村部渔业渔政管理局印发《关于进一步规范远洋渔船审批有关事项的通知》，明确了更新建造远洋渔船审批中来源船标准化船型基础档定档规则。5 月 19 日，农业农村部印发《农业农村部关于加强远洋渔业公海转载管理的通知》，明确自 2020 年 5 月 20 日起，农业农村部停止远洋渔业辅助船审批，不再受理制造（包括新建、汰旧建新、购置并新建等）远洋渔业辅助船申请。同时，在新修订的《渔业捕捞许可管理规定》中，延长了制造特殊专业远洋渔船的时限，放宽了到特殊渔区作业有特别需求的专业远洋渔船制造拖网的相关条件。组织开展系统中登记在册的远洋渔船数据（包括非专业远洋渔船）和大洋性围网渔船作业类型核查工作。启动修订《远洋渔船标准化船型参数系列表（2018 年版）》工作。12 月上旬在北京开展远洋渔船境外报废拆解等相关工作集中研讨，启动远洋渔船境外报废拆解办法修订工作。

5.加强渔船法制建设 2020 年 10 月 30 日，农业农村部发布第 349 号公告，重新公布了海洋和内陆渔船证书证件样式。组织起草《休闲渔船管理办法（征求意见稿）》，于 6 月 30 日起正式向全国各级渔业部门和有关科研院所、大专院校征求意见。启动修订《海洋捕捞渔船拆解操作规程》，并向沿海各省份渔业部门和有关单位征求意见。组织起草《渔业船舶水污染防治技术规范》和涉渔“三无”船舶认定标准，启动《渔业船舶登记办法》等渔船管理政策的制（修）订工作。结合《中国船谱·第二卷》有关要求，启动《中国海洋渔船船谱》编纂工作。

6.开展渔船渔港信息系统整合 为配合渔船渔港综合管理改革，解决现有信息系统间“信息孤岛”以及中央和地方事权划分不清晰等问题，农业农村部渔业渔政管理局提出了将涉及渔船渔港渔具管理的信息系统进行整合并数据联通的工作思路，具体工作委托中国水产科学研究院渔业工程研究所牵头实施。系统整合完成后，将能够实现渔船、渔港、船员等捕捞业管理业务协同，各系统之间、中央和地方之间信息数据联通，统一对外服务，切实提升便民信息服务能力。截至2020年年底，系统整合工作初见成效，已实现“一艘船、一个人、一座港、一条鱼”的查询管理功效。升级改造了内陆渔船管理系统、渔船进出港报告系统，进一步完善功能，使其更加符合渔民和基层渔政人员的使用习惯。

7.组织开展沿海渔船渔港核查 为准确掌握我国国内海洋捕捞渔船、沿海渔港的基本情况，理顺“十四五”时期渔船渔港管理思路，2020年5月22日印发《农业农村部关于开展全国海洋捕捞渔船和沿海渔港核查工作的通知》，部署开展全国渔船渔港核查。本次核查是一次全面、有针对性和系统性的核查，不仅摸清了中国渔政管理指挥系统内管理的渔船在功率方面存在的船证不符、证业不符等问题，还同时对省管渔船进行了核查，还了解到一批无陆域证、无海域使用证，但长期在使用的渔港。在此基础上，坚持问题导向，分析问题、解决问题，提出“十四五”时期渔船渔港的管理思路。

8.规范开展渔船审批工作 2020年2月5日，下发《农业农村部办公厅关于疫情防控期间做好渔业船舶管理等有关事项的通知》，以解决疫情期间渔民和渔业企业证件办理困难的问题。8月28日，农业农村部办公厅印发《农业农村部办公厅关于延长海洋渔船和捕捞许可证相关业务办理时限等有关事项的通知》，再次延长海洋渔船和捕捞许可证相关业务办理时限至2020年12月31日。重新梳理渔业行政许可事项清单，录入国家政务服务平台系统。编制《渔业捕捞许可证电子证照标准》，10月由国务院办公厅发布。根据审计要求，修订了服务指南。据统计，全年共受理审核远洋、南沙、港澳等渔船船网工具指标276件和捕捞许可审批361个，涉及渔船637艘。办理《渔业船舶燃油污染损害民事责任保险或其他财务保证证书》516单，《渔业船舶残骸清除责任保险或其他财务保证证书》885单，制作《船上油污应急计划》139套。处理渔船数据修改申请53件，其中远洋渔船39件，国内渔船14件。

（农业农村部渔业渔政管理局）

渔 具 管 理

1.加强工作部署 2020年8月24日，印发《农业农村部办公厅关于做好2020年违规渔具清理整治工作有关事项的通知》，要求各地切实加强渔具管理，推动渔业绿色高质量发展；全面排查，重拳出击，重点打击严重违法行为；在做好疫情防控、禁捕退捕和防汛抗洪工作的同时，坚持问题导向和目标导向，突出重点区域和关键环节，加强组织领导，创新工作方法，确保清理整治工作效果；认真做好2020年违规渔具清理整治工作及三年“清网”行动总结。

2.开展专项行动 组织各地在前期“清网”工作成果基础上，突出重点、重拳出击，对清理整治行动进行再部署、再检查、再清理，结合“中国渔政亮剑2020”系列专项执法行动开展清理取缔“绝户网”专项执法行动和渤海综合治理专项执法行动，严厉打击“绝户网”，重点打击加装衬网、网目极小和电毒炸等违规违法行为。2020年全国共清理“绝户网”1 376 953张（顶），组织开展“三无”船舶和“绝户网”集中公开拆解销毁活动9 320次，检查船舶网具修造厂点13 487个（次）。

3.加快推进渔具目录及配套制度研究 进一步完善《全国海洋捕捞准用渔具目录（草案）》，组织2次集中研讨，搜集整理各方意见后不断加以修改完善。开展渔具标识和实名管理研究，初步确定渔具标识系统编码规则；组织科研院所、行业协会深入研究标准渔具补贴的可行性，为今后探索开展渔具补贴奠定基础。

4 规范废弃渔具管理并强化支撑保障 应对国际社会对“幽灵渔具”“海洋微塑料”的关注，组织开展我国渔具使用现状调研，提出减少废弃渔具的措施建议，为进一步规范渔具管理提供新的思路。为适应渔船渔港管理改革新任务，满足各地对渔具鉴定工作的实际需求，2020年5月组织各地对2018年公布的《各地渔具鉴定单位推荐名单》进行更新并随清网行动通知同时发布。

（农业农村部渔业渔政管理局）

水生生物资源养护与水域生态环境修复

2020年，坚持以习近平生态文明思想为指导，深入贯彻落实“绿水青山就是金山银山”的理念，按照党中央、国务院各项工作部署，稳步推进水生生物资源养护和水域生态环境修复工作，重要水生生物资源有所恢复，水生生物多样性水平有所提高，水域生态环境状况有所改善。

1.完善渔业资源保护相关制度 进一步规范海洋伏季休渔专项捕捞管理，发布2020年伏休期间专项捕捞许可及捕捞辅助船许可有关事项通告，2020年首次实施的毛虾专项捕捞取得良好效果。组织召开2020年海洋伏季休渔管理工作部署及“十四五”海洋伏季休渔制度研究视频会，就《海洋伏季休渔制度调整建议方案》征求沿海各省份渔业部门、有关专家和社会公众意见。继续组织实施限额捕捞试点，督促广西、海南两省(自治区)启动试点工作，实现了总量管理制度提出的“沿海省全部开展限额捕捞试点”任务目标。

2.组织开展水生生物增殖放流活动 举办6月6日“全国放鱼日”同步增殖放流活动，农业农村部副部长于康震出席农业农村部与山东省在烟台联合举办的现场放流活动并讲话。活动期间，全国31个省(自治区、直辖市)共举办增殖放流活动近300场，增殖各类水生生物苗种12亿余尾，涉及沿海及内陆重点渔业水域。全年中央财政投入资金近4亿元，带动全国投入放流资金超过10亿元，放流各类水生生物苗种近400亿尾。

3.推进海洋牧场科学规范发展 认真贯彻落实习近平总书记指示和党中央、国务院有关文件要求，大力推进海洋牧场科学规范发展，继续组织开展2020年国家级海洋牧场示范区创建活动，公布第六批国家级海洋牧场示范区26个。组织对2020年人工鱼礁储备项目进行评审，提出2020年油补人工鱼礁建设项目安排建议，指导各地开展人工鱼礁项目建设。根据《国家级海洋牧场示范区建设规划》《国家级海洋牧场示范区管理工作规范》等文件要求，组织各地开展国家级海洋牧场示范区年度评价，并对评价结果进行公示通报。积极支持海南开展海洋牧场创建活动，成立专家咨询委员会海南分委会，加强对海南省海洋牧场建设的技术指导。

4.协调落实好渤海综合治理攻坚战渔业相关工作 召开渤海综合治理攻坚战行动计划渔业相关工作进展情况调度部署视频会，听取环渤海三省一(直辖)市渔业部门贯彻落实渤海综合治理攻坚战行动计划有关进展情况和下一步工作计划的汇报，对其中的一些重点问题进行了讨论研究，对下一步工作做出部署安排。会后印发会议纪要，进一步督促各地按时完成渤海综合治理攻坚战渔业相关工作。按期调度渤海综合治理攻坚战进展情况，并及时做好全面总结。

5.组织开展渔业资源和生态环境调查监测 在前期工作基础上，组织起草中国近海渔业资源状况公报。以农业农村部和生态环境部联合发布的形式，公布了2019年全国渔业水域环境状况。组织做好涉渔工程渔业资源影响评价分析，提出有关保护和补偿意见。会同有关部门对第二次全国污染源普查中水产养殖产排污系数进行会商把关，科学、全面、准确反映水产养殖环境状况。

6.全力配合做好长江禁捕退捕工作 自2020年6月长江流域禁捕工作专班成立以来，积极配合农业农村部长江流域渔政监督管理办公室做好长江流域禁捕相关工作，多次参与领导讲话和重要文件起草，牵头组织制定巡查工作方案，牵头协调长江办会签文件的办理。牵头开展太湖等省际湖泊禁渔管理和水生生物资源可持续利用调研，起草调研报告。牵头开展湖心岛退捕渔民安置保障调研，督促江西、湖南两省尽快明确安置方案。牵头开展了禁捕期间因特殊需要采集水生生物资源管理研究，下发文件加强对相关省份的指导；参与了加强长江流域休闲垂钓管理等有关文件的起草。赴江西、江苏、湖北、湖南等省开展督导巡查和调研10余次，参加了国务院大督查陕西组的督查。

(农业农村部渔业渔政管理局)

周边渔业协定执行情况

【《中韩渔业协定》实施情况】 《中韩渔业协定》是在中韩两国尚未完成海域划界的情况下，就两国渔业问题做出的临时性安排。近年来，中韩双方在协定框架下开展了一系列务实渔业合作，对于稳定黄海渔业秩序起到了积极作用。

根据第十九届中韩渔委会年会纪要，2020年韩方许可中方渔船赴其管辖水域作业的生产渔船为1 400艘、运输船等辅助船为52艘，捕捞配额56 750吨。全年共有1 363艘生产渔船、49艘辅助船申请了入渔许可证。全年实际入渔的生产渔船为1 178艘(入渔率84.1%)、辅助船为48艘(入渔率92.3%)、完成配额42 554吨(配额完成率74.98%)。

中方渔业管理部门在强化渔船管理方面开展了大量工作，严格管理入渔韩国管辖水域的中方渔船，同时严厉打击涉渔“三无”船舶和违规网具。据不完全统计，2020年，韩方共抓扣我渔船35艘、同比下降82.14%，其中有证渔船27艘、同比下降83.23%，无证等严重违规渔船8艘、同比下降77.14%。

【《中越北部湾渔业合作协定》执行情况】 《中越北部湾渔业合作协定》于2020年6月30日到期。2020年7月1日零时起，中方根据《中越关于两国在北部湾领海、专属经济区和大陆架的划界协定》确立的海上分界线对渔业事务实施管辖，直至中越两国政府就北部湾渔业合作达成新的协定或做出安排。为加强北部湾海域作业渔船管控，农业农村部向南海三省（自治区）下发文件，要求进一步加强对在北部湾作业渔船的管控，指导渔民严格按照海上分界线开展渔业生产活动，避免进入海上分界线越方一侧水域。

（农业农村部渔业渔政管理局）

渔情统计监测与渔业信息化

【渔情统计监测】 2020年，面对严峻复杂的国内外环境，特别是新冠肺炎疫情的严重冲击，全国各级渔业部门坚决贯彻落实党中央决策部署，科学统筹疫情防控和渔业发展，渔业经济持续稳定运行，恢复好于预期。一年来，全国各级渔业部门和广大渔情监测统计工作者坚持服务和推动渔业高质量发展中心大局，认真开展统计监测，着力构建新时代渔业统计调查体系，不断提升数据质量，为服务宏观决策做出积极贡献。

1.迎难而上，应对重大突发事件能力有提升 2020年，随着新冠肺炎疫情蔓延，部分地区出现了水产品滞销、价格大幅波动等问题。及时搜集渔情信息，采取正确应对措施，是实现水产品稳产保供的关键。面对突发的重大疫情，全国各级渔业部门和广大渔情监测统计工作者攻坚克难、积极响应，一手抓疫情防控，一手抓渔情信息采集，圆满完成了疫情期间水产品存塘量、生产量、市场价格、进出口贸易等渔情信息的统计监测任务，为及时发现水产品供销堵点和渔业生产难点问题提供了基础分析依据，为水产品稳产保供提供了重要支撑，做出了突出贡献。

2.开拓进取，重点领域渔业统计研究见成效 2020年是渔情监测统计工作改革发展的重要一年。各地、各单位配合农业农村部渔业渔政管理局聚焦全面统计、养殖生产、海洋捕捞、休闲渔业、水产品市场、渔民家庭收支等重点领域，不断完善渔情监测统计调查方式。全国水产技术推广总站中国水产学会开展了省、市、县三级统计部门渔业产值核算方法研究，组织了全国主要海水养殖品种重点调查，为核准全面统计数据提供了重要依据。山东省利用卫星遥感技术及抽样调查统计方法，开展了统计调查方法的探索性研究。重庆市开展了渔业基础设施普查，并将普查信息纳入数据库管理。各省份通过重点领域统计研究，加快构建了全面准确反映渔业结构调整、产业升级、绿色发展、科技创新和民生改善状况的统计评价体系及调查制度，达到了渔情监测统计工作真正服务于新时代渔业高质量发展的目的。

3.依法治统，渔情监测统计规范化建设有进展 各地认真贯彻落实《中华人民共和国统计法》《防范和惩治统计造假、弄虚作假督察工作规定》《农业农村部 国家统计局关于进一步加强渔业统计工作的意见》《农业农村部渔业渔政管理局关于开展2020年度渔业统计年报数据自查工作的通知》的要求，制定渔情监测统计工作方案，完善数据和分析材料上报制度，成立渔情监测统计专家支撑团队，配合完成国家统计局统计督察工作，及时对照检查，并针对问题及时研究制定整改方案。通过监督检查和各地区开展的统计自查，统计工作规范化水平得到明显提升。

【渔业信息化】

1.加强项目建设，做好海洋渔船通导和安全装备配备 2020年，继续支持沿海有关省份开展海洋渔船通导和安全装备等配备和升级改造，积极推进渔船渔港动态监控管理系统建设，有力支撑海洋渔业渔政执法、安全生产等工作。

2.积极服务渔民，着力提升渔业信息化管理效率 2020年，中国渔政管理指挥系统拥有各类用户32 000多个。全年共计办理相关业务75万多件（次），其中渔船证件20万件、养殖证4万件、船员培训考试及发证51万件（次）。

（农业农村部渔业渔政管理局）

渔 政 执 法

2020年，各级渔业渔政主管部门和渔政执法机构以习近平新时代中国特色社会主义思想为指导，积极适应新时代新形势对渔政执法工作提出的新要求，继续实施以“中国渔政亮剑”为统一代号的系列专项执法行动，坚持严格规范公正文明执法，针对非法捕捞、违反休（禁）渔秩序、跨区作业等突出问题，严厉打击涉渔违法违规活动，有效维护了渔区生产秩序、公平正义和社会稳定，保障和支撑了渔业高质量发展，并助推了水域生态文明建设。

【工作成效】 据不完全统计，2020年，各级渔业渔政主管部门和渔政执法机构累计出动执法人员177.8万人次、船艇（车辆）50.45万艘（辆）次，检查渔港码头及渔船自然停靠点20.87万个次、渔船44.0万艘次。各地累计查处违法违规案件 4.19 余万件、违法人员 5.51 万名,同比分别增长 29.16%、27.61 %。其中,向司法机关移送涉嫌犯罪案件 5 582 件、涉案人员 8 870 名,同比分别增长 91.89%、88.36%;清理取缔涉渔“三无”船舶 12.18 万艘,增长 10 倍以上,“绝户网”137.70 余万张(顶),增长 24.81%。

【主要做法】

1.抓亮剑执法,保障产业秩序 一是优化“中国渔政亮剑”行动方案。坚持问题导向、目标导向,根据形势发展,调整优化“中国渔政亮剑 2020”行动方案,设立长江禁捕、水生野生动物保护、海洋伏季休渔、渤海综合治理、涉外渔业、清理取缔涉渔“三无”船舶和“绝户网”、跨区作业渔船清理整治等 9 个专项执法行动。二是坚持疫情防控与亮剑执法两手抓、两手硬。印发《关于进一步做好疫情防控期间渔政执法工作的通知》,督促各级渔业渔政主管部门及渔政执法机构“外防输入、内防反弹”,保障疫情期间渔政执法人员和渔民健康安全。三是督办大案要案。开展黄渤海区、南海区伏季休渔执法监管集中调研;督办琼昌渔 10453、10454 无证违规作业案,琼儋渔 F6606、琼临渔运 71007 违规建造作业案等。四是组织实施休(禁)渔执法评估。中国水产科学研究院及其所属 11 家单位开展休(禁)渔秩序评估,形成 101 期秩序评估工作简报,其中海洋 44 期、内陆 57 期。向相关各地转发简报 30 期,督促各地加强休(禁)渔执法监管。五是做好举报受理处置。依托中国渔政执法举报受理平台,2020 年接报处理线索 30 529 起,受理举报并生成受理单案件 5 624 起,直接移交线索 5 338 起,督察督办 286 起。六是做好渔政执法工作宣传。长江禁捕、海洋伏季休渔、黄河禁渔等重大渔业执法行动多次走上《新闻联播》以及《人民日报》《光明日报》《法制日报》《农民日报》、学习强国等主流媒体。发布 2019 年涉渔违法违规十大典型案例,《人民日报》《农民日报》、中央电视台、法制网、学习强国、今日头条等媒体平台予以转载。做好“中国渔政”微信公众号的更新和维护,2020 年共推送渔政执法工作动态 931 条,阅读次数 151 余万次,阅读人数 107 余万人次,总粉丝数量 6 万余人。

2.抓长江禁捕,完成重点任务 一是组建专班执法监督组开展相关工作。印发《打击长江流域非法捕捞专项整治行动重点任务分工方案》。迅速果断处置央视《焦点访谈》反映的汉江水域非法捕捞有关问题,派出工作组进行调查、督促整改,降低负面影响。梳理长江流域 14 省(直辖市)渔政执法情况及重大案例,发布长江流域重点水域违法捕捞十大典型案例,提高对违法行为震慑力度。按照统一部署安排,开展长江退捕建档立卡工作专项检查和长江禁捕联合督导检查活动。印发《关于开展长江流域重点水域相关船舶全面排查和规范处置工作的通知》,全面开展非法捕捞隐患船舶摸排。中国水产流通与加工协会与中国烹饪协会、中国饭店协会、中国消费者协会联合发出响应长江禁捕,拒绝违规水产品倡议。完成推进中国渔政服务平台建设。二是会同公安部完成专项整治相关工作。推动公安部成立打击长江流域非法捕捞部际工作专班。会同公安部制定《打击长江流域非法捕捞专项整治行动方案》;组织召开打击长江流域重点水域非法捕捞专项整治行动部署视频会;依托渔政执法举报受理平台,定期与公安部互换非法捕捞信息情报。指导地方渔政联合公安部门实施禁捕退捕渔村渔民“百日走访”活动和百日攻坚行动。会同公安部下发打击长江流域非法捕捞专项整治行动十条宣传标语,商请三大电信运营商向沿江 14 省(直辖市)群众发送长江禁捕相关公益短信,切实提高社会公众参与度。

3.抓队伍建设,提升执法能力 一是开展渔政执法机构调查。摸清机构改革后全国 2 609 个渔政执法机构的单位性质、人员和装备等基本情况,为强化渔政队伍能力建设奠定了坚实基础。二是推动辽宁省、江苏省重建省级渔政管理机构。辽宁省省级渔政管理机构重建工作有序开展,省级渔政执法监管力量回归并有所加强。督导江苏省理顺执法机构职责,加强海上渔政执法机构建设。三是组织全国渔业行政执法人员执法资格统一考试。在全国 21 个省(自治区、直辖市)设置 24 个考点,5 771 名渔政执法人员参加考试,通过率 86.35%,渔政执法人员的专业素质得到进一步提高。四是举办渔政执法骨干人员能力提升活动。运用信息技术手段,委托上海海洋大学、大连海洋大学举办线上渔政执法能力提升活动,13 000 余名渔政执法人员在线培训,9 门课程 25 节课基本实现渔政执法领域全覆盖。五是开展渔政执法案卷评查。制订发布渔政执法优秀案卷标准,组织各地申报参评案卷 125 卷,评出优秀案卷 70 余卷,提高了各地执法办案水平。六是通报表扬先进集体和个人。农业农村部对全国在“中国渔政亮剑 2020”系列专项执法行动中工作成绩突出的 106 个集体和 180 名个人进行通报表扬,弘扬中国渔政精神,增强渔政队伍凝聚力,激发新的活力。

4.抓合作机制,打造监管合力 与中国海警局联合部署“亮剑 2020”海洋伏季休渔执法监管行动方案,并指导地方开展联合执法行动。针对黄渤海区伏季休渔秩序存在的突出问题,商请中国海警局共同开展伏季休渔中后期联合执法行动，查处违规渔船169艘。与最高人民法院、最高人民检察院、公安部联合发布《依法惩治长江非法捕捞等违法犯罪的意见》。与公安部定期交换非法捕捞信息情报，建立重点地区联合挂牌整治机制。依托涉外渔业综合管理协调机制，与国家边海防委员会办公室、公安部、中国海警局联合研究起草《关于严厉查处打击涉海洋渔业违法犯罪活动执法协作工作的意见》，共同加强沿海渔船渔港管理。指导浙闽、闽粤加强建立省际执法合作机制，加强省际渔政执法能力。

（农业农村部渔业渔政管理局）

渔业政务信息与宣传

1. 主动加强对外宣传，充分展现渔业成就 2020年，全国渔业渔政系统以习近平新时代中国特色社会主义思想为指导，贯彻落实中央农村工作会议、中央1号文件等有关精神，克服新冠肺炎疫情等极端不利影响，坚持不懈稳数量、提质量、转方式、保生态，持之以恒推进渔业供给侧结构性改革，持之以恒推进渔业高质量发展，渔业经济保持平稳向好态势，为"菜篮子"产品保供稳价提供有力支撑，为"十三五"渔业发展画上圆满的句号。各级渔业渔政主管部门充分利用各类信息渠道和各种新闻媒介，积极宣传新成果、新成就，渔业工作得到社会各界关注、重视和支持。《中国渔业报》《中国水产》杂志、中国渔业政务网进一步发挥渔业宣传的主渠道作用，全面反映全国渔业经济发展和渔业渔政工作开展情况。渔业改革创新高质量发展推进会、全国同步放鱼日活动、稻渔综合种养发展提升现场会、"中国渔政亮剑2020"渔政执法行动、《远洋渔业履约白皮书》发布、长江禁捕退捕等重大会议和重要活动得到媒体广泛宣传报道，效果显著。2020年，渔业工作在央视《新闻联播》播出40余次，《人民日报》、新华社、中央广播电视总台等中央主流媒体有关渔业的宣传报道达500多次。

2. 针对突发新冠肺炎疫情，加强宣传舆论引导 新冠肺炎疫情暴发后，水生野生动物、常见水产品、进口水产品等备受媒体和公众关注。为及时回应公众关切，农业农村部渔业渔政管理局积极协调有关专家分析研判，连续刊发《解读渔业涉"冠"文献务必要严谨》《新冠病毒：又扯上海鲜市场，又扯上鱼！》《龟鳖不可能是新冠病毒中间宿主》等多篇文章，积极应对突发舆情，厘清新冠病毒与三文鱼、龟鳖等水产品和蛙类等常见水生野生动物之间的关系，及时为水产品正名。针对湖北水产品积压滞销等情况，指导中国农业电影电视中心联合中国水产流通与加工协会、湖北省农业事业发展中心共同举办"我为湖北拼大单——湖北水产品直销云购会"，通过农视网、人民直播、央视频、央视新闻＋、淘宝、抖音、快手、今日头条、腾讯、新浪等20余家媒体同步直播，吸引154万名网友、近300位水产交易市场负责人收看互动，意向签单21 250吨，意向成交额4.2亿元。

3. 凝聚多方协同发力，助力长江禁捕退捕 成立由农业农村部办公厅、渔业渔政管理局、长江流域渔政监督管理办公室、中国农业电影电视中心、农民日报社、中国农村杂志社、《中国渔业报》、中国水产杂志社等组成的长江禁捕退捕工作专班新闻宣传组，在农业农村部网站设立"长江禁捕退捕"专栏，紧密联系行业媒体和地方媒体，构建中央主流媒体引领、网站专栏系统介绍、行业媒体全程跟踪、地方媒体深度挖掘、传统媒体和新媒体全方位展示的宣传矩阵。组织召开例行政策吹风会、长江禁捕退捕工作新闻发布会，进行政策解读和进展通报；结合关键节点和重点任务，适时组织中央媒体实地调研采访，刊播大量深度报道。聘任曹文宣院士、刘国梁、李雪琴担任守护长江水生生物公益宣传大使，制播《给长江十年，养中华命脉》《爱长江，就让她喘口气》等长江禁捕退捕系列公益广告，与央视和中国农业出版社联合拍摄《生命长江》《保护长江——拯救"江中精灵"》等专题宣传片，全方位、多元化宣传长江禁捕退捕和长江大保护的重要意义，增强"十年禁渔"影响力。

4. 聚焦"十三五"渔业成就，开展亮点工作宣传 农业农村部渔业渔政管理局积极协调各方媒体，围绕实施公海自主休渔、稻渔综合种养、"中国渔政亮剑"执法、水生生物资源养护等"十三五"期间亮点工作开展系列宣传。在《农民日报》《中国渔业报》《中国水产》等媒体设立专栏，连续刊登《转型升级步伐加快　渔业高质量发展取得实效》《坚持稳粮增收　推动稻渔综合种养产业规范高质量发展》《描绘绿色发展新蓝图　开展产业升级新画卷》等10篇专题新闻报道。向社会充分展现"十三五"期间，我国渔业在保障农产品供给和国家粮食安全、保护耕地红线、增加农民收入、促进农村就业、维护国家海洋权益、加强生态文明建设等方面发挥的重要作用，展现我国渔业为世界渔业发展贡献的"中国智慧""中国方案"和"中国力量"。

5. 强化日常信息报送，扎实规范信息公开 积极开展渔业政务信息报送活动，编制《渔业情况》、渔业渔政管理局大事记，编发中国渔业政务网信息，及时通报渔业发展重大情况和工作进展。全年编发《渔业情况》24期、渔业渔政管理局网站信息410余条，为各级领导了解渔业发展情况、部署有关工作、制定有关措施政策提供重要参考，有效促进了工作开展。扎实开展信息公开，严格执行《中华人民共和国政府信息公开条例》《农业农村部信息公开规定》等制度，保障信息公开工作全面、准确、按时完成。全年主动公开信息 101 条，主动公开率、按时公开率达 100%。办结申请公开事项 17 件，均做到按规定的方式及时答复申请人，依申请公开率达到 100%，有效保障人民群众知情权、参与权、表达权和监督权。积极配合农业农村部法规司行政审批办公室清理、整合行政审批事项，按时完成行政审批工作。

（农业农村部渔业渔政管理局）

长江流域渔政管理

长江“十年禁渔”是以习近平同志为核心的党中央为全局计、为子孙谋，从战略全局高度和长远发展角度做出的重大决策。2020年，农业农村部充分发挥牵头抓总作用，把长江流域重点水域禁捕工作作为压倒性重大政治任务，会同有关部门和沿江省（直辖市），建立健全部际协调机制，组建跨部门工作专班，持续开展联合行动，以超常规打法、超常规举措，全力以赴、集中攻坚，推动长江禁捕退捕取得重要阶段性成效，如期实现“四清四无”和“两个确保”既定目标，为全面实施长江十年禁渔打下了良好基础，推动长江水生生物保护迈入新征程。

【发挥牵头抓总作用，体制机制逐步健全】 会同国家发展和改革委员会、公安部、财政部、人力资源和社会保障部、国家市场监督管理总局等12个部门成立部际协调机制，推动沿江省、市、县全部成立由党委或政府主要负责同志任组长的领导小组，构建了“中央统筹、部门协同、省负总责、市县抓落实”的工作格局。组建长江渔政特编执法船队，紧急购建12艘渔政船和17艘执法快艇，挂牌成立14个部省共建共管渔政执法基地。建立信访问题台账，每周调度通报各地信访办理情况，妥善做好风险隐患排查防范化解，信访案件办结率超过90%。强化调度通报，累计召开沿江省（直辖市）调度会4次、部际协调机制会商会8次、专班调度会25次，编发62期通报简报，及时反映各地工作进展情况。组建巡查组开展常态化巡查，共开展55次巡查，实地督查340个县（市、区），巡查天数超过300天，实现“一江两湖七河”227个重点县全覆盖。组织实施长江流域重点水域禁捕退捕工作考核，推动长江禁捕纳入国务院第七次大督查、长江经济带发展领导小组办公室督办事项和地方政府绩效、河（湖）长制等考核体系。

【切实履职尽责，长江十年禁渔如期启动】 组建跨部门的长江禁捕退捕工作专班，联合沿江省（直辖市）倒排时间、挂图作战，开展长江禁捕退捕180天攻坚战，取得重要阶段性成效。部署开展退捕渔船渔民全面建档立卡，总共核定退捕渔船11.1万艘、渔民23.1万人。推动各地建立健全退捕任务台账，逐船逐户签订退捕协议，足额发放补偿资金，及时回收处置渔船网具。累计退捕渔船11万艘、渔民22.8万人，接近总退捕任务的99%，2020年10月提前完成重点水域退捕任务。建立退捕渔船渔民管理系统和实名制动态帮扶系统，研究制定9项安置保障措施，持续加大财政资金保障力度，支持各地做实做细退捕渔民养老保险、技能培训、就业帮扶等工作。中央财政拨付补助资金130亿元，引导各地安排配套资金114.63亿元，21.8万人社会保障实现应保尽保，16.5万人转产就业实现应帮尽帮。2020年12月31日，国务院副总理胡春华出席长江流域重点水域“十年禁渔”全面启动活动，正式向全社会宣布长江流域重点水域自2021年1月1日起实行为期10年的常年禁捕。

【创新执法机制，打非断链高压态势初步形成】 会同公安部组建了双牵头、多部委参加的执法专班，指导沿江地方层层建立执法工作专班，形成了部门协同、部省联动、统一指挥、分级负责、运转高效的长江禁捕执法组织体系。经国务院同意设立长江口禁捕管理区，牵头组建6部门和上海、江苏、浙江“两省一市”参加的长江口专项执法组，组织开展为期1年的专项打击整治。推动《中华人民共和国长江保护法》颁布，加大对非法捕捞处罚力度，会同最高人民法院、最高人民检察院、公安部出台打击长江流域非法捕捞犯罪司法解释，细化法律适用，推进行刑衔接，加大打击震慑力度。2020年，共推动出台机构配备、挂牌督办、非法捕捞认定与损害评估、规范专项（特许）捕捞和垂钓管理、渔政执法工作规范等20多个配套办法，有效解决长期困扰渔政执法的法律保障不足问题。会同公安部、国家市场监管总局深入开展打击非法捕捞、市场销售专项整治行动，严厉打击“电毒炸”“绝户网”“三无船”，严肃查处非法捕捞渔获物和禁用渔具销售，整合相关部门和沿江各地的执法船艇、雷达、视频、无人机等执法资源，形成“多兵种多装备”集团作战、“水陆空网”立体管控的执法格局。制定加强渔政执法能力建设指导意见，印发渔政执法机构装备指导标准，组建 4 000 余人护渔员协助巡护队伍，推动各地按照“六有”标准补齐执法短板。沿江各地累计清理取缔涉渔“三无”船舶 3.4 万艘、违规网具 26.7 万张（顶），查处非法捕捞案件 7 579 起，查获涉案人员 8 361 人，其中司法移送案件 1 757 件，司法移送 2 429 人，打掉“捕、运、销”犯罪团伙 368 个，禁渔秩序明显好转。

【强化支撑保障，水生生物保护基础更加牢固】 成立长江流域水生生物完整性指数评价体系专家咨询委员会，推动建立长江流域水生生物完整性指数。推动中国水产科学研究院牵头成立农业农村部长江流域水生生物资源监测中心，构建统一管理、分级负责的资源监测网络，开展长期定点监测，科学评估资源变动状况。会同中国科学院加快推进长江上游珍稀特有鱼类保护及赤水河河流生态观测试验站建设，联合发布《长江流域水生生物资源及生境状况公报（2019 年）》，提升长江水生生物资源状况发布权威性。实施中华鲟、长江江豚、长江鲟、鼋等拯救行动计划，成立鼋保护联盟并首次开展鼋野化适应性保护，联合三峡集团公司建立农业农村部宜昌中华鲟保护基地。积极搭建珍稀濒危物种栖息地、死伤信息、水生野生动物救护信息采集系统框架，初步实现珍稀濒危物种保护动态管理，有效提升珍稀濒危物种保护水平。建立涉渔工程环境影响审查“黑名单”制度，完成涉渔工程生态补偿措施落实情况和重大违法行为专项检查准备工作。与三峡集团公司签订《长江流域水生生物及栖息地保护与修复战略合作框架协议》，成立上海长鱼长江水生生物保护基金会，推进落实栖息地修复项目。

【注重宣传引导，共抓大保护氛围全面形成】 在农业农村部网站设立“长江禁捕退捕”专栏。紧盯关键时间节点，组织中央媒体实地调研采访，长江禁捕退捕工作累计刊播于中央电视台《新闻联播》5 次、《焦点访谈》3 次、《朝闻天下》18 次、《新闻直播间》14 次、《今日说法》1 次。分别在国务院新闻办公室召开例行政策吹风会、农业农村部新闻发布厅召开长江禁捕退捕工作新闻发布会。在《农民日报》开设“长江大保护厅长访谈”专栏，协调沿江 10 省（直辖市）农业农村部门主要负责同志接受《农民日报》记者站采访。制播长江禁捕退捕系列公益广告，与中央电视台和中国农业出版社联合拍摄《生命长江》等专题宣传片，聘任曹文宣院士、刘国梁、李雪琴担任守护长江水生生物公益宣传大使。征集长江禁捕宣传标语口号，开展长江禁捕退捕宣传，营造基层理解、群众支持、社会认同的良好氛围。

（农业农村部长江流域渔政监督管理办公室 任甜甜）

各 地 渔 业

北京市渔业

【概况】 2020 年，以习近平新时代中国特色社会主义思想为指导，全面贯彻党的十九大和十九届二中、三中、四中、五中全会，以及中央农村工作会议精神，牢固树立新发展理念，落实高质量发展要求，紧扣首都功能定位，以满足人民对优质水产品和优美水域生态环境的需求为目标，以推进农业供给侧结构性改革为主线，以减量增收、提质增效为着力点，加快构建水产养殖业绿色发展的空间格局、产业结构和生产方式，推动北京市水产养殖业全面实现绿色发展。2021 年全市渔业水域面积 0.33 万公顷，其中淡水养殖面积超过 0.2 万公顷。水产品总产量 1.7 万吨，渔业总产值 4.3 亿元，其中休闲渔业产值 1.75 亿元。

1. 实施五大行动，推进水产养殖业绿色发展 主要开展了池塘循环水养殖技术、工厂化循环水养殖技术和鱼菜共生生态种养技术 3 项生态健康养殖模式的试验示范及推广工作，建立试验示范点 7 个。推广示范人工湿地尾水处理技术模式、生态工厂化尾水处理技术模式和池塘底排污尾水处理技术模式等三种尾水治理模式。

2. 充分发挥渔业生态功能 一是举办 2020 年“全国放鱼日”北京同步放流活动，放流北京市二级保护鱼类瓦氏雅罗鱼、细鳞鱼 5 万尾，积极推进水生生物多样化水平，为保护北京市地方重点水生野生动物做出积极贡献。二是投入增殖放流资金 1 877 万元。在全市 32 个水域近 2.4 万公顷自然水面，放流鱼苗 1 129.5 万尾。三是委托中国科学院动物研究所承担北京鱼类增殖放流生态评估项目，对密云水库、延庆野鸭湖、通州大运河等水域开展调查。

3. 加强水产品质量安全管理 落实国家农产品质量安全例行监测抽样工作和国家产地水产品兽药残留监控工作，抽检水产品 45 个，合格率为 100%。监督抽查检测样品 325 个，检测完成样本量 4 475 项次，已完成全年任务；风险监测已完成抽检样品 250 个，监测完成样本量 6 153 项次；重大活动保障工作完成抽检水产品样本 20 个，检测样本量 180 项次。水产养殖基地，检测渔业环境样本 100 份，检测样本量 950 项次。怀沙怀九河水生野生动物自然保护区及拒马河水生野生动物自然保护区环境监测工作，涉及 20 余个指标，抽取样本量 20 份，检测样本量 300 项次。13 个养殖区确定了 26 名水产风险调查员。顺利通过农业农村部组织的 13 个检测项目以及国家市场监督管理总局组织的水中高锰酸盐指数和土壤中铅镉的检测项目能力验证工作，不断提升检验检测能力水平。

4. 加强鱼病防治工作 按照农业农村部要求，对 7 种水生动物疫病（鲤春病毒血症、锦鲤疱疹病毒病、鲤鱼浮肿病、草鱼出血病、金鱼造血器官坏死病、传染性造血器官坏死病、传染性胰腺坏死病）进行抽样检测，检测样品 104 份，阳性样品检出率 7.7%。设置测报点 55 个，按月向全国水产技术推广总站报送发病信息。在京津两地建立传染性造血器官坏死病和鲤浮肿病 CEVD 综合防控示范点 7 个。编制并组织实施《2020 年北京市水产养殖用药减量行动工作实施方案》。

【重点渔业区基本情况】

北京市重点渔业区基本情况

地区	总人口（万人）	渔业产值（万元）	水产品产量（万吨）	其中		养殖面积（公顷）
				捕捞	养殖	
通州	77.5	10 594.83	0.31		0.31	561.6

（续）

地区	总人口（万人）	渔业产值（万元）	水产品产量（万吨）	其中		养殖面积（公顷）
				捕捞	养殖	
平谷	33.7	8 273.3	0.56		0.56	545.7
顺义	61.4	5 686.6	0.26		0.26	370.8
房山	59.1	5 300.0	0.13		0.13	225.4
密云	28.0	3 699.25	0.25	0.25		98.1

【大事记】

［1］1 月 17—24 日，与中国园林博物馆合作举办“吉庆有鱼——中国金鱼与金鱼主题文物联展”。共展出 30 个品种，400 余条中国传统金鱼，同时与北京市文物公司合作展示 26 件金鱼题材文物。

［2］5—9 月，北京市水产技术推广站承担全国鲤浮肿病病原检测能力验证组织工作。

［3］6 月 4 日，农业农村部发布并通报了 2019 年水生疫病监测结果，北京 37 家养殖场为国家水生动物疫病监测计划阴性养殖场。

［4］6 月 6 日，在野鸭湖和玉渡山自然保护区举办主题为“养护水生生物资源　促进生态文明建设”的“全国放鱼日”北京同步放流活动。

［5］6 月 10—12 日，北京市鲟鱼、鲑鳟鱼创新团队与河北创新团队合作创建京冀“科技创新驿站”，在河北和北京开展科技服务活动，对养殖企业提供优质鲟鱼苗、养殖尾水治理技术转化应用和休闲渔业服务。

［6］9 月 16—25 日，农业农村部部长韩长赋、副部长于康震参加了“匠心独具——北京市劳动人民文化宫 2020 年宫廷金鱼特展”。来自全国 12 个省份、30 多家养殖场的 54 个品种、1 200 多尾精品金鱼参加展示。

［7］11 月 11 日，“冷水鱼重要疫病防控技术研究与集成应用”项目荣获中国水产学会范蠡科学技术奖二等奖。

［8］11 月 16 日，北京市水产技术推广站观赏鱼文化交流中心正式成立。交流中心展示活体金鱼 20 个品种共计 50 余尾，通过观赏鱼文化墙、文创产品及相关主题器物展示、多媒体科普影片播放等方式，向前来参观交流的爱好者普及观赏鱼知识，开展技术培训与观摩讲座。

（北京市农业农村局）

天津市渔业

【概况】 2020 年，全市水产品产量 28.48 万吨，同比增长 8.62%；渔业产值 69.92 亿元，同比减少 4.74%；渔民人均纯收入 2.78 万元。全市水产养殖面积 2.37 万公顷，同比减少 0.81%，其中淡水 2.27 万公顷、海水 0.10万公顷。生产海、淡水苗种 107 亿尾。远洋渔业投入生产渔船 15 艘，捕捞产量 0.61 万吨。

1.现代渔业建设　大力发展天津主导养殖品种南美白对虾养殖，全市南美白对虾海淡水养殖面积 1.45万公顷，占养殖总面积的 61.2%。全市稻渔综合种养呈现高速发展势头，新建稻渔综合种养示范基地 2 667 公顷，带动全市稻渔综合种养面积达到 2.03 万公顷，较上年增长 298%。投资 11 127 万元，组织实施天津市农业重点投资项目天津市宁河区名优淡水鱼繁育基地建设项目、天津市宝坻区水产品可追溯储养场建设项目和宁河区新型都市渔业养殖基地建设项目。投资 1 429 万元，实施农业农村部现代种业提升工程项目天津市鲤鲫鱼水产种质资源场建设项目。投资 500 万元，实施工厂化养殖循环水设备维护项目 10 个。实施高标准池塘建设试点，天津农垦渤海农业集团有限公司、天津市永威水产养殖专业合作社先行先试，打造可示范、可复制、可参考的典型样板区域。

2.水产绿色发展　经天津市人民政府同意，天津市农业农村委员会印发了《天津市养殖水域滩涂规划（2019—2030 年）》，联合 9 部门印发了《天津市关于加快推进水产养殖业绿色发展的实施意见》。按照农业农村部要求，印发《2020 年天津市水产绿色健康养殖“五大行动”实施方案》等专项方案，积极推广先进适用的水产绿色健康养殖技术和模式。组织各涉农区进行水产健康养殖创建活动，全年创建和复查水产健康养殖示范场 8 个。实施渤海综合治理，突出养殖尾水排放专项整治。完成退渔还湿 3 353 公顷，其中 2020 年完成 1 380 公顷；完成 3 860 公顷水产养殖尾水治理任务，其中滨海新区 1 640 公顷、宝坻区 333 公顷、宁河区 1 887 公顷。完成 30 家工厂化养殖循环水项目。组织开展养殖尾水处理科技攻关，研究水产养殖尾水处理模式，推进水产生态健康养殖。

3.渔业资源养护 积极开展渔业资源增殖放流，在渤海湾近岸和内陆重要渔业水域放流中国对虾等各类经济苗种共 16.97 亿单位。推动实施《海河流域（天津）水生生物多样性保护实施方案》，开展生物多样性调查监测，实施生物多样性增殖放流，投放各类淡水苗种 408.15 万单位。推进海洋牧场建设，组织编制《天津市现代化海洋牧场建设总体规划（2021—2025年）》。落实国内渔业捕捞和养殖业油价补贴政策，对 7 046 万元市级统筹资金和 2 238 万元中央专项转移支付项目资金使用方向进行了调整优化。严格落实海洋捕捞管控制度，按照农业农村部双控工作部署，至“十三五”末全市需压减国内海洋捕捞机动渔船 60 艘，实际共拆解渔船 68 艘，核减功率 6 655 千瓦。加快推进渔船更新改造，更新改造海洋渔船 50 艘。

4.水产品质量安全监管 强化水产养殖用饲料、兽药等投入品质量监管，严厉打击制售假劣水产养殖用饲料、兽药的行为。依法建立健全水产养殖投入品使用记录制度，加强水产养殖用药指导，严格落实质量安全监管，确保全市产地水产品合格率保持在 98%以上。制定印发了《关于开展养殖池塘清理整治和投入品管理专项检查的通知》，成立 3 个检查小组，对 10 个涉农区水产养殖投入品进行专项督导检查。开展水产养殖用药减量行动，在宝坻、蓟州、宁河、西青、滨海新区 5 个区，遴选 10 家养殖单位作为水产养殖用药减量模式推广点，示范池塘面积 228 公顷、工厂化面积 15 420 米^2。通过减药技术的应用，推广试验池塘全年未发生重大疫病，用药量和用药成本较上年度降低 27.4%。

5.渔政管理 5 月 1 日至 9 月 1 日，实施渤海海洋伏季休渔。强化海上联合执法，与河北省渔政执法部门、天津海警局共同开展联合执法行动 8 次，市、区两级渔政执法部门开展联动执法 6 次。伏季休渔期间，全市累计出动执法船艇 410 艘次、执法人员 3 723 余人次，巡航里程 14 900 海里，处罚案件 209 起，罚款 287.6 万元，清理地笼网、小插网等 7 800 余条，查封扣押违规渔船及快艇 28 艘。落实海河流域禁渔政策，为全面整治内陆水域非法捕捞问题，在全市部署开展重要渔业水域非法捕捞专项执法行动，严厉打击非法捕捞行为，坚决取缔涉渔“三无”船舶。市、区两级渔政执法部门累计出动执法人员 6 790 人次，清理各类网具 7 025套，查处违法案件 33 起，行政处罚 20 起，收缴电鱼器具 6 套，移送司法机关追究责任 10 起。扎实推进水生野生动物保护工作，全年累计出动执法车船艇 86 次，出动渔政执法人员 241 人次，共检查餐饮饭店、药材仓库、农贸市场、海鲜批发市场、水产养殖场、海洋馆、展馆等 260 家。

【重点渔业区基本情况】

天津市重点渔业区基本情况

地区	总人口（万人）	渔业产值（万元）	水产品总产量（吨）	其中				养殖面积（公顷）	
				海洋捕捞	海水养殖	内陆捕捞	淡水养殖	海水	淡水
宁河区	41	143 800	57 877			42	57 835		3 899
宝坻区	65	121 643	53 810			670	53 140		4 523
滨海新区	98	131 568	50 525	26 952	9 739	200	13 634	975	3 487
武清区	80	94 077	33 186				33 186		2 431
静海区	61	54 568	28 974			11	28 963		2 768

【大事记】

［1］3 月 20 日，经市政府同意，印发《天津市农业农村委员会等 10 部门关于印发天津市关于加快推进水产养殖业绿色发展的实施意见的通知》，加快推进全市水产养殖业绿色发展，促进产业转型升级。

［2］5 月 7 日，副市长李树起赴宁河区、宝坻区对稻渔综合种养情况进行调研，市农业农村委党委书记、

主任沈欣陪同。

[3]5月9日，市政府召开全市稻渔综合种养工作视频会议，副市长李树起出席会议并讲话。

[4]12月30日，经市政府同意，印发《天津市农业农村委员会关于印发天津市养殖水域滩涂规划(2019—2030年)的通知》。

（天津市农业农村委员会 陈 莹）

河北省渔业

【概况】 2020年，全省渔业系统围绕提质增效、减量增收、绿色发展、富裕渔民的目标，转方式、调结构、强基础、拓功能，不断强化水产绿色健康养殖，加大水域生态环境保护、渔业资源增殖放流、海洋牧场建设力度，积极促进一二三产业融合发展、大力发展休闲渔业，全力以赴加强休（禁）渔管理，严厉打击涉渔“三无”船舶和“绝户网”等违规网具，严格管控渔船渔港，不断增强科技创新能力，同时克服新冠肺炎疫情不利影响，做好疫情期间渔业稳产和京津冀地区水产品保供及水产品质量安全保障工作，为完成全省“六保”“六稳”任务做出积极贡献。不断培育新产业新业态，提高现代化渔业发展水平，促进渔业经济保持平稳较快增长。全省水产品总产量100.3万吨，同比增长1.3%。其中海洋捕捞17.2万吨，同比下降10.1%；海水养殖48.8万吨，同比增长8.8%；淡水养殖26.0万吨，同比增长0.3%；淡水捕捞3.4万吨，同比下降5.5%；远洋捕捞5.0万吨，与上年持平。渔业经济总产值303.3亿元，同比增长8.54%。渔民人均纯收入19 547元，同比增长5.99%。

1.水产绿色健康养殖水平不断提升 经省政府同意，省农业农村厅与省自然资源厅、省生态环境厅等10厅局发布实施《关于加快推进水产养殖业绿色发展的实施意见》，为各市推动水产绿色健康养殖提供了基本遵循。24个市（县）完成了养殖水域滩涂规划编制发布任务，其中重点县级规划完成率100%，市级规划完成率81.8%。唐山市、邢台市2个市级规划编制已完成，并报政府发布实施。省级规划已组织专家论证评审并进一步修改完善。大力发展水产健康养殖，支持工厂化循环水、渔业物联网等基础设施建设和现代化装备，推广海水立体生态养殖等模式，全省新创建部级水产健康养殖示范场43家，曹妃甸区渔业健康养殖示范县通过了国家组织的复核验收，辐射带动作用不断扩大。

2.捕捞业结构调整步伐进一步加快 认真推进减船转产和更新改造工作。全省累计减船971艘，更新改造渔船439艘，减少功率44 374.63千瓦，进一步降低了海洋捕捞强度，有效恢复了近海渔业资源，渔船装备能力进一步提升。稳定发展远洋渔业。认真开展远洋渔业企业资格、项目和企业履约情况初审工作，扎实落实企业安全生产、船位监测、项目监管、自主休渔等有关要求，规范巩固现有远洋渔业。加强涉外渔业管理。及时印发《关于进一步加强涉外渔船管理工作的通知》，指导涉外（远海远洋）渔业企业加强渔船管控，做好外籍船员管理，严格落实疫情防控要求，严防疫情输入，保证涉外安全。

3.渔业资源养护能力得到增强 在近海海域和内陆湖库，增殖放流中国对虾、三疣梭子蟹、褐牙鲆、鲢鳙鱼、草鱼、淡水青虾、中华鳖等水生生物苗种33.9亿单位，6月6日在衡水湖举办了“全国放鱼日”河北同步增殖放流活动。据调查，增殖品种产量在捕捞总产量的占比可达70%以上。加大对衡水湖等5处国家级水产种质资源保护区建设力度，配套完善保护区基础设施，加强对黄颡鱼等重要保护品种及其栖息环境的保护。组织做好白洋淀水生生物本底调查、日常监测及外来物种筛查工作，指导地方政府开展入侵物种防范及应急处置等工作。《河北省现代海洋牧场规划(2020—2025)》编制工作已征求相关厅局意见，进一步修改完善。向农业农村部申报第六批国家级海洋牧场示范区3个，有6个海洋牧场示范区人工鱼礁建设项目开工，投放人工鱼礁46万多空方。人工鱼礁区水域生态环境和海洋生物群落构成均得到改善，生物种类数量为非礁区的2倍以上，生物量是非礁区的3倍以上。

4.一二三产业融合发展提速增效 继续开展休闲渔业品牌培育活动，重点支持建设省级休闲渔业示范基地23个和休闲渔业精品典型14个，并组织评选出第四批省级休闲渔业示范基地30个，全省休闲渔业“一带三区”建设成效初显，经济总产值达6.82亿元。严格落实农业农村部《关于推进大水面生态渔业发展的指导意见》，在全省范围组织开展了摸底调研，并于2020年年底出台《关于推进河北省大水面生态渔业发展的实施意见》，推动大水面发展生态渔业。

5.安全保障工作扎实有效 完成省渔船渔港动态监控系统研发、硬件设备安装调试等工作，认真开展九位码专项整治，扎实落实渔船安责险，有序推进渔业船员证书换发，加强渔业船员日常管理，规范开展渔业船员培训考试等各项工作。对全省渔港关键信息点开展采集摸排，梳理出25座重点渔港及渔业港区。反复征求省发改委、省自然资源厅等部门意见，完善渔港基础资料，最终7座渔港经省政府同意对外公布。支持沿海3市开展港区环境综合整治、渔船进出渔港规范化管理、污水油污处理等建设，督促地方加快渔港污染防治设施设备配备，有3座渔港已完成整治任务。组织申报唐山丰南黑沿子中心渔港、沧州渤海新区新村一级渔港为河北省渔获物定点上岸渔港。加强全省渔业系统组织领导，制定并下发加强水产养殖、做好渔业应急保障供应等文件，完善信息周报告制度，提高养殖渔情、渔业统计等信息采集频次，完成水产品保供基地备案登记，组织实施企业包联，及时帮助企业解决生产经营中存在的困难和问题，做好疫情期间渔业稳产和京津冀地区水产品保供工作。组织渔业官方兽医资格培训，考核认定官方兽医283人。全力做好水产苗种产地检疫工作试点工作，开展水生动物重大动物疫病专项监测、产地水产品质量安全监督、省级风险监测，抽查各类样品1 088个。开展海参专项整治行动，抽检样品67批，合格率100%。加强贝类毒素抽样监测，对发现的贝类毒素含量超标情况，及时发布预警，禁止采捕，提醒居民勿食，防止发生中毒。积极开展渔业安全“双控”机制建设试点，起草印发《河北省渔业船舶安全专项整治三年行动实施方案》，明确相关管理制度和管控措施，有针对性地开展安全检查，全省共组织培训活动20多起，培训渔民800多人，检查渔船6 000艘次，整改隐患698处，立案处罚94起。

6.渔政执法始终保持高压态势 印发《“中国渔政亮剑2020”河北系列专项执法行动方案》，开展十大专项行动。加强海洋伏季休渔渔船的全方位监管，始终保持“史上最严”不松劲，全省休（禁）渔秩序总体良好，共查处违反休（禁）渔规定案件345件，其中移送司法机关51件。全省累计开展水生野生动物及其制品保护利用双随机执法检查活动128次、共检查各类经营场所1 587个次，检查经营者1 852人次。加强与海警、公安等部门的执法协作，为海警、公安等部门开具涉案网具认定书39份。落实京津冀内陆水域渔政执法、冀辽津鲁海上渔政执法协作机制，召开省际协作会1次，组织开展联合执法行动4次。落实《禁渔禁航和清扫海军地协作协议》，组织30艘次渔政船配合海军开展禁渔禁航和清扫海工作9次。严格落实行政执法三项制度，举办全省渔政执法培训班1期，培训渔政执法人员100余人。

7.科技创新能力明显提高 开展生态健康养殖模式、养殖尾水治理模式、水产养殖用药减量、配合饲料替代幼杂鱼和水产种业质量提升等水产技术推广“五大行动”。积极开展养殖尾水治理，选取黄骅、丰南两地实施整县制尾水治理试点，项目均已通过专家评审。实施池塘原位和异位净化技术示范，示范面积超过1.3万公顷，养殖尾水逐步实现达标排放或零排放。在7个市开展水产养殖用药减量行动试点，实现渔药使用量比2017年下降5%以上。加强与中国水产科学研究院黄海水产研究所、北戴河中心试验站等国家级科研院所合作，做好中国对虾、南美白对虾、牙鲆、半滑舌鳎、梭子蟹等优势主导品种良种选育及提纯复壮，繁育“黄海3号”中国对虾苗种1亿尾以上，选育越冬亲虾5 000尾。

8.政策支撑能力稳步增强 认真贯彻农业农村部、财政部有关要求，与省财政厅联合印发《关于做好2020年国内渔业油价补贴政策调整专项转移支付项目实施工作的通知》和《河北省2019年度渔业油价补贴政策调整中央一般性转移支付资金实施方案》，配套实施6个专项方案。积极争取并落实资金，指导各地稳步推进油补发放及项目建设工作。会同有关单位组成督导组，对渔业油价补贴政策调整资金执行情况进行了抽查与调度，指出各地存在的问题，要求进一步加强梳理与整改。制定实施《2020年全省渔业渔政工作要点》，着手编制《渔业“十四五”实施方案》，配合起草《关于持续深化“四个农业”行动方案》，促进渔业指导政策体系化、制度化。指导渔业海淡水专家团队制定实施产业体系年度工作方案，推动科研成果更快更好地服务渔业生产。召开全省渔业工作会议，总结工作成效与经验，分析存在的问题，研究部署下一阶段及“十四五”渔业重点任务，推动渔业事业更好更快发展。

9.存在问题 一是基层渔业行政主管部门正面宣传有待加强。一些地方还存在以生态环境保护为由对水产养殖搞“关停”“封堵”等“一刀切”式的执法，影响渔业发展及渔区稳定。而渔业主管部门对水产养殖、渔业增殖在净水控藻、生态修复等方面的重要作用主动发声不够，正面宣传不足。二是高质量发展水平较低。突出表现为渔业二、三产业发展明显滞后，虽然近几年全省在休闲渔业、水产品加工方面出台了一些扶持政策，但渔业二、三产业占比低的局面还没有根本改观，缺乏规模化龙头企业及应有的品牌效应，渔业高质量发展还存在很多短板。三是基础设施升级改造迟缓，安全形势不容乐观。渔港等渔业基础设施建设管理水平依然较低，整体布局不平衡，等级结构不合理，功能定位不明确。大部分渔港缺少建设维护费用，配套管理制度建设滞后，相关管理机制不健全。渔业安全生产监管能力还需进一步提高，对渔船安全设备、救生设备和渔船通信设备的检查不严谨，执法不严，处罚不及时，需要进一步落实责任。

【重点渔业市(县、区)基本情况】

河北省重点渔业市(县、区)基本情况

市(县、区)	渔业人口(人)	渔业产值(万元)	水产品产量(万吨)	其中				养殖面积(公顷)	
				海洋捕捞	海水养殖	内陆捕捞	淡水养殖	海水	淡水
北戴河新区	24 408	417 000	172 673	9 590	162 956	15	112	20 193	105
乐亭县	8 020	295 634	170 700	27 840	102 332	178	1 850	28 319	189
曹妃甸区	23 630	425 525	159 200	12 906	60 274	10	86 010	6 916	7 453
昌黎县	12 200	148 000	85 009	3 361	81 496	27	125	14 119	97
滦南县	12 571	243 592	70 702	25 235	31 130	581	13 756	8 116	984
丰南区	10 699	249 294	55 229	12 657	630	963	40 979	740	2 817
黄骅市	52 883	334 288	53 080	43 180	6 900		3 000	4 965	713
唐山湾国际旅游岛		135 483	38 494	6 872	31 622			13 762	
渤海新区	10 235	123 917	27 349	20 058	97				
迁西县	680	25 262	11 500			650	10 850		429

【大事记】

[1]2 月 10 日,省农业农村厅办公室印发《关于进一步做好水产养殖相关工作的通知》,切实加强疫病防控期间水生动物疫病防控工作,做好企业摸排工作,协助解决生产实际困难,确保水产品有效供给。

[2]2 月 12 日,省农业农村厅办公室印发《关于做好渔业应急保障供应工作的通知》,明确水产品应急保障基地,加强冷鲜品保障供给,秦皇岛、唐山、沧州、石家庄、保定 5 市共推荐保供基地 45 家。

[3]2 月 14 日,经省政府同意,省农业农村厅与省生态环境厅、省自然资源厅等 10 部门联合印发《关于加快推进水产养殖业绿色发展的实施意见》。

[4]2 月 17 日,省农业农村厅办公室印发《2020 年春季水生动物疫病及贝类毒素应急监测计划》,针对春季 3 种易发水生动物疫病、2 种贝类毒素开展应急监测,下达监测任务 76 个,加强疫情防控期间全省水生动物病原监测,降低传播扩散风险。

[5]2 月 25 日,省农业农村厅印发《加强疫情防控促进农业生产工作方案》(水产品稳产保供工作方案),方案要求各地建立健全水产品应急保障体系;开展“抗疫情、解农困”包联企业工作;加强春季苗种生产管理工作;组织水生动物病原应急监测,确保水产品市场供给及春季生产工作有序开展。

[6]3 月 3 日,省农业农村厅办公室印发《全省水产行业包联工作方案》,切实加强疫情防控期间全省水产养殖生产加工工作,帮助水产企业解决因疫情导致生产经营存在的困难及问题,稳定水产品供应及生产。

[7]4 月 7 日,省农业农村厅与省财政厅联合印发《河北省 2019 年度渔业油价补贴政策调整中央一般性转移支付资金实施方案》。配套实施渔船渔港综合保障能力提升项目、休闲渔业扶持项目、特色渔业精品基地和养殖基础设施升级改造项目实施意见等专项工作方案。

[8]4 月 17 日,召开 2020 年全省休(禁)渔工作视频会议,省农业农村厅党组副书记吴更雨出席并讲话。

[9]5 月 26—29 日,农业农村部渔业渔政管理局副局长刘新中与黄渤海三省一市(直辖市)渔业部门领导在唐山、秦皇岛集中调研,并开展海洋伏季休渔和安全生产专项检查,省农业农村厅党组副书记吴更雨陪同。

[10]5 月 30 日,省农业农村厅办公室印发《2020

年河北省水产绿色健康养殖“五大行动”实施方案》，在全省范围开展“生态健康养殖模式推广行动、养殖尾水治理模式推广行动、水产养殖用药减量行动、配合饲料替代幼杂鱼行动、水产种业质量提升行动”。

[11]6月6日，省农业农村厅与衡水市政府在衡水湖联合举办主题为“增殖水生生物资源，促进生态文明建设”的“2020年全国放鱼日河北增殖放流活动”，省农业农村厅党组副书记吴更雨出席并讲话。唐山、沧州两市同步开展活动。全省当日共放流中国对虾、三疣梭子蟹、青虾、鲢鱼、鳙鱼、草鱼等水生生物苗种约2.8亿单位。

[12]6月29日，全省海洋伏季休渔调度会议暨渔业安全生产双控机制建设经验交流会在石家庄召开，省农业农村厅党组副书记吴更雨出席并讲话。

[13]7月14日，农业农村部渔业渔政管理局公布2019年度国家级海洋牧场示范区评价结果。河北省祥云湾海域国家级海洋牧场示范区评价结果为“好”；河北省山海关海域、新开口海域、北戴河海域、乐亭县海域兴乐等4家国家级海洋牧场示范区评价结果为“较好”。

[14]7月20日，印发《全面开展海参养殖用药专项整治行动的通知》。当日成立由省农业农村厅二级巡视员闫建民带队，渔业处、省渔政执法总队和省水产技术推广总站有关人员组成的工作小组赴唐山、秦皇岛就海参养殖用药生产情况进行调研。至8月底，共出动执法人员670多人次，检查养殖主体320家，兽药经营企业240家，做出行政处罚4件。

[15]8月10日，省农业农村厅办公室印发《河北省水产规模养殖示范区建设工作方案》。

[16]9月3日，全省渔业资源养护及大水面生态渔业发展工作研讨活动在承德举办，省农业农村厅党组副书记吴更雨主持活动并讲话。农业农村部渔业渔政管理局、河北省农业农村厅渔业相关处室及直属事业单位负责同志参加活动。

[17]9月4日，中国共产党河北省渔政执法总队第一次党员代表大会在秦皇岛召开，省农业农村厅党组副书记吴更雨出席并讲话。

[18]9月7日，《中国渔业报》第966期，对秦皇岛市大力推动社会资金投入休闲渔业、水产养殖公司成功转型渔岛旅游景区、渔船成为网红民宿区等休闲渔业发展进行了专题报道。

[19]9月21日，《中国渔业报》第968期，对唐山市从“传统＋科技”打造寓教于乐的“渔文化”主题乐园、一二三产业融合发展打造休闲渔业全产业链等成果进行了专题报道。

[20]10月10日，《农业日报》从“深耕新业态、转型谋发展”方面对秦皇岛市休闲渔业跨界发展带动产业转型升级进行了报道。

[21]10月13日，全省渔业工作会议在邯郸涉县召开。省农业农村厅党组副书记吴更雨出席并讲话，总渔业师闫建民主持。省农业农村厅渔业相关处室、各市、重点县渔业行政主管局负责同志参加会议。

[22]10月23—25日，第三届中国国际海洋牧场博览会在大连世界博览广场举办，河北省农业农村厅组织全省14家国家级海洋牧场示范区参加展览，省农业农村厅党组副书记吴更雨带领河北省农业农村厅渔业相关处室及沿海3市渔业主管部门负责同志参加活动。

[23]10月27—29日，省农业农村厅党组副书记吴更雨带队到山东石岛集中调研异地生产渔船管理工作，召开座谈会并对异地渔船管理提出明确要求。

[24]12月11日，全省大水面生态渔业发展研讨活动在石家庄正定举办，省农业农村厅总渔业师闫建民主持，省农业农村厅渔业相关处室及直属事业单位负责同志参加。

[25]12月25日，农业农村部发布第377号公告，河北省秦皇岛香溪河海域海之洋、滦河口海域振利、滦河口东部海域香纳森等3家被批准为第六批国家级海洋牧场示范区。

[26]12月31日，省农业农村厅、省生态环境厅、省林业和草原局联合印发《关于推进河北省大水面生态渔业发展的实施意见》。

（河北省农业农村厅　周栓林）

山西省渔业

【概况】 2020年，山西渔业系统干部职工坚持以习近平新时代中国特色社会主义思想为指引，深入学习贯彻党的十九届五中全会精神，按照省委“四为四高两同步”的总体思路和要求，认真贯彻执行党和国家的渔业发展战略部署，转变渔业经济发展方式，深化产业结构调整，开展渔业资源环境保护，加强水产品质量安全管理，加大科技工作力度，提高行业管理水平，努力向现代渔业迈进。

全省水产品总产量为46 799吨，同比增长1.06%。其中捕捞产量1 632吨，同比减少28.01%。养殖产量45 167吨，同比增长2.56%，占水产品总产量96.51%。养殖产量中：池塘产量31 999吨，同比增长0.79%，占养殖产量的70.85%，位居第一。水库产量12 859吨，同比增长6.26%，占养殖产量的28.47%，位居第二。

水产养殖面积 12 410 公顷，与上年同期持平。全省渔业经济总产值为 91 189.75 万元，同比减少 7.44%。其中渔业产值 67 437.30 万元，同比减少4.65%。其中淡水养殖产值为 62 921.50 万元，同比减少 2.81%。渔业工业和建筑业产值 7 159.86 万元，同比减少 19.91%；渔业流通和服务业产值 16 592.59 万元，同比减少 11.98%。全省渔民人均纯收入11 285.95元，同比增长 3.5%。

1.加快落实养殖水域滩涂规划制度 贯彻落实国务院批转农业农村部等 10 部委《关于加快推进水产养殖业绿色发展的若干意见》，举办了《意见》的宣传贯彻培训。凝聚各方合力，以山西省农业农村厅、山西省自然资源厅等 10 厅局名义联合印发山西省《关于加快推进水产养殖业绿色发展的实施意见》，推动全省水产养殖业绿色发展。养殖水域滩涂规划工作积极推进，科学划定禁止养殖区、限制养殖区和养殖区，统筹生产发展与环境保护，稳定水产健康养殖面积，保障养殖生产空间。省级《养殖水域滩涂规划（2019—2030 年）》编制完成。全面规范养殖证发放工作，全省养殖证发证率超过应发证数的 90%。

2.扎实推进水产健康养殖示范创建 按照农业农村部关于“开展水产健康养殖示范创建”的要求，2020 年国家级水产健康养殖示范场创建的 5 家单位中有 3 家单位验收合格，省级水产健康养殖示范场创建的 12 家单位中有 11 家单位验收合格，有 2 家国家级示范场和 29 家省级示范场经复查合格。完成了运城市永济市创建国家级水产健康养殖示范县省级初验工作。

3.加强水产品质量安全监督管理 将水产健康养殖示范场、水产原良种场、无公害水产品产地等主要水产品生产基地和大中城市水产品批发市场全部纳入水产品质量安全兽药残留监控范围。水产品质量安全监控范围覆盖全省 11 个市和 51 个县。2020 年度，开展了三批产地水产品和两批水产苗种兽药残留监督抽查，涉及 75 多家养殖单位的 118 个成鱼样品和 15 个苗种场 42 个水产苗种，产地水产品和水产苗种抽检合格率均为 100%。配合农业农村部相关水产品质检中心完成了两批产地水产品兽药残留监督抽查，抽检合格率 100%。持续开展水产养殖“用药减量”行动和水产养殖规范用药科普下乡活动，加强水产养殖用药及其他投入品使用监管，积极应对水产品质量安全舆情，确保了水产品质量安全。

4.积极推进现代渔业种业发展与保护工作 认真贯彻落实《水产苗种管理办法》《水产种质资源保护区管理暂行办法》及《国务院办公厅关于加强农业种质资源保护与利用的意见》精神，完成水产苗种场全面普查，摸清了渔业种业底数，开展了水产苗种专项整治和执法检查，全省 23 家水产苗种场执法检查实现全覆盖，执法查处率达到 100%；制定了《省级水产种质资源保护单位确定实施方案》并着手开展省级水产种质资源保护确定工作，向农业农村部申报储备了山西省运城市中华鳖水产种质资源场建设项目，制定印发了《山西省水产苗种产地检疫工作方案》，将全省渔业官方兽医纳入全国官方兽医统一管理，有效提高重大疫病防控和应急处置能力。

5.持续加强渔业资源环境养护 组织开展“世界野生动植物日”和“水生野生动物保护科普宣传月”活动。组织完成了第二次全国水产养殖污染源普查项目。对省内海洋馆、水族馆、公园等繁育展演场所在养水生野生动物开展了执法专项检查。组织开展特有品种大鲵、乌苏里拟鲿、唇鱼骨、黄河鲶等水产种质资源繁育项目攻关，突破了人工繁育及苗种培育中的关键技术。加强对濒危水生野生动物的救护，救护鳄鱼 1 条、大鲵 5 尾、蝾螈 5 尾，查办在市场非法经营砗磲案件 1 件，拘留涉案人员 2 人。配合农业农村部完成水生哺乳动物情况调查及海河流域山西段限捕区、禁捕区划定调研核查工作。

6.持续开展渔业资源增殖放流活动 制订出台《水生生物增殖放流管理暂行办法》和《山西省渔业资源增殖放流项目绩效考评办法》。持续开展年度渔业资源增殖放流活动。分别与太原市、运城市、吕梁市人民政府、中华环保基金会山西代表处举办了主题为“养护水生生物资源，共建生态文明家园”的水生生物增殖放流活动，累计放流鲤鱼、草鱼、鲢鱼、鳙鱼、赤眼鳟、乌苏里拟鲿、黄颡鱼等各类经济性、生态性鱼类 472.36 万尾，对促进水域生态环境的改善和鱼类种群资源的恢复，对全社会生态文明理念的树立起到了积极作用。

7.全力开展渔业综合执法能力建设 本年度组织 408 名新任渔政执法人员参加考试。制订了《山西省“渔政亮剑”系列专项执法行动实施方案》，发布了《山西省农业农村厅关于对山西省境内的黄河、海河流域实行禁渔期制度的通告》。举办“渔政亮剑”系列专项执法行动启动仪式，在禁渔期间，组织开展重要河段禁渔工作执法督导检查，确保专项执法行动取得实效。累计召开各类会议 12 场次，出动执法人员 1 500 余人次，出动执法车辆 506 台次、执法船艇 45 艘次；检查渔港码头及渔船停靠点 49 个次，检查渔船 312 艘次，检查市场 47 个次，检查船舶网具修造点 5 个，水上巡查距离 1 316 海里；张贴禁渔通告和宣传标语 83 000 余张（幅），媒体宣传 13 次，悬挂宣传横幅 41 条；说服、劝返违法捕捞作业人员 18 人次，清理违规网具约 300

米，收缴禁用渔具12具，查处非法捕捞渔船2艘，立案处理违法人员7名，有效地打击震慑了各种涉渔违法行为。全年渔船受检率达到100%，渔业安全事故“零”发生。

8.存在的主要问题

一是渔业发展空间大幅萎缩。湿地自然保护区以及基本农田的划定、相关环保新规的出台，使得传统池塘养殖、冷泉水流水池塘养殖、大水面养殖面积大幅度缩减，相对于种植业与畜牧业，渔业在山西省农业产业中所占比重相对较小，部分生态保护制度和生产发展政策不协调，一些保护制度没有充分考虑渔业的生态和生产功能，没有给予渔业充分合理的发展空间，一些地方“一刀切”地禁止渔业发展，不仅政策明确禁止的渔业生产水域遭禁，政策允许发展的水域比如有养殖功能的水库等也遭禁，连增养殖也被全面禁止，导致水域资源严重浪费。

二是规模化、标准化、组织化水平不高。山西省水产养殖存在“小而散”的特点，水产养殖大多以分散经营为主，养殖区域分布不集中，养殖规模小，池塘老旧，相关配套基础设施老化，传统、粗放养殖模式仍为主导，绿色、生态养殖技术推进缓慢。新型农业经营主体的带动能力和集群优势没有得到充分发挥，专业合作社运行机制还需完善。

三是一二三产业融合不足。山西省渔业产业结构短板明显。渔业经济总产值中，以养殖生产为主的第一产业产值占比超过90%，以水产品加工为主的第二产业几近空白，作为第三产业的休闲观光渔业特色不明显，产业带动能力不足。市场及信息服务网络不完善，“渔企合作”“渔超对接”“渔旅结合”的路径不畅，新形态、新业态不多。水产特色优势品牌不多，经营理念落后，品牌对产业发展提升作用发挥不足。

四是资金扶持、科技支撑不足。省级财政安排的现代渔业建设资金有限，落实到地县级的省级财政现代渔业建设资金不足以满足转型发展的需求。且市、县两级财政均没有对照省级财政预算科目设置将现代渔业建设资金列入地方财政预算。专项金融产品缺乏，养殖主体融资渠道不畅。特色水产品养殖示范基地建设滞后。在这次机构改革中，渔业行政管理职能由水利部门划归农业部门，致使原来完整的省市县三级渔业管理体系被打破，各地原本独立的渔业管理机构被整合，整合后熟悉渔业工作的人员配备不足，造成了渔业专业技术人员的空缺和断档。

【重点渔业市（县、区）基本情况】

山西省重点渔业市（县、区）基本情况

市（县、区）	总人口（万人）	渔业产值（万元）	水产品产量（吨）	其中		养殖面积（公顷）
				捕捞	养殖	
永济市	45.44	33 202	17 040	430	16 610	543
曲沃县	24.29	3 285	1 686		1 686	223
潞州区	81.62	3 195	1 640		1 640	1 313
清徐县	34.00	2 922	1 500		1 500	291
万荣县	44.42	2 710	1 391	5	1 386	217
芮城县	39.40	2 480	1 273	236	1 037	65
尧都区	95.92	2 270	1 165		1 105	159
沁县	17.22	2 032	1 043		1 043	355
襄汾县	49.53	1 934	993		993	205
榆社县	13.57	1 794	921		921	352

【大事记】

[1]4月3日，山西省“中国渔政亮剑2020”系列专项执法行动启动仪式在垣曲县小浪底水库举行。

[2]4 月 30 日，山西省农业农村厅、山西省自然资源厅等 10 厅局联合印发山西省《关于加快推进水产养殖业绿色发展的实施意见》，加快推进全省水产养殖业绿色发展，促进产业转型升级。

[3]6 月 6 日，以主题为“养护水生生物资源，共建生态文明家园”的水生生物增殖放流活动分别与太原市、运城市、吕梁市人民政府、中华环保基金会山西代表处联合举办。

[4]7 月 15—17 日，山西省农业农村厅二级巡视员薛志省带队的考察学习组一行 14 人，赴宁夏回族自治区考察学习循环水养殖，渔业二三产业融合，稻田养鱼及推广技术等方面的先进典型经验。

[5]10 月 28 日，以“关爱水生动物，共建和谐家园”为主题的 2020 年山西省水生野生动物保护科普宣传月活动启动仪式在山西省畜牧兽医学校举办。

（山西省农业农村厅 王毅欣）

内蒙古自治区渔业

【概况】 2020 年，全区渔业系统以习近平新时代中国特色社会主义思想为指导，认真贯彻落实党的十九大精神，围绕实施乡村振兴战略、生态优先、渔业绿色高质量发展，加快渔业转方式调结构，统筹养殖业、增殖业、捕捞业、休闲渔业、加工业协调发展，优化水产养殖空间布局，发展水产生态健康养殖，发展休闲渔业，加大水生生物资源养护力度、加强渔政执法、强化水产品质量安全和渔业生产安全，抓好科技支撑和带动，推进一二三产业融合发展，推动渔业转型升级。2020 年，全区水产品总产量 11.76 万吨，渔民人均收入 13 320元。

1.大力发展水产生态健康养殖 全区各地加快渔业转方式调结构步伐，持续推进水产生态健康养殖，积极推广清洁生产。一是根据《农业农村部办公厅关于实施 2020 年水产绿色健康养殖“五大行动”的通知》要求，自治区农牧厅印发了《2020 年内蒙古自治区水产绿色健康养殖“五大行动”实施方案》，在全区开展“生态健康养殖模式推广、养殖尾水治理模式推广、水产养殖用药减量、配合饲料替代幼杂鱼、水产种业质量提升”等五大行动。二是按照《农业农村部渔业渔政管理局关于报送水产健康养殖示范创建有关材料的通知》要求，自治区农牧厅印发了《关于报送水产健康养殖示范创建有关材料的通知》，组织全区开展国家级水产健康养殖示范创建工作，共创建国家级水产健康养殖示范场 11 个，复核第一、二、十批国家级水产健康养殖示范场 8 个。三是根据《农业农村部关于进一步加快推进水域滩涂养殖发证登记工作的通知》要求，推进养殖水域滩涂规划编制发布工作，并要求已发布规划的地区加快水域滩涂养殖发证登记，做到应发尽发。四是调整养殖结构，扩大名优特养殖规模，引进了福瑞鲤 2 号、中科 3 号异育银鲫、津新鲤 2 号、南美白对虾、长丰鲢、豫选黄河鲤等名优品种。五是发展稻田综合种养、盐碱水渔农综合利用、池塘标准化养殖、大水面生态增殖。六是推进一二三产业融合发展，大力发展休闲渔业，促进渔业转型升级。各地依托良好的资源条件和产业基础，开展以垂钓、观赏、餐饮为主题的休闲渔业活动，发展潜力大、带动能力强、品牌优势明显的休闲渔业实体得以壮大，休闲渔业呈现出蓬勃发展态势，成为渔业新产业、经济发展新亮点。七是全区渔业企业和渔民专业合作社以品牌建设为抓手，提升产品知名度和竞争力。同时发展线上线下直销、专卖店专销等方式，不断拓宽销售渠道，提高生产经营效益，推进质量兴渔、品牌强渔。2020 年各级渔业部门推进水产养殖清洁生产，推广稻鱼综合种养、鱼菜共生等节能减排技术，减少对环境的影响。据统计，全区推广各类节能减排技术 3 466 公顷，实施池塘生态健康养殖4 533公顷、天然水域生态健康增殖 26 666 公顷，发展稻鱼综合种养殖6 000公顷。印发了《内蒙古自治区全面推进实施水产苗种产地检疫制度实施方案》，加大水生生物疫病防控力度，引导渔民不用或少用药，有效防控养殖用药污染，确保水产品质量安全。2020 年国家产地水产品抽检合格率 100%。

2.保护渔业资源和水域生态环境 一是按照农业农村部办公厅《关于做好 2020 年增殖放流工作的通知》要求，自治区农牧厅同巴彦淖尔市人民政府于 6 月 6 日联合举办“2020 乌梁素海增殖放流活动”，共向乌梁素海投放大规格草鱼种 1.4 万千克，大规格花鲢、白鲢鱼种 5 700 千克。同日，全区 11 个盟(市)16 个放流点同步开展了水生生物资源增殖放流活动，共放流各类鱼类苗种 1 970 万尾。二是 8 月 26 日，自治区农牧厅同呼伦贝尔市人民政府在呼伦湖小河口海事码头联合举办“2020 年呼伦湖水生生物资源增殖放流活动”，放流大规格鲢鳙鱼种 35 万尾。三是 10 月 24 日，内蒙古水生野生动物保护科普宣传月活动启动仪式在鄂尔多斯市隆胜野生动物园举行，活动以“关爱水生动物，共建和谐家园”为主题，旨在向全社会普及水生野生动物保护知识和法律法规，提高社会公众对野生动物的保护意识。

3.强化渔业科技支撑能力 一是自治区水产技术推广站开展了鱼菜共生技术、盐碱水域增产增效养殖模式试验、池塘节水减排养殖模式试验。引进福瑞鲤

2号、中科3号异育银鲫、津新鲤2号、长丰鲢、豫选黄河鲤、南美白对虾、海鲈鱼、加州鲈、台湾泥鳅、虹鳟鱼等新品种共计约1 500万尾。二是8月，组织呼和浩特市农牧局水产科、水产站、土默特左旗农牧局、水产站、呼和浩特市昊海渔业发展公司、土左旗挨文水产养殖有限责任公司、土左旗钱龙水产养殖有限公司等单位技术人员15人赴宁夏观摩学习稻渔空间、养殖尾水处理、工厂化特种水产品养殖。9月，组织鄂尔多斯市、乌兰察布市水产技术人员赴甘肃省、宁夏回族自治区交流学习冷水鱼养殖与繁殖、盐碱地生态修复与利用、池塘流水槽养殖和尾水处理、稻渔综合种养、休闲渔业等，为全区从业技术人员提供了学习和交流的机会。

4.渔政管理持续加强 按照农业农村部《关于印发〈“中国渔政亮剑2020”系列专项执法行动方案〉的通知》要求，制定了《关于印发〈“中国渔政亮剑2020”内蒙古自治区系列专项执法行动方案〉的通知》，各盟(市)全面开展“中国渔政亮剑2020”内蒙古自治区系列专项执法行动，持续开展违规渔具渔法清理整治，严厉打击非法捕捞行为。一是开展渔业法宣传月活动。3月，自治区农牧厅印发了《关于开展2020年渔业法律法规宣传月活动的通知》，在全区开展以《中华人民共和国渔业法》《中华人民共和国野生动物保护法》(2016年修订)和《内蒙古自治区实施〈渔业法〉办法》等法律法规为主要内容的宣传教育活动。共发放宣传册和宣传页5万份，张贴《内蒙古自治区2020年禁渔期禁渔区渔政管理通告》4 000余张。二是实施禁渔期、禁渔区制度。为加强全区渔业资源养护工作，保障渔业绿色、安全、规范、可持续发展，根据《中华人民共和国渔业法》《中华人民共和国野生动物保护法》(2016年修订)、《内蒙古自治区实施〈渔业法〉办法》等有关规定，印发了《关于印发内蒙古自治区2020年禁渔期禁渔区渔政管理通告的通知》，内蒙古自治区天然水域禁渔期为5月1日至7月31日；天然水域鱼类产卵场和洄游河道划为常年禁渔区；黄河内蒙古段禁渔期为4月1日至7月31日；黄河干流和大黑河、无定河等2条主要支流的干流河段为禁渔区。海河、辽河、松花江流域实施全流域禁渔。三是开展专项执法检查。5月25—28日，由自治区农牧厅领导带队，渔业渔政管理局同鄂尔多斯市、巴彦淖尔市农牧局及相关单位有关人员在黄河鄂尔多斯段、巴彦淖尔段开展了黄河禁渔期执法检查。

5.渔业安全生产不断强化 为深入贯彻习近平总书记关于安全生产的重要讲话精神，国务院安全生产委员会办公室和应急管理部加强安全防范工作视频会议、农业农村部全国渔业安全生产工作视频会议会议精神，按照自治区安全生产委员会《关于印发〈全区安全生产专项整治三年行动实施方案〉编制方案的通知》要求，自治区农牧厅制定了《内蒙古自治区〈渔业船舶安全专项整治三年行动实施方案〉及渔业船舶安全专项整治具体内容》。同时，根据《农业农村部渔业安全生产专项整治三年行动工作方案》《内蒙古自治区安全生产专项整治三年行动实施方案》，自治区农牧厅制定了《内蒙古自治区渔业安全生产专项整治三年行动工作方案》，开展3年渔业安全生产专项整治行动。在4月的渔业法宣传月，全区渔业部门通过微信、报纸、宣传单、网络等传统和现代媒体，积极做好渔业安全生产宣传工作。6月，根据《农业农村部渔业渔政管理局关于开展2020年渔业“安全生产月”和“安全生产万里行”活动的通知》《内蒙古自治区安委会办公室关于开展2020年全区“安全生产月”和“安全生产万里行”活动的通知》文件要求，组织全区各盟(市)开展安全生产月、安全生产咨询日、法律宣传日等一系列活动。8月18—20日，由辽宁省农业发展服务中心主任宋耀华带队的第一工作组对锡林郭勒盟锡林河水库、赤峰市克什克腾旗达来诺日渔场进行了渔业安全生产检查。自治区渔业渔政管理局派员参加由福建省省农业农村厅带队的第二排查组对湖南省、四川省和广东省进行了渔业安全生产检查。推动生产者主体责任、部门监管责任和地方政府属地管理责任的进一步落实，确保全年未发生渔业安全生产事故。

【重点渔业市(旗、县、区)基本情况】

内蒙古自治区重点渔业市(旗、县、区)基本情况

市(旗、县、区)	总人口(万人)	渔业总产值(万元)	水产品产量(吨)	其中		养殖面积(公顷)
				捕捞	养殖	
莫力达瓦达斡尔族自治旗	32.5	10 876.00	8 789	2 863	5 926	5 000
磴口县	11.6	15 178.00	8 565		8 565	12 964

（续）

市(旗、县、区)	总人口(万人)	渔业总产值(万元)	水产品产量(吨)	其中		养殖面积(公顷)
				捕捞	养殖	
土默特左旗	37.0	8 062.82	5 962		5 962	2 885
达拉特旗	37.2	11 987.50	5 125	64	5 061	881
包头市九原区	25.0	10 257.12	4 811	138	4 673	573
巴彦淖尔市临河区	55.5	6 372.96	4 180		4 180	2 548
托克托县	20.2	6 344.18	3 907	460	3 447	637
杭锦后旗	31.0	6 586.00	3 891		3 891	2 073
准格尔旗	37.7	9 599.70	3 658	8	3 650	2 043
五原县	30.0	5 788.36	3 583		3 583	1 931

【大事记】

[1]4 月 1—30 日，自治区农牧厅组织全区开展《渔业法》宣传月活动。

[2]4 月 1 日至 7 月 31 日，自治区农牧厅组织各盟(市)渔业主管部门，在黄河内蒙古段，贝尔湖、额尔古纳河等边界水域，自治区重要河流、湖泊、水库开展禁渔期渔政综合执法行动。

[3]6 月 6 日，自治区农牧厅组织全区 11 个盟(市)在 16 个放流点同步开展水生生物增殖放流。同日，自治区农牧厅与巴彦淖尔市政府联合举办了“2020 乌梁素海增殖放流活动”。

[4]8 月 20 日，由辽宁省农业发展服务中心带队的全国渔业安全专项治理交叉排查第一工作组对锡林郭勒盟锡林河水库、赤峰市克什克腾旗达来诺日渔场进行渔业安全生产检查。

[5]8 月 24 日，内蒙古自治区强化渔业高质量发展工作被农业农村部评为优秀。

[6]8 月 26 日，自治区农牧厅同呼伦贝尔市政府在呼伦湖小河口海事码头联合举办“2020 年呼伦湖水生生物资源增殖放流活动”。

[7]10 月 24 日，内蒙古水生野生动物保护科普宣传月活动启动仪式在鄂尔多斯市隆胜野生动物园举行，活动以“关爱水生动物，共建和谐家园”为主题，旨在通过活动更好地向全社会普及水生野生动物保护知识和法律法规，提高社会公众对野生动物的保护意识。

[8]12 月 8 日，自治区农牧厅在呼和浩特召开全区渔业高质量发展工作座谈会，会议的主要任务是深入贯彻落实党的十九届五中全会精神，围绕乡村振兴战略和农牧业高质量发展，研究新形势下如何推进渔业高质量发展。

（内蒙古自治区农牧厅渔业渔政管理局 菅 腾）

辽宁省渔业

【概况】 2020 年，辽宁省渔业渔政工作对标对表全面建成小康社会和“十三五”目标任务，贯彻落实省委、省政府决策部署及省农业农村厅党组工作要求，积极应对新冠肺炎疫情，坚持稳中求进工作总基调，以改革创新为动力，强制度、补短板、抓落实，坚持不懈稳数量、提质量、转方式、保生态，持续推进渔业高质量发展。

据统计，2020 年全省渔业经济总产值实现 1 304 亿元，同比下降 1.9%。其中，渔业产值实现 664.2 亿元，比上年增加 11.9 亿元，同比增长 1.8%，渔业增加值 403.8 亿元，同比下降 5.6%。

全省水产品产量达到 462.3 万吨，比上年增加 7.3 万吨，同比增长 1.6%。其中，海洋捕捞产量 46.4 万吨，比上年减少 2.3 万吨；远洋渔业产量 25 万吨，比上年减少 1.5 万吨；海水养殖产量 306.5 万吨，比上年增加11.8万吨；淡水捕捞产量 4.4 万吨，比上年增加 0.4 万吨；淡水养殖产量 80.1 万吨，比上年减少 1.1 万吨。

1.海水养殖稳定向好 2020 年春海水苗种供应充足，贝类生产好于上年，海参产量恢复到正常年份 70%，全省海水养殖产量达到 306.5 万吨，同比增长 4%。

2.淡水养殖创历史新高 全省投放鲤、鲫、鲢、鳙、草鱼等大宗淡水鱼种 7 万吨，0.1 元/尾同比上涨

16%；繁育蟹苗9.8万千克，同比增长6.8%，560元/千克同比上涨7.2%；制定下发《稻渔综合种养指导意见》，调剂稻谷生产补贴资金1 560万元，新增稻渔综合种养面积近1.2万公顷，总规模突破6.7万公顷。

3.海洋捕捞政策性下降 疫情应急防控期，海洋捕捞作业渔船复工率达到82.3%。5月1日开始实行最严格的伏季休渔管理，并实施中国对虾、三疣梭子蟹等经济物种增殖放流，6月1日开渔后，资源保护和放流增殖效果叠加，中国对虾大中型渔船航次产量达1吨，小型渔船单次产量也在75千克左右，渔民捕捞热情高涨。

4.持续开展渔业增殖放流 制定下发实施方案，全省各级投入资金近1.1亿元，完成放流104.6亿单位，其中放流海水经济苗种62.5亿单位、淡水经济苗种42.1亿单位。

5.重点推进海洋牧场建设 争取1.5亿元中央财政专项转移支付资金，下达并分配完毕，重点推进葫芦岛、绥中、东港3个国家级海洋牧场示范区建设，推动海洋渔业提质增效，带动渔民就业增收。全省累计创建国家级海洋牧场示范区31个。

6.稳步拓展远洋渔业空间 2020年全省外派远洋渔船336艘，执行24个远洋渔业项目。2月13日、8月3日，辽宁大平渔业集团有限公司索马里项目获批，辽东渔570等12艘渔船分批抵达目标海域开展远洋渔业生产。辽宁金轮远洋渔业有限责任公司更新改造2艘超低温金枪鱼延绳钓船，单船总长52米，总吨554吨。9月18日，东港市润增水产捕捞有限公司10艘渔船俄罗斯远东萨哈林州项目上报农业农村部。

7.稳步开展渔业基础工作 创建(复查)水产健康养殖示范场360家，认定(复查)省级水产原良种场30家，核查海洋捕捞渔船17 400艘，核查渔港144家，拟发布认定全省沿海渔港名录44座；完成产地水产品质量安全监督抽查检测800余批次，合格率100%。渤海综合治理攻坚战行动计划稳步推进。

8.涉海渔船整治初见成效 深入开展渔船清理整治，全年清理取缔涉渔"三无"船舶3 035艘，组织开展渔船起底式大排查，初步核查全省海洋渔船30 613艘。实施全省涉海渔船和界江船只智能监管系统项目建设，将涉海渔船和界江船只全部纳入智能监管系统，安装北斗船载终端设备和蓝牙电子身份识别系统，并对现有渔船渔港动态监控系统进行升级改造，全面提升科技管船水平。

9.存在的主要问题

一是渔业转型发展亟待加强。受北方季节气候影响，池塘工程化循环水养殖、陆基工厂循环水养殖和养殖尾水生态化综合治理等生态健康养殖技术和模式推广普及率低。养殖方式粗放，基础设施落后，现代化水平不高，渔业生产方式和技术模式亟待更新和提高。

二是渔业产业链条偏短。全省渔业仍以养殖和捕捞为主，水产品加工小、散、弱，粗多精少，海多淡少，地区发展不平衡，资源利用率低，技术装备水平落后，精深加工能力不强，相应加工转化和附加值低。休闲观光渔业还处于起步培育阶段。

三是水产品质量安全仍需加强。随着人民生活水平的日益提高和水产品市场供求关系变化，社会对水产品质量安全的要求不断提高。水域污染对养殖产品质量安全造成风险，产业发展受到一定影响，优质安全的水产品生产供给及消费者信心亟待加强。

四是渔船管理压力较大。辽宁省是海洋渔业大省，海岸线长2 110千米，各类海洋渔船近3万艘，渔船停泊点分散，加之周边海上局势敏感复杂，造成伏季休渔和涉外渔船管理压力较大。

【重点渔业市(县、区)基本情况】

辽宁省重点渔业市(县、区)基本情况

市(县、区)	渔业产值(万元)	水产品产量(吨)	其中				养殖面积(公顷)	
			海洋捕捞	海水养殖	内陆捕捞	淡水养殖	海水	淡水
庄河市	1 021 139	573 727	50 084	517 939		1 029	54 698	689
长海县	756 558	558 681	72 568	441 043			268 068	
东港市	500 419	466 134	20 169	322 448	687	27 598	64 692	5 391
金州区	468 915	363 798	32 082	331 716			42 901	
绥中县	134 547	240 100	22 191	200 232		17 677	24 532	12 030

（续）

市（县、区）	渔业产值（万元）	水产品产量（吨）	其中				养殖面积（公顷）	
			海洋捕捞	海水养殖	内陆捕捞	淡水养殖	海水	淡水
旅顺口区	249 131	210 096	29 550	180 538		8	11 041	1
兴城市	191 116	198 047	21 290	173 482		3 275	19 734	1 067
盖州市	189 963	194 043	22 723	169 248		2 072	5 900	844
大洼区	292 583	159 002	19 200	30 800	1 500	107 502	17 200	23 023
普兰店区	305 399	140 142	20 214	116 826		3 102	17 432	12 278

【大事记】

［1］6月12日，副省长郝春荣主持召开全省渔业安全生产暨渔船整治工作电视电话会议，全面分析渔业安全生产形势，安排部署清理取缔海洋涉渔“三无”船舶及省管临时证渔船专项整治工作任务，推进渔业治理体系和治理能力现代化。

［2］7月21日，副省长郝春荣主持召开全省海洋涉渔“三无”船舶整治及渔业安全生产工作电视电话会议，对渔业安全生产形势，推进全省渔船专项整治工作，海洋伏季休渔中后期管理工作任务，确保全省渔业生产秩序安全稳定进行部署。

［3］8月6日，12月10日，省委分别主持召开省边海防委员会第三次、第四次会议，研究渔船管控工作。

［4］10月23—25日，第三届中国（国际）海洋牧场博览会暨辽宁（大连）渔业博览会召开，农业农村部副部长于康震、辽宁省副省长郝春荣参加。

［5］11月2日，省长刘宁主持召开第48次省长办公会议，专题研究渔船管控工作，开展起底式大排查，加快推进涉海渔船北斗定位导航设备安装，优化重构省级渔业执法监管队伍。

［6］12月28日，辽宁省委机构编制委员会印发《关于组建省级海洋与渔业执法队伍的通知》，组建辽宁省海洋与渔业执法总队。

（辽宁省农业农村厅）

吉林省渔业

【概况】 2020年，全省各地紧紧围绕实施乡村振兴战略和全省农业农村工作重点，积极应对新冠肺炎疫情影响，大力发展渔业经济，渔业产业发展再上新台阶。全省水产养殖面积近30万公顷；全年共完成水产品产量24.48万吨（含林蛙0.3万吨），同比增长3.47%，其中养殖产量22.6万吨，同比增长3.9%。实现全口径渔业产值156.58亿元，同比增长7.6%，渔民人均纯收入达到16 024元，同比增长3.28%。水产品出口3.035万吨，占全国出口总量的0.8%，出口额1.26亿美元，占全国出口总额的0.66%，保持全国内陆省份第一位。

2020年，吉林省以实施乡村振兴战略为抓手，以加快推进渔业高质量发展为目标，积极应对新冠肺炎疫情影响，持续深入实施渔业“12345”工作计划，稳步推进各项工作，全省渔业渔政工作取得积极成效。

1.积极研究部署，确保疫情期间水产品稳产保供 认真贯彻落实省委农村工作会议、全省农业农村局长会议精神，对全年渔业渔政工作进行统筹部署，制定下发《2020年全省渔业渔政工作要点》，细化确定时间表、路线图，实行挂图作战；组织编制《吉林省渔业发展“十四五”规划》，谋划“十四五”时期渔业发展目标和任务；印发《关于贯彻推进大水面生态渔业发展指导意见的通知》，制定《稻渔综合种养实施方案》《渔业资源增殖放流实施方案》《大水面生态渔业发展规划》等。年初，新冠肺炎疫情严重，为了落实国务院关于农产品稳产保供有关工作部署，确保水产品安全有效供给，坚决打赢疫情防控阻击战，印发了《吉林省农业农村厅关于做好新型冠状病毒肺炎疫情防控期间水产品稳产保供工作的通知》，就加强鱼类越冬管理、提前做好春季渔业生产准备、维持水产品市场流通秩序等进行部署，并成立专家服务团，为养殖户提供技术咨询服务。对查干湖、月亮湖、哈尔滨等重点企业生产情况和水产品批发市场交易情况进行跟踪监测了解，指导主要水产品生产基地调整放养和捕捞规模，最大限度稳定水产品生产水平。按照省政府《经济运行高质量发展指标体系责任分工方案》要求，持续对渔业生产情况进行跟踪调度、统计分析和发展指导。

2.推进水产养殖业绿色发展，提升渔业高质量水平 优化水产养殖空间布局，依法科学划定禁止养殖区、限制养殖区和养殖区，部署养殖发证登记工作，全省应编制养殖水域滩涂规划的32个渔业重点县（市）和9个市（州）、长白山管委会已全部完成编制发布工作，《吉林省养殖水域滩涂规划（2019—2030年）》经省政府批准同意对外发布，实现省、市、县三级规划全覆盖。为贯彻落实《关于加快推进水产养殖业绿色发展的实施意见》要求，推广先进适用的水产绿色健康养殖技术和模式，加快推进水产养殖业绿色高质量发展，按照《农业农村部办公厅关于实施2020年水产绿色健康养殖"五大行动"的通知》要求，印发《吉林省农业农村厅关于实施2020年水产绿色健康养殖系列行动的通知》，在全省开展生态健康养殖模式推广、养殖尾水治理模式推广、水产养殖用药减量和水产种业质量提升等行动。编制《渔业监管服务对象名录库》，组织开展水产健康养殖示范创建活动，指导12个示范场和2个示范县开展全国示范场（县）创建工作。推进渔业健康养殖和科技创新，实施28项省级水产技术推广项目和示范项目。拓展水产养殖空间，持续推进实施稻渔综合种养，稻-鱼、稻-蟹、稻-鳅等推广面积超过4.67万公顷。为贯彻落实《农业农村部关于全面推进实施水产苗种产地检疫制度的通知》精神，全面启动水产苗种产地检疫工作，联合省畜牧业管理局共同制定了《吉林省水产苗种产地检疫工作方案》。为加快建立全省渔业官方兽医队伍，推进水产苗种产地检疫工作顺利开展，下发了《吉林省农业农村厅关于做好渔业官方兽医资格确认工作的通知》，明确了渔业官方兽医资格条件和确认程序，最终确认了137名渔业官方兽医。开展2020年吉林省水产技术推广奖评选表彰活动，表彰先进，激发干劲。

3.加强渔业资源养护，改善水域生态环境 继续对松花江、辽河实施全流域禁渔，发布2020年禁渔期通告，统一印制并下发禁渔通告5 000份。为贯彻落实党的十九大和十九届二中、三中、四中全会精神，践行乡村振兴战略，加强水域生态文明建设，推进渔业高质量发展，按照农业农村部的统一部署，结合"中国渔政亮剑2019"系列执法行动经验，继续组织开展"中国渔政亮剑2020"吉林省系列专项执法行动，制定并印发《"中国渔政亮剑2020"吉林省系列专项执法行动实施方案》，组织各地开展系列执法活动，协调上下游、左右岸统一行动，与黑龙江省共同开展嫩江联合执法活动，严厉打击各类涉渔违法违规行为，推动吉林省渔业行业秩序持续好转。全省共开展渔业行政执法活动3 120次；出动执法车辆2 540台次、船艇1 526艘次、执法人员15 248人次；查处渔业违法案件13件，立卷12件，罚款1.03万元，其中移交公安机关处理2件；收缴非法网具1 585片，7万余延长米，其他各类渔具1 506个，没收渔获物2 500余千克；开展执法宣传1 205次，累计张贴禁渔通告4 500份，发放宣传单、宣传手册10万余张（册）。承办全国渔业行政执法人员执法资格统一考试吉林考区工作，高质量完成相关考务工作，吉林、内蒙古共385名考生顺利参考。开展渔政执法案卷评查，推荐部分案卷报至农业农村部。增殖水生生物资源，组织图们江大麻哈鱼专项放流，与白山市政府在临江开展以"养护水生生物资源 促进生态文明建设"为主题的6月6日"放鱼日"活动，放流草鱼10万尾，鸭绿江茴鱼、细鳞鱼5万尾，鸭绿江、松花江、嫩江等地同步开展放流。加强水产种质资源保护区管理，开展生态保护红线划定、6个涉水产种质资源保护区工程环境影响评价论证工作。

4.加强水生野生动物管理，打击违规利用行为 联合省市场监管厅等部门召开全省打击野生动物非法交易专项执法行动视频会议，印发"通知"，贯彻落实全国人大"决定"，全面梳理水生野生动物管理相关规定，加强对各地特许利用审批指导。联合市场监管、工商等部门，对水产品经营市场等场所开展了"打击水生野生动物违规交易联合执法检查"，共出动执法人员9 865人次，开展执法联动897次，开展宣传活动1 354次，检查线上及线下经营者3 974个次，检查农贸市场1 348个次，商场、超市1 440余个次。开展1处水生野生动物展演场馆评估，与长春市海关移交水生野生动物保护制品1件。发挥部门担当，积极与农业农村部渔业渔政管理局汇报沟通，争取将林蛙纳入水产相关目录管理，努力为地方经济发展和社会稳定做出贡献。国家明确中国林蛙（东北林蛙）等5种相关蛙类由渔业主管部门按照水生动物管理后，积极主动与林草部门沟通，联合下发文件，促进管理权的顺利交接，组织专题调研，下发《关于加强林蛙保护管理的通知》，规范林蛙产业发展。

5.加强项目实施管理，提升管理服务能力 加大渔业资金投入力度，2020年共落实省级以上财政资金4 700余万元。分解落实了2020年农业资源生态保护渔业增殖放流和省级乡村振兴专项资金渔业绿色发展项目，对大水面生态渔业、池塘名优鱼类养殖、东部冷水鱼养殖、稻渔综合种养等进行了重点扶持。加强油补资金发放管理，在严格落实渔船补贴政策的同时，研究确定了油补统筹资金项目支持重点，对智慧渔业、养殖尾水治理、渔政执法基础设施等进行了项目扶持。

推进渔港建设，松原松花江渔港、鸭绿江云峰水库渔港完成招投标，已开工建设。查干湖、榆树等3家渔港列入农业农村部"十四五"渔港规划。加强渔业安全生产管理，组织开展渔业船舶安全专项整治三年行动，在规定时限内完成所有申请新版渔业船员证书的换发，牢牢守住渔业安全生产底线，为渔业高质量发展创建良好的生态安全环境。开展了渔业扶贫、渔业援疆、河湖长制等工作，及时承接工作任务，有效落实推进措施。开展了渔业统计工作，按时准确报送渔业统计数据、分析渔业生产形势。

6.存在的主要问题 尽管渔业渔政工作取得了一定成效，但是，也存在一些突出问题：一是渔业经济总量不大，资源潜力与发达省份相比，还有较大差距；二是发展方式粗放，生产经营分散，品种结构不优，组织化程度和产业化水平偏低；三是受环保政策收紧影响，吉林省水源地等部分水域"退渔"，水产养殖发展空间受到挤压；四是安全生产、涉外渔业安全等不容忽视；五是林蛙管理权的划入，对渔业管理工作提出新的挑战；六是历史遗留的渔业基础薄弱、装备落后问题成为制约产业发展的重要因素。

【重点渔业市(县、区)基本情况】

吉林省重点渔业市(县、区)基本情况

市(县、区)	总人口(万人)	渔业经济总产值(万元)	水产品总产量(吨)	其中		养殖面积(公顷)
				捕捞	养殖	
镇赉县	26.28	43 643.01	25 000	2 600	22 400	32 666
前郭尔罗斯蒙古族自治县	57.21	63 017.71	20 950	851	20 099	41 415
扶余市	71.04	38 478.79	17 733	3 762	13 971	7 154
大安市	37.84	31 882.09	10 866	832	10 034	31 050
舒兰市	60.24	10 153.76	8 605	252	8 353	4 923

【大事记】

[1]编制《吉林省养殖水域滩涂规划(2019—2030年)》并经省政府批准发布，在全国较早实现省、市、县三级规划全覆盖。

[2]贯彻落实农业农村部等部门《关于推进大水面生态渔业发展的指导意见》，联合省生态环境厅、水利厅和林业和草原局等部门编制发布《吉林省大水面生态渔业发展规划(2020—2025年)》，全面推进大水面生态渔业发展。

[3]经省政府同意，联合省人力资源和社会保障厅开展了2017—2019年度全省水产技术推广奖评选表彰工作，"稻渔综合种养技术"等27项优秀水产技术推广项目分获一、二、三等奖，并由省政府发文表彰。

[4]全面启动水产苗种产地检疫工作，联合省畜牧业管理局共同制定了《吉林省水产苗种产地检疫工作方案》，最终确认了137名渔业官方兽医。

[5]国家明确中国林蛙(东北林蛙)等5种相关蛙类由渔业主管部门按照水生动物管理后，全省农业农村部门积极与林草部门沟通，林蛙管理权顺利交接。

(吉林省农业农村厅 王 雷)

黑龙江省渔业

【概况】 2020年，黑龙江省渔业抓住南渔北移、长江禁捕等难得发展契机，克服疫情和洪涝灾害影响，紧紧围绕水产品稳产保供和渔业绿色高质量发展这一主线，秉承"三全"发展思路，采取"五良"措施，促进"五好"渔业发展，渔业经济保持稳定增长。全省水产养殖面积42万公顷，比上年增长4.88%。水产品总产量67.41万吨，比上年增长3.99%。其中养殖产量63.17万吨，比上年增长3.85%；捕捞产量4.24万吨，比上年增长6.04%。渔业经济总产值实现155.08亿元，比上年增长4.20%；渔民人均纯收入达到20 578.13元，比上年增长4.33%。

1.结构调整取得新进展 特色品种养殖产量较快增长，河蟹产量达到1.4万吨，泥鳅、鲶产量分别超过5 000吨，大白鱼、方正银鲫、大银鱼、柳根鱼、黄颡鱼产量均超过1 000吨。因地制宜发展稻渔综合种养，建设省级示范区20个，推广面积7.33万公顷，比上年增长23.9%；在11个县建设了稻田培育扣蟹基地，面积达0.19万公顷；在第四届全国稻渔综合种养模式创新大赛中，黑龙江省4家企业分别荣获银奖和绿色生态奖。

2.绿色发展登上新台阶 持续开展国家级水产健康养殖示范创建活动，打造一批绿色生态渔业发展模式，29家生产经营主体获得“国家级水产健康养殖示范场”称号，全省水产健康养殖示范场总数达到170家；杜尔伯特蒙古族自治县成功创建国家级渔业健康养殖示范县，3万多公顷淡水鱼基地创建成为省级有机农业示范基地。

3.一二三产业融合实现新跨越 积极培育“龙江鱼”母品牌和多个子品牌，品牌效益凸显。经中国品牌建设促进会工作委员会审定，地理标志产品“连环湖鳙鱼”品牌价值达9.06亿元，农业农村部农产品质量安全中心将连环湖渔业有限公司农产品包装标识纳入首批农产品包装标识典范编撰范围。深入开展“龙江鱼”省外销售行动，镜泊湖水产养殖场与北京物美公司合作，省外销售渠道进一步拓宽，仅3家供应基地就向省外销售水产品7 184吨，黑龙江省优质水产品走进“两会”餐桌。积极参与国际大米节和绿博会展销，省渔业渔政管理局被组委会评为优秀设计奖和优秀组织奖。加强重点项目建设，为青花湖集团争取5亿元政府债券项目，饶河县乌苏里江名特优鱼加工项目被列入省级“百大项目”，大庆市水产品批发交易市场项目和杜蒙渔博园水产品加工项目开工建设。

4.关键环节实现新突破 与中国水产科学研究院黑龙江水产研究所开展科技合作共建，淡水鱼产业技术协同创新体系作用发挥明显。发挥国家级科研机构优势，在杜蒙县建立了科学实验基地，国家重大科技攻关专项蓝色粮仓项目落户杜蒙连环湖，特色鱼类养殖、苇塘河蟹生态养殖、“双效”降碱渔农异位种养取得阶段性成果。发布2020年水产主导品种和主推技术，南蟹北养技术、盐碱水养鱼技术取得了突破性进展，小龙虾越冬繁育技术逐步推广，稻田培育扣蟹技术大面积推广，扣蟹苗种供应率已经达到33.6%，解决了外购苗种制约产业发展瓶颈问题。

5.依法行政迈出新步伐 全面完成65个县级、12个市级和省级养殖水域滩涂规划编制发布工作，科学划定禁止养殖区、限制养殖区和养殖区，62个县（市、区）完成了水域滩涂养殖发证登记工作，促进了生态环境保护，保障了水产养殖发展空间。启动水产苗种产地检疫工作，认定渔业官方兽医421人，设立申报点102个，纳入全国官方兽医统一管理和黑龙江省政务服务网行政审批事项。

6.渔政管理再上新水平 积极探索源头治理、网格化管理、部门联动、人防技防结合、行刑并用、社会监督等渔政管理机制，严格落实国家松花江流域禁渔制度，严厉打击电鱼、绝户网捕捞、涉渔“三无”船舶、违规渔具等违法违规行为。共计清理整治违规网具1.2万张（顶），行政处罚案件148起，移交司法案件50起。省渔业渔政管理局等3个单位和5名个人在“中国渔政亮剑2020”系列专项执法行动中因工作成绩突出被农业农村部通报表扬，甘南县农业农村局案件查处工作被评为全国渔业行政执法案卷评查优秀案卷。

7.边境管控取得新成绩 推广抚远市党政军警民“五位一体”强边固边试点经验，完善省、市、县、乡、村“五级”管边制度，加强与公安、海事、外事、边防等部门合作，参加省边防委员会黑龙江联合检查活动，严厉打击各类违法捕捞行为，渔民越境捕捞仅发生2起，为历史最低，树立了负责任大国的良好国际形象。加强对俄渔业交流合作，开展边境水域春秋两季联合执法检查和鲟科鱼类联合增殖放流活动，交流经验，增进互信，共同维护边境水域渔业资源。通过中俄渔业混合委员会会议和中俄渔政工作会议，促进俄方采取限制捕捞作业时间、清理固定和流动网具、禁止商业捕捞等有效措施，降低俄方大麻哈鱼捕捞强度，使得2020年洄游黑龙江省的大麻哈鱼明显增多，切实维护了应有的权益。

8.渔业发展增添新成员 召开管理职能移交会商会、专家和养殖户座谈会，组织开展林蛙产业调研，指导各地开展蛙类保护与增养殖管理权移交等工作，渔业产业结构增添了新内涵。出台相关政策，保障养殖户合法权益，保护野生林蛙资源。黑龙江省林蛙产业平稳有序发展，养殖产量达到1 827吨。

9.资源保护取得新成效 会同生态环境、水利、林草等部门联合印发《黑龙江省松花江流域水生生物多样性保护方案》，举办全国放鱼日同步活动和水生野生动物保护科普宣传月活动，开展“全省打击破坏水生野生动物资源及非法交易水生野生动物专项执法行动”，对水生野生动物展演场所、人工繁育养殖场、农贸市场、超市、餐饮店、电商平台等进行联合执法检查。累计投入资金2 490万元，其中地方和社会资金1 074万元用于增殖放流，总计增殖放流鱼类苗种1.05亿尾，其中珍稀濒危物种234.5万尾，比上年增长30%。成功救助一条150千克雌性达氏鳇并繁育鳇鱼苗32万尾，放归黑龙江水域，自然水域鱼类资源逐步恢复。

10.建制度，加强行业规范管理 坚持保护与发展协调并进原则，制定并发布了《黑龙江省大水面生态渔业发展规划》，为全省加快大水面生态渔业发展指明了方向。推动养殖水域滩涂规划编制工作，保障养殖者合法权益。出台《黑龙江省稻渔综合种养发展规划

(2020—2022年)》并认真组织落实。出台《黑龙江省水产苗种产地检疫办法(试行)》和《黑龙江省水产苗种产地检疫工作实施方案》,启动水产苗种产地检疫工作,组建渔业官方兽医队伍。与农业农村部、省林草局相关专家和领导针对蛙类的保护与利用组织调研和座谈,联合林草等部门下发了《关于转发〈关于进一步规范蛙类保护管理的通知〉的通知》《关于做好部分野生动物调整纳入畜禽和水生动物有关工作的通知》《关于稳妥做好禁食野生动物后续工作的指导意见》《关于组织开展相关蛙类保护和增养殖管理调研工作的通知》和《关于做好相关蛙类管理工作的通知》,规范林蛙养殖管理与保护。

11.创品牌,扩大龙江鱼影响力 深入实施"龙江鱼"子母品牌战略,创新营销模式,在绿博会和大米节设立280米^{2}龙江渔业展区,镜泊湖、兴凯湖、五大连池、连环湖、青花湖等一大批龙江水产品和渔稻大米得到各界关注和认可。通过在中央电视台新闻频道、黑龙江省电视台《新闻联播》《黑龙江日报》等主流媒体广泛宣传,不断扩大黑龙江渔业影响力。

12.突重点,开展四大专项行动 组织实施了水产绿色健康养殖"五大行动"、水产养殖业监管执法行动、"中国渔政亮剑2020"系列专项执法行动、渔业安全生产三年专项整治行动。大力推广生态健康养殖模式,强化水产品质量安全监管,开展禁渔期、水生野生动物保护、清理取缔涉渔"三无"船舶和"绝户网"、打击电鱼活动、中俄边境水域、跨地区作业渔船清理整治,加大对各类非法捕捞行为的打击力度,强化安全生产措施落实。

13.抓服务,稳产保供促发展 针对疫情防控形势,通过印发文件、召开视频会议等措施,指导各地做好水产品稳产保供工作。技术推广部门开通在线远程诊疗,组织技术指导服务培训,编印技术操作规范,为水产养殖场(户)提供针对性技术指导服务。组织遴选30余家重点水产企业,开展"点对点"联系服务。设立服务咨询电话,积极协调省防疫指挥部和相关部门,疫情期间帮助渔民、企业解决遇到的实际困难10余次,办理运输证120车(人)次,4月以来全省水产品产量逐步实现恢复性增长。

14.存在问题 虽然全省渔业产业发展呈现出持续向好的态势,但还面临很多困难。

(1)渔业基础设施薄弱。全省池塘、大水面、稻田等水面资源开发利用、有机衔接、系统整合不够。因效益不佳,养殖池塘改稻田、弃养现象时有发生,池塘面积持续减少,一半以上养殖池塘年久失修,老化淤积严重,基础设施建设滞后。

(2)涉渔政策资金扶持少。各级财政资金投入严重不足,省级财政每年只有500万元水产补助费,且整合到扶贫资金中,县级财政几乎没有渔业发展资金。

(3)渔业产业规模化不够。渔业一二三产业融合欠佳,一产比重较高,加工业薄弱,生产性服务组织发展滞后。冷链保鲜运输配送发展不快,鲜活水产品集中暂养、均衡上市、四季持续供给能力不足。产业组织化程度不高。

(4)执法队伍和执法装备建设落后。机构设置和执法力量与全省渔业渔政管理工作特别是边境水域管理工作需要极不相称。部分地区渔政执法人员偏少,或者没有车辆、快艇等必备执法装备,接到群众举报后无法快速到达现场。即使有执法装备,但由于缺少执法经费,也很难常态化开展渔政执法工作,严重影响了渔政执法效果。

【重点渔业市(县、区)基本情况】

黑龙江省渔业重点市(县、区)基本情况

市(县、区)	总人口(万人)	渔业总产值(万元)	水产品产量(吨)	其中		养殖面积(公顷)
				养殖	捕捞	
肇东市	93.00	84 675	48 233	258	47 975	15 330
杜蒙县	23.98	110 094	42 166	7 962	34 204	65 360
北林区	89.90	46 511	36 043	33	36 010	7 417
肇源县	47.00	50 130	29 553	3 424	26 129	25 400
密山市	42.70	57 302	27 921	16 69	26 252	20 625
哈市区	550.90	36 147	23 683	409	23 274	8 018

（续）

市（县、区）	总人口（万人）	渔业总产值（万元）	水产品产量（吨）	其中		养殖面积（公顷）
				养殖	捕捞	
巴彦县	70.70	32 272	20 949	343	20 606	4 860
大庆市区	320.00	28 815	20 290		20 290	22 025
安达市	52.00	29 277	16 428	1 153	15 275	16 193
庆安县	26.06	20 369	15 070	334	14 736	4 500

【大事记】

[1]2 月 19 日，省农业农村厅印发《关于做好新冠肺炎疫情防控期间水产品稳产保供工作的通知》，指导各地做好疫情影响下的渔业生产工作。

[2]2 月 21 日至 3 月 17 日，省农业农村厅渔业渔政管理局张鸿钧、韩鹏、张化祥等 3 名党员同志自愿下沉所在社区参加疫情防控工作。2 月 29 日，王彦宁、张化祥、韩鹏等 4 名党员同志参加了省农业农村厅组织的献血活动。3 月 2 日，省农业农村厅副厅长孙文志慰问厅内下沉社区参与疫情防控的 12 名志愿者。

[3]2 月，省水生动物资源养护中心 18 名党员报名参加下沉社区参与疫情防控工作，9 名党员干部参加献血，全体党员为疫情防控捐款。

[4]3 月 2 日，省农业农村厅印发《关于发布 2020 年水产养殖技术指导"明白纸"的通知》。

[5]3 月 6 日，省农业农村厅印发《关于印发〈2020 年黑龙江省渔业渔政工作要点〉的通知》。

[6]3 月 10 日，省农业农村厅印发《关于印发〈黑龙江省 2020 年水生生物增殖放流项目实施方案〉的通知》。

[7]3 月 10 日，省农业农村厅组织召开全省水产品稳产保供暨春季渔业生产调度视频会，各市（地）、县（市、区）渔业系统领导、干部参加视频会议。

[8]3 月 16 日，省农业农村厅党组第 8 次会议研究决定，聘任李正伟为省水生动物资源养护中心副主任（副处级），聘期为 5 年，其中试用期 1 年。

[9]3 月 23 日，省农业农村厅印发《黑龙江省"渔政亮剑 2020"系列专项执法行动方案》。

[10]3 月 25 日，省农业农村厅印发《黑龙江省稻渔综合种养发展规划（2020—2022 年）》。

[11]3 月 26 日，省农业农村厅印发《黑龙江省 2020 年禁渔期通告》。

[12]3 月 31 日，省农业农村厅组织召开全省边境水域渔政管理工作视频会议。各边境水域市（地）、县（市、区）农业农村局分管渔政工作副局长、渔政执法机构主要负责人及相关人员在线参加了会议。

[13]3 月，省水产技术推广总站康萌、杨秀、刘万学等 3 名同志主动下沉所在社区参加新冠肺炎疫情防控工作；王昕阳同志参加了省农业农村厅组织的献血活动；12 名职工参加捐款。

[14]3 月，按照省编办关于《黑龙江省农业农村厅所属事业单位机构改革方案》的要求和省农业农村厅党组的部署，完成了省水生动物资源增殖保护站、省渔业环境监测站、中国渔政号渔政船 3 家单位合并，组建省水生动物资源养护中心的工作。

[15]3 月，省农业农村厅启动省级《黑龙江省养殖水域滩涂规划（2020—2030 年）》编制工作。委托中国水产科学研究院黑龙江水产研究所承担省级规划编制任务。经专家评审、厅长专题办公会、党组会审议通过后，12 月 25 日获得省政府批复，12 月 29 日正式发布。

[16]4 月 7—8 日，省水生动物资源养护中心派员参加了伊春鹿鸣矿业尾矿矿砂泄漏对渔业生产及生态环境影响的调研。

[17]4 月 13 日，省农业农村厅渔业渔政管理局组织召开局领导班子会议，按照厅党组安排，成立新的领导班子，周晓兵任局长，韩鹏、刘育波、王彦宁任副局长，原副局长张鸿钧调整为二级调研员，张雪松调整为三级调研员。

[18]4 月 16 日，省农业农村厅印发《关于印发黑龙江省 2020 年渔业安全生产工作方案的通知》。

[19]4 月 22—27 日，首次以网络视频方式召开了中俄渔业合作混合委员会第 29 次会议。以农业农村部渔业渔政管理局副局长刘新中为团长的中方代表团和以俄罗斯联邦渔业署副署长瓦西里 · 索科洛夫为团长的俄方代表团参加会议。

[20]5 月 2 日，省农业农村厅与省自然资源厅联合印发《关于规范设施农业用管理促进现代农业健康

发展的通知》。

[21]5 月 15 日，省农业农村厅印发《黑龙江省 2020 年水产绿色健康养殖“五大行动”实施方案》。

[22]5 月 15 日，省农业农村厅组织召开省级《养殖水域滩涂规划》编制工作推进视频会议，推进省级《养殖水域滩涂规划》编制工作进程。《规划》编制组及技术咨询组成员参加视频会。

[23]5 月 15 日，省水产技术推广总站副站长康萌作为第一发明人的“一种鱼类养殖用高效投食装置”，获得国家知识产权局发明专利授权。

[24]5 月 28 日，省农业农村厅渔业渔政管理局局长周晓兵参加黑龙江省电视台帮忙节目《田妮时间》，就全省渔民退捕上岸后发展的有关问题，进行专题访谈。

[25]5 月 28 日至 6 月 5 日，省农业农村厅组织的中方代表团和以俄罗斯联邦渔业署阿穆尔流域管理局组织的俄罗斯代表团，以不过境方式，对中俄界江黑龙江中段 30～105 千米和 105～272 千米进行了春季渔政联合检查。

[26]5 月，省农业农村厅渔业渔政管理局党支部被中共黑龙江省直属机关工作委员会授予中省直机关党建三年提升工程先进党支部，周晓兵同志被授予优秀党支部书记荣誉称号。

[27]5 月，省水产技术推广总站党支部被中共黑龙江省直属机关工作委员会授予中省直机关党建三年提升工程先进党支部，邹民同志被授予优秀党支部书记荣誉称号。

[28]5 月，省农业农村厅发布《黑龙江省小型渔业船舶检验办法》。

[29]5 月和 9 月，省水生动物资源养护中心完成了全国第二次污染普查收尾工作，获黑龙江省第二次污染普查领导小组的表彰，齐齐哈尔办公区 8 名同志获得个人表彰。

[30]5 月 14 日，省农业农村厅出台《黑龙江省水产苗种产地检疫办法(试行)》。

[31]6 月 2 日，省农业农村厅印发《关于开展黑龙江省 2020 年渔业“安全生产月”和“安全生产万里行”活动的方案》。

[32]6 月 4 日，中国水产科学研究院黑龙江水产研究所连环湖科学实验基地挂牌仪式在大庆市连环湖举行。省农业农村厅、中国水产科学研究院黑龙江水产研究所、大庆市农业农村局、杜蒙县政府、杜蒙县水产总站及连环湖渔业有限公司相关领导参加活动。

[33]6 月 5 日，省农业农村厅组织召开禁渔期渔政执法视频工作会议。哈尔滨、佳木斯等 7 个单位做禁渔期渔政管理典型发言。

[34]6 月 6 日，省农业农村厅、萝北县政府和密山市政府共同举办以“养护水生生物资源，促进生态文明建设”为主题的“全国放鱼日”同步增殖放流活动。

[35]6 月 10 日，省农业农村厅组织有关专家，赶赴黑河市爱辉区长发村救护误捕体重约 150 千克雌性达氏鳇一尾，并将亲本及繁育的 32 万尾鱼苗放归黑龙江水域。

[36]6 月 18 日，省农业农村厅印发《关于〈黑龙江省渔业安全生产专项整治三年行动工作方案〉的通知》。

[37]6 月 19 日，省农业农村厅印发《关于印发〈2020 年黑龙江省水产养殖业监管执法行动方案〉的通知》。

[38]6 月 24 日，按照农业农村部和国家林业和草原局要求，省农业农村厅与省林业和草原局组织召开相关蛙类管理移交工作对接会，正式启动相关蛙类管理职能交接工作，东北林蛙、黑龙江林蛙等相关蛙类由林草部门按野生动物管理划归为由渔业部门按水生动物管理。

[39]7 月 3 日至 8 月 18 日，省水生动物资源养护中心分别在黑龙江干流逊克段、萝北段、松花江佳木斯段、汤旺河汤原段举办了以“养护水生生物资源、促进生态文明建设”为主题的鲟鳇鱼和细鳞鲑增殖放流活动。

[40]7 月 6—9 日，省农业农村厅联合吉林省农业农村厅组织松花江、嫩江沿江 7 个县(市、区)渔政管理及其执法部门开展松花江、嫩江干流共管水域禁渔期省际联合执法行动。

[41]7 月 10 日，省农业农村厅党组书记、厅长王金会一行深入松花江哈尔滨江段，对禁渔期渔政管理工作开展检查指导。

[42]7 月 11 日，省水产技术推广总站在松花江木兰江段举办“施氏鲟”增殖放流活动，共放流“施氏鲟”鱼苗 15.8 万尾。

[43]7 月 20 日，省农业农村厅、省生态环境厅、省林业草原局、省水利厅联合印发《黑龙江省大水面生态渔业发展规划》。

[44]7 月 20 日，由省农业农村厅组织，省水产技术推广总站实施的“2020 年松花江肇东段水生生物增殖放流活动”在肇东市涝洲镇松花江段顺利举行。

[45]7 月 24 日，佳木斯市同江市在哈鱼岛举办了中俄边境水域鲟科鱼类增殖放流活动，当日共放流施氏鲟幼鱼 10 万尾、鲢幼鱼 800 万尾。

[46]8 月 1—15 日，省农业农村厅组织 5 个专项

检查组，开展全省渔业安全生产交叉检查，对13个市（地）、22个县（市、区）进行了飞行抽查。

[47]8月13日，省农业农村厅与省林业和草原局联合印发《关于做好部分野生动物调整纳入畜禽和水生动物有关工作的通知》。

[48]8月18日，省农业农村厅蛙类保护与管理专家研讨会在黑龙江水产研究所召开。来自省林业和草原局、东北农业大学、东北林业大学、中国水产科学研究院黑龙江水产研究所、省水产技术推广总站、省水生动物资源养护中心的领导和专家参加研讨。

[49]8月20日，农业农村部渔业渔政管理局局长张显良到齐齐哈尔市泰来县调研指导稻渔综合种养和产业扶贫工作。9月11日，副局长李书民到肇东大似海种质资源场、渔儿园稻蟹综合种养和涝州渔种场进行调研指导。

[50]8月20日，省农业农村厅联合省生态环境厅、省水利厅、省林业和草原局联合印发《黑龙江省松花江流域水生生物多样性保护方案》。

[51]8月22日，省农业农村厅在农科教培训中心组织2019—2020年度全国渔业行政执法人员执法资格统一考试，黑龙江省考区306名考生参加。

[52]8月23日，黑龙江干流抚远段渔业资源调查开始进行，调查作业时间为20天，为中俄渔业混委会会谈提供了基础数据。

[53]8月24日，省农业农村厅、省林业和草原局、省财政厅印发《关于稳妥做好禁食野生动物后续工作的指导意见》。

[54]8月27日，省水生动物资源养护中心与黑龙江省永续自然资源保护公益基金会联合举办了2020年黑龙江省鱼类增殖放流技术研讨会。会上，省水生动物资源养护中心与省永续自然资源保护公益基金会、东北农业大学动物科学技术学院签订了黑龙江省濒危珍稀鱼类资源养护合作框架协议。10月24日在东宁与省永续自然资源保护公益基金会联合举办了“劲草嘉年华·世界洄游鱼日”保护生物多样性主题宣传活动。

[55]8月27日，省农业农村厅渔业渔政管理局成立蛙类管理工作移交专班。

[56]9月3日，全省应编制《养殖水域滩涂规划》的65个县（市、区）、12个市圆满完成编制和发布任务，并上报农业农村部。

[57]9月4日，省水生动物资源养护中心逊克基地改新建项目完成项目招标，9月11日开工建设，12月末前竣工并投入使用。10月20日，省农业农村厅渔业水域污染防治检测设备采购项目完成项目招标，12月中旬前完成仪器设备采购与安装调试。

[58]9月7日，省农业农村厅印发《关于完善机制进一步加强渔政管理工作的通知》。

[59]9月10日，省农业农村厅、省林业和草原局联合印发《关于做好相关蛙类管理工作的通知》。

[60]9月13日，杜蒙县连环湖水产品精深加工项目、国际垂钓场、科学实验基地剪彩揭牌仪式先后在德力戈尔工业园区、连环湖渔业有限公司生态渔业苗种基地和连环湖实验基地举行。中国科学院院士桂建芳，中国垂钓协会副会长刘强，中国水产科学研究院副院长刘英杰，黑龙江省农业农村厅、杜尔伯特蒙古族自治县有关领导出席相关活动。

[61]9月17—22日，省农业农村厅组织的中方代表团和以俄罗斯联邦渔业署阿穆尔流域管理局组织的俄罗斯代表团，以不过境方式，对中俄界江乌苏里江边境水域0～30千米、黑龙江边境水域30～274千米进行了秋季渔政联合检查。

[62]9月19—24日，农业农村部渔业安全第五检查组到黑龙江省检查渔业安全生产专项治理工作。

[63]9月26—28日，农业农村部渔业渔政管理局在哈尔滨举办全国渔业安全与应急管理业务培训班。各地农业农村部门负责同志共计80人参加培训。

[64]9月27—28日，农业农村部在哈尔滨市召开林蛙产业及保护管理研讨会。农业农村部渔业渔政管理局有关领导，辽宁、吉林、黑龙江和内蒙古代表，省林业和草原局相关领导、省林蛙产业协会代表及部分养蛙户代表参加研讨。

[65]9月27—28日，农业农村部渔业渔政管理局在黑龙江省开展蛙类调研活动。

[66]10月17日，杜蒙县通过国家级渔业健康养殖示范县验收。

[67]10月18日，第三届中国·黑龙江国际大米节与第八届黑龙江绿色食品产业博览会开幕，省农业农村厅渔业渔政管理局和黑龙江省渔业协会组织相关渔业企业参加展会，并获得组委会授予优秀设计奖和优秀组织奖。

[68]10月23日，省农业农村厅在哈尔滨圣亚极地公园（水族馆）举行了以“关爱水生动物共建和谐家园”为主题的2020年黑龙江省水生野生动物保护科普宣传月启动仪式。

[69]10月30日，《水产志》顺利通过终审并印刷出版。

[70]10月，省水产技术推广总站“寒地河蟹生态养殖技术示范推广”项目被中国水产学会评为范蠡科学技术奖二等奖。

[71]11月2—6日，省农业农村厅组织的中方代表团和俄罗斯联邦渔业署阿穆尔流域管理局组织的俄罗斯代表团，以网络视频方式，召开了中俄黑龙江和乌苏里江边境水域渔政管理工作会议。

[72]11月4日，省农业农村厅印发《关于加强边境水域秋冬季渔政管理工作的通知》。

[73]11月6日，省农业农村厅印发《黑龙江省水产养殖防汛救灾技术操作指南》，指导各地开展水产养殖抗洪复产工作。

[74]12月5日，省水产技术推广总站组织带队参加第四届全国稻渔综合种养模式创新大赛暨2020年优质渔米评比推介活动，黑龙江省肇东市西八里乡渔儿园渔业养殖专业合作社、建三江金储种养农民专业合作社、绥化市正大米业有限公司等获得优质渔米评比推介活动——"粳米组"银奖；泰来县月洋农业发展有限公司获得稻渔综合种养模式创新绿色生态奖。

[75]12月5日，省渔业船舶检验站组织全省124人，参加中华人民共和国交通运输部海事局组织的内河小型渔业船舶适任制验船人员入职培训考试，122人通过考试。

[76]12月13日，按照省农业农村厅党组安排，厅渔业渔政管理局局长周晓兵在全省农业农村系统业务培训上进行授课，部署2021年渔业渔政工作。

[77]12月22日，省水产技术推广总站副站长康萌作为第一发明人的"一种提高鱼卵孵化率的孵化器"获得国家知识产权局发明专利授权。

[78]2020年，省水产技术推广总站优选省内外10名土专家、技术能手，作为特聘渔技员补充到水产技术推广队伍当中。

[79]2020年，省水产技术推广总站组织实施了水产绿色健康养殖"五大行动"，共培育并获批21个全国水产绿色健康养殖"五大行动"骨干基地。

[80]2020年，"黑龙江省水产技术推广总站—黑龙江省水生动物疫病监控中心建设项目"动工建设。

（黑龙江省农业农村厅渔业渔政管理局 张澜澜）

上海市渔业

【概况】 2020年，上海市拥有淡水养殖面积10 253公顷，捕捞渔船和渔业辅助船等各类渔船537艘。2020年全市水产品总产量24.74万吨，比2019年减少11.76%，其中淡水水产品产量8.34万吨，同比增长0.49%；海水水产品产量16.4万吨，同比减少16.9%。2020年上海渔民人均收入达28 975元，同比增长1.07%。

1.渔业生态资源养护迈上新台阶 推进长江大保护及全面禁捕，深入贯彻落实习近平总书记关于长江经济带"共抓大保护、不搞大开发"重要指示精神，落实国务院、农业农村部长江退捕禁捕有关文件和会议精神，扎实有序推进全市长江退捕与禁捕工作，全面完成捕捞证100%回收、捕捞渔船100%拆解、捕捞网具100%销毁、渔民社会保障100%覆盖、有意愿渔民100%转产就业的"5个100%"退捕任务；加大长江口水域禁捕工作力度，建立健全多部门联合打击非法捕捞机制，累计查处各类违法案件360起，抓获犯罪嫌疑人236人，查获长江水产品逾24吨，取缔"三无"船舶聚集点56处，拆解"三无"船舶869艘，驱离外省籍渔船1 720艘次，非法捕捞运输交易活动得到有效遏制，长江上海段实现"四清四无"目标。严格海洋伏休、长江禁渔、内陆水域禁渔期执法监督管理，加强联勤联动，持续深入开展涉渔"三无"船舶和违规渔具清理整治，强化行刑衔接，保持打击非法捕捞高压态势。进一步加强国内渔船管控，2020年组织45艘（总功率6 964.5千瓦）海洋捕捞渔船实施减船拆解；"十三五"以来，全市已组织122艘（总功率13 332千瓦）实施减船拆解，提前、超额完成农业农村部下达上海市的压减任务。实施海洋渔业资源总量管理，组织开展2020年全市海蜇专项限额捕捞，21艘专项捕捞渔船生产秩序良好。加强水生野生动物保护，积极开展水生野生动物保护科普宣传月活动和专项执法检查行动，坚决打击各类非法水生野生动物及其制品交易和贸易，规范水生野生动物经营利用行为。开展濒危物种专项救护，2020年全市共救护中华鲟等各类水生野生动物283尾（只）。中华鲟保护区二期基地列入2020年市级重大建设项目清单，进展顺利。推进出台和宣传贯彻中华鲟保护地方性法规，《上海市中华鲟保护管理条例》于5月14日经市人大常委会审议通过，已于6月6日起实施；联合相关部门开展条例宣传贯彻培训以及条例施行暨长江口珍稀水生生物增殖放流活动。2020年全市共投入各类增殖放流资金1 129.5万元，在重要渔业水域放流各类水生生物1.19亿尾（只）。完成涉及刀鲚种质资源保护区5项市级重大工程环评，落实渔业生态修复措施。横沙国家一级渔港维护整治项目顺利推进，进入施工图设计与审批阶段。

2.水产养殖绿色发展取得新成效 加强水产养殖绿色生产方式推广，2020年全市共有490家水产养殖场按照操作规程开展绿色生产方式养殖，覆盖水面7 520公顷，覆盖率达72%，完成推广任务达60%的目标。推进水产养殖尾水治理，2019年2 000公顷项目建设和2020年项目建设前期工作进展顺利。积极协调和推进各区养殖水域滩涂规划编制和发布工作，各区均已完成。2020 年全市共创建国家级水产健康养殖示范场 18 家(其中新创建 11 家，复审通过 7 家)；水产绿色认证率在 2019 年 1.3%基础上提升至 2%；河蟹养殖取得可喜业绩，呈现出规格更大、品质更优、效益更好的特点，上海河蟹在全国大赛上得奖比例为全国最高。

3.渔业安全生产水平得到新提升 加强水产品质量安全监管，2020 年组织完成 262 份地产养殖水产品药残检测，合格率达 99.6%。加强水生动物疫病监测，落实各项水产苗种检疫任务，建立首批 58 名渔业官方兽医队伍。加强外来物种入侵防控，按照市委书记李强批示要求，市农业农村委员会迅速会同市水务局采取措施，开展福寿螺排查和清除防治；并主动与江浙皖三省农业农村厅对接，牵头签订《"长三角"防止福寿螺蔓延联防联控工作机制框架协议》，开展联防联控；截至 2020 年年底，全市已灭螺 192 250 只，清除卵块 74 524处。加强渔业安全生产监管，开展渔业"安全生产月"和"安全生产万里行"活动，做好渔业防台防汛、中国国际进口博览会期间渔业安全维稳等各项工作，无重特大渔业安全事故发生，全市远洋渔船未发生违规航行作业情况。按照"外防输入，内防反弹，人物同防"要求，组织协调农产品加工疫情防控；加强远洋渔业疫情防控，建立全市远洋渔船船员动态日报制度，及时协调帮助企业解决外籍船员及病故遗体滞留问题；全力响应国家总体外交战略，积极指导上海远洋渔船运送医护用品、粮食、农业机具等物资援外以及滞留当地援外人员转运回国，外交部和驻外使领馆多次专函上海市致谢。

4.渔业产业融合和功能拓展取得新进展 休闲渔业稳步发展，2020 年第十五届上海国际休闲水族展览会成功举办，上海休闲水族产业影响力和知名度进一步提升。远洋渔业稳步推进，产业外扩和产品回国战略实施取得新成效，2020 年，全市远洋渔业企业运回远洋自捕水产品 12.03 万吨，比 2019 年减少 16.28%，优质、高档的深海水产品持续供应市民餐桌。

【重点渔业区基本情况】

上海市重点渔业区基本情况

地区	渔业人口(人)	渔业产值(万元)	水产品产量(吨)	其中				养殖面积(公顷)	
				海洋捕捞	海水养殖	内陆捕捞	淡水养殖	海水	淡水
崇明区	7 923	111 520.80	42 100	10 527			31 573		2 841
青浦区	2 148	42 111.50	13 744			573	13 171		1 439
奉贤区	3 573	41 229.59	10 135	114	257		9 764	267	2 007
金山区	1 873	16 771.06	5 314	8		145	5 161		752
浦东新区	992	13 425.00	9 340	2 371			6 969		1 568

【大事记】

[1]2 月 26 日，市农业农村委员会一级巡视员王国忠率队到崇明实地察看外省市来崇收购农产品指定交易点、水产养殖专业合作社，深入调研疫情期间崇明水产养殖及销售情况。崇明区农业农村委员会主任宋学梅等陪同调研。

[2]3 月 24 日，农业农村部长江流域渔政监督管理办公室组织上海、江苏、浙江等省(直辖市)渔业、公安、海警、海事等执法部门开展为期一个月的长江水域禁渔期巡航执法行动。农业农村部长江办副主任赵依民、上海市农业农村委员会一级巡视员王国忠等参加当天的联合执法行动。

[3]4 月 9 日，上海市出动警用直升机进行长江口打击非法捕捞专项执法行动空中巡查。上海市副市长彭沉雷，市政府副秘书长赵祝平，市农业农村委员会主任张国坤、一级巡视员王国忠等参加督导。

[4]4 月 23 日(当地时间)，我国海军第 34 批护航编队运城舰、银川舰采取接力护航的方式，安全护送上海水产集团 9 艘远洋作业渔船通过亚丁湾海域。

[5]5 月 14 日，《上海市中华鲟保护管理条例》经上海市十五届人大常委会第二十一次会议表决通过，于 2020 年 6 月 6 日起施行。

[6]5 月 19 日，以上海海洋大学为第一单位、上海市水产研究所为第二单位申报的"中华绒螯蟹新品种选育与产业关键技术集成创新"项目获得上海市科技

进步奖一等奖。

[7]6 月 6 日，市农业农村委员会、市人大农业与农村委员会、崇明区政府联合开展“立法保护中华鲟助推长江大保护——《上海市中华鲟保护管理条例》施行暨 2020 年长江口珍稀水生生物增殖放流活动”。市人大常委会主任蒋卓庆，市人大常委会副主任沙海林、莫负春，副市长彭沉雷等出席活动。

[8]6 月 8 日，原农业部党组成员、中国农产品市场协会会长、国务院参事室特约研究员张玉香到上海横沙渔港经济区调研并应邀出席“上海市纪念世界海洋日暨全国海洋宣传日主场活动”启动仪式与“中国国际金枪鱼交易中心”揭牌仪式。崇明区委书记、上海市长兴岛开发建设管理委员会副主任、上海市长兴岛开发建设管理委员会办公室主任李政，上海市海洋局(水务局)局长徐建，崇明区委副书记、区长缪京，上海市长兴岛开发建设管理委员会办公室党组书记、常务副主任吴召忠，中国水产流通与加工协会会长崔和，上海市农业农村委员会一级巡视员王国忠等有关领导参加调研。

[9]6 月 17 日，市农业农村委员会召开福寿螺防治工作视频会议，贯彻落实市领导批示要求，部署开展福寿螺排查和清除防治，保障上海市生物安全、生态安全和农业生产安全。市农业农村委员会一级巡视员王国忠出席会议并讲话。

[10]6 月 28 日，国务院召开长江流域重点水域禁捕和退捕渔民安置保障工作推进电视电话会议。上海市委副书记、代市长龚正在上海分会场出席会议并对上海长江退捕禁捕工作进行部署，副市长彭沉雷出席上海分会场会议。

[11]7 月 3 日，上海横沙一级渔港喜迎首艘(次)超低温金枪鱼延绳钓船靠泊并顺利完成刺身级大目金枪鱼约 36 吨交割，受让方为上海长兴岛渔港公司所属“中国国际金枪鱼交易中心”运行团队。

[12]7 月 8 日，上海市政府召开全市长江退捕与禁捕工作推进电视电话会议，对落实习近平总书记等中央领导指示批示和国务院长江流域重点水域禁捕和退捕渔民安置保障工作推进电视电话会议精神以及市委书记李强、市长龚正批示要求进行再动员、再部署、再落实。

[13]7 月 27 日，市政府办公厅印发《上海市长江退捕与禁捕工作方案》。上海市成立由市长龚正任组长，副市长彭沉雷任副组长，市相关部门和沿海沿江区政府主要领导为成员的上海市长江退捕与禁捕工作领导小组，全面领导、组织和推进长江退捕与禁捕工作。

[14]7 月 30 日，上海市青浦区、嘉兴市嘉善县、苏州市吴江区三地农业农村委(局)在青浦区召开共同深化拓展在示范区三方交界水域渔业执法管理领域合作会议，并签订《示范区渔业管理备忘录》。

[15]8 月 4 日，上海崇明与江苏海门、启东三地农业执法部门举行长江禁渔联合执法备忘录签约仪式，探索建立跨区域的长江禁渔联合工作机制，确保长江北支段全面禁捕工作有序落实，严厉打击交界水域各类涉渔违法行为。

[16]9 月 16 日，长江口非法捕捞清理整治工作座谈会在上海召开。农业农村部副部长于康震出席会议并讲话。上海市农业农村委员会党组书记、主任张国坤介绍了上海清理整治长江口非法捕捞工作情况。

[17]9 月 17 日，斯里兰卡民主社会主义共和国驻上海总领事馆总领事马诺瑞·马莉卡瑞琪等到访上海水产集团有限公司，上海水产集团董事长、上海水产行业协会会长谢峰等会晤了马诺瑞·马莉卡瑞琪总领事。

[18]9 月 23 日，上海市长江退捕与禁捕工作领导小组办公室召开成员单位联络员会议，深入推进上海市长江退捕与禁捕工作。市农业农村委员会副主任陆峥嵘出席会议并讲话。

[19]9 月 29 日，由人力资源和社会保障部就业促进司副司长宋鑫带队的中央第三督查组到上海市崇明区开展长江流域重点水域禁捕工作联合督查，市农业农村委员会副主任陆峥嵘等陪同督查。

[20]10 月 17—19 日，2020 第 15 届上海国际休闲水族展览会在上海市和长宁区有关部门支持指导下，于上海农业展览馆顺利举办。

[21]10 月 25 日，由海南省农业农村厅党组成员李芸带队，重庆、贵州、西藏等省(自治区、直辖市)渔业主管部门组成的全国渔业安全生产专项治理交叉排查第八工作组一行来沪进行渔业安全生产专项检查。上海市农业农村委员会副主任陆峥嵘等陪同检查。

[22]11 月 20 日，农业农村部会同公安、交通、市场、林草、海警等相关部门和上海、江苏、浙江“两省一市”政府，在上海组织召开长江口禁捕管理工作协调机制会议暨联合执法誓师大会，同步启动联合执法行动。农业农村部副部长于康震、上海市副市长彭沉雷出席会议并讲话。

[23]11 月 24 日，市委书记、市总河长李强前往崇明区、宝山区，开展贯彻落实全面推动长江经济带发展座谈会精神暨河长制专题调研，要求打好长江保护修复持久战，坚决落实中央关于长江“十年禁渔”决策部署。市领导诸葛宇杰、汤志平参加有关调研。

[24]11 月 24 日，2020 年全国劳动模范和先进工

作者表彰大会在北京人民大会堂隆重举行。上海112位全国劳动模范和先进工作者接受表彰,其中上海市水产研究所(上海市水产技术推广站)副所长(副站长)施永海获得全国先进工作者称号。

[25]12月22日,国务院召开长江禁捕退捕工作推进电视电话会议。市委副书记、市长龚正出席上海分会场会议并讲话,副市长彭沉雷主持上海分会场会议。

[26]12月30日,农业农村部在湖北省武汉市举行部省共建渔政基地授牌和新购置渔政船艇集中入列授旗活动,上海市共有中国渔政002、084、085、086等4艘新建渔政执法船艇入列,加入长江禁渔巡查。

[27]12月31日,农业农村部以湖北省武汉市为主会场,以上海、江苏、安徽等13个省(直辖市)为分会场,全面启动长江流域重点水域"十年禁渔"活动。副市长彭沉雷及上海市长江退捕与禁捕工作领导小组成员单位负责同志等出席上海分会场活动。

(上海市农业农村委员会　田青霄)

江苏省渔业

【概况】 2020年,全省水产养殖面积59.85万公顷,同比减少0.75%;水产品总产量490.18万吨,同比增长1.25%,其中海洋捕捞41.77万吨、同比下降6.25%,淡水捕捞25.94万吨、同比下降11.20%,海水养殖92.28万吨、同比增长0.82%,淡水养殖329.26万吨、同比增长3.58%。渔业产值1 774亿元,同比增长1.90%;渔民人均收入2.98万元,同比增长3.68%。

1.强化渔业发展顶层设计 制定出台《江苏省政府办公厅关于加快推进渔业高质量发展的意见》,通过稳定生产阵地、转变生产方式、提升保障水平等举措,推动江苏渔业高质量发展走在全国前列。落实养殖水域滩涂规划制度,全省13个设区市、73个水产养殖主产县(市、区)完成了养殖水域滩涂规划政府发布工作,划定了养殖区、限养区和禁养区,为渔业发展奠定坚实基础。修订《江苏省渔业管理条例》,在全国首次将长江禁渔写入地方性法规,为渔业高质量发展提供法律支撑。

2.全力抓好水产品稳产保供 强化组织领导,第一时间印发指导意见,提出"四个抓好、四个加强",指导各地做好水产品稳产保供工作。加强调研调度,成立水产工作专班,围绕"防疫保供"、渔业"春繁春放""绿色发展"等重点工作,开展疫情防控、春季渔业生产专题调研,及时调度各地水产品稳产保供情况,积极做好水产品产销对接。抓好生产管理,研究制定《水产品生产管理技术指导意见》等,成立省级专家指导组,通过线上、线下技术服务,指导养殖主体加强生产管理。

3.持续推动特色水产业发展 强化水产种业建设,组织做好43家省级以上原良种(繁育)场保种和亲本更新工作,认定省级以上原良种(繁育)场8家。强化水产品质量安全监管,加强水产养殖抗生素等投入品管理,全省产地水产品抽检合格率100%,未发生重大水产品质量安全事件。实施《特色水产产业千亿级发展规划》,大力推广新品种、新技术和新模式,全省特色水产养殖面积占比达80%。

4.大力推进水产生态健康养殖 推动池塘养殖尾水达标排放,制定池塘养殖尾水排放地方标准,在太湖流域、沿海、沿湖、沿江地区等开展养殖尾水达标排放试点示范,全省实施池塘生态化改造面积达2万公顷。推动湖泊生态渔业建设,有序推进湖泊禁养区养殖退出工作,到2020年年底重点湖泊网围养殖面积压减到4.33万公顷以内。实施水产健康养殖技术推广"五大行动",推广生态健康养殖技术模式,积极开展水产健康养殖示范创建,新建国家级水产健康养殖示范场82家,徐州市铜山区、新沂市、沛县获评国家级渔业健康养殖示范县称号。

5.全面推进长江流域禁捕退捕工作 省政府印发《关于全面推进江苏省长江流域禁捕退捕工作的实施方案》,全面按时高质量完成长江干流江苏段、湖泊保护区及所涉其他水域年度退捕任务,20 024艘渔船、38 865名渔民全面退出,符合参保条件、在劳动年龄段内有就业意愿的退捕渔民应保尽保、应转尽转、应补尽补。建立农业、公安、市场监管等部门执法联动机制,严厉打击涉渔违法犯罪行为,加强执法监管能力建设,长江干流江苏段近1 200千米洲岛岸线、34个水生生物保护区禁捕秩序良好。在国家6部委对长江沿线15个省(直辖市)政府考核中,江苏省是获得3个"优秀"等次省份之一。

6.加强水生生物资源养护 严格落实保护区涉渔工程管理要求,加强对36个国家级水产种质资源保护区的管护。加大渔业增殖放流力度,组织开展6月6日"全国放鱼日"等渔业增殖放流活动,在江河湖海等水域放流各类苗种达20亿尾(粒、只)。强化水产种质资源保护区建设,加强涉渔工程管理,提升水生生物资源保护水平。

7.加强渔业安全生产监管 加强组织领导,落实安全责任,推动专项整治,完善政策机制,突出"七个聚焦"实现整治范围全覆盖,狠抓渔港渔船安全管理秩序,严厉打击涉渔"三无"船舶,依法整治海洋捕捞违规作业,加强商渔船碰撞管控,大力提升渔业安全执法和应急管理能力，严格安全生产监管闭环管理等措施。全省共出动渔业安全检查 4 110 批次，检查渔业生产单位(船舶)2.31 万个，完成检验海洋渔船 4 066 艘，渔船厨房火灾隐患整治 1 600 艘、救生设备专项检查 1.2 万艘次。新发展理念和红线意识显著增强，渔业安全综合监管体系不断完善，2020 年各类渔业事故起数 16 起、死亡 13 人(2019 年事故 21 起、死亡 22 人)，渔业安全生产事故起数和死亡人数明显下降。

8.存在的主要问题 一是资源环境压力非常突出。水生生物资源衰退的趋势尚未根本扭转，优良渔业水域不断受到挤压，传统渔业生产方式不适应生态环境保护新要求，亟待转型升级。二是渔业产业结构有待升级。基础设施建设亟须完善，水产品加工业不够发达，休闲渔业等新业态发展不够充分，渔业一二三产业发展融合程度不够高，产业结构不尽合理。三是渔业安全管理能力亟待提升。渔业安全生产属地管理责任落实不够，渔业执法体系不够健全，执法装备不够完备，难以满足渔业安全生产管理需求。

【重点渔业市(县、区)基本情况】

江苏省重点渔业市(县、区)基本情况

市(县、区)	总人口(万人)	渔业产业(万元)	水产品总产量(吨)	其中				养殖面积(公顷)	
				海洋捕捞	海水养殖	内陆捕捞	淡水养殖	海水	淡水
赣榆区	100.42	1 224 894	432 743	98 704	250 866	1 159	82 014	23 495	5 254
启东市	109.60	842 028	314 842	152 120	119 514	8 432	34 776	18 121	4 510
如东县	100.24	750 149	309 244	38 376	214 743		56 125	48 551	5 311
兴化市	152.75	1 074 835	289 880			12 101	277 779		32 349
射阳县	93.63	610 073	225 721	24 679	74 654	7 251	119 137	5 927	10 000
东台市	107.22	479 173	186 576	21 477	74 521	9 889	80 689	21 070	7 300
高邮市	79.65	702 816	175 960			4 205	171 755		27 275
大丰区	70.10	452 971	173 596	9 950	60 070	13 500	90 076	17 750	9 400
宝应县	87.02	659 601	149 008			14 500	134 508		18 677
盐都区	70.65	254 990	108 471	21		2 800	105 650		8 333

【大事记】

[1]1 月 26 日，省农业农村厅设立新冠肺炎疫情农村防控组，成立水产工作专班，在指导做好疫情防控工作的同时，全力指导各地做好渔业生产稳定、物资运输通畅和水产品产销对接等工作，为水产品稳产保供提供保障。

[2]5 月 14 日，省政府在连云港召开全省海洋渔业安全生产推进会，副省长赵世勇出席会议并讲话。

[3]5 月 19 日，省政府办公厅印发《江苏省政府办公厅关于加快推进渔业高质量发展的意见》，明确了“十四五”期间渔业发展的目标任务、重点任务和政策举措，全力推动渔业高质量发展。

[4]6 月 6 日，按照农业农村部统一部署，全省各地同步开展渔业增殖放流活动，省、市、县有关管理部门、社会各界代表、渔民代表以及志愿者等参加放流活动。2020 年在江河湖海等水域放流各类苗种达 20 亿尾(粒、只)。

[5]6 月 28 日，省长吴政隆主持召开全省长江流域禁捕和退捕渔民安置保障工作会议，深入学习贯彻习近平总书记等中央领导重要指示批示，落实国务院会议精神，就江苏省长江流域禁捕和退捕渔民安置保障工作进行再部署、再抓实。

[6]6 月 30 日，省委书记娄勤俭主持召开省委常委会会议，专题听取工作汇报，要求坚决贯彻总书记重要指示精神，细化各地各部门主体责任，形成整体合力，确保“禁渔令”取得扎实成效。

[7]7 月 3 日，省政府印发《关于全面推进江苏省长江流域禁捕退捕工作的实施方案》，明确了进度安排、重点工作和保障措施，成立省推进长江流域禁捕退

捕工作领导小组，下设办公室和退捕推进、社会保障、执法整治、市场监管 4 个专项组。

[8]8 月 10 日，省人大常务委员会公布了新修订的《江苏省渔业管理条例》，条例新增了“长江禁捕”的有关内容，明确了长江干流江苏段在禁渔期内禁止垂钓、禁止携带“禁用渔具”进入禁渔区等，为长江水生生物保护提供法律支撑。

[9]12 月 24 日，省长吴政隆主持召开省长江流域禁捕退捕工作领导小组会议，深入学习贯彻习近平总书记关于长江禁渔的重要指示批示精神，认真落实韩正副总理、胡春华副总理在国家长江禁捕退捕工作推进电视电话会议上的重要讲话要求，对全省打好打赢长江“十年禁渔”攻坚战、持久战进行再部署、再推进。

（江苏省农业农村厅）

浙江省渔业

【概况】 2020 年，浙江省水产品总产量 615.4 万吨，同比增长 2.5%。其中国内海洋捕捞产量 256.9 万吨，同比下降 5.7%；海水养殖产量 137.2 万吨，同比增长 8.0%；内陆捕捞产量 17.0 万吨，同比增长 6.3%；淡水养殖产量 121.6 万吨，同比增长 3.9%；远洋渔业产量 82.7 万吨，同比增长 21.8%。全省渔业经济总产值 2 224.0亿元，同比下降 0.4%，渔业一、二、三产业占比 51：23：26。全省水产品批发市场 72 个不同品种（规格）综合均价监测表明，主要水产品综合均价同比下降 2.2%。全省拥有机动渔船 2.86 万艘，减少 971 艘；总功率 455.0 万千瓦，同比增加 6.5 万千瓦。全省水产品进出口总量 27.2 万吨，进出口贸易总额 10.6 亿美元，同比分别下降 15.0%和 16.5%。全省渔民人均纯收入 29 192.3 元，同比下降 2.2%。

1.水产养殖 水产养殖绿色发展全面推进。全年建成省级渔业健康养殖县 14 个，水产健康养殖示范场 355 家。启动实施健康养殖、尾水治理、用药减量、配合饲料、种业提升等水产绿色健康养殖“五大行动”，建立 190 个（其中列入部级 64 个）示范基地，有效支撑水产养殖绿色健康发展。继续实施《浙江省稻渔综合种养百万工程》，建成重点示范县 5 个、省级示范基地 68 个，新增稻渔综合种养面积 0.67 万公顷，建成千亩以上示范基地 12 个。全面推进水产养殖尾水治理，新增养殖尾水治理面积 1.67 万公顷，涉及 4 594 家主体，全省已完成养殖尾水生态治理面积 19.2 万公顷，占应治理总数的 72%。制定《浙江省水产养殖用药减量行动方案（2020—2022）》，在 20 个县开展减量用药行动。34 个示范点用药成本下降 18.5%，抗生素用量下降 45.2%。启动水产苗种产地检疫，完成首批 234 名渔业官方兽医资格确认和培训工作，出具了全省第一张由官方兽医签署的水产苗种产地检疫电子合格证，全面推进水产苗种产地检疫制度实施。育种创新和种业建设取得新进展，2020 年浙江省共有大黄鱼甬岱 1 号、缢蛏甬乐 1 号、三角帆蚌浙白 1 号、翘嘴鲌全雌 1 号等 4 个新品种获国家新品种证书，占当年认定总数的 28.6%。新建 3 家省级良种场，完成 11 家良种场的复查评审。

2.国内海洋捕捞 全省海洋捕捞减船转产工作持续推进。截至 2020 年年底，全省 5 年累计完成压减渔船 3 351 艘、功率 44.6 万千瓦，超额完成国家压减产能任务。抓好禁渔区和禁渔期监管，实施最严格的海上伏休管理，强化异地休渔渔船、异地挂靠渔船、捕捞辅助船等重点渔船监管，全省 15 792 艘应休捕捞渔船和近 2 200 艘捕捞辅助船均回港休渔，落实“船进港、网入库、人上岸、证集中”伏休管理要求。推进渔船审批改革试点工作，根据全国渔船动态管理系统“一网通办”要求，在全省推广使用“渔小二”系统，实现“浙江政务网”“全国渔船动态数据系统”互联互通，解决渔船办证“二次申请”问题，同时充分利用共享数据，大幅精简办事材料，精简比例达到 70%。“渔小二”成功入选全省政府数字转型的优秀案例。据统计，全年共核发渔船捕捞许可、渔船登记、船网工具指标审批等 3 808 件，远洋渔船审核转报 70 件；承诺件提前办结率 100%。

3.远洋渔业 推动远洋渔业规范健康发展。支持远洋渔船按照欧盟注册要求和标准进行改造，推进舟山远洋渔业基地、远洋渔业专业母港冷链物流中心和西码头国家中心渔港扩建工程建设。开展远洋渔业资源探捕，优化国际资源利用。建立远洋渔船动态实时监管制度，加强对远洋渔船的监测管理。联合省财政厅出台《关于贯彻〈浙江省人民政府办公厅关于促进远洋渔业健康发展的若干意见〉的实施意见》，为促进远洋渔业的健康发展奠定基础。

4.渔港建设 渔港建设和综合改革稳步推进。续建普陀沈家门中心渔港、台门一级渔港等 22 个项目，新开工定海西码头中心渔港疏浚工程、玉环大麦屿渔港升级改造项目、临海红脚岩渔港整治维护工程 3 个项目，完成舟山市沈家门中心渔港扩建工程、普陀台门一级渔港扩建工程、普陀虾峙一级渔港扩建工程等 10 个项目，全省 130 座二级以下渔港完成油污水、垃圾收集设施建设任务，2020 年全省累计完成投资 2.54 亿元。渔港信息化管理持续深化，建立船籍港和靠泊港安全协同监管机制，对接城市大脑，完善“船港通”关键模块和功能应用，做好"互联网+"等业务应用，深化定点上岸和可追溯管理试点，强化动态干预、动态编组，全面推广"物联网+区块链"数字治理模式。实施精密智控项目，推动"以码管人、以图管船、以指数管安全"，着力破解安全生产、资源管控、生态治理难题。

5.渔业资源养护 全省各地在"全国放鱼日"同步开展相关增殖放流活动，进一步提高公众生态环境保护意识，营造全社会重视水生生物资源养护的良好氛围，全年共投入各类资金 9 087 万元，增殖放流各类水生生物苗种 46.6 亿单位以上。加强水生野生动物管理和保护，坚决贯彻落实野生动物保护"两法两决定"要求，会同检察、公安、市场、林业联合出台严厉惩治涉野生动物违法犯罪活动等相关文件，联合开展专项执法行动。全年开展执法联动 490 次，出动执法人员 7 117人次，隔离饲养繁育场所 50 个。同时与省林业部门对接，完成了 141 家龟类、6 家鳄鱼类养殖和经营企业监管交接工作。严格实施钱塘江流域禁渔规定，钱塘江禁渔期间共查处案件 320 件，收缴电捕鱼器具 190 套，移送司法案件 181 件，移送司法 260 人次。坚决贯彻落实长江口禁捕区管理任务，引导原在长江口扩延禁渔区作业的海洋捕捞渔船实施减船转产或调整作业海域，部署 4 艘执法船艇在长江口浙江管辖海域进行常态化执法巡航，构建与上海、江苏渔业渔政联动执法机制，加强联合执法，严查严打非法捕捞行为，共查获涉嫌违规渔船 49 艘。纵深推进海上"一打三整治"，构建海巡、港清、陆查"三位一体"综合"打防控"体系，打击取缔涉渔"三无"船舶，清缴"绝户网"，跨海区严打违规违法偷捕行为，全省共执法检查渔船32 531 艘次，查处涉渔违法违规案件 2 435 起，移送司法案件 251 起、涉案人员 649 人，查获涉渔"三无"船(筏)1 260 艘，清缴违禁网具 12 万余张(顶)。

6.渔业安全生产监管 加强系统性政策制度建设，坚持依港管船管人管安全的监管理念，突出渔船船东、船长主体责任落实，率先在全国开展"港长制"建设、渔船基层管理组织建设，制订并出台渔业船员安全违规记分办法、渔船进出港报告实施办法等，调整渔业互助保险政策，综合运用行政、法律、经济和诚信手段系统加强渔船安全生产监管。稳步提升基础保障能力，率先在全国开发并使用"渔业安全培训(兴渔学堂)"App，举行万名渔民安全生产大培训视频直播活动，努力为渔民学习和技能提升创造条件。指导基层渔船管理组织规范化建设，在重点渔业乡镇开展船员中介服务试点，探索外来劳力规范管理，不断提升基层组织的服务水平。围绕防范商渔船碰撞，相继完善"定人联船"、渔船点验、编组生产、恶劣天气应急响应等管理规定，为渔船安全专项整治提供政策保障，与海事、海警、自然资源等部门签订战略合作备忘录，积极构建部门协同的商渔船防碰撞机制。通过跨部门密切协助，全省共有效处置各类险情 576 起，救助涉险渔船 571 艘、渔民 4 650 人。加强执法检查和隐患整治，开展部门协同、海陆联动的"亮剑行动""百日攻坚行动"等安全执法系列行动，加大港口、海上的执法检查力度，严查高危渔船中易"脱管""证业不符"、网具超标等情形，严打超员、超载、超航区航行等安全生产违法行为，严治台风期间不听防台指令行为。梳理商渔船碰撞事故易发、多发渔船类型，明确帆张网、蟹笼两类捕捞船和涉氨冷藏辅助船 3 类 10 人以上及老旧等高危渔船，全省高危渔船整改落实率已达 99.8%。全年事故起数、死亡(失踪)人数分别比上年下降了 13% 和 37%。

7.存在主要问题

(1)渔业本质安全水平有待提高。海上渔船事故多发频发，安全隐患治而不绝，全链条监管体系尚待完善，安全生产形势严峻，本质安全水平亟待提升。渔船安全风险隐患排查整治不彻底，"异地挂靠"、帆张网等高危渔船的属地管理责任不落实、管理措施不到位。商渔船碰撞造成的较大事故时有发生，有效防范机制和措施尚不健全。渔船基层管理组织弱小散，协管作用未能有效发挥。渔船进出港报告、职务船员配备、渔船船体质量和安全设施检验等相关制度未得到有效落实。海上通信条件尚不能满足安全管理需求，渔船精密智控能力有待加强。渔港和避风锚地等防灾减灾基础设施仍然薄弱。渔业互助保险保障供给不足，仍需提质扩面。

(2)渔业产业结构有待优化。捕捞能力与资源可承载能力不相适应的矛盾依然突出，压减捕捞产能的任务依然繁重，捕捞与养殖结构不合理。渔业一产比例过高，渔业新业态新产业多元化发展缓慢。海洋与渔业传统文化挖掘传承不够，休闲渔业同质化发展倾向明显。片面追求高产量的粗放型水产养殖和"大小通吃"的海洋捕捞方式给产业绿色发展、资源和环境保护带来新的挑战。

(3)渔业资源保护有待加强。渔业资源状况虽有恢复性迹象，但长期过度捕捞、环境污染、渔业生境受损，使得渔业资源衰退势头未能得到根本性遏制，资源基础依然脆弱。渔业资源家底不清、修复手段不多、养护效果不明显等问题依然存在。违禁渔具使用整治难度大，幼鱼捕捞依然存在，以渔业资源监测评估为基础的捕捞业产出管理制度亟须构建。

(4)渔业执法能力有待提升。渔业安全生产、资源保护监管和打击违法违规行为执法任务艰巨。机构改革后基层渔业部门被撤并和压减，管理与技术力量弱化，执法队伍人员配备不足、执法装备配备滞后等问题更加突出。渔政执法与海警、海事等部门紧密衔接、多部门齐抓共管的长效机制有待进一步完善。渔政执法、安全监管的技防手段落后，信息化水平偏低。

(5)渔业产业亟待补链延链强链。渔业冷链物流体系尚不完善，水产供应链亟待延长，价值链亟待提升。水产品方便化和餐厨化加工、精深加工比重偏低，高附加值、高科技含量产品亟待研发和产业化，水产加工业亟待转型升级。休闲渔业地方文化特色挖掘不够，服务模式同质化严重。渔业品牌建设进展不快，区域公用品牌扶持力度有待加强。渔业一二三产业发展不平衡，渔业全产业链融合发展亟待提升。

【重点渔业市(县、区)基本情况】

浙江省重点渔业市(县、区)基本情况

市(县、区)	总人口(万人)	渔业总产值(万元)	水产品产量(吨)	其中					养殖面积(公顷)	其中	
				国内海洋捕捞	海水养殖	内陆捕捞	淡水养殖	远洋渔业		海水	淡水
普陀区	34.76	1 741 324	899 303	347 228	43 578			468 497	1 490	1 490	
象山县	56.77	1 123 606	590 700	344 740	150 860	2 000	13 500	79 600	12 666	11 100	1 566
温岭市	141.62	1 855 330	532 209	394 809	72 232		7 093	58 075	5 553	4 910	643
嵊泗县	6.69	361 413	404 962	194 962	210 000				1 510	1 510	
岱山县	20.80	537 696	335 785	298 997	35 293		1 495		700	634	66
三门县	37.95	954 805	305 904	13 135	289 755	357	2 657		13 919	13 489	430
玉环市	64.40	470 720	255 127	132 945	115 460	3 432	3 290		4 136	3 460	676
椒江区	82.61	514 255	211 984	188 523	19 029		4 432		522	295	227
定海区	35.87	761 642	191 560	26 067	3 350		131	162 012	365	343	22
南浔区	54.29	437 722	185 793			175	185 618		12 636		12 636

【大事记】

[1]1月15日，农业农村部召开渔业改革创新高质量发展推进会，省农业农村厅二级巡视员陆元林出席，并在会上做了《谋定而动 顺势而为 推动渔船渔港综合管理改革走深走实》典型发言，向全国介绍浙江经验。

[2]3月18日，农业农村部召开全国渔业安全生产工作视频会议，会上浙江省围绕渔港港长制建设做典型发言。

[3]4月28日，根据农业农村部《关于责成浙江省农业农村厅对"4·12浙普渔68628"失联事件进行调查处理的函》要求，省农业农村厅党组专题研究，成立了"4·12浙普渔68628"失联事件调查组，开启该事件的调查。

[4]6月6日，省农业农村厅与杭州市政府在桐庐县共同举办2020"全国放鱼日"暨浙江省水生生物增殖放流活动，省农业农村厅厅长王通林、总农艺师杨大海、二级巡视员陆元林等参加活动。当天，共在富春江增殖放流了鲢鳙鱼、黄尾密鲴、三角鲂、青鱼等优质鱼苗100多万尾。

[5]6月15日，全省深化海上"一打三整治"暨渔船安全专项整治工作会议在杭州举行。会议以视频方式召开，各市和沿海有关县(市、区)设分会场。省委书记车俊，省委副书记、省长袁家军分别做出批示。省委副书记郑栅洁讲话。副省长彭佳学主持会议。宁波市、温州市、舟山市、台州市和普陀区做发言。

[6]8月14日，省农业农村厅召开周边水域渔船管控及渔业防台工作座谈会。省农业农村厅总农艺师

杨大海出席会议并讲话。会议要求，要从维护好经济社会安全稳定的大局出发，将渔业防台工作作为大安全的重要内容。切实把各项防台措施做细做实做到位，不留隐患、不留盲区、不留死角，尽最大努力确保不死人、少伤人、少损失。

[7]9月2日，广东省政府副秘书长郑伟仪一行来浙江省考察调研水产养殖保险工作，与省农业农村厅、省财政厅等有关单位进行了座谈，并实地考察了杭州市伟林农业有限公司。省政府副秘书长蒋珍贵、省农业农村厅总农艺师杨大海参加了座谈。

[8]9月11日，省农业农村厅总农艺师杨大海召集省级渔业系统负责人就重点工作进行交流讨论。各单位负责人汇报交流了有关工作。会议强调，各单位要明确各自定位，通过管理促发展、执法树权威、监管保安全、科研强支撑、推广助增收、互保助稳定来相互支撑，相互配合，从整体上不断推进全省渔业产业高质量发展。

[9]9月16日，第二十三届中国开渔节在象山举办，副省长彭佳学、省农业农村厅长王通林出席。

[10]9月23日，农业农村部组织召开渔业"十四五"规划舟山调研座谈会，省农业农村厅总农艺师杨大海出席。

[11]11月2日，农业农村部国际合作司副司长彭廷军一行赴舟山、宁波调研浙江农产品贸易及远洋渔业基地建设情况。省农业农村厅副厅长刘嫔珺陪同调研。

[12]11月4日，浙江省农业农村厅与日本长崎县水产部通过视频方式召开友好合作交流会，并签署《2021年度两省县渔业交流备忘录》。省农业农村厅总农艺师杨大海、日本长崎县水产部部长齐藤晃出席会议并致辞。

[13]11月10日，国家新材料渔船产业高峰研讨会在舟山市召开，省农业农村厅厅长王通林出席并讲话，总农艺师杨大海参加。

[14]11月13日，全省高危渔船隐患整治暨进出港报告工作推进会在杭州召开。省农业农村厅总农艺师杨大海出席会议并讲话。

[15]11月28日，全省秋冬汛渔业安全生产管理专题会议在宁波召开。省农业农村厅总农艺师杨大海出席会议并讲话。

[16]12月2日，全国人大华侨委员会委员、省十二届人大常委会党组书记、副主任王辉忠一行到省淡水水产研究所综合试验基地调研指导。省农业农村厅总农艺师杨大海陪同调研。

（浙江省农业农村厅　杨亮杰）

安徽省渔业

【概况】 2020年，全省各级渔业渔政部门深入贯彻习近平总书记考察安徽重要讲话指示批示精神和党中央、国务院决策部署，全面落实省委、省政府和农业农村部工作要求，扎实推进渔业渔政改革发展，长江禁捕退捕取得阶段性成效，稻渔综合种养再上新台阶，水产品供给能力再提升，"十三五"期末各项发展目标如期实现，为"十四五"全方位推动渔业高质量绿色发展奠定坚实基础。根据农业农村部等6部委联合印发的《2020年度长江流域重点水域禁捕退捕工作考核办法》，经综合评定，安徽省2020年度禁捕退捕工作考核结果为"优秀"。

从综合指标看，2020年全省水产养殖面积47.9万公顷，同比下降0.9%；水产品总产量232.4万吨，同比增长0.4%，其中捕捞产量14.4万吨，同比下降29.8%，养殖产量218万吨，同比增长3.4%；渔业经济总产值924.4亿元，同比增长3.8%；机动渔船7 712艘，同比下降31.4%；渔民人均纯收入为20 702元，同比增长15.9%。

1.保持决战决胜之势打赢长江（安徽段）禁捕退捕攻坚战 认真履行牵头抓总职责，发挥高规格"双组长"领导小组的"指挥棒"作用，统筹打好重点水域禁捕和退捕安置保障政策组合拳，在全国率先落实渔政执法机构编制和推行干部结对帮联制度，提前3个月完成了12 722艘退捕渔船全部回收处置、30 421名退捕渔民全部洗脚上岸任务；符合条件的渔民纳入养老、医保、低保、住房、就业、"一对一"结对帮联等重点工作完成率100%，如期实现长江禁捕退捕攻坚战"四清六无"目标。2020年8月19日，习近平总书记在马鞍山长江薛家洼段考察时，详细了解马鞍山市长江岸线综合整治和生态环境保护修复、长江十年禁渔等工作落实情况，并走到江边察看长江水势和岸线生态环境。看到过去乱搭乱建、污水横流的薛家洼，经过整治，如今已成为百姓亲江亲水亲绿的美丽岸线，总书记称赞马鞍山市禁得最早、做得最好。10月28日，《农民日报》头版头条刊发《在长江转折处开启新征程：长江禁渔的马鞍山经验》。11月14日，中央电视台《焦点访谈》栏目专题报道了马鞍山市退捕渔民转产就业和社会保障经验做法。

2.保持全面推进之势打好水产养殖业绿色发展持久战 出台《安徽省2020年水产绿色健康养殖"五大行动"实施方案》，切实加强养殖水域滩涂规划编制发布、稻渔综合种养规范发展、水产健康养殖模式推广、水产苗种产地检疫全面实施等工作。2020年，县级政府全部发布养殖水域滩涂规划；新增稻渔综合种养面积6.8万公顷，总面积达27.9万公顷，位居全国第2位；新增国家级、省级水产良种场各1家，建成水产养殖尾水治理示范点205个，创建国家级水产健康养殖示范场72家，总数达519家；水产苗种产地检疫电子出证系统首次在全省范围全面实施，产业绿色发展取得显著成效。

3.保持稳中求进之势统筹做好渔业渔政各项工作 一是推动省人大常委会将《关于促进和保障安徽省做好长江流域禁捕工作若干问题的决定》纳入2021年立法计划，为规范实施长江"十年禁渔"提供法治保障。二是推动省委编办在全国率先出台《加强沿江市县渔政管理执法机构人员编制工作方案》，从全省存量空编中，统筹85名行政编制、522名事业编制建立沿江市(县)渔政管理专项编制周转池；调剂增加沿江乡镇(街道)农业综合服务机构2～3名事业编制，沿江每村(社区)配备3～5名护渔员，为打赢长江禁捕退捕攻坚战提供人力保障。三是组织开展"中国渔政亮剑2020"系列专项执法行动，省农业农村厅渔业渔政管理局工作成绩突出被农业农村部通报表扬。四是加强水生野生动物管理和渔业资源养护，首次在全省开展水生野生动物人工群体普查工作，顺利完成林蛙类管理职能移交工作，蛙产业平稳有序发展，2020年养殖产量达到5 435吨，同比增长35%；举办全国放鱼日同步活动，全年放流水生生物2.42亿尾。渔业安全生产形势持续向好，水生动物疫情平稳，渔业安全生产零事故。

4.存在的主要问题 一是安徽省种苗、养殖、加工、休闲、流通等渔业产业相对齐全，但全链条闭合、全产业融合发展能力不强。二是资源约束和环境压力加大。大水面"三网"养殖设施拆除，城市郊区池塘养殖面积持续减少，渔业发展空间受到挤压，水产品供给压力增大。三是禁捕水域垂钓管理存在一定难度，非法捕捞的风险隐患仍然存在。

【重点渔业市(县、区)基本情况】

安徽省重点渔业市(县、区)基本情况

市(县、区)	总人口(万人)	渔业产值(万元)	水产品总产量(吨)	其中		养殖面积(公顷)
				捕捞	养殖	
巢湖市	72.7	668 851	41 554	388	41 166	4 003
当涂县	44.7	458 767	59 808	291	595 17	8 050
宿松县	61.3	451 824	86 938	4 416	82 522	40 007
庐江县	88.8	390 560	53 920	2 980	50 940	9 372
天长市	60.4	338 787	75 150	1 680	73 470	10 785
无为市	81.8	322 974	65 042	2 004	63 038	12 613
枞阳县	46.9	310 985	64 700	700	64 000	10 665
望江县	46.2	307 974	69 237	146	69 091	19 815
宣州区	82.6	277 950	67 680	7 125	605 55	15 054
霍邱县	94.5	252 754	111 691	4 600	107 091	14 179

注：1.渔业总产值排名前10名的县(市、区)；

2.渔业数据来自2020年度安徽省渔业统计年报；

3.总人口数据(截至2020年11月1日零时常住人口)抄自第七次全国人口普查公报。

【大事记】

[1]3月18日，省农业农村厅召开全省渔业安全生产视频会议，副厅长杨增权出席会议并讲话。

[2]5月19—20日，安徽省稻渔综合种养推进调度会在六安市霍邱县召开，省农业农村厅副厅长杨增权出席会议并讲话。

[3]6月28日，国务院召开长江流域重点水域禁

捕和退捕渔民安置保障工作推进电视电话会议，中共中央政治局常委、国务院副总理韩正出席会议并讲话。中共中央政治局委员、国务院副总理胡春华出席会议并讲话。省委书记李锦斌参加会议，省长李国英做了会议典型发言。

[4]6月30日，安徽省打赢长江禁捕退捕攻坚战工作推进会在合肥市召开，省委书记李锦斌出席会议并讲话。省委副书记信长星主持会议，省领导陶明伦、孙云飞、虞爱华、李建中、周喜安出席会议。会议以电视电话会议方式召开，各省辖市及有关县(市、区)设分会场。

[5]7月10日，省政府办公厅印发《关于切实做好长江(安徽段)禁捕退捕有关工作的通知》，转发3个方案，设立了由省委书记、省长任双组长的省长江禁捕退捕工作领导小组。

[6]8月9日，安徽省委编委在全国率先出台《关于加强沿江市县渔政管理执法机构人员编制工作方案》，统筹85名行政编制和522名事业编制，构建安徽省长江禁捕退捕专项编制周转池，依法依规增加沿江市(县)渔政人员编制。

[7]8月19日，中共中央总书记、国家主席、中央军委主席习近平在马鞍山市长江薛家洼段考察时，详细了解长江岸线综合整治和生态环境保护修复、长江“十年禁渔”等工作落实情况，并走到江边察看长江水势和岸线生态环境。看到过去乱搭乱建、污水横流的薛家洼，经过整治，如今已成为百姓亲江亲水亲绿的美丽岸线，习近平总书记称赞马鞍山市禁得最早、做得最好。

[8]9月8日，农业农村部召开长江流域重点水域禁捕退捕工作视频调度会，农业农村部部长韩长赋出席并讲话。农业农村部副部长于康震主持会议。安徽省长江禁捕退捕工作领导小组专职副组长、副省长张曙光做会议交流发言。

[9]9月10—11日，人力资源和社会保障部在合肥市召开长江流域退捕渔民养老保险工作推进会，副部长游钧出席并讲话。

[10]9月14—15日，农业农村部副部长于康震率调研组，调研安徽省长江禁捕退捕工作。副省长张曙光陪同调研并出席座谈会。

[11]10月17日，在《农民日报》三农论坛，刊登省农业农村厅厅长卢仕仁《深入贯彻落实习近平总书记生态文明思想，坚决打赢长江禁捕退捕攻坚战》的署名文章。

[12]10月21日，省委农办主任、省农业农村厅厅长卢仕仁专程赴芜湖调研长江禁捕退捕特别是退捕渔民转产就业和社会保障情况。芜湖市委书记潘朝晖、副书记冯克金参加调研。

[13]10月28日，安徽省长江禁捕退捕工作领导小组会议暨长江禁渔专题调度会在马鞍山市召开。省长江禁捕退捕工作领导小组专职副组长、副省长张曙光出席会议并讲话。省直有关部门和各市、县(市、区)政府负责同志参加会议。

[14]10月28日，《农民日报》头版头条刊发《在长江转折处开启新征程：长江禁渔的马鞍山经验》。

[15]11月4日，财政部召开沿江10省(直辖市)长江禁捕退捕财政保障工作视频调度会，副部长程丽华主持并做总结讲话。安徽等6省份做会议交流发言。

[16]11月6—8日，第四届中国国际现代渔业暨渔业科技博览会在合肥滨湖国际会展中心举行，设置了八大主题展区，展览展示总面积2.3万米^2。省农业农村厅副厅长、一级巡视员杨增权出席有关活动并巡视展馆。

[17]11月14日，中央电视台《焦点访谈》栏目报道安徽省马鞍山市退捕渔民转产就业和社会保障经验做法。

[18]11月24日，《农民日报》刊发“举全省之力打造长江禁捕退捕的典范——访安徽省农业农村厅厅长卢仕仁”。

[19]11月25日，国家市场监督管理总局在南京市召开沿江10省(直辖市)“长江禁捕 打非断链”专项行动执法协作机制调研暨部分省市案件查办工作交流会，执法稽查局局长燕军出席会议并讲话。安徽省在大会做案件查办工作经验发言。

[20]11月27日，安徽省2020年度“十大法治人物”及“十大法治事件”评选活动颁奖盛典在安徽广播电视台“亚洲一号”演播大厅举行，省农业农村厅推荐的“铜陵市依法坚决打赢长江禁捕退捕攻坚战”成功获评安徽省2020年度十大法制事件。

[21]12月5日，第四届全国稻渔综合种养模式创新大赛暨2020年优质渔米评比推介活动在合肥市举办。农业农村部渔业渔政管理局副局长江开勇、全国水产技术推广总站副站长于秀娟，安徽省农业农村厅副厅长、一级巡视员杨增权出席开幕式并致辞。

[22]12月22日，国务院召开长江禁捕退捕工作推进电视电话会议，中共中央政治局常委、国务院副总理韩正，中共中央政治局委员、国务院副总理胡春华出席会议并讲话。省长李国英在安徽省分会场参加会议并就贯彻落实会议精神进行部署。副省长张曙光、周喜安、张红文参加会议。各省辖市及有关县(市、区)设

分会场。

[23]12月29日,《农业农村部关于通报表扬“中国渔政亮剑2020”系列专项执法行动工作成绩突出的集体和个人的通知》,安徽省农业农村厅渔业渔政管理局渔政执法工作突出,获得通报表扬。

[24]12月30日,全国农业农村厅局长会议在北京召开,安徽省农业农村厅做了题为“构建三大体系,实现三个转变,确保十年禁渔铁令生威行稳致远”的典型交流。

[25]12月31日,安徽省政府在芜湖市设立省分会场,与全国同步举办“十年禁渔”全面启动活动仪式,副省长周喜安出席并同沿江其他4市政府分管负责同志通过视频连线参加活动。

(安徽省农业农村厅 何 银)

福建省渔业

【概况】 2020年,福建省渔业经济总产值3 135.60亿元,同比下降3.07%;渔业产值(不含水产苗种)1 373.12亿元,同比增长0.84%。全省水产品总产量832.98万吨,同比增长2.26%;近海捕捞产量152.90万吨,同比下降5.13%;远洋捕捞产量60.79万吨,同比增长17.70%;海水养殖产量526.80万吨,同比增长3.15%;淡水捕捞产量7.02万吨,同比下降1.22%;淡水养殖产量85.47万吨,同比增长1.82%。渔民人均纯收入2.42万元,同比增长5.27%。2020年福建省水产品出口创汇59.40亿美元,同比增长5.88%,继续保持全国第一。

1.推动渔业复工复产 落实“六稳”“六保”,加强海上疫情防控,实施渔业“百千”增产增效行动,统筹推进疫情防控和海洋与渔业发展。在全国率先出台“渔十条”行业扶持政策,着力推动解决水产品压塘滞库、复工复产等具体问题。与中国进出口银行福建省分行签订全面合作协议,设立3年内不少于300亿元海洋渔业专项贷款额度,2020年为9家远洋渔业及关联企业提供贷款32.04亿元。推动闽安山水远洋渔业码头投入运营,有效缓解远洋渔船“卸货难”问题,年底已回运渔获物8.5万吨。

2.提升远洋综合实力 推动远洋渔船更新改造38艘;支持企业争取公海项目,开拓南极、塞内加尔、巴基斯坦等海域新渔场。2020年,全省远洋渔业企业28家,外派渔船总数605艘,企业数量、渔船数量居全国第三。远洋渔业产量60.79万吨、产值49.85亿元,同比分别增长17.70%、13.14%,产量居全国第一。福州(连江)国家远洋渔业基地动工建设;全省第一艘南极磷虾捕捞加工船赴南极海域生产,运回量1.53万吨;宏东渔业毛里塔尼亚渔业基地建成,成为我国境外规模最大的远洋渔业综合性基地;平潭国际海洋产业物流园、马尾深海时代产业园、宏东海洋生物产业园等建成投产。

3.推进种业创新变强 第三轮水产种业创新与产业化工程项目收官,选育海带新品系2个、南美白对虾新品系1个、双斑东方鲀和菊黄东方鲀新品系各1个,累计推广新品系面积超过2万公顷。新增(复评)省级水产原良种场10家,全省累计建成水产原良种场40多家,20多种优势特色品种均已建立省级以上原良种场,主要养殖品种良种覆盖率突破70%。拥有海淡水育苗品种190多个,年繁育鱼虾贝藻苗种1.9万亿单位,大黄鱼、鲍鱼、海带、紫菜等主要品种苗种产量位居全国首位,培育宁德富发、福建一嘉、连江官坞、晋江福大等一批在国内有较大影响力的种业龙头企业及品牌。

4.加快养殖转型升级 宁德海上养殖综合整治圆满收官,探索出海上养殖绿色发展的宁德经验做法,10月27—28日省政府在宁德市召开全省海上养殖综合整治和绿色发展现场会,推广宁德经验做法,加速推动全省海上养殖升级改造。2020年,全省改造传统渔排16.1万口、传统贝藻类筏式养殖设施333公顷,新建深水抗风浪网箱400多口;累计建成环保型塑胶养殖网箱57万口、塑胶浮球筏式贝藻类养殖设施2.33万公顷,初步建成三都澳、连江外海等绿色养殖示范区。完成闽江水口库区3公顷淡水养殖网箱升级改造试点。莆田秀屿区南日岛新增3组深远海养殖平台建设项目;连江“泰渔1号”顺利下水,“泰渔2号”“泰渔3号”即将建造完成,全省累计建造深远海养殖装备10台(套)。

5.实现加工提质增效 全省水产加工企业1 161家,规模以上企业387家。其中,国家级龙头企业9家、农业产业化省级重点龙头企业141家。2020年,全省新增水产品加工生产线35条,建设水产品冷链物流项目5个。推动水产加工企业“退城入园”,东山海洋生物科技园一期已签约入驻企业30多家。积极打造“福渔”品牌,新增中国特色农产品优势区1个、福建特色农产品优势区2个、福建省名牌农产品6个、福建省农业十大区域品牌2个。创新“养殖生产+收购加工+冷链物流+线上销售”模式,加速全产业链利益联结,大黄鱼、南美白对虾、牡蛎、鲍鱼、鳗鲡、紫菜等优势品种全产业链产值均超100亿元。

6.强化渔业生态保护 认真落实中央环保督察整改要求,全省水产养殖发证率达到100%。编制、发布

10个市级和67个县级养殖水域滩涂规划，累计清退海水超规划养殖面积2.16万公顷，全面完成海水超规划养殖清理整治任务。制定闽江水口库区养殖网箱优化布局方案和升级改造实施意见，清退养殖网箱26.3公顷，全面完成超规划养殖清退任务。全省水产养殖入海排放口信息摸排核实工作基本完成，已摸排核实排放口信息3 846个。开展养殖尾水治理，建立210个养殖尾水处理示范点；探索可复制可推广的渔业海漂垃圾治理模式。持续实施渔业增殖放流，开展"6·6八闽放鱼日"等活动，全省放流各类水生生物48.02亿单位；莆田南日岛、福清东翰、连江黄岐半岛等国家海洋牧场进展顺利。海洋伏季休渔和闽江禁渔取得积极成效。

7.推进休闲渔业发展 大力扶持"水乡渔村"品牌建设，省级"水乡渔村"专项资金从每年的300万元提高到2020年的800万元，单个项目补助标准从30万元提高到50万元，2020年创建"水乡渔村"休闲渔业示范基地23家，全省累计已达198家。加快培育都市观赏渔业，实施福州金鱼精品工程，福州金鱼养殖面积80多公顷，年产成品金鱼3 000多万尾，年产值超3亿元，规模居全国第一。举办2020年海峡（福州）渔业周暨中国（福州）国际渔业博览会、中国（厦门）国际休闲渔业博览会、宁德"大黄鱼节"、福鼎"鲈鱼文化节"、石狮、晋江"开渔节"等活动，打造特色渔业民俗文化品牌。

8.筑牢防灾减灾基础 全面加快渔港建设，按照省委、省政府"六年规划三年完成"的工作要求，实施渔港建设三年行动计划，配套出台福建省渔港投资与建设管理办法，规划建设渔港226个，2020年已开工建设渔港项目57个，统一集中开展渔港项目海洋环境与生态资源现状调查，推动涉及海洋生态红线81个渔港项目、涉及自然岸线55个渔港项目、涉及自然保护地9个渔港项目在生态保护红线评估成果中落图落点。实施福建省海洋渔船通导和安全装备配备项目，为全省1.3万余艘海洋渔船安装北斗示位仪，推动建成覆盖全省海洋渔船实时位置信息的北斗卫星网络。在全国率先开展海洋渔船"插卡式AIS"研发应用，建成福建省渔船动态监控管理系统和福建省渔港视频监控系统。全年防范应对"黄蜂"等11个台风，全省沿海紧急转移渔排相关人员9.46万人次，指挥海上作业渔船回港避风1.21万艘次，未发生人员伤亡事件。防范赤潮灾害7起，均未造成养殖直接经济损失。

9.深化安全生产管理 推进省委、省政府突破"难、硬、重、新"工作行动"海上渔船安全治理"硬任务，会同公安、海警、海事等部门，建立厅际联席会议制度，开展整治涉渔"三无"船舶专项行动、严控赴敏感海域捕捞专项行动，在全省范围内同步开展渔港"封港清查"254次，查获涉渔"三无"船舶358艘，拆解419艘。开展"渔业安全生产专项整治三年行动""防范商渔船碰撞百日攻坚专项行动"，严格落实渔船进出港报告制度，确保渔船"五不出海"。推进渔船安全隐患排查整治，发现一般隐患2 671个，已完成整改2 665个。成功承办2020全国渔业水上突发事件应急演练，在平潭、龙岩、莆田开展海上安全救援救护综合演练，有效提升综合救援能力。落实24小时值班、领导干部带班及事故信息报告制度，有效处置海上船舶突发事件，及时组织协调救助遇险船舶37起（艘）、船员391人，挽回经济损失1.53亿元。

10.加强民生安全保障 强化水产品质量安全监测，省部级产地水产品质量安全监督抽检合格率99.88%，市场例行监测合格率96.5%，均高于全国平均水平。全省4 066家生产主体纳入"一品一码"追溯系统监管，生成三项记录61.57万条，赋码数量11.37万条。首次确认渔业官方兽医393名，设置水产苗种产地检疫申报点75个，全省已基本建立水产苗种检疫制度。开展水产养殖精准减量规范用药行动，强化打击违规和行刑衔接，案件查处率达100%。按照"增品、扩面、提标"要求，持续加强渔业政策性保险，全省渔船渔工保险覆盖面达到90%，在全国率先开展塑胶养殖渔排、台风指数、赤潮指数、大黄鱼价格指数等保险。2020年签单保费突破3亿元，实收保费居全国第二位，提供风险保障金570亿元。

11.落实执法监管有力 制定《福建省实施〈中华人民共和国渔业法〉办法行政处罚自由裁量适用规则（试行）》及其基准，促进公正、公平执法。开展海洋伏季休渔、闽江禁渔执法监管，查办海洋伏季休渔违法违规案件679件，涉案渔获物1 101吨，行政处罚金额804万元，移送司法部门案件9起28人次；查处闽江禁渔期间非法捕捞案件49起，查获非法捕捞船舶9艘。开展2020年打击违规渔具专项执法行动，全省清理禁用渔具1.98万张。开展打击电鱼专项执法行动，查处电鱼违法案件216起，移送公安部门4起，没收销毁电捕鱼器具265台（套）、违法捕捞渔获物2 952.24千克，罚款50.1万元。持续组织实施水产品质量安全执法，开展检查行动4 315次，发现违法违规案件15起，行政处罚13起，罚款11.83万元，销毁超标苗种1 250千克（7 000尾）、水产品18 762千克，移送公安2起。开展水生野生动物专项执法检查1 580次，查获海龟、中国鲎等138只，无害化处置中国鲎制品4.5千克，救助处置海豚、江豚、海龟、中国鲎等24起33只。

12.**存在问题** 一是渔港建设方面。地方政府渔港资金配套较困难，生态红线及国土空间规划虽已调整但尚待审批，制约渔港项目建设用海，在建渔港项目进度不够快。二是渔业安全生产方面。9月初，东山、惠安、晋江、龙海、石狮等地相继发生多起渔船安全事故、涉敏感海域事件，暴露出一些地方安全生产意识不强，属地管理责任、船东船长主体责任等落实不够到位。

【重点渔业市（县、区）基本情况】

福建省重点渔业市（县、区）基本情况

市（县、区）	总人口（万人）	渔业产值（万元）	水产品总产量（吨）	其中				养殖面积（公顷）	
				海洋捕捞	海水养殖	内陆捕捞	淡水养殖	海水	淡水
连江县	63.95	2 397 723.96	1 222 133	442 927	773 174	638	5 394	19 004	396
秀屿区	48.67	870 086.05	564 652	57 510	507 142			10 305	
福清市	139.05	1 009 856.89	555 312	160 04	429 276	153	109 879	17 646	5 640
霞浦县	47.59	1 064 629.27	464 523	80 602	383 472		449	18 803	107
平潭县	38.60	561 614.05	457 194	137 280	319 733		181	6 975	46
诏安县	56.10	420 577.95	440 078	55 820	364 512	722	19 024	6 825	1 495
东山县	21.95	623 377.20	432 056	135 220	287 561		9 275	7 138	466
龙海市	95.20	645 204.88	430 650	111 365	193 581	6 828	118 876	2 121	4 853
漳浦县	84.75	703 351.34	407 868	43 983	307 408	3 407	53 070	13 832	3 567
石狮市	68.59	449 637.41	395 187	334 087	60 655		445	1 057	50

【大事记】

[1]2月21日，福建在全国率先印发实施《应对新型冠状病毒感染的肺炎疫情促进海洋与渔业持续发展的十条措施》，统筹疫情防控和渔业复工复产。

[2]3月27日，全省远洋渔业疫情防控管理工作座谈会在福州召开。

[3]4月2日，为应对海上疫情防控，成立驻港监管和指导工作组，进驻全省18个中心、一级渔港开展驻港监管，前后抽调4批次336人次机关干部投入疫情防控工作。

[4]5月20日，连江县海洋与渔业执法大队查获“琼临渔运71006”船舶，船上渔获物净重280余吨，为全省历年来伏休期间单船查获渔获物重量最大案件。

[5]6月30日，《福建省水产苗种产地检疫制度实施方案》印发实施。12月30日，清流县开具全省第一张水产苗种产地检疫合格证，标志着福建省水产苗种产地检疫工作迈入了全面实施新阶段。

[6]7月24日，福建省海洋与渔业执法总队与福建海事局就深化执法协作签订协议。

[7]9月4日，第二届闽台休闲渔业研讨会在福州海峡国际会展中心举行。

[8]9月10日，省海洋与渔业局、省公安厅、福建海警局、福建海事局联合印发《关于开展“封港清查”全面查处大中型涉渔“三无”船舶工作的紧急通知》，开展为期一年的“封港清查”行动。

[9]9月11日，2020全国渔业水上突发事件应急演练在福建省东山县大澳中心渔港海域举行。

[10]9月22日，连江县赶海一号休闲渔业基地等23家单位被授予第十三批福建省“水乡渔村”休闲渔业示范基地称号。

[11]9月29日，福建省十三届人大常委会第二十三次会议对省政府研究处理渔业法“一法一办法”执法检查报告审议意见情况开展满意度测评，全体委员测评均为“满意”或“基本满意”，满意率达到90%以上。

[12]10月15日，省红十字会、省应急管理厅、省

海洋与渔业局在平潭金坤湾海域举办“2020年福建省红十字海上安全救援救护综合演练”活动。

[13]10月23日，全省渔业安全生产工作会议在福州召开。

[14]10月27—28日，省政府在宁德市召开全省海上养殖综合整治和绿色发展现场会，推广宁德经验做法，加速推动实施全省海上养殖升级改造。

[15]11月22日，2020第十三届中国（厦门）国际休闲渔业博览会（渔业展）在厦门开幕。

[16]11月24日，第五届中国休闲渔业高峰论坛在厦门召开。

[17]12月25—29日，福建省中央环保督察超规划海水养殖清退整改任务行业审查会在福州、厦门召开，出具行业审查意见，标志全省超规划海水养殖清退任务全面完成。

[18]2020年，福建省水产品产量首次跃居全国第二位。

（福建省海洋与渔业局　廖润雪）

江西省渔业

【概况】 2020年，江西渔业生产克服新冠肺炎疫情和鄱阳湖流域超历史特大洪水影响，保持良好发展势头。全年渔业经济总产值达1 061亿元，同比增长1.0%。其中第一产值514亿元（含苗种），第二产值307亿元，第三产值240亿元。水产品总产量达262.69万吨，同比增长1.5%；其中养殖产量255.5万吨，捕捞产量7.2万吨；名特优水产品产量达99.7万吨，占全省水产品总产量38%以上。水产养殖规模保持稳定，养殖面积40.5万公顷；稻渔综合种养面积达13.3万公顷，新增3.27万公顷。全年渔民人均年纯收入17 587元，同比增长9.8%。

1.渔业空间规划实现全覆盖 全省积极推进养殖水域滩涂规划编制工作，省级、11个设区市、95个县（区）已完成养殖水域滩涂规划编制并以政府名义发布，实现省、市、县三级规划全覆盖，科学划定禁养区面积6.88万公顷、限养区面积23.96万公顷、可养区面积19.24万公顷，核发水域滩涂养殖证6 881本，发证总面积10.47万公顷。

2.渔业高质量发展有序推进 以省政府办公厅名义印发《关于加快推进渔业高质量发展的实施意见》，提出了“渔9条”举措，进一步保障了渔业供给能力和产业发展质量。积极开展渔业健康养殖示范创建活动，创建水产健康养殖示范场65家，全省渔业健康养殖示范场达445家，示范面积12.13万公顷。利用水产业发展工程项目资金2 000万元、渔业绿色发展项目资金1 000万元，改造提升优势特色水产养殖基地，推进养殖尾水处理设施建设。全省已建成养殖尾水治理示范点62个、集装箱循环水养殖60个、鱼菜共生530余公顷、池塘循环流水养殖槽100余条、圈养桶20余个。

3.水产养殖结构不断优化 加快推动建设虾蟹、龟鳖、鳅鳝等3个百亿元产业和鳗鱼、黄颡鱼、鲈鱼等优势特色养殖，全年名特优水产品总产量达99万吨，同比增长3%。召开稻渔综合种养现场推进会，积极引导发展不挖沟的稻虾综合种养技术模式，建立不挖沟的核心示范基地1.4万多公顷，全省稻渔综合种养面积达13.3万公顷，稻虾面积占80%以上，每公顷平均增收2.4万元以上。投入财政资金1 360万元，改造提升5家省级以上水产原良种场，支持4家国家级水产原种场保种育种。全省省级以上水产原良种场达71家，其中国家级水产原良种场4家、省级水产原良种场67家，全年苗种繁殖量稳定在370亿尾。

4.小龙虾集群优势日益凸显 以打造国家级小龙虾产业集群为契机，经省政府同意印发了《江西省鄱阳湖小龙虾产业发展三年行动方案（2020—2022年）》，投入中央资金1亿元，着力解决小龙虾产业发展的关键环节。全省小龙虾养殖面积达13.3万公顷，推动建设5个良种基地和1.2万公顷标准化繁殖和养殖基地，年繁殖优质虾苗10亿尾以上；小龙虾加工能力达10万吨，新建成的小龙虾加工活储企业逐步扩产，如九江凯瑞仅2020年就加工小龙虾3.1万多吨、产值达15亿元；彭泽凯琛收储小龙虾1 500余吨，较好地实现错峰上市；余干新建的小龙虾加工厂已开展生产，年生产能力可达4 000多吨。

5.重点水域禁捕退捕全面完成 全省上下紧紧围绕“禁得住、退得出、能小康”总体目标，主动作为、上下联动、攻坚克难，全力以赴打好禁捕退捕这场硬仗，提前一年实现长江干流、鄱阳湖以及35个水生生物保护区同步实施禁捕，多项工作得到了国家有关部委的肯定。全省全年锁定建档立卡退捕渔船2.14万艘、渔民6.82万人，回收处置退捕渔船3.59万艘，处置销毁各类网具1.64万吨，举行退捕渔民专场招聘活动178场次，提供职业介绍6.69万人次，开发公益岗位2 300余个，实现转产安置退捕渔民5.13万人，参加养老保险6.3万人，已拨付资金18.33亿元。截至2020年年底，全省渔船处置完成率100%、渔民退捕率100%，适龄渔民参保率100%、就业率98.8%，年度各项重点任务基本完成。

6.渔业资源养护取得实效 利用中央财政增殖放

流项目资金 1 021 万元，推动全省各地开展水生生物资源养护与修复，放流鱼苗 2.6 亿尾，其中放流大鲵 0.7万尾、棘胸蛙 1.0 万只，大鲵和棘胸蛙物种逐步得到恢复。开展长江江豚巡护监测，已连续 3 年组织开展长江江豚生态科学考察活动，历时 42 天，出动 12 个小组共 68 人、12 艘渔政船，观测航行里程（单趟）共 511.21 千米，普查巡视面积 204.8 千米^2，其中鄱阳湖巡视面积 165.6 千米^2，发现死亡江豚 5 头，救护江豚 10 余头，鄱阳湖江豚种群数量维持在 450 头以上，占长江江豚的半壁江山。严格按照《水产种质资源保护区管理暂行办法》，对 21 个涉渔工程进行了专题影响评价，落实生态补偿措施，涵盖全省 7 个国家级水产种质资源保护区，落实生态补偿经费 1 952 万元。开展水生野生动物经营利用许可管理，共办理国家重点保护水生野生动物人工繁育许可证 32 件，经营利用许可证 36 件，专项（特许）捕捞许可审批 14 件。

7.“鄱阳湖”品牌名气日益提升 以小龙虾、河蟹为切入点，着力打造“鄱阳湖”水产品牌，组织举办首届鄱阳湖小龙虾品鉴评比暨新品发布会，获得第四届全国稻渔综合种养模式创新大赛暨 2020 年优质渔米评比推介活动二等奖 1 项、绿色生态奖 1 项。“鄱阳湖”“军山湖”河蟹先后获得第十四届蟹文化节暨 2020“王宝和杯”全国河蟹大赛“蟹王”“蟹后”称号，后者还被授予“2020 中国农业品牌公共服务平台水产品推荐品牌”、江西省“二十大区域公用品牌”“企业产品品牌百强榜”等称号。修订“鄱阳湖”品牌管理办法，进一步规范“鄱阳湖”水产品牌授权程序。全省商标授权企业 99 家，品牌专卖店达 120 家，品牌影响力进一步扩大。

8.水产品质量安全得到保障 开展水产品质量安全抽检，完成 10 种水生动物疫病（病原）共计 200 批次样品的国家水生动物疫病监测任务，完成全年 180 批次产地水产品兽药残留监测计划抽检任务，所有批次产地水产品相关检测参数抽检全部合格，合格率为 100%。开展水产动物病害预测预报，完成 1—12 月水产养殖病情测报、预测预报工作，有效指导渔民科学防病；完成 2020 年国家水生动物疫病监测计划江西省监测任务虾类 2 种疫病、鲫鱼 1 种疫病共计 40 批样品的采样任务。实施水产苗种产地检疫，建立了 323 人的渔业官方兽医队伍，开发了一套产地检疫电子出证系统，在全省省级及以上水产原良种场铺开了苗种检疫工作。

9.渔业安全生产平稳运行 全省 11 个设区市及县级渔业主管部门均成立了渔业安全生产领导小组，以渔业安全生产月活动为载体，各地入港、入村、入户开展渔业安全生产宣传，覆盖渔民数达 2.8 万人以上；组织安排专题学习 63 次，参与 1 215 人次；开展系列报道 21 期，专题培训 38 场，参与 1 102 人次，观看《渔业安全生产专题片——安全能行万里船》1 416 人次。大力开展禁捕水域专项执法行动，严厉打击非法捕捞行为。据统计，全年共出动执法 8 257 次，出动执法人员 45 818 人，查获违法捕捞渔船 509 艘（其中电捕鱼船 166 艘），查获电捕鱼案件 482 起，查获电捕器具 914 套，取缔其他违禁渔具 10 147 件，行政处罚案件 608 件，刑事处罚 76 件，刑拘 91 人。全省渔业安全领域形势稳定，未发生一起渔业安全生产事故。

10. 存在的问题

（1）渔业生产空间挤占严重。渔业生产发展空间以池塘为主，随着城镇化、工业化进程加快，土地征用加剧，水产养殖发展空间将进一步受到挤压。

（2）渔民持续增收压力较大。新冠肺炎疫情对水产品销售、渔民外出务工、农村消费等造成不利影响，渔民增收面临经营收益减少、就业难度加大以及物价上涨等多方面压力。

（3）重点水域禁捕挑战重重。全省禁捕后鄱阳湖“一盘棋”的禁捕管理、渔政执法管理等将迎来较大挑战。

【重点渔业市（县、区）基本情况】

江西省重点渔业市（县、区）基本情况

市（县、区）	渔业人口（万人）	渔业产值（万元）	水产品总产量（吨）	其中		养殖面积（公顷）
				捕捞	养殖	
鄱阳县	23 957	1 088 196.00	164 145	1 000	163 145	21 901.47
余干县	65 170	721 080.00	147 873	3 630	144 243	25 601.07
南昌县	38 445	729 001.60	145 205	2 736	142 469	11 437.33
进贤县	50 930	569 106.00	129 200	4 400	124 800	29 836.33

（续）

市（县、区）	渔业人口（万人）	渔业产值（万元）	水产品总产量（吨）	其中		养殖面积（公顷）
				捕捞	养殖	
丰城市	17 500	300 093.00	100 203	3 158	97 045	13 307.27
新建区	9 317	370 939.00	97 607	3 023	94 584	5 442.67
都昌县	4 114	338 978.00	900 358	4 986	85 372	12 500.00
彭泽县	7 580	250 659.16	59 845		59 845	7 397.00
永修县	269	229 967.00	56 938	1 390	55 548	9 568.33
柴桑区	4 710	168 869.00	47 600	819	46 781	85 54.60

【大事记】

[1]4 月 23 日，农业农村部召开长江流域重点水域禁捕和渔民安置保障工作部署推进视频会，副省长胡强做典型发言。

[2]5 月 2 日，农业农村部、财政部下发《关于公布 2020 年优势特色产业集群建设名单的通知》，正式批复同意江西省开展小龙虾产业集群建设。投入财政资金 1 亿元，着力解决制约小龙虾产业发展的瓶颈和关键环节，使之结构合理、链条完整，逐步做大做强小龙虾产业。

[3]6 月 28 日，国务院召开长江流域重点水域禁捕和退捕渔民安置保障工作推进电视电话会议，省委副书记、省长易炼红，副省长胡强出席会议。

[4]7 月 7 日，省农业农村厅禁捕办在全省生态文明建设先进表彰暨建立健全生态产品价值实现机制推进会上获得江西省生态文明建设先进集体表彰。

[5]7 月 24 日，省政府办公厅印发《关于加快推进渔业高质量发展的实施意见》。

[6]8 月 21 日，经省政府同意，省农业农村厅印发《江西省小龙虾产业发展三年行动方案（2020—2022 年）》。

[7]8 月 25 日，省委、省政府印发《关于做好江西重点水域禁捕退捕工作助推长江经济带绿色发展的意见》。

[8]8 月 31 日，省农业农村厅发布《关于天然水域禁止使用电毒炸等三十二种渔具和捕捞方法的通告》。

[9]10 月 21 日，省长、省领导小组组长易炼红主持召开全省重点水域禁捕退捕工作领导小组第二次全体成员会，副省长秦义、胡强出席会议并讲话。

[10]10 月 27 日，“鄱阳湖”“军山湖”河蟹先后获得第十四届蟹文化节暨 2020“王宝和杯”全国河蟹大赛“蟹王”“蟹后”称号。

[11]11 月 16 日，“军山湖”河蟹被授予“2020 中国农业品牌公共服务平台水产品推荐品牌”、江西省“二十大区域公用品牌”“企业产品品牌百强榜”等称号。

[12]2020 年，江西省举办 20 余场“鄱阳湖”小龙虾在线销售活动和节庆文化活动，其中“厅长带货为爱起航”行动、鄱阳湖小龙虾高峰论坛、鄱阳湖小龙虾品鉴会等影响巨大。

（江西省农业农村厅渔业渔政局　傅雪军）

山东省渔业

【概况】 2020 年，全省渔业经济总产值 4 147.6 亿元，同比增长 0.6%，渔业产值 1 565.5 亿元，同比增长 6.2%，占全省农林牧渔业总产值的 14.1%。水产养殖面积 74.5 万公顷，同比减少 1.9%，其中海水养殖面积 58.1 万公顷，同比减少 3.4%，淡水养殖面积 16.4 万公顷，同比减少 16.8%；水产品总产量 828.6 万吨，同比减少 0.7%，其中海水养殖 514.1 万吨，同比增长 3.4%；近海捕捞 165.5 万吨，同比减少 1.3%；远洋捕捞 38.4 万吨，同比减少 7.1%；淡水养殖 101.0 万吨，同比减少 6.6%；淡水捕捞 9.6 万吨，同比增长 7.1%。渔民人均可支配收入 2.4 万元，同比增长 3.8%。

1.加快推进水产养殖业绿色发展 科学构建绿色发展总体布局。全省 108 个水产养殖主产县（市、区）、151 个市级全部如期完成规划发布工作，省级规划完成初稿。积极推进合法养殖区域水域滩涂养殖发证登记工作，保障养殖渔民合法权益。指导 13 市印发了加快推进水产养殖业绿色发展实施意见。全力推进水产绿色健康养殖“五大行动”。组织有关专家团队精准对接、深入指导，遴选推广示范点 104 个。成立了省水产养殖用药减量行动专家指导组，印发《水产绿色养殖技术暨规范用药科普宣传手册》。组织开展水产健康养殖示范创建活动。新增 44 家国家级、81 家省级水产健康养殖示范场。2 个县(区)获批国家级渔业健康养殖示范县。青岛获批国家深远海绿色养殖试验区，威海获批首个国家水产养殖绿色发展示范区。全国沿海水产养殖绿色发展经验交流会在山东省召开。

2.不断推进种业发展 全省规模苗种场 1 100 余家，年育苗 1 万亿单位以上。省级水产原良种场达到 85 家，其中国家级水产原良种场 15 家。积极推进刺参、牡蛎等主导特色品种的新品种选育。以南美白对虾为突破口，探索建立联合育种平台，已达到年产 30 万对无特定病原优质种虾能力，可满足我国北方南美白对虾养殖需求。水产苗种产地检疫全面开展，完成电子出证系统。疫病防控实现了省—市—县—场远程诊断视频会商。年重点疫病检测样品 700 余个，设定 50 处精准测报点、500 余处普通测报点进行重点监测，主要养殖区实现全覆盖。

3.现代化海洋牧场建设取得新突破 胡春华副总理对山东省海洋牧场进行了考察，给予充分肯定。获批国家级海洋牧场示范区 10 个，认定省级海洋牧场示范创建项目 14 个，省级以上海洋牧场示范区达到 120 个，其中国家级 54 个。以省委、省政府名义召开了全省海洋牧场建设现场推进会议。会同省发改委、省财政厅等 10 部门出台了支持海洋牧场健康发展的 12 条措施。争取中央预算内投资 1.5 亿元，支持 4 个现代化海洋牧场建设综合试点政府投资类建设项目。10 万吨级大型养殖工船启动建造。15 家牧场企业作为首批股权投资改革试点单位，争取补助资金 2.7 亿元。

4.加强水生生物资源养护管理 继续深入开展水生生物增殖放流，全年完成增殖放流各类水产苗种 107 亿单位，超额完成年度计划。省政府联合农业农村部举办了全国放鱼日主会场活动。会同中国海洋石油集团有限公司开展了 2020 年渤海油田环保升级三年行动计划增殖放流活动。首次创新开展了“云放鱼”活动，参与网友达 35 万人次，制作播放公益广告 2 部，引起强烈社会反响。持续开展近海渔业资源调查监测。继续开展“测水配方”放鱼养水应用示范。技术规范、典型模式不断总结完善。组织开展涉渔生态环境影响评价。积极跟进服务省重大工程项目，协调争取农业农村部渔业渔政管理局对裕龙岛炼化一体化项目的支持。认真落实好涉国家级水产种质资源保护区环境影响和生态补偿措施，参与水利、铁路等工程建设环境影响评价。

5.推进渔业领域渤海区域环境整治 省政府批准，公布全省渔港名录 193 处。积极协调将渔港环境综合整治纳入市(县)党政领导班子和领导干部推进乡村振兴实绩考核体系。按照“一港一策”的要求指导渔港编制整治方案，全省渤海区域 45 处渔港、黄海区域 82 处渔港完成了防污染设施设备全覆盖。指导沿海各市清理整治违规水产养殖面积 8 131 公顷，改造池塘4 950公顷，实施养殖尾水治理、工厂化养殖循环水改造项目 98 个。

6.水生野生动物管控取得新进展 依托“3·3 世界动植物日”“5·23 国际海龟日”，开展系列宣传、培训活动。联合潍坊市人民政府举办山东省 2020 年水生野生动物保护科普宣传月启动仪式。认真落实全国人大常委会决定，迎接省人大执法检查，会同有关部门建立山东省野生动植物保护联席会议制度，推动省政府办公厅出台《关于进一步加强野生动物保护工作的意见》。疫情防控期间，开展打击野生动物违规交易专项执法行动，实行每日“零报告”制度，监控饲养单位 126 家，累计报告数据 12 万个。

7.远洋渔业平稳发展 2020 年，具有农业农村部远洋渔业企业资格企业 44 家，远洋渔船 548 艘，共外派作业渔船 494 艘，实施了西南大西洋公海鱿鱼钓等 7 个大洋性项目和加纳拖网等 16 个过洋性项目。作业海域分布在太平洋、印度洋和大西洋公海及近 20 个国家专属经济区。全年实现远洋渔业总产量 38.5 万吨，产值 55.5 亿元。雇佣船员总人数 12 103 名，其中外籍船员 4 280 名。18 家企业在境外设立了 30 个合资(独资)企业。

8.扎实做好渔业安全工作 制定《“港规范·船可控·人平安”行动实施方案(2020—2022 年)》，启动实施专项整治三年行动。先后召开专委会成员单位会议、专委会联络员会议、全省渔业安全生产视频会议 7 次。牵头组织赴浙皖冀三省开展 2020 年全国渔业安全生产交叉检查。组织开展“一法一条例”、伏休后渔业安全生产交叉检查、安全隐患拉网式大排查。制定《渔船安全操作规范》地方标准、应急预案、应急处置机制等。及时处置渔业事故险情 17 起。与山东海事局签订《“平安海区”共建单位合作协议》，联合开展“商渔共筑平安齐鲁”2020 海上联合巡航执法专项行动等活动。委托第三方评估机构开展中心渔港安全评估。分别与日照市、济宁市人民政府共同主办 2020 年山东省渔业防台风应急演练、内陆水上突发事件暨渔业防汛应急演练活动。编制《海洋牧场平台企业安全生产“双体系”建设指南》，并主办现场观摩活动。

9.全力做好水产品稳产保供工作 统筹推进新冠肺炎疫情防控和渔业高质量发展，派出 6 个工作组 27 名处级干部，对重点地区、企业开展“一对一”包保帮扶;市、县渔业系统组织了350名干部对357家重点渔业企业进行“一对一”包保。成立渔业生产技术专家指导组、制定技术指导要点,帮助养殖单位复工复产、销售压塘产品,省、市、县精准对接50余家大型平台助农促销活动,广泛发布供货信息,多家“互联网 +”平台共同发力,有效缓解了威海、日照30余万吨牡蛎、贻贝和东营500吨南美白对虾滞销压力,有力保障了全年渔业生产形势稳定。

10.存在的主要问题

(1)渔业发展空间受到挤压。随着沿海工业化、城镇化进程加快,涉海工程、工业开发、旅游开发等侵占养殖水域滩涂越来越多,用地用海需求与有限的土地、水域资源之间的矛盾不断加剧,部分传统养殖区域退渔还滩(还海、还湖),渔业养殖空间受限,渔民“失海”“失水”问题凸显。2020年水产养殖面积74.5万公顷、产量615万吨,分别比2016年减少11%和3.84%。

(2)水产养殖业集约化、组织化程度偏低。养殖主体“小、散”,缺乏集约性,水产养殖融资难、风险大,科技投入、产业化易被边缘化、被整合等问题依然突出。渔业基础设施差,分散布局的鱼池、分散生产的渔民不利于规模化发展,不利于公益性设施投入,制约了规模化、聚集性发展。

(3)渔业资源衰退压力依然较大。近年来,全省近海水域环境污染事件时有发生,渔业生态系统总体呈逐年退化趋势,传统渔业资源持续衰退,尤其是传统鱼类资源衰退明显。2020年全省海洋捕捞产量165.5万吨,与2015年相比减少了57.9万吨,其中海洋鱼类减少44.3万吨。

(4)深远海养殖推进难度大。深远海养殖投资大、管控难、风险高,受陆基配套设施、海上装备设施、北方严冬等影响,制约了中小型养殖单位的发展进程。海上多功能平台、大型智能网箱等新生事物不断涌现,但建造审验、使用管理等方面工作还存在政策制度管理上的缺失和空白。远洋渔业发展后劲不足,公海渔业管理更加严格和沿海国合作入渔条件更加苛刻,增大了远洋渔业的风险,远洋渔业人才匮乏、远洋渔业产品市场开拓不足、海外综合保障能力不足等问题仍比较突出。

【重点渔业市(县、区)基本情况】

山东省重点渔业市(县、区)基本情况

市(县、区)	总人口(万人)	渔业产值(万元)	水产品总产量(吨)	其中			养殖面积(公顷)	
				海洋捕捞	海水养殖	淡水养殖	海水	淡水
荣成市	71.4	2 005 901	1 251 405	370 200	876 674	4 531	37 341	180
乳山市	46.4	644 280	490 386	33 347	449 871	7 168	21 270	336
长岛县	4.2	21 020	415 130	95 636	319 494		54 785	
青岛市黄岛区	190.4	883 020	350 527	62 809	284 560	3 158	12 436	409
威海市环翠区	44.6	394 940	325 010	84 590	240 420		7 302	
海阳市	58.3	5 610	288 250	92 411	194 939	900	13 058	216
威海市文登区	51.9	444 327	283 955	50 562	233 280	113	10 916	270
青岛市即墨区	133.6	66 000	262 550	62 028	200 522		52 598	
莱州市	82.5	371 742	256 400	67 900	178 520	9 980	9 333	2 000
日照市岚山区	37.9	188 384	243 039	108 675	134 140	225	17 838	123

说明:总人口数来自网上查询数据。

【大事记】

[1]8月12日,省委、省政府在威海荣成市召开了全省海洋牧场建设现场推进会,交流经验、分析形势、部署工作。省委副书记杨东奇出席会议并讲话,副省长于国安主持会议。

［2］8月18日，农业农村部渔业渔政管理局批复青岛市建设国家深远海绿色养殖试验区。

［3］10月19日，省农业农村厅、省发展改革委、省财政厅等10部门联合印发《关于支持海洋牧场健康发展的若干措施》。

［4］10月19日，按照省政府《关于实施财政资金股权投资改革试点的意见》、省财政厅《关于印发省级财政资金股权投资改革试点实施办法（暂行）的通知》部署要求，省财政厅、省农业农村厅启动推进财政资金股权投资改革试点，省级财政将海洋牧场建设补助资金2.7亿元调整为股权投资。

［5］10月23日，农业农村部渔业渔政管理局批复威海市建设国家水产养殖绿色发展示范区。

［6］10月27日，全国沿海水产养殖绿色发展经验交流会在威海召开。

［7］10月，积极拓展极地渔业。山东在稳步发展大洋性、过洋性等远洋渔业的基础上，抢抓机遇，积极发展极地渔业，打造国内南极磷虾产业基地。

［8］11月20日，15家海洋牧场企业作为首批股权投资改革试点单位与山东财金集团签署投资协议。

［9］2020年，荣成华东渔业有限公司“华祥9”号南极磷虾捕捞加工船已签订建造合同、办理开工令；赤山集团的1艘南极磷虾船设计图纸已由船级社进行审核。

［10］2020年，开展公海自主休渔。按照农业农村部统一部署，山东省首次在西南大西洋、东太平洋部分公海海域实施自主休渔，强化休渔期远洋渔船管控，休渔秩序良好。

（山东省农业农村厅）

河南省渔业

【概况】 2020年，全省渔业渔政工作按照中央和省委、省政府部署，统筹新冠肺炎疫情防控和渔业经济发展，认真贯彻落实习近平总书记视察河南时的重要讲话精神，按照农业农村部的总体工作要求，坚持以“生态优先为统领，绿色发展为基调，资源养护为举措，高质量发展为目标”谋篇布局，扎实推进黄河流域生态保护和河南渔业高质量发展。紧紧围绕“转方式、调结构”主线、倡导“健康养殖、绿色发展”理念，按照“提质增效、减量增收、绿色发展、富裕渔民”总目标，推进渔业供给侧结构性改革，积极转变发展方式、调优产业结构，全面落实国家支渔惠渔政策，加强水产技术培训和推广，科学开展渔业资源养护，深入开展平安渔业建设，促进一二三产业融合发展，产品结构进一步优化，质量效益进一步提高，实现全省渔业渔政工作稳中向好发展。全省渔业利用水面279 364公顷，同比减少4.1%；其中养殖面积128 593公顷，同比减少8.1%。水产品总产量980 594吨，同比减少1.0%；渔民人均纯收入17 723元，比上年增加1 595元，增长9.9%；渔业提质增效、稳产保供、绿色发展成效明显。

1.绿色渔业 围绕全省绿色渔业发展目标，调整渔业产业结构，优化水产养殖模式，大力推进池塘健康养殖、大水面增殖和稻渔综合种养，促进渔业可持续发展。

（1）池塘健康养殖。按照农业农村部要求，河南省积极开展全国水产健康养殖示范创建活动。截至2020年年底，全省成功创建国家级水产健康养殖示范场239家，国家级渔业健康养殖示范县4个。规模化池塘生产推广健康养殖模式，逐步推进改造养殖尾水处理循环利用。鼓励采取进、排水改造、生物净化、人工湿地、种植水生蔬菜等技术措施开展集中连片池塘养殖区域和工厂化养殖尾水处理，推动养殖尾水资源化利用或达标排放，科学推进养殖节水减排和养殖尾水资源化利用工作。

（2）大水面增殖。按照生态优先、科学利用、创新机制、融合发展的原则，总结推广大水面渔业发展先进经验和生态健康技术模式，推进技术成果转化，科学发展增殖渔业，可持续利用大水面渔业资源。探索管理运行和利益分配机制，促进大水面增养殖、捕捞、加工、冷链物流、休闲及旅游等业态实现有效融合。

（3）稻渔综合种养。支持宜渔稻区开展稻渔综合种养标准化创建、规模化发展、产业化经营、品牌化运作。落实《2018—2020年稻渔综合种养扶贫专项行动方案》，安排省级渔业发展资金1 000万元，重点扶持19个发展较好的县、市、区进一步开展稻渔综合种养产业发展，发挥示范引领作用。2020年创建省级稻渔综合种养示范区11家，国家级健康养殖示范场（稻渔综合种养类）4家，全省稻渔综合种养面积5.63万公顷，较上年增加0.67万公顷。

2.渔业“三大”安全

（1）水产品质量安全。河南省农业农村厅制定了河南省产地水产品质量安全监管工作方案，印发了水产养殖禁用渔药清单和水产养殖记录本，组织了全省渔业系统水产养殖技术和质量安全培训，多举措加强水产品质量安全监管。积极配合农业农村部水产品质量监督检验测试中心（上海）在河南产地抽检水产品105个样品，合格率98%。

（2）渔业安全生产。认真贯彻落实习近平总书记关于安全生产工作的重要指示和批示精神，进一步压实地方政府的属地管理责任、行业管理部门的监管责任和企业的主体责任，制定切实可行的渔业安全事故预防控制措施，完善渔业安全生产目标管理。制定年度渔业安全生产监管方案和渔业安全生产应急预案，建立健全渔业安全生产管理制度，深入开展渔业安全生产隐患大排查和专项整治行动，加强渔业安全宣传和培训，提高全行业的安全意识。重点加强对渔船和渔业船员的管理，保证了全省渔业安全生产稳定向好的发展态势。

(3)渔业生态安全。认真执行《自然保护区管理条例》《水产种质资源保护区暂行办法》《农业农村部办公厅关于进一步明确涉渔工程水生生物资源保护和补偿有关事项的通知》等相关规定，坚持环境准入制度，完善业主单位自主生态修复模式。对全省4个国家级水产种质资源保护区内的涉渔工程开展专项检查行动。深入贯彻落实《中国水生生物资源养护行动纲要》，强化生态意识，履行省水生生物资源增殖放流工作领导小组职责，制定、落实全省增殖放流方案，把增殖放流与“四水同治”“河长制”有机结合起来。2020年共安排全省增殖放流项目资金672万元，增殖放流各种经济鱼类4 000多万尾。

3.渔政管理

(1)“禁渔期”执法。印发《关于2020年实行禁渔期制度的通告》，自3月1日起，全省长江、淮河、黄河、海河流域依次进入禁渔期。2020年禁渔行动期间，河南省农业农村厅直接督办渔政案件147件，结案99起。组织全省开展执法行动2 001次，出动执法人员5 685人次，出动执法车辆1 248辆次，出动执法船(艇)717艘次，收缴粘网2 208套，没收(放生)渔获物4 172.31千克；共立案719起，查获涉案人员778人，其中移交公安286起，移送人数333人，罚款13.48万元。

(2)打击电毒炸鱼和使用绝户网等行为。出台《河南省进一步加强境内长江流域禁捕工作实施方案》，会同公安机关，依法严厉打击“电毒炸”等违法犯罪行为，严厉打击查处利用“绝户网”、地笼及其他网具捕捞、生产性垂钓等一切非法捕捞行为，对非法捕捞网具做到发现一顶、清理取缔一顶；会同交通运输部门，集中整治涉渔“三无”船舶，严禁“三无”船舶从事渔业活动，对涉渔“三无船舶”做到查处一艘、没收拆解一艘；配合市场监管、公安等部门，聚焦非法制造、销售“电毒炸”工具、非法网具、禁用渔具的厂家、黑窝点、黑作坊，以及电商平台、渔具销售店铺等市场主体，严厉打击非法捕捞渔具制售行为和发布非法广告信息等行为。

4.渔业三产融合 加强水产品牌建设，积极组织开展水产品区域公用品牌推介宣传，不断扩大品牌知名度。大力发展水产品加工业，积极发展休闲渔业，推进渔业冷链物流体系建设，促进渔业一二三产业融合发展。

5.渔业基础保障体系

(1)养殖水域滩涂规划编制。根据《农业部关于印发〈养殖水域滩涂规划编制工作规范〉和〈养殖水域滩涂规划编制大纲〉的通知》要求，按照《河南省养殖水域滩涂规划编制工作方案》及《河南省养殖水域滩涂规划编制工作指导细则》规定，各省辖市、省直管县(市)渔业主管部门全力推进养殖水域滩涂规划编制及发布工作。全省有90个渔业大县(市、区)完成了养殖水域滩涂规划编制和发布工作，为全省渔业稳固发展提供了资源和制度保障。

(2)水产良种体系建设。重点支持省级水产良种场升级改造建设及新品种引进、新技术推广等项目，以加强水产基础生产条件建设。2020年升级改造13个省级水产良种场，大大提高了全省水产苗种供给能力，为水产业健康持续发展提供种苗保障。

(3)其他。基层水产技术推广体系建设、渔政渔港建设稳步推进；渔业信息宣传、渔业互保等工作有序开展，为全年渔业绿色高质量发展提供有力支撑。

6.存在的主要问题 全省名特优水产品种产量占比较低，水产养殖比较效益不高；养殖池塘标准普遍较低，抵御自然灾害能力差，因资金投入渠道不多，大面积池塘标准化改造难度大；渔业信息化、水产养殖机械化程度较低，与现代渔业的要求还有较大差距。

【重点渔业市(县、区)基本情况】

河南省重点渔业市(县、区)基本情况

市(县、区)	总人口(万人)	渔业总产值(万元)	水产品产量(吨)	其中		养殖面积(公顷)
				捕捞	养殖	
潢川县	63.24	81 983	53 450	1 300	52 150	9 800
中牟县	70.80	72 559	36 200	0	36 200	2 263

（续）

市 （县、区）	总人口 （万人）	渔业总产值 （万元）	水产品产量 （吨）	其　中		养殖面积（公顷）
				捕捞	养殖	
汝南县	59.68	53 956	34 384	25 803	8 581	9 416
商城县	45.69	60 739	34 250	3 000	31 250	7 560
固始县	103.29	60 139	33 668	556	33 112	10 088

【大事记】

［1］6 月 6 日，为贯彻落实党的十九大生态文明建设精神，根据农业农村部“全国放鱼日”统一行动安排，进一步加大全省水生生物资源养护力度，改善生态环境，省农业农村厅在黄河郑州段开展“全国放鱼日河南分会场暨 2020 年河南省水生生物增殖放流启动仪式”，邀请国家濒危物种管理办公室、省河长制办公室、省公安厅、省林业局、河南师范大学的有关领导及学生、群众代表参加，当日共放流黄河鲇、黄河鲤等苗种 12 842 尾。本次活动的主题是：“养护水生生物资源，促进生态文明建设”。

［2］8 月 22 日，为认真贯彻落实国家关于严格实行行政执法人员持证上岗和资格管理有关规定，提升渔政队伍严格规范公正文明执法能力和水平，根据农业农村部统一安排，省农业农村厅水产局组织全省渔业行政执法人员 302 人，在河南师范大学考场参加全国统一资格考试。

［3］12 月 31 日，为贯彻落实习近平总书记关于“共抓大保护、不搞大开发”的重要指示精神，全面落实长江“十年禁渔”工作要求，省农业农村厅、南阳市人民政府共同组织各相关单位在南阳市淅川县丹江口水库同步参加长江流域“十年禁渔”启动仪式。副省长武国定出席启动仪式并进行现场巡回指导。

（*河南省农业农村厅水产局　王建新*）

湖北省渔业

【概况】 2020 年，在农业农村部统一部署安排下，在湖北省委、省政府的坚强领导下，全省渔业渔政系统克服疫情和汛情叠加的不利影响，坚持新发展理念，以改革创新为动力，抓规范、补短板、强弱项、提质效，努力推进渔业高质量发展。全省水产养殖面积 52.59 万公顷，同比减少 1.1%；水产品总产量 467.9 万吨，较上年微降 0.2%，连续 25 年居全国淡水水产品产量第一位；渔业产值 1 156 亿元，同比增长 0.3%，占全省农林牧渔业总产值的 17.8%；渔民人均纯收入 20 297 元，同比减少 0.8%。

1. 重点突破

（1）坚决打好长江禁捕“攻坚战”。一是把“船”处置到位。国家层面建档立卡退捕渔船 16 818 艘，于 2020 年 9 月底前已全部依法回收，回收率 100%，提前完成国家核定的退出任务。二是把“人”安置到位。全省建档立卡渔民 32 226 人，劳动年龄内有就业（转产）能力及意愿的共 23 094 人，已转产就业 22 697 人、占比 98.3%。已参保 31 592 人，参保率 99.6%。对退捕渔民养老保险个人缴费部分实行分类补助，其中专业渔民参照所在市（州）2020 年度被征地农民标准进行补贴，兼业渔民每人每年补贴不低于 2 000 元。三是把“钱”落实到位。下拨全省补助资金 17.66 亿元，争取省级财政配套资金 3.86 亿元，落实配套资金 7.3 亿元。四是把“法”运用到位。推动省人大出台《关于长江汉江湖北段实施禁捕的决定》。省公安厅、省法院、省检察院、省农业农村厅、省市场监管局联合发布《关于严厉打击非法捕捞违法犯罪的通告》。农业农村、公安等部门联合清缴非法捕捞工具、网具 27 364 套，收缴非法渔获物 31 890 千克，清缴非法船只 6 799艘。

（2）坚决打好渔业稳产“保供战”。努力克服疫情不利影响，保证居民群众“菜篮子”水产品安全有效供给。一是抓调度。针对渔业春季生产相对滞后的问题，及时建立省市县一日一报告、一日一视频、一日一报表的“三个一”生产调度机制。在《湖北日报》、长江云、云上垄上、荆楚网等媒体同步公布成鱼供货信息。二是抓供给。通过互联网、订单预售、直接配送等方式，着力化解疫情期间“池塘有鱼，餐桌无鱼”的突出问题。武汉市从 2 月 27 日至 4 月 7 日，水产品社区直供销量 87 万余份、2 689 吨，覆盖社区 16 334 个（次）；咸宁市捐赠 2 000 吨鲜鱼供应武汉社区。三是抓促销。春节后压塘的 3 224 吨河蟹于 3 月 27 日销售清零，阿里巴巴签下 10 亿元小龙虾大单，《南方都市报》直播带货潜江龙虾活动现场认购超 6 000 吨、价值超过 2.2 亿元，广东湛江国联水产开发股份有限公司制订5亿元湖北小龙虾采购计划、每天小龙虾采购量超过5吨。

(3)坚决打好渔业救灾“保卫战”。一是迅速动员。6月13日，发布《关于切实做好当前渔业防灾减灾工作的提示》。严格实行24小时值班和渔业灾情报告制度，全力做好灾害防范工作。二是强化合作。加强与气象部门会商，密切关注降雨变化，准确把握渔业生产情况，科学研判水情形势，及时发布预警信息。三是加强指导。转发《农业农村部办公厅关于印发〈水产养殖防汛救灾技术操作指南〉的通知》。组织技术专班，深入田间地头，实行分类指导，开展一村一策、一场一策、一户一策、一池一策，帮助渔民恢复正常生产。四是加大扶持。争取国家渔业救灾资金1 860万元，恢复池塘养殖面积1 240公顷。

(4)坚决打好渔业发展“转型战”。一是系统谋划“十四五”渔业发展。召开专家座谈会，组织武汉大学编制全省渔业“十四五”发展规划，明确今后5年全省渔业发展目标、工作思路、重点任务。二是规范发展稻田综合种养。2020年新增稻渔综合种养面积2.67万公顷，总面积达到48.67万公顷。大力实施一季稻、两季虾的虾稻共作模式，切实抓好小龙虾特色优势集群和特色强镇建设。协调省财政厅出台小龙虾收储贷款优惠担保和一次性财政贴息政策，贷款贴息总额529.33万元。2020年9月，湖北省在全国稻渔综合种养发展提升现场会上做典型发言。三是着力推动渔业提档升级。探索建立大水面高质量绿色发展体制机制，组织中国水产科学研究院长江水产研究所编制大水面生态渔业发展专项规划。全省创建国家级水产健康养殖示范场30家以上，完成3个国家级健康养殖示范场复查验收工作。建立设施渔业示范点28个，池塘尾水治理面积7 333公顷，绿色健康养殖基地35个。

2.绿色发展 积极开展渔业基础设施改造，大力推广稻渔综合种养、池塘养殖尾水治理、工厂化循环水养殖、“零排放”圈养、流道养殖、集装箱养殖等绿色生态养殖模式。截至2020年，累计改造池塘超过13万公顷，发展稻渔综合种养面积超过48万公顷，居全国第一。创建国家级稻渔综合种养示范区8家，池塘养殖尾水治理面积4万余公顷，“零排放”圈养703个，流道养殖601条，集装箱养殖60个。

3.特色养殖 坚持“一鱼一产业”发展战略，成功打造了小龙虾、鳝鳅、河蟹三大“百亿元”产业，小龙虾产量92.5万吨，占全国总产量的44.3%；黄鳝产量14.2万吨，占全国总产量的46%，黄颡鱼产量14.1万吨，占全国总产量的26%，均居全国第一；河蟹产量17.94万吨，占全国总产量的20%，居全国第二。

4.产业融合 全省有国家级龙头企业9家，省级龙头企业57家，水产加工企业235家，各类水产批发市场318个，渔业加工和流通服务业产值达1 337亿元。水产加工产品涵盖11大系列100多个产品，加工能力170万吨。水产电子商务蓬勃发展，线上年交易额超过50亿元。创建全国休闲渔业示范基地29家，休闲渔业总产值达到126.8亿元。

5.品牌建设 “潜江龙虾”“洪湖清水”大闸蟹、“武昌鱼”“监利黄鳝”“荆州鱼糕”等品牌享誉全国，“潜江龙虾”区域公用品牌价值227.9亿元，位列全国龙虾区域公用品牌第一。2020年，“潜江龙虾”产品出口欧美、日韩、澳大利亚等30多个国家和地区，出口创汇连续16年全国第一。依托荆州市“中国淡水渔业第一市”资源，着力打造“荆州鱼糕”区域公用品牌。

6.科技成果 省水产科学研究所，国家大宗淡水鱼产业技术体系武汉综合试验站获2020年度优秀；同时获得“十三五”大宗淡水鱼产业技术体系优秀综合试验站称号。针对全省小龙虾产业瓶颈问题，组织开展“稻虾憨”模式和“七钱虾”养殖技术研究攻关行动。列入省科技厅重大攻关项目的“蛹肽蛋白悬浮活性饲料驯养良种鳜提升品质关键技术研究”进展顺利，已形成《专用悬浮饲料驯饲鳜鱼苗种技术操作规范》《悬浮饲料养殖商品鳜鱼技术操作规范》和《鳜鱼悬浮膨化配合饲料标准》等3个标准及专利初稿。

7.示范推广 引进新品种养殖与示范推广，实现科技创新与区域协同发展，加快产业联动及传统产业升级改造，实现经济效益最大化，有力促进产业发展。2020年度湖北省水产科学研究所共组织示范县(市)养殖户、贫困县养殖户开展引进新品种活动8次，引进新品种4个，引进总数量921万尾，带动周边养殖户自发引进养殖1.8亿尾，辐射推广面积近1万公顷。依托新品种在生长速度、抗病力、市场消费等方面的优势特点，养殖效益比同类品种增长15.5%。

8.渔业监测 协助完成渔业环境与水产品质量检验检测项目，全年完成抽样检测966批次，其中完成对省内17个市(州)产地水产品中药物和有毒有害物质残留例行及监督抽检422批次；对省内水产品中药物和有毒有害物质残留专项抽检80个批次；其他科研项目与科技服务采样检测400多批次。

9.病害防控 完成7期水产养殖病害预警预报；完成7种疫病、155个样品的专项监测工作。指导阳性养殖场进行隔离、限制流通，开展流行病学调查和病原溯源等工作。针对部分县、市出现的黄颡鱼暴发性病害，迅速响应，成立工作专班、诊断发病原因、发布防控措施、开展现场指导、组织云上培训，病害迅速得到有效控制。

10.减量用药 大力开展健康养殖和规范用药宣传，重点督导市（县）广泛宣传《水产养殖用药明白纸》。融合近年来水产养殖用药减量试点成果，在荆州、武汉、黄冈、荆门等10个市新增示范推广基地15个。开展水产养殖主要病原微生物耐药性普查，针对51株病菌，完成8种国标渔药的最小抑菌浓度测定。开展水产用中草药制剂含有化学药品和违禁药物隐患排查工作。全省鲫造血器官坏死病病原检测能力通过测试。

11.存在问题 虽然全省渔业渔政工作取得了一定成效，但仍有一些问题不容忽视。一是"十年禁渔"任重道远。退捕渔民转产就业质量不高，就业稳定性不强；违规垂钓问题突出，部分地方垂钓职业化、锚鱼专业化趋势明显；长效机制仍不完善，部分地方天网工程建设进度较慢，"岸线长"责任制落实不够，渔政执法能力不强，导致违法捕捞案件时有发生。二是水产种业大而不强。多数水产苗种企业设施简陋、产能较低，大多以销售"水花"（幼苗）为主，年产值1 000万元以上企业仅5家，最高的不到3 000万元；黄鳝、河蟹、鳜鱼、鲈鱼等名优苗种95%需外购，养殖存活率低；水产种质资源底数不清，多数水产原良种场、种质资源保护区设施老旧、经费不足，导致水产种质资源保护和选育工作难以有效开展。三是养殖转型压力较大。水产养殖尾水成为环保部门关注的新热点，全省水产池塘养殖近53万公顷，大多数池塘年久失修，对照全国专项规划，全省需投入改造治理资金500亿元，资金缺口巨大；设施渔业发展较缓，水质在线监测、远程智能控制等现代装备应用不够；全省淡水池塘养殖面积是江苏的1.66倍，但淡水养殖产值仅为江苏的1.07倍，生产效益仍有很大的提升空间。

【重点渔业市（县、区）基本情况】

湖北省重点渔业市（县、区）基本情况

市（县、区）	渔业人口（人）	渔业产值（万元）	水产品产量（吨）	其中		养殖面积（公顷）
				捕捞	养殖	
洪湖市	88 254	926 876	392 297	100	392 197	57 500
监利县	119 091	872 000	270 025		270 025	31 677
潜江市	47 082	512 890	149 874		149 874	9 190
天门市	45 962	425 906	115 982		115 982	11 982
汉川市	37 864	379 858	154 769		154 769	21 833
沙洋县	23 573	371 805	180 840	649	180 191	14 067
应城市	18 458	285 625	68 964	3 954	65 010	6 842
钟祥市	32 776	267 007	145 163		145 163	13 227
嘉鱼县	33 749	255 800	64 560	1 100	63 460	6 700
京山县	20 499	238 300	78 559	2 800	75 759	12 100

（湖北省农业农村厅 魏 蕾）

湖南省渔业

【概况】 2020年，湖南省水产养殖面积42.68万公顷，同比增长0.26%，其中池塘养殖面积26.51万公顷，同比增长2.63%；水产品产量258.9万吨，同比增长1.77%；全省渔业经济总产值达739.67亿元，同比增长10.27%。发展稻渔综合种养面积33.14万公顷，同比增长5.89%。名特优水产品养殖面积11.64万公顷，同比增长13.54%。工厂化养殖面积63.23万米^2。渔民家庭人均纯收入1.84万元，同比增长9.67%。全省渔业绿色发展步伐加快、优势特色水产业发展势头良好、水生生物资源量明显提升，探索出一条产业与生态融合发展之路。

1.健康养殖绿色发展纵深推进 一是推进水产种业提升。2020年实施湖南鱼类遗传育种中心（院士望城基地）建设项目、名特优水产养殖基地建设项目和苗种繁育场建设项目，大力推进“育繁推一体化”，支持重大育种创新联合攻关，提升水产养殖良种化水平。全年晋升省级水产原（良）种场7家。全省已有4家国家级水产原（良）种场、46家省级水产原（良）场、5家全国现代渔业种业示范场和36处国家级水产种质资源保护区。二是推广绿色健康养殖。实施水产绿色健康养殖“五大行动”，成功创建水产绿色健康养殖技术示范推广基地29个，推进全省水产养殖业绿色发展。加大水产健康养殖示范场创建力度，全年共有50家水产养殖企业通过国家级水产健康养殖示范场考核验收。三是发展稻渔综合种养。将稻渔综合种养作为农业结构调整、产业扶贫、治理农业面源污染的重要抓手，出台政策，加大投入，促进稻渔产业健康发展。湖南受污染耕地安全利用区发展稻渔综合种养，把稻渔综合种养与重金属污染耕地治理有机结合起来，探索出了一条双赢双效的融合治理模式。四是强化水产品质量监管。印发《2020年农产品质量安全专项整治“利剑”行动实施方案》《2020年湖南省水产苗种兽药残留监测方案》和《湖南省全面推进实施水产苗种产地检疫制度实施方案》，规范水产苗种生产行为，加强水产苗种质量安全监管，确保水产养殖源头安全。2020年水产苗种兽药残留合格率为99.4%，产地水产品兽药残留监测合格率为100%。五是推进尾水达标排放。持续推进洞庭湖区精养池塘升级改造，统筹推进集中连片池塘养殖尾水治理设施化改造。组织编制了《湖南省池塘养殖尾水治理专项建设规划（2020—2025）》，颁布了《湖南省水产养殖尾水污染物排放标准》（DB43/1752—2020）。六是克服新冠肺炎疫情保障水产品供应。下发《关于加强疫情期间水产品产销对接工作的函》，建立了市（县）渔业主管部门《渔业稳产保供工作情况日报》、水产相关企业《疫期养殖渔情重点企业周报表》和《疫期渔业生产情况表（周报）》，及时跟踪调度全省渔业生产及供销情况。下发《关于积极应对新冠肺炎疫情做好当前水产养殖技术指导服务的通知》，刘少军院士牵头组织湖南省水产科学研究所有关专家编印了《湖南省新冠肺炎疫情期间水产养殖技术要点》，派出专家帮扶组实地解决养殖户的技术问题，为稳定全年渔业生产奠定了基础。

2.长江“十年禁渔”按时全面启动 湖南作为长江流域禁捕退捕任务最重的省份之一，始终牢记习近平总书记“守护好一江碧水”殷殷嘱托和2020年在湖南考察时的重要讲话精神以及关于长江禁捕系列指示批示精神，认真落实党中央、国务院重要决策部署，积极对标国家相关部委工作要求，强化责任担当，取得了阶段性重要成效。截至2020年年底，全省渔船渔民退捕任务如期完成，从2021年1月1日起按期全面启动“一江一湖四水”十年禁渔。一是聚焦清船清网，实现了四清四无目标。全省建档立卡的20 376艘渔船、28 588名渔民全部退出，共回收处置船舶27 763艘，分类处置“三无”船舶7.19万艘，19 154本捕捞证书全部回收并注销，渔船网具捕捞证回收处置任务提前完成。2020年12月组织开展了水上大排查工作，全省禁捕水域已基本实现“四清四无”目标。二是聚焦转产安置，保障了退捕渔民生计。全省符合参保条件的退捕渔民28 428人已全部参加基本养老保险；剔除提前退捕和不符合参保条件渔民，全省共落实养老保险补贴24 015人，补贴资金9.88亿元，做到了应保尽保，应补尽补。全省退捕渔民中有就业意愿和就业能力的有18 259人，已帮扶18 252人退捕渔民实现就业，转产就业任务基本完成。另省财政单独安排1亿元支持沅江市湖心岛渔民村整体搬迁。三是聚焦打击整治，维护了良好禁捕秩序。全省共开展部门联合行动7 166次，查办违法违规案件1 343件，侦办案件数超全国总数的1/10。市场监管系统共检查生产经营主体36.71万个次，监测电商平台（网站）13.16万个次，5个案件入选国家市场监管总局专项行动典型案例。通过对全产业链的强力整治，禁捕秩序明显好转。四是聚焦引导教育，营造了良好禁捕氛围。全省累计共印发宣传材料122万余份，电视、报纸等传统媒体宣传2 300余次，新媒体宣传2.9万余次。省禁捕办向全省渔民免费发放了《禁捕退捕政策100问》。各地把退捕渔民是否“稳得住”作为底线工作来抓，实行党员干部包保责任制，公开政策咨询和举报电话，建立健全了信访接访流程，做到了“件件有回应、事事有着落”，信访问题办结率100%、解决率100%，确保了渔区社会稳定。此外，生态修复打造出清江碧水。继续将养殖污染治理纳入2020年河长制湖长制工作重要内容，纳入对市、县、乡镇政府绩效考核。创新对湖泊水库的长效利用、监管机制，利用湖南卫星云端遥感系统对湖泊水库网箱退养情况进行不定期抽查，严防退养反弹。

3.渔业发展中存在的主要问题 一是基础设施亟待加强。水产良种场、标准化养殖池塘等基础设施建设投入长期不足，渔业抵御灾害和防范风险的能力较弱。全省水产良种繁育单位设施老化，水产苗种规模化繁育不能满足市场需求。二是产业结构亟待优化。优质特色水产品比重低，提质增效是产业发展需解决的主要难题，水产品精深加工和现代冷链流通业是产业链的短板，品牌建设滞后。三是水产种业亟待创新。水产种业投入较低，全基因选育仍处于起步阶段。研发、繁育与推广脱节，新品种知识产权保护措施还不健全。

【重点渔业市(县、区)基本情况】

湖南省重点渔业市(县、区)基本情况

市(县、区)	渔业人口（万人）	渔业产值（万元）	水产品产量（吨）	其中		养殖面积（公顷）
				捕捞	养殖	
湘阴县	5.26	269 075	181 102		181 102	19 809
沅江市	4.36	281 300	160 067		160 067	13 620
华容县	3.03	281 784	153 682		153 682	17 799
南县	3.05	207 585	146 948		146 948	9 002
安乡县	5.45	154 791	133 000		133 000	14 933

【大事记】

[1]1月1日，省政府发布《关于湖南省长江流域重点水域禁捕的通告》。全省水生生物保护区自2020年1月1日起全面禁止天然渔业资源的生产性捕捞；长江湖南段、洞庭湖、湘资沅澧“四水”干流水域自2021年1月1日起实行暂定为期10年的常年禁捕，禁止天然渔业资源的生产性捕捞。

[2]2月4日，省委书记杜家毫主持召开省委常委会会议，听取禁捕退捕工作情况汇报。

[3]2月27日，经省政府批准，省生态环境厅与省市场监督管理局联合发布《湖南省水产养殖尾水污染物排放标准》。该标准规定了湖南省淡水养殖尾水的控制要求、检测方法、结果判定和实施与监督。

[4]4月28日，省政府召开全省重点水域禁捕和渔民安置保障工作推进视频会议，副省长隋忠诚出席并讲话。会议传达贯彻习近平总书记重要批示精神和国务院部署要求，落实长江流域禁捕和渔民安置保障会议工作安排，部署推进全省重点水域禁捕和渔民安置保障工作。

[5]6月28日，省委书记杜家毫主持召开省委常委会会议，听取禁捕退捕工作情况汇报。会议明确要压实禁捕退捕工作责任，督促沿江沿湖市(县)党委政府履行好具体抓落实的主体责任；要结合推进“六覆盖”工作要求，做好退捕渔民转产就业和民生保障工作；要开展联合执法，严厉打击非法捕捞，彻底斩断非法捕捞、运输、销售野生鱼类的黑色产业链，切实巩固禁捕成果。

[6]6月29日，省长许达哲主持召开省政府常务会议，学习贯彻习近平总书记关于长江“十年禁渔”重要批示以及国务院长江流域重点水域禁捕和退捕渔民安置保障工作推进电视电话会议精神，研究部署全省贯彻落实措施。

[7]6月30日至7月1日，省长许达哲到益阳市江心岛开展禁捕退捕工作专题调研。

[8]7月2日，省长许达哲主持召开会议，专题研究长江流域重点水域禁捕退捕渔民参加养老保险有关问题，副省长隋忠诚、朱忠明，省政府秘书长王群、副秘书长欧阳煌和省政府办公厅、省财政厅、省人社厅、省农业农村厅等单位负责人参加会议。

[9]7月20日，省委副书记乌兰主持召开专题会议，听取省农业农村厅关于禁捕退捕工作汇报，研究部署禁捕退捕工作。

[10]7月28日，省委副书记乌兰主持召开专题会议，研究部署退捕渔民精准识别、精准建档立卡等工作。

[11]8月3—4日，农业农村部部长韩长赋来湘调研长江流域禁捕退捕工作，省长许达哲一同调研，并在岳阳召开座谈会，了解禁捕退捕工作和转产渔民生产生活情况。副省长隋忠诚，省政府秘书长王群参加上述活动。

[12]8月21日，湖南省禁捕退捕工作领导小组印发《关于切实做好全省长江流域重点水域禁捕有关工作的通知》《进一步加强全省重点水域禁捕和退捕渔民安置保障工作实施方案》《打击非法捕捞和市场销售非法捕捞渔获物专项行动方案》等“1+2”方案，全面部署推进长江流域重点水域禁捕退捕工作。

[13]9月14日，省委书记、省长江流域重点水域禁捕退捕工作领导小组第一组长杜家毫主持召开湖南省长江流域重点水域禁捕退捕工作领导小组会议，学

习贯彻习近平总书记等中央领导同志关于长江禁渔工作的重要指示精神，研究部署下阶段工作。省长、省长江流域重点水域禁捕退捕工作领导小组组长许达哲讲话。省委副书记乌兰，省政府副省长隋忠诚、朱忠明出席。

［14］9月28日，省人力资源和社会保障厅、省农业农村厅、省财政厅联合印发《进一步做好全省重点水域退捕渔民就业和社会保险工作实施方案》，明确了退捕专业渔民和持证兼业渔民的就业扶持政策和社保补助标准。

［15］10月10日，省委、省政府召开全省重点水域禁捕退捕工作视频会议。省委副书记乌兰，省政府副省长隋忠诚、许显辉出席。会议总结了全省前阶段禁捕退捕工作，安排部署了下阶段工作。

［16］12月31日，省政府在岳阳市举办长江流域重点水域“十年禁渔”全面启动仪式。

（湖南省畜牧水产事务中心　丁　浩）

广东省渔业

【概况】 2020年，面对突如其来的新冠肺炎疫情，广东省渔业渔政工作在省委、省政府的高度重视和正确领导下，在农业农村部的悉心指导下，全省各级渔业主管部门坚持以习近平新时代中国特色社会主义思想为指导，按照省委、省政府的部署，认真落实各项渔业政策，努力化解疫情不利影响，持续保持攻坚态势，充分发挥“抗疫保供”积极作用，水产品总产量仍保持增长，现代渔业获得长足发展。渔业经济占全省农业生产总产值比重达到19.7%，渔业经济总产值、水产品总产量连续多年居全国前列。

2020年，全省渔业经济总产值3 840.71亿元，同比增长5.98%，居全国第二。其中渔业产值（第一产业）1 608.79亿元（全国排名第二），同比增长10.31%；渔业工业和建筑业（第二产业）产值439.15亿元，同比增长4.27%；渔业流通和服务业（第三产业）产值1 792.77亿元，同比增长2.78%（其中休闲渔业119.00亿元）。广东水产品产量、养殖水产品总量、水产苗种产量、水产流通和服务业产值、渔用饲料产值总额等均居全国首位。全省水产品总产量875.81万吨，占全国13.37%，比上年增长1.09%，连续两年名列全国第一；其中，水产养殖产品产量稳步增长，捕捞产品产量有所下降。海洋捕捞产量（不含远洋）113.17万吨，同比下降10.44%。远洋渔业产量6.12万吨，同比下降9.8%；内陆捕捞产量9.87万吨，同比下降8.53%；海水养殖产量331.24万吨，同比增长0.64%，全国排名第三；淡水养殖产量415.41万吨，同比增长3.82%，全国排名第二。全省水产养殖产量746.65万吨，同比增长2.39%，继续位居全国首位。水产养殖面积41.54万公顷，同比略有下降，其中海水养殖面积16.47万公顷，同比下降0.16%；淡水养殖面积30.94万公顷，同比下降1.23%。

“十三五”期间，广东渔业进入高质量发展时期，5年间（2020年比2015年），全省水产品总产量增长8.97%，居全国首位；养殖产量占水产品总产量的比重由2015年的80.4%增长到2020年的85.3%，居全国首位，占全国总产量的14.3%。渔业经济总产值增长51.5%，其中渔业产值增长40.3%，渔业工业和建筑业（第二产业）产值增长21.6%，渔业流通和服务业（第三产业）产值增长74.8%。产业结构持续调优，渔业经济一、二、三产业产值比例由2015年的46.4∶14.2∶40.5调整到41.9∶11.4∶46.7。渔民收入实现快速增长；据对广东省渔民家庭当年收支情况调查，渔民人均收入由2015年的13 712元，增长到2020年的22 375元，增长63.2%，高于全国渔民人均纯收入水平。

从养殖品种看，广东省草鱼、鳜鱼、鲈鱼、乌鳢、鳗鲡、罗非鱼、河鲀、淡水白鲳、罗氏沼虾、淡养南美白对虾等10个淡水养殖品种的养殖产量均居全国第一，鲈鱼、军曹鱼、鲕鱼、鲷鱼、石斑鱼、美国红鱼、南美白对虾、斑节对虾、青蟹螺、江珧、海水珍珠等12个海水养殖品种的养殖产量均居全国第一。

2020年，广东水产苗种数量以显著优势稳居全国榜首。产出各种鱼虾苗种超过1.3万亿尾，约占全国的35%；其中淡水鱼苗8 091.35亿尾，占全国的61.78%；海水鱼苗产量46.99亿尾，占全国的40.31%。罗非鱼、南美白对虾苗种分别以占总量的45.84%和28.72%而名列第一；虾类育苗、鲍鱼苗则分别以21%、18.11%位居第二。

1.保障水产品稳产保供 2020年，在新冠肺炎疫情防控的特殊背景之下，广东省渔业主管部门认真贯彻落实省委、省政府的决策部署，围绕“抗疫保供”中心工作，主动作为，统一部署，保障水产品稳产保供，率先出台收储政策，解决水产品压塘难卖问题，突出抓好春季渔业生产，推动渔业企业复工复产。制订《广东省农业农村厅关于建立“点对点”工作机制帮助渔业企业复工复产工作方案》，建立渔业相关处室（单位）副处级以上干部全覆盖对接各地级以上市工作联系机制，帮助渔业企业解决实际问题。印发春季水产养殖技术指南、新冠肺炎疫情期间水产养殖动物疫病防治技术指南，组织专家点对点下乡指导，加强春季水产育苗培苗投苗及疫病防控。帮助企业安排车辆、出具证明，积极采取措施解决外地工人回厂难问题，有序推动渔业企业复工复产。同时，紧跟形势变化，聚焦突出问题，积极拓宽思路，集中研究解决企业和群众面临的突出问题，直面痛点，破解难点，打通堵点，提出推进水产品收储、点对点帮扶复工复产、助力企业平台营销、数据支渔、金融支渔等一揽子方案。通过出具民生保供企业资质证明创新手段，为水产饲料、水产品、水产苗种运输开辟绿色通道，为省内 359 家渔业企业出具证明，有效化解物流难题。

2.水产品收储与营销 2 月 4 日，组建广东农企驰援湖北爱心群，鼓励渔业企业积极捐赠优质水产品驰援湖北，第一批于 2 月 7 日送往湖北，至 3 月 5 日共有 22 家水产企业参与公益捐赠行动，捐赠 125 吨水产品，产品包括烤鳗、苏丹鱼、白对虾、金鲳鱼、黑鱼、鲈鱼、罗非鱼等，合计价值共 888 万元。水产品捐赠开启点菜模式，援湖北抗疫一线医护小姐姐喊话想吃酸菜鱼，酸菜鱼随即送达。援鄂广东医疗队吃到广东渔企捐助的优质水产品，表达衷心感谢，并称赞：家乡的好鱼，质量好、营养高、方便吃，我们医疗队喜欢！吃了家乡的好鱼，个个免疫力得到提高，战斗力增强，抗疫胜利在望！有队员当场感动落泪。2 月 14 日，省农业农村厅印发《关于做好家禽水产品收储工作的紧急通知》，制定全省家禽水产品收储补贴方案。政策出台后，得到农业农村部领导肯定，兄弟省份争先效仿，省内各地积极响应，珠海市斗门区政府在省补贴基础上每吨再补贴 300 元，阳江市每收储一吨再补贴 200 元。根据各地上报的情况，截至 6 月 16 日，全省已收储水产品 9 万多吨，大宗水产品压塘量大大减少。同时创造性搭建广东农产品"保供稳价安心"数字平台，吸引渔业企业入驻平台，通过开展网红直播带货、社区团购等水产品专项营销活动，创新消费体验、激发市场活力，首日 4 小时售罄 750 千克南美白对虾，养殖企业成功与盒马鲜生、南方优品等新型销售渠道实现有效对接，为水产品销售在数字经济背景下开辟了"新天地"。

3.水产绿色健康养殖 2020 年，广东省贯彻落实中央 1 号文件和农业农村部等 10 部委《关于加快推进水产养殖业绿色发展的若干意见》，省农业农村厅制定《广东省 2020 年水产绿色健康养殖"五大行动"实施方案》，实施水产生态健康养殖模式推广行动、水产养殖尾水治理模式推广行动、水产养殖用药减量行动、配合饲料替代幼杂鱼行动、水产种业质量提升行动五大行动。建立一批推广基地推广点，并制定相应系列标准和操作规范开展示范推广，突出抓结构调整，加强技术指导，集中推广应用 13 个主导品种和 17 项主推技术，推进水产绿色健康养殖。截至 2020 年年底，全省已建省级良种场 67 家，国家级水产健康养殖示范场 417 家，省级水产健康养殖示范场 269 家。省农业农村厅针对媒体曝光吴川市吴阳镇高位池养殖尾水直排污染沙滩的事件，8 月 25 日在茂名召开全省水产养殖业绿色发展暨水产养殖尾水治理现场推进会，稳步推进水产养殖尾水治理工作。

为保障"五大行动"顺利实施，省农业农村厅成立"五大行动"工作领导小组，还成立技术指导小组。技术指导小组分别由省渔业技术推广总站、省动物疫病预防控制中心、中山大学、中国水产科学研究院南海水产研究所、中国水产科学研究院珠江水产研究所等单位牵头，负责"五大行动"的技术指导。

4.水产养殖转型升级 2020 年，广东省加快水产养殖业转型升级。一是打造深海网箱养殖岭南优势产业带。扶持发展深水网箱、智能渔场养殖，加强对海洋牧场的规划，在"深调研"的基础上，形成了《结合海洋牧场建设 大力推动深远海养殖发展》设想报告，理清了广东省"十四五"海洋牧场建设和深远海养殖产业发展基本思路。二是做好稻渔综合种养工作。全省发展稻渔综合种养面积约 0.33 万公顷。种养模式以稻渔共作、稻虾共作为主。全省已建成国家级稻渔综合种养示范基地 1 个（韶关乳源县），打造国家级示范性渔业文化节庆 1 个（清远连南），注册稻渔品牌 4 个（韶关），其中获得有机认证 1 个（韶关），无公害产品认证 1 个（韶关）。9 月 21 日在梅州召开稻渔综合种养发展提升现场会，举办示范活动，在粤北和粤东山区重点示范水稻-禾花鲤、水稻-澳洲淡水龙虾两种综合种养模式，推进韶关、清远、梅州、台山等地发展稻渔综合种养。制作稻渔综合种养技术操作规程、综合种养技术手册和稻渔综合种养科普片。三是组织开展全省大水面渔业资源调研。从 2019—2020 年油补资金中调整 100 万元资金用于开展大水面规划制订方案工作经费，对全省现有 343 座大中型水库（占全省总库容的 80%以上）和 159 个湖泊开展调研。为这些基本以休闲旅游以及生态保护为主体功能，渔业生产的功能较为弱化的大水面制定生态渔业发展规划奠定基础。

5.水产种业体系建设 2020 年，广东省编制水产种业振兴五年行动计划，创建全国先进水平的现代水产种业体系，筑牢水产养殖绿色发展基础，布局广东"新渔业大棋"；加强监管，提升水产种业发展水平。一是实施水产苗种产地检疫制度，推进水产苗种产地检疫工作，确定水产苗种产地检疫工作具体实施机构，省动物疫病控制中心在水产苗种生产重点市（县）建立产地检疫申报示范点，对渔业重点市（县）水生动物检疫检测技术员进行技术培训，组织各地级市水生动物防疫机构开展能力比对，提升全省水生动物防疫检疫实验室能力。二是完善水产苗种生产许可管理，修订完善《省级水产原良种场资格验收复查管理办法》，以省农业农村厅名义重新核发省级水产原良种场证书，加强省级水产良种场的动态管理，组织省级良种场验收和复查共 22 家，提高水产原、良种质量。2020 年，在全省 2 000 多家种苗企业中，共建成省级以上良种场 71 家，其中国家级良种场 5 家，省级良种场 66 家。品种涉及南美白对虾、罗非鱼等 31 个，其中淡水品种 33 个，海水品种 38 个。主要分布在粤西湛江、茂名地区和珠三角的广州、佛山、珠海和惠州等地区，是全国水产苗种的主要产区。2020 年 8 月，鱼类遗传育种专家刘少军院士的工作站在南沙挂牌，成立水产种业创新中心。2020 年，广东繁育各类鱼虾苗超过 13 261 亿尾，占全国的 40%；其中淡水鱼苗 8 091 亿尾，海水鱼苗 46.99 亿尾，虾类育苗 5 123 亿尾。三是实施水产种业提升工程，省渔业技术推广总站推进水产新品种培育工作，全年组织推荐新品种 3 个，分别为珠江水产研究所和三水白金公司的石鲤鲤鱼、珠江水产研究所和清远宇顺的广清 1 号鳜鱼、中山大学和梁氏种业的鼎鳜壹号鳜鱼。“十三五”期间，广东省重视选育水产品新品种，2016—2020 年经全国水产原种和良种审定委员会审定通过、由农业农村部公告的水产新品种有 73 个，其中在广东选育的有 16 个，占全国的 20.6%。2020 年公告全国水产原种和良种审定委员会审定通过 14 个水产新品种，在广东选育的有中国水产科学研究院珠江水产研究所、广东绿卡实业有限公司的中华鳖珠水 1 号等 3 个，占全国的 21%。四是举办首届中国水产种业博览会。该博览会于 12 月 5 日在广州市南沙区广东国际渔业高科技园开幕，以“水产芯动力种业创未来”为主题，汇聚国内水产种业创新最新成果，以原良种为载体，以良技、良法为延伸和拓展，充分展示水产新品种、新技术、新模式、新装备。

6.深水网箱养殖产业化 2020 年，广东省把深水网箱养殖作为水产养殖业转型升级的重点，推动深水网箱养殖的产业化、集群化，打造高标准、高水平、高效益的深水网箱产业园区，在汕头、珠海、阳江、湛江等地建立了十大深水网箱养殖产业示范园区。湛江市深海网箱养殖优势产区产业园纳入 2020 年优势产区现代农业产业园建设；惠州市粤港澳流动渔民深海网箱养殖产业园、阳江市深海网箱养殖产业园列入 2020 年粤东粤西粤北地区特色产业现代农业产业园建设。深水网箱产业园区采取以龙头企业为主体、“公司 ＋ 渔户”的合资或合作养殖、设施租赁等多种形式的经营管理模式，鼓励更多养殖户从港湾传统网箱撤出，带动了传统网箱向深水网箱养殖转移，为全省海洋养殖业发展提供新思路，创造新经验。积极争取中央专项转移深水抗风浪养殖网箱建设资金，大力发展普通深水抗风浪养殖网箱和木行架类深水抗风浪养殖网箱建设。在深圳、湛江培育了深水网箱设施与装备生产制造企业，产品辐射至海南、广西等沿海地区，节约深水网箱引进资金超 10 亿元，并远销至文莱等东南亚国家。2020 年全省共有深水网箱 2 163 个，年产优质鱼 3 万多吨，年产值 12 亿多元，取得了较好的经济、社会和生态效益。

7.建设现代渔业产业园 自 2018 年年底广东省机构改革，渔业融入大农业以来，省农业农村厅重视渔业工作，至 2020 年两年多累计投入约 5 亿元财政资金，并撬动 68.5 亿元社会资金支持水产养殖及苗种产业发展。打造 57 个“一村一品”，4 个产品荣获全国名特优新农产品；打造“一镇一业”，1 个专业镇荣获国家一村一品示范村镇，9 个镇荣获广东省级特色农业专业镇；支持建设 1 个国家级和 22 个省级水产“现代农业产业园区”。2020 年，省农业农村厅经报省政府批准，有 10 个渔业产业园入选省级现代农业产业园，分别为湛江市深海网箱养殖优势产区产业园、惠州市粤港澳流动渔民深海网箱养殖产业园、阳江市深海网箱养殖产业园、阳江市阳西县程村蚝产业园、茂名市电白区对虾产业园、潮州市饶平县水产产业园、广州市番禺区名优现代渔业产业园、广州市花都区渔业产业园、佛山市南海区九江鱼花产业园以及佛山市顺德区优质草鲩产业园。现代渔业产业园区，以保护商品鱼生产基地和城市郊区重要养殖水域与生态环境为目标，以现代标准池塘建设为推手，以珠江三角洲为重点 ，以渔业行政指导、技术推广与社会化服务体系为依托，逐步构建全省性现代水产养殖产业群。

8.远洋渔业高质量发展 2020 年，省农业农村厅加快推进远洋渔业项目建设，印发远洋渔业项目申报指南，召开远洋渔业工作座谈会，开展捕捞渔业组织化试点。推动广东协盛远洋渔业有限公司 5 艘渔船赴莫桑比克海域开展远洋渔业项目，珠海市东港兴远洋渔业有限公司 5 艘渔船赴瓦努阿图海域开展远洋渔业项目，推进远洋渔业基地建设，向农业农村部申报建设斐济远洋渔业基地项目。推进省属国有远洋渔业企业混合所有制改革，创建远洋渔业产业发展龙头。截至 2020 年年底，广东省(含深圳市)24 家远洋渔业企业获得《农业农村部远洋渔业企业资格证书》，具有远洋渔业企业资格，比 2015 年增加 8 家；235 艘远洋渔船已获得农业农村部项目确认并投入生产，总功率186 900 千瓦，渔船总吨位 84 203 吨；35 艘已建造完工并将投产。全省远洋渔船达到 270 艘，比 2015 年增长 45%。2016—2020 年，广东省对远洋渔业项目进行补助，总计 43 793 万元，包括补助建造、改造、购置远洋渔船，补助回运自捕海产品，补助国际渔业资源开发利用，补助创建远洋渔业龙头企业，补助从业人员培训，补助创建金枪鱼品牌与市场推广等。

9.休闲渔业保持增长 广东是国内休闲渔业的发源地，2020 年继续保持增长态势，休闲渔业产值达到 119 亿元，从 2017 年的全国排名第十一位跃居第二位。截至 2020 年年底，全省已建成国家级休闲渔业示范基地 19 个，省级休闲渔业示范基地 49 个，获农业农村部认定“国家级示范性节庆（会展）”3 个、“最美渔村”1 个、“国家海洋公园”6 个。“十三五”期间，广东省休闲渔业产业结构得到进一步优化，人们可以根据自己的要求选择出行或旅居方式。我国第一个以“公益 + 旅游”开发模式的无居民海岛——三角岛已在紧锣密鼓建设，一个集科普教育、主题体验、海上运动和休闲度假于一体的海岛旅游综合体及粤港澳大湾区旅游目的地正在形成；阳江海陵岛有成熟的渔港旅游码头、休闲渔船和海上钓鱼基地，有多条特色旅游线路；位于珠海桂山的我国首座半潜式波浪能养殖旅游平台“澎湖号”已成为桂山旅游的一个亮点，桂山岛 +“澎湖号”已成为广东省一条经典旅游线路，“澎湖号”已经接待北京、广东、辽宁、山东、上海、福建、广西、海南、澳门等多地客人来访，累计接待参观旅游 2 000 余人次。

10.水产品质量安全监管 2020 年，省农业农村厅根据《农业农村部关于印发〈2020 年国家产地水产品兽药残留监控计划〉等 3 个计划的通知》要求，强化产地水产品兽药残留监控，按照农业农村部确定的抽检名单负责组织实施本辖区国家产地水产品兽药残留监控计划，全省共承担 248 个监控抽样任务，到年底抽样工作已完成，并函报农业农村部。同时根据《关于发布〈水产养殖用药明白纸 2020 年 1、2 号〉宣传材料的通知》要求，印发《关于开展水产养殖规范用药宣传和培训工作的通知》，组织全省结合《广东省 2020 年水产绿色健康养殖“五大行动”实施方案》和《2020 年农产品质量安全专项整治“利剑 3 号”行动方案》等通知要求，深入开展水产养殖规范用药普法工作。同时，制定《2020 年广东省海水贝类产品卫生监测和生产区域划型工作实施方案》，结合贝类养殖和水产品质量安全监管实际，对阳西县程村镇红光村贝类养殖区进行划型工作，全年共分三次进行，第二、三、四季度各进行一次，监测品种为牡蛎。完成全年海水贝类产品生产区域划型工作报告，并报送农业农村部。

11.渔业管理与服务 2020 年，省农业农村厅强化保障，健全渔业支持保护制度。一是推进省级养殖水域滩涂规划编制发布。加快编制发布省、市级养殖水域滩涂规划，优化渔业生产布局。截至 2020 年年底，全省 116 个地级以上市、主产县（市、区）均已完成并发布当地养殖规划。省级养殖水域滩涂规划已完成编制，进入报批阶段。二是加快养殖证发证登记。印发了《关于进一步做好水域滩涂养殖发证登记工作的通知》《转发农业农村部关于进一步加快推进水域滩涂养殖发证登记工作的通知》等文件，敦促各市（县、区）严格依法核发养殖证，稳步推进发证登记工作，确保 2020 年年底前完成新发布的《养殖水域滩涂规划》所划定的禁养区以外养殖证发证登记工作，除有权属争议的养殖水域滩涂外，国有水域养殖发证登记率达到 95%以上。三是推动养殖用海海域使用金征收标准调整。省农业农村厅于 7 月会同省自然资源厅就养殖用海办证难、海域使用金高等问题进行了一系列沟通，达成了初步共识。省自然资源厅联合省财政厅在 9 月 14 日发布了《关于广东省养殖用海海域使用金征收标准有关问题的请示》，10 月 30 日，省农业农村厅邀请省自然资源厅海域处就养殖海域使用金征收标准问题进一步协商和沟通，推动降低海域使用金标准，为渔民减轻负担。

12.渔港建设与管理 2020 年，省农业农村厅稳步有序开展渔港建设与管理工作，一是出台全国首创省级渔港建设管理的规范性政策文件《广东省渔港建设管理操作指南（试行）》，就项目立项、建设管理、验收组织三个阶段，规范相关操作流程，有效为渔港建设管理提供指引。二是强化资金保证支持渔港经济区建设。推动省级财政资金投入 3 600 万元开展“十四五”渔港经济区建设规划编制工作，投资额度为全国第一；推动省级财政共投入 2 300 万元，扎实开展渔船渔港综合管理改革及试点工作；推动阳江市江城渔港对岸渔港项目开工，地方财政自筹 2.8 亿元自主率先启动渔港经济区项目建设。三是推动渔港经济区产业集群。统筹建设饶平、徐闻等 17 个渔港经济区，组织项目实施推进会，推动大型渔业企业投资 30 亿元在粤东建设区域性渔业全产业链产业集群，以马宫、湖东渔港经济区建设为支点，健全粤港澳大湾区水产品供应链，形成地区优势互补、联农带农的百亿元产值渔业产业集群。四是开展渔港建设与管理调研并制定省级相关方案。深入各渔港基层单位开展了渔港建设与管理为主题的调研工作，结合农业农村部渔业渔政管理局 2020 年渔业渔政工作要点及广东省委《关于推进现代农业高质量发展的指导意见》的有关精神，起草《广东省落实渔港综合管理改革 促进渔港经济区全面发展总体实施方案》及附属子方案(初稿),涵盖了全省渔港经济区创建、渔港基础设施补短板、渔港综合管理改革试点,建立渔港港长制等多项内容,为下一步全面开展相关工作打下基础。

13.渔业资源及环境保护 “十三五”期间,广东扎实开展增殖放流活动,严格落实海洋伏季休渔和珠江禁渔制度,强化水生野生动物保护工作,渔业资源养护工作取得了较好的社会宣传效果和生态经济效益。截至2020年年底,全省累计投入增殖放流资金逾3亿元,共增殖放流海水鱼、虾、蟹、贝等海洋经济物种以及鲎、海龟等海洋保护物种约40亿尾(粒、只)。积极开展濒危水生物种放流,先后组织放流中华鲟、大鲵、海龟、黄喉拟水龟、中国鲎、唐鱼等,有效补充了水生野生动物资源。2020年6月,省农业农村厅联合当地政府,在惠州、梅州先后开展省级大型增殖放流活动,共投放海水鱼类194.7万尾,斑节对虾3 440万尾,淡水鱼类660万尾,活动受到中央、省、市媒体广泛报道,取得了良好资源养护的社会宣传效应。10月,以“维护生态平衡,共建绿色生活”为主题的广东省鳗鲡人工增殖放流活动,放流2 000千克成鳗、35 000尾鳗苗。9月,广东省联合农业农村部在佛山高明成功举办了鼋野化适应性保护活动,将20只有“水中大熊猫”之称的国家一级重点保护水生野生动物鼋放归水库,对推进珍稀濒危物种鼋的保护研究具有重要意义。10月,省农业农村厅在广州动物园举办2020年广东省水生野生动物保护科普宣传月活动启动仪式,并结合“线上十线下”形式推出系列科普活动,活动取得了良好的宣传效果,积极引导社会公众自觉增强野生动物保护意识,营造良好的保护氛围。

14.港澳流动渔民工作 港澳流动渔民是一个特殊群体,截至2020年,登记在册港澳流动渔民有2.2万人,渔船2 566艘,保持整体稳定。长期以来,国家高度重视港澳流动渔民的发展问题。在党中央和国务院有关部门的指导下,广东主动作为,提高政治站位,高度重视港澳流动渔民工作,修订《港澳流动渔船渔民管理规定》,统筹协调解决流动渔民的相关问题,优化完善港澳流动渔民工作机制,做好流动渔船渔民管理服务工作,深入推动港澳流动渔民融入粤港澳大湾区建设,广大港澳流动渔民与广东渔民相互促进、协同发展,为促进渔业经济发展,维护渔区稳定和保障港澳“菜篮子”做出了重要贡献。2020年,新冠肺炎疫情突如其来,广东为做好港澳流动渔民疫情防控工作,及早谋划部署,因时因势出台港澳流动渔民疫情防控政策,压实各方责任,将疫情防控措施落细落实落到位。通过赠送防疫物资,开展应急演练,加大宣传引导,把疫情对港澳流动渔民生产生活的影响降到最低,实现港澳流动渔民“零”疫情和复工复产双胜利,切实保障了港澳流动渔民的生命安全和身体健康,进一步增信心、暖人心、聚民心。

15.渔船安全生产“百日攻坚”工作 沿海各市组织实施渔港安全检查近2 000次,渔船安全检查2.7万艘次;组织开展渔船安全生产宣传活动983次,发放安全生产手册、宣传单张等宣传品7万份,发送手机短信46万条;组织渔业船员技能培训、安全培训150期,培训船员1.5万人;其中属地政府参与渔港安全检查2 200人次,跟踪落实隐患整改700项,组织或参与渔船安全宣传活动近400次。

16.存在的主要问题 “乡村振兴战略”明确未来农村和渔业发展方向,在“绿水青山就是金山银山”的环保要求下,在水产养殖三区(禁养区、限养区、养殖区)划定工作逐步落实条件下,广东省渔业一些老问题依旧存在,也出现了一些新问题急需解决。

(1)发展方式亟待转型升级。水产养殖主要仍以片面追求产量为目标,忽略了养殖效益的提升和对水域生态环境的保护;水产种业体系建设滞后,具有自主知识产权的新品种少,现代水产种业运营模式和产业技术体系亟待建立;养殖综合配套技术仍未达到标准化生产水平。

(2)渔业产业结构有待优化。全省渔业发展水平不平衡,产品同质化严重,导致产业效益难以提升,渔业优势未能有效凸显;渔业经济总产值仍然主要集中在生产环节,水产品加工附加值较低,休闲渔业等新兴产业以及深水网箱、工厂化养殖等高效集约化养殖比重不高,一二三产业融合发展乏力,整体盈利能力较差。

(3)规模生产程度仍然较低。全省渔业生产普遍经营规模小,渔业经营管理水平较差,集约化和组织化程度低,优质渔业品牌太少,品牌溢价无法体现。水产养殖仍然以个体经营为主,抵御风险能力较差,大公司经营管理成本过高,盈利能力不足。渔业产业化经营仍处于低水平发展状态,现代渔业总体竞争力有待提高。

(4)产品质量安全问题突出。养殖生产中滥用、乱用药物或水产投入品的现象依然存在,水产品质量监管仍然存在一些盲点盲区,水产品质量安全事故仍时有发生,水产品质量安全成为影响全省水产品出口竞争力的重要因素;全省水产品质量安全科研机构缺乏,科研与检测能力比较薄弱,水生动物疫病防控技术体系需要加强。

(5)渔业环境保护形势严峻。受工业污水、城镇生活废水和农业面源污染不断加剧的影响，渔业生态环境污染和退化问题日益凸显，赤潮灾害和渔业水域污染事故频发，鱼类栖息地大量丧失，已建各类水生生物保护区基础设施和保护能力不足，保护效率不高，与新时期水域生态文明建设要求相距甚远。

(6)渔业基础设施建设滞后。养殖基础设施建设投入不足，全省淤积老化的低产鱼塘占了总面积的五成；全省小型海洋捕捞渔船占到半数以上，大部分渔船是木质渔船，渔船老旧，装备落后，渔民安全生产意识不强，渔船安全生产隐患大。渔港建设滞后，渔政设施、安全救助通信设施等装备比较落后，保障能力不足，不适应执法和救助需要。

【重点渔业市(县、区)基本情况】

广东省重点渔业市(县、区)基本情况

市别	渔业人口(万人)	渔业产值(亿元)	水产品产量(吨)	其中				养殖面积(公顷)	
				海洋捕捞	海水养殖	内陆捕捞	淡水养殖	海水	淡水
全省	2 193 753	1 594.45	8 758 058	1 131 722	3 312 352	98 682	4 154 109	164 719	310 997
湛江	456 383	225.69	1 213 887	205 691	807 773	4 681	99 749	55 507	26 917
阳江	131 950	172.33	1 188 568	299 323	781 537	7 959	180 594	22 222	13 895
茂名	192 641	107.64	923 742	119 291	475 569	1 831	327 051	14 437	22 937
江门	121 101	198.27	806 501	69 355	219 655	9 642	505 478	18 815	35 870
佛山	167 731	169.12	752 558			5 692	746 866		34 912
汕尾	197 570	104.20	589 642	183 644	353 831	1 866	50 301	14 180	4 728
肇庆	77 947	91.07	517 524			3 907	513 617		33 632
广州	41 685	125.02	506 702	12 371	96 108	31 041	351 506	4 440	17 405
汕头	131 851	70.27	474 840	122 132	260 380	3 058	89 270	11 077	4 222
中山	24 182	77.82	350 130	427		1 211	348 492		20 707
珠海	60 256	68.72	328 699	8 143	92 934	1 139	224 523	11 821	10 329

【大事记】

[1]1月31日，《广东省农业农村厅渔船通导与安全装备使用管理办法(试行)》印发，并自2020年1月起，省农业农村厅每月在政务网站“政务公开-通知公告”栏目向社会公布当月渔船统计数据。进一步落实政府信息公开要求，规范渔船数据统计口径，更好地指导、服务渔船管理、应急防台、渔业生产经营等方面，持续推进渔船安全检查“全覆盖”、通导与安全装备“全覆盖”、渔港视频监控等，基本实现了全省渔船“查得清、看得见、连得上、叫得回”的目标。

[2]2月21日，省农业农村厅、省港澳流动渔民协会向香港渔民团体联会、澳门渔民互助会捐赠21 000只口罩，支持港澳流动渔民防疫抗疫。并与港澳流动渔民代表座谈，了解生产实际，指导帮助渔民加强防疫和复工复产。

[3]2月28日，经省政府同意，省农业农村厅、省财政厅联合印发《2020年广东省家禽水产品收储和蔬菜瓜果收购、贮藏应急补贴方案》，实施家禽、水产品、蔬菜瓜果应急收储奖补政策，鼓励相关经营主体加大收储力度，集中解决受新冠肺炎疫情影响水产品等积压滞销问题，保障新冠肺炎疫情防控期间“菜篮子”产品稳定供应，维护水产业稳定发展。

[4]3月3—5日，省农业农村厅领导率厅农业综合执法监督处、省海洋综合执法总队有关负责人赴佛山、肇庆、清远市检查指导珠江禁渔管理实施情况，并对农业(渔政)执法改革情况进行专题调研。

[5]3月25—27日，省农业农村厅领导率省海洋

综合执法总队、厅农业综合执法监督处有关负责人赴江门、阳江、茂名、湛江市检查指导渔船渔港安全生产工作情况，并对农业（渔政）执法改革实施情况进行专题调研，切实做好汛前防汛防风准备工作，深入排查渔船渔港安全隐患，防止渔业重特大事故发生。

[6]3 月 26—27 日，省委农办主任、省农业农村厅厅长、省扶贫办主任顾幸伟带队到湛江调研脱贫攻坚、水产业发展和深水网箱养殖情况。深入国家级水产产业园国联生产基地、雷州市画景食品有限公司、雷州市流沙湾深水网箱养殖基地和省农业农村厅挂点帮扶的那毛村调研。顾幸伟强调，要发挥水产产业园的龙头作用，带动区域水产业加快发展；加大疫情防控期间水产品加工、储存力度，解决水产品积压滞销问题；大力支持和培育深水网箱养殖产业发展，带动渔民脱贫致富。

[7]3 月 31 日，广东省第十三届人民代表大会常务委员会第十九次会议修订《广东省野生动物保护管理条例》(2001 年 5 月 31 日广东省第九届人民代表大会常务委员会第二十六次会议通过)，自 2020 年 5 月 1 日起施行。

[8]4 月 20 日，省农业农村厅召开全省海洋伏季休渔暨渔业安全生产警示工作视频会议，分析研判全省渔业安全形势，动员部署下一阶段渔业安全生产工作以及海洋伏季休渔工作。

[9]4 月 23 日，在汕头南澳召开 2020 年粤闽伏季休渔联合执法监管工作研讨会，研究加强海洋伏季休渔台浅海域联合执法监管意见，讨论《2020 年粤闽海洋伏季休渔联合执法行动方案》，决定从 4 月 26 日至 8 月 16 日，两省渔政队伍开展联合执法行动，分封港检查、海上突击执法、联合执法 3 个阶段进行，明确了海上及港口发现的违规船舶的处置原则、执法安全注意事项和互联互通方式。此外，还研究制定了两省海上渔政管理协作协议，建立粤闽两省伏季休渔期间渔政执法、交界海域渔事纠纷处置、渔船碰撞事故调查处理、渔船遇险救助等协作机制。

[10]5 月 31 日，广东省渔船安全生产整治“百日攻坚”行动的组织排查阶段结束，沿海各市深入开展渔船安全隐患排查治理，结合休渔期渔船核查工作，同步实施渔船“全覆盖”安全检查。全省共实施渔港安全检查 1 300 多次，渔船安全检查 1.7 万艘次，发现安全隐患 735 项，已整改到位 713 项。此外，大部分地区已提前启动“宣教攻坚”有关部署，全省共开展各类宣传活动 600 余次，派发宣传材料 4 万余份。

[11]6 月 6 日，由省农业农村厅主办的“2020 年广东惠州增殖放流活动”举行，惠州市农业农村局、省海洋渔业试验中心共同承办，以“增殖水生生物资源，共建生态美丽湾区”为主题。这是 2020 年广东省增殖放流活动的主会场，共向大亚湾海域放流石斑鱼、鲷科鱼类等海水鱼苗 194.7 万尾，斑节对虾苗 3 440 万尾。

[12]6 月 8 日，由省农业农村厅、梅州市政府联合主办的“2020 年全国放鱼日广东梅州增殖放流活动”在梅县区举行，梅县区人民政府、梅州市农业农村局、广东省渔业技术推广总站承办，以“增殖水生生物资源共建美丽生态梅州”为主题，共向梅江水域增殖放流草鱼、鳙鱼、鲢鱼、青鱼、广东鲂等淡水鱼类约 660 万尾，增殖放流数量为梅州历年来最多。

[13]6 月 16 日，省农业农村厅、茂名市人民政府在茂名市博贺渔港举办 2020 年渔船“安全宣传咨询日”现场活动，通过开展海上救生消防应急演练、救生设施设备使用演示、播放渔业安全宣传片、渔船安全现场咨询、展览优质船用产品等，进一步宣传贯彻《中华人民共和国渔港水域交通安全管理条例》《广东省渔业船舶安全生产管理办法》等法规，推动落实渔船安全生产责任，普及渔船安全生产知识，提高从业人员安全生产意识、突发事件应对处置水平和自救互救技能，着力提升渔业安全治理能力和“依港管船、管人、管安全”工作水平，为渔业高质量发展和建设现代渔业强国创造良好的安全生产环境。茂名、阳江、湛江市农业农村局和海洋综合执法队伍，茂名市涉渔乡镇、村(居)委会等单位有关负责人及渔民代表等参加活动。

[14]6 月 29 日，在南方报业传媒集团演播厅，由省渔业技术推广总站主办，《南方农村报》、农财宝典承办的“水产绿色健康养殖‘五大行动’云课堂”正式开班授课，这是广东渔业系统首次在全省范围内，使用直播技术进行授课，各地组织相关从业人员通过线上线下同步学习，首次开课引来超 6 万人次围观。

[15]6 月 30 日，粤桂琼三省(自治区)在海南省海口市联合召开海洋渔业综合执法监管机制研讨会，研讨进一步加强跨省份、跨海域的海洋渔业执法机构间的协调配合，探索深化海洋渔业执法协作，签订三省(自治区)六方海洋综合执法监管协作协议，加强海上联合执法协作、日常监管及应急处置协作、信息共享等工作，共同打击海洋和渔业违法行为。三省(自治区)还研究制定了《2020 年粤桂琼三省份交界海域联合执法行动方案》。

[16]7 月 1 日，广东省海洋综合执法总队、海南省海洋监察总队、广西渔政指挥中心、中国海监广西壮族自治区总队在琼州海峡至北部湾北部及粤桂琼交界海域联合举行 2020 年粤桂琼三省(自治区)交界海域联合执法行动，进一步加强广东、广西、海南三省(自治

区)交界海域执法管控力度,保护海洋生态环境和渔业发展资源。

[17]7 月 29—31 日,应急管理部安全协调司和农业农村部渔业渔政管理局联合调研组一行 5 人到广东开展渔业安全生产调研,听取广东省和深圳市、珠海市渔业安全工作情况汇报,并前往深圳蛇口渔港、深圳湾禁渔区、珠海洪湾渔港实地调研,考察深圳市智慧渔港和珠海市洪湾渔港应急指挥中心等项目,深入了解两市渔船渔港安全生产情况和港澳流动渔民疫情防控落实情况,充分肯定了广东省渔业安全生产工作。

[18]8 月 16 日,第十八届南海(阳江)开渔节以"丰收开渔、同奔小康"为主题举办,开渔节已发展成为集庆典、展览、拍卖、项目签约、网上直播等多种形式于一身的文化"嘉年华"、渔民"欢乐节"、经贸"大平台"。

[19]9 月 18—20 日,全国渔业安全生产专项治理工作交叉排查组到广东省珠海市、江门市等地开展检查,听取了广东省和珠海市、江门市、茂名市及相关县(区)渔业安全工作情况汇报,并前往江门崖门渔港、珠海洪湾渔港实地调研,考察新会区渔船安全定位系统和珠海市洪湾渔港应急指挥中心等项目,深入了解两市渔船渔港安全生产情况,并要求利用渔业安全生产三年专项整治计划的契机,把渔业安全生产工作抓实抓细。

[20]9 月 24 日,2020 中国(广州)国际渔业博览会在中国进出口商品交易会展馆正式开幕。展会打造聚集活鲜、冷冻水产、冷链配送、餐饮供应链于一体的展贸平台,实现一站式的采购服务,创新开展 2020 年环球水产品美食烹饪大赛评选暨广东名优水产品厨艺秀云直播,现场联动多家流量平台如抖音、快手、腾讯大粤网等网络平台,通过菜品集中展示、名厨解说并烹饪菜品、主播试吃、产品推介等形式,进行主播带货。

[21]10 月 6 日,省农业农村厅召开农业安全生产工作会议,传达学习全省安全防范工作视频会议精神,专题研究部署农业安全、特别是渔业安全生产工作。省委农办主任、省农业农村厅厅长顾幸伟主持会议并讲话,要求切实把确保人民生命安全放在第一位落到实处,坚持人民至上、生命至上,主动作为、狠抓落实。系统剖析 10 月 3 日凌晨渔船"粤阳西渔 39588"沉没事件原因,深刻反思,举一反三,对症下药,坚决遏制同类事故发生。

[22]10 月 9 日,省应急管理厅副厅长一行到省农业农村厅调研指导农业安全,特别是渔业船舶安全生产工作。会上,省海洋综合执法总队汇报全省渔业船舶安全生产工作情况,与会人员共同探讨全省农业生产安全、特别是渔业船舶安全生产面临的形势任务,分析渔业船舶安全生产存在的薄弱环节和突出问题,研究针对性的防范措施。

[23]10 月 15 日,省委农村工作办公室、省农业农村厅印发《关于开展"不安全、不出海"专项行动 构建渔船安全生产长效监管机制的通知》,按照"管行业必须管安全、管业务必须管安全、管生产经营必须管安全"的要求,全面加强海洋渔船、内陆渔船安全监管和清理取缔涉渔"三无"船舶,组织开展全省渔船"不安全、不出海"专项行动。

[24]10 月 16 日,由省农业农村厅主办的"广东省鳗鲡人工增殖放流活动"在佛山市顺德区举行。此项活动以"维护生态平衡 共建绿色生活"为主题,由中国水产科学研究院珠江水产研究所、顺德区农业农村局协办,广东省鳗鱼业协会、佛山电视台顺德分台承办。共有 2 000 千克成鳗、35 000 尾鳗苗流入德胜河。

[25]10 月 20—23 日,农业农村部渔业渔政管理局督导组到广东省茂名市、阳江市阳西县,督导检查渔业安全生产工作。督导检查组一行通过交流座谈、实地调研等方式,了解并分析当前渔业安全生产面临的形势,督查事故隐患、风险防范和排查治理,以及渔业无线电专项整治、安全监管执法、渔业应急值守等内容,并讨论交流渔业船舶事故种类划分问题。

[26]10 月 23 日,珠海斗门白蕉海鲈鱼电商购物节启动,政府、企业、协会、媒体携手推动地理标志产品——白蕉海鲈销售及品牌建设,活动启动当天即售出 30 万条,成为京东商城的"爆款"。

[27]11 月 8—22 日,在佛山顺德区开展主题为:"'鳗'妙时刻 美味来袭"的鳗鱼推介活动,创新采用"美食+文化""线上+线下"的办会模式,以鳗鱼美食为核心,整合鳗鱼生产物资、流通、加工和餐饮、文化等产业链,打造一个集鳗鱼成果展、智慧交流、休闲娱乐的渔业文化盛会。

[28]11 月 11—12 日,由农业农村部渔业渔政管理局副局长袁晓初、应急管理部安全协调司处长颜彬带队的联合调研组一行 5 人到广东开展渔业安全生产调研,深入闸坡渔港,通过交流座谈、登临渔船调研等方式,了解并分析当前渔业安全生产面临的形势,充分肯定广东省渔业安全生产工作,同时要求加强对渔船进出渔港的监管,强化隐患排查整改工作,把安全生产工作落实到人。

[29]11 月 12 日,以"鲜从粤来,鱼跃上海"为主题的广东水产品"游"进黄浦江的推介活动,在上海隆重举行,创造性地推出"线下推介品鉴+线上带货测评"模式,让广东省优质水产品搭上互联网的快车,让"粤字号"水产真正叫得响,立得住,卖得好,让消费者买得

放心、吃得安心。本次推介会共组织来自广州、珠海、汕头、佛山、汕尾、东莞、中山、江门、阳江、湛江、茂名、肇庆12个市的35家企业(单位)参加推介,展出包括鱼类、虾蟹类、贝类、藻类在内的鲜活品、冻品、加工品等展品近百种,展示及品鉴内容丰富多彩。

[30]11月16日,广东省海洋综合执法总队正式挂牌。省委农办主任、省农业农村厅党组书记、厅长,省扶贫办主任顾幸伟和省农业农村厅党组副书记,省委农办、省扶贫办常务副主任许典辉为省海洋综合执法总队揭牌。省海洋综合执法总队总队长徐放政、政委秦磊出席揭牌仪式。省海洋综合执法总队是省农业农村厅管理的副厅级机构,2019年11月由中央编办批复设立。2020年11月,省海洋综合执法总队"三定"方案正式印发,标志着省总队作为全省唯一海洋执法力量、唯一省级行政执法队伍、唯一跨部门综合执法机构正式成立。

[31]11月19日,省农业农村厅印发《广东省休闲渔业管理办法》,自2021年1月1日起施行。

[32]12月5日,"首届中国水产种业博览会"在广州市南沙区广东国际渔业高科技园开幕,以"水产芯动力 种业创未来"为主题,汇聚国内水产种业创新最新成果,以原良种为载体,以良技、良法为延伸和拓展,充分展示水产新品种、新技术、新模式、新装备。农业农村部、广东省委、广州市委有关领导和中国工程院院士林浩然、麦康森、包振民、刘少军等领导嘉宾出席开幕式。开幕式现场举办了广东省级健康养殖示范县授牌仪式和广东渔业育种中心建设项目、南沙农业集团与广东海大集团战略合作签约仪式,广东海大集团副总裁江谢武代表广东水产企业发表"环保引领、提质增效、绿色发展"倡议。本次博览会展馆面积超过12 000米^2,300多家企业参与,集中展示全国近千种鱼、虾、贝、藻等展品,是国内规模最大的展示水产品活体的博览会。本次博览会通过信息技术,创造性地将馆展、地展、云展三展有机融合,将博览会打造成为展示水产业最新成果的新标杆。这也是全国最大的鱼塘边博览会,45口标准化鱼塘和7 000米^{2}养殖车间全面开放,池塘工程化循环水养殖模式、鱼菜共生养殖模式、陆基集装箱循环水养殖模式均可让观众零距离接触,以此了解养鱼全过程。此次博览会还设置了水产美食品鉴区,打造出水产品与海鲜的华丽盛宴,涵盖广东各地标志性美食,如南沙青蟹、程村蚝、中山脆肉鲩、顺德鳗鱼、湛江对虾、茂名罗非鱼、珠海海鲈、惠来鲍鱼等。来自全国各级渔业行政主管部门、技术推广机构、科研院所、大专院校、水产企业、广州市民及媒体等1 000余位代表参加展会开幕式。博览会开场两天,吸引观众近3万人次,做到调和百味、雅俗共赏,专业性、知识性、趣味性相互融合,给观众带来全新崭新的体验,实现"政府搭台、企业唱戏、科技支撑、服务产业",通过博览会+论坛的形式,形成企业展示、专家推荐的良性发展模式。

(广东省农业农村厅 贺书岚)

广西壮族自治区渔业

【概况】 2020年,广西水产养殖面积18.61万公顷,其中海水养殖面积5.23万公顷,淡水养殖面积13.38万公顷。水产品总产量343.95万吨,同比增长1.06%。其中海水养殖150.67万吨,同比增长5.66%;淡水养殖136.11万吨,同比增长1.92%;海洋捕捞48.40万吨,同比下降12.12 %;淡水捕捞8.77万吨,同比下降3.70%。金鲳鱼5.91万吨、南美白对虾33.14万吨、牡蛎66.21万吨,全国排名分别位于第一位、第二位和第四位。渔业经济总产值达1 082.96亿元,首次突破千亿元大关;渔民人均纯收入22 747元,比全国平均水平多909.84元。

1.水产品稳产保供 全力做好新冠肺炎疫情防控期间水产品稳产保供工作。印发《关于加强疫情防控期间水产品产销对接工作的通知》,与全区水产品加工企业建立"点对点"联系,推动企业复工复产,打牢稳产保供基础;开展全区水产品稳产保供视频调度会商,建立水产品调度周报制度,对水产品实行动态监测调查统计;通过常态化微信团购等方式,引导水产品直接进入社区销售,推动解决水产品压塘卖难问题。及时印发《关于做好当前水产养殖相关工作的通知》《关于扎实做好水生动物疫病防控确保水产品有效供给的紧急通知》,发布新冠肺炎疫情防控期间水产养殖技术指导"明白纸"宣传材料,部署各地加强春季水产养殖生产技术服务,指导养殖户、生产企业加强水生动物疫病防控,提前落实好鱼苗、饲料、渔药等物资,防止春季生产发生空塘现象,扎实抓好水产品有效供给。

2.渔业高质量发展 广西以提质增效、绿色发展为主线,全力推进渔业高质量发展,在2019年度省级农业农村部门"强化渔业高质量发展"延伸绩效管理中获评优秀,得到农业农村部通报表扬。2020年,出台了《关于推进广西大水面生态渔业发展的实施意见》《2020年广西打造千亿元现代渔业产业行动方案》《广西加快现代海洋渔业发展助力打造向海经济行动方案》等系列文件,从制度设计层面强化水产养殖业绿色高质量发展;开展了广西海洋渔业高质量发展专题调研,通过实地调研与专题座谈结合、区内调研与区外调研结合的方式，分赴区内北海、钦州、防城港3市6家海洋渔业企业以及山东省、广东省和海南省3省12家企业，分别针对现代海洋牧场建设、贝类养殖、海参养殖等产业发展情况进行实地调研，深入了解各地海洋渔业发展情况；同时在区内外以及华南农业大学、中国水产科学研究院南海水产研究所开展了11次专题座谈，听取了有关市（县）渔业、海洋、文旅等行政主管部门、渔业养殖代表的意见建议。通过调研，了解部分先进省份在海洋渔业高质量发展方面的成功实践和先进经验，基本掌握了广西海洋渔业发展的现状，分析了制约广西海洋渔业高质量发展存在的问题和短板，以目标和问题为导向，提出了下一步加快广西海洋渔业高质量发展的对策及建议，并形成了《广西海洋渔业高质量发展调研报告》。自治区副主席方春明在广西海洋渔业高质量发展务虚会上对本次专题调研给予了充分肯定。

3.国家级渔业健康养殖示范县创建 印发《自治区农业农村厅办公室关于印发广西开展2020年国家级水产健康养殖示范创建活动实施方案的通知》，科学持续推进渔业健康养殖示范县创建工作；创设支持政策，设立油补扶持资金专项，2020年共落实资金1.068亿元，支持东兴市、来宾市兴宾区等3县（市、区）建设一级健康养殖示范县，支持融水县、平南县等5县（市、区）建设二级健康养殖示范县，支持柳州市柳南区、三江县等22县（市、区）建设三级健康养殖示范县，通过一年的支持建设和指导推动，来宾市兴宾区和防城港市东兴市顺利通过农业农村部国家级渔业健康养殖示范县验收，成为广西首批国家级渔业健康养殖示范县（市、区），实现了零的突破。

4.新型设施渔业 围绕"优质高效、绿色发展"的理念，不断拓展渔业发展方式，大力推广现代生态养殖技术，加快推进新型设施渔业建设，促进渔业持续健康绿色发展。据统计，2020年全区新增深水抗风浪网箱598口、工程化循环水（跑道式）养殖水槽133条、陆基圆形池循环水养殖池1 119个、养殖集装箱100个、工厂化养殖车间9.6万米^2。设施渔业保持快速发展的势头，推动渔业结构优化升级。

5.稻渔综合种养 通过创新养殖模式、坚持示范引领、强化技术支撑、促进产业联动、提升品牌效益、拓宽市场销路和加强政策扶持等措施，进一步推动稻渔综合种养产业加快发展，全面推广"广西三江模式"，着力打造"广西三江模式"升级版。印发了《广西自治区农业农村厅关于加快推进稻渔综合种养产业发展的实施意见》，明确稻渔综合种养产业发展的目标任务，并提出了8项重点工作及5项保障措施；编印了《广西稻渔综合种养典型案例20例》，加强稻渔综合种养技术和模式的创新与推广；推动实施广西创新驱动发展专项"广西'双百'稻虾生态养殖科技创新与产业化"项目，支撑稻虾综合种养生态养殖面积突破"百万亩"，产值超过"百亿元"产业；组织开展中国重要农业文化遗产——"桂西北多民族山地稻鱼复合系统"申报工作，做好桂西北地区稻渔文化发掘、保护、传承、利用和发展；举办了第二届广西稻渔丰收节暨优质稻渔产品评比活动，推动广西稻渔产品向优质化、安全化、品牌化和产业化方向发展；安排补助资金支持18个县建设规模化稻渔综合种养示范基地，截至2020年年底，全区稻渔综合种养总面积达8万公顷，建成13.3公顷以上稻渔综合种养基地167个，年产水产品近6万吨，带动农民增收25亿元以上。2020年，广西在全国稻渔综合种养发展提升现场会上做典型发言，向来自全国各地的参会代表介绍发展稻渔综合种养产业的经验做法、取得成效和"十四五"发展思路。

6.水域滩涂养殖权制度建设 成立了规划编制工作领导小组、技术指导组和编制组，制订工作方案，迅速启动和开展自治区级养殖水域滩涂规划修编工作，2020年12月底，全面完成《广西壮族自治区养殖水域滩涂规划（2021—2030）》修编、征求意见、专家评审工作。印发了《自治区农业农村厅关于加强养殖使用权制度建设推进水域滩涂养殖发证登记工作的通知》，进一步加快养殖证的核发工作进度。截至2020年年底，发证范围覆盖全区14个设区市。通过狠抓落实养殖使用权制度建设，进一步优化水产养殖空间布局，筑牢了水产养殖业绿色健康可持续发展的基础。

7.水产养殖环境整治 细化措施，切实落实河长制湖长制工作，全力推进养殖环境整治。将"养殖尾水治理模式推广行动"列为水产绿色健康养殖"五大行动"之一，进一步规范全区养殖尾水整治工作。组织规模养殖场申报实施养殖尾水治理设施建设项目，支持重点地区建设水产养殖尾水治理项目29个。印发《2020年广西水产养殖尾水处理示范点监测方案》，在玉林、崇左、贵港等10市建设10个水产养殖尾水处理示范点，定期监测养殖尾水水质情况。在柳州等3市10家水产养殖单位指导开展水产养殖用药减量行动试点工作，示范面积283公顷，指导养殖户逐步减少水产养殖化学药物使用量。2020年6月10日，全国农业重大引领性技术"集装箱＋生态池塘"尾水处理技术模式观摩活动在桂林市举行，来自全国各地的100多名参会代表到桂林市雁山区鱼伯伯高新科技养殖区，参观"集装箱＋生态池塘"模式、"跑道鱼"养殖模式和生态池塘尾水处理技术模式，并进行经验交流和技术研讨。

8.水产品质量安全监管和水生动物疫病监测 通过顶层统筹，强化组织协调，积极推进水产苗种产地检疫、海水贝类产品卫生监测和生产区域划型、国家产地水产品兽药残留监测和水生动物疫病监测工作。划型结果符合国家二类生产区域标准以上，水产品药物残留抽检合格率99.44%，对检出对虾白斑综合征等疫病的样品均按《染疫水生动物无害化处理规程》(SCT7015—2011)进行了无害化处理，有效控制和扑灭突发疫病，防止疫病蔓延。2020年广西先后在全国水产苗种产地检疫研讨会和全国水生动物疫病防控工作座谈会上做典型发言。

9.渔民减船转产和渔船更新改造 多措并举推进渔民减船转产和渔船更新改造项目实施，确保国家惠渔政策落实到位，既推动渔业生态、绿色、可持续发展，又保障渔民权益、稳定生产、化解局部不稳定风险。2020年共批复减船327艘，压减功率20 540.6千瓦，更新改造渔船214艘。

10.远洋渔业基地建设 遵循创新、协调、绿色、开放、共享的发展理念，加快转型升级，以先进模式推进远洋渔业高质量发展，继续加强指导、支持广西祥和顺远洋捕捞有限公司在毛里塔尼亚建设和运营的远洋渔业基地，进一步拓展和升级了对外合作空间和领域。2020年11月，广西祥和顺远洋捕捞有限公司建设的毛里塔尼亚远洋渔业基地项目获得农业农村部立项批复。

11.存在的问题

(1)渔业装备建设滞后。生态养殖基础设施落后，装备水平明显落后于发达省份。

(2)生产方式滞后。转方式调结构落实不到位，渔业生产方式依然粗放，养殖与环境保护的潜在矛盾加剧。

(3)二、三产业发展滞后。水产品加工、饲料生产、休闲渔业等二、三产业发展速度较慢，渔业产业链条短。常规品种占比高，高值品种少，产品附加值低。

【重点渔业市(县、区)基本情况】

广西壮族自治区重点渔业市(县、区)基本情况

市(县、区)	总人口(万人)	渔业产值(万元)	水产品产量(吨)	其中				养殖面积(公顷)	
				海洋捕捞	海水养殖	内陆捕捞	淡水养殖	海水	淡水
北海市合浦县	86.42	748 415.7	462 635	61 845	331 768	3 316	65 706	13 320	4 013
钦州市钦南区	63.70	612 479.0	454 625	73 292	358 965	1 544	20 824	16 575	2 360
北海市银海区	31.52	467 451.3	247 331	93 236	146 315		7 780	2 662	411
北海市海城区	52.79	345 371.5	238 523	109 520	124 823		4 180	852	246
防城港市港口区	24.46	301 947.3	231 695	47 004	181 566		3 125	5 040	333

【大事记】

[1]6月10日，全国农业重大引领性技术“集装箱+生态池塘”尾水处理技术模式观摩活动在广西桂林市举行。来自全国各地的100多名参会代表到桂林市雁山区鱼伯伯高新科技养殖区，参观“集装箱+生态池塘”模式、“跑道鱼”养殖模式和生态池塘尾水处理技术模式，并进行经验交流和技术研讨。

[2]6月30日，广西现代渔业种业示范园(核心区)项目开工仪式在崇左市扶绥县广西扶绥种畜场那坡分场举行。

[3]7月20—24日，广西海洋渔业高质量发展专题调研组赴山东省开展海洋渔业高质量发展工作学习考察，深入了解山东省海洋渔业产业发展政策及落实情况、装备发展和合作组织情况、海产品深加工保鲜运储情况、水产种苗及良种产能和产学研合作模式发展情况，实地考察了山东海洋集团“耕海1号”、烟台东宇海珍品有限公司海洋牧场、山东安源水产有限公司国家级水产原良种场等。

[4]8月26日，农业农村部公布2019年度专项工作延伸绩效管理结果，广西壮族自治区农业农村厅被评为“强化渔业高质量发展延伸绩效管理优秀单位”。

[5]9月2日，广西作为先进省份之一，在全国稻渔综合种养发展提升现场会上做典型发言，向来自全国各地的参会代表介绍发展稻渔综合种养产业的经验做法、取得成效和“十四五”发展思路。

[6]9月17日，农业农村部组织在北京集中研讨水产苗种产地检疫工作，广西派代表参加并做典型发

言，介绍水产苗种产地检疫工作做法和经验。

[7]11月1—4日，来宾市兴宾区、防城港市东兴市顺利通过了国家级渔业健康养殖示范县验收，成为广西首批国家级渔业健康养殖示范县(市、区)。

[8]11月3日，广西祥和顺远洋捕捞有限公司建设的毛里塔尼亚远洋渔业基地项目获得农业农村部立项批复。

[9]11月7日，2020年广西钦州蚝情节开幕。

[10]11月15日，第二届广西稻渔丰收节暨"庆农民丰收·品稻乡之渔"活动在梧州市开幕。

[11]11月19日，广西在2020年全国水生动物疫病防控工作座谈会上做典型发言。

[12]11月19—21日，广西特色渔业生态养殖技术培训班在南宁举行。

[13]12月16日，广西海洋渔业高质量发展务虚会在南宁召开。

[14]12月底，广西全面完成了《广西壮族自治区养殖水域滩涂规划(2021—2030)》修编、征求意见、专家评审工作。

(广西壮族自治区农业农村厅　韦全贤)

海南省渔业

【概况】 2020年，海南省水产品总产量166.79万吨，同比减少3.12%，其中海洋捕捞103.60万吨，同比减少3.99%；海水养殖26.65万吨，同比减少1.66%；淡水养殖35.09万吨，同比减少0.99%；淡水捕捞1.44万吨，同比减少15,79%。渔业经济总产值584.26亿元，同比减少0.04%，其中渔业一产产值425.90亿元，渔业二产产值118.29亿元，渔业三产产值40.08亿元。

1.不断调整海洋捕捞结构 压减近海渔业捕捞强度，缓解近岸渔业资源枯竭压力，推进渔船升级改造，将现有老、旧、木质等不符合国家渔船检验标准且安全和防污染性能较差的渔船，更新改造升级为"安全、节能、经济、环保、适居"的钢质、玻璃钢渔船，公布了7个大中型渔船标准船型和15个小型渔船标准船型。优化捕捞作业方式，鼓励发展外海捕捞，组建外海捕捞生产骨干船队，实现外海常态化、规模化捕捞，科学有度、有序开发南海渔业资源。严格贯彻落实海洋捕捞渔船"双控"制度，加快推进海洋捕捞渔船减船转产项目，当年减船2 686艘。严格控制拖网、围网等对资源破坏严重的作业类型，推广刺钓、金枪鱼延绳钓等环境友好型作业方式，养护近岸渔业资源。推动渔民转产转业，加强渔民职业能力培训，培育和发展职业渔民，促进海洋捕捞现代化水平的整体提升。

2.科学发展水产品养殖 坚持由近海养殖为主向深远海养殖为主转变的改革目标。开展无序养殖整治和水产养殖污染治理，压实《海南省养殖水域滩涂规划(2018—2030年)》《海南省水产养殖整治工作实施方案(2019—2020年)》划定的全省水产养殖禁养区、限养区、养殖区，全省清退禁养区水产养殖面积0.86万公顷；修订了《海南省深水抗风浪网箱养殖项目管理细则(试行)》，出台《海南省2020年村镇周边水产养殖尾水处理工作方案》，全省村镇周边1万公顷水产养殖场已开展养殖尾水处理，覆盖率65%。发展生态型、高产值深水网箱，2020年新建深水网箱227口(折算为40米周长标准网箱)。召开水产品质量安全培训交流会，促进水产养殖业持续健康发展，做好水产品质量安全抽查工作，开展水产健康养殖示范，2020年，全省5家国家级水产健康养殖示范场通过验收。引导部分养殖户探索新品种养殖，试养沙虫、淡水龙虾、巴沙鱼、黄颡鱼和大闸蟹等品种，促进产业提质增效。

3.全面发展渔业种业 积极推进以水产苗种产业园区和全球动植物种质资源引进中转基地渔业项目为核心的水产南繁"硅谷"建设，文昌市在冯家湾划出133公顷土地用于水产苗种产业园项目，万宁和乐蟹生态产业园示范区项目一期和乐蟹育苗工厂已建成封顶，陵水安马洋科研育种基地水产南繁苗种产业项目、海大文昌水产种业园项目正式签约并有序推进；中国水产科学研究院等科研单位进驻三亚南繁科技城，东方市海南晨海水产有限公司和海南中正水产科技有限公司成立院士工作站，助力水产南繁育种技术攻关。积极帮助企业引进良种亲本，2020年已审核协助7家企业免税进口亲虾11 102尾，保障优质水产苗种生产供应。组织开展水产原良种场申报及复查考评工作，全省有国家级良种场1家、省级水产良种场16家。完成第三届海南省水产原良种审定委员会换届工作，13名在海南工作的水产种业权威人士被遴选为委员。抓好渔业援疆项目实施，支援新疆5家养殖单位142万尾优质罗非鱼苗。

4.认真抓好疫病防控和养殖信息管理工作 开展水产苗种检疫产地试点工作，组织渔业官方兽医培训，截至2020年年底，全省确认渔业官方兽医28人。做好养殖病害测报预报及信息发布工作，发布16期测报预报信息。做好水产养殖病害防治工作，多次组织专家现场指导市、县开展疫病防控工作。做好水产养殖基础数据录入工作，组织市、县在"海南省水产养殖信息管理系统"录入本地区水产养殖场和苗种场信息，全省录入水产养殖场5 089家和水产苗种场98家。

5.不断加强渔业基础设施建设 加快推进渔港建设，印发实施《海南岛渔港建设规划（2020—2025年）》，2019—2020年，下达中央资金12 000万元、省级配套3 173.74万元，已支持项目6个。确定文昌铺前中心渔港、万宁乌场一级渔港、乐东莺歌海一级渔港为海南省待建的三大渔港，已完成可行性研究等前期工作；临高美夏二级渔港项目、临高黄龙二级渔港项目、临高黄龙避风锚地升级改造项目已完成前期工作。儋州白马井中心渔港项目、白马井避风锚地项目，因自贸港建设的需要，纳入新英湾建设统筹范围。2020年9月中旬，在海南大学组织了一期海洋牧场和渔港建设培训班，邀请各市（县）农业农村局领导、有关渔港建设专家、有关企业代表参加座谈研讨，为推进全省海洋牧场及渔港建设奠定了扎实的理论基础。加强海洋牧场建设，发布了《海南省现代化海洋牧场布局规划（2019—2025）》，三亚蜈支洲岛海洋牧场被评为第五批国家级海洋牧场示范区，海口东海岸海洋牧场、临高头羊湾海洋牧场、文昌冯家湾海洋牧场3个海洋牧场项目按计划完成人工鱼礁制作工程。

6.强化渔船安全监管，保障渔业生产安全 海南省安全生产委员会办公室、海南省应急管理厅印发《海南省2020年“安全生产月”和“安全生产（园区）行”活动方案的通知》，依法排查渔业安全生产隐患，打击渔业违法违规行为。对沿海市、县部分渔港开展安全检查，对港内停泊的渔船、加油船等登船检查，共计登船检查1 353艘次、码头及渔船自然停靠点123个次，排查发现安全生产隐患渔船214艘，整改完成安全生产隐患渔船214艘。

7.落实《海南省休闲渔业发展规划（2019—2025年）》《关于加快推动休闲渔业试点促进休闲渔业健康发展的指导意见》 落实休闲渔业试点，推动渔业由传统捕捞向深海智能养殖和休闲渔业转型发展，海口市、三亚市、琼海市、文昌市、万宁市、乐东县成为首批休闲渔业试点。试点市、县将把渔民转产就业增收作为主要目标，探索以渔民合作社为主体，支持创新“渔民+合作社+公司”等联合经营模式。2020年，海南省休闲渔业产值20亿元，接待人数总计521.58万人次。

8.切实加强渔业执法监管 开展“中国渔政亮剑2020年”海南省系列专项执法行动，从严整治违规渔具与非法养殖场点；清理整治限制使用的渔具和不符合最小网目尺寸标准的网具，打击使用禁用渔具渔法捕捞的非法行为，重点查处使用电炸毒、定置网、地笼网等“绝户网”性质的违规渔具进行捕捞的行为，出动执法人员261人次、检查渔港码头及渔船自然停靠点268个次，整治违规渔具中检查渔港码头及渔船自然停靠点256个次、船舶网具修造厂点73个次、市场37个次、渔船471艘次，清理整治违规网具数量714张；渔业养殖整治执法行动中检查场所124个次，清理非法养殖场点4个；严格执行休（禁）渔制度，采取以空中巡、海上查和港口堵的方式，全面掌握伏季休渔期间渔船动态，严厉处罚违规出海作业渔船，完成农业农村部督办案件3件，落实南海渔业中心举报受理单29件。2020年全省各级渔业执法部门共印发宣传资料17 685份（或条），出动执法人员7 918人次、执法船艇1 001艘次、执法车辆354车次，船艇行驶距离49 976海里，陆上巡查距离10 593千米，检查渔港1 400个次、渔船10 224艘次、市场238个次、船舶网具修造厂点98个次，休渔期涉嫌违法违规案件553件；伏季休渔期间，通过岸基雷达、北斗监控系统、无人机等信息化手段，全面监控海洋伏季休渔动态。每天将疑似线索发送给市、县进行核查，中心电台发现疑违规作业渔船17 751艘。制定了涉渔“三无”船舶清理整治指导工作方案，设立工作办公室，组成4个工作组，分片督导检查沿海各市、县清理整治工作，全省共检查渔港码头及渔船自然停靠点1 081个次，查处船舶64艘，核查涉渔“三无”船舶23 557艘，基本完成了沿海各市、县“三无”船舶停泊区划定工作，检查渔港码头及渔船自然停靠点326个次，已没收拆解了10艘。

9.存在的主要问题

（1）渔业发展不平衡不充分的问题仍然突出。海洋捕捞品中，优质鱼产量不足四成，水产养殖品种相对单一，抵抗市场风险的能力和养殖效益不高。局部地区存在过度捕捞、过高密度养殖、违规用药、水域环境污染的问题，生态环境压力大。深水网箱养殖项目用海和路域配套用地难以落实，导致项目发展停滞。渔业经济总产值中，二、三产业产值不足30%，休闲渔业刚刚起步，发展不够充分。

（2）渔业基础设施不适应高质量发展要求，渔港建设水平不高。海南岛现有渔港中，除6座中心渔港和7座一级渔港以外，其余二级渔港与三级渔港，大部分为天然形成的港湾或岙口，基础设施建设较差，有效掩护水域面积小，防台减灾能力较弱，本岛渔港10级有效避风率仅为29.8%，比全国渔船有效避风率低13.9%，还有超过70%的渔船得不到有效庇护。全省渔港建设经费投入不足，海洋渔船和沿海渔港避风能力不匹配，船多港少的问题突出，海洋牧场建设起步晚、底子薄，多以政府投资公益性为主，建设规模不大、数量不多，人才短板凸显，扶持政策和资金投入不足，难以达到国家级海洋牧场示范区的标准。

(3)渔业的改革开放力度不够。渔业生产要素的市场化流转滞后,制约了社会资本对渔业发展的参与度,阻碍了渔业融资,直接影响渔业的规模化生产和渔民职业化发展,影响到渔业产业化和现代化建设,捕捞业仍存在着对内资和外资限制。渔港投资建设和管理机制不顺畅,缺少更加灵活的投建管理机制,渔港建设局限于渔业生产保障功能和公益属性,经济和管理功能尚未充分挖掘。渔业发展过多重视生产,忽略市场体系构建,未形成良好业态。

(4)渔业发展面临严格环保制约。海南省领海内约35%的近岸海域已划定为生态保护红线区,不少市、县已无深水网箱发展海域空间;因项目发展建设涉及生态保护红线问题,造成项目推进迟缓,部分项目无法验收,部分区域已建的深水网箱不得不迁往别处。受200米海岸带保护、生态保护环境红线和水产养殖禁养区限养区划定、退塘还林还湿还滩还海、污染治理等因素影响,各市、县陆域和近岸海域水产养殖发展空间受到极大限制。

【重点渔业市(县、区)基本情况】

海南省重点渔业市(县)基本情况

市(县)	总人口(万人)	渔业产值(亿元)	水产品产量(万吨)	其中			养殖面积(公顷)	
				海洋捕捞	海水养殖	淡水养殖	海水	淡水
临高县	42.0	1 265 186	430 545	395 973	29 509	4 425	1 685	1 717
儋州市	96.1	782 519	309 733	246 063	42 895	19 404	2 711	1 686
文昌市	56.4	380 100	279 731	34 956	84 538	159 189	4 613	7 313
琼海市	53.0	163 623	83 826	48 140	8 220	26 982	583	1 697
万宁市	54.9	190 599	69 838	24 281	32 429	12 859	1 193	1 286
澄迈县	50.0	230 983	113 556	46 423	22 617	41 571	1 632	3 883

(海南省农业农村厅)

重庆市渔业

【概况】 2020年,全市水产养殖面积82 970公顷,比上年的82 817公顷增长0.18%。其中池塘48 615公顷、水库33 311公顷、河沟1 004公顷。稻田养成鱼面积22 164公顷,同比减少38.09%。

全市水产品总产量52.40万吨、同比下降3.27%,居西部地区第四位,其中养殖产量51.88万吨,占总产量的99.01%、同比下降1.01%;捕捞产量0.52万吨,占总产量的0.99%、同比下降70.45%。渔业经济总产值185.88亿元、同比增长2.96%,其中渔业产值119.52亿元、渔业工业和建筑业产值11.71亿元、渔业流通和服务业产值54.65亿元,同比分别增长2.08%、4.83%、4.53%。渔民人均纯收入19 960元,同比增长3.70%。

1.坚决落实长江禁捕退捕重大政治任务 不折不扣贯彻落实习近平总书记重要指示批示精神,及时把思想和行动统一到党中央、国务院决策部署和市委、市政府要求上来,坚持从政治上认识和落实长江禁捕退捕工作。发挥领导小组办公室牵头抓总作用,建立健全"1+1+4"工作机制,细化实化五大行动方案,强化统筹调度、督查考核和经费保障,压紧压实区、县属地责任和部门属事责任,聚焦聚力推进各项重点工作。一是全市5 342艘渔船、10 489名渔民全面提前退捕,用两年时间完成三年任务。二是着力抓好退捕渔民安置保障,基本实现需转尽转、应保尽保、需训尽训、应兜尽兜"4个100%"。三是打非禁捕保持高压态势,全市公安机关侦破非法捕捞案600余件,抓获犯罪嫌疑人970余人,打掉犯罪团伙80余个。四是强化日常执法监管,组织水上巡查7万余千米,查办案件670余件,清理取缔涉渔"三无"船舶360余艘、网具5 000余套,基本实现江河水面"四清四无"目标。五是8部门联合发布禁捕通告,全面开启"十年禁渔"新征程。全市长江禁捕退捕工作取得阶段性成效,得到国家部委和市委、市政府积极肯定。

2.高质量推进水产养殖绿色发展 坚持规划引领,突出绿色导向,多措并举推进全市水产养殖业转型升级。一是编规划。组织编制《重庆市"十四五"渔业发展规划》，系统提出“十四五”渔业发展总体目标、区域布局、重点任务和重大工程，明确了时间表和路线图。二是推技术。推广池塘“一改五化”生态养殖技术8 000公顷，其中鱼菜共生2 133公顷。建成稻渔综合种养示范基地1 333公顷。三是拓水面。大水面(水库)生态渔业发展到33 311公顷，同比增长17.40%。两江渔业公司打造“渝湖”牌水库生态渔业基地6 667公顷。四是引良种。复核市级水产良种场合格9家。引进推广优新品种5 930万尾，其中加州鲈3 000多万尾。五是抓质量。创建国家级健康养殖示范场27家。水产品综合抽检合格率99.4%，其中产地监督抽检合格率100%。全市未发生水产品质量安全事故。六是促融合。发展大鲵、泥鳅等水产品加工企业8家，年产量近4 000吨；创建全国休闲渔业示范基地15个；成功举办首届“浩湖杯”全国休闲垂钓大赛。七是强支撑。集成攻关新技术22项，获得省部级奖项4个，研制新设备2套，授权专利7项。优化重庆市水产管理服务云平台，完善规模养殖企业信息2 893家。2020年，全市水产品总产量在全面禁捕的背景下保持总体稳定；渔业经济总产值、渔民人均纯收入同比保持增长，实现稳产增效目标。

3.扎实推进池塘养殖尾水治理 坚持以习近平生态文明思想为指导，统筹推进中央生态环保督查、市长经责审计反馈池塘养殖尾水问题整改落实。一是制定方案。精心制定整改方案，提出总体要求，明确整改目标，限定时间，细化措施，落实任务分工和整改责任。二是紧密推进。组建工作专班，专题召开整改推进会5次，赴10多个区、县开展督促指导。编制技术指南，推行7种尾水治理模式。开展养殖尾水治理技术培训4场、300余人。三是摸清底数。全面普查39个涉渔区、县，全市池塘水产养殖面积4.89万公顷，池塘养殖户15万余户。四是示范带动。选择7个区、县开展池塘养殖尾水监测试点，建设市级养殖尾水示范点15个。2020年，全市建成池塘养殖尾水处理设施1 612处，覆盖养殖面积1 357公顷，治理养殖尾水3 124万吨。

4.统筹推进各项涉渔重点工作 一是积极推进法治建设。学习贯彻习近平总书记全面依法治国思想，完成涉渔地方性法规、政府规章、规范性文件清理，对照检查行政许可8项，依法依规办理行政许可91件。二是强化安全生产监管。落实“三个必须”，坚持“一案双查”“三责同追”，全年排查渔业船舶760艘次，查找整治隐患23个，严查重处违法违规行为，渔船安全连续10年实现“零死亡”。三是抓好疫情期间生产供给。开展产销信息调度，深入区、县指导复工复产20余次，协调畅通运输渠道，确保疫情期间渔业生产有序和水产品有效供给。四是强化水生生物养护。全年增殖放流鱼类近4 000万尾，其中珍稀濒危物种近50万尾。投放人工鱼巢近8万米^2。五是加强保护区建设。开展国家和市种质资源保护区规范化建设，制作保护区矢量图9个、安装界碑界桩534个。组织参与涉保护区工程渔评20余个。

5.存在的主要问题 一是环境持续承压。渔业环境承受着工业污水、生活废水和农业面源污染等外源性和水产养殖自身内源性影响，威胁渔业生态安全和水产品质量安全。全市养殖尾水治理任务重、压力大。二是支撑体系薄弱。渔业基础设施投入不足，防灾减灾能力不强；渔业基层公共服务能力建设薄弱。原良种体系不完善。渔业信息化水平不高，渔业执法能力有待增强。三是产业亟待升级。全市渔业生产经营组织化、规模化和专业化程度较低，产品附加值低，品牌建设不够，优势品牌不足，缺乏竞争力。渔业一二三产融合发展不够，产业链短，水产品冷链物流、休闲渔业等新型业态发展不够充分。四是创新机制滞后。产学研推整合力度不够，渔业科技研发支持力度不大。区(县)、乡镇渔业科技服务人才缺乏。渔业融资难、流动资金短缺等问题凸显，渔业保险、渔民社会保障等政策亟待完善。

【重点渔业区基本情况】

重庆市重点区渔业基本情况

区	总人口(万人)	渔业产值(万元)	水产品总产量(吨)	其中		养殖面积(公顷)
				捕捞	养殖	
合川区	124.53	117 068	46 178	18	46 160	3 875
永川区	114.89	91 788	44 692		44 692	3 992
长寿区	69.30	91 884	44 173		44 173	10 574

（续）

区	总人口（万人）	渔业产值（万元）	水产品总产量（吨）	其中		养殖面积（公顷）
				捕捞	养殖	
潼南区	68.81	65 160	38 818	289	38 529	3 928
铜梁区	68.57	82 021	37 992	834	37 158	3 772
开州区	120.33	80 413	30 808	628	30 180	3 803
江津区	135.96	62 302	26 423		26 423	4 068
大足区	83.46	55 400	22 430	2	22 428	4 669
巴南区	117.89	47 300	21 471	191	21 280	2 384
万州区	156.44	56 799	21 149	69	21 080	3 823

【大事记】

[1]1 月 6 日，农业农村部部长韩长赋到涪陵区实地考察了解长江流域禁捕情况。

[2]4 月 17 日，市农业农村委员会办公室印发《2020 年重庆市实施水产绿色健康养殖“五大行动”方案》。

[3]6 月 5 日、7 月 1 日、9 月 29 日和 11 月 20 日，市农业农村工作委员会委员、市农业农村委副主任杨宏先后组织专题研究部署第二轮中央环保督察水产养殖尾水治理整改工作。

[4]6 月 28 日，市长唐良智主持召开全市长江流域重点水域禁捕和退捕渔民安置保障工作推进电视电话会。

[5]6 月 29 日，市政府召开全市长江流域禁捕退捕工作专题会议。

[6]7 月 13 日、8 月 13 日、9 月 16 日、10 月 15 日和 12 月 18 日，市政府先后组织召开长江流域禁捕和退捕渔民安置保障工作推进组会议。

[7]7 月 21 日，全市水产健康养殖示范创建座谈会在长寿湖渔文化村召开。

[8]8 月 5 日，市农业农村委办公室印发《关于加强养殖池塘尾水治理工作的通知》。

[9]8 月 7 日，市政府向农业农村部报送长江退捕渔船渔民建档立卡工作总结。

[10]8 月 14 日，市政府办公厅转发长江流域禁捕退捕工作专项行动方案等 5 个方案。

[11]9 月 22 日，重庆市科学技术奖励大会在渝州宾馆隆重举行，“池塘渔业生态循环技术体系构建及推广”成果荣获 2019 年度重庆市科技进步奖二等奖。

[12]9 月 22—24 日，农业农村部副部长于康震率国家有关部委组成的联合督查组到重庆市督查长江流域重点水域禁捕退捕工作情况。

[13]10 月 15 日，农业农村部长江办、公安部治安管理局、市农业农村委、万州区政府在万州联合举办电鱼案件公开宣判暨非法捕捞器具集中销毁活动。

[14]11 月 4 日，《池塘一改五化生态养殖集成技术规范》《池塘内循环流水养殖设施建设及养殖技术规范》和《厚颌鲂人工繁殖技术规范》3 个地方标准通过重庆市市场监督管理局组织的专家评审。

[15]12 月 15 日，市农业农村委向市委、市政府报送《关于长江流域禁捕退捕工作情况的报告》，市委书记陈敏尔做出肯定性批示。

[16]12 月 18 日，市农业农村委等 8 部门印发《关于重庆市长江流域重点水域实行全面禁捕的通告》。

[17]12 月 28 日，市人力社保局、市财政局、市农业农村委、市税务局联合印发《关于做好长江流域退捕渔民参加基本养老保险相关工作的通知》。

（重庆市农业农村委员会渔业处　吴中华）

四川省渔业

【概况】 2020 年，全省渔业渔政系统认真学习党的十九届五中全会和习近平总书记重要指示批示精神，贯彻落实党中央、国务院和省委、省政府关于长江禁捕退捕决策部署和省委十一届八次全会精神，全面落实省委、省政府建设现代农业“10＋3”产业体系战略目标，克服新冠肺炎疫情影响，紧紧围绕长江“十年禁渔”、水产品稳产保供、“鱼米之乡”创建、现代水产园区建设、水生野生动物保护、河长制湖长制等重点工作持续发力，加快推进川鱼产业体系建设步伐，推动水产绿色、高质量发展。全年水产品产量160.41万吨，同比增长1.73%；渔业经济总产值536.28亿元，同比增长6.37%。全省农民人均渔业收入932元，增收92元。

1.长江禁捕退捕 国家核定的10 257艘退捕渔船已全部回收处置，16 480名退捕渔民已全部退捕上岸，做到了证注销、船拆解、网销毁，9月底实现“清船”“清网”“清江”“清湖”的“四清”目标。全省落实禁捕退捕资金14.65亿元，实际支出13.95亿元，执行率95.22%。建档立卡退捕渔民中，劳动年龄内有劳动能力和有就业愿望的13 144人已全部转产就业，符合参保条件的16 339人全部参保。基层执法能力得到一定程度提升，构建了省、市、县三级农业综合执法监管体系。

2.水产稳产保供 新冠肺炎疫情发生后，认真贯彻落实中央和省委、省政府防控疫情各项决策部署，扎实抓好渔业稳产保供和水生生物疫情防控等工作，做到了两手抓、两不误，一方面水产品市场供给总体充足、价格总体平稳；另一方面，积极促进复工复产。为进一步抓好渔业防灾减灾工作，成立四川省渔业防汛抗旱工作领导小组，“8·20”特大洪灾暴发后及时收集各地受灾情况，争取受灾补助资金1 300万元。

3.绿色健康发展 一是开展现代水产园区创建，推动建成一批产业特色鲜明、加工水平高、产业链条完善、生产方式绿色、品牌影响力较大、农村一二三产业融合、辐射带动有力的现代水产园区。推荐眉山东坡区（水产种业园区）、泸州龙马潭区、绵阳盐亭县、内江市市中区、乐山市市中区、南充营山县、雅安天全县7个水产园区参与省级现代农业园区创建。二是结合四川实际，制订了《四川省“鱼米之乡”建设实施意见》，指导首批4个整县、10个乡镇进行“鱼米之乡”示范创建。三是加快养殖水域滩涂规划进度。全省符合条件编制养殖水域滩涂规划的省级单位、21个市（州）、108个县（市、区），已经全部编制完成。四是加强水产健康养殖示范场的生产能力提升和监管工作，积极参与2020年国家级水产健康养殖示范场创建活动。五是有序推进水产种业体系建设。参与编制《四川种业“十四五”规划》，细化水产种质资源保护及利用方案，提出下一步现代水产种业发展方向和思路。全年新增省级以上原良种场5个。在眉山市东坡区启动了省级水产种业园区培育工作。

4水产品流通与加工 一是积极抓好水产品加工储藏、水产品批发零售市场建设与管理。全省5万吨以上的水产品批发市场有5个，其中成都2个、攀枝花、内江、绵阳各1个，具备较大销量的水产零售摊区遍布城乡各个农产品交易市场，数量达到2 100余个。二是加强水产品市场信息采集工作。建立了全省19个市（州）水产品零售市场价格月报制度，收集整理水产品市场信息229条，上报行情分析报告12篇，对全国数据形成和市场走势分析发挥了积极作用。

5.渔业资源养护 认真落实长江流域春季禁渔、黄河流域禁渔制度，部署开展2020春季禁渔同步联合执法行动、“亮剑2020”渔政执法专项行动，进一步强化专项执法和交叉执法检查，严厉整治电鱼、毒鱼、炸鱼和使用违规渔具等非法捕捞行为。全省查处案件788起，参加执法人员48 455人次，取缔违禁渔具8 006件，查处电鱼器371台（套），没收违法捕捞渔获物2 987.89千克，行政处罚案件393件、492人，移交刑事案件262件，346人，追究刑事责任111人，罚款34.03万元。全省共向天然水域放流各类苗种4 276.5万尾、珍稀濒危物种114.7万尾。继续开展渔业环境监测，对岷江、沱江、黄河（四川段）进行水质监测，全年共监测水样34个，监测溶解氧、总磷、总氮、高锰酸盐指数等14个指标，共计476项参数；对井研县宝五镇大光明村的池塘养殖点，抽取13个水样，共检测参数52项次。

6.科技创新和技术推广 一是多项水产科研成果获部、省科技进步奖。其中由四川农业大学完成的“大口黑鲈秋季繁育及生态养殖关键技术创新与集成应用”获四川省科技进步奖二等奖；雅砻江公司、省水产研究所完成的“水电开发流域裂腹鱼类保护关键技术研究与应用”“长江上游名优鱼类资源保护与利用”获省科技进步奖三等奖。由省农业科学院水产研究所牵头完成的“稻渔生态种养提质增效关键技术创新与应用”获得中国水产学会“范蠡奖”科技进步奖一等奖；另有3项水产科研成果进入2020年度“中华神农奖”参评成果。二是推进四川淡水鱼创新团队。创新团队新增虾、鳅育种与推广、冷水鱼繁育与推广两个岗位，岗位专家增至10个。三是启动农业农村部重大技术协同推广项目——四川省稻渔综合种养关键技术集成与推广应用项目，在全省分4个片区开展专项技术培训，培训人员500余人次，开展调研、科技服务等活动20余次。四是组织实施了农业农村部2020年水产绿色健康养殖“五大行动”。在成都、广元、内江、宜宾和江油等市（州）、县（市、区）建立“五大行动”示范基地56个。

7.水产品质量监督管理 一是疫病控制方面，承担国家水生动物疫病监测任务共75份样本；共完成水产苗种产地检疫联网电子出证2 131份，其中跨省1 754份、省内377份。二是药物残留监控方面，积极组织完成部级和省级水产品质量安全监测工作，全省水产品质量合格率在98%以上，并完成对福建省、河南省产地水产品质量监测工作，抽检样品149批次，共检测参数1 490项次。三是开展渔资打假专项检查、针对沙星类药物使用的专项检查、苗种生产过程质量安全专项检查和质量安全随机检查。四是积极制（修）订水产地方标准，2020年新增立项标准6个，指导水产品质量安全监管标准化示范基地创建，全省共建成了137个示范基地。

8.强化品牌建设 全省共认定无公害水产品950个、绿色水产品3个、有机水产品9个，登记水产品地理标志12个；“新津黄辣丁”入围中国百强农产品区域公共品牌，“雅鱼”被评为省级优秀农产品区域公用品牌，“通威鱼”“白龙湖亭子湖有机鱼”“润兆鱼子酱”“弯哥鱼米”等获得省级优质品牌农产品称号。

9.渔业产业扶贫 制定《四川省2020年渔业产业扶贫工作计划》，在有扶贫任务的县建设水产示范养殖基地47个，安排农技人员到深度贫困县挂职和开展产业技术帮扶工作，组织创新团队水产专家，深入开展渔业发展指导和培训。

【重点渔业市（县、区）基本情况】

四川省重点渔业市（县、区）基本情况

市（县、区）	总人口（万人）	渔业产值（万元）	水产品产量（吨）	其中		养殖面积（公顷）
				捕捞	养殖	
仁寿县	111.00	122 840.00	53 260		53 260	7 637
泸县	76.43	78 165.00	45 800		45 800	4 318
东坡区	90.44	216 178.00	43 760	12	43 748	3 125
井研县	38.64	102 080.00	43 041	8	43 033	3 765
市中区	81.46	124 276.00	39 290		39 290	2 459
隆昌市	76.38	107 108.00	34 136	245	33 891	2 007
翠屏区	88.74	96 761.07	33 600		33 600	2 595
资中市	122.86	134 593.00	32 688	262	32 426	2 609
简阳市	130.93	79 906.00	32 066	79	31 987	4 405
东兴区	88.25	95 298.00	29 100	226	28 874	2 091

【大事记】

［1］1月2日，四川喜获全国渔业安全技能大比武三等奖。此次比赛共分为理论、船舶消防、求生救生、船用绳结4个环节。来自上海、江苏、浙江等11支海洋组和来自黑龙江、湖南、重庆等12支内陆组共23支队伍的逾200名选手参加。最终，四川以优异的成绩荣获内陆组三等奖，在理论环节夺得第一名的好成绩。

［2］1月2日，省水产局局长何强一行深入遂宁市大英县郪江黄颡鱼国家级水产种质资源保护区和安居区翘嘴红鲌省级水产种质资源保护区开展禁捕工作调研。根据《农业农村部关于长江流域重点水域禁捕范围和时间的通告》相关规定，自2020年1月1日0时起，全面禁止生产性捕捞。

［3］1月10日，四川省稻渔综合种养关键技术集成与推广应用项目启动会议在省水产局召开，省水产局副局长何云明、项目推广首席专家邓红兵、技术首席专家杜军、11个项目推广和技术单位的专家参加会议。

［4］1月29日，省水产局局长何强主持召开各部门主要负责人会议，传达学习了党中央、国务院和省委、省政府关于冠状病毒感染的肺炎疫情防控工作的各项决策部署，传达学习了省农业农村厅党组关于积极配合做好新型冠状病毒感染肺炎疫情防控工作的各项要求。决定成立四川省水产局应对新型冠状病毒感染的肺炎疫情工作领导小组，负责水产局机关疫情防

控工作的组织、指挥和协调，指导全省水产行业做好疫情应对处置工作。

[5]2月11日，省农业农村厅党组成员、副厅长卿足平率渔业渔政管理处二级巡视员夏攀峰、省水产局党委书记、局长何强等到四川省长吻鮠原种场调研工作。卿足平一行先后检查了原种场新冠肺炎疫情防控布置工作，察看原种场科研综合区配套设施建设项目现场，听取原种场对疫情防控的落实、科研综合区配套设施建设项目进度和长吻鮠保育种工作情况汇报。

[6]2月20日，农业农村部渔业渔政管理局通报了2019年渔业行政执法案卷评查结果。成都市新津县农林综合执法大队承办的“付某使用电鱼方法进行捕捞案”、自贡市大安区农牧林综合执法大队承办的“林某某使用电鱼方法进行捕捞案”、宜宾市翠屏区农林畜牧局行政执法大队承办的“潘某某未依法取得捕捞许可擅自进行捕捞案”等3个案卷被评为优秀案卷。

[7]2月26日，省委常委、省委秘书长王铭晖一行来到广汉市高坪镇中伦农业稻虾综合种养国家级示范园区，调研指导统筹推进疫情防控和复工复产工作。德阳市委书记靳磊、德阳市人大常委会主任卢也、广汉市委书记张俊懿、高坪镇党委书记陈然陪同调研。

[8]3月19日，省农业农村厅举行水生野生动物保护管理新闻发布会，介绍贯彻落实《全国人民代表大会常务委员会关于全面禁止非法野生动物交易、革除滥食野生动物陋习、切实保障人民群众生命健康安全的决定》《农业农村部关于贯彻落实全国人大常委会革除滥食野生动物决定的通知》精神，加强水生野生动物保护管理有关情况。

[9]4月1日，省人大常委会党组成员、副主任刘作明率队赴雅安市天全县、成都市新津县开展川鱼产业发展情况调研。省人大农业农村委主任委员邓良基，省委农办主任、省农业农村厅厅长杨秀彬参加调研。

[10]4月9日，省农业农村厅在成都召开全省“鱼米之乡”创建工作座谈会。省委农办主任、省农业农村厅厅长杨秀彬出席会议并讲话。副厅长卿足平主持会议，省水产局局长何强、厅二级巡视员夏攀峰出席会议。厅有关处室（单位）负责同志，首批创建“鱼米之乡”的4个县、10个乡镇有关负责同志参加座谈。

[11]5月15日，省农业农村厅、省财政厅和省人力资源社会保障厅在成都联合召开长江流域重点水域禁捕和渔民安置保障工作推进视频会。省水产局局长何强主持会议，省农业农村厅副厅长卿足平出席会议并讲话。

[12]5月24—27日，农业农村部长江流域渔政监督管理办公室副主任董金和、四级调研员曹剑峰、魏新辉一行3人到四川省调研指导长江流域禁捕工作。

[13]5月25日，农业农村部长江办、省农业农村厅和宜宾市人民政府在宜宾市江安县组织开展2020年长江鲟增殖放流和江安段司法·渔业增殖放流点揭牌仪式活动。农业农村部长江流域渔政监督管理办公室副主任董金和、省水产局局长何强、宜宾市副市长张平、宜宾市政府副秘书长李亚等领导出席了活动。

[14]6月2日，省水产局在成都组织召开全省禁捕工作座谈会，省水产局局长何强出席会议并讲话。参加会议的有相关市（州）、县（市、区）农业农村局水产渔政部门负责人，省农业农村厅渔业渔政管理处副处长刘霍秋。会议由省水产局副局长何川主持。

[15]6月6日，按照农业农村部统一部署，省农业农村厅和宜宾市人民政府联合举办了“全国放鱼日”四川分会场增殖放流活动，省委农办主任、省农业农村厅厅长杨秀彬出席并宣布活动开幕，宜宾市政府副市长张平、叙州区政府区长陈良云致辞，省水产局局长何强出席活动，共计150余人参加活动。

[16]6月22日，根据农业农村部第290号公告，省水产局和省绿色食品发展中心组织，苍溪县申报的“苍溪鳖”、盐亭县申报的“梓江鳜鱼”获得中华人民共和国农产品地理标志登记证书。

[17]6月28日，省委副书记、省长尹力主持召开全省长江流域重点水域禁捕和退捕渔民安置保障工作推进电视电话会议，学习贯彻习近平总书记重要指示精神和全国长江流域重点水域禁捕和退捕渔民安置保障工作推进电视电话会议精神，强调要坚决把思想和行动统一到中央决策部署上来，扎实推进全省长江干流及重要支流禁捕工作，做深做细做实退捕渔民转产安置保障，确保长江流域全面禁捕工作任务有力有序有效推进。

[18]7月3日，全省水产高质量发展现场推进会在眉山市召开。省人大常委会副主任刘作明出席会议并讲话，省委农办主任、省农业农村厅党组书记、厅长杨秀彬部署工作，中共眉山市委副书记、市长胡元坤致辞，省农业农村厅副厅长卿足平主持会议。

[19]7月7日，省公安厅、省农业农村厅联合召开全省打击长江流域非法捕捞专项行动视频部署会。省农业农村厅副厅长卿足平、省公安厅副厅长袁刚出席会议并讲话。

[20]7月9日，省委农办主任，省农业农村厅党组书记、厅长杨秀彬主持召开厅党组（扩大）会议，传达学习近期党中央、国务院和省委、省政府关于长江流域禁捕退捕工作有关会议精神，研究贯彻落实措施。

［21］7月9—10日，农业农村部渔业渔政管理局副局长江开勇带队到内江市调研水产发展情况。省水产局局长何强、内江市委副书记余先河等一同参加调研。

［22］7月7—10日，农业农村部长江禁捕退捕第三巡查组在林祥明组长带领下，对赤水河四川段、长江干流泸州段的禁捕退捕工作进行检查。巡查组通过实地察看、走访渔民、查阅资料以及召开座谈会等多种方式，全面了解近期泸州市的禁捕退捕工作开展情况。

［23］7月17—18日，农业农村部部长韩长赋一行到泸州市、宜宾市调研长江流域禁捕退捕工作，强调要认真落实习近平总书记关于“共抓大保护、不搞大开发”的重要指示精神，压紧压实地方政府主体责任，妥善做好禁捕退捕和渔民转产安置保障工作，推动长江水生生物资源得到保护修复，助力长江经济带高质量发展。省委副书记邓小刚陪同调研。

［24］7月29日，省委副书记、省长尹力主持召开省长江流域重点水域禁捕和退捕渔民安置保障工作领导小组会议，深入学习贯彻习近平总书记重要指示批示精神，落实国务院办公厅通知要求和省委常委会会议安排，对全省相关重点工作进行再部署。

［25］8月14日，中国水产科学研究院副院长刘英杰率黑龙江水产研究所、淡水渔业研究中心、渔业机械仪器研究所专家到四川省都江堰新联水产养殖有限公司调研冷水鱼养殖。

［26］8月17日，省长江流域重点水域禁捕和退捕渔民安置保障工作领导小组办公室第一次会议在省农业农村厅二楼会议室召开。受省禁捕退捕工作领导小组办公室主任、省农业农村厅厅长杨秀彬委托，领导小组办公室副主任、省农业农村厅副厅长卿足平主持会议。领导小组成员单位有关处室负责同志，禁捕退捕、打击非法捕捞、安置保障、市场监管等4个工作专班有关工作人员参加会议。

［27］9月2日，全国稻渔综合种养发展提升现场会在四川省隆昌市召开。会议强调，要深入贯彻落实习近平总书记在宁夏考察时的重要指示精神，坚持稳粮增收、不与粮争地这个根本原则，发挥好提质增效方面的优势，处理好“稻”和“渔”“粮”和“钱”“土”和“水”“一产”和“三产”、产业发展和科技支撑、积极推动和农民意愿等方面的关系，推进稻渔综合种养产业规范高质量发展。农业农村部副部长于康震出席会议并讲话。

［28］9月11日，省农业农村厅党组成员、副厅长薛学深率厅综合执法监督局、渔业渔政管理处负责同志到省水产局调研机关建设、长江流域重点水域禁捕和退捕渔民安置保障、川鱼产业发展等工作。

［29］9月28日，省农业农村厅在成都召开禁捕退捕工作推进会，传达学习了国家部委长江流域重点水域禁捕工作联合督查组反馈的意见建议，通报了全省禁捕工作推进情况。厅党组成员、副厅长薛学深出席会议并讲话。

［30］10月9—15日，省禁捕退捕工作领导小组成员单位省农业农村厅、省公安厅、省人社厅、省财政厅、省市场监管局等分别牵头组建6个调研指导组，由牵头单位的厅级领导带队，按照领导小组办公室统一要求和工作方案，调研指导组围绕责任落实情况、资金保障情况、安置保障情况、清船清网情况、执法能力情况、风险防控情况、经验和问题等7个方面开展调研，对全省17个市（州）长江流域重点水域禁捕退捕工作进行全方位“体检”。

［31］10月20日，长江禁捕退捕国家第三巡查工作组、中国水产科学研究院资环中心主任李应仁一行3人，对四川省南充、广安两市开展巡查工作。

［32］10月27日，四川省2020年水生野生动物保护科普宣传月暨珍稀鱼类增殖放流活动在雅安芦山县宝盛乡中坝村拐子沱库区举行。

［33］10月30日，省长江流域重点水域禁捕和退捕渔民安置保障工作领导小组办公室第二次会议在省农业农村厅二楼会议室召开。受省领导小组办公室主任、省委农办主任、省农业农村厅厅长杨秀彬委托，省农业农村厅副厅长薛学深主持会议。省领导小组成员单位有关负责同志参加会议。

［34］11月11日，2020中国水产学会范蠡学术大会（以下简称“学术大会”）在四川省成都市举办。农业农村部副部长于康震通过视频发表讲话。本次学术大会由中国水产学会主办，由中国科协学会学术部、农业农村部渔业渔政管理局、农业农村部长江流域渔政监督管理办公室、中国水产科学研究院、全国水产技术推广总站共同指导，由四川省农业农村厅、四川省水产局、四川省水产技术推广总站、四川省水产学会协办。本次范蠡学术大会开幕式由崔利锋秘书长主持，主旨报告会由王清印理事长主持。

［35］12月3—4日，省农业农村厅副厅长薛学深、省水产局局长何强一行先后赴眉山市东坡区、成都市新津区和邛崃市调研水产高质量发展和种业园区建设工作。薛学深一行实地调研了东坡区津川江渔场、现代水产种业园区，新津区天府农博园创新中心、渔耕田种养循环基地，邛崃市国家稻鱼综合种养示范基地、稻渔菜循环种养基地和鲈鱼特色养殖基地，并与当地渔业主管部门和新型经营主体就水产种业园区建设、水

产高质量发展模式、运行机制等进行了深入交流。

[36]12 月 11 日，省禁捕退捕工作领导小组办公室召开全省长江流域禁捕退捕工作视频会议。省农业农村厅党组成员、副厅长薛学深出席会议。会议传达了 12 月 9 日省长江流域重点水域禁捕和退捕渔民安置保障工作领导小组专题会议精神；通报近期工作推进情况，对迎接部际长江禁捕退捕工作专班来川开展水上大巡查和陆上大督查以及国家考核等工作进行安排部署。

[37]12 月 9 日，罗江区“罗江鳜鱼”农产品地理标志通过农业农村部组织的专家评审会。

[38]12 月 31 日，副省长、省长江流域重点水域禁捕和退捕渔民安置保障工作领导小组副组长尧斯丹赴资阳市雁江区，在四川分会场参加全国长江流域重点水域“十年禁渔”全面启动活动，出席四川省长江流域重点水域“十年禁渔”启动活动。

（四川省水产局　王　放）

贵州省渔业

【概况】 2020 年，贵州省渔业系统坚持以习近平新时代中国特色社会主义思想为指导，对标对表决战脱贫攻坚、决胜全面小康和“十三五”目标任务，坚持稳中求进总基调，按照“提质增效、稳量增收、绿色发展、富裕渔民”的总要求，以改革创新为动力，强制度、补短板，以生态养殖为主线，调结构、转方式，推动渔业转型升级和高质量发展，取得了较好的成效。全年水产品产量 24.87 万吨，渔业产值 61.09 亿元，同比分别增长 2.1%和 6.4%，渔民家庭人均纯收入 1.07 万元。渔业产业累计带动 76.5 万户农民增收，其中建档立卡贫困户 10.27 万户。

1.疫情防控 全力做好新冠肺炎疫情期间春季渔业生产和水生野生动物转产退出工作。编写了疫情防控期间池塘养殖生产管理技术要点、鲟鱼流水养殖管理技术要点、鲈鱼池塘养殖管理要点、春季小龙虾养殖技术操作要点，抓好疫情期间渔业生产和水产品保供。开展水产苗种余缺调剂和供需对接，协调解决水产物资运输车辆受阻 20 余次，帮助一批渔业企业复工复产，对接水产供应商 48 家，储备水产品 7 600 余吨。强化与林业部门的联动协作，完成全省 139 万只虎纹蛙转产退出工作，转产退出率 100%。

2.长江流域禁捕退捕 认真落实党中央、国务院关于长江“十年禁渔”的决策部署，按照省负总责、市(县)抓落实的要求，强化政治担当，坚持问题导向，加强组织领导，压紧压实责任，坚决有力推进禁捕退捕各项任务落实。至 8 月 28 日，全省纳入禁捕退捕范围的 2 548 艘渔船全部退捕处置，2 494 名渔民全部转产上岸。下达省级长江流域禁捕退捕专项资金 14 721.49 万元，加强退捕渔民安置保障工作。截至 2020 年年底，退捕渔民就业 2 160 人，有就业意愿劳动力全部就业，实现一户一人就业目标。2 454 人纳入城镇职工养老保险、城乡居民养老保险，社会保障率 100%。严厉打击长江流域非法捕捞，农业农村、市场监管部门分别查处违法案件 194 件和 11 件，涉案渔获物 896.82 千克和 53 千克，行政处罚 23.68 万元、罚没款 0.98 万元。

3.生态渔业发展 聚焦湖库生态渔业、稻渔综合种养、冷水鱼健康养殖、设施渔业，全面推进生态渔业发展。累计发展湖库生态渔业 4.24 万公顷，同比增长 132%；稻渔综合种养 18.67 万公顷，同比增长 4.12%，面积位居全国第六；实现鲟鱼产量 1.91 万吨，同比增长 35.46%，产量位居全国第二。创建省级龙头企业 9 家，“贵水黔鱼”“播州乌江鱼”“黔湖牌”“从江田鱼”等水产品牌影响力进一步提升，清水江生态鱼、万峰生态鱼获得有机认证，“剑河稻花鲤”取得地理标志认证，全省生态渔业重点品牌达 30 余个。新华网、中新网、天眼新闻等媒体多次报道了贵州省生态渔业发展情况。

4.绿色健康养殖 经省政府同意，制定印发了《关于加快推进水产养殖业绿色发展的实施意见》《贵州省养殖水域滩涂规划(2019—2030 年)》。创建国家级水产健康养殖示范场 10 家，省级水产健康养殖示范场 69 家。实施水产绿色健康养殖“四大行动”，创建省级生态健康养殖模式推广行动基地 13 个，水产养殖尾水治理技术模式推广基地 4 个，水产养殖用药减量模式推广点 9 个，水产新品种试验推广基地 4 个。建立水产养殖病害监测点 94 个，贵州省国家级水产健康养殖示范场全部纳入水产养殖病情测报范围。制定发布稻渔综合种养系列标准 16 项，鲟鱼养殖标准 2 项，修订池塘培育鱼种标准 1 项。积极组织企业入驻农产品质量安全追溯平台。

5.渔政执法 组织实施“中国渔政亮剑 2020”专项行动，开展禁渔期管理、水生野生动物保护等专项执法行动。“中国渔政亮剑 2020”行动期间，累计出动执法人员 15 876 人次，执法车辆 4 047 车次，执法船艇 977 艘次，清理违规网具 3 291 张(顶)，查办违规违法案件 736 件，涉案人员 984 人，涉案渔获物 4 063 千克，价值 15.04 万元，行政处罚金额 36.67 万元。加强执法查没水生野生动物及其制品移交工作，完成首批 74 件砗磲及其制品移交工作。组织 2019 年、2020 年度全省渔政执法人员执法资格考试，切实加强渔政执法队伍建设。

6.资源养护 2020 年，全年共计投入增殖放流资金 1 089 万元，开展增殖放流活动 31 次（省级 1 次，市、县级 30 次），投放青鱼、草鱼、鲢鱼、鳙鱼、黄颡鱼、中华倒刺鲃、昆明裂腹鱼等 2 622.6 万尾。结合长江流域禁捕退捕工作，开展了主题为“关爱水生动物·共建和谐家园”的水生野生动物保护科普宣传月暨长江流域禁捕宣传活动。开展“绿盾 2020”鱼类自然保护区和水产种质资源保护区专项执法行动，共督促 12 个涉保护区工程开展水生态环境影响专题评价。

7.渔业安全 全年未发生渔业安全事故，安全生产形势总体稳定。制定《贵州省渔业船舶安全专项整治三年行动实施方案》，进一步加强渔业安全生产管理，落实安全生产责任制。结合“安全生产月”和“安全生产万里行”活动，加强渔业安全隐患排查，共组织安全检查组 2 085 组次，人员 7 612 人次，现场检查企业（渔船）5 670 家次，发现隐患 142 个，已全部整改。举办渔业船舶安全应急处置演练活动，强化渔船应急管理。加强水产品质量安全监管培训，开展产地水产品药残抽检工作。做好汛期和低温雨雪凝冻天气防灾减灾工作，编写应对低温雨雪凝冻天气水产养殖防寒技术要点，加强渔业生产技术指导。

8.存在问题 一是渔业生产规模化、标准化、品牌化程度不高。二是渔业基础设施薄弱，投入不足。三是渔业一二三产业融合发展程度不高。四是渔政执法力量和装备薄弱。

【重点渔业市（县、区）基本情况】

贵州省重点渔业市（县、区）基本情况

市（县、区）	总人口（万人）	渔业产值（万元）	水产品产量（吨）	其中		养殖面积（公顷）
				捕捞	养殖	
遵义市播州区	76	34 782	14 400	442	13 958	3 371
松桃苗族自治县	73	21 940	7 985		7 985	2 009
江口县	25	19 154	7 013		7 013	473
安顺市西秀区	64	16 605	6 537	134	6 403	1 672
思南县	46	16 904	6 440		6 440	1 232

【大事记】

[1]3 月 27 日，省生态渔业发展领导小组召开全省生态渔业工作部署视频会议，副省长郭瑞民出席会议并讲话。

[2]4 月 15 日，省农业农村厅在兴义市开展“全民国家安全教育日”暨“贵州省 2020 年渔政联动执法行动”。

[3]4 月 28 日，省农业农村厅召开 2020 年贵州省渔业安全生产部署会。

[4]6 月 23 日，经省政府同意，省农业农村厅印发《省农业农村厅　省水利厅　省生态环境厅　省自然资源厅　省发展改革委　省财政厅　省科技厅　省大数据发展管理局　省商务厅　省市场监督管理局　贵州银保监局关于加快推进水产养殖业绿色发展的实施意见》。

[5]6 月 29 日，省委常委会专题研究全省长江流域重点水域禁捕退捕事宜。

[6]6 月 30 日，省政府常务会议研究安排禁捕退捕工作具体措施，并将禁捕退捕工作列入河长制考核内容。

[7]7 月 6—9 日，农业农村部长江禁捕退捕工作专班第二巡查组组长、全国水产技术推广总站书记张峰一行赴仁怀市、赤水市、习水县、息烽县开展长江流域禁捕退捕巡查工作。

[8]7 月 13—15 日，上海市渔政执法总队交叉检查组赴黔东南苗族侗族自治州、铜仁市开展水生生物保护区专项执法检查行动。

[9]7 月 15—16 日，农业农村部部长韩长赋到贵州省调研督导禁捕退捕工作，省委副书记、省长谌贻琴参加调研并就相关工作做出安排。

[10]7 月 14—20 日，农业农村部渔业渔政管理局二级巡视员、长江禁捕退捕工作专班第九巡查组组长赵丽玲一行赴贵州省督查指导退捕渔船渔民建档立卡工作。

[11]7 月 23—24 日，省生态渔业发展领导小组办公室在贵阳市举办全省生态渔业技术培训会。

[12]8 月 19 日，农业农村部长江流域渔政监督管理办公室副主任赵依民一行到毕节市黔西县、金沙县

督促检查禁捕退捕工作。

[13]9 月 9—12 日，省农业农村厅、省交通运输厅、省市场监管局、省公安厅组成省打击整治长江流域非法捕捞工作第一联合指导组，对铜仁市、黔东南州、黔南布依族苗族自治州打击整治长江流域非法捕捞工作进行指导。

[14]9 月 23 日，省农业农村厅在兴义市召开全省2020 年渔业安全生产“两个清单”工作推进培训会，对渔业安全专项整治三年行动进行安排部署。

[15]9 月 24 日，省农业农村厅在兴义市举行贵州省 2020 年渔业船舶安全应急处置演练。

[16]9 月 24—25 日，农业农村部副部长于康震率队到赤水市、习水县、仁怀市督查指导禁捕退捕工作。

[17]9 月 27 日，2020 年贵州省生态渔业现场观摩会在遵义市播州区召开，副省长郭瑞民出席会议并讲话。

[18]10 月 11—13 日，浙江省海洋与渔业执法总队政委、二级巡视员孙国荣率全国渔业安全生产专项整治交叉检查第七组赴关岭县、兴义市开展渔业安全生产工作检查。

[19]10 月 20—24 日，长江禁捕退捕工作专班第二巡查组组长、全国水产技术推广总站党委书记张锋一行到修文县、清镇市、平坝区、纳雍县开展退捕禁捕巡查工作。

[20]11 月 30 日，省农业农村厅与贵阳海关签署执法查没水生野生动物移交处置合作备忘录。

[21]12 月 19—21 日，长江流域重点水域禁捕退捕工作第四督查组组长、农业农村部长江流域渔政监督管理办公室二级巡视员黄晓发率队到赤水市、习水县、仁怀市、息烽县开展陆上大督查。

[22]12 月 22 日，长江禁捕退捕工作推进电视电话会议在北京召开，省委副书记、代省长李炳军、副省长谭炯及相关部门负责同志在省分会场参加会议。

[23]12 月 30 日，经省政府同意，省农业农村厅印发《贵州省养殖水域滩涂规划(2019—2030 年)》。

[24]12 月 31 日，全国长江流域重点水域“十年禁渔”全面启动，贵州省在清镇市设立分会场，副省长谭炯及相关部门负责同志在省分会场参加活动。

(贵州省渔业局 廖中华)

云南省渔业

【概况】 2020 年，全省渔业渔政系统深入贯彻落实农业农村部和省委、省政府决策部署，紧紧围绕省农业农村厅党组的工作安排，坚持“生态优先、绿色发展、增养结合、种养协调”总方针，紧盯“提质增效、减量增收、绿色发展、富裕渔民”总目标，以实施“一带一路”、建设“长江经济带”、打造绿色品牌、渔业供给侧结构性改革为契机，大力推进长江“十年禁渔”，转变渔业发展方式、调整渔业产业结构，促进全省渔业转型升级和绿色、安全、融合、开放、规范发展。

2020 年，全省水产品养殖面积 10.58 万公顷，水产品总产量 64.4 万吨，渔业经济总产值 168.28 亿元。其中，渔业产值 103.98 亿元(不含苗种)、同比增长3.4%，渔业加工和建筑业产值达 16.5 亿元、同比增长22.8%，渔业流通和服务业产值达 47.8 亿元、同比减少3.0%。渔民人均纯收入 17 076.98 元，同比减少 9.05%。水产品市场运行平稳，水产品平均价格为 16 元/千克。

1.加快推进水产养殖业绿色发展 一是加快推进养殖水域滩涂规划编制发布和养殖证核发工作。101 个县(市、区)完成规划编制和发布，核发养殖证 1 575 本、发证面积 14 594.05 公顷，其中全民所有水域滩涂的养殖证 802 本、发证面积 9 918.72 公顷，集体所有水域滩涂的养殖证 773 本、发证面积 4 675.33 公顷。16 个州(市)和省级都完成了养殖水域滩涂规划编制发布工作。二是全面推进水产绿色健康养殖。按照《关于加快推进水产养殖业绿色发展实施意见》，结合云南实际，制定了生态健康养殖模式示范推广、养殖尾水治理模式推广、水产养殖用药减量和水产种业质量提升行动方案，积极推进水产养殖业绿色发展。三是大力推进全省水产健康养殖示范创建。陆良县、会泽县通过国家级健康养殖示范县验收，国家级健康养殖示范场创建申报 14 家、复查 16 家。四是加强水产种业管理。完成对 26 家省级水产原良种场的核查，新认定 1 家省级水产原良种场，批复曲靖市国家金线鲃水产种质资源场建设项目，完成对西双版纳傣族自治州国家罗非鱼水产种质资源场项目验收。五是水产苗种检疫实现零的突破。累计确认渔业官方兽医 269 人，在全省全面推开水产苗种产地检疫工作，出具水产苗种检疫证 71 份(其中纸质出证 53 份，电子出证 18 份)，检疫水产苗种数量 115 亿尾，实现水产苗种检疫及出证零的突破。

2.做好长江“十年禁渔” 云南作为长江上游省份，禁捕工作涉及 7 个州、市，39 个县、市、区，近 1 560 千米江段，退捕渔船、渔民涉及昭通市永善、绥江、水富等 3 个县、市，共需退捕渔船 199 艘、渔民 377 人。2020 年 6 月 22 日，云南省发布《关于在金沙江(长江干流)流域重点水域实施禁捕的通告》(以下简称通告)，从 2020 年 7 月 1 日 0 时起，在云南省金沙江流域重点水域实施暂定为期 10 年的常年禁捕。2020 年，全省199艘退捕渔船100%完成拆解销毁,有就业意愿的退捕渔民100%实现转产就业,符合基本养老保险参保条件的退捕渔民100%参保。一是压实各级责任。强化组织领导。省委、省政府主要负责同志多次做出指示批示,亲自部署推动,率队到长江上游赤水河督促检查禁捕和生态环境保护工作。省委常委会会议、省政府党组会议第一时间传达学习习近平总书记重要指示批示精神和李克强总理批示要求,研究安排有关工作;省政府常务会议专题听取工作推进情况汇报,安排部署重点工作。省政府分管负责同志多次到有关县、市检查禁捕落实情况,研究渔船上岸、渔民安置工作。强化责任落实。坚持省负总责,迅速成立由省政府主要负责同志任组长的云南省长江流域重点水域"十年禁渔"工作领导小组。省政府办公厅印发《关于切实做好长江流域禁捕有关工作的通知》和3个实施方案,省级成立4个工作专班,建立健全长江水生生物保护暨禁捕协调机制联席会议制度,每周调度沿江各地工作进展情况。强化考核督查。将长江禁捕工作纳入地方政府绩效考核和河长制、湖长制等目标任务考核体系。省级相关部门明察暗访,12次赴禁捕退捕一线督促检查工作推进情况。二是做好渔民安置保障。按照"三个一百"(100%推荐就业岗位、100%提供技能培训、100%给予就业帮扶)的目标,组织开展系列就业服务活动,实行分类施策、精准帮扶。对就业困难人员实行"一人一策"重点帮扶。2020年,全省377人退捕渔民,除已退休和身患重病、就学、服刑、病故人员外,实际需就业安置352人,其中有就业意愿的332人全部实现转产就业;符合基本养老保险参保条件的375人全部参保;符合条件的60人按规定纳入低保范围,实施临时救助2户7人。三是保障资金兑付。2020年,云南省共筹措渔船退捕补助经费3 019.82万元,其中统筹中央补助资金854万元、地方资金2 165.82万元。2020年,退捕渔船、网、证补助资金全部兑付完成。四是深入推进执法监管。第一是深入开展打击非法捕捞专项行动。2020年,各级公安、农业农村部门清理违规网具3 845张;查扣涉案船舶58艘、"三无"船舶14艘,涉案价值160.92万元;办理刑事案件33起、行政案件139起,抓获嫌疑人56人。第二是清理整治"三无"船舶。制定《云南省长江流域重点水域相关船舶全面排查和规范处置工作方案》,排查相关船舶4 911艘,其中乡镇船舶2 745艘,1 015艘已拆解处置、1 525艘已落实"三统一、一承诺"要求;依法妥善处置"三无"船舶173艘。第三是加大强市场查处力度。全面清理"野生江鱼""野生江鲜"等市场销售、加工、虚假宣传等违法行为。2020年,各级市场监管部门检查水产制品生产企业、加工小作坊1 458家次、农贸市场7 117个次、商场超市12 756个次、餐饮单位71 885个次,监测电商平台5 640个,查获虚假宣传案件7起。五是注重政策宣传引导。2020年7月1日,省农业农村厅召开新闻发布会,大力宣传长江"十年禁渔"政策。沿江各地采取形式多样的宣传方式,让长江"十年禁渔"政策进入大众视野、日常生活。2020年,全省共发放张贴禁渔宣传材料53万份,举办禁捕政策宣传培训会20次,各类媒体宣传报道1 700次。六是维护社会稳定。制定《云南省长江流域重点水域禁捕退捕社会风险防控应急预案》,省、市、县三级均向社会公布政策咨询和举报投诉电话、电子信箱,专人负责记录和办理,第一时间回复,及时处理隐患信息。2020年未收到信访投诉和举报信息。

3.加大水生生物资源保护力度 一是加强禁渔期管理。在长江珠江流域、九大高原湖泊和州(市)确定的水域实施禁渔期管理,加强执法监管,定期调度数据。2020年禁渔期,全省16个州(市)查处案件275起,电鱼案96起,查获电捕鱼器192套,取缔违禁渔具4 966余件、11.4万米,没收违法捕捞渔获物6 815.99千克,行政处罚759人,罚款107.539万元,移送司法机关115人。二是积极开展增殖放流。2020年,全省投入资金3 673.3万元,举办各级水生生物资源增殖放流活动39次,在全省六大水系、九大高原湖泊流域和电站库区,投放淡水经济鱼类和珍稀濒危水生野生动物37种、3 582.17万尾(其中经济鱼类27种、共3 339.87万尾;珍稀濒危鱼类10种、242.3万尾)。三是加强涉渔工程审查。2020年,省农业农村厅共审查涉保护区环境影响评价项目7个,其中,受农业农村部长江流域渔政监督管理办公室委托,完成了元江跨江大桥、怒江美丽公路、丽江康养小镇、程海补水工程、思澜高速公路变更等5个涉保护区环境影响评价项目审查和批复。

4.强化渔业安全生产监管 一是强化以渔船安全生产为核心的渔业安全生产监督管理。制定印发《云南省2020年渔业安全生产工作要点》和《云南省2020年渔业安全生产工作方案》,与16个州(市)农业农村局和7个重点湖泊管理局签订了《云南省2020年度渔业安全生产目标责任书》。积极开展"安全生产月"宣传活动,共开展主题宣讲活动116场,举办安全发展论坛13次,开展"安全宣传咨询日"线上线下活动,发放宣传资料7 860多份,开展安全警示教育和科普宣传活动62场次,开展应急预案演练活动12场。全省开展安全生产执法检查330多次,出动执法车辆1 800辆次,出动执法船艇660艘次,参加安全执法人员

5 260人次,发现安全隐患 63 个,安全问题 16 个,并制定整改措施限期整改到位。组织开展全省渔业安全生产交叉检查。7月至 11 月,组织 5 个检查组开展交叉执法检查,通过交叉检查共发现安全隐患 32 个,限时进行整改,并已整改完毕。二是夯实渔业安全生产基础建设。指导富宁县剥隘库区渔港升级改造和整治维护项目验收准备工作,监督绥江县向家坝电站库区、罗平县万峰湖电站库区、玉溪市抚仙湖渔港升级改造和整治维护项目建设推进。三是加强水产品质量安全监管,开展产地水产品质量安全检测、水产养殖用药减量行动和水产养殖规范用药,完成国家产地水产品兽药残留监测。

5.推进渔业法治建设 制定了《2020 年渔业法治建设工作方案》《关于云南省农业农村系统法治政府建设督察反馈意见整改报告》,根据方案全面推进各项法治工作;全面梳理完成"七五"普法自检自查工作,总结经验,查找短板,推进下一步普法相关工作。对渔业政务服务事项"一网通办"标准化进行梳理,对基本目录和清单进行了多次调整完善,编制完成了省、州(市)、县三级行政审批事项办事指南,并推送了相关证照及历史数据,充分做好"一网通办"前期相关准备工作。严格开展行政许可审批,按照审批程序,加强审核把关。2020 年,审批发放《水生野生动物人工繁育许可证》19 本、《水生野生动物经营利用许可证》18 本。全面推行"双随机、一公开"的监管模式,加强水生野生动物人工繁育及经营利用企业(养殖户)事中事后监管。对各类海洋馆、水族馆进行调研,就疫情期间管理及营运情况进行了座谈,要求对批准水生野生动物利用数量发生变化的要及时上报、变更。对 9 家企业(养殖户)人工繁育及经营利用水生野生动物情况进行了抽查。

6.严格渔政执法和扫黑除恶 一是印发了《云南省"中国渔政亮剑 2020"系列专项执法行动方案》,明确了专项行动的内容和要求,特别是针对年初新冠肺炎疫情影响,增加了水生野生动物保护开展专项执法内容,省级分 4 个组对亮剑行动落实情况进行专项检查。二是贯彻 5 部委《关于联合开展打击野生动物违规交易专项执法行动的通知》要求,对投诉举报、执法人员、执法联动、宣传活动、经营者(场所)、查获野生动物制品、案件等内容实行"周报告 ",2020 年累计报告 44 次。三是加大违法捕捞举报件的查处力度,共接到南海渔业中心等单位转来的中国渔政执法举报受理单 36 起,第一时间将相关举报件转到相关州(市),要求依法依规快速查处,有力地打击了非法捕捞行为。四是对农业综合行政执法改革后的渔政执法队伍及装备配备情况进行了调研,上报了全省执法装备需求信息。配合长江禁捕的重大决策部署,加强了长江沿线 7 州(市)执法队伍情况的摸底,并提出了加强执法能力和队伍建设的方案。

7.加大渔业科技推广力度 一是开展稻渔综合种养试验示范。在元阳县开展稻渔综合种养试验示范 46.7 公顷,示范推广 860 公顷,全省推广稻渔综合种养 4.82 万公顷。二是开展池塘循环水养殖试验示范。在全省推广微孔增氧技术、微生物水质调控技术、底排污技术、多层级混养技术、疫苗防病技术、精准投喂技术等。三是开展集装箱循环水养殖试验示范。指导元阳县建成 310 口集装箱并全部投入生产。四是引进大宗新品种福瑞鲤 2 号、松浦镜鲤、芙蓉鲤鲫等"水花"鱼苗共计 980 万尾,分别在元阳县、寻甸县等地开展稻渔综合种养及池塘健康养殖试验示范推广。五是按方案积极开展 2020 年云南省水产健康养殖行动,达到预期目标。六是 2020 年分别在昆明、镇雄、通海分别举办 3 期现代渔业新技术培训班,共培训各州(市)渔业分管领导、技术骨干、养殖大户、水产经纪人数百人次。

8.积极推进渔业科研 一是积极向国家自然科学基金委员会、农业农村部、省科技厅、省农业农村厅、省发改委及相关企事业单位争取项目经费,2020 年获得纵向及横向项目科研经费约 1 000 万元。二是国家重点研发计划——蓝色粮仓科技创新(重要鱼类基因组选育与单性控制技术)项目取得初步进展。将 2019 年创制的伪雌鱼进行科学化培育,共培育丝尾鳠伪雌鱼 300 余尾。在已有丝尾鳠选育群体 F3 代个体基础上,筛选到具有显著生长优势的丝尾鳠 XY 雄性个体 150 尾,开展了丝尾鳠雌核发育研究,获得丝尾鳠雌核发育个体 100 余尾。三是国家特色淡水鱼产业技术体系昆明综合试验站 2020 年在 5 个示范县开展了稻田特色水产品养殖、鲈鱼等特色品种人工繁育、鲟鱼陆基集装箱等 5 项试验示范工作,鳜鱼杂交育种获得子一代苗种 3 000 余尾,取得阶段性成果。四是完成农业农村部"长江渔业资源与环境调查"横江站位云南省 2020 年调查任务,包括水生态环境调查、鱼类资源调查和浮游生物调查。国家淡水水产种质资源库——长江流域、珠江流域种质资源分库建设项目收集保存并上传 5 种长江流域、珠江流域土著鱼类活体及标本照片等相关信息。五是积极开展云南省淡水渔业产业技术体系池塘养殖岗项目生态养殖科研及技术推广工作,继续在洱源县右所渔场开展集装箱养鱼技术试验示范,并从省外引进梭鱼苗 5 万尾在弥渡、洱源等 4 个县推广养殖,在祥云县开展"鱼菜共生"生态养殖技术推广。六是完成了国家和省级水产品质量安全市场例行监测和产地监督抽查、全国渔业生态环境监测网、全省鱼类增殖放流工作的物种鉴定及效果跟踪调查评估工作。完成农业农村部农产品质量安全例行监测工作，涉及6个州(市)，共抽取样品126个，合格率95.2%。完成2019年国家产地水产品兽药残留监控计划和水产养殖用兽药及其他投入品安全隐患排查计划，涉及4个州(市)，共抽取3个品种105个样品及15个水产养殖用兽药及其他投入品，合格率达到98.1%。完成云南省农产品质量安全例行监测工作，涉及6个州(市)的6个县(区)共计100个样品抽查，抽查品种主要为大宗淡水鱼品种，合格率为99%。分别对滇池国家级水产种质资源保护区、抚仙湖特有鱼类国家级水产种质资源保护区进行20余项水质指标的采样分析。严格执行全省水生生物增殖放流物种鉴定、疫病检测制度，积极配合完成2020年全省鱼类增殖放流工作。七是继续开展云南省水产养殖业污染源普查原位监测补充监测工作，进一步完善原位监测数据，撰写云南省水产养殖业污染源普查原位监测技术报告和云南省水产养殖业污染源普查数据分析报告和工作报告，并通过云南省农业源污染源普查验收。八是完成了金沙江龙开口鱼类增殖站鱼类人工增殖技术研究及增殖放流工作，开展岩原鲤、短须裂腹鱼、细鳞裂腹鱼、鲈鲤和长薄鳅人工繁殖工作，向金沙江龙开口江段放流短须裂腹鱼10万尾、细鳞裂腹鱼10万尾、岩原鲤5万尾、鲈鲤5万尾和长薄鳅2万尾，并开展了2020年度澜沧江鱼类增殖放流效果评估工作。

【重点渔业市(县、区)基本情况】

云南省重点渔业市(县、区)基本情况

市(县、区)	渔业人口(万人)	渔业产值(万元)	水产品产量(吨)	其中		养殖面积(公顷)
				捕捞	养殖	
景洪市	0.85	64 400	50 829	402	50 427	3 529
景谷傣族彝族自治县	0.97	43 857	34 471	9 485	24 986	2 011
墨江哈尼族自治县	0.66	43 200	33 000	16 753	16 247	494
双江拉祜族佤族布朗族傣族自治县	0.07	40 186	30 913	3 922	26 991	540
勐海县	0.79	37 102	26 890	813	26 077	1 360
普洱市思茅区	0.35	28 139	23 626	1 500	22 126	1 432
澜沧拉祜族自治县	0.74	34 579	21 390	12 534	8 856	1 160
凤庆县	0.08	35 083	21 387	1 337	20 050	6 984
富宁县	0.48	29 928	21 000	3 200	17 800	3 340
云县	0.13	27 864	19 903	3 080	16 823	784

【大事记】

[1]2月14日，农业农村部渔业渔政管理局发布《关于2019年渔业行政执法评查情况的通报》，云南省3个案卷被评为2019年全国渔政执法案卷评查优秀案卷。

[2]6月22日，省农业农村厅发布《关于在金沙江(长江干流)流域重点水域实施禁捕的通告》。7月1日，省农业农村厅召开新闻发布会，介绍发布《通告》相关情况。

[3]7月24日，省政府办公厅印发《关于切实做好长江流域禁捕有关工作的通知》。

[4]10月29日，副省长陈舜主持召开云南省长江流域重点水域"十年禁渔"工作领导小组会议，总结长江流域重点水域禁捕退捕工作进展情况，分析工作存在的困难和问题，对下一阶段工作重点进行了安排部署。

[5]12月22日，农业农村部渔业渔政管理局发布《关于2020年渔业行政执法评查情况的通报》，云南省2个案卷被评为2020年全国渔政执法案卷评查优秀

案卷。

[6]12 月 27 日，代省长王予波主持召开第十三届省政府第 96 次常务会议，专题听取省农业农村厅关于长江“十年禁渔”工作汇报，安排部署下一阶段工作。

[7]12 月 29 日，农业农村部发布《关于通报表扬“中国渔政亮剑 2020”系列专项执法行动工作成绩突出的集体和个人的通知》，云南省 3 个单位被评为“中国渔政亮剑 2020”系列专项执法行动工作成绩突出集体，4 名人员被评为“中国渔政亮剑 2020”系列专项执法行动工作成绩突出个人。

[8]12 月 31 日，长江流域重点水域“十年禁渔”启动活动云南分会场活动在绥江县圆满举办，副省长陈舜出席活动。

（云南省农业农村厅　李一朝）

西藏自治区渔业

【概况】 2020 年是全面建成小康社会和脱贫攻坚决胜之年，也是“十三五”收官之年和“十四五”谋划之年。为有效推进西藏渔业持续健康发展，促进绿色兴渔，在自治区党委、政府的正确领导和农业农村部渔业渔政管理局、长江流域渔政监督管理办公室的关心支持下，西藏立足建设生态西藏、美丽西藏的要求，持续强化渔业资源养护和水域生态修复，促进西藏渔业可持续发展。2020 年全区水产品产量 933 吨，同比增长 129.8%，其中淡水捕捞 753 吨、淡水养殖 180 吨。

1.强化渔业绿色发展顶层设计 根据国务院《关于加强长江水生生物保护工作的意见》《关于切实做好长江流域禁捕有关工作的通知》要求，自治区印发了《西藏自治区人民政府办公厅关于加强长江水生生物保护工作的实施意见》，进一步筑牢长江上游西藏河段生态安全屏障。自治区农业农村厅印发了《关于进一步加强长江金沙江西藏段禁捕工作的通知》，为长江金沙江西藏河段全面实施禁捕提供了政策依据。昌都市政府印发《昌都市打击长江流域非法捕捞专项整治行动方案》，从 2020 年 7 月 1 日至 2021 年 6 月 30 日，组织金沙江沿线江达、贡觉、芒康三县开展为期 1 年的长江流域非法捕捞专项打击行动，安排 10 万元专项行动资金，为开展打击非法捕捞活动提供了资金支持。

2.严格实行禁渔休渔制度 各地严格落实《中华人民共和国渔业法》《西藏自治区实施〈中华人民共和国渔业法〉办法》等法律法规，对所有湖泊、河流实施禁渔和禁渔期制度。2002 年以来，西藏所有高原湖泊暂停一切鱼类捕捞活动，拉萨市、林芝市对辖区内所有天然水域实行禁渔制度，昌都市政府发布《关于在金沙江西藏昌都河段实施禁捕的通告》，自 2020 年 7 月 10 日起，实行为期 10 年的常年禁捕。其他地区（市）每年的 3 月 1 日至 7 月 31 日实行休渔制度。西藏绝大部分水域都是原生态，水域生态环境良好。

3.保持高压态势，持续开展亮剑系列执法行动 根据“中国渔政亮剑 2020”系列专项执法行动，全区充分发挥村民群众的监管作用，抓住关键水域、重点环节，加强雅鲁藏布江、拉萨河、尼洋河、金沙江西藏河段等江河流域的巡查检查力度，坚决禁止炸鱼、毒鱼、非法电力捕鱼等行为，特别是对靠近江河流域的乡镇、农贸市场、餐馆、鱼庄等进行执法检查。据统计，2020 年，西藏各地开展渔业执法检查 219 次，出动执法人员 725 人次，查办违规违法案件 22 起，没收橡皮船 3 艘，电鱼网具 3 套，水泵 2 台，电瓶 6 个，没收违法捕捞鱼类1 183千克，渔获物价值 4.26 万元，查获涉案人员 26 人，其中移交司法案件 1 件，涉案人员 4 人。

4.加大渔业增殖放流、强化水域生态修复 根据中央财政下达西藏 2020 年度渔业资源增殖放流资金，制定了《2020 年西藏渔业资源增殖放流项目实施方案》。自 6 月 6 日“放鱼日”活动到 10 月底，累计增殖放流达 902.46 万尾，比年初计划增加了 199.56 万尾，增长 28.4%，标记鱼苗数量达到 31.06 万尾，比计划增加 11.06 万尾，增长 55.3%。其中中央预算内资金完成增殖放流 776.01 万尾，比计划增加了 73.01 万尾，增长 10.4%，增殖放流鱼苗中标记鱼苗 20.5 万尾，比年初计划增加 0.5 万尾，增长 0.03%。指导大型水电站企业实施增殖放流鱼苗 126.45 万尾，比 2019 年增加 17.47 万尾。增殖放流鱼苗包括异齿裂腹鱼、双须叶须鱼、拉萨裸裂尻鱼、尖裸鲤、拉萨裂腹鱼、巨须裂鳆鱼、亚东鲑、四川裂腹鱼、短须裂腹鱼等，放流规格＞3 厘米/尾。通过委托招标代理公司第三方购买服务的方式，初步完成拉萨河、金沙江西藏河段、尼洋河、亚东河增殖放流效果评估。

5.强化水产种质资源保护区管理 加强了林芝市、日喀则市 5 个国家级水产种质资源保护区建设管理，认真落实《水产种质资源保护区管理暂行办法》《环境保护部、农业部关于进一步加强水生生物资源保护严格环境影响评价管理的通知》的有关要求，进一步指导和规范水利工程、公路建设项目对国家级水产种质资源保护区影响专题论证工作。从执法情况看，未发现在建项目。依据中央办公厅、国务院办公厅《关于建立以国家公园为主体的自然保护地体系的指导意见》和自然资源部、国家林业和草原局《关于做好自然保护区范围及功能分区优化调整前期有关工作的函》要求，提出了国家级水产种质资源保护区整合优化意见建议。

6.加强渔业法律法规宣传 为引导农牧民群众科学放生本地土著鱼，全年各级渔业管理部门发放宣传材料 19 554 份。那曲市加强卤虫卵捕捞管理，对湖区作业地段建立的警戒线、警戒牌进行了检查和修复，确保了卤虫卵捕捞生产安全。根据农业农村部渔业渔政管理局《关于开展 2020 年水生野生动物保护科普宣传月活动的通知》《关于 2020 年水生野生动物保护科普宣传月活动的补充通知》要求，11 月 17 日，西藏启动了“关爱水生生物、共建和谐家园”水生野生动物保护科普宣传月和“减塑进万家”活动等，来自部门和社会志愿者等 50 余人参加了活动。

7.渔业重大科研项目取得进展 自治区农牧科学院水产科学研究所重点开展了“西藏重点水域渔业资源调查，西藏鱼类种质资源保护与开发，冷水鱼养殖和示范推广，西藏土著鱼类寄生虫”等项目和资源调查工作，初步获取了相关水域鱼类的种类组成、分布、鱼类群落的区系特征。采集组采集鱼类标本 500 尾，获取渔业资源相关数据 5 000 余组，发现 2～4 种裂腹鱼疑似新种或亚种，对丰富西藏渔业资源和生物多样性保护具有十分重要的意义。

8.存在问题 全区渔业执法管理工作虽取得了一定成绩，但存在的问题也不容忽视：一是西藏渔业发展仍然以水生野生动物保护为主，水产养殖业发展还十分缓慢，水产品主要靠区外调运供应，仍处于起步阶段。二是西藏土著鱼类生长发育缓慢、繁殖率低，关键技术尚处在科研阶段。科技力量薄弱，水产技术推广体系、渔业科技服务体制不健全，渔业管理力量还十分薄弱，队伍不稳定，水产专业技术人才严重缺乏。三是渔业发展经费投入不足，执法手段比较落后，全区尚无一个渔业环境监测站，不能满足执法工作的需要。四是水产养殖场或基地基础设施建设滞后，尚不能满足现代渔业发展的需求。

【大事记】

[1]7 月 31 日和 8 月 18 日，自治区农业农村厅印发《关于进一步加强长江金沙江西藏段禁捕工作的通知》。7 月 27 日，昌都市政府印发《昌都市打击长江流域非法捕捞专项整治行动方案》。

[2]8 月 25—27 日，农业农村部渔业渔政管理局在西藏昌都市召开集中研讨 2020 年渔业科技援藏座谈会。农业农村部渔业渔政管理局一级巡视员李书民、全国水产技术推广总站、农业农村部渔业科技援藏单位、自治区农科院等 17 家单位 40 多位专家、负责人参加了会议。

[3]9 月 14—17 日 全国水产技术推广总站副站长、中国水产学会副秘书长、推广研究员胡红浪一行 5 人前往日喀则市白朗县中农圣域水产养殖企业实地指导水产养殖。

[4]10 月 16—23 日，根据 9 月 16 日自治区副主席坚参办公会议精神和 9 月 22 日自治区副主席坚参在易贡与三峡集团董事长雷鸣山座谈时的指示批示精神，为加快推进《雅鲁藏布江流域水生生物资源保护规划》编制，三峡集团中华鲟研究所专家组进藏调研雅鲁藏布江水生生物资源及保护情况。

[5]10 月 19 日，自治区农业农村厅组织自治区发改委、财政厅、自然资源厅、生态环境厅、水利厅等部门与专家组进行座谈交流。

[6]11 月 17 日，西藏启动了“关爱水生生物、共建和谐家园”水生野生动物保护科普宣传月和“减塑进万家”活动。

[7]11 月 18 日，农业农村部渔业渔政管理局印发《关于启动雅鲁藏布江渔业资源保护规划编制工作的通知》。11 月 24 日，在北京召开了启动会，明确了规划编制参与单位、人员、经费概算、完成时间和相关要求。

（西藏自治区农业农村厅　旦增曲尼）

陕西省渔业

【概况】 2020 年，全省渔业工作认真贯彻落实党中央、国务院和省委、省政府决策部署，自觉服从服务全省“三农”工作大局，全面推进渔业绿色高质量发展，扎实开展长江流域禁捕退捕，全年渔业生产形势安全稳定。据统计，全省水产养殖面积稳定在 5.3 万公顷，稻渔综合种养面积突破 0.67 万公顷，水产品总产量16.89 万吨，同比增长 1.62%，渔民人均纯收入 1.55 万元，同比增长 3.33%。

1.渔业结构调整 编制完成《“十四五”渔业高质量发展规划(审定稿)》，明确“十四五”渔业发展思路和主要目标任务，确立全省渔业功能定位和产业布局。完善全省渔业绿色发展政策，2020 年支持建设 20 个大水面生态渔业示范点，超过 146 公顷池塘循环水养殖提升工程完成改造，编制上报 1.12 万公顷集中连片池塘养殖尾水治理计划，发布《陕西省养殖水域滩涂规划(2019—2030 年)》，全省 11 个市和 22 个县(市、区)编制发布养殖水域滩涂规划，办理养殖证登记面积 2.1 万公顷。新创建国家级水产健康养殖示范场 34 个，全省国家级水产健康养殖示范场达到 107 个。

2.稻渔综合种养 紧紧围绕实施乡村振兴战略，

立足新发展阶段，贯彻新发展理念，构建新发展格局，大力推进水产养殖业转型升级、提质增效和绿色产业高质量发展，出台《加快稻鱼综合种养产业发展实施意见》，支持 3 853 公顷稻田开展稻渔综合种养，初步形成了陕北无定河滩涂型、汉中盆地型和安康山区型稻渔综合种养板块，大力推广稻蟹、稻虾、稻鳅等特色种养模式，“南虾北蟹”的生产布局基本形成。

3.水产品质量安全 制定《全面推进实施水产苗种产地检疫制度实施方案》，举办水产苗种产地检疫培训 2 期，培训渔业官方兽医 248 名，新建水产苗种产地检疫电子出证系统，建立水产苗种产地检疫申报点 14 个，出具有效水产苗种产地检疫电子合格证 3 张，检疫苗种 53 万尾；出具增殖放流检疫报告 9 份，检疫苗种 450 万尾，水产苗种产地检疫制度全面推行。配合农业农村部完成水产品产地交叉抽检工作，共抽检 80 个样品，检测合格率均为 100%。全年未发生重大水产品安全事故。

4.渔业资源养护 全面实施长江流域“十年禁渔”，清理整治“三无”船舶 3 591 艘，严格捕、运、销全链条监管，强化省际、市际交界水域联合执法检查，完善长效监管和网格化管理机制。开展增殖放流 50 多次，累计放流各种经济鱼类 780 万尾，珍稀水生动物 3.2万尾；支持 7 个国家级水产种质资源保护区提升改造，建设水产种质资源保护区示范点 2 个。制定《2020 年重要渔业水域生态环境监测实施方案》，对 4 个重要湖泊水库、10 个养殖场、1 个鱼类自然产卵繁殖场、3 个国家级水生生物自然保护区和 8 个国家级水产种质资源保护区的水环境质量状况开展了全年监测，共采集水样 90 份，监测数据 1 668 个，为提升渔业水域生态环境安全管理提供科学依据。举办了“陕西省 2020 年水生野生动物保护科普宣传月”启动仪式和水生野生动物保护培训会，向社会公众普及水生野生动物保护法律法规和科普知识。

5.渔业科技推广 组织实施了生态健康养殖模式推广、养殖尾水治理模式推广、水产养殖用药减量和水产种业质量提升四大行动。依托国家大宗淡水鱼项目，积极引进大宗鱼类优良新品种和特色苗种，繁育培育大宗淡水鱼良种鱼苗 3.65 亿尾，免费发放水产良种 1 000 余万尾。引进长丰鲢、异育银鲫中科 5 号等 10 多个大宗品种，引进小龙虾、大闸蟹、南美白对虾、台湾泥鳅等特种水产品 8 个，良种覆盖率达到 70%以上。先后开展养殖尾水治理、微孔增氧微生态调控等 30 多个水质调控新技术试验示范推广，科技贡献率达 50%以上。

6.渔政管理 制定《“中国渔政亮剑 2020”专项执法行动实施方案》，开展了水生野生动物保护、水产种质资源保护执法等 6 个专项执法行动，联合公安、市场等部门开展涉渔“百日走访”“百日攻坚”“打非断链”等专项执法行动，依法严厉打击非法捕捞和销售、收购、加工、利用非法渔获物等行为，严肃查处非法捕捞渔具制售行为，查办各类非法捕捞行政案件 59 件，行政处罚 49 人，移送司法机关 14 案 16 人。在重点河段设置了相对固定的禁渔标志、标识，有效遏制了毒鱼、电鱼、炸鱼等破坏渔业资源行为。

7.存在问题 全省渔业产业距离高质量绿色发展要求，还存在一定差距。池塘尾水排放治理滞后，传统养殖品种占比较大，优质品种养殖总量不足，龙头企业数量少，渔业品牌带动养殖业转型升级、提质增效的重要支撑不足，渔业特色品牌数量少，影响力弱；渔业财政资金投入不足，水产苗种繁育、基层技术推广和疫病防控力量不足等问题比较突出；渔业渔政队伍弱化；水生资源养护工作难度大。

【重点渔业市基本情况】

陕西省重点渔业市基本情况

地区	渔业产值（万元）	水产品产量（吨）	其中		养殖面积（公顷）
			捕捞	养殖	
汉中市	270 294	43 265	785	42 479	7 442
安康市	200 996	38 863	3 670	35 193	11 885
渭南市	86 345	49 790	323	49 467	5 966
西安市	53 389	13 254		13 254	1 029
商洛市	24 030	4 888		4 888	1 298

（陕西省农业农村厅　段荣娟）

甘肃省渔业

【概况】 2020年，全省各级渔业部门全面贯彻中央和省委“三农”工作决策部署，抓住农业农村优先发展的有利时机，主动落实渔业环境保护的新要求，主动谋划渔业绿色发展的新举措，主动担当渔业产业扶贫新任务，推进全省渔业高质量绿色发展。全省养殖面积2万公顷，水产品总产量1.4万吨，渔业产值2.57亿元。

1. 扎实开展长江流域禁捕工作 根据国务院办公厅《关于切实做好长江流域禁捕有关工作的通知》要求，按照中央统筹、省负总责、市县抓落实的工作体制，印发《甘肃省人民政府办公厅关于切实做好境内长江流域禁捕有关工作的通知》，成立了甘肃省境内长江流域禁捕工作领导小组和打击长江流域非法捕捞专项整治行动联合指挥部。在陇南市文县碧口镇举办了打击长江流域非法捕捞专项整治行动启动仪式，沿江天水、定西、甘南3市（自治州）设立分会场，同步举行启动仪式，现场销毁近期没收的非法捕捞网具，起到了较好的宣传警示效果。多次召开禁捕工作视频调度会，传达农业农村部会议精神，详细安排部署了全省下一阶段禁捕工作。

2. 持续开展渔业生态环境保护 完成涉水产种质资源保护区专题影响评价8个，通过涉渔工作专题环境影响评价，落实生态补偿措施，减少涉渔工作对渔业资源环境的破坏。在兰州、天水、甘南等12个市（自治州）境内黄河、长江、内陆河水系共放流各类淡水经济鱼种1 372.8万尾，放流珍稀濒危物种95.24万尾。开展兰州鲶、祁连山裸鲤等土著鱼类的人工驯化繁殖，改进繁育技术，提高苗种培育数量和质量，实现人工繁育祁连山裸鲤鱼苗30万尾，兰州鲶人工繁殖培育鱼苗16万尾。开展西北地区渔业资源环境调查专项工作，完成黑河水域16个点位的浮游植物、浮游动物、底栖动物、鱼类和水质的调查、监测工作。

3. 持续推进特色渔业转型升级 印发《甘肃省农业农村厅 甘肃省生态环境厅 甘肃省林业和草原局关于推进全省大水面生态渔业发展的实施意见》，就有效发挥大水面渔业生态功能，促进渔业资源合理利用，推进全省大水面生态渔业高质量绿色发展进行安排部署，并在景泰县组织召开了全省渔业绿色发展推进会。编制完成《甘肃省养殖水域滩涂规划》，在年底前报送省政府。制定印发《2020年甘肃省水产绿色健康养殖“五大行动”实施方案》，大力推进生态健康养殖模式、养殖尾水治理、水产养殖用药减量、配合饲料替代幼杂鱼和水产种业质量提升等养殖技术示范和推广应用。

4. 持续加大禁渔执法监管力度 认真开展“中国渔政亮剑2020”专项执法行动，全年查处非法捕捞案件9起，罚款0.22万元，收缴放归野生鱼类33.5千克，有力震慑了破坏渔业资源和渔业生态环境的行为。开展水生野生动物保护专项执法行动，贯彻落实《野生动物保护法》《关于联合开展打击野生动物违规交易专项执法工作的通知》，严厉打击非法水生野生动物及其制品交易，严格规范水生野生动物经营利用行为。排查了139家养殖户的水生野生动物养殖情况，包括49种，共计808万尾水生生物。

5. 持续推动盐碱地渔业发展 按照渔农并重、以渔治碱的思路，在景泰县等沿黄灌区盐碱弃耕地发展水产养殖面积达1 000公顷，水产品年产量达300多万千克，实现产值9 000余万元。在盐碱区开挖鱼塘后，周边地下水位迅速下降、再造新田pH和盐分符合各种耐碱植物的生长，周边耕地可逐步恢复耕种。截至2020年年底，已抬田恢复耕地80公顷，治理改良盐碱地1 300余公顷。

6. 持续抓好渔业安全管理 认真开展水产养殖环节专项整治和水产养殖用兽药减量行动，全面推进水产苗种产地检疫和监督执法，加强产地水产品质量安全监督抽检和风险检测，产地水产品抽检样品合格率100%。落实省、市、县三级渔业安全生产责任书制度和渔业从业人员安全生产告知书制度，坚持每季度开展1次渔业安全生产全面检查督查，每季度开展1次重点渔业水域安全生产拉网式排查，有效遏制了渔业安全生产事故的发生。

7. 主要问题 一是由于饮用水源地和自然保护地生态环境所限，水产养殖空间缩减；二是渔业规模经营化水平低，经营方式仍以粗放、分散式为主，缺少有辐射带动能力的龙头企业，产业化步伐发展不快；三是渔业生产发展和生态保护不平衡，生态保护不充分。

【重点渔业市（州）基本情况】

甘肃省渔业重点市（州）基本情况

市（州）	总人口（万人）	水产品总产值（万元）	水产品总产量（吨）	其中		养殖面积（公顷）
				捕捞	养殖	
张掖市	113	5 093	2 047		2 047	2 427

（续）

市（州）	总人口（万人）	水产品总产值（万元）	水产品总产量（吨）	其中		养殖面积（公顷）
				捕捞	养殖	
临夏回族自治州	210	3 462	1 822		1 822	2 833
酒泉市	105	5 291	2 105		2 105	1 160
陇南市	240	2 329	1 370		1 370	881
白银市	151	2 186	1 470		1 470	790

【大事记】

[1]3 月 24 日，甘肃省农业农村厅印发《2020 年甘肃省渔业渔政工作要点》。

[2]6 月 8 日，甘肃省农业农村厅联合省生态环境厅、省林业和草原局印发《关于推进全省大水面生态渔业发展的实施意见》。

[3]7 月 9 日，全省渔业绿色发展现场观摩会在景泰县召开。会议贯彻落实全国渔业高质量发展推进会、全省农业工作会议精神，研究部署当年和翌年全省渔业渔政重点任务。省农业农村厅一级巡视员妥建福出席会议。

[4]7 月 10 日，中国科学院水生生物研究所刘家寿研究员、西北农林科技大学吉红教授一行到甘肃省临夏回族自治州刘家峡水库指导开展养殖容量评估。

[5]7 月 21 日，省农业农村厅联合省公安厅、陇南市人民政府在陇南市文县举行甘肃省打击境内长江流域非法捕捞专项整治行动启动仪式，开启全省境内长江禁捕工作新局面。省农业农村厅一级巡视员妥建福，省公安厅二级巡视员刘旺英，陇南市人民政府副市长、公安局局长薛小勇出席仪式，天水、定西、甘南市（州）设分会场。

[6]7 月 22 日，甘肃省人民政府办公厅印发《关于切实做好境内长江流域禁捕有关工作的通知》。

[7]8 月 13 日，全省水产技术推广会议在张掖市高台县举办，省农业农村厅一级巡视员妥建福出席会议。

[8]8 月中上旬，甘肃省河东地区出现持续强降雨天气，陇南市渔业生产大面积受灾，其中文县、宕昌县、徽县、武都区受灾严重。

[9]8 月 22—24 日，由公安部牵头组成的打击整治长江流域非法捕捞工作首轮联合督导检查工作组一行 5 人，由公安部食品药品犯罪侦查局副局长级干部李明带队赴甘肃省开展长江禁捕有关工作督导检查。

[10]8 月 25—27 日，农业农村部渔业渔政管理局郭睿处长一行 4 人赴甘肃省督导检查长江禁捕工作。

[11]9 月 16—19 日，长江禁捕退捕工作专班副主任、农业农村部长江办主任马毅一行 5 人，对甘肃省长江流域禁捕责任制落实、执法能力建设、风险防控等情况进行了全面督查指导，并在陇南市召开了工作座谈会。

[12]10 月 15—16 日，中国水产流通与加工协会联合中国水产科学研究院在临夏回族自治州永靖县举办 2020 大水面生态渔业发展高峰论坛暨大水面生态渔业科技创新联盟年会。

[13]12 月 18—20 日，农业农村部渔业渔政管理局副局长江开勇一行 5 人，赴陇南、天水督察甘肃省长江流域禁捕工作。省农业农村厅一级巡视员妥建福陪同。

[14]12 月 31 日，按照国家统一安排，甘肃省在陇南设立甘肃分会场，与全国同步举行长江流域“十年禁渔”全面启动活动。陇南市政府和省农业农村厅、省公安厅、省市场监管局负责同志做了发言，省政府副省长孙雪涛出席活动并讲话。

（甘肃省农业农村厅　高文慧）

青海省渔业

【概况】 2020 年，青海省渔业渔政工作在农业农村部和青海省委、省政府正确领导下，全面贯彻落实全国渔业渔政工作会议和省农业农村工作会议精神，以推动长江禁捕和青海湖封湖育鱼为主线，狠抓渔业绿色发展和渔业资源保护工作落实，冷水鱼产业发展与渔业资源保护均取得显著成效，同时以渔业绿色发展和资源保护为目标，推进冷水鱼产业转型升级，养殖渔业呈现出了强劲的发展势头，开创了高原现代渔业工作的新局面。全年水产品产量达到 1.82 万吨，渔业产值达到 7.5 亿元。实现减量增效的目标。

1. 渔业资源保护　2020 年，深入贯彻党中央、国务院关于长江退捕禁捕精神，结合黄河以及青海湖等省内重点水域禁渔期制度，相继印发《青海省长江禁捕管理工作实施方案》《关于认真组织开展长江青海段禁捕工作的通知》《青海省打击长江流域非法捕捞专项整治行动方案》《关于扎实做好长江流域青海段禁捕政策宣传工作的通知》《长江流域青海段禁捕"百日攻坚"行动方案》《青海湖封湖育鱼联合专项执法"百日攻坚"行动方案》，以及《青海省人民政府关于长江流域青海段禁捕的通告》和《青海省人民政府关于实施第六次青海湖封湖育鱼的通告》，明确了长江青海段、青海湖流域的禁捕范围、时限以及主要工作任务，签订了禁捕工作目标责任书。全年在长江流域共开展联合执法、专项执法 68 次，整治重点地区市场 715 次，出动执法人员 1 960 人次，车辆 748 台次，未发现偷捕、电、毒、炸鱼等违法行为。年内印发宣传材料 41 653 份，各类媒体宣传报道 71 次。在青海湖流域共收缴销毁非法网具 3 900余盘，查获刑事案件 4 起，行政案件 1 起，涉案人员 9 人。

2. 渔业环境监测 为进一步做好重点水域监测工作，印发《青海湖水生生物监测（2020—2024 年）等实施方案的通知》，明确了监测内容、频次、位置。省渔业环境监测站和青海湖裸鲤救护中心相继完成玛可河重口裂腹鱼国家级水产种质资源保护区，黄河龙羊峡至积石峡段重要鱼类洄游通道，三江源区的长江三源及通天河曲麻莱至玉树段、黄河源区扎陵湖至羊曲段、澜沧江杂多至囊谦段，沿黄鲑鳟鱼网箱、青海湖生态、水生生物和裸鲤资源年度监测等工作，监测结果表明，全省重点水域生态环境继续保持良好，均符合渔业水质标准及地表水Ⅱ类标准。

3.增殖放流 全年共举办增殖放流活动 16 次，共放流土著鱼类苗种 1 795 万尾，其中在黄河流域放流花斑裸鲤苗种 165 万尾，青海湖流域放流青海湖裸鲤 1 630 万尾，超额完成计划的 5.6%。青海湖裸鲤资源恢复到 10.04 万吨，同比增长 7.5%。同时完成青海湖裸鲤保种 10 000 组，黄河裸鲤尻鱼保种 300 组，拟鲶高原鳅保种 200 组，为今后进一步开展特有珍贵物种人工增殖放流工作储备和补充野生亲本打下良好基础。

4. 养殖渔业

（1）渔业生产趋于稳定。虽然遭受疫情影响和黄河流域部分养殖场遇到了较为严重的洪水灾害，但是随着渔业生产结构调整和转型升级，绿色渔业发展各项措施陆续落地，渔业产量趋于稳定。据统计，全省各类水产品产量达到 18 256 吨，其中鲑鳟鱼产量14 759吨，同比略有减少；池沼公鱼捕捞产量突破3 147.3吨，同比增长 25.9%，其他鲤科鱼类与上年基本持平。

（2）进一步强化水生动物疫病防控。全面开展苗种产地检疫试点工作，严格按照《青海省水产苗种产地检疫实施方案》和《鲑鳟鱼传染性造血器官坏死病疫情应急处置规范》，规范了疫情报告内容与程序，积极探索疫病风险评估内容与方法，印发《关于做好传染性胰脏坏死病防控工作的紧急通知》，进一步强化水产苗种产地检疫工作。启动"青海省水产苗种检疫电子出证平台"，建立苗种检疫信息库，共实施苗种检疫出证 101 个批次。

（3）水产品质量持续向好。通过开展苗种、饲料、药品等投入品的技术指导，普及高能环保饲料，推广鲑鳟鱼养殖全过程质量安全监控技术，指导基层水产站开展水产品质量检测，相关企业自检，专家评估，完善养殖三项记录，定期组织人员进行抽检等措施，确保了水产品质量安全保持稳定。沿黄共和、贵德、化隆、循化 4 县 52 个批次鲑鳟鱼商品鱼硝基呋喃类、孔雀石绿、氯霉素、沙星类等 7 个渔药残留项目检出率为零，合格率均为 100%。农业农村部对青海省 3 个水产苗种场药残抽检结果均为"零检出"。

（4）"智慧渔业"服务平台逐步完善。为做好青海省"互联网＋"高原特色智慧农牧业大数据平台渔业板块系统建设，省农业农村厅渔业渔政管理局指派专人负责，积极与大数据平台维护组加强沟通交流，及时反馈数据填报过程中的问题，提出系统优化建议，组建了渔业大数据填报微信群，督促各养殖场负责人完善大数据平台信息，加强业务系统的日常管理和数据更新工作，确保了系统应用的准确性、实效性和常态化。

（5）渔业从业人员业务技能水平得到提升。年内与省农牧工会、省渔业技术推广中心、共和县农牧和科技局共同举办了"青海省第十六届职工职业技能大赛暨全省首届渔业生产安全及操作技能竞赛"活动，通过竞赛活动，全面展示了青海省渔业从业人员良好的专业技能和锐意进取的精神风貌，达到了以赛促学、以赛提能、提升业务水平和安全防护技能的目标，树立了全行业"学技术、练技能"的新风尚，营造了尊重劳动、尊重知识、尊重人才的良好氛围，对保障全省渔业持续健康发展具有重要作用。

（青海省农业农村厅）

宁夏回族自治区渔业

【概况】 2020 年，宁夏渔业系统认真贯彻落实习近平总书记视察宁夏重要讲话精神，紧紧围绕农业农村部实施乡村振兴战略的总体部署和宁夏现代渔业"十三五"发展目标，以渔民增收为核心，把渔业高质量发展作为首要任务，在做好新冠肺炎疫情防控的同时，继续加快推进水产养殖绿色发展，促进渔业转型升级，渔业经济持续稳定发展。宁夏水产品产量16.2万吨、同比增长2.5%，水产养殖面积23 100公顷、同比减少1.7%；从渔农民年均纯收入15 109.9元、同比增长6.9%，从渔农民年均可支配收入13 942.9元、同比增长8.2%；人均水产品占有量22.4千克，居西北地区首位，是西北5省（自治区）平均占有量的4.4倍。

1.疫情防控、生产保供成效明显 严格落实各项疫情防控措施，通过开展养殖区摸排防控、水生野生动物经营利用专项执法检查、"向抗击疫情一线工作者献爱心"活动、"平价水产品供应"活动等，对商品鱼压塘情况和重点水产品批发市场销售情况实行周调度，积极与湖北省开展水产品产销对接、及时开展生产指导与服务、强化科技支撑与示范、积极推动银企对接、强力推进渔业结构优化调整等一系列行之有效的措施，确保疫情防控与渔业生产两不误。全区渔业系统未发现确诊或疑似病例，舆情稳定，水产养殖企业及时复工复产率100%。

2.产业调整结构优化稳步推进 认真落实农业农村部和自治区农业农村厅关于农业结构优化调整安排部署，紧紧围绕"五优四化四调"，深入灌区4市8县32个养殖合作社36家国家级水产健康养殖示范场和企业，精准分析制约宁夏渔业产业高质量发展的主要问题，制定《全区渔业结构优化调整工作推进方案》，规划未来6年的渔业发展总体思路、结构优化调整目标、发展重点、主导品种、主推模式、主推技术和工作推进措施。制定《〈关于加快推进全区渔业绿色发展实施意见〉阶段性重点工作任务表》，梳理出20项重点工作，逐项明确具体工作内容、牵头单位和配合单位，梳理了61条落实措施。全年两次组织召开全区渔业结构优化调整推进会议，交流、分析和总结经验，研究下一步工作推进措施。全区结构优化调整成效明显，鲈鱼、鮰鱼、虾蟹等名优品种产量达1.1万吨。

3."稻渔空间"带动三产融合实现新突破 在贺兰、兴庆、灵武和平罗建设了一批集种植、养殖、科普、休闲观光、生态旅游为一体的"稻渔空间"模式的乡村田园综合体，新获批4个国家级稻渔综合种养示范基地，总数达到10个，有力促进了农业一二三产业融合发展。习近平总书记视察"稻渔空间"并充分肯定了"稻渔空间"发展模式。农业农村部7月组织专家团来宁夏调研稻渔综合种养，认为"宁夏模式和经验赋予了全国稻渔综合种养发展新内涵，为全国稻渔综合种养的高质量发展提供了宝贵经验。"为深入贯彻落实习近平总书记在宁夏视察"稻渔空间"时的重要指示精神，9月2日，宁夏在四川省召开的全国稻渔综合种养发展提升现场会上，做了典型经验交流。2020年，全区稻渔综合种养面积4 100公顷、同比增长39.9%。

4.科技支撑、技术推广成果喜人 在良种繁育方面，全年培育黄河鲶苗种386万尾，人工繁育甲鱼孵化率达到90%，与中国水产科学研究院珠江水产研究所和清华大学国家重点实验室合作的加州鲈苗种培育试验成活率达到95%，为宁夏渔业结构调整规模化养殖名优品种奠定了基础。在技术创新方面，聚焦优新品种高效养殖、养殖尾水生态治理，建立12个示范点开展技术攻关，"浮板微生物＋底质改良"池塘尾水生态处理、"三池两坝"池塘养殖尾水处理模式取得初步成效；南美白对虾工厂化养殖取得重大突破，实现了养殖全过程不换水、不施化肥农药、不外排尾水，亩产值达10万元以上；在固原市开展设施蔬菜温棚"渔菜共生"试验示范取得初步成效，单位面积增效达50%，化肥用量减少40%以上。

5.水生生物资源养护稳步推进 自4月1日起，对黄河宁夏段397千米及其附属水域实施禁渔期制度，结合"中国渔政亮剑2020"系列专项执法行动，加大黄河水上、陆上巡回检查力度，累计开展渔政执法检查400余次。全年共举办区、市、县增殖放流活动11次，投入585.93万元，向黄河干流宁夏段及泾河宁夏段等水域放流各类经济鱼类2 762万尾。以实施黄河禁渔、"全国放鱼日"、水生野生动物保护科普宣传月活动为抓手，通过张贴标语、举办现场活动、印发宣传材料、邀请媒体报道等方式，开展渔业生态保护宣传，民众渔业资源和水生野生动物保护意识显著增强。全年组织开展宁夏黄河流域涉渔工程环境影响评价5次，对涉及5个国家级水产种质资源保护区的建设项目进行环境影响评价论证，确认补偿资金1 020万元，放流经济鱼类390万尾。

6.质量安全和生产安全保障有力 水产品质量安全监管方面。一是出台《宁夏水产绿色健康养殖"五大行动"实施方案》《全面推行水产苗种产地检疫制度实施方案》。二是全区共设置48个水产养殖病害预测预报点，完成预测预报面积0.7万公顷。三是抽检产地及市场水产品473个，其中产地水产品抽检合格率99.53%，市场水产品抽检合格率97.5%。四是检疫水产苗种40批次17个品种7.3亿尾，未发生Ⅰ类和Ⅱ类重大疫病。五是确认宁夏渔业官方兽医68名，全面启动水产苗种产地检疫出证工作。渔业安全生产方面。加强各类涉渔水域渔业安全生产管理，在全区范围内开展了2020年渔业安全生产隐患排查、渔业消防安全执法检查、渔业行业"安全生产月""安全生产万里行"等行动和活动，全区未发生涉渔安全生产事故。

7.存在的主要问题 一是鲈鱼、鮰鱼和虾蟹等特种苗种供应是瓶颈难题，影响渔业结构调整推进速度。二是养殖企业、养殖大户、合作社在经营过程中贷款融资问题仍然没有很好解决，部分禁限养区内退出的养殖企业再投产也存在土地和资金困难。三是养殖尾水治理技术性强，资金需求较多，总体推进较慢。

【重点渔业市(县、区)基本情况】

宁夏回族自治区重点渔业市(县、区)基本情况

市(县、区)	总人口(万人)	渔业产值(万元)	水产品总产量(吨)	其中		养殖面积(公顷)
				捕捞	养殖	
贺兰县	34.2	133 582.84	58 036	3 432	54 604	3 875
平罗县	27.4	72 678.98	31 045	791	30 245	5 253
沙坡头区	40.0	35 067.23	15 150	2 150	13 000	1 467
大武口区	29.8	31 183.36	14 956		4 956	3 327
青铜峡市	24.4	29 451.99	11 767	1 493	10 274	1 653

【大事记】

[1]3月27日，自治区农业农村厅印发《“中国渔政亮剑2020”系列专项执法行动宁夏实施方案》，明确了宁夏2020年渔政专项执法行动的指导思想、行动目标、组织领导、行动任务和工作要求。

[2]4月1日12时至7月31日12时，按照农业农村部黄河禁渔公告和自治区政府黄河休渔通告，宁夏继续实施黄河禁渔期制度，对黄河宁夏段397千米及入河沟、渠口实施为期4个月的禁渔。

[3]4月30日，自治区农业农村厅根据农业农村部办公厅《关于实施2020年水产绿色健康养殖“五大行动”的通知》，结合宁夏渔业实际，印发了《宁夏水产绿色健康养殖“五大行动”实施方案》。方案明确了生态健康养殖模式推广行动、养殖尾水治理模式推广行动、水产养殖用药减量行动、水产种业质量提升行动为主的水产绿色健康养殖行动，从工作目标、重点任务、工作措施、进度安排、有关要求做了具体安排，逐项细化了重点工作任务、示范推广模式和示范养殖基地。

[4]5月6日，自治区农业农村厅印发《〈关于加快推进全区渔业绿色发展的实施意见〉阶段性重点工作任务表》，梳理出20项重点工作，逐项明确了具体工作内容、牵头单位和配合单位，细化了61条落实措施。

[5]5月11日，自治区农业农村厅印发《宁夏全面推进实施水产苗种产地检疫制度实施方案》，明确了宁夏实施水产苗种产地检疫制度的总体要求、工作内容和保障措施。

[6]5月11—12日，自治区农业农村厅邀请中国水产科学研究院渔业机械仪器研究所、国家淡水鱼养殖专家，到固原就“绿色种养设施农业”精准脱贫科技合作进行调研和座谈。调研组结合当地实际，提出了开展设施温棚“鱼菜共生”科技支撑构想，中国水科院渔机所、自治区农业农村厅渔业渔政管理局与固原市农业农村局签订了“绿色种养设施农业”精准脱贫科技合作协议。

[7]5月19日，自治区农业农村厅召开全区渔业结构优化调整工作推进视频会，会议提出以“常规品种提质增效、名优品种扩量增收”为基本思路，着力推进宁夏渔业结构优化调整。各市、县(区)渔业部门在当地同步参加视频会议。

[8]6月6日，宁夏在银川市贺兰县举办“全国放鱼日”同步增殖放流活动，共向贺兰县如意湖公园水域投放黄河鲤、草鱼鱼苗110万尾。

[9]6月30日，宁夏举办养殖尾水综合治理技术现场培训班。培训班现场观摩了贺兰县科海渔业专业合作社养殖基地池塘流水槽生态循环养殖、陆基生态稻渔综合种养、“三池二坝”养殖尾水综合治理、设施温室高效养殖等尾水治理模式，技术人员对相关技术进行了详细讲解，并解答了部分养殖企业、养殖户的技术难题。

[10]7月3日，自治区农业农村厅印发《全区渔业安全生产专项整治三年行动工作方案》，明确了渔业安全生产专项整治三年行动的指导思想、工作目标、任务措施和工作要求。

[11]7月23—25日，农业农村部组织国内相关领域的院士、专家、学者共20余人，在宁夏实地调研考察

了贺兰县晶诚水产养殖有限公司、银川科海生物技术有限公司稻渔综合种养基地和宁夏“稻渔空间”乡村生态观光园，并就全国稻渔综合种养产业发展现状、存在问题及产业未来发展方向进行了深入研讨。

[12]8月11—13日，自治区农业农村厅总经济师王洪波带领厅渔业局、宁夏渔业协会、银川市农业农村局相关人员，赴农业农村部和清华大学开展工作汇报及政策、项目等对接。重点向农业农村部渔业渔政管理局汇报了宁夏渔业科技、池塘标准化改造、稻渔综合种养、黄河鱼类良种场建设、黄河水生生物资源养护等工作。在清华大学，向土木水利学院呈送了《感谢信》，并就建设黄河流域生态保护和高质量发展先行区宁夏渔业怎么“先行”进行研讨。

[13]8月13—14日，农业农村部巡视组一行4人，来宁夏开展水产技术推广工作调研，调研组先后赴贺兰县晶诚水产养殖公司现代渔业养殖基地、丰谷稻业专业合作社“稻渔空间”三产融合示范基地、银川科海生物技术有限公司、宁夏水产研究所良种繁育基地、灵武市金河渔业公司、石嘴山市泰嘉渔业公司进行了考察，并就宁夏“十三五”水产技术推广工作成效、“十四五”规划研究和体系建设与改革情况，以及2020年水产绿色健康养殖“五大行动”实施方案落实情况进行了座谈交流。

[14]8月18—21日，自治区农业农村厅对全区5个地级市和9个县(区、市)的19家渔业生产单位的渔业安全生产专项整治工作开展情况进行了督查，共排查隐患38处。

[15]9月13—24日，宁夏通过邀请全国知名渔业专家现场授课和播放教学视频线上与线下融合的方式举办全区渔业领军人才培训班。除现场观摩宁夏水产绿色健康养殖“五大行动”部分示范基地外，系统培训了渔业政策法规、现代渔业生产经营理念、常规品种与名优品种设施健康养殖技术、“设施养鱼＋稻渔共作”综合种养技术、“三池两坝”养殖尾水治理技术、陆基生态养殖基地构建、节能减排生产、物联网智能管理、养殖水质监测检测、三产融合发展、产品多元化销售等高质量发展新模式。

[16]9月24日，宁夏举办渔业结构优化调整暨“五大行动”观摩培训会。参会人员现场观摩了平罗县通伏乡万亩绿色富硒稻渔综合种养基地、贺兰县晶诚水产养殖公司设施养殖鲈鱼、宁夏天荣现代农业科技有限公司工厂化循环水零排放养殖南美白对虾、银川科海生物技术有限公司“三池两坝”尾水处理等技术模式，银川市、固原市、贺兰县、平罗县、青铜峡市和沙坡头区做交流发言。会议传达了全国水产技术推广工作“十四五”规划座谈会、全国稻渔综合种养发展提升现场会精神，总结了2020年以来全区渔业系统克服新冠肺炎疫情影响取得的主要成效，分析了全区渔业面临的挑战和压力，重点就下一步推进进行了部署。会议强调，今后要把黄河生态保护作为首要任务、把高质量发展作为重中之重、把结构优化调整作为重要抓手，紧紧围绕“五优四化四调”，按照《全区渔业结构优化调整工作推进方案》确定的“2＋3”主推品种、“4＋2”主推模式、7项关键技术和8项重点工作任务，进一步压实责任，抓好示范点建设与跟踪服务，日督促、月调度、季总结、年观摩，推动各项重点工作落到实处，确保到2025年，水产养殖常规品种与优新品种比例由90：10调整到70：30，常规品种养殖效益提高50％以上。

[17]10月16日，自治区农业农村厅渔业渔政管理局印发《宁夏2020年水生野生动物保护科普宣传月活动实施方案》，明确了活动主题、活动时间、组织机构、宣传内容、活动安排和活动要求。结合科普活动开展，分别在银川市、吴忠市、石嘴山市开展了以“养护渔业资源 关爱水生动物”为主题的渔业资源增殖放流活动，共向黄河宁夏段放流黄河鲤等经济鱼类1 150万尾。

[18]10月20—26日，宁夏在浙江省湖州市举办基层水产技术推广骨干人才培训班。培训班聘请浙江大学、浙江海洋大学、湖州师范学院等院校的专家授课，现场观摩了湖州市桑基鱼塘系统、现代水产示范园池塘循环水养殖及水产养殖尾水治理、鲈鱼苗种生产和设施温棚高效养殖、流水槽鲈鱼绿色健康养殖、名优品种设施水产工厂智能化养殖、渔业物联网科技创新、菱湖渔业协会全方位服务，以及湖州师范学院水产研究、水生动物实验室建设、产学研密切结合促进产业发展等方面的新思路、新方法、新举措。学员在观摩基地开展了基层实训，并与授课老师、观摩点负责人进行互动交流。

[19]12月25日，农业农村部渔业渔政管理局公布了第十五批国家级水产健康养殖示范场名单，有效期自2021年1月1日至2025年12月31日。宁夏共有11家养殖场通过验收、复查，其中银川大地农收种植专业合作社、银川市正丰联农种植专业合作社、贺兰县立岗镇永兴稻谷产销专业合作社、平罗县绿康林家庭农场等4家为新创建的稻渔综合种养类健康养殖示范场；宁夏农垦沙湖生态渔业公司、中宁县龙泉山庄、贺兰县灏祥渔业专业合作社、宁夏海永生态农有限公司、灵武市黄峰渔业专业合作社、石嘴山市新农村渔种场、宁夏三水农业综合开发有限公司等7家为第一、第二、第十批复查示范场。截至2020年年底，宁夏国家

级水产健康养殖示范场总数达到79个。

（宁夏回族自治区农业农村厅渔业渔政管理局 刘 巍）

新疆维吾尔自治区渔业

【概况】 2020年，新疆渔业工作在农业农村部渔业渔政管理局和自治区农业农村厅党组的正确领导下，以党的十九大，十九届二中、三中、四中、五中全会和中央第三次新疆工作座谈会精神为指导，紧紧围绕社会稳定和长治久安总目标，以实施乡村振兴战略为总抓手，坚持“创新、协调、绿色、开放、共享”的发展理念，以“提质增效、绿色发展、富裕渔民”为目标，全力推进渔业现代化建设、努力提升渔业综合能力、水产品安全供给能力和渔业与环境和谐发展的能力，渔业生产总体继续保持稳步发展的良好态势。2020年全疆水产品总产量163 022吨，渔业经济总产值31.27亿元，渔民人均可支配收入19 020.84元。

1.加大渔业资源养护修复力度 2020年新疆各级渔业行政主管部门共组织经济物种放流活动84次，放流经济苗种10 729.86万尾，各级共计投入资金4 398万元，其中中央资金投入3 484万元，地方资金投入19万元，社会资金投入895万元。放流水域除全疆的主要河流湖泊水库外，首次将10个深度贫困县的大型水库及台特马湖等纳入增殖放流实施范围，通过增殖放流，增加了全区水生野生动物资源，使部分水生野生动物资源品种严重衰退的状况有所缓解，并获得一定程度的恢复，保护了水域生态环境和当地的物种多样性。

2.加快推进水产养殖绿色发展 为深入贯彻落实《关于加快推进水产养殖业绿色发展的若干意见》精神，经自治区政府会议研究同意，与自治区生态环境厅等12个部门联合印发了《关于加快推进新疆水产养殖业绿色发展的实施意见》，重点围绕新疆水产养殖布局、生态健康养殖方式、改善养殖环境、用水和水价等方面保障措施等做出全面部署。在全区水产养殖主产区重点示范推广了跑道式养鱼、稻渔综合种养等生态健康养殖模式，推广示范面积133公顷。部署了水产养殖业“五大行动”，推广示范养殖水域573公顷，辐射水产养殖企业（户）110户，得到渔民一致好评和肯定，水产品质量安全水平稳步提升，用药减量取得实效，保障了水产品有效供给，基本满足了全区人民群众对优质水产品的需求。

3.水产种业提升 为推动新疆水产种业发展，编制了《新疆鱼苗生态养殖繁育基地建设项目总体设计方案》，布局6个苗种繁育基地，储备了一批繁育基地项目。利用吐鲁番市独特的光热资源优势，2020年投入资金630万元，支持吐鲁番市交河水产苗种场进行改（扩）建，全年培育苗种200万尾，供应全区6个增殖放流点140万尾的苗种。

4.开展“2020年渔政亮剑”执法行动 2020年全区各级农业农村部门共出动各级农业综合行政执法人员5 952人次，执法车1 597次，渔政执法快艇172艘次，共处理禁渔违法捕捞案件61起，涉案渔获物重量1 086千克，行政处罚金额9.38万元，清理取缔涉渔“三无”船舶18艘。确保了执法检查中“涉渔水域全覆盖、涉渔人员全覆盖、涉渔场所全覆盖、涉渔船只全覆盖”，实现在禁渔期“河上无人捕、餐中无河鱼”的禁渔工作目标。

5.渔业安全生产工作 渔业船舶安全生产整体水平明显提高，安全生产形势呈持续稳定向好态势，全年没有发生渔业安全事故。制定《渔业船舶领域安全生产专项整治三年行动实施方案》，积极组织开展2020年“安全生产月”和“安全生产万里行”专项活动，2020年全疆共开展渔业安全生产执法检查122次，检查抽查渔业生产经营单位332家次，共发现安全隐患112个（已整改安全隐患112个，整改率100%），约谈企业2家，关闭取缔1家，并积极跟踪生产经营单位隐患整改落实情况，确保安全隐患按期整改到位。

6.积极创建国家级水产健康养殖示范场 2020年组织各地申报国家级水产健康养殖示范场19家，总面积为682.925公顷，主要养殖品种为草鱼、鲤鱼、花白鲢鱼、鲫鱼、鳙鱼、贝加尔雅罗鱼、斑点叉尾鮰等。

7.水产品质量安全管理 2020年对全疆主要地区（州、市）的8种水产品开展产地水产品质量安全监督抽查，全年抽检水产品样品65个，饲料样品5个，2020年全区水产品抽检合格率为100%。开展养殖用药拉网式排查。各地结合本地区生产实际、养殖品种状况以及用药特点，对辖区内所有水产养殖单位开展全面检查。2020年排查水产养殖单位共计1 522个，出动人员1 801人次，发现问题112个，下达整改通知书54份，已整改问题107个。

8.开展技术培训 2020年自治区农业农村厅针对全疆水产养殖企业、水产健康养殖示范场、渔业养殖合作社和个体养殖户举办了3期水产养殖绿色发展培训班，参训人数99人。培训班邀请了疆内外的水产专家，通过现场观摩和理论讲解的培训方式，向参训人员讲解绿色生态水产养殖模式、现代养殖技术及水产品质量安全等方面内容，通过培训，提高了渔业企业及养殖户对国家水产养殖业绿色发展的认识，转变养殖生产者的理念，提升了水产养殖生产及经营水平，并引导养殖场(户)科学合理安全用药。

9.存在的问题 全疆渔业生产总体保持稳步发展的良好态势，其中也有一些因素制约水产养殖发展，一是资金投入不足。渔业基础设施短板依然突出，渔业产业结构不合理，渔业生产规模化、集约化程度较低，财政资金投入不足。二是基层渔业主管部门机构人员队伍相对不健全。专职从事渔业的独立机构和人员较少。三是产业融合发展程度不高，休闲渔业、水产品加工业薄弱，二、三产业地区发展不均衡，水产品加工企业生产规模小，没有形成规模效应，水产品消费市场发掘不足。

【重点渔业市(县)基本情况】

新疆维吾尔自治区重点渔业市(县)基本情况

县市	总人口(万人)	渔业产值(万元)	水产品产量(吨)	其中		养殖面积(公顷)
				捕捞	养殖	
昌吉市	60.00	18 168	11 001		11 001	1 673
伊宁县	42.54	23 601	9 610	1	9 609	513
温宿县	26.78	15 591	9 300		9 300	730
拜城县	24.71	12 064	7 630	1 010	6 620	604
福海县	6.56	16 495	6 000	2 190	3 810	24 461

【大事记】

[1]3月9日，经自治区政府会议研究同意，自治区农业农村厅与生态环境厅、自然资源厅、发展改革委、财政厅、科技厅、工业和信息化厅、商务厅、水利厅、市场监督管理局、中国银行保险监督管理委员会新疆监管局、地方金融监督管理局等12个部门联合印发了《关于加快推进新疆水产养殖业绿色发展的实施意见》。

[2]3月21日，海南省农业农村厅援助新疆罗非鱼苗130万尾成功运抵新疆，自治区农业农村厅将受援的苗种分配到罗非鱼养殖比较集中的乌鲁木齐市、吐鲁番市、昌吉回族自治州等地区的6家养殖场。

[3]4月10日，自治区农业农村厅制定《"中国渔政亮剑2020"系列专项执法行动实施方案》，组织各地开展禁渔期(区)专项治理、清理取缔涉渔"三无"船舶、违规渔具渔法清理、打击电鱼活动、渔业安全生产专项执法行动、水生野生动物保护等六项专项执法行动。

[4]4月30日，自治区党委副书记、自治区主席雪克来提·扎克尔参加吐鲁番市艾丁湖增殖放流活动。

[5]5月1日，吐鲁番交河苗种场举行项目开工仪式。

[6]5月14日，自治区农业农村厅在昌吉市举办"2020年第一期水产养殖绿色发展培训班"，来自伊犁哈萨克自治州、阿勒泰地区、阿克苏地区、巴音郭楞蒙古自治州渔业系统相关领导、专家学者和项目实施单位负责人等30余人参加了培训。

[7]5月15日，新疆通过"全国水产养殖动植物病情测报系统"对水产养殖动物病情开展监测工作，共设置测报点44个，常规监测水产养殖品种18个，监测覆盖面积3 731.66公顷，涉及全疆11个地(州)、31个市(县)。

[8]5月31日，自治区党委农办组织召开支持做大做强冷水鱼产业座谈会。自治区财政厅、生态环境厅、水利厅、农业农村厅、有关企业等30余人参加了会议。

[9]6月13日，自治区农业农村厅在博湖县举办2020年春季国家一级保护水生野生动物——扁吻鱼标记放流活动，放流扁吻鱼4万尾。

[10]6月30日，自治区水产科学研究所6人次参加由中国水产科学研究院质量标准研究中心、自治区市场监督管理局组织的3项水产品质量监督检测能力验证考核，全部获得通过。

[11]9月27—29日，自治区农业农村厅在昌吉市举办2020年第二期水产养殖绿色发展培训班，阿勒泰地区渔业工作人员、水产养殖单位负责人等20余人参加了培训。

[12]10月13—16日，自治区农业农村厅在乌鲁木齐市举办渔业行政管理人员培训班，来自14个地

(州、市)的 80 名渔业业务骨干参加了培训。

[13]10 月 13—15 日，自治区农业农村厅在巴州和静县、博湖县举办第三期水产养殖绿色发展培训班，来自渔业重点地(州)35 名渔业企业、养殖户参加了培训。

[14]10 月 22 日，自治区水产科学研究所和博尔塔拉蒙古自治州农业农村局水产处联合主办准噶尔雅罗鱼人工增殖放流活动，在博州艾比湖南岸湖滨区精河入湖口放流准噶尔雅罗鱼鱼种 1 万尾。

[15]10 月 28 日，新疆完成对塔里木河上游水域喀什噶尔河、和田河、叶尔羌河、阿克苏河、渭干河 5 条支流及其重要附属水体共计 25 个调查站点的现场环境、水体理化环境、饵料生物、栖息地生境特征、鱼类群落结构、鱼类资源量等渔业资源与渔业环境的野外调查监测任务。

[16]11 月 1—10 日，自治区水产科学研究所在若羌县台特马湖增殖放流鱼苗 440 万尾，其中包括国家一级保护水生野生保护动物——扁吻鱼 2.2 万尾。累计在全疆各地共计放流濒危保护鱼类 58.4 万尾，经济鱼类和土著鱼类 450 万尾。

[17]12 月 29 日，农业农村部印发《关于通报表扬"中国渔政亮剑 2020"系列专项执法行动工作成绩突出的集体和个人的通知》，阿勒泰地区农业综合行政执法支队、塔城地区农业综合行政执法支队，吕博臻、艾山江・买买提、杨丽红分别获得"中国渔政亮剑 2020"先进单位和先进个人称号。

(新疆维吾尔自治区农业农村厅　阿依古力・卡拉拜)

大连市渔业

【概况】 2020 年，大连市有甘井子区、旅顺口区、金州区(金普新区)、瓦房店市、普兰店区、庄河市、长海县和中山区 8 个涉渔区(市、县)，以及高新技术产业园区、长兴岛经济区 2 个涉渔对外开放先导区；渔业乡、镇、街道 34 个，渔业村 175 个，渔业户 5.8 万户；渔业人口 22 万人，其中传统渔民 14.1 万人；渔业从业人员 14.5 万人，其中专业从业人员 9.6 万人。专业从业人员中，从事捕捞业 3.9 万人，从事养殖业 4.4 万人，其他 1.3 万人。

全市地方渔业(不含辽宁省属企业在大连分支机构)经济总产值 706.5 亿元，比上年下降 3.7%，其中渔业产值(含苗种)367.8 亿元。渔业经济增加值 340.4 亿元。渔业产值中，海洋捕捞产值 63.3 亿元，海水增养殖产值 259.8 亿元，苗种产值 44 亿元；淡水养殖产值 0.7 亿元。全市地方渔业水产品产量 226.5 万吨。

2020 年大连市地方渔业产量及产值

地　区	产量(万吨)	产值(亿元)
大连市	226.5	367.8
长海县	55.8	75.7
庄河市	57.4	102.1
金州区(金普新区)	36.3	46.9
普兰店区	14.0	30.5
旅顺口区	21.0	24.9
瓦房店市	13.4	53.3
高新技术产业园区	6.8	5.2
甘井子区	3.6	5.4
中山区	6.9	10.2
市直单位	10.3	9.5
长兴岛经济区	1.0	4.1

2020 年大连市地方渔业生产基本情况

项目	数量	比上年增长(%)
渔业经济总产值(亿元)	706.5	−0.09
渔业(含苗种)(亿元)	367.8	4.96
渔业工业和建筑业(亿元)	205.0	−9.41
渔业流通和服务业(亿元)	133.7	−14.83
水产品总产量(万吨)	226.5	2.42
海洋捕捞(万吨)	27.5	−4.98
海水养殖(万吨)	182.5	3.81
淡水养殖(万吨)	0.5	3.88
养殖面积(万公顷)	43.3	
海水养殖(万公顷)	42.6	
淡水养殖(万公顷)	0.7	
渔业船舶拥有量(万艘)	2.1	−5.76
渔业船舶总吨位(万吨)	31.5	−9.44
渔业船舶总功率(万千瓦)	74.6	−7.79

1.海洋渔业资源增殖放流 2020年，大连市放流中国对虾和三疣梭子蟹苗种31.1亿尾，总回捕率1.54%，增殖放流总产量2 339.88吨，总产值3.32亿元，总投入产出比1∶11.25。

2.海洋牧场建设 2020年，大连市庄河王家岛海域玉洋、大长山岛海域状元海、大长山岛海域耀扬、大长山岛南部海域盛水湾、七顶山海域好客海洋5处海洋牧场获批农业农村部第6批国家级海洋牧场示范区。截至2020年年末，全国136处国家级海洋牧场示范区中，大连市有22处。

3.海洋捕捞 2020年，大连市有渔业船舶20 951艘，比上年减少1 281艘，下降5.76%。其中，机动渔船20 641艘，非机动渔船310艘。机动渔船中，生产渔船20 219艘(含捕捞渔船9 090艘、养殖渔船11 129艘)，辅助渔船422艘，其他渔船0艘。全市有远洋项目渔船261艘。全年海洋捕捞产量27.5万吨，比上年下降4.98%。其中，远洋捕捞产量16万吨，与上年持平。海洋捕捞产值63.3亿元，比上年增长1.06%。其中，远洋捕捞产值19.4亿元，比上年下降7.77% 。

4.远洋渔业 2020年，大连市有远洋渔业资格企业18家，与上年持平；远洋项目渔船261艘，其中金枪鱼钓船56艘、专业鱿鱼钓船4艘、单拖网船197艘、流刺网船2艘、运输船2艘，比上年减少2艘。远洋渔业捕捞项目区域新增索马里、阿曼海域，远洋渔业捕捞分布于几内亚、索马里、加纳、科特迪瓦、喀麦隆、刚果(布)、阿根廷、阿曼、几内亚比绍、毛里塔尼亚、加蓬、塞拉利昂、塞内加尔、冈比亚、利比里亚、太平洋、大西洋、印度洋18个项目海域。全年远洋渔业捕捞总产量16万吨，与上年持平，产值19.4亿元，比上年下降7.77%；运回国内水产品产量2.84万吨，比上年下降44.4%。

5.入韩渔船作业管理 2020年，大连市有获批进入“中韩渔业协定”水域韩方一侧专属经济区管理海域捕捞许可渔船264艘，其中拖网船154艘、流网船84艘、围网船13艘、运输船13艘，比上年减少38艘。市各级渔业行政主管部门加强入韩渔船日常生产作业管理，汇总上报渔船进出通报3 500余艘次，通报准确率100%。进行具有进入许可作业资格船长、船东集中培训，举办培训班16轮次，培训船长、船东790人次。入韩渔船均按照中韩两国渔业协定进行捕捞作业。

6.水产原良种场建设 2020年，大连市有国家级水产原良种场3家、省级水产原良种场20家，涵盖刺参、皱纹盘鲍、虾夷扇贝、黄海胆等品种。年内，大连金州泓源水产育苗场被新认定为三疣梭子蟹省级良种场，大连金殿水产有限公司被新认定为菲律宾蛤仔省级良种场，大连富谷食品有限公司被新认定为中国对虾、三疣梭子蟹、牙鲆省级良种场，大连花园口经济区尖山对虾育苗场被新认定为中国对虾省级良种场；大连金砣水产食品有限公司、大连宝发海珍品有限公司、大连市金州区鹿鸣岛度假村、大连鑫玉龙海洋生物种业科技股份公司、大连金州泓源水产育苗场5家单位通过省级良种场复查。加强海参、扇贝等优势水产苗种疫病检测，检测水产苗种500样次，各项疫病检测指标均合格，重点养殖品种无重大疫情发生。

7.海水增养殖 2020年，大连市地方渔业海水养殖面积42.6万公顷，比上年下降5.66%；海水养殖产量182.49万吨，比上年增长3.81%；产值(不含苗种)259.8亿元；苗种产值44亿元。

8.水产健康养殖示范场建设 2020年，獐子岛集团股份有限公司、大连市海洋岛水产集团股份有限公司等4家养殖企业通过2020年农业农村部水产健康养殖示范场复查认定。截至2020年年末，大连市有农业农村部认定的水产健康养殖示范场54家，面积31万公顷。

9.水产养殖政策性保险 2020年，大连市水产养殖政策性保险海水养殖风力指数保险和水产制种保险生效保费3 721.49万元，保额4.65亿元，其余政策性海水养殖保险无保费。其中，海水养殖风力指数保险30%保费由市财政补助，水产制种保险50%保费由市财政补助。

10.渔业管理 2020年，大连市各级海洋与渔业主管部门发放水域滩涂养殖证600本，发证面积13 700.84公顷，累计发放养殖证7 291本，累计发证面积45.5万公顷；市本级新发、换发水产苗种生产许可证3本，发、换证涉及水体14.2万米^3；发放船员证书7 364本，其中职务船员证书2 836本、普通船员证书4 528本。

11.渔业安全生产监管 2020年，大连市加强渔业安全生产监管，以市政府名义7次主持召开专题会议，召开4次季度农业安全生产工作视频会议，研究部署渔船整治暨渔业安全生产工作。印发《大连市渔业安全生产专项整治三年行动实施工作方案》等文件，成立大连市渔业船舶安全专项整治三年行动领导小组，并抽调2名渔业执法队人员，成立工作专班；召开全市渔业船舶专项整治三年行动工作推进会；每周调度区(市、县)三年行动完成情况，按时报送周报和月报信息；编制工作简报4份，下发督办函1份。分别在旅顺口区董砣子渔港、金普新区大李家渔港、瓦房店市将军石渔港举办应急演练活动3场。市农业农村局联合大连海事局、中国渔业互保协会大连分理处等单位在全市10个涉渔区(市、县)(开放先导区)以及转港渔船相对集中的山东、浙江等地开展定点宣传教育15场、集中宣传教育30场,参加培训船东、船长4 320名。10月26—27日,举办大连市渔业安全管理实务培训班,培训基层监管人员50余名。在山东石岛举办转港渔船、入韩渔船安全生产宣教培训暨督查检查行动3场次。发布天气预报信息1 213份、大风预警信息8 960余条,联合市气象局发文2份。防台防汛期间,派出督查组30组次150余人次,在一线渔港码头、自然港湾进行防台防汛检查。组织召回海上作业渔船32 031艘次、作业人员60 738人次,未发生人员伤亡事故。协助海上搜救中心开展海上搜救工作,组织执法船19艘次、大马力渔船386艘次,组织渔业海上抢险救助7起,成功救助渔民37人、渔船4艘,投入救助经费23.2万元,避免经济损失2 360万元。完成较大渔业船舶水上事故调查2起,配合相关部门开展3起较大以上渔业船舶事故调查,批复水上自然灾害事故1起。

12.渔业监督执法 2020年,大连市按照《大连市捕捞渔船结构性改革实施方案》《大连市海洋捕捞渔船减船转产项目操作管理暂行办法(试行)》,持续推进减船转产项目。截至2020年年末,全市拆解国内海洋捕捞渔船2 131艘,压减功率94 511.65千瓦。加强伏季休渔期执法检查。出动执法船艇2 847艘次、执法车辆5 794车次、执法人员28 411人次,航程86 819海里,车程18.7万余千米,检查渔港码头及渔船自然停泊点1.1万个次,检查渔船3.2万艘次,发放宣传材料5.2万份,查处违法捕捞渔船722艘(外籍渔船167艘),查扣涉嫌"三无"渔船219艘,清理违规网具2.1万张(顶),查获涉嫌违规案件741起、涉案渔获物7.1万千克,行政处罚514.54万元。开展斑海豹保护冬季执法行动,出动执法人员180人次、执法车68次,行程3万余千米,航程2 500海里,开展野生动物保护宣传和检查行动18次,救助斑海豹幼崽5只,斑海豹放生2次。

13.水产品质量安全监督管理 2020年,制定《大连市2020年水产品质量安全监控计划》,加强水产品质量安全监督管理。以本地区重点大宗增养殖品种为监控对象,以氯霉素、硝基呋喃类等禁用渔药违法使用为重点监测项目,完成市本级检测1 029样次,检测合格率99.2%。农业农村部在大连市进行海参产地监督抽检45样次、海参农药及兽药残留专项整治抽检30样次,合格率100%;进行批发市场水产品例行监测,抽检鱼虾80个样品,合格率96%。省农业农村厅例行监测大连市产地海参150样次,合格率100%。全市主要养殖品种实现监测全覆盖。

(大连市农业农村局　印明昊)

青岛市渔业

【概况】 2020年,青岛市渔业总产值(青岛市统计局口径)193.3亿元,同比增长0.45%。国内水产品产量101.1万吨,同比增长0.3%,其中海水养殖产量80.1万吨,同比增长0.6%,淡水养殖产量1.5万吨,同比增长6.58%,国内捕捞产量19.4万吨,同比降低1.37%。2020年渔业养殖面积3.52万公顷,同比增长2.3%,其中海水养殖面积3.22万公顷,同比增长2.28%,淡水养殖面积0.3万公顷,同比增长1.26%。

1.渔业产业政策 市政府印发《青岛市推进海洋牧场与休闲旅游融合发展实施方案》,重点突出海洋牧场绿色属性,充分发挥海洋科技优势,加快推进海洋牧场与休闲旅游融合发展,助力海洋牧场转型升级。印发《青岛市海洋牧场建设规划(2020—2025年)》《青岛市湖泊(水库)渔业保护利用专项规划(2019—2025年)》《青岛市水产品加工产业发展"十四五"规划(2020—2025年)》,优化渔业发展布局,挖掘发展潜力,提升发展层次,指导全市海洋牧场建设、水库渔业及水产品加工业发展。发挥财政资金引导作用,研究出台《青岛市新渔业发展专项建设项目实施方案》《关于统筹利用中央渔业捕捞和养殖业油价补贴结余资金支持渔业新旧动能转换的通知》,重点支持海洋牧场配套设施建设、新型渔港经济区建设、水产种苗产业提升、渔业三产融合发展、渔业生态环境整治等领域发展。

2.水产养殖 实施"南鱼北养+灯光诱饵"接力养殖项目,组织9家企业扩大养殖规模,优选大黄鱼、真鲷等鱼种进行"野化"养殖,共产出鱼类700吨,实现产值5 000万元。发挥科研技术优势,推进国家级海洋渔业生物种质资源库、即墨区田横镇青岛市水产种苗研发中试基地建设。把握中国(山东)自由贸易试验区青岛片区发展机遇,指导全市企业在自贸区注册,计划开展章鱼、南美白对虾优质苗种引进中转工作,逐步打造现代化海洋种质资源引进中转基地。

3.渔业科技推广 根据水产养殖业绿色发展要求,积极开展水产新技术示范推广与科技服务,重点推广4个良种良法,培育水产良种1亿单位,示范养殖面积533公顷。开展参优1号池塘生态保苗20公顷,培育大规格苗种15 000千克。举办渔业科技培训班6期,培训人员480人次。组织实施渔业科技入户,成立30人科技指导队伍,遴选60名科技示范户,全年入户指导600次以上。深入实施青岛市2020年水产绿色健康养殖"四大行动",大力推广生态健康养殖模式,稳步推动水产养殖尾水治理,持续促进水产养殖用药减量,因地制宜试验推广水产新品种,建设推广基地27个。开展水生动物防疫检疫,检疫水生动物苗种48批次,在全市设置水产养殖病害监测点44处,监测面积333公顷。

4.渔业资源修复 按照习近平总书记视察山东时的重要指示精神,认真贯彻落实国家大力发展海洋牧场的决策部署,加快海洋牧场建设步伐,按照"一湾六岛"布局,集中打造"七大海洋牧场集群",全市有海洋牧场23处,总面积超1.2万公顷,共投放礁体超过320万空方,其中16处被评为国家级海洋牧场示范区。2020年共投入各级放流资金612万元,放流优质水产苗种2.3亿单位,有效修复了海洋生态环境、增加了海洋生物资源、维护了生态平衡。

5.远洋渔业 2020年青岛市远洋渔船共计167艘,其中作业渔船143艘。积极推进远洋渔业开发合作,整合海外远洋渔业资源,继续深化"走出去"战略,推动开发肯尼亚等新渔场,11家企业与缅甸、加纳、塞内加尔、刚果(布)等10个国家建立合作项目。延长产业链条,加快推进总投资200亿元的中国北方(青岛)国际水产品交易中心和冷链物流基地项目建设。稳定全市现有远洋渔业发展规模,推动远洋渔船更新改造,并购整合优质远洋捕捞船队,积极推动中鲁公司获批新建2艘金枪鱼围网船。

6.深远海养殖 积极拓展深远海养殖空间,推动"国信1号"养殖工船和"深蓝2号"网箱获批现代化海洋牧场建设综合试点项目。截至2020年年底,中间试验船"国信101号"已建设交付,"国信1号"已开工建设。经农业农村部渔业渔政管理局批复,建设全国首个国家深远海绿色养殖试验区,将为全国拓展深远海养殖发展空间、促进水产养殖转型升级、绿色高质量发展提供试验示范。

7.水产品质量安全 印发《青岛市2020年水产品质量安全监管工作方案》《青岛市2020年水产品质量安全监督抽查方案》《青岛市2020年水产品质量安全风险监测方案》《青岛市渔业生产主体排查方案》。加强产地水产品监督抽查和风险监测,全年共完成质量抽检1 395批次、苗种产地检疫36批次,产地水产品质量安全综合合格率为99.5%、水产苗种检疫合格率为100%,有效保障了市民"菜篮子"产品安全。组织开展青岛市水产品质量安全专项整治"利剑"行动和海参养殖用药专项整治,出动执法人员2 403人次,检查生产主体2 460家,责令整改水产品质量安全问题36起,查处违法行为6起,已办结6起,共计罚款6.5万元,销毁不合格产品约120千克。推动建立起以食用农产品合格证出具、查验为基础的产地准出、市场准入制度,全年食用农产品合格证制度试行主体共开具合格证3 173份,附证上市水产品38 403吨。

8.渔船管控 围绕渔港安全管理、停港渔船防火、商渔船防碰撞、打捞浒苔渔船安全保障和海上养殖安全等开展风险隐患排查整治。全年安排陆上检查人员1 100多人次,整改安全隐患90多个。开展宣传教育,制作安全生产宣传警示教育片,发放宣传材料2万多份,培训协管人员143人,完成4 300多人次安全生产知识和业务技能培训。组织渔业防台风桌面推演,开展渔港码头应急消防演练、渔船海上突发事件应急处置、火灾险情处置等实兵演练活动5次,参加人员160多人次。积极开展渔船压减工作,全年拆解老旧渔船34艘,淘汰主机功率691.1千瓦,补贴资金345.55万元。向2 670艘渔船发放油价补贴资金6 811万元,为近2 000艘远海捕捞船配备安全救助通信终端,保障3万多渔民海上生产安全。

9.渔政执法 2020年,全市在专项执法、协同协作、严管严控、宣传教育方面持续发力。严格执法巡查检查,印发实施《"中国渔政亮剑2020"青岛市系列专项执法行动方案》,扎实开展"中国渔政亮剑"行动。持续推进执法创新,全力推行伏季休渔"常态巡航、交叉执法、蹲点守候、突击检查"十六字战法,运用"人防+技防"综合手段,切实提高执法效能。加强与海警、海事、环境保护等涉海机构执法协作,建立健全联防联控机制。加强普法宣传,开展伏季休渔启动仪式、"三无"渔船和"地笼网"集中拆解现场会,邀请媒体参与,提高社会监督效能,持续推动法律进企业、进渔港、进社区,着力提高社会依法用海法律意识。全年累计查处渔业违规案件520起,罚款341万元,没收涉渔"三无"船舶157艘,清理收缴禁用渔具"地笼"网6万余套。

10.渔业通信安全与管理 为提高渔业安全生产保障,2020年全市更新海洋渔业安全通信网超短波岸台基站1座,建设渔船身份识别系统(RFID)基站65座,为渔船安装射频识别标签2 589艘,督导区、市完成200部渔船安全救助卫星通信终端招标工作,进一步完善北斗、AIS监控管理系统。全年发布灾害天气预警345次、禁渔禁航通告196次,参与通信救助指挥6次。坚持24小时值守,加强休渔期、跨区作业、涉外渔船管控,通报休渔期疑似违规渔船283次,外省跨区作业渔船140次,发送临近韩国海域警示信息2 700余条,召回越界渔船5艘,避免造成外交被动。

【重点渔业市(区)基本情况】

青岛市重点渔业市(区)基本情况

市(区)	总人口(万人)	渔业产值(万元)	水产品产量(吨)	其中				养殖面积(公顷)	
				海洋捕捞	海水养殖	内陆捕捞	淡水养殖	海水	淡水
崂山区	50.23	80 602	35 198	23 304	11 894			986	
西海岸新区	190.35	883 020	350 527	62 809	284 560		3 158	12 436	409
城阳区	110.96	195 332	236 375	34 666	201 107		602	6 062	153
即墨区	133.60	444 327	283 955	50 562	233 280		113	10 916	270
胶州市	98.78	143 779	101 068	23 153	69 680		8 235	1 833	691
平度市	119.13	2 334	1 170				1 170		513
莱西市	72.01	3 120	2 217			276	1 941		945

【大事记】

[1]3 月 2 日，印发《应对新冠肺炎疫情支持涉海市场主体生产经营工作措施》，从缓缴海域使用金、推动水产品产销对接、加强渔业技术指导等 12 个方面，助力涉渔企业复工复产。

[2]4 月 7 日，“即墨海参”获批国家地理标志证明商标。

[3]5 月 9 日，举办 2020 青岛渔业品牌线上推介会，集中展示 30 多家青岛本土品牌企业和青岛渔业品牌以及优质特色水产品。

[4]7 月 8 日，2020 青岛渔业(线上)博览会暨青岛海鲜荟正式启动，首批 50 余家渔业企业上线，集中展示青岛优质水产品，活动观看人数超 10 万人次。

[5]8 月 18 日，农业农村部渔业渔政管理局同意青岛建设国家深远海绿色养殖试验区，为拓展海水养殖发展空间、促进水产养殖转型升级、绿色高质量发展开展试验示范。

[6]8 月 23 日，胡春华副总理调研青岛市海洋牧场建设情况，充分肯定青岛市海洋牧场发展水平。

[7]10 月 29 日，市政府印发《青岛市推进海洋牧场与休闲旅游融合发展实施方案》，推进海洋牧场建设与文化、旅游等深度融合发展。

[8]11 月 6 日，全球首艘 10 万吨级智慧渔业大型养殖工船中间试验船“国信 101”号建造交付。

[9]11 月 16—20 日，由农业农村部国际合作司主办、中国水产科学研究院黄海水产研究所和青岛市海洋发展局共同承办的 2020 年农业农村部渔业“走出去”国际合作能力建设培训班在青岛举行。

[10]11 月 25—26 日，第三届丝路国家水产养殖国际论坛暨中国水产学会海水养殖分会 2020 年年会以远程视频会议方式举办，20 余个国家和地区的政府主管部门、科技教育机构、行业协会、水产龙头企业的代表以及主要涉渔国际组织和非政府组织代表近 1 000人参加会议。

[11]12 月，青岛市海洋与渔业行政执法支队被农业农村部表彰为“中国渔政亮剑 2020”专项执法行动先进集体。

[12]12 月 19 日，全球首艘 10 万吨级智慧渔业大型养殖工船“国信 1 号”在青岛西海岸新区正式启动建造。

[13]12 月 25 日，青岛市三家海洋牧场企业获批农业农村部国家级海洋牧场示范区称号，全市国家级海洋牧场示范区总数达到 16 处。

(青岛市海洋发展局　王　鹏)

宁波市渔业

【概况】 2020 年，全市渔业系统深入贯彻落实创新、协调、绿色、开放、共享的发展理念，坚持围绕中心、服务大局，多措并举推进渔业领域疫情防控、渔业安全生产、渔业资源养护和渔业产业发展，实现渔业生产平稳发展。2020 年，全市渔业经济运行总体平稳。据统计，水产品总产量 102.505 万吨，同比增长 3.05%。其中国内海洋捕捞产量 47.347 万吨，同比减少 6.62%；海水养殖产量 35.663 万吨，同比增长 8.55%；淡水捕捞产量 2.967 万吨，同比增长 19.64%；淡水养殖产量 5.729万吨，同比减少 8.47%；远洋渔业产量 10.8 万吨，同比增长 45.79%。海水养殖面积 3.284 万公顷，同比减少 0.73%；淡水养殖面积 0.956 万公顷，同比减少 2.05%。

1.以水产健康养殖示范县(场)创建为抓手，全面推进渔业生态健康养殖

(1)着力推进水产养殖业绿色健康发展。制定宁波市生态健康养殖模式推广行动等五大行动方案、确定渔业绿色发展工作要点，推进水产生态健康养殖技术和模式推广应用。印发通知分解水产健康养殖示范县(场)创建任务，督促各地以创建国家级、省级渔业健康养殖示范县(场)为抓手，做好养殖尾水治理与渔业绿色发展工作。指导余姚市推进省级渔业健康养殖示范县创建工作落实到位。完成 37 家省级水产健康养殖场示范创建验收工作。

(2)积极做好中央环保督查迎检工作。督促做好迎接第二轮中央环保督察与省生态环境保护专项督察涉渔相关工作，对水产养殖持证情况开展自查，做好过期养殖证延展(注销)工作。按时完成中央环保督察反馈意见第十六(2)项问题整改销号材料上报工作。对列入“长江经济带自查问题整改”杭州湾新区西二渔场 33 公顷水产养殖尾水污染问题整改项目进行验收，督促杭州湾新区做好水产养殖尾水治理推进工作。

(3)扎实推进水产养殖尾水治理。印发《宁波市农业农村局关于印发 2020 年水产养殖尾水处理示范建设项目实施方案的通知》，制定渔业环境监测实施方案，开展水产养殖尾水治理与监测工作。开展全市规模以上海淡水池塘养殖尾水治理摸底调查工作。

(4)持续推进养殖发证登记工作。根据《农业农村部关于进一步加快推进水域滩涂养殖发证登记工作的通知》、省农业农村厅和省环境保护督察宁波市整改工作协调小组的要求，组织开展养殖证核发情况自查工作。

(5)加强开展水产品质量安全监管。组织做好 2020 年度浙江省对宁波市产地和市场初级水产品例行风险监测抽检及 2019 年宁波市渔业环境监测公报编写、评审与发布工作。印发《宁波市水产养殖用药减量行动方案(2020—2022)》，督促各地，加强做好《水产养殖用药明白纸 2020 年 1、2 号》的宣传、发放工作。

(6)稳步实施水产种苗工程。中央财政投资 1 000 万元建设的水产种业提升项目“宁波市中华鳖种质资源场建设项目”通过了竣工验收；有 3 家省级良种场通过了省农业农村厅的复审；13 家水产育苗企业被认定为宁波市级水产种质资源保种场。

2.以安全生产专项整治行动为抓手，全面加强渔业安全监管

(1)成立工作专班，强化工作推进。5 月 5 日专门成立了渔业安全生产监管工作专班，制定工作方案，明确职责，召开会议，全面启动全市渔业船舶安全生产专项整治三年行动计划。6 月 16 日，市农业农村局抽调 5 名骨干力量组建实体化运作专班，实行集中办公，明确职责分工，统筹推进渔船安全监管工作。

(2)强化工作部署，推进工作落实。牵头制定《宁波市渔业船舶安全专项整治三年行动实施方案》，并报市委常委会研究通过，由市安全生产委员会统一印发实施。研究制定高危及 10 人以上渔船、休闲渔船和异地挂靠渔船专项整治方案并同步组织实施。全年累计召开各类安全生产会议 13 次，集中研究部署重要时段、重要水域和重要渔船安全生产事故预防和整治工作。

(3)强化安全督导，压实各方责任。根据疫情防控特殊性和渔业安全生产实际，通过电话抽查、视频连线、实地检查等形式，检查各地应急值班值守、安全监管等情况。市委副书记宋越舜、副市长卞吉安 3 次带队到象山、奉化等地督导调研“一打三整治”和渔业安全生产工作。市农业农村局党组书记、局长李强，党组副书记、副局长皇甫伟国等 10 多次带队开展渔业安全生产调研督查，确保各项工作有序推进实施。

(4)加强风险管控，开展隐患排查整治。针对近年来全市渔业生产主要风险点，组织开展以渔船防风、防火等措施落实和严厉打击渔船非法生产经营为重点的集中整治行动，及时排查整治事故隐患，对检查中发现的渔港消防、进出港人员安全管理、值班制度落实等存在的问题提出整改意见。委托第三方开展渔船安全隐患排查工作，累计排查渔船 2 782 艘，发现安全隐患 6 525个，整改隐患 6 494 个，整改率 99.5%。

(5)健全商渔会商机制，提高避碰能力。认真做好防范商渔船碰撞工作，落实市防范商渔船碰撞联席会议制度工作机制，开展联合巡航执法活动，探索建立“宁波渔船商渔安全自律联盟”，通过自律联盟提高编组长、带头船老大的安全防范意识；市农业农村局与市交通局联合发文，合力推进渔船号灯号型专项整治工作。积极推进渔船生产组织化、强制规范网位仪使用、加大对民间救援力量扶持补助力度等工作。6 月，市农业农村局与宁波海事局共同组织 2 期渔船船长登商船体验交流活动。

(6)加强值班值守，提高应急能力。严格执行渔业安全 24 小时值班制度和恶劣天气领导带班制度，全面开渔后，对重点县及乡镇值班每天开展抽查，尤其是

23点至凌晨3点的值班值守情况，并对象山鹤浦、高塘岛乡等乡镇安全值守情况进行暗访督查。通过渔船安全救助信息系统加大海上渔船管控力度，落实点名制度，及时核查渔船北斗非正常下线原因，对穿越航道、在敏感水域附近捕捞的渔船提前进行提醒，对落单渔船实施动态干预。充分利用广播、电台、短信平台、北斗平台等向渔民及家属发送风浪、台风、寒潮、大雾等预警信息，提醒渔船老大加强安全防范。

(7)加强安全基础，保障能力建设。一是开展安全设施配备和升级改造。已完成全市船长12米以上海洋渔船全部完成北斗终端升级改造，3 974艘渔船AIS终端升级改造；渔船监控视频设备、水位报警器也已经进入招标采购阶段；渔船卫星宽带通信项目已完成前期论证调研。

(8)强化宣传培训，营造良好氛围。全市在主要渔区悬挂各类横幅112条，开展现场咨询23场次，印发告渔民群众的各类宣传资料20 000多份，在宁波电视台、中国天气频道(宁波应急)以滚动字幕、短视频等形式开展"一打三整治"、渔业安全生产宣传教育。9月下旬组织150余名船老大开展"面对面"教育培训和80名基层渔业安全管理人员能力素质培训。截至9月，全市已完成6 543人次职务船员培训工作。

(9)完善应急预案，落实渔业防台。修订完善《宁波市渔业防台应急预案》，组织制定了《渔船防台、避风锚地、沿海养殖、休闲渔业应急工作指南》。编写了《渔业防台典型案例》。组织开展了2020年渔业防台风应急演习，扎实有效地做好应对4号"黑格比"、5号"蔷薇"、6号"米克拉"、8号"巴威"、9号"美莎克"、10号"海神"、14号"灿鸿"等台风袭扰的各项防御工作。开展形式多样的渔业防汛防台抗旱宣传活动，普及渔业防灾减灾知识，不断提升全社会特别是沿海地区群众的渔业防灾减灾和风险防范意识。

3.以"一打三整治"为抓手，全面推进海洋渔业资源养护

(1)高压严打伏休违法偷捕行为。区(县、市)渔政执法部门以"海上不见应休船"为目标，在海上定船、定时、定区域组织开展24小时执法巡航，采取信息监控、错时执法等方式，精准打击违法捕捞行为。在沿岸港口，组织开展"清港"行动，打击取缔涉渔"三无"船舶不留死角。严格伏休渔船排查、分类管控，落实定人联船、船位监控制度，确保伏休期"船进港、人上岸、网封存"。全市渔政部门共检查各类渔船6 326艘次，查获违法案件216起，移送司法机关9起、涉案人员11名，查扣涉渔"三无"船舶(筏)174艘，没收渔获物4 339千克。

(2)严查严打违禁渔获物销售行为。以"市场不见违禁鱼"为目标，开展政策宣传告知和高密度、高强度执法检查和暗访督查，督促市场举办者落实主体责任、经营户落实渔获物进销货凭证管理制度，运用索证索票制度不断规范销售秩序，打击违法销售渔获物行为。宁波市市场监管部门检查市场、超市、餐饮单位等经营主体12 150家次，发放禁渔公告及宣传资料13 659份，召开禁渔政策宣讲会315场，约谈市场举办方581家次，签订责任状和承诺书8 898份。查获违禁渔获物1 380千克，对无法出具进货凭证的经营户，当场下发行政处罚决定书324份，行政立案14起，拟罚款1.55万元。

(3)大力开展渔业增殖放流行动。坚持养护并举，大力开展渔业资源增殖放流活动，有效改善渔业水域生态环境，保护生物多样性。全年共放流大黄鱼、曼氏无针乌贼、中国对虾、日本对虾等7.1亿尾。组织开展2020年全国"放鱼日"同步增殖放流活动，并会同民建宁波市委会在象山港开展岱衢族大黄鱼鱼苗增殖放流活动。

(4)多措并举整治违禁渔具。全市各地落实属地责任，采取常态巡查、定期通报和联勤执法等方式，组织开展沿海滩涂、浅海等区域禁用渔具的清理取缔工作。渔政执法部门按照"露头就清、回潮就治"的思路，对杭州湾、象山港等滩涂禁用渔具高发区、密集区，开展集中与日常相结合的清理整治行动，坚决防止违禁渔具反弹回潮、死灰复燃。全市清剿滩涂串网、地笼网等违禁渔具25 757顶(张)。

(5)加快推进减船转产和老旧渔船更新改造。2020年全面完成农业农村部下达的减船转产任务，做到了船拆解、证注销、人上岸。已完成海洋捕捞渔船更新改造567艘，其中大型渔船(船长>24米)199艘，中型渔船(24米>船长≥12米)70艘，小型渔船(船长<12米)298艘。

4.以项目为抓手，扎实推进渔港经济区建设

(1)认真开展渔港核查。通过核查，全市有渔港58座，其中中心渔港1座，一级渔港3座，二级渔港7座，三级渔港14座，等级以下渔港33座，有避风锚地18处。

(2)积极推进渔港建设项目建设。2016—2020年农业农村部共安排宁波市8个渔港和避风锚地项目，已全部按照基本建设项目管理规定，完成了项目前期审批工作，同时，8个项目实施方案均通过了农业农村部专家评审并经市农业农村局或当地发改部门立项批复，总投资24 641万元，其中中央补助资金15 685万元。

(3)扎实做好渔港防污染设施设备建设。在2019

年完成12个二级以上渔港防污染设施设备建设的基础上，2020年继续推进全市57座三级渔港防污染设施设备建设，并均已按照要求完成渔港防污染基础设施设备的配备。

(4)认真做好"十四五"渔港建设规划编制工作。依据《浙江省渔港渔业船舶管理条例》《全省渔港布局规划》，组织开展了《宁波市渔港和渔船避风锚地建设"十四五"规划》编制工作。

(5)做好"十四五"渔港建设项目的申报工作。根据农业农村部渔业渔政管理局《关于报送"十四五"渔港升级改造和整治维护项目需求的函》通知精神，全市累计上报"十四五"渔港建设项目23个，其中中心渔港升级改造项目1个，一级渔港升级改造项目2个，二级渔港升级改造项目6个，避风锚地升级改造项目8个，中心渔港、一级渔港项整治维护项目6个，建设投资初步测算合计199 539.1万元。

5.聚焦"船""人""港"，全面加强渔港渔船境外疫情输入防控

(1)突出工作重点，加强渔船监管。加强对渔船实行24小时监控，实时掌握海上渔船动态，重点关注涉韩作业渔船、北斗非正常下线渔船、出港未报告渔船、未编组生产渔船和警戒线附近作业渔船动向。对已获得2020年涉韩作业许可的47艘渔船全部暂停涉韩渔业项目，按照近海渔船的管理要求进行疫情和越界防控。渔船监护人、"定人联船"责任人每天通过微信、电话与渔船保持联系，及时掌握渔船航行作业情况。远洋渔业企业通过电话或微信，每天与所属渔船联系，及时掌握船员身体健康和疫情防控状况。远洋渔船暂停在境外靠港加油补给，确有必要加油或补给的，充分做好防护消毒应对措施，避免与外部人员直接接触。

(2)突出责任主体，加强人员监管。进一步强化渔船进出港报告制度落实，督促船东船长及时报告渔船船员变动情况，落实"六个严禁"：严禁雇佣境外船员上船作业；严禁越界航行作业或停泊国外港口；严禁海上过泊或转渡人员；严禁搭载未报告的其他人员出海；严禁海上与外籍船舶靠泊；严禁渔船从事载客、运输货物等非渔业生产作业行为。远洋渔业企业暂停招募外籍船员、轮换船员，确有必要招募或轮换船员的，要按规定做好健康检查和隔离防护措施。动态掌握并报送每日海上作业及回港的渔船、渔民数量情况。利用短信、微信以及电视滚屏、窗式海报，加强对船东船长宣传教育、疫情通报。

(3)前移防疫关口，加强港口监管。象山、奉化等地按照依港管船、依港管人要求，将防疫"关口"前移，严把渔港进出关，充分应用渔船渔港动态监管、"智慧渔港"等平台掌握进港渔船信息，在船舶靠泊前充分掌握航行轨迹，加强对进港渔船特别是外地渔船的监管，对未经报告擅自进港停靠的不明渔船、航行轨迹可疑等渔船，及时报告、及时处置。各地强化网格化监管，加强对港口、码头、岙口等区域的排查管控，及时发现和处置涉渔"三无"船舶。

(4)健全工作机制，加强执法打击。市渔政执法队牵头成立渔山、南韭山、象山港、石浦港等4个海域执法区块，强化海上执法检查，增加执法频次，对重要航道、港口、码头及渔区加大执法巡查力度，重点对故意损害或屏蔽北斗终端设备、船员"人证不符"、非法越界航行作业、未实行进出港报告、涉渔"三无"船舶等违规违法行为，严格依法及时查处。

6.存在的主要困难和问题

(1)受经济发展、海域生态红线划定以及耕地"非农化""非粮化"等整治影响，全市水产养殖发展空间受到进一步挤压。

(2)全市海洋渔业设施设备现代化水平较低，池塘老化、水产养殖效益低等问题日益突出，特别是设施化集约化养殖水平还不高，且水产养殖机械化水平低。

(3)全市水产种业原良种繁育工程建设还不够完善，高效水产种苗繁育基础设施还不多；水产种业科研投入还较少，产学研结合仍不够紧密；水产种质保护和开发力度还不够，当地许多优良品种选育还处于起步阶段；水产种苗病害防治预警网络体系还不够健全。

(4)全市海洋渔业产业链竞争力还不够强，存在着水产加工增值环节较低，总体上还未形成水产品加工相关业务与食品业务、精细化工业务、物流业务(冷藏、冷冻仓库)和其他相关产业相衔接的完整体系，专业水产加工园区少。

(5)渔业生态环境有待改善。一是渔业水域水质环境质量受陆源入海污染物影响较大，部分海淡水贝类体内残留有石油烃、砷、镉、汞等有毒物质，特别是养殖与捕捞海淡水产品不同程度受到多环芳烃、镉和汞等重金属的污染。二是因涉海涉水工程建设项目的影响，许多优良的产卵场、附苗场、育肥场和增养殖场的渔业功能已受到严重破坏，渔业资源的增殖与恢复能力逐年下降，主要经济渔业资源都有不同程度的衰退，东海渔场的重要渔获物逐年趋向低龄化、小型化、低值化。

(6)海洋捕捞也面临一些问题。如部分船东船长主体责任未得到有效落实，一些渔船编组生产制度流于形式，部分渔船存在不按规定使用安全救助设备；机构改革后，基层渔业管理队伍、执法力量相对弱化；外省籍"异地挂靠"渔船日益增多。

(7)其他制约海洋渔业高质量发展的问题包括：设施化用地审批问题、海域使用审批问题、水产养殖生产用电补贴问题、生产资金融资问题、水产养殖灾害损失保险等。

【重点渔业市(县、区)基本情况】

宁波市重点渔业市(县、区)基本情况

市(县、区)	总人口(万人)	渔业产值(万元)	水产品产量(吨)	其中				养殖面积(公顷)	
				海洋捕捞	海水养殖	内陆捕捞	淡水养殖	海水	淡水
象山	56.77	1 123 606	590 700	344 740	150 860	2 000	13 500	11 100	1 566
宁海	69.60	333 530	165 270	5 760	153 037	418	6 055	13 133	2 086
奉化	57.75	334 571	151 471	115 925	32 011	1 610	1 925	1 334	187
慈溪	182.95	448 409	43 169	2 201	15 552	13 464	11 952	5 855	2 808
余姚	125.40	142 441	24 913	1 453		6 362	17 098		1 698

【大事记】

[1]1月，宁波市海洋与渔业研究院"水产病害监测、预警及减损技术集成研究与和应用"项目获2020年全国商业科技质量大会科技进步奖二等奖。

[2]3月18—19日，市海洋与渔业执法队利用无人机装载大功率喊话器和30倍变焦镜头，在象山港开展渔业"非接触"执法监管的探索应用。

[3]3月23日，宁波市启动开展渔业领域无线电管理专项整治。

[4]4月2日，宁波市首次试点第三方专业机构开展渔船安全隐患排查。

[5]4月8日，宁波市海洋与渔业研究院接受由宁波市农业农村局和甬派客户端联合打造的农产品质量安全知识科普类视频栏目《农安实验室》节目组的拍摄，共拍摄了4部水产品安全宣传短片。

[6]4月20日，宁波市发布"中国渔政亮剑2020"系列专项行动方案。

[7]4月30日，中共宁波市机构编制委员会办公室印发《宁波市海洋与渔业执法队职能配置、内设机构和人员编制规定》。

[8]5月27日，宁波市渔山列岛海域国家级海洋牧场示范区(2016年)人工鱼礁建设项目顺利通过农业农村部渔业渔政管理局组织的专家组验收。

[9]6月5日，宁波市农业农村局、舟山市海洋与渔业局联合签订渔船船籍港和靠泊地监管部门协同监管机制备忘录。

[10]7月13日，宁波市农业农村局、象山县水利和渔业局联合举办首届渔民运动会暨渔业安全技能大比武活动。

[11]8月下旬，宁波市海洋与渔业研究院大黄鱼甬岱1号新品种通过国家良审委的专家评审，于9月获得国家良种证书(新品种编号GS-01-001-2020)。

[12]9月7日，中国海监渔政宁波支队应诉的渔业行政处罚与行政赔偿案被列入最高人民法院发布的2019年度全国海事审判典型案例。

[13]11月4日，宁波市防范商渔船碰撞联席会议办公室发布《宁波市防范渔船和入海运输内河船碰撞的指导意见》和《宁波市防范商渔船碰撞联席会议重点目标任务清单》。

[14]11月，宁波市海洋与渔业研究院"渔山列岛贝藻类资源保护与利用"项目获2020年浙江省海洋科学技术进步奖二等奖。

[15]12月4日，宁波市海洋与渔业执法队办理"浙象渔20027船长钱方兵未按规定履行依法组织开展渔业生产职责案"案卷被浙江省海洋与渔业执法总队评为全省渔政执法"十佳案卷"。

[16]12月22日，根据农业农村部渔业渔政管理局《关于2020年渔业行政执法案卷评查情况的通报》，宁波市海洋与渔业执法队承办的"裘尧宏未依法取得捕捞许可证进行捕捞案""浙奉渔运00128船未履行渔业船舶安全生产责任案"和象山县水利和渔业局承办的"浙椒渔70053违反关于禁渔区的规定进行捕捞案"被评为2020年全国渔业行政执法案卷评查优秀案卷。

[17]12月29日，根据《农业农村部关于通报表扬"中国渔政亮剑2020"系列专项执法行动工作成绩突出的集体和个人的通知》，宁波市海洋与渔业执法队被评为"中国渔政亮剑2020"系列专项执法行动工作成

绩突出集体。

[18]2020 年度宁波市新增 4 家国家级渔业健康养殖示范场、1 个省级渔业健康养殖示范县和 37 家省级渔业健康养殖示范场。

[19]12 月 31 日，宁波市发布《宁波市船舶领域全民安全素养提升三年行动计划(2020—2022 年)》。

（宁波市农业农村局 石钢德）

厦门市渔业

【概况】 2020 年，厦门市各级渔业主管部门认真贯彻落实上级关于加强渔业工作的各项指示精神，以落实乡村振兴战略为主线，全面抓好渔业各项工作落实，促进全市渔业产业结构优化布局，促进渔业绿色发展，促进食品安全城市创建，促进水产品质量安全监管能力提升，促进海洋渔业资源得到较好保护管理。2020 年，厦门市渔业总产值 64.49 亿元，同比下降6.57%，其中捕捞产值 5.34 亿元、养殖产值 2.65 亿元、苗种产值 5.1 亿元。水产品总产量 7.59 万吨，同比增长 1.62%，其中水产养殖 2.19 万吨、捕捞产量 5.4 万吨。生产对虾苗 4 279.66 亿尾，同比增长 1.26%。水产品加工量 9.54万吨，同比减少 13.93%；加工产值14.44亿元，同比减少 12.51%。夏商国际水产交易中心总交易量 13.7万吨，交易额 66.22 亿元。

1.渔港经济区 2020 年，市委、市政府高度重视厦门渔港经济区建设。《厦门市人民政府关于促进海洋经济高质量发展的若干措施》和《中共厦门市委关于支持“三农”工作补齐发展短板的若干措施》明确提出，全市将大力培育“两港一区”渔业产业增长极，推动高崎渔港向新型休闲旅游渔港综合体转型，加快欧厝渔港建设成为国家中心渔港，承接高崎渔港由于功能提升而造成的溢出产能。厦门渔港经济区建设各项工作稳步推进。

2.水产苗种业 2020 年，市海洋局着力做强做大特色种苗业。支持亚太海洋生物、小嶝水产、闽锐宝公司开发繁育南美白对虾、石斑鱼、海马、绿盘鲍等特色优势苗种。推动“百利龙程”“新荣腾”等种苗企业实施品牌战略，培育对虾苗、石斑鱼苗等品牌苗种。推动福建闽锐宝海洋生物科技有限公司与厦门大学科研团队合作，实现绿盘鲍水产新品种产业化。结合海洋渔业招商工作，推进厦门百利龙程同安石浔仔虾繁育产业园落地建设，计划于 2021 年投产。2020 年，全市实现生产鱼虾苗达 4 279 亿尾，产值约 5.1 亿元。

3.远洋渔业 2020 年，全市有远洋渔业企业 4 家、远洋渔船 44 艘，作业海域分布于北太平洋、印度洋以及缅甸、塞内加尔，拥有缅甸等 3 个境外远洋渔业基地。2020 年，远洋渔业捕捞总产量 5.04 万吨、产值 3.7 亿元，渔获物回运厦门 3.48 万吨，为市民菜篮子和水产加工提供优质海产品。

4.水产品质量安全监管 2020 年，开展“利剑行动”等水产品专项整治，推进创建人民满意的食品安全城市工作等重点工作。推进食用水产品合格证和“一品一码”追溯体系建设。加强水产品质量监测抽检，全年累计实施各类水产品质量安全检测共 1 174 批次，其中厦门市药残检测和有毒有害物质监测 913 批次；农业农村部批发市场例行监测和产地监督抽查 93 批次；福建省海洋与渔业局水产品监督抽查和药残快检 168 批次，产地抽检合格率 100%。强化高崎水产品批发市场监管，问题水产品查处率达 100%，从批发市场环节把好水产品质量安全关。按照市应对疫情指挥部相关要求，扎实开展水产品批发市场疫情防控工作。

5.渔业资源增殖放流 2020 年，组织开展“6·6 全国放鱼日”“6·8 全国海洋宣传日”等增殖放流活动 17 批次，共放流鱼虾苗 11.97 亿尾，其中放流鱼苗 2 633.1万尾、放流虾苗 11.71 亿尾。组织开展黄鳍鲷增殖放流效果评估工作。举办“增殖放流海洋文化科普研学”宣传活动，宣传海洋文化，增强民众的海洋保护意识。

6.休闲渔业暨厦门 2020 中国(厦门)国际休闲渔业博览会 成功举办 2020 年第十三届国际(厦门)休闲渔业博览会观赏水族专区展览，休闲渔业展总面积 1 200 米^2，共设六大别致精装特装展区，凸显休闲渔业文化，参观人数约 2 万人次，达到预期效果。同期在厦门成功承办第五届全国休闲渔业高峰论坛，来自全国各地近 200 名代表参加了会议。

7.渔业科技培训与推广 2020 年，共组织“休闲渔村建设”“河鲀健康养殖技术”等 23 期“为民办实事”渔民培训，培训渔民 1 147 人次。

（厦门市海洋发展局 郑燕玲）

深圳市渔业

【概况】 2020 年，为贯彻海洋强国战略、粤港澳大湾区发展规划纲要、中国特色社会主义先行示范区建设和“一带一路”倡议，深圳市以习近平新时代中国特色社会主义思想为指引，以创新、协调、绿色、开放和共享五大发展理念为核心，紧紧围绕全球海洋中心城市建设，推动渔业产城融合、产学研融合、一二三产业融合发展，大力推动渔业高质量发展，取得了良好成效。2020 年全市(含深汕合作区)渔业产量 7.56 万吨，其中远洋捕捞量 2.60 万吨、近海捕捞量 2.87 万吨、水产养殖2.08万吨。渔业产值 263 403.6 万元，其中海水产品产值 257 497.8 万元、淡水产品产值 5 905.8 万元。

1.加强顶层设计，促进渔业高质量发展

（1）编制《深圳市现代渔业发展规划（2020—2035年）》。发挥规划国土海洋渔业整合优势，统筹国家战略与城市定位、统筹行业规划与空间规划、统筹产业发展与民生需求，坚持储近用远原则，明确深圳现代渔业发展的重点方向与总体目标，提出深圳现代渔业高质量、国际化的发展路径。

（2）制定现代渔业扶持政策。全面梳理、系统分析全国现有渔业发展政策，按照渔业供给侧结构性改革的要求，推动制定现代渔业扶持政策，加快淘汰落后产能、资源破坏性生产方式，培育渔业发展新动能，不断拓展产业链中下游及消费市场，加快渔业转型升级。

（3）出台《市海洋渔业局推动渔业高质量发展三年工作方案（2020—2022 年）》。明确全市渔业高质量发展重点工作，压实责任分工，大力推动渔业转型升级，形成渔业高质量发展持续推动力、合力，助力全球海洋中心城市建设。

2.大力发展远洋渔业，提升全球资源配置能力

（1）规划建设国家远洋渔业基地。按照“一基地两港区、整体规划、差异发展、分步实施”工作思路，推进国家远洋渔业基地申报工作。依托大铲湾临近空港和口岸优势，规划建设集储藏交易、拍卖展示、消费观光于一体的国际金枪鱼交易中心；在深汕港区引入储藏、冷链物流、精深加工、研发检测等机构，壮大远洋渔业产业链，提升远洋渔业全球资源配置能力。已编制完成《深圳建设国家远洋渔业基地专题报告（报批稿）》，并由市政府逐级报送至省政府。

（2）打造现代化远洋船队。推进远洋渔船更新改造工作。2020 年全市新建拖网远洋渔船 8 艘，总投资 6 488 万元，全市远洋船队规模已达到 165 艘，远洋渔业综合实力和国际竞争力进一步增强。新开发渔场 3 个，包括西非 3 个国家（利比里亚、几内亚比绍、冈比亚共和国）专属经济区海域，远洋渔业发展空间及对外渔业经济合作范围进一步扩大。

3.规划建设现代化渔港群，刻画海洋中心城市靓丽风景线

（1）编制《深圳市渔港空间布局规划》。综合考虑城市建设、生态环境、产业需求、防台防汛功能，差异定位各渔港的主要承载功能及未来转型方向，科学引导传统渔港转型升级和智慧化改造，形成多港联动、互为支撑的现代化渔港群。

（2）推进传统渔港升级改造。编制蛇口渔港升级改造规划，科学引导蛇口渔港发展转型和品质提升，推进盐田渔港城市更新，保留南澳渔港传统特色。加强渔港与周边城区的功能融合、产业协同、风貌协调，以渔港及其周边渔村为依托，发展渔业传统文化与现代文化特色。

（3）推动渔港渔船规范化管理。开展渔港红线划定和确权工作。制定渔港港章，建立健全渔船进出港报告、港容港貌、渔船渔民及渔获物上岸等工作机制，明确具体管理标准；开展渔港环境综合整治，重点整治渔港港容港貌、垃圾投放清运、养蚝渔船，科学设置上蚝点；推进“智慧渔港”项目二期建设，提升渔港信息化管理水平。

4.推动水产养殖绿色发展，着力转变渔业发展方式

（1）出台《深圳市养殖水域滩涂规划（2020—2035年）》。基于深圳市水域滩涂资源环境禀赋和承载力、经济社会发展和生态保护需要，科学划定养殖水域滩涂“禁止养殖区、限制养殖区、养殖区”，明确各区域类型功能分级，可养面积、位置和管理措施等，进一步规范水产养殖业管理。

（2）发力水产苗种、深远海养殖等高端领域。发展现代育种新技术，构建水产基因组大数据平台，持续推进水产育种技术创新和示范应用。建立长茎葡萄蕨藻、墨瑞鳕鱼、斑节对虾南海 1 号、斑节对虾南海 2 号、方斑东风螺、卵形鲳鲹优质水产种质库等水产新品种试验示范推广基地；筹建渔业科研示范基地，规划建设名优水产种质活体保存库、基因资源保存库、水产养殖良种培养实验室等配套设施，打造水产种业和渔业科技创新服务平台。整合深圳成熟的海工装备技术，探索建立集滨海旅游、休闲观光、生态养殖于一体的深水养殖综合平台。

（3）大力发展水产品精深加工及休闲渔业。全市从事水产品加工的企业约 20 家，加工产品包括罗非鱼、虾、牡蛎、海水鱼等 10 多个品种，产品销往全国各地以及北美、欧洲和东南亚地区。较有影响力的水产品企业包括：荣获欧盟和美国双认证的深圳联合水产发展有限公司，以罗非鱼为主打产品进军美国市场；荣获广东省名牌产品、具传统地方特色的“沙井蚝”系列加工产品等。积极发展观赏渔业、垂钓业、旅游观光和渔业文化等休闲渔业新业态，推动落实国际金枪鱼交易中心、深圳大鹏世界级滨海生态旅游度假区、小梅沙海洋世界重建以及深圳蛇口渔港、盐田渔港升级改造、南澳渔港渔村活化等重点项目。

（4）强化水产养殖环节质量安全监管。组织开展水产品质量监督抽查，重点检测硝基呋喃类代谢物、孔雀石绿、氯霉素等国家禁止使用的渔药或其他化合物，全年共完成养殖水产品质量安全检测 62 批次，监测药残种类 42 项，检测结果均为合格。组织开展全市水产养殖“利剑 3”专项整治行动，全年开展水产用药安全执法检查 59 次，检查养殖场所 169 家次。扎实推进水生动物防疫检疫工作。加强水产苗种产地检疫工作，全年累计出具苗种产地检疫证 148 批次，检疫合格苗种 10 亿尾。开展水产养殖病情测报和预警工作，设立 6 个水生动物病害监测点，全年共收到测报 54 次。对测报点及主要养殖场开展疫病监测，监测样品 172 份，监测水生动物种类达 20 多种，检测项目包括白斑综合征等 21 种疫病，全年未发生重大水生动物疫病。

5.深入推进渔业资源养护，不断改善海洋生态环境

(1)积极开展水生生物资源增殖放流工作。严格按照增殖放流技术规程有关要求，合理规划放流区域、数量，依法实行检验检疫，确保增殖放流效果。2020 年监督指导深圳机场飞行区扩建填海工程等 3 个涉海工程项目按照生态补偿实施方案落实增殖放流措施。组织动员社会各界积极参与增殖放流事业，全年共增殖放流虾苗 2.9 亿尾，鱼苗 780 万尾，贝类 1.83 亿只，珍稀濒危水生野生动物中国鲎苗种 15.7 万只，进一步提升公众保护渔业生态环境的意识，使渔业资源增殖放流成为一项社会广泛关注和参与的活动，不断推进渔业资源可持续发展。

(2)扎实推进海洋牧场和人工鱼礁建设管理。深圳建有杨梅坑、鹅公湾、东西涌 3 个生态养护型的人工鱼礁区，共计 7.64 千米^2，投放礁体 8 877 个，总空方 51.74 万米^3。2018 年 12 月，深圳大鹏湾海域国家级海洋牧场示范区获批第四批国家级海洋牧场示范区。2020 年已编制完成《深圳市大鹏湾海域国家级海洋牧场示范区人工鱼礁建设项目实施方案》和《深圳市大鹏湾海域国家级海洋牧场示范区人工鱼礁建设项目前期工作项目计划书》等，下一步将开展资源环境本底调查、工程地质勘探、环境影响评价等工作。

(3)严格落实渔业资源保护制度。一是组织实施海洋渔业资源总量管理制度，印发《深圳市加强海洋渔船管控和海洋渔业资源总量管理方案》，2015—2020 年实际完成海洋渔船减产转产 350 艘、9 451.6 千瓦，完成率达到 384.6%、389.9%。二是严格执行休(禁)渔制度。印发《深圳市 2020 年海洋伏季休渔制度实施方案》，休渔期间全市海洋综合执法部门共出航执法船 30 艘次、出航 45 天；执法快艇出航 488 艇次，计 817 小时；检查渔船 550 艘次、个人 778 人次，立案 6 宗、处罚金额 5.38 万元。

(4)加强珍稀物种保护。一是做好水生野生动物疫情防控工作，细化落实水生野生动物保护管理各项工作。组织对深圳市凯联龟业有限公司等养殖单位开展现场检查，加强环境卫生和消毒、疫病防范等工作。二是建立救助水生野生保护动物联动机制。2020 年通过执法检查及渔民、市民主动救助，共将 82 只龟鳖类水生野生保护动物交由市水生野生动物科普救护基地救护。三是组织开展了以“保护水生动物，共建和谐家园”为主题的深蓝讲坛宣讲活动。举办 2 期户外科普宣传活动，以通过 LED 屏循环播放科普视频、设立知识展板等方式，营造了保护野生动物的良好社会氛围。四是加强水生野生保护动物经营利用执法监管。全年开展相关执法检查 173 次，出动执法人员 983 人次，检查经营场所 506 个次，查办案件 5 宗，罚款 4 万元。

6.加强安全生产和执法监管，维护渔区和谐稳定

(1)全面排查整治渔业事故风险隐患。编制《深圳市渔业安全生产工作方案》，全面厘清并夯实安全生产主体责任、属地责任和监管责任。开展渔港渔船安全生产整治“百日攻坚”大检查，检查渔船 1 325 艘次，发现安全隐患 52 处，发出整改通知书 52 份，确保渔船“不安全、不出海”；继续实施渔船检验“检管分离”改革试点，全年检验大中型渔船 66 艘，小型渔船 600 余艘，切实保障了渔业安全管理到位、渔业安全生产形势持续稳定。

(2)全力以赴做好海上应急处置与救助。组织开展执法船艇应急演练 15 次和应急培训 3 次，深入渔区开展防台宣传活动 4 场和海洋灾害应急及消防演练 15 场，有效提升执法人员和渔民的防台意识和海上应急能力；严格落实渔业防台“三个百分百”要求，顺利完成了 9 个台风防御工作，发送各类预警信息 3 万余条，转移渔排养殖人员和外来避风渔民 600 余人，实现渔业防台人员零死亡；成功处置渔船海上应急事故 23 宗，救助遇险人员 19 人，有力保障了渔民群众生命安全。

(3)加强渔业执法监管。保持对违规违法行为的高压执法态势，积极开展“护渔”“亮剑”等系列渔业执法专项行动，重拳整治各类海上违规捕捞行为，严防利用“三无”船舶运载境外人员偷渡，铁腕整治“三无”船舶。全年共办理渔政案件 48 宗，收缴罚款 40 万元，移交“两法衔接”案件 1 宗，查获涉渔“三无”船舶 234 艘、非法网具 9.82 万米，开展销毁行动 6 次，公开销毁“三无”船舶 189 艘和非法网具 9.82 万米，有力保障全市渔业生产秩序稳定向好。

(4)坚决守牢疫情防控的海上防线。印发《深圳市海洋渔业局关于认真贯彻落实疫情防控工作有序推进渔船渔港渔业企业复产复工的意见》，压实各方防控职责，明确具体防控措施、复工复产指引。出台《关于应对新冠肺炎疫情支持渔民复工复产的扶持措施》，向渔企渔民发放困难补助、培训补贴、救生设备及防疫用品等，涉及补助资金共计 783 万元，切实帮助渔企渔民应对疫情冲击。出台《深圳市防控新冠肺炎疫情海上渔船境外输入工作方案》等文件，积极贯彻落实渔船防控疫情境外输入各项措施，夯实流动渔船渔民疫情防控各环节工作，严把渔港联合防疫关口，加大海上联合执法力度，形成属地政府统筹、海陆各部门密切配合的疫情防控闭环管理模式，全方位织牢织密海上防护网。

7.做好港澳流动渔民管理，构建港澳流动渔民和谐渔业 截至 2020 年，全市在册港澳流动渔船 938 艘(捕捞船 547 艘，辅助船 391 艘)，主机功率为 14 万千瓦，2020 年全年产量约 2.3 万吨，产值约 46 000 万元。积极落实惠渔惠民政策，减轻流动渔民生产成本。2020 年审核发放 2019 年度港澳流动渔船油价补贴资金 547.2 万元；审核发放 2020 年度港澳流动休渔渔船船主休渔补助(标准调整至 4 375 元/人)，休渔船主 399 人，补助金额共计 174.56 万元；发放疫情渔民临时补助 135.9 万元；审核发放 14 艘渔船更新改造补贴 586.869 万元；办理渔业捕捞证 356 本。

8.存在问题

(1)远洋渔业形势严峻，产业链条相对薄弱。在国际上，国际海洋权益斗争日趋复杂，公海渔业资源管护措施日益严厉，开发利用门槛不断提高，涉外渔业风险加大，国际渔业组织实行远洋渔业配额捕捞。日本等发达国家垄断国际金枪鱼市场，长期维持低价，我国渔业企业利益被严重吞噬。在国内，农业农村部实行全国远洋渔船规模总控(总量不超过 3 000 艘)。深圳远洋渔业产业链仍较为薄弱，市内外海外远洋渔业综合基地数量偏少，远洋渔港、冷链物流及加工等配套设施缺乏。

(2)养殖空间逐年萎缩，科技创新能力有待增强。在城市化进程中，随着新经济的不断崛起，水产养殖业在国民生产总值中的占比日渐下滑，传统陆域养殖区域不断被挤压，养殖面积不断萎缩，渔业转型升级迫在眉睫。此外，与青岛和厦门这些渔业科技发达城市相比，目前深圳渔业专业研发机构较少，高级专业人才不多，在分子育种技术、海洋生物活性物质高效提取和利用技术等方面具有较大发展空间，科技创新能力还有待增强。

(3)生态灾害时有发生，渔业资源环境仍需养护。受工业污水和城镇生活废水排放不断加剧的影响，渔业生态环境污染和退化问题仍需关注，赤潮时有发生，且危害面积有扩大趋势。渔业资源衰退和海水养殖病害的发生对渔业持续发展和生态安全构成一定威胁，部分重要渔业水域丧失渔业功能，资源环境的刚性约束与渔业可持续发展的矛盾突出。

【重点渔业区基本情况】

深圳市重点渔业区基本情况

重点渔业区	渔业总产值(万元)	水产品产量(吨)	其中				养殖面积(公顷)	
			海洋捕捞	海水养殖	内陆捕捞	淡水养殖	海水	淡水
大鹏新区	20 956	3 852	1 246	2 578		28	200	0.72
深汕合作区	169 509	44 499	27 408	14 205		2 886		

【大事记】

[1]6 月 6 日，开展以“养护水生生物资源，促进生态文明建设”为主题的渔业资源增殖放流活动，共放流黑鲷鱼苗 116 万尾，斑节对虾苗 491 万尾。

[2]8 月 10 日，出台《市海洋渔业局推动渔业高质量发展三年工作方案(2020—2022 年)》。

[3]8 月 21 日，出台《关于应对新冠肺炎疫情支持渔民复工复产的扶持措施》，向渔企渔民发放困难补助、培训补贴、救生设备及防疫用品等，涉及补助资金共计 783 万元，切实帮助渔企渔民应对疫情冲击。

[4]12 月 24 日，印发《深圳市养殖水域滩涂规划(2020—2035 年)》。

(深圳市海洋渔业局 吴 璇)

新疆生产建设兵团渔业

【概况】 2020 年，新疆生产建设兵团水产品总产量6.1 万吨，同比增长 13.57%，占全疆水产品总量的 37.42%，其中池塘产量 3.5 万吨，水库产量 1.5 万吨，坑塘及其他产量 1.1 万吨；渔业产值 11.43 亿元，同比增长 13.62%，占全疆渔业产值的 36.55%；养殖水域面积 34 260 公顷，其中池塘面积 3 851 公顷，水库面积 23 265 公顷，坑塘及其他养殖面积 7 144 公顷。

1.水产养殖业绿色发展 以开展健康养殖示范场创建活动为抓手，新创建（复审）新疆兆旺农业有限公司、新疆北屯额尔齐斯河特种鱼开发有限责任公司、五家渠市青湖渔业有限责任公司 3 个国家级水产健康养殖示范场。积极争取中央预算内和兵团财政本级资金，用于支持水产养殖池塘标准化改造，推进水产养殖尾水集中达标治理，池塘清淤，小龙虾种苗基地建设等方面。实施水产绿色健康养殖"五大行动"，建立了 2 个稻渔综合种养推广基地、1 个鱼菜共生生态种养推广基地、2 个池塘底排污尾水处理推广基地、8 个水产养殖用药减量推广基地、1 个配合饲料替代幼杂鱼试验推广基地、2 个水产种业质量提升推广基地。

2.水生生物资源养护 开展渔业资源养护和水域生态修复，在第四师 77 团管辖特克斯河段组织开展了 1 次兵团级渔业增殖放流，在第一师胜利水库、上游水库、多浪水库，第七师柳沟水库，第八师蘑菇湖水库、大泉沟水库等各个宜渔大中型水库组织开展了 14 次师（市）级渔业增殖放流，向塔里木河、伊犁河增殖放流叶尔羌高原鳅、斑重唇鱼、裸重唇鱼等土著鱼种 12 万尾，向大中型湖泊、水库、坑塘增殖放流鲢鱼、鳙鱼、草鱼等鱼种 2 100 余万尾，发放水生野生动物保护宣传资料 700 余份。积极开展"中国渔政亮剑 2020"系列专项执法行动，兵团各级渔业行政主管部门积极配合自治区各级渔业主管部门，在塔里木河、伊犁河、额尔齐斯河及博斯腾湖、乌伦古湖等重点水域开展禁渔期联合执法，累计出动执法车辆 25 车次，执法人员 60 余人次，较好地完成了渔政亮剑行动。为严厉打击电鱼活动，更好地保护渔业资源和水域生态环境，兵团各级渔业行政主管部门以各渔业主产区、兵团管辖河道为重点，强化监督检查，加强打击电鱼专项行动，累计出动执法车辆 20 车次，执法人员 50 余人次，发放打击电鱼宣传材料 200 余份。

3.渔业安全生产监管 为坚持不懈抓好渔业安全生产，9 月 2 日印发《兵团渔业安全生产专项整治三年行动实施方案》，在兵团范围内开展为期 3 年的渔业安全生产专项整治行动，牢牢守住渔业安全生产底线，坚决防止事故发生，2020 年重点落实渔业安全生产隐患排查整治，主要对捕捞机动渔船、渔业捕捞船员和水产养殖管理用房、用电、下水作业等方面进行整治排查，全年无渔业安全生产事故发生。为加强兵团渔业监督队伍能力建设，7 月 7—10 日，兵团农业农村局在北屯市组织召开了"2020 年兵团渔业监督能力提升培训班"，来自各师（市）农业农村局渔业负责同志、具体业务人员、主要渔区业务骨干等 60 余人参加了此次培训，培训主要内容包括安排部署"中国渔政亮剑 2020"系列专项执法行动、2020 年兵团渔业监督工作要点，解读渔业行政执法人员执法资格考试大纲、农业行政处罚程序规定等法律法规和政策文件。兵团各级渔业行政主管部门，以水库、大中型坑塘等为重点，加强执法监督检查力度，严厉打击涉渔"三无"船舶，累计出动执法车辆 30 车次，执法人员 70 余人次，发放相关宣传材料 200 余份。

4.水产品质量安全监管 为进一步提升食用农产品生产经营者质量安全意识，落实主体责任，确保生产经营行为规范、产品质量安全，兵团农业农村局在兵团范围内试行食用农产品合格证制度，实现食用农产品生产和流通环节监管的有效衔接。将水产品质量安全例行监测纳入"2020 年兵团农产品质量安全监测计划"，全年委托第三方抽检了兵团辖区内的 260 个水产品，开展了硝基呋喃类代谢物、孔雀石绿、氯霉素等药物残留检测，合格率为 100%。9 月底，兵团农业农村局和第十师北屯市农业农村局积极配合农业农村部淡水鱼类种质监督检验测试中心有关人员对第十师北屯市湖源水产养殖专业合作社、天然河鲈水产养殖专业合作社、鸣众大闸蟹养殖专业合作社、福源螃蟹养殖专业合作社、荷花湖养殖专业合作社 5 个水产养殖单位开展产地水产品兽药残留监控采样，经检测，合格率为 100%。

5.水产技术推广 积极组织兵团水产技术推广总站、塔里木大学动物科学学院赴各师（市）开展渔业技术指导 50 余次，分析兵团现有渔业特点，有效引导兵团职工从养殖常规品种到养殖南美白对虾、河鲈、大口黑鲈、白斑狗鱼等特种鱼类。发放《水产养殖用药明白纸》和鱼病防治挂图 300 余套。开展水产疫病监控工作，及时发布水产疫病预测 8 次，预测预报水产疫病 14 次，对预防水产养殖病害提出了指导性意见，减少了兵团辖区内水产疫病的发生。全年推广抗病毒草鱼、长丰鲢等优质水花鱼苗 4 920 万尾，辐射全疆水产养殖面积 666.67 公顷；推广抗病毒草鱼、长丰鲢、河鲈等夏花鱼苗 350 万尾，辐射全疆水产养殖面积 2 000 余公顷，有效提高了兵团辖区水产良种苗种质量。

6.拓宽渔业发展空间 9 月 8 日印发《兵团稻渔综合种养创建方案（2021—2023 年）》，在第一师 6 团、第四师 68 团开展了 36.67 公顷稻田养殖小龙虾，取得了初步成效，为下一步大面积推广稻渔综合种养提供技术支撑。为切实解决大水面渔业发展面临的空间萎缩难题，根据《农业农村部 生态环境部 林草局关于推进大水面生态渔业发展的指导意见》精神，兵团农业农村局会同兵团生态环境局、林草局 4 月 26 日印发《关于推进大水面生态渔业发展的实施方案》，为大水面渔业发展提供依据，进一步发挥大水面渔业的生态功能，走出一条水域生态保护和渔业生产相协调的大水面生态渔业高质量绿色发展道路。开展盐碱水渔业试点示范工作，在第一师 14 团开展盐碱水养殖南美白对虾和罗非鱼试验，盐碱水养殖罗非鱼已取得突破性进展，为下一步在兵团辖区内大面积推广示范盐碱水渔业提供有力支撑。

7.存在的主要问题 虽然兵团渔业工作取得了一定成效，但仍然存在问题和短板，主要有：一是水产种业基础薄弱。缺乏现代化育种企业及相关设施，珍稀濒危鱼类种业发展滞后，缺少常规鱼类种业龙头企业，“水花”鱼苗大多从内地引进，增加了水产疫病防控风险。二是水生生物资源养护力度不够。塔里木河、伊犁河、额尔齐斯河土著鱼类资源丰富，随着工业化、城镇化和水利工程建设，自然水域中的水生生物资源遭到破坏，同时对水生生物资源养护和挖掘选育地方良种科研力度不够。

【重点渔业生产单位基本情况】

新疆生产建设兵团重点渔业师基本情况

市（县、区）	总人口（万人）	渔业产值（万元）	水产品产量（吨）	其中		养殖面积（公顷）
				捕捞	养殖	
第四师			13 273	163	13 110	1 348
第十师			12 563		12 563	10 210
第八师			10 190		10 190	3 361
第七师			7 549		7 549	2 860
第一师			6 644		6 644	8 720

【大事记】

[1]农业农村部就“中国渔政亮剑 2020”系列专项执法行动对兵团农业农村局渔业监督处、第四师农业农村局杨浩可同志、第十师农业农村局张振同志通报表扬。

[2]开展了盐碱水养殖南美白对虾和罗非鱼试验，取得了初步成效。

（新疆生产建设兵团农业农村局）

全国渔业重点事业单位

中国水产科学研究院

【概况】 2020年，中国水产科学研究院紧紧围绕乡村振兴和科技创新驱动发展战略，聚焦农业农村中心工作总体部署和渔业高质量发展总体要求，坚持面向世界科技前沿、面向经济主战场、面向国家重大需求、面向人民生命健康，努力加强科技创新、产业支撑、成果转化和人才培养等能力建设。围绕新时期"一流院所、两个中心、三个基地"的愿景目标，按照"三个一体化"的工作思路，全院上下抓创新、抓支撑、抓改革，圆满完成了各项工作部署，为渔业发展提供有力的科技支撑。

1.科研项目与成果产出 全年新上科研项目1 191项，合同经费总额达7.84亿元。国家重点研发计划"蓝色粮仓科技创新"第三批项目成功立项4个，占总项目数的33%。全年获得省部级成果奖励16项，发表论文1 655篇，获得软件著作权202项，获国家授权专利479件。黄海水产研究所破译了中国真蛸、绿鳍马面鲀和黄鮟鱇全基因组，解析了酸化条件下鞭毛微藻运动能力的演变趋势及机制；南海水产研究所阐明人工鱼礁原生生物变化过程，揭示了海洋牧场生态效应产生机制；黑龙江水产研究所应用基因编辑技术获得无肌间刺鲫鱼；淡水渔业研究中心创建并利用高效RNA功能阻抑技术，培育出不育罗非鱼；珠江水产研究所、黄海水产研究所和黑龙江水产研究所分别研制的草鱼嗜水气单胞菌败血症、铜绿假单胞菌赤皮病二联蜂胶灭活疫苗，大菱鲆鳗弧菌灭活疫苗和虹鳟传染性造血器官坏死病核酸疫苗获农业农村部相关批件；珠江水产研究所创制了池塘水环境调控设施，突破了池塘尾水减排关键技术；淡水渔业研究中心阐明了稻渔综合种养中生源要素流动规律，构建了"稻-鱼""稻-蛙"等养殖模式；东海水产研究所研制的南极磷虾桁杆拖网等装备，实现单船年产量提高30%以上；渔业机械仪器研究所突破了大型养殖工船单点锚泊关键技术，为开启大型养殖工船时代奠定了基础；渔业工程研究所在渔业专用频段通信协议设计与数字电台研制方面也取得了积极进展。中国对虾黄海4号、中华鳖珠水1号和罗非鱼粤闽1号3个新品种通过国家审定。

2.科技支撑与公益服务 深入推进乡村振兴支撑行动，山东东营、广西三江和江苏武进等3个示范点入选农业农村部乡村振兴100个示范村镇，其中东营现代渔业示范区入选农业农村部乡村振兴十大样板。在湖北仙桃、山东东营、佛山三水、珠海斗门等地示范推广黄鳝、海参、大口黑鲈、海鲈等育繁推一体化模式，区域良种覆盖率超过50%。大力推动脱贫攻坚，制定《中国水产科学研究院2020年科技扶贫及援疆援藏实施方案》；在云南红河县推广稻鲤种养500公顷，稻鳅种养333公顷；在甘肃景泰示范南美白对虾棚塘接力模式，亩效益达1.33万元；在广西三江推广"一季稻＋再生稻＋鱼"模式，平均每亩利润增加2 000余元；助力河北易县建设省级休闲渔业基地，带动周边贫困户增产增收。加强院企院地合作，院属单位共与29个地方政府、81家企业、23个科研机构建立合作关系，建立示范基地22个；与青岛国信发展（集团）有限责任公司联合设立科技成果奖励基金1 000万元，助力渔业科技创新；与江苏昆山合作推广河蟹养殖"863"模式，效果显著；全年"四技"服务取得新突破，到账经费达2.5亿元，同比增长32%。全力支撑长江禁捕退捕，成立农业农村部长江流域水生生物资源监测中心，牵头承担长江流域水生生物资源监测工作；参与了《中华人民共和国长江保护法》《中华人民共和国野生动物保护法》的制（修）订，牵头完成第二次全国水产养殖业污染源普查。充分发挥战略咨询作用，承担了科学技术部2035中长期科技发展规划战略研究、中国工程院重大咨询研究、农业农村部"十四五"渔业科技战略研究等一系列任务。

3.国际合作与协同创新 持续开展国际合作，创新线上线下相结合的交流形式，举办了中国-挪威渔业科技合作40周年学术论坛、丝路国家水产养殖国际论坛等系列国际交流活动，对40多个国家近500名学员开展线上培训。持续推进渔业科技创新联盟建设，依托长江、黄河、大水面和南海渔业等科技创新联盟，牵头编制了“长江流域水生生物资源监测体系”实施方案，组织策划“黄河渔业资源与环境调查”专项，举办了“南海渔业高质量发展与融合”创新论坛，推进了全球首艘10万吨级大型养殖工船建设。

4.科研条件建设 全年新增自有履职和运行项目费2 600多万元，落实修购项目16个。国家海洋渔业生物种质资源库和2艘3 000吨级“农业航母”调查船已投入试运行。8个基本建设项目全部列入农业农村部“十四五”建设规划，海南创新研究院获批事业单位法人证书，并取得地方项目立项批复和选址意见书。获科技部批准设立国家级科研平台“山东长岛海洋生态系统野外科学观测研究站”。

5.人才队伍建设 全面推行高级职称评审“绿色通道”，6名优秀青年人员通过“绿色通道”晋升高级职称。选聘中国水产科学研究院新一轮首席科学家21名，新增中国水产科学研究院中青年拔尖人才12名和中国水产科学研究院“百名英才”49名。东海水产研究所樊伟研究员入选国家百千万人才工程，被授予“有突出贡献中青年专家”称号。研究生联合培养规模再创新高。

【黄海水产研究所】

1.科研项目与成果 2020年全所共主持、承担各级各类科研课题476项，其中主持国家重点研发计划项目11项、国家重点研发计划课题13项。全所共申报各类课题205项，新上各类科研项目(课题)168项，合同总经费8 024万元，国家重点研发计划“蓝色粮仓科技创新”重点专项第二批4个项目顺利启动。获国家授权专利66件。发表论文405篇，其中SCI收录或其他英文期刊论文230篇。“凡纳滨对虾‘育繁推’种业关键技术研发与示范”成果荣获第五届中国水产学会范蠡科学技术奖一等奖。

2.成果转化与科技支撑服务 牵头建设的山东长岛海洋生态系统野外科学观测研究站入选国家野外科学观测研究站，牵头成立对虾工业化养殖科技创新联盟，成立渔业抗疫复产服务团和信息服务线上平台，为保障渔业复产复工提供有力科技支撑。该所设立的乡村振兴示范点东营市现代渔业示范区荣获农业农村部“乡村振兴科技引领示范村(镇)十大样板”，与潍坊市人民政府共建潍坊渔业技术产业研究院，与黄海渔业科技创新研究院(威海市)及所属基地形成“两院三基地”雏形。撰写《威海市水产养殖绿色发展示范区建设实施方案》等多项指导性文件，支撑威海市获批首个国家水产养殖绿色发展示范区。助力西藏亚东鲑鱼健康养殖和云南丽江程海湖红翅鱼人工繁育等，推进河北沧州、山东东营脊尾白虾-鱼类盐碱地池塘生态混养模式建立及示范，有效提升了渔业科技入户帮扶效率。参建半岛科创联盟、中国新农科水产联盟，开展的线上线下技术培训、科普等活动累计培训人员数十万人次。

3.学术交流与国际合作 新上国际合作项目7项，合同总经费469万元。推动与俄罗斯科学院远东分院A.V.日尔蒙斯基国家海洋生物科学中心签署合作备忘录，牵头与亚太水产养殖中心网等单位正式成立国际水产养殖科技与产业发展联盟，组织申报的联合国粮食及农业组织(FAO)水产养殖生物安保与微生物耐药参考中心通过评审。举办第三届丝路国家水产养殖国际论坛、中国-挪威渔业科技合作40周年学术论坛、中国-挪威渔业科技国际合作工作研讨会、中国-墨西哥渔业科技国际合作工作推进会等多双边国际会议。推动2022年世界水产养殖大会筹备工作，获农业农村部批复。成功举办农业农村部2020年丝路国家海水养殖技术培训班、2020年渔业“走出去”国际合作能力建设培训班。16人次专家在国际主要渔业科学组织履约履职，1人担任PICES渔业委员会主席、1人担任CCAMLR科委会国家代表、1人担任NACA总干事。

4.人才队伍建设 制(修)订《优秀青年科技人才奖评选办法》，完成21名新提任中层干部任职试用期满考核。人才奖励实现了国家、省、市、院四级全覆盖，1人进入科技部创新领军人才答辩，1人进入泰山学者攀登计划人选考察、1人进入泰山产业领军人才人选考察、2人进入泰山学者青年专家人选考察，2人荣获青岛市青年科技奖，2人入选中国水产科学研究院中青年拔尖人才。

5.科研条件建设 完成国家级海洋渔业生物种质资源库建设项目批复建设内容，建安工程完成竣工验收，项目被评为青岛市建筑施工现场标准化管理示范工地、山东省绿色施工科技示范工程、山东省建筑工程优质结构工程。“北斗”号、“中渔科101”号、“中渔科102”号、“蓝海101”号调查船共计出海23个航次，累计海上作业228天、安全航行近3万海里，完成各种调查站位709个，航次共享机制不断完善。大型仪器共享绩效考评工作获评良好，受到科技部、财政部通报表彰并获专项经费奖励。不断提高网络安全和信息化建设水平。黄渤海区休禁渔秩序评估等工作稳步推进。

【东海水产研究所】

1.科研项目与成果 2020年全所在研项目619项，其中主持557项。新上项目203项，其中主持171项，包括国家重点研发计划项目3项、课题3项、子课题20项，新上项目合同经费2.16亿元。7项技术开发项目和1项技术转让项目通过上海市技术市场管理办公室认定。获得海洋科学技术奖一等奖1项、上海海洋科学技术奖特等奖1项、上海市科技进步奖二等奖1项（参与）等。发表论文221篇，其中SCI论文57篇；出版专著16部。申请专利140项，授权专利47项、软件著作权11项。发布行业标准4项、团体标准1项。成功选育拟穴青蟹东方1号新品系。

2.技术支撑与科技服务 持续扶持甘肃景泰县，赠送苗种102万尾，新增推广养殖面积约133公顷。组织完成西藏重点研发项目“基于‘高原渔仓’的循环农业关键技术研发与应用示范”4个示范点安排布局和规划等任务。“海水杂食性鱼类篮子鱼驯养繁育及生态养殖技术”获得第二十三届中国国际高新技术成果交易会优秀产品奖。挂牌成立海马研发创新中心，筹建成立上海长鱼长江水生生物保护基金会，落地落实长江大保护战略。开展长江涉及流域重要栖息地调查评估、种质资源保护区调整及环境修复系统工作，为长江大保护提供理论支撑和技术支持。与安徽师范大学、宁德师范学院等推进产学研联合创新工作，与上海崇明东滩鸟类国家级自然保护区、荣成市人民政府、中水集团远洋股份有限公司、靖海集团有限公司等签署战略合作协议，协同创新攻关，助力区域渔业发展。

3.学术交流与国际合作 克服疫情困难，继续执行塞拉利昂渔业资源探捕调查任务，取得阶段性成果。充分运用网络会议形式，参加北太平洋渔业委员会、南印度洋渔业委员会等国际会议，因公出国（境）和线上视频国际会议共13个团组25人次，涉及塞拉利昂、意大利、日本、留尼汪、南极等国家和地区，服务国家对外工作。

4.人才队伍建设 1人入选国家百千万人才工程，1人入选2019年度上海市青年拔尖人才开发计划，2人获批国家留学基金管理委员会出国项目赴美国深造，选送2名干部挂职锻炼。1人获农业农村部离退休干部先进个人，1人获上海市离退休干部先进个人，“水产品质量安全先锋”团队获2019年度上海市巾帼文明岗称号。

5.科研条件建设 宁海基地成功验收并顺利投入使用，为青蟹等新品种选育提供了优良的条件。上海长江口渔业资源增殖和生态修复工程技术研究中心正式获批成立，并列入2020年度上海工程技术研究中心建设计划。3艘科学调查船在海洋渔业资源调查与养护工作中发挥重要作用，其中“中渔科212”远赴西非承担援外调查任务。《海洋渔业》杂志同时入选农林领域和地学领域《高质量科技期刊分级目录》的核心期刊。

【南海水产研究所】

1.科研项目与成果 2020年全所主持和承担各类纵向科研项目265项，到位科研经费1.31亿元。联合研制的“半潜桁架结构德海智能养殖渔场”入选2020中国农业农村十大重大新装备。以第一完成单位获成果奖励12项，其中“南海主要经济贝类生态养殖与病害防控技术应用”成果获海南省科技进步奖一等奖，“鱼类生物法腌制加工关键技术的研究与应用”成果获广东省科技进步奖二等奖；发表学术论文362篇，其中SCI/EI收录175篇；出版专著6部；获得软件著作权46项、专利92件。

2.科技支撑与成果转化 积极发挥南海渔业科技创新联盟牵头作用，成功举办南海渔业高质量发展与融合创新论坛。在大亚湾海域首次发现浮游软体动物尖笔帽螺暴发并开展持续监测跟踪工作，为有关单位妥善处理生物生态事故、确保核电站安全提供了有力科技支撑。与广州市南沙区人民检察院共建全国首个海洋公益诉讼联合实验室，构建了“司法＋科研机构”的海洋公益诉讼模式。组织完成了海南美济礁、珠海斗门区乡村振兴实施行动。选派53名广东省和广州市农村科技特派员，开展入村进户渔业科技帮扶指导，累计送科技下乡与培训21次，培训2 000多人次，发放技术资料2 200余份。圆满完成南海渔业中心各项工作任务，有力支撑了国家渔业渔政管理决策。农业农村部渔业环境及水产品质量监督检验测试中心（广州）为广东农业企业提供免费水产品定量检测，为广东驰援湖北捐赠行动贡献科技力量。圆满完成对陆丰市金厢镇望尧村的对口帮扶任务，2020年通过脱贫攻坚工作考核。

3.学术交流与国际合作 推进智能养殖渔场装备技术升级，研制的“香港版”德海智能养殖渔场于2020年12月在香港东龙岛完成锚碇安装、通过现场验收，服务粤港澳大湾区，助力香港渔业绿色发展。全年新上国际合作与交流项目3项，结合疫情防控实际，组织参加线上相关专业领域国际研讨会。积极推进“中国-东盟现代海洋渔业技术开发与产业化示范”等一批国际合作项目实施。主办的《南方水产科学》影响因子再居水产学类首位，连续第4次被评为RCCSE中国核心学术期刊。

4.人才队伍建设 选聘所长助理1名、主任助理5名,选拔任用六级职员1名。1人荣获全国最美生态环境科技工作者称号,1人荣获生态环境部青年拔尖人才称号;2人被评为海南省领军人才并入选"南海名家"人才培养计划,1人入选海南省"515人才工程"第三层次人选,1个团队入选海南省"双百"人才团队;新增博士研究生导师5人、硕士研究生导师9人;新晋升正高职称5人、副高职称10人,特聘"优才计划"岗位9人。与大连海洋大学、西安电子科技大学等签订了人才培养合作协议。

5.科研条件建设 国家渔业资源环境大鹏观测实验站建设项目获得农业农村部批复立项。完成中国水产科学研究院南海水产研究所水生动物疫病专业实验室建设项目、热带水产研究开发中心基础设施改造、热带水产研究开发中心仪器设备购置、深圳试验基地仪器设备购置等4个基建和修购项目以及深圳试验基地越冬大棚灾后重建工程等项目建设,全部交付使用。取得北部湾海洋渔业研究中心建设用地(即地块2)9 016.12米^{2}不动产权,建设规划修订工作有序推进。

【黑龙江水产研究所】

1.科研项目与成果 2020年全所承担各类科研项目(课题)131项,新上科研项目61项,新上项目合同经费5 826.78万元,其中国家级项目9项、省部级项目25项。新增政府间国际科技创新合作项目1项,"蓝色粮仓科技创新"重大专项课题2项、研究任务2项,国家自然科学基金项目3项,东北地区重点水域渔业资源调查专项正式启动。获中国水产科学研究院科技进步奖一等奖1项;发表论文102篇,其中SCI收录32篇;出版专著3部;登记软件著作权26项,获得授权专利55项。

2.成果转化与科技服务 全年签订"所地企"战略合作协议10项、横向技术合同60项,总经费2 012余万元。"政产研"一体化转化示范平台黑龙江水产研究所连环湖科学实验基地正式挂牌启用;承担的《黑龙江省渔业滩涂规划》编制项目通过专家验收;完成增殖放流及效果评价委托任务9项,累计放流鲟鳇、哲罗、细鳞等10种土著鱼类大规格苗种243.8万尾。牵头承担的《雅鲁藏布江渔业资源保护与利用规划》正式启动。组织专家团队深入基层,累计培训技术人员和渔民1 000多人次、发放资料1 100余份,推广松浦镜鲤、虹鳟等苗种4 000余万尾(粒)。在大兴安岭南麓片区、广西、陕西、内蒙古等地展开科技扶贫,累计赠送宜养品种1 000多万尾。

3.国际合作与学术交流 通过现场、在线形式开展了20余场学术交流活动。主办三北地区渔业绿色高质量发展研讨会,邀请中国工程院院士唐启升、中国科学院院士桂建芳等知名专家做报告;主办中国水产科学研究院杰出青年科学家论坛,邀请中国水产科学研究院杰出青年科学家与科研人员进行近距离交流;邀请中国科学院水生生物研究所、中国水产科学研究院东海水产研究所的多位专家来所开展交流指导;组织科研团队通过网络视频,与马来西亚博特拉大学、美国威斯康星大学等院所的专家开展在线交流。多人次参加范蠡学术大会、第三届水生经济动物良种繁育与养殖产业化青年论坛、2020大水面生态渔业发展高峰论坛等学术活动并做报告。

4.人才队伍建设 申报并获批黑龙江省政府特殊津贴1人、中国水产科学研究院中青年拔尖人才1人。获得国家和黑龙江省博士后科学基金面上资助各1项,黑龙江省博士后科研启动资助项目2项。

5.科研条件建设 在建基本建设"渤海基地(循环水)项目"土地规划已列入"宁安市自然保护地整合优化核查成果报告";宽甸项目完成验收。申报水生动物防疫专业实验室(黑龙江水产研究所)基建项目1项。

【长江水产研究所】

1.科研项目与成果 2020年全所共承担各类科研项目270项,其中新上项目143项。"珍稀鱼类繁育与物种保护技术体系及示范"和"罗非鱼绿色养殖的精准营养调控技术研究与应用"分获2020年度湖北省科技进步奖二等奖和三等奖。长江和西藏专项调查取得系列重要进展,初步摸清了长江流域和西藏重点水域鱼类资源和环境"家底"。建立了黄鳝全人工规模化繁育技术体系,在湖北仙桃、四川宜宾的技术示范均获得成功。从患病罗非鱼体内发现了一种新致病病原——细小病毒,填补了国内外罗非鱼暴发性流行病病原学研究的空白。发表论文186篇,其中作为第一作者(或通讯作者)且影响因子6.0以上的论文6篇,作为第二单位、共同通讯作者在*Science*发表评述文章1篇。获得授权国家专利32项(其中17项发明专利)。

2.科技支撑与成果转化 承担农产品质量安全例行监测(风险监测)任务、水产品质量安全专项监测、产地水产品质量安全监督抽查等任务,为我国水产品质量安全保驾护航。与常熟市农业农村局合作设立常熟中华鲟监测救护中心。承办了中华鲟、长江鲟、长江四大家鱼、澜沧江土著鱼类、圆口铜鱼等增殖放流活动。与湖南长沙、河南郑州、云南昆明等水族馆签订合作协议,开展中华鲟的驯养展示工作。与仙桃市人民政府签订战略合作框架协议，在黄鳝规模化人工繁育仙桃工作站共建等方面开展合作。在荆州市公安县、松滋市建立了两个稻虾生态种养示范基地（田间学校），重点示范了虾稻、虾鳝稻2种主要模式，示范面积100公顷，培训养殖户170余人。与陕西省大荔县水产工作站共建黄河鳖联合研究中心，与安徽省喜佳农业发展有限公司共建中华鳖联合研究中心。在湖北、宁夏、四川等6省（自治区）举办或参与各种科技培训11次，培训基层水产专业技术人员和养殖人员共计1 200多人次，发放相关技术资料1 100多册。

3.**国际合作与学术交流** 2020年新上国际合作项目2项。危起伟研究员参加世界鲟鱼保护学会2020年度会员大会，并做关于中国鲟鱼保护与产业重要进展的报告。与日本北海道大学等单位建立合作关系，开展鲟鱼类副产物相关的深加工技术探索研究。

4.**人才队伍建设** 对内设机构进行了调整，现有内设机构16个，对部分中层干部进行了岗位调整和选拔。2人获批湖北省2020年"院士专家企业行"首批人选。1人援疆挂职，支援边疆建设。

5.**科研条件建设** 国家农业绿色发展长期固定观测武汉试验站获批成立。中国水产科学研究院长江水产研究所太湖试验基地（荆州）建设项目、水生动物防疫综合实验室建设项目、鲤鲫鱼类新品种生产性能测试中心建设项目等3个基本建设项目完成竣工验收。

【珠江水产研究所】

1.**科研项目与成果** 新上纵向项目133项，横向科技项目59项。其中国家重点研发计划"蓝色粮仓科技创新"重点专项课题2项、子课题5项，国家自然科学基金项目6项，广东省自然科学基金10项。获广东省科学技术奖一等奖1项、二等奖1项，范蠡科学技术奖二等奖（科技进步类）1项，广东省动物学科学技术奖特等奖1项，首届林浩然动物科学技术奖特等奖和一等奖各1项；罗非鱼粤闽1号和中华鳖珠水1号获国家新品种证书，翘嘴鳜广清1号和禾花鲤乳源石鲤1号申报新品种通过现场验收；发表论文175篇，其中SCI/EI论文97篇，IF＞6.0以上论文6篇；获授权发明专利20件，转化专利4项。

2.**成果转化与科技支撑服务** 协助农业农村部、广东省人民政府举办2020年鼋野化适应性保护活动。通过产业扶贫，帮助陆丰市新坑村贫困户全部脱贫。在广西三江县开展稻渔综合种养产业扶贫工作，亩均纯利润提高87.3%。承担广东省农村科技特派员工作任务，对接21个广东省贫困村开展科技扶贫工作。编制《广东省水产养殖尾水治理技术指导意见》，在广州、佛山、中山、惠州等多地建立10余个尾水修复工程示范点。组织编印了《助推水产业复工复产技术手册》，帮助企业复工复产。

3.**学术交流与国际合作** 组织近百人参加FAO在线会议水产养殖分会场活动、中国水产学会范蠡学术大会等线上、线下国际与国内学术交流；组织开展科研创新能力提升等主题活动，举办所内学术交流活动18次。与老挝科技部生物技术与生态学研究所签订《关于水生动物疫病防控及相关科技合作谅解备忘录》，组织东盟海上合作基金项目"中国-东盟海洋渔业资源保护与利用"开展中期执行总结并召开现场汇报会，提出与法国、德国、英国、柬埔寨、缅甸、新加坡、越南、泰国、巴基斯坦等国家渔业合作建议10份。

4.**人才队伍建设** 制定了促进科技人才良好成长有关措施、科研团队管理办法（试行）等制度，建立团队运行机制，提升团队运行质量。

5.**科研条件建设** 2个建设项目交付使用：水生动物防疫综合实验室建设项目提升了水生动物防疫综合实验室科研环境条件和仪器装备水平；所区污水处理系统建设项目进一步提升科研实验条件的保障能力，解决所本部试验池塘养殖用水的需求问题，改善所区环境。养殖生态工程试验基地建设项目有序推进中，建成后将有效缓解科研试验培育场所和养殖生态研究方面设施设备不足问题。新购的2.67公顷科研建设用地获得不动产权证，三水试验基地筹建工作有序推进。

【淡水渔业研究中心】

1.**科研项目与成果** 2020年中心新上项目171项，在研项目373项，其中国家级项目17项、省部级项目64项，合同总经费2.6亿元。承担国家重点研发计划"蓝色粮仓科技创新"专项项目1项、课题2项，承担国家自然基金项目3项。在研项目取得重要进展：高效RNA功能阻抑技术突破鱼类目标基因改造研究与应用，橄榄蛏蚌全人工繁育关键技术首获突破，罗非鱼全产业链标准构建与推广应用体系初步建立，建鲤2号、皖鲈1号新品种培育有序推进，缅甸标准化稻田养鱼技术示范项目入选联合国南南合作优秀案例。获科技奖励10项，其中，参加完成的"草鱼健康养殖营养技术创新与应用"成果获国家科技进步奖二等奖，主持获得江苏省科学技术奖三等奖1项，范蠡科学技术奖二等奖、科普奖各1项，中国水产科学研究院科技进步奖一等奖、二等奖各1项，神农中华农业科技奖三等奖1项；参与获得范蠡科学技术奖一等奖1项，中国商业联合会科学技术奖一等奖1项，海洋科学技术奖二等奖1项。发表学术论文232篇，其中SCI或EI收录104篇；出版专著1部；获国家授权专利29项，软件著作权5项，制（修）订标准4项；转让专利6项。

2.成果转化与科技服务 发挥作为农业农村部淡水学科群建设依托单位，以及国家大宗淡水鱼、特色淡水鱼及江苏省青虾等产业技术研发中心作用，开展新品种选育、水产苗种规模化繁育及配套绿色养殖技术模式研发和推广，科技支撑渔业绿色发展、稳产保供，助力云南红河等地脱贫摘帽、乡村振兴。持续开展长江中下游水生生物资源环境研究和监测评估等工作，科技支撑“长江大保护”。深入开展产学研合作，与地方政府、龙头企业签订科技合作协议15项，新上横向项目80项。

3.联合办学与国际合作 国内教育进一步发展，渔业学院18名本科生、81名硕士生和6名博士生毕业；落实好中国水产科学研究院与中国农业科学院研究生联合培养专项任务；承办6期国内培训项目；获评农业农村部饲料和饲料添加剂有效性和耐受性评价试验机构。争取并完成澜湄基金“澜湄国家水生生物资源养护研修项目”、农业农村部“南亚、高加索地区渔业产业发展研究”和“纳米比亚农业资源开发研究”、佩罗基金“肯尼亚、乌干达、坦桑尼亚罗非鱼生产能力提升”、南南合作“坦桑尼亚罗非鱼产业链开发”及联合国粮农组织（FAO）两项培训项目及中国-FAO-荷兰三方合作项目、2020级留学生项目等9项项目，同时完成了2项留学生教育项目和4项国际培训项目，参加了6项国际合作专题研讨。团结抗疫践行“人类命运共同体”构建，《人民日报》报道淡水中心援外培训学员为中非抗疫“发声”。

4.人才队伍建设 1名班子成员被中共中央组织部选派赴辽宁挂职，新选拔任用2名班子成员；选派4名青年干部赴上级及有关单位挂职锻炼。实施“优青”人才培育计划，新入选江苏省突出贡献专家、无锡市十大创新争先科技人物1人，江苏省青年人才托举工程1人；引进人才6人，其中博士3人。落细落实7个院级创新团队建设方案，提升创新团队核心竞争力。

5.科研条件建设 “一带一路”国际水产养殖试验基地建设项目施工完成，水生动物疫病专业实验室部分实验室改造完成并投入使用，扬中试验基地池塘生态化基础设施改造工作有序推进，长江江豚保护研究平台二期（能力提升）设备购置完成。新上国家渔业资源环境滨湖实验站、国家数字渔业淡水养殖专业创新分中心等2项基本建设项目，批复总投资2 347万元。推进靖江科研试验基地建设，编报《水生动物疫病研究专业试验基地建设项目可行性研究报告》，申报总投资2 995万元。扬中科研试验基地入选国家农业科技示范展示基地。

【渔业机械仪器研究所】

1.科研项目与成果 2020年全所合计新上项目61项，其中国家自然科学基金面上项目1项，“蓝色粮仓科技创新”国家重点研发计划课题5项。通过产学研合作，申报其他各类研究项目24项。全年发表论文86篇，获得授权发明专利29项、实用新型专利45项、软件著作权24项。获得丰收奖一等奖、上海科技进步奖一等奖、上海海洋科技奖特等奖、神农奖二等奖和中国水产科学研究院科技进步奖二等奖、三等奖各1项次，1项成果入选“2020中国农业农村重大新技术”。

2.科技支撑与成果转化 科技创新支撑产业政策，参与农业农村部渔业渔政管理局《“十四五”渔业科技创新战略》和全国深远海养殖发展规划编制，起草《农业农村部关于加快水产养殖机械化发展的意见》等。现代化渔业新装备研发取得重大突破，设计完成全球首艘10万吨级大型养殖工船，5 000吨级中试试验船投入海试；筏式吊养牡蛎机械化采收效率较传统方式提高6～10倍，采收率近99%；海带智能化干燥设施通过验收；海工平台技术为福建、山东深远海网箱平台构建提供技术服务；渔业船联网实施联网调试。渔业水域生态调控与养殖尾水治理技术示范持续推进，白洋淀水域生态修复示范区生物多样性提高30%，水质指标维持在地表水Ⅲ类水质，在新疆、海南、贵州、江苏等多地开展健康养殖小区和尾水治理项目规划设计。助力乡村振兴建设，开展科技援疆援宁，在六盘山地区新建扶贫示范点，开展“鱼-菜复合设施种养模式”集成示范；为广西融水县编制县域水产扶贫实施方案；指导昌吉生态渔业示范点建设，巴楚扶贫示范点通过验收，共培训270多人次。所企合作促成果转化，与青岛国信集团、青岛海洋投资集团有限公司、上海海洋工程装备制造业创新中心有限公司、威海海洋职业技术学院、广州市诚一水产养殖有限公司等分别就大型养殖工船、深水网箱平台、渔船技术研发、筏式养殖机械化、养殖智能装备等领域开展合作研究和成果转化，落实成果转化项目214项，到位经费2 523万元。

3.国际合作与学术交流 推进泰国内陆养殖研究与发展中心繁育系统建设；与亚太水产养殖中心网络（NACA）及国外专家就欧盟项目申报开展交流；与泰国、马耳他、挪威、斯里兰卡等国专家学者建立联络机制，拓展合作；接待泰王国驻上海总领事馆新任农业领事，探讨合作备忘录框架的贯彻执行。

4.人才队伍建设 加强青年干部培养，选聘2名青年科技骨干到所长助理岗位培养锻炼；1名博士后入选2020年上海市“超级博士后”激励计划；4位导师新获研究生导师资格；选送2人分别到全国水产技术推广总站、山东省济宁市微山县借调挂职。

5.科研条件建设 建立“十四五”基本建设规划，完成“苏州基地”建设用地划拨前各项材料准备和报批；参与中国水产科学研究院海南“深蓝渔业创新实验室”建议书编制；实施“水产健康养殖系统工程重点实验室基础设施改造”“智能渔业装备研发平台仪器设备购置”项目建设。

【渔业工程研究所】

1.科研工作与成果 2020年全所在研课题及行业标准共27个，获得软件著作权17项，获得发明专利授权2项，实用新型授权4项。发表学术文章19篇。“淡水池塘养殖尾水达标排放的关键生态技术与应用”获得第五届中国水产学会范蠡科学技术奖二等奖。完成了渔港经济区总体规划技术研究、渔业船载数字通信终端研发、渔船数据分析模型算法并形成专题图集、渔业数据集成标准。

2.技术支撑与服务 承担农业农村部渔业渔政管理局多部门的信息化支撑工作，包括海洋渔船捕捞许可证发放、“中国渔政管理指挥系统”技术支撑、渔船渔港动态监控管理系统异地容灾备份中心建设等。受农业农村部渔业渔政管理局委托，承担了《全国渔港升级改造和整治维护规划(2021—2025年)》的编制工作。开展了贵州关岭现代渔业种业园区规划项目，带动贵州渔业种业规划建设。

3.交流合作 开展与东海水产研究所、南海水产研究所科研项目合作事宜；召开了2020年度现代渔港与渔业工程建设研讨会，参会单位12家，共70名专家学者参加了会议。

4.人才队伍建设 渔业信息工程研究中心获得中国水产科学研究院先进集体荣誉称号，1人被评为中国水产科学研究院先进工作者，1人获中国水产科学研究院优秀共产党员荣誉称号。

5.科研条件建设 现有1个试验基地和2个院级功能实验室。如东试验基地承担各类科研试验项目8项。渔港工程功能实验室开展了渔港水域波浪、泥沙、水质、水工构筑物等数值模拟等研究。渔业信息工程功能实验室在渔业数字化平台建设技术、系统集成技术领域发挥了关键作用。

（中国水产科学研究院）

全国水产技术推广总站
中国水产学会

2020年是极不平凡的一年。全国水产技术推广总站和中国水产学会（以下简称总站学会）坚持以习近平新时代中国特色社会主义思想、党的十九大和十九届二中、三中、四中、五中全会精神为指导，坚决贯彻党中央和农业农村部党组的部署要求，在农业农村部、中国科学技术协会的正确领导下，在农业农村部相关司局和单位、中国科学技术协会有关部门的指导帮助下，在水产技术推广体系、水产学会系统和兄弟单位的支持配合下，一方面积极开展疫情防控和稳产保供工作，另一方面不断加强党风廉政建设，稳妥推进重点业务工作落实落细，坚持两手抓、两手硬、两不误，取得了新进展、新成效和新突破。

【新冠肺炎疫情防控工作取得重要成果】 组织水产技术推广体系、水产学会系统和专家队伍开展疫情防控和稳产保供等技术服务工作。紧急起草并印发了《关于做好新冠肺炎疫情防控期间水产技术推广服务重点工作的通知》和《关于在疫情防控时期及时做好水产科普相关工作的通知》，组织推广体系、学会系统和专家队伍开展疫情形势下的养殖病害防控、稳产保供、科普宣传等技术服务工作。累计通过《中国水产》微信公众号及学会网站发布60余篇文章。其中，《龟鳖不可能是新冠病毒的中间宿主——致吴建国教授的公开信》阅读量突破16万人次，分享超1.4万次，起到一锤定音的效果。

全力支持并参与农业农村部疫情防控相关工作。派员参加农业农村部疫情防控热线电话值班。及时调度采集渔业生产、水产品市场、养殖病害防控、国家级场苗种生产、稳产保供和复工复产情况。采集批发市场运行等信息1 000多条，报送疫情对水产养殖生产的影响简报、存塘压塘简报、市场贸易简报等各类日报、周报和专报百余篇。

组织全体干部职工做好自身防护。及时成立总站学会疫情防控工作领导小组，先后召开新冠肺炎疫情防控专题会议5次，下发疫情防控相关通知25个，建立防疫台账，调度在岗人员信息145次。

【推进水产养殖业绿色发展找到有力抓手】 启动“五大行动”落实水产养殖业绿色发展要求。落实《关于加快推进水产养殖业绿色发展的若干意见》，主动谋划并牵头启动实施生态健康养殖模式示范推广、养殖尾水治理模式推广、水产养殖用药减量、配合饲料替代幼杂鱼、水产种业质量提升等“五大行动”。相关工作以农业农村部办公厅《关于实施2020年水产绿色健康养殖“五大行动”的通知》发文部署实施。总站转发通知，对相关工作做出具体部署安排。

加强组织领导统筹“五大行动”各项工作落实。总站成立“五大行动”工作协调推进机制，并组成由领导班子成员任组长的5个调研组，先后赴14个重点省份开展指导，全面了解并推进各地“五大行动”落实。与广东省农业农村厅联合举办首届中国水产种业博览会，农业农村部副部长于康震出席开幕式并讲话。积极开展尾水处理生态化养殖模式试验示范，成功推动“集装箱＋生态池塘”尾水处理技术连续3年入选农业农村部“十大引领性技术”。在广州、长沙举办“五大行动”总结交流和现场观摩活动，取得很好效果。

提升支撑服务水平推动“五大行动”取得阶段性成效。开发了水产绿色健康养殖“五大行动”骨干基地信息管理系统，及时掌握各地骨干基地的基本情况，提升信息化管理水平。在总站官网和《中国水产》微信公众号开辟“五大行动”专栏，编印12期《“五大行动”工作动态》，宣传典型案例、介绍先进经验、推进交流互鉴。全国遴选“五大行动”示范推广骨干基地926个，示范面积20万公顷，推广生态健康养殖模式9个，骨干基地全部实现养殖尾水资源化综合利用或达标排放，水产用兽药总使用量同比减少5.93%（其中抗生素类兽药使用量同比减少了29.81%），配合饲料替代率平均达到73.5%、最高达96%，示范推广水产新品种（新品系）98个，超额完成2020年各项目标任务。

【总站“三十而立”为“十四五”工作奠定坚实基础】 全面回顾总结总站成立30年来的水产技术推广工作。梳理总站成立30年来机构队伍和职能任务的重大变革，总结30年来各项业务工作成效，形成了总站30年工作总结报告，编辑制作了纪念画册、专题片等重要资料，在总站发展史上留下宝贵的历史记录。

组织开展水产技术推广工作“十四五”战略研究。组织协调各省级推广站、各处室分别开展战略研究，形成专题研究报告38份。在此基础上，形成《“十四五”水产技术推广战略研究报告》，为水产技术推广工作“十四五”规划编制奠定坚实基础。8月28日，总站在北京召开全国水产技术推广工作“十四五”规划座谈会，农业农村部副部长于康震出席会议并讲话，充分肯定全国水产技术推广体系为我国渔业发展做出的突出贡献，并对“十四五”时期水产技术推广工作提出希望和要求。

【加强学会品牌建设取得显著成效】 着力打造特色鲜明、优势互补学术交流新平台。成功举办2020范蠡学术大会。农业农村部副部长于康震发表视频讲话，7位院士专家作大会主旨报告，148位专家学者作专题报告，与会人员首次超过千人，成为我国水产领域最具影响力、最高水平、最具权威性的综合性学术大会。恢复举办青年学术年会，得到了广大水产青年科技工作者和青年学子高度认可。

着力提升范蠡科学技术奖质量水平。对《中国水产学会范蠡科学技术奖奖励办法》进行了修订完善，组织开展第五届范蠡科学技术奖评选，申报成果数量和质量明显提高，竞争性明显增强，范蠡科学技术奖的知名度和影响力显著提升，激励引领作用进一步显现。

着力推进科普和学术期刊管理工作。成功举办2020年全国水产科技活动周启动、庆祝科技工作者日活动、全国科普日中国水产学会主会场活动，并被中国科协评为2020年度全国学会科普工作优秀单位、2020年全国科普日优秀活动。组织推荐并参与评审农林领域（水产类）高质量科技期刊分级目录工作，水产学术期刊5本入选，其中2本入选T1（相当于国际高水平期刊）方阵。

着力做好人才举荐、专家智库相关工作。成功推荐上海海洋大学陈新军教授荣获第二届全国创新争先奖，推荐朱元鼎教授、钟麟教授入选水产领域学科代表人物，组织实施青年人才托举工程。全年完成12项团体标准立项、8项团体标准征求意见工作，正式发布水产学会团体标准6项；组织开展了14项科技成果评价，推进学会科技评价品牌建设。

【现代渔业建设支撑保障工作得到新的拓展】 全力支持和参与长江禁捕退捕重大专项任务。选派总站学会11位同志参与长江禁捕退捕专班工作。牵头对安徽、贵州、云南等8个省份进行巡查督导，实现了长江禁捕巡查工作全覆盖，为按期打赢长江禁捕退捕攻坚战提供了有力保障。

大力开展水生动植物病害监测防控。组织实施国家水生动物疫病监测计划，开展全国水产养殖动植物病情测报，测报面积30万公顷。发挥水产养殖防治病害专家委员会秘书处作用，开展鲈鱼、黄颡鱼等品种的新发病调查，指导开展防控工作。改版“鱼病远诊网”并正式运行。发布实施13项水生动物防疫行业标准，发布病害预警150余篇，编撰出版《2020中国水生动物卫生状况报告》等重要资料。

努力强化水产品质量安全技术支撑。组织13个省份开展水产养殖动物病原菌耐药性监测，编发分析报告指导减量用药。组织推进水产养殖规范用药科普下乡活动，开展水产养殖用中草药制剂质量安全风险评估。组织编写《海参池塘养殖生产管理指引》。

积极做好水生生物资源养护相关工作。承担海洋牧场、渔船、渔港专家委员会秘书处工作，推进海洋牧场标准编制，组织完成第一批76座定点上岸渔港评审工作。

着力推进现代水产种业建设管理。发挥全国水产原种和良种审定委员会秘书处作用，组织审定2019年度申报的14个水产新品种并公告发布，组织完成新申报的17个新品种初审工作。完成10家本年度资格到期国家级场复查，3家国家级场资格验收。

认真开展渔情和水产品市场信息统计监测。完成常规统计调查和休闲渔业产业发展统计监测，编辑出版《2020中国渔业统计年鉴》，确保官方数据如期发布。深入开展养殖渔情监测，完成了月报、半年报、年报编报。加强水产品国内市场和国际贸易信息采集，汇总整理价格条目25万多条、成交量条目24万多条，对外发布11类水产品价格指数。

持续加大渔业信息宣传工作力度。充分发挥《中国水产》及微信公众号作用，全年公众号共发布信息1 300余条，编辑出版12期杂志，共刊登文章400余篇。总站学会官方网站、中国水产学会官网进行了改版升级，全年发布新闻信息300余条。

【实施和谋划重大项目取得重要收获】 “池塘生态养殖专项”按计划推进并完成年度任务。编制“2020年池塘生态养殖专项资金使用方案”，积极开展质量检测工作，组织开展7个示范基地的测产验收和示范推广效果评价，制订技术标准25项。

“智能渔技”项目完成计划任务并通过验收。完成了平台部署、性能测试等各项工作，通过了专家组验收，按时保质完成了平台项目建设任务。

增殖放流项目任务超额完成。圆满完成增殖放流项目任务，日照基地共放流100万尾半滑舌鳎、140万尾牙鲆、148万尾黑鲷，并义务放流海水鱼苗21.39万尾，超额完成放流任务17.61万尾。

积极参与“蓝色粮仓科技创新”重大科技专项申报。组织水产技术推广体系参与第三轮“蓝色粮仓科技创新”项目申报工作，其中总站成功在3个项目中牵头2个课题、参与5个课题，实现了总站参与国家重大科研项目的新突破。

此外，“配合饲料替代幼杂鱼”财政专项通过评审，被推荐列入2021年开放式申报储备项目库。“日照基地搬迁”和“流行病学中心”项目继续推进，并取得一定进展。

【推进产业融合发展和精准扶贫发挥重要作用】 引导稻渔综合种养产业规范有序发展。编制完成稻虾（克氏原螯虾）、稻鳖、稻鳅等3个行业标准，完成稻蟹等4个分标准立项和《稻渔综合种养技术规范　通则》修订和升国标立项工作。编制发布《2020中国小龙虾产业发展报告》《2020中国稻渔综合种养产业发展报告》。依托稻渔平台，举办第四届全国稻渔综合种养模式创新大赛暨2020年优质渔米评比推介活动，组织专家回应对稻渔产业可能影响粮食种植和土壤质量的质疑和争议，做好舆论宣传引导。

推动休闲渔业健康发展。编制发布《中国休闲渔业发展监测报告（2020）》，成功举办第五届休闲渔业高峰论坛。与北京市农业农村局、北京市水产技术推广站和北京市劳动人民文化宫联合举办“匠心独具——北京市劳动人民文化宫2020年宫廷金鱼特展”，扩大休闲渔业的社会影响。

产业扶贫成效显著。扎实推进云南元阳稻渔综合种养产业扶贫工作，总结2017年以来总站学会对元阳县稻渔产业扶贫工作，研究巩固拓展脱贫攻坚成果与乡村振兴相衔接的工作措施。支持河北省涿鹿县、湖南省湘西土家族苗族自治州、黑龙江省泰来县、新疆维吾尔自治区开展技术试验示范。总站学会领导带队赴云南元阳县、黑龙江省泰来县、重庆市彭水县、西藏自治区日喀则市开展实地调研和技术帮扶。

【体系队伍建设和党风廉政工作进一步加强】 不断加强推广体系队伍建设。组织开展体系内首次网络问卷调查，形成调研报告。组织开展首届寻找“渔业行业职业技能鉴定名师”活动，开展第二届最美渔技员遴选活动。组织编写《水生动物饲养工》标准、《海水水生动物饲养工》教材和题库；《渔业技能操作》一书获中华农业科教基金会优秀教材奖并被列为教育部“十三五”高职教育重点教材。

持续推进总站学会党风廉政建设。认真落实新时代党的建设总要求，坚持以政治建设统领，增强“四个意识”、坚定“四个自信”、做到“两个维护”。加强党的思想建设，组织党委理论学习中心组学习会4次、党课24次、党日活动72次、青年理论学习小组学习60余次，推进习近平新时代中国特色社会主义思想入脑入心。突出基层党组织建设，强化正风肃纪，坚定不移推进全面从严治党。

不断加强自身能力建设。新制(修)订各类规章制度办法6项。全面完成总站学会内部控制规程修订工作。切实提高财务管理水平，有效落实“过紧日子”有关要求，严把资金使用审核关，全年预算执行进度位居部属事业单位前列，人员经费和绩效保障任务超额完成。做好绩效考核各项工作，总站学会创新绩效获得农业农村部三等奖，年度绩效首次获得农业农村部优秀表彰。

(全国水产技术推广总站　中国水产学会　李胜利　王祖峰)

渔业社会团体

中国渔业协会

2020年，中国渔业协会（以下简称协会）以习近平新时代中国特色社会主义思想统领工作全局，面对突如其来的新冠肺炎疫情，认真贯彻党中央国务院的总体部署和要求，守望相助，共克时艰，团结拼搏，扎实推进各项工作，经受住了严峻考验，交上了满意合格的答卷。

【守望相助，同心战疫】 新冠肺炎疫情发生后，协会高度重视，把防控疫情当作头等大事来抓。1月31日，协会联合25家副会长企业向行业发出倡议，立即行动起来，做好疫情防控，履行社会责任，保障水产品供应，积极应对困难，汇聚行业正能量，维护社会稳定。协会及会员单位主动捐款捐物，支援抗疫一线，据不完全统计，捐款捐物总额超过1.4亿元。

针对疫情期间养殖企业和养殖户的技术服务需求，协会于3月起开办了"水产科普大讲堂"网络直播课，邀请专家和技术人员在线讲授养殖技术、用药防病等内容，助力水产养殖业复工复产。针对会员的法务需求，协会联合中国海事仲裁委员会开展法律咨询服务，为渔业企业在履行合同、维护权益等方面提供帮助。针对社会上关于水产品感染并传播新冠病毒的言论，协会及时邀请专家解疑释惑，向社会介绍如何安全科学食用水产品，发出权威声音，以正视听。5月，为了降低疫情给湖北水产品销售带来的不利影响，协会联合荆州市政府、北京电视台等单位共同举办了"长江情长，荆州味道"抖音公益直播促销活动，帮助当地企业销售特色优质水产品。

【服务政府，当好帮手】 2月，协会按照农业农村部渔业渔政管理局的部署，对168家会员企业复工复产情况和面临的主要困难开展了专项调查，并向农业农村部渔业渔政管理局提交了书面报告，反映了企业所想所盼和会员的呼声与意见，介绍了会员企业在产品销售困难时期的好做法，汇报了会员支持抗疫的先进事迹，为制定有关政策措施提供了重要参考，得到了农业农村部渔业渔政管理局的充分肯定。

协会继续做好中韩、中日、中越北部湾渔业协定执行工作，完成了入渔许可证的审核、发放。为中方渔船到韩国水域入渔和韩方渔船来中国水域入渔进行信息通报，将我国渔船违规信息和韩方行政处罚措施，及时通报给有关省份渔业主管部门。2月1日，协会配合农业农村部渔业渔政管理局和有关省份渔业主管部门召回全部涉韩入渔渔船。2月18日起，又协调有关省份在符合属地疫情防控要求下，组织涉韩入渔渔船陆续恢复生产。2020年，协会协调韩方为我国497艘次渔船赴韩紧急避风，为23艘次违规渔船缴纳担保金9.2亿韩元（约545.06万元人民币），同比下降89%，涉韩入渔作业生产平稳，秩序良好。协会派员赴山东、浙江和辽宁，对涉韩入渔渔民进行了培训，在伏休期间对浙江台州和江苏连云港涉韩入渔渔民进行了在线培训，公布了《涉韩入渔培训重点暨考试试题题样（2020年）》。协会还派员参加了农业农村部渔业渔政管理局组织的专题调研、座谈等活动，赴实地了解情况；派员参加了中韩海上执法工作会谈，提供业务信息和谈判建议，为双方达成协议发挥了重要作用；受邀参加了由全国人大法工委组织召开的修改《中华人民共和国海警法》座谈会，提出了协会的意见和建议。

农业农村部渔业渔政管理局和长江流域渔政监督管理办公室向协会购买的重大舆情监测分析、渔业安全生产管理、推进渔业改革科技创新、养殖河豚鱼源基地备案及管理、海洋牧场运行情况调研、常年禁捕后专管群管结合试点、组织协调落实协会会员单位吸纳退捕渔民再就业等服务项目均顺利完成。

【壮大队伍，规范管理】 2020年，为提升专业化服务水平，拓展工作领域，协会根据会员需求，结合行业发展趋势，又成立了国际贸易分会、海参产业分会、品牌分会、北海代表处和水产品营养与健康专家委员会。

在发展新分支机构的同时，协会根据主管部门的要求，持续强化对现有分支机构的规范管理，尤其是在人员聘用、印章使用、事项报备等方面，完善了内部规章制度，向分支机构强调必须严格依照法律法规和协会规章开展工作。11月，协会召开第四次分支机构工作会议，听取了各分支机构的工作汇报，对如何进一步做好分支机构工作提出了明确具体的要求，分支机构间交流了发展经验。

【下情上达，呼吁发声】 面对"禁野""禁售"带来的冲击与困难，协会根据部分会员单位的意见和诉求，积极向农业农村部、国家林业和草原局等主管部门反映情况并提出建议。针对协会水产动保分会、丽水代表处提出的水产养殖用物质类型清单问题、禁止养殖和食用蛙类问题，及时向农业农村部渔业渔政管理局进行反映，推动有关问题得到妥善解决，维护了会员和相关产业的合法权益。

协会人员赴正大集团、中洋集团、海大集团、通威集团等会员单位进行调研，了解企业经营发展和受疫情影响情况，主动向主管部门反映行业及会员的困难和问题，推动协调解决。协会继续做好会刊编印、官方网站和公众号运营等信息宣传工作；组织开展了多期专业技术培训班；为多家会员申报中国驰名商标、中国专利奖出具了推荐函。协会金鲳鱼分会发布了《中国金鲳鱼产业发展报告(2020)》，河豚鱼分会发布了《中国河鲀产业报告》。

【团标制定，实现突破】 由通威股份有限公司等单位申报的《渔光一体建设通用技术规范》团体标准通过了专家组审定，于12月28日由协会发布并实施。该标准的制定实现了协会团体标准零的突破，也弥补了该领域标准的空白。该标准的实施有利于规范"渔光一体"项目建设，并引领市场主体采用更加先进合理的规划和建设技术。

协会还对准备申报团体标准立项的单位人员进行了辅导，组织起草人员参加了国家标准化管理委员会的线上标准化学习和全国水产标准化技术委员会举办的水产标准化综合知识培训班，为制定高质量的团体标准做好知识和能力储备。

【共建品牌，助力振兴】 2020年是全面建成小康社会，决战决胜脱贫攻坚的收官之年。协会继续根据地方政府的申请，立足地区资源禀赋和优势渔业产业，与山东省滨州市及滨州市乔庄镇黄家村、安徽省池州市、辽宁省瓦房店市等地共同打造区域特色渔业品牌，为当地渔业高质量发展提供咨询和指导，为特色渔业产品进行宣传和推介。通过打造渔业品牌，提高了这些地区的知名度和影响力，提升了产品的附加值和竞争力，增加了渔企效益和农渔民收入，带动了相关产业融合发展，巩固了一些地区的脱贫成果，助推了渔业供给侧改革和乡村振兴。

协会大力支持和积极参与特色之乡、会员单位和分支机构举办的各类活动，持续擦亮渔业品牌建设的靓丽名片，与地方政府和会员单位联合举办了第二十届中国盱眙龙虾节、中国龙虾产业发展大会、第十一届湖北(潜江)龙虾节暨第四届虾-稻产业博览会、第四届中国水产科技大会、2020"长城杯"世界观赏鱼锦标赛等品牌活动。

【展会论坛，促进交流】 9月，协会成功主办了2020中国(福州)国际渔业博览会，农业农村部副部长于康震、农业农村部渔业渔政管理局局长张显良等领导出席开幕式并巡馆。此次展会实现现场零售额7 113万元，经贸配对额5.3亿元。博览会期间，协会主办了"营养医师谈吃'渔'——水产品营养与健康专家科普大讲堂"活动，邀请知名专家和医生，解读不同种类水产品的营养成分和适宜人群，宣传普及相关知识，促进水产品消费。11月，协会在合肥成功主办了第四届中国国际现代渔业暨渔业科技博览会。通威股份、中联智科、海上鲜、中信格义等渔业领军企业携最新科技成果参展。中国水产科学研究院、上海海洋大学等会员单位在博览会上展示了发展成果。

协会还举办了第二届中国渔业渔村振兴论坛、第二届中国智慧渔业发展论坛、第三届中国国际海洋牧场发展论坛、金鱼产业高峰论坛、中国水族行业发展高峰论坛等活动，为行业搭建交流合作平台，探讨行业高质量发展路径。

【拓展线上，创新发展】 为适应人们生活和工作方式因疫情带来的新变化，协会抓住"互联网＋"发展趋势，不断拓展线上渠道，创新工作手段，提高工作成效。在福州国际渔业博览会期间，推行"线上＋线下"会展新模式，创新云展示、云对接、云交易、云赋能四大板块，为企业提供多维展示、智能商贸对接、数据更新触达等服务，打破了参展时限，实现了全年服务。利用合肥渔业博览会官网和公众号，推出了微展秀、线上展等功能，为展商提供长期展示和商贸对接，现已入驻参展单位超过200家。协会与副会长单位中联智科高新技术有限公司合作开发的渔业信息化综合服务平台"渔库"

App2.0 版本于 11 月上线。协会还开通了官方抖音号，在主办会议、论坛等活动时，联合有关媒体，开展视频或图文直播，扩大活动受众范围，提升大众的参与度，使传播更迅速，效果更精准。

【举办活动，共庆丰收】 在 9 月的中国农民丰收节期间，协会在山东滨州主办了第一届滨州对虾节，通过举办盐田虾菜品品鉴会、盐田虾收获体验、盐田虾文化长廊参观等活动，尽显渔民丰收喜悦和对虾产业魅力。协会与营口市政府联合主办了 2020 中国(营口)海蜇节暨中国·营口国际渔业博览会，展会上有关单位签订了合作协议，厨师现场制作海蜇菜肴供观众品尝，海蜇加工传统技艺展示让观众大开眼界，进一步提升了营口海蜇的品牌价值。

【推进合作，危中寻机】 疫情给我国渔业贸易带来了严重影响，也给对外合作带来严峻考验。协会因势利导，成立了国际贸易分会，帮助会员畅通贸易渠道，对接合作资源；与乌拉圭驻华使馆、德国北威州驻华代表处、美国田纳西州驻华代表处等机构建立了工作联系，对接了双方需求，共同促进渔业贸易平稳发展；组织会员企业参加了中国与东盟商协会的视频对接活动和与智利知名渔业企业的线上对接会；帮助福建鳗业企业与俄罗斯进口商建立了联系。协会大量搜集主要水产品生产国相关数据、海关相关政策要求及变化、各国防疫措施等信息，加以分析、提炼并发布，为会员企业在疫情期间开展国际贸易提供信息参考。

协会继续加强与有关单位的合作，共同拓展新业务，提供新服务。与北京舍支律师事务所达成合作协议，为会员提供法律咨询和诉讼服务；与中国太平洋财产保险股份有限公司、安信农业保险股份有限公司签署战略合作协议，探索保险助力渔业发展新模式，为会员提供创新、优质的保险金融服务；与海南省民德海洋发展有限公司建立合作关系，共同推动养殖工船在国内的发展。

（中国渔业协会）

中国渔业互保协会

【概况】 2020 年，面对艰巨的改革重任和新冠肺炎疫情的不利冲击，中国渔业互保协会(以下简称协会)在农业农村部的正确领导下，在农业农村部渔业渔政管理局、人事司、财务司和全国水产技术推广总站等相关司局和单位的支持帮助下，以农业农村部领导的重要讲话精神为指引，紧密围绕 2020 年渔业渔政工作要点，坚持以渔业互助保险体制改革为主线，统筹推进疫情防控和业务发展，持续加强机构队伍和业务能力建设，加快推进渔业互助保险事业改革发展。

据统计，2020 年，全国渔业互助保险系统共承保渔民 63.48 万人(次)，渔船 5.19 万艘(次)；承保渔业行政、执法和科研人员 1.72 万人(次)；在 8 个省份参与承保水产养殖面积 5.95 万公顷，养殖鱼类 3 520.57 万尾，新增承保网箱 58.45 万口。为渔民会员提供风险保障 5 049.43 亿元，同比增长 14.59%。

1.加快推进渔业互保系统体制改革进程 按照国务院领导和农业农村部领导批示精神，配合农业农村部改革工作小组全力推动渔业互保系统体制改革进程。1 月，农业农村部和中国银行保险监督管理委员会关于渔业互保系统体制改革的报告经李克强总理等国务院领导签阅同意。5 月，《农业农村部办公厅 中国银保监会办公厅关于推进渔业互助保险系统体制改革有关工作的通知》(农办渔〔2020〕16 号)印发，明确体制改革工作时间表、路线图和工作要求。11 月，李克强总理等国务院领导正式批准全国性渔业互助保险机构冠名为“中国渔业互助保险社”。12 月，“中国渔业互助保险社”在国家市场监督管理总局通过名称设立登记核准。

2.全面贯彻落实疫情防控常态化工作要求 新冠肺炎疫情发生后，协会积极发挥全系统引领作用，主动担当作为，强化风险研判，细化防疫措施，把疫情防控工作作为重中之重，认真贯彻落实国家防控要求。严格履行第一责任人职责，以高度政治责任感抓好常态化疫情防控，及时排查、按时上报，切实做到有措施有落实。协会牵头联合各地方协会向全国范围内参保的渔民会员和渔业系统工作者赠送每人 20 万元的新冠肺炎身故保险，支持全国广大渔民会员和渔业系统工作人员在做好疫情防控前提下尽快复工复产。

3.顺利完成协会换届工作 在新冠肺炎疫情防控常态化的形势下，经农业农村部人事司同意、民政部社会组织管理局批准，协会第六次会员代表大会于 2020 年 7 月 16 日以视频会议形式顺利召开，国家协会主会场和沿海各省份渔业互保机构分会场及个人代表约 90 人视频连线参加了会议。会议全面回顾总结了五届理事会、监事会工作情况，选举产生了六届理事会、监事会成员，研究确定了今后一个时期的工作思路。农业农村部副部长于康震向大会发来贺信，希望协会领导班子以全国渔业互助保险系统体制改革为契机，发挥好渔业互助保险社市场主体和互保协会统筹协调的双重作用，切实提升渔业风险保障能力，为推进渔业高质量发展做出新的更大贡献。

4.积极推进业务精细化管理

一是多措并举推动承保业务发展。进一步让利渔民会员,优化业务政策,降低部分险种保险费率,增强渔业互保竞争力和会员黏性;积极探索通过市场化激励机制促进渔业保险覆盖面的提升,大力推动远洋渔业保险业务发展;继续扩大承保展业量化考核试点范围,并根据各地业务特点和实际有针对性地制定考核细则,重点将人数、船数和保费 3 项指标进行年度业务综合考核,充分调动基层员工工作积极性,确保渔业互保业务稳步发展。

二是持续提升理赔服务质量水平。进一步推动全系统跨区域理赔案件协调处理机制的落实,跨省市代查勘案件处理效率得到有效提升;与中国船级社签署框架合作协议,强化双方在渔船技术勘验和发挥自身优势方面的合作与交流,为协会承保渔船的境内外事故勘验定损提供支撑;妥善处理多起大案要案,完善快速理赔、事故应急救援处理和预付赔款等工作机制,提升渔业生产安全事故防范和应急处置能力。

三是着力提升全系统会员服务工作。继续加大沿海 3 个会员服务培训基地的服务支持力度,2020 年共计为 2 736 人次的职务船员提供安全培训,给予培训经费补贴 61.6 万元,进一步提升了船员持证比例和安全作业技能;为期 4 年联合各地方协会共同开展的"渔业互保扬帆助学行动"圆满收官,共完成对 89 名渔区贫困家庭大学生总计 178 万元的教育助学资助;持续开展会员人文关怀活动,发放黑龙江、河南、四川等省 13 名渔民身故及高残子女 4.35 万元教育资助金;继续为远洋渔船免费办理远洋渔船油污险和残骸险证书服务,服务范围逐步拓展至主要远洋渔业省份。

5.扎实推进党组织建设和协会文化品牌建设 贯彻落实党的十九大和十九届二中、三中、四中、五中全会精神,扎实推进"不忘初心、牢记使命"常态化制度化,在提高基层党建工作水平,全面落实上级党委各项部署上精准发力,扎实推进党支部各项工作。制定协会党建工作计划,明确全年目标和任务,确保学习教育落到实处。深入推进"两学一做"学习教育常态化、制度化,严格落实"三会一课"制度,将学习成果转化为攻坚克难、谋求发展的动力;优化组织体系建设,加强党员队伍建设,强化作风建设和纪律建设,激活党建新活力,不断提高支部的凝聚力和战斗力;充分发挥党团和工会、共青团、妇委会组织作用,通过组织参观爱国主义教育基地、观看爱国主义影片和健步走等丰富多彩的团队活动,提高人文修养,陶冶道德情操,增强团队凝聚力,将协会文化建设向纵深推进。

（中国渔业互保协会）

中国水产流通与加工协会

2020 年年初,一场突如其来的新冠肺炎疫情,打乱了所有的工作计划。在疫情防控常态化与国际形势日趋复杂的大背景下,水产行业面临着前所未有的多重因素叠加之大变局。在这样特殊的环境下,中国水产流通与加工协会(以下简称协会)及时调整,探索新形势下的工作思路、工作方法,在全体会员的共同努力下,虽然有的工作因疫情延缓或取消,但仍取得一些创新与突破。

【当好政府助手,助力产业健康发展】

1.组织开展全国水产品产销对接 疫情发生后,渔业生产与产品销售遇到了前所未有的障碍,协会在农业农村部渔业渔政管理局指导下,立即启动建立产销对接平台,引领线上销售,解决产销对接难题。迅速开通运营"全国水产品产销对接平台"微信小程序,并安排专班进行平台维护、信息审核、产销对接,保证特殊时期产销精准对接。同时积极与新零售、电商平台、传统商超、加工企业等沟通,做好线上线下对接,将产销对接落到实处。通过平台协助收储罗非鱼、乌鳢、斑点叉尾鮰等压塘产品,缓解日照贻贝、乳山牡蛎、湖北小龙虾等产品滞销问题。4 月 23 日,由农业农村部渔业渔政管理局指导,协会联合中国农业电影电视中心、湖北省农业事业发展中心共同举办"我为湖北拼大单——湖北水产品直销云购会"直播公益活动,累计线上意向签单水产品 2.125 万吨,达成意向成交额 4.2 亿元。

2.开展水产业疫情专项监测 为及时向渔业主管部门反映疫情下水产行业生产经营现状、主要困难及政策需求,协会在农业农村部渔业渔政管理局指导下成立了疫情监测工作小组,通过问卷调查与电话访谈等调研方式,密切监测受疫情冲击的水产行业生产经营现状、存在问题、主要困难及政策需求,监测覆盖水产品养殖、捕捞、加工、流通、消费等渔业全产业链。在生产方面,主要监测疫情对养殖、捕捞的影响;在流通方面,主要监测水产品局部短缺、销售和物流受阻、不合理下架、进出口贸易受限等问题;在消费方面,主要监测消费形式、销售方式等方面的变化。选择 74 家重点水产品加工企业作为定点监测单位进行重点监测,采取责任到人、点对点联系的方式,每周定期了解企业复产复工进度和存在的主要难题,尽可能的帮助企业解决困难,完成加工产业监测和养殖生产报告各 6 期,发布新冠肺炎疫情影响下我国水产加工企业生产与经营情况调研报告5篇，贸易观察和出口转型思考报告2篇，精准摸排问题，提出措施意见。6月12日，“三文鱼案板”第一时间成了关键线索，似乎所有的三文鱼都瞬间带“毒”，甚至“祸”及所有海鲜产品，致使公众对于三文鱼的恐慌与焦虑达到了巅峰。协会积极配合农业农村部渔业渔政管理局及时开展三文鱼产业整体情况调研，完成《疫情对三文鱼产业影响及产业发展思考》报告。

3.开展行业相关监测和研究 为了掌握水产行业舆情动态，协会对互联网有关水产品相关信息进行全网监测，并根据疫情发展不同阶段行业关注点变化，适时调整检索方式和设置关键词，实时有效监测舆情。全年共完成“新冠肺炎疫情期间水产行业情况舆情”“3·15海参事件”“杭州哥老官牛蛙检出禁用兽药代谢物事件”等20余期舆情专报，46期《水产品质量安全舆情快报》，46期《水产品信息周报》。2月16日，协会接到举报，某微信平台发布“华南海鲜市场供货商忏悔”网文，对甲鱼、黄鳝、黑鱼等水产品养殖过程、养殖环境等情况描述失实，恶意抹黑水产品，借用疫情为噱头，蹭热度、扰乱民心、打击产业。协会及时组织专家，发布辟谣科普文章、组织人员向相关平台和公安部网络安全保卫局投诉，投诉引起了微信平台关注，相关谣言文章随即悉数被删除。此条谣言传播及时得到了有效遏制与管控，最大限度地减少了谣言给产业带来的负面影响。同时提供相关材料，协助江苏无锡警方将造谣团伙绳之以法。此外，为应对疫情下全球贸易交流不畅，帮助企业及时了解全球渔业动态，协会组织人员对全球主要渔业贸易国家和品种、进出口形势进行重点跟踪监测，按月度跟踪、梳理水产品贸易数据，对中美双方水产品加征关税时间节点、税率和主要品种，以及国内外水产品进出口标准化流程进行全面梳理，完成多篇中美贸易形势分析报告，以及80期《全球渔业动态观察》和8期重点水产品贸易国家、品种的国际渔业专报。完成应对新冠肺炎疫情国际渔业政策和水产品贸易形势分析专报；完成重要节点贸易情况分析报告。完成水产品加工业运行情况报告、水产品加工业能耗与节能状况阶段性调研报告、“十四五”水产品加工及流通业发展研究报告、河鲀产业发展报告、中国水产品价格报告(中英文版)。

4.开展海洋捕捞水产品合法性标签及可追溯工作 根据农业农村部决定开展捕捞水产品合法性标签及可追溯研究的部署，协会积极开展调研，为捕捞水产品管理改革提供支撑。分别赴海南三亚、广西北海、广东阳江、浙江宁波和舟山进行了捕捞水产品合法性标签等相关管理调研，完成了《海洋捕捞渔获物合法性标签试行管理办法》《基于NS渔船的捕捞水产品合法性标签制度试点工作方案》。完成《国外水产品可追溯制度研究和我国养殖水产品可追溯研究》(初稿)，为我国海洋捕捞水产品可追溯提出初步意见。完成了捕捞水产品合法性标签管理软件开发。根据捕捞水产品合法性标签和可追溯管理要求，开发了对应管理软件及App应用程序。实现了渔民渔获物上岸申报—合法性审核验证—渔港交易—渔获可追溯各环节全流程管理。并创新通过二维码绿码、红码监管模式进行扫码审核、扫码交易。通过初步测试，用户体验较好。已初步和广州黄沙水产市场、国际海洋理事会(MSC)机构联合，在市场及大型超市进行海洋捕捞合法性水产品推广、销售，届时消费者可以购买到贴二维码的可追溯海洋捕捞水产品。

5.积极助力渔业扶贫 充分利用市场资源，推动龙头企业积极参与渔业扶贫，深入贫困地区开展合作，带动贫困地区利用当地资源融合发展。在具体措施上，一是通过协会各媒体平台，以文字、视频等形式，加大了对产业扶贫活动和扶贫企业产品推销力度，提高扶贫企业产品的市场影响力。二是通过云展交易会对扶贫企业产品进行特别推介。三是组织实地的产销扶贫对接活动。9月16—18日，在农业农村部渔业渔政管理局指导下，协会组织国内连锁零售企业、大型商超、餐饮企业、生鲜产品供应链企业、国际采购企业、电商以及有关媒体，在青海民泽龙羊峡生态水殖有限公司成功举办了青海三文鱼产销对接活动，达成了多项采购意向。此次产销对接活动拉近了西部贫困地区与发达消费市场的距离，对助力渔业产业扶贫、加快乡村振兴产生了积极作用。

6.做好出口水产品合法性认证审核 2020年共办理输欧水产品合法性认证文件23 388份，涉及出口水产品约45.41万吨。其中办理5 416批次合法捕捞证明，涉及近海自捕加工输欧水产品5.73万吨；办理16 444批次加工厂声明，涉及来进料原料加工输欧水产品35.38万吨。办理1 528批次合法来源证明，涉及输智水产品4.30万吨。全年共接到西班牙、德国、法国等海关以及欧盟总部发来的协助核查50多起，明显超过往年同期。处理多起企业证书造假、原料冒用的严重违规事件。欧盟总部对过去一年各海关反馈我国输欧产品原料来源第三国捕捞证造假频发情况高度重视，以邮件形式进行通报和调查，10月下旬以视频会议形式召开了中欧打击IUU工作组会议，其中就捕捞证书体系实施议题对相关案例调查情况进行了沟通。

7.做好鲨鱼、鳄鱼等水生物种CITES履约支撑 做好鲨鱼、蝠鲼、石首鱼、鳄鱼等水生物种CITES履约相关工作支撑。编译发布了美国海洋与大气局(NOAA)关于鲨鱼捕捞与可持续管理的相关报道，与国际野生动植物管理联盟(IWMC)联合开展新媒体宣传，与澳洲ANIMA海洋生物影像公司合作开展鲨鱼、蝠鲼等海洋生物科普宣传。协助国家林业和草原局提供美国损害环境事实清单中关于捕捞出口鲨鱼的情况。疫情期间，针对鳄鱼因属于水生野生动物管理范畴，产品被禁售等情况，积极开展国内鳄鱼产业调研，并将相关材料上报国家林草局和农业农村部渔业渔政管理局。在三部委下发关于禁售野生动物的通知后，及时发布了《鳄鱼分会倡议书》，有效稳定了行业情绪，并持续开展疫情监测及鳄鱼产业损失调研工作，及时将产业损失情况上报至行政主管部门。

8.完成其他政府交办的工作 参与《中华人民共和国食品安全法》研究修订工作，并针对性提出具体修改建议。在农业农村部的指导下，具体负责中国渔政微信公众号的运维工作，全年共推送文章900余篇，阅读次数近150万人次，总用户数超过6万个，被中共中央网络安全和信息化委员会办公室认定为农业农村部的“头部微信公众号”。微信运维组被评为“中国渔政亮剑2020”先进集体。修订了《养殖河鲀加工企业审核办法》，并按照新的办法完成4家企业的资质审核，以及4家企业复审。完成规模以上水产品加工业景气状况调查报告，内容包括加工业整体发展、经营情况、生产成本、贸易情况、创新投入、融资情况等数十项具体指标。疫情发生后，对重点加工企业开展跟踪监测工作，了解加工企业损失和复工复产情况，及时汇总上报加工端受疫情影响情况及面临的最大困难。完成国际认证梳理及中国本土商业水产品认证体系报告，梳理了国内外具有代表性的水产品认证标准，分析国际生态标识推广情况，重点研究建立本土商业认证体系的背景和市场条件。

【探索跨界融合，打造产业共赢平台】 2020年，协会多年来创办的多项极具国内外影响力的品牌专业论坛，在疫情影响下都按下了暂停键，面对困难，协会积极求变，创新突围，采用线上线下等多种方式，打造新的产业交流共赢平台。

1.举办2020中国水产品大会 为提振行业信心，探索跨界融合，寻求后疫情时期市场新机遇，围绕国家双循环战略，11月23—25日，协会联合厦门市海洋发展局主办了2020中国水产品大会。会议得到了全国42家行业协会，六大技术体系，三家科技联盟，多所水产高校、科研机构，以及联合国粮食及农业组织(FAO)等13家海外机构的支持，吸引了近千人参加会议。会议围绕“创新、合作、共赢”的主题，设置四场主旨报告、17个平行论坛，是我国水产行业首次举办大规模、覆盖全产业链的会议，是一次产业链大融合式的深度大讨论。不仅有来自宏观经济和管理学领域专家学者对当前国内外社会经济发展趋势的分析，也有来自世界经济论坛、FAO等国际平台的全球视野，更有洞察电商、餐饮等相关业态发展规律的行业领袖之独到见解。会议同期还携手中国连锁经营协会共同启动了“水产品采购标准的行动计划”，并特设中国水产品展示区2 000米^2，为水产行业参会者带来一次多频次、跨产业、跨领域的盛宴。会议凝聚全行业及关联行业的力量，深度解析经济变局、行业转型下水产行业和企业发展的新变局、新机遇、新思路、新模式，为推动水产行业绿色发展，促进渔业高质量发展进行了有益探索。

2.打造行业线上线下交流新模式 6月12日，由小龙虾产业分会和中国水产养殖网联合主办的2020年中国小龙虾产业发展直播论坛以线上视频形式召开。论坛就小龙虾产业上半年发展面临的新情况和新变局进行了深入的探讨和热烈的交流，直播期间访问人次达到8.66万人次。论坛以全新线上直播新形式，在云端汇聚小龙虾产业专家学者、政府主管人员、餐饮企业、一线技术服务人员，从多角度深入解析疫情之下小龙虾产业所面临的困境，寻求突破之法，得到与会人员的一致好评。此外，针对全国小龙虾从业人员收益下滑，加工产品库存比较严重，餐饮业举步维艰的情况，为了提振行业信心，发起制作《中国小龙虾产业微课堂》，邀请小龙虾产业知名专家和行业大咖，通过讲课的形式，宣传小龙虾养殖、加工、餐饮及相关的行业知识，答疑解惑，促进中国小龙虾产业的持续健康发展。疫情缓和后，为贯彻落实农业农村部、生态环境部、国家林草局联合印发的《关于推进大水面生态渔业发展的指导意见》，10月，协会联合中国水产科学研究院在甘肃省永靖县举办2020大水面生态渔业发展高峰论坛，探讨大水面产业发展相关问题。

3.探索会展新模式，助力国内外双循环发展新格局 面对疫情的严重影响，经过积极与相关组织沟通，充分利用“互联网+”平台优势，探索云展览，继续发挥了协会的组织作用。探索在国际展会上开设中国线上交流区，其中，协会在日本国际水产品与技术展览会期间，联合组委会，组织国内企业通过线上连线与展会现场的采购商和展商进行对接，3天内共组织了24家中日企业参与了11场对接活动。之后又举办了系列云展交易会，共组织“欧洲站”“亚洲站”“美洲站”“商超专场”“新零售电商专场”“新零售社区团购专场”“餐饮水产品食材专场”“新南威尔市水产品专场”“加拿大新不伦瑞克省水产品专场”等共计200多场的精准“云对接”活动，吸引了包括中国、美国、英国、日本、俄罗斯、韩国、西班牙、挪威、智利、加拿大、越南等十余个国家在内的200多家企业参与。特别策划“优秀水产加工企业直播秀”云端活动，以直播的形式，将几十家中国优秀水产品企业通过云展会平台及“中国水产品”官方抖音号介绍给全国观众。

4.积极参与国际对话，发出中国产业声音 继续加强与主要渔业国家使领馆、行业协会和国际组织的合作沟通，积极参与相关国际会议，发出中国产业声音。与FAO联合开展中国、美国、欧盟进口水产品流程梳理工作。继续编写中国水产品价格报告(中英文版)，并由FAO公开发行。参加中国-老挝经贸合作座谈会、中国-东盟互为第一大贸易伙伴的产业合作视频会、CEGA环境资助者网络沙龙活动、GSSI促进未认证水产品可持续发展网络交流会、MSC标准修订网络会、俄罗斯联邦渔业局和渔业企业协会等共同组织的新冠肺炎疫情下国际合作网络会、WWF黄海生态区海洋自然保护地研讨会、大黄海生态系二期项目临时委员会理事会第五次会议，以及与NACA、TNC、MSC、ASC、GAA、O2、IFFO、INFOFISH等机构在行业信息、渔业改进、可持续、认证标准等方面进行交流与探讨，并与世界经济论坛建立联系，探讨合作机会和模式。

【坚持协会宗旨，规范行业发展】

1.加强标准制(修)订工作 积极参与国标、行标制(修)订工作，如实反映行业呼声，为标准制(修)订提供产业支撑。针对国家标准委员会企业标准信息公共服务平台和山东省卫生健康委员会网站上，备案企标《速发海参》《腌渍海参》等违反强制性国标的情况，向山东省卫生健康委员会、国家卫生健康委员会食品安全标准与监测评估司致函举报，并与农业农村部农产品质量安全监管司、国家市场监督管理总局、国家食品安全风险评估中心及山东省卫健委等部门沟通，打击糖干、料干海参等不法行为，进一步规范海参产业。加强团体标准制定，推动水产行业标准化，促进产业健康持续发展。先后组织制定与发布了《冷冻臭鳜鱼》团体标准。组织完成《冻生食水产品》《风味熟制小鱼干》《冰鲜河鲀流通规范》及《水产品冷链物流信息管理技术规范》四项团体标准立项工作。组织召开《风味熟制小鱼干》标准讨论会。完成《水产品冷链物流信息管理技术规范》标准草案。

2.积极推进水产品可追溯体系建设 “3·15”晚会曝光部分海参养殖户违规使用敌敌畏事件再次凸显出水产品可追溯的重要性和紧迫性。7月协会组织了召开水产品质量安全可追溯系统视频研讨会。大菱鲆、三文鱼、海鲈等十个分支机构的负责人及会员企业代表参加会议。会议介绍了系统的思路、目标、框架构建、主要功能模块、应用案例等方面。8月、10月分别先后前往山东青岛、乳山、荣成、威海，江苏常州等地开展可追溯工作调研。针对当前产业面临的主要问题、如何做好高品质水产品的生产与消费、水产品可追溯平台的准入机制、产品标签形式等方面进行了沟通和讨论，引导规范市场流通、保障产品质量。根据《中华人民共和国野生动物保护法》要求，积极推动相关标识管理工作，于3月启动“全国鳄鱼及其产品审核及标识管理系统”项目，联合上海渔联网科技有限公司共同开展《鳄鱼标识管理系统》研发，编写《养殖鳄类及其产品标识技术规程》，与企业代表探讨实际使用中的标识签、标识贴的设计及相关要求。随后向农业农村部渔业渔政管理局提交了试行养殖鳄类及其产品标识管理的申请，并报上养殖鳄类及其产品标识技术规程、标识签和标识贴样式等材料。6月底完成管理系统的开发，目前已完成“鳄鱼标识管理系统”测试，为今后将开展的鳄鱼产品可追溯试点打下基础。

3.发布响应长江禁捕、拒绝违规水产品的倡议书

实施长江流域重点水域禁捕退捕，是共抓长江大保护、推进长江经济带绿色发展的关键举措，为早日扭转长江生态环境恶化趋势，协会联合中国烹饪协会、中国饭店协会、中国消费者协会，向会员企业及公众发布《关于响应长江禁捕、拒绝违规水产品的倡议书》，进一步推动社会形成保护长江生态环境，自觉抵制野生“江鲜”消费的习惯，以实际行动为长江禁捕贡献一份力量。此倡议书受到媒体及业内、公众广泛关注。

4.加强信息宣传，搭建新媒体矩阵 为拓展协会影响力，打造协会专业化形象，在做好《中国水产品》会刊、协会官网的基础上，以“中国水产品”微信公众号运营为抓手，制定了新媒体传播运营策划方案，搭建协会新媒体矩阵。在微信公众号开办“云展示”视频宣传栏目，助力会员企业品牌建设。开通并运营协会百家号、今日头条、企鹅号、新浪微博等以及抖音、快手、微视和视频号等新媒体账号。

(中国水产流通与加工协会　朱亚平)

中国藻业协会

2020年是不平凡的一年，突如其来的新冠肺炎疫情给行业发展带来很大冲击，也给中国藻业协会(以下简称协会）工作造成一定影响，面对困难，协会同仁以严肃认真的态度和切实有效的方法积极应对。在上级有关部门的关心指导下，在各理事、广大会员的支持配合和共同努力下，协会各项工作取得一定进展。

【共克时艰，助力打赢疫情防控阻击战】

1.积极做好政策、信息的上传下达 2020年年初，根据国家发展改革委办公厅、民政部办公厅下发的《关于积极发挥行业协会商会作用 支持民营中小企业复工复产的通知》及农业农村部等3部委联合印发的《关于解决当前实际困难加快养殖业复工复产的紧急通知》有关要求，协会秘书处积极开展工作，认真收集各会员单位受疫情影响情况及复工复产中所面临的困难和问题，陆续给上级行政主管部门报送《关于新冠肺炎疫情期间藻类企业严抓疫情防控、有序复工复产方面的情况汇报》《关于新冠肺炎疫情期间藻类行业复工复产的情况汇报》《关于疫情对藻类产业的影响及相关建议》等一系列材料，为政府精准扶持政策的出台提供意见和参考。

2.帮助解决会员单位复工复产困难 协会根据企业受疫情影响情况，为会员单位提供有针对性的服务，积极引导企业恢复生产运营，研究相应的措施和方法。疫情初期由于各地道路管制，部分会员企业不能把相关产品及时送达市场。协会了解情况后，及时为企业出具保障民生需求用品相关证明材料，使会员企业食品配送车辆在物流运输过程中获得优先配置和高速通行便利，切实维护会员利益。

在疫情初步得到控制后，由于地方政府政策限制，部分制碘企业迟迟不能复工。协会了解情况后，紧急向上级行政机关汇报并提出：碘作为良好的消毒剂原料，在医疗、消毒等多个方面需求大幅增加的特殊时期，优先让制碘企业恢复生产，保障碘的生产和供给，具有非常重要的现实意义和战略意义，相关建议得到了上级有关部门的重视。

3.努力做好正面舆论宣传引导 协会充分利用微信公众号等宣传媒介，疫情期间，在行业内深入宣传党中央、国务院重大决策部署，及时解读政策动向并做好贯彻落实。广泛宣传会员企业在疫情防控期间捐款捐物、复工复产等方面的先进事迹。会员单位青岛明月海藻集团有限公司、青岛聚大洋藻业集团有限公司、绿新（福建）食品有限公司、福建官坞海产开发有限公司、福建连江天源水产有限公司、丽江程海保尔生物开发有限公司、内蒙古再回首生物工程有限公司、北海生巴达生物科技有限公司等企业通过各种形式向湖北疫区及当地政府捐款捐物，为抗击疫情做出了重要贡献。行业中的龙头企业为整个行业的复工复产树立了信心，起到了良好的示范和带头作用。

4.支援东盟等国家共同抗击疫情 为响应国家号召，助力国外合作伙伴机构的疫情防控工作，协会和中国海洋大学联合开展了抗疫物资的民间对外援助工作。与菲律宾、印度尼西亚等国家海藻协会保持沟通，先后向菲律宾（菲律宾米沙鄢大学、东南亚渔业发展中心水产养殖部、菲律宾海藻协会）、马来西亚、泰国、印度尼西亚等15个合作伙伴机构无偿捐赠了口罩物资近2 000件，得到了国外合作伙伴的高度好评，为进一步深入开展科技外交、促进国家和民间友好合作贡献了力量。

【推进标准体系建设，为藻类产业发展保驾护航】

1.积极推进团体标准制定工作 2020年，协会根据团体标准工作计划，对2019年已经立项的标准工作进行了有效推进。疫情期间，协会积极组织相关标准起草组成员对标准文本进行修改和完善。9月，协会组织有关专家通过视频会议方式对标准内容进行了深入研讨。前期工作较为成熟的团体标准《褐藻提取物 岩藻黄素》于10月下旬完成征求意见稿，10月26日开始对外征求意见。标准起草组根据反馈意见与建议，对标准文本进一步修改完善。11月底，协会在青岛组织召开团体标准审查研讨会，《褐藻提取物 岩藻黄素》顺利通过专家组审定，《海藻沙拉（调味裙带菜梗丝）》编制进度继续向前推进。《褐藻提取物 岩藻黄素》团体标准已进入公示期。

2.为国标、行标制定与修改提供建设性意见 根据福建部分会员企业反映干海带和干紫菜产品在市场监督抽检中被判定为铅含量超标的问题，协会曾于2019年实地调研，详细了解相关情况。3月9日，协会秘书处与全国水产标准化技术委员会水产品加工分技术委员会沟通后，向农业农村部渔业渔政管理局报送《关于申请修订GB 2762〈食品安全国家标准 食品中污染物限量〉中藻类及其制品铅限量值的报告》，建议修订GB 2762中藻类及其制品铅限量值为结合脱水率进行折算，去除“以干重计”，以便更合理、科学、客观地反映产品的实际生产和消费情况。

2020年2月，协会秘书处转发生态环境部《食品加工制造业水污染物排放标准（征求意见稿）》，广泛征集各会员单位的意见和建议。由于该标准与藻类加工企业关系密切，藻胶生产企业又是排水大户，因此红藻胶分会、微藻分会及各会员单位积极配合，提出了许多宝贵的修改意见。秘书处对大家提出的意见进行了逐条梳理及认真研究，同时结合藻类加工企业生产实际情况补充了新的内容，于3月10日形成《关于回复〈食品加工制造业水污染物排放标准（征求意见稿）〉的函》，及时向相关主管部门报送。最终，秘书处整理提出的意见基本都得到采纳，在单位产品基准排水量的规定中，海藻胶基准排水量由原来的700吨调整为1 000吨。

11月，协会秘书处派代表参加全国水产标准化技术委员会水产品加工分技术委员会组织召开的标准研讨会，参与藻类行业标准的制定工作。

【调整工作方式，积极开展调查研究工作】 鉴于新冠肺炎疫情影响，协会秘书处主动调整调研方式，减少实地调研和召开会议频次，更多借助电话、邮件、微信等方式了解企业的需求和存在的问题，帮助企业向相关部门反映情况。

7月底，协会在海口组织召开后疫情时代藻类发展对策研讨会，交流藻类行业受疫情影响总体情况，研讨应对策略，提出解决办法。会议同时研讨了在海南自由贸易港政策下，藻类企业在海南省投资的可行性。参会人员还现场调研了海南藻类养殖及加工情况，提出加强热带海藻产业发展研究的必要性和紧迫性。

协会还重点开展了国内裙带菜市场消费调查与研究工作，拟通过调研掌握我国裙带菜市场消费基本情况，对存在的问题进行分析研究，提出合理化建议，撰写调研报告，为我国裙带菜生产经营企业开拓国内市场提供借鉴，为政府部门提供政策制定依据和决策参考。

【加强服务意识，做好会员服务工作】

1.开展信息服务工作 通过“中国藻业协会”微信公共号和微信群，及时发布协会及会员企业的重要活动及新闻动态，加强了藻类行业信息共享，增强了行业整体凝聚力和对外宣传的力度。

2.为会员开具证明材料 根据会员单位的申请及提供的相关数据，经协会秘书处核实后，及时为会员单位开具各项证明材料近20份，为企业参加评审验收和争取项目资金起到了积极的促进作用。

3.鼓励和引导会员申报奖项 通过协会推荐申报中国专利奖，进一步强化会员知识产权创造、保护、运用意识，推动行业高质量发展。2020年协会协助中国海洋大学刘涛教授团队获得由国家知识产权局颁发的中国专利优秀奖，专利名称：一种海带尿苷二磷酸葡萄糖焦磷酸化酶基因，专利号：ZL201410002943.8。

4.切实减轻会员单位负担 因受疫情影响，考虑到部分会员单位的经营压力，经协会秘书处研究并提请会长办公会同意，主动减免全部企业会员单位50%的会费，切实减轻了企业负担。

【微藻分会工作】

1.组织线上研讨会 微藻分会在疫情期间，积极宣传微藻营养与功能，促进微藻产业健康发展。5月，召开了“微藻营养与功能”线上研讨会。会上，专家们分析总结了藻类对人体的免疫调节功能及抗炎效果，探讨了其在抗击新冠肺炎疫情中的潜在应用，同时对抗疫过程中微藻企业的捐赠事迹进行了表彰宣传。

2.召开会员大会和学术年会 9月，微藻分会在广东湛江召开了第二届会员大会暨第六届学术年会。会议采用线下与线上相结合的方式，来自大专院校、科研院所的专家学者及企业家代表共70余人参加了线下会议，近200人参加了线上会议。会议审议通过了第一届微藻分会工作报告，选举产生了分会第二届理事会和领导班子，为进一步加强微藻分会对微藻行业的组织引领作用奠定了基础。

3.稳步推进微藻产业标准化体系建设 9月中旬，《食品安全国家标准 食品添加剂 藻蓝》由国家卫生健康委员会、国家市场监督管理总局公开发布，将于2021年正式实施。10月，全国海洋行业标准《微藻资源库构建通则》完成征集意见，提交审查申请。11月初，山东省海洋地方标准《螺旋藻控制重金属技术规范》和《藻蓝蛋白生产技术规范》完成征集意见，并提交审查。这些标准的起草和实施为微藻行业的健康发展奠定了重要的制度保障。

4.加强微藻科普宣传工作，吸引和培养年轻后备力量 微藻分会组织专家编写《美丽地球微藻梦》系列科普丛书，其中《经济微藻面面观》《微藻饵料》《赤潮也疯狂》已基本完成出版前的校稿工作，出版样书；《微藻三十年回顾2》即将正式出版。利用高校社团或会议论坛等形式，定期为中小学生和在校大学生举行微藻科普活动，积极吸引和培养微藻科研技术年轻人才和后备力量。

【红藻胶分会工作】

1.收集并上报疫情期间会员企业生产经营情况 在上半年疫情期间，红藻胶分会积极配合协会秘书处及当地政府部门为红藻胶行业服务。主动收集各会员单位受疫情影响情况及复工复产中所面临的困难，及时上报给协会秘书处及当地政府主管部门，为协会上报相关材料提供了重要信息，为当地政府出台企业精准扶持政策提供了依据。

2.征集整理国标修改意见 3月，红藻胶分会秘书处在《食品加工制造业水污染物排放标准(征求意见稿)》征求意见过程中充分发挥组织优势，告知全体会员单位，并广泛征集各会员单位的意见和建议，认真完成及相关材料的整理报送工作，为该标准内容的成功调整做出了贡献，维护了行业利益。

3.统计行业进出口数据 为进一步了解各会员单位的运营状况，9月，红藻胶分会根据协会《关于开展红藻胶行业进出口数据及基础数据统计工作的通知》的相关要求，开展了业内基础数据统计工作。更加准确、客观地了解我国红藻胶行业进出口情况、行业发展情况及市场总需求量，引导广大会员单位适时调整产品结构、把握产品创新方向。

4.组织召开产业发展论坛 12月，分会在海南三亚组织召开红藻产业发展论坛，邀请业内专家开展红藻产业技术研讨与培训，加强红藻行业产学研交流与合作，推动我国红藻产业健康快速发展。

(中国藻业协会)

休闲垂钓协会

2020年是不平凡的一年，年初新冠肺炎疫情来袭，对正常生产生活造成了巨大冲击。在农业农村部渔业渔政管理局和全国水产技术推广总站的支持和关心下，休闲垂钓协会(以下简称协会)克服疫情带来的不利影响，采取线上线下相结合的方式展开工作，不断拓宽工作渠道，完成了既定工作任务。

【完成协会脱钩工作】 2020年，协会按照《关于抓紧完成行业协会脱钩工作的通知》及《关于中国绿色食品协会等18家协会脱钩实施方案的批复》文件要求，依照《休闲垂钓协会脱钩实施方案》的步骤，按时完成了行业协会与行政机关脱钩相关工作。尽管已完成脱钩，但“脱钩不脱管，脱钩不脱服务”，协会将继续做好政府委托的相关业务，接受农业农村部、农业农村部渔业渔政管理局、全国水产技术推广总站的指导和监督，切实发挥行业协会的职能和作用。

【加强自身建设，提高服务能力】

1.完善机构建设 为进一步加强各地区休闲渔业发展和垂钓活动组织能力，加强协会与地方互通互享、互信互助，2020年协会分别在贵州省黔西南布依族苗族自治州、海南省海口市、浙江省舟山市设立了代表处。

2.强化制度建设 随着国内各地开展休闲渔业活动、各类赛事日益增多，休闲基地建设需求也越来越多。为进一步明确协会各分支、代表机构工作职能，强化协会举办活动的申报审批制度，加强协会赛事工作管理，协会秘书处修订了相关工作管理制度和办法。

3.标准化建设 协会2020年在贵州省黔西南州兴义市召开了休闲垂钓标准体系研讨会，就休闲垂钓标准化的建立和发展进行研讨，确定了协会提出的休闲垂钓标准体系的基本原则和制标顺序，并向全国水产标准化技术委员会提出申报《休闲垂钓名词术语》《休闲垂钓渔获物规格要求》两个标准项目。另外，由协会筏钓分会牵头起草的《筏钓钓场建设与服务规范》等团体标准进入评审阶段。

4.裁判队伍建设 2020年协会共举办了4期裁判员培训班。

5.积极参与抗疫工作 协会号召全体会员单位利用自身优势和资源伸出援助之手，捐款捐物，以实际行动履行社会责任和使命担当。协会会员单位共捐助现金13 169 849.9元，捐赠消毒液30吨。

协会秘书处还对各分支机构、代表处、会员单位企业展开调研，就疫情发生以来开展休闲渔业活动、产业受影响程度进行了统计，并向渔业主管部门提出了相关建议。

【完成农业农村部委托的工作，促进休闲渔业发展】

1.积极完成农业农村部委托的工作 2020年是脱贫攻坚收官之年，年初农业农村部发布了《2020年渔业扶贫和援藏援疆行动方案》，根据方案要求，协会秘书处通过协会官网及微信公众平台，积极宣传渔业文化、渔业特色及渔旅融合等方面的内容；邀请贫困地区的渔业主管部门及渔业企业参加中国休闲渔业高峰论坛，号召协会会员单位积极参与渔业扶贫项目，利用自身资源和优势，与贫困地区相关企业开展合作。

2.承担部委托项目情况 2020年协会承担了农业农村部渔业渔政管理局委托的4个项目。协会通过开展调研和走访企业，及时了解行业现状及问题，与地方各级主管部门深入探讨在新形势下产业发展的出路，向有关部门提出在垂钓管理、人工钓饵、安全保障、环境保护等方面的管理主张及合理化建议。

3.规范长江流域垂钓行为管理 长江实施十年禁捕，在长江大保护新形势下，协会通过走访长江流域省份，搜集各地出台的管理制度和工作措施，了解各地休闲垂钓的执法情况，并根据调研结果形成《规范长江流域垂钓行为管理》的报告提交农业农村部长江流域渔政监督管理办公室。

【提升品牌影响力，开展休闲渔业活动】

1.休闲垂钓基地建设 为贯彻落实《国务院关于促进乡村产业振兴的指导意见》，协会积极与地方政府和企业共同开展休闲渔业品牌建设，培育休闲垂钓基地，推动地方一二三产业融合发展。通过开展优质基地建设支持，组织休闲渔业活动，有效地带动和提升了地方休闲渔业的活跃度和影响力，为助推地方产业振兴和经济发展起到了促进作用。

2.举办休闲渔业活动 2020 年上半年因疫情原因各种赛事活动受到影响，下半年在疫情得到控制后，协会与地方联合开展的休闲渔业活动有：中国·"万峰渔"休闲垂钓"叶之初"杯筏钓大赛、2020 中国"醉美霞浦"休闲海钓节暨福建省全民健身运动会海钓大赛、中国·长寿湖首届"浩湖杯"全国休闲垂钓大赛、2020 清水湖捕捞节暨全国筏钓邀请赛、2020 仙女湖全国路亚挑战赛、福建福鼎"闽威杯"中国首届海上田园标识鱼垂钓赛、2020 中国·成都青白江姚渡镇第九届钓鱼节；协办了匠心独具——北京市劳动人民文化宫 2020 年宫廷金鱼特展，参加了"巨鳞杯"第十二届中国锦鲤若鲤大赛、第八届中国国际锦鲤大赛等活动 40 余场。

【信息化建设和服务】 协会积极完善官网及官方微信服务平台，及时发布休闲渔业政策、资讯及协会动态，方便协会会员及粉丝及时了解行业最新动态。

（休闲垂钓协会）

远洋渔业管理规定

农业农村部令 2020 年 2 号

第一章　总　　则

第一条　为加强远洋渔业管理，维护国家和远洋渔业企业及从业人员的合法权益，养护和可持续利用海洋渔业资源，促进远洋渔业持续、健康发展，根据《中华人民共和国渔业法》及有关法律、行政法规，制定本规定。

第二条　本规定所称远洋渔业，是指中华人民共和国公民、法人和其他组织到公海和他国管辖海域从事海洋捕捞以及与之配套的加工、补给和产品运输等渔业活动，但不包括到黄海、东海和南海从事的渔业活动。

第三条　国家支持、促进远洋渔业可持续发展，建立规模合理、布局科学、装备优良、配套完善、管理规范、生产安全的现代化远洋渔业产业体系。

第四条　农业农村部主管全国远洋渔业工作，负责全国远洋渔业的规划、组织和管理，会同国务院其他有关部门对远洋渔业企业执行国家有关法规和政策的情况进行监督。

省级人民政府渔业行政主管部门负责本行政区域内远洋渔业的规划、组织和监督管理。

市、县级人民政府渔业行政主管部门协助省级渔业行政主管部门做好远洋渔业相关工作。

第五条　国家鼓励远洋渔业企业依法自愿成立远洋渔业协会，加强行业自律管理，维护成员合法权益。

第六条　农业农村部对远洋渔业实行项目审批管理和企业资格认定制度，并依法对远洋渔业船舶和船员进行监督管理。

第七条　远洋渔业项目审批和企业资格认定通过农业农村部远洋渔业管理系统办理。

申请人应当提供的渔业船舶检验证书、渔业船舶登记证等法定证照、权属证明，在全国渔船动态管理系统、远洋渔业管理系统或者部门间核查能够查询到有效信息的，可以不再提供纸质材料。

第二章　远洋渔业项目申请和审批

第八条　同时具备下列条件的企业，可以从事远洋渔业，申请开展远洋渔业项目：

（一）在我国市场监管部门登记，具有独立法人资格，经营范围包括海洋（远洋）捕捞；

（二）拥有符合要求的适合从事远洋渔业的合法渔业船舶；

（三）具有承担项目运营和意外风险的经济实力；

（四）有熟知远洋渔业政策、相关法律规定、国外情况并具有 3 年以上远洋渔业生产及管理经验的专职经营管理人员；

（五）申请前的 3 年内没有被农业农村部取消远洋渔业企业资格的记录，企业主要负责人和项目负责人申请前的 3 年内没有在被农业农村部取消远洋渔业企业资格的企业担任主要负责人和项目负责人的记录。

第九条　符合本规定第八条条件的企业申请开展远洋渔业项目的，应当通过所在地省级人民政府渔业行政主管部门提出，经省级人民政府渔业行政主管部门审核同意后报农业农村部审批。中央直属企业直接报农业农村部审批。

省级人民政府渔业行政主管部门应当在 10 日内完成审核。

第十条　申请远洋渔业项目时，应当报送以下材料：

（一）项目申请报告。申请报告应当包括企业基本情况和条件、项目组织和经营管理计划、已开展远洋渔业项目（如有）的情况等内容，同时填写《申请远洋渔业项目基本情况表》（见附表一）。

（二）项目可行性研究报告。

（三）到他国管辖海域作业的，提供与外方的合作协议或他国政府主管部门同意入渔的证明、我驻项目所在国使（领）馆的意见；境外成立独资或合资企业的，还需提供我国商务行政主管部门出具的《企业境外投资证书》和入渔国有关政府部门出具的企业注册证明。到公海作业的，填报《公海渔业捕捞许可证申请书》（见附表二）。

（四）拟派渔船所有权证书、登记（国籍）证书、远洋渔船检验证书。属制造、更新改造、购置或进口的专业远洋渔船，需同时提供农业农村部《渔业船网工具指标批准书》；属非专业远洋渔船（具有国内有效渔业捕捞许可证转产从事远洋渔业的渔船），需同时提供国内《海洋渔业捕捞许可证》；属进口渔船，需同时提供国家机电进出口办公室批准文件。

（五）农业农村部要求的其他材料。

第十一条　农业农村部收到符合本规定第十条要求的远洋渔业项目申请后，在15个工作日内作出是否批准的决定。特殊情况需要延长决定期限的，应当及时告知申请企业延长决定期限的理由。

经审查批准远洋渔业项目申请的，农业农村部书面通知申请项目企业及其所在地省级人民政府渔业行政主管部门，并抄送国务院其他有关部门。

从事公海捕捞作业的，农业农村部批准远洋渔业项目的同时，颁发《公海渔业捕捞许可证》。

经审查不予批准远洋渔业项目申请的，农业农村部将决定及理由书面通知申请项目企业。

第十二条　对已经实施的远洋渔业项目，农业农村部根据以下不同情况分别进行确认：

（一）从国内港口离境的渔船，依据海事行政主管部门颁发的《国际航行船舶出口岸许可证》进行确认；

（二）在海上转移渔场或变更渔船所有人的渔船，依据远洋渔业项目批准文件进行确认；

（三）船舶证书到期的渔船，依据发证机关换发的有效证书进行确认；

（四）因入渔需要变更渔船国籍的，依据渔船的中国国籍中止或注销证明、入渔国政府主管部门签发的捕捞许可证和渔船登记证书、检验证书及中文翻译件进行确认。

第十三条　取得农业农村部远洋渔业项目批准后，企业持批准文件和其他有关材料，办理远洋渔业船舶和船员证书等有关手续。

第十四条　到他国管辖海域从事捕捞作业的远洋渔业项目开始执行后，企业项目负责人应当持农业农村部远洋渔业项目批准文件到我驻外使（领）馆登记，接受使（领）馆的监督和指导。

第十五条　企业在项目执行期间，应当按照农业农村部的规定及时、准确地向所在地省级人民政府渔业行政主管部门等单位报告下列情况，由省级人民政府渔业行政主管部门等单位汇总后报农业农村部：

（一）投产各渔船渔获量、主要品种、产值等生产情况。除另有规定外，应当于每月10日前按要求报送上月生产情况；

（二）自捕水产品运回情况，按照海关总署和农业农村部的要求报告；

（三）农业农村部或国际渔业管理组织要求报告的其他情况。

第十六条　远洋渔业项目执行过程中需要改变作业国家（地区）或海域、作业类型、入渔方式、渔船数量（包括更换渔船）、渔船所有人以及重新成立独资或合资企业的，应当提供本规定第十条规定的与变更内容有关的材料，按照本规定第九条规定的程序事先报农业农村部批准。其中改变作业国家的，除提供第十条第（三）项规定的材料外，还应当提供我驻原项目所在国使（领）馆的意见。

第十七条　项目终止或执行完毕后，远洋渔业企业应当及时向省级人民政府渔业行政主管部门报告，提交项目执行情况总结，经省级人民政府渔业行政主管部门报农业农村部办理远洋渔业项目终止手续。

远洋渔业企业应当将终止项目的渔船开回国内，并在渔船入境之日起5个工作日内，将海事行政主管部门出具的《船舶进口岸手续办妥通知单》和渔政渔港监督部门出具的渔船停港证明报农业农村部。

远洋渔船终止远洋渔业项目或远洋渔业项目无法继续执行的，企业应于项目终止或停止之日起18个月内对渔船予以妥善处置，因客观原因未能在18个月内处置完毕的，可适当延长处置时间，但最长不得超过36个月。期限届满仍未妥善处置的，由省级人民政府渔业行政主管部门按《渔业船舶登记办法》等有关规定注销渔船登记。

第三章　远洋渔业企业资格认定和年审

第十八条　对于已获农业农村部批准并开始实施远洋渔业项目的企业，其生产经营情况正常，认真遵守有关法律、法规和本规定，未发生严重违规事件的，农业农村部授予其远洋渔业企业资格，并颁发《农业农村部远洋渔业企业资格证书》。

取得《农业农村部远洋渔业企业资格证书》的企业，可以根据有关规定享受国家对远洋渔业的支持政策。

第十九条　农业农村部对远洋渔业企业资格和远

洋渔业项目进行年度审查。对审查合格的企业，换发当年度《农业农村部远洋渔业企业资格证书》；对审查合格的渔船，延续确认当年度远洋渔业项目。

申请年审的远洋渔业企业应当于每年1月15日以前向所在地省级人民政府渔业行政主管部门报送下列材料：

（一）上年度远洋渔业项目执行情况报告。

（二）《远洋渔业企业资格和项目年审登记表》（见附表三）。

（三）有效的渔业船舶所有权证书、国籍证书和检验证书。其中，在他国注册登记的渔船需提供登记国政府主管部门签发的渔船登记和检验证书及中文翻译件。在他国注册登记的渔船如已更新改造，还应提供原船证书注销证明及中文翻译件。

（四）到他国管辖海域从事捕捞作业的，还应提供入渔国政府主管部门颁发的捕捞许可证和企业注册证明及中文翻译件，我驻入渔国使（领）馆出具的意见等。

省级人民政府渔业行政主管部门应当对有关材料进行认真审核，对所辖区域的远洋渔业企业资格和渔船的远洋渔业项目提出审核意见，于2月15日前报农业农村部。

农业农村部于3月31日前将远洋渔业企业资格审查和远洋渔业项目确认结果书面通知省级人民政府渔业行政主管部门和有关企业，抄送国务院有关部门。

第四章　远洋渔业船舶和船员

第二十条　远洋渔船应当经渔业船舶检验机构技术检验合格、渔港监督部门依法登记，取得相关证书，符合我国法律、法规和有关国际条约的管理规定。

不得使用未取得相关证书的渔船从事远洋渔业生产。

不得使用被有关区域渔业管理组织公布的从事非法、不报告和不受管制渔业活动的渔船从事远洋渔业生产。

第二十一条　制造、更新改造、购置、进口远洋渔船或更新改造非专业远洋渔船开展远洋渔业的，应当根据《渔业捕捞许可管理规定》事先报农业农村部审批。

淘汰的远洋渔船，应当实施报废处置。

根据他国法律规定，远洋渔船需要加入他国国籍方可在他国海域作业的，应当按《渔业船舶登记办法》有关规定，办理中止或注销中国国籍登记。

第二十二条　远洋渔船应当从国家对外开放口岸出境和入境，随船携带登记（国籍）证书、检验证书、《公海捕捞许可证》以及该船适用的国际公约要求的有关证书。

第二十三条　在我国注册登记的远洋渔船，悬挂中华人民共和国国旗，按国家有关规定进行标识；在他国注册登记的远洋渔船，按登记国规定悬挂旗帜、进行标识。国际渔业组织对远洋渔船标识有规定的，按其规定执行。

第二十四条　专业远洋渔船不得在我国管辖海域从事渔业活动。

经批准到公海或他国管辖海域从事捕捞作业的非专业远洋渔船，出境前应当将《海洋渔业捕捞许可证》交回原发证机关暂存，在实施远洋渔业项目期间禁止在我国管辖海域从事渔业活动。在终止远洋渔业项目并办妥相关手续后，按《渔业捕捞许可管理规定》从原发证机构领回《海洋渔业捕捞许可证》后，方可在国内海域从事渔业生产。

第二十五条　远洋渔船应当按照规定填写渔捞日志，并接受渔业行政主管部门的监督检查。

第二十六条　远洋渔船应当按规定配备与管理船员。

远洋渔业船员应当按规定接受培训，经考试或考核合格取得相应的渔业船员证书后才能上岗，并持有海员证或护照等本人有效出入境证件。外籍、港澳台船员的管理按照国家有关规定执行。

远洋渔业船员、远洋渔业企业及项目负责人和经营管理人员应当学习国际渔业法律法规、安全生产和涉外知识，参加渔业行政主管部门或其委托机构组织的培训。

第五章　安全生产

第二十七条　远洋渔业企业承担安全生产主体责任，应当按规定设置安全生产管理机构或配备安全生产管理人员，建立安全生产责任制。

远洋渔业企业的法定代表人和主要负责人，对本企业的安全生产工作全面负责；远洋渔业项目负责人，对项目的执行、生产经营管理、渔船活动和船员负监管责任；远洋渔船船长对渔船海上航行、生产作业和锚泊安全等负直接责任。

第二十八条　远洋渔业企业应当与其聘用的远洋渔业船员或远洋渔业船员所在单位直接签订合同，为远洋渔业船员办理有关保险，按时发放工资，保障远洋渔业船员的合法权益，不得向远洋渔业船员收取不合理费用。

远洋渔业企业不得聘用未取得有效渔业船员证书

的人员作为远洋渔业船员，聘用的远洋渔业船员不得超过农业农村部远洋渔业项目批准文件核定的船员数。

第二十九条 远洋渔业企业应当在远洋渔业船员出境前对其进行安全生产、外事纪律和法律知识等培训教育。

远洋渔业船员在境外应当遵守所在国法律、法规和有关国际条约、协定的规定，尊重当地的风俗习惯。

第三十条 远洋渔船船长应当认真履行《渔业船员管理办法》规定的有关职责，确保渔船正常航行和依法进行渔业生产，严禁违法进入他国管辖水域生产。

按照我国加入的国际公约或区域渔业组织要求，远洋渔船在公海或他国管辖水域被要求登临检查时，船长应当核实执法船舶及人员身份，配合经授权的执法人员对渔船实施登临检查。禁止逃避执法检查或以暴力、危险等方法抗拒执法检查。

第三十一条 到公海作业的远洋渔船，应当按照农业农村部远洋渔业项目批准文件和《公海渔业捕捞许可证》限定的作业海域、类型、时限、品种和配额作业，遵守我国缔结或者参加的国际条约、协定。

到他国管辖海域作业的远洋渔船，应当遵守我国与该国签订的渔业协议及该国的法律法规。

远洋渔船作业时应当与未授权作业海域外部界限保持安全的缓冲距离，避免赴有关国家争议海域作业。

第三十二条 远洋渔船在通过他国管辖水域前，应妥善保存渔获、捆绑覆盖渔具，并按有关规定提前通报。通过他国管辖水域时，应保持连续和匀速航行，填写航行日志，禁止从事捕捞、渔获物转运、补给等任何渔业生产活动。

渔船在他国港口内或通过他国管辖海域时，不得丢弃船上渔获物或其他杂物，不得排放油污、污水及从事其他损坏海洋生态环境的行为。

第六章 监督管理

第三十三条 禁止远洋渔业企业、渔船和船员从事、支持或协助非法、不报告和不受管制的渔业活动。

第三十四条 农业农村部发布远洋渔业从业人员“黑名单”。存在严重违法违规行为、对重大安全生产责任事故负主要责任和引发远洋渔业涉外违规事件的企业主要管理人员、项目负责人和船长，纳入远洋渔业从业人员“黑名单”管理。

纳入远洋渔业从业人员“黑名单”的企业主要管理人员、项目负责人，3 年内不得在远洋渔业企业担任主要管理人员或项目负责人。纳入远洋渔业从业人员“黑名单”的船长自被吊销职务船员证书之日起，5 年内不得申请渔业船员证书。

第三十五条 农业农村部根据管理需要对远洋渔船进行船位和渔获情况监测。远洋渔船应当根据农业农村部制定的监测计划安装渔船监测系统（VMS），并配备持有技术培训合格证的船员，保障系统正常工作，及时、准确提供真实信息。

农业农村部可根据有关国际组织的要求或管理需要向远洋渔船派遣国家观察员。远洋渔业企业和远洋渔船有义务接纳国家观察员或有关国际渔业组织派遣的观察员，协助并配合观察员工作，不得安排观察员从事与其职责无关的工作。

第三十六条 两个以上远洋渔业企业在同一国家（地区）或海域作业，或从事同品种、同类型作业，应当建立企业自我协调和自律机制，接受行业协会的指导，配合政府有关部门进行协调和管理。

第三十七条 远洋渔业企业、渔船和船员在国外发生涉外事件时，应当立即如实向农业农村部、企业所在地省级人民政府渔业行政主管部门和有关驻外使（领）馆报告，省级人民政府渔业行政主管部门接到报告后，应当立即核实情况，并提出处理意见报农业农村部和省级人民政府，由农业农村部协调提出处理意见通知驻外使领馆。发生重大涉外事件需要对外交涉的，由农业农村部商外交部提出处理意见，进行交涉。

远洋渔船发生海难等海上安全事故时，远洋渔业企业应当立即组织自救互救，并按规定向农业农村部、企业所在地省级人民政府渔业行政主管部门报告。需要紧急救助的，按照有关国际规则和国家规定执行。发生违法犯罪事件时，远洋渔业企业应当立即向所在地公安机关和边防部门报告，做好伤员救治、嫌疑人控制、现场保护等工作。

远洋渔业企业和所在地各级人民政府渔业行政主管部门应当认真负责、迅速、妥善处理涉外和海上安全事件。

第三十八条 各级人民政府渔业行政主管部门及其所属的渔政渔港监督管理机构应当会同有关部门，加强远洋渔船在国内渔业港口的监督与管理，严格执行渔船进出渔港报告制度。

除因人员病急、机件故障、遇难、避风等特殊情况外，禁止被有关国际渔业组织纳入非法、不报告和不受管制渔业活动名单的船舶进入我国港口。因人员病急、机件故障、遇难、避风等特殊情况或非法进入我国港口的，由港口所在地省级人民政府渔业行政主管部门会同同级港口、海关、边防等部门，在农业农村部、外交部等国务院有关部门指导下，依据我国法律、行政法规及我国批准或加入的相关国际条约，进行调查处理。

第七章 罚 则

第三十九条 远洋渔业企业、渔船或船员有下列违法行为的，由省级以上人民政府渔业行政主管部门或其所属的渔政渔港监督管理机构根据《中华人民共和国渔业法》《中华人民共和国野生动物保护法》和有关法律、法规予以处罚。对已经取得农业农村部远洋渔业企业资格的企业，农业农村部视情节轻重和影响大小，暂停或取消其远洋渔业企业资格。

（一）未经农业农村部批准擅自从事远洋渔业生产，或未取得《公海渔业捕捞许可证》从事公海捕捞生产的；

（二）申报或实施远洋渔业项目时隐瞒真相、弄虚作假的；

（三）不按农业农村部批准的或《公海渔业捕捞许可证》规定的作业类型、场所、时限、品种和配额生产，或未经批准进入他国管辖水域作业的；

（四）使用入渔国或有管辖权的区域渔业管理组织禁用的渔具、渔法进行捕捞，或捕捞入渔国或有管辖权的区域渔业管理组织禁止捕捞的鱼种、珍贵濒危水生野生动物或其他海洋生物的；

（五）未取得有效的船舶证书，或不符合远洋渔船的有关规定，或违反本规定招聘或派出远洋渔业船员的；

（六）妨碍或拒绝渔业行政主管部门监督管理，或在公海、他国管辖海域妨碍、拒绝有管辖权的执法人员进行检查的；

（七）不按规定报告情况和提供信息，或故意报告和提供不真实情况和信息，或不按规定填报渔捞日志的；

（八）拒绝接纳国家观察员或有管辖权的区域渔业管理组织派出的观察员或妨碍其正常工作的；

（九）故意关闭、移动、干扰船位监测、渔船自动识别等设备或故意报送虚假信息的，擅自更改船名、识别码、渔船标识或渔船参数，或擅自更换渔船主机的；

（十）被有关国际渔业组织认定从事、支持或协助了非法、不报告和不受管制的渔业活动的；

（十一）发生重大安全生产责任事故的；

（十二）发生涉外违规事件，造成严重不良影响的；

（十三）其他依法应予处罚的行为。

第四十条 被暂停农业农村部远洋渔业企业资格的企业，整改后经省级人民政府渔业行政主管部门和农业农村部审查合格的，可恢复其远洋渔业企业资格和所属渔船远洋渔业项目。1 年内经整改仍不合格的，取消其农业农村部远洋渔业企业资格。

第四十一条 当事人对渔业行政处罚有异议的，可按《中华人民共和国行政复议法》和《中华人民共和国行政诉讼法》的有关规定申请行政复议或提起行政诉讼。

第四十二条 各级人民政府渔业行政主管部门工作人员有不履行法定义务、玩忽职守、徇私舞弊等行为，尚不构成犯罪的，由所在单位或上级主管机关予以行政处分。

第八章 附 则

第四十三条 本规定所称远洋渔船是指中华人民共和国公民、法人或其他组织所有并从事远洋渔业活动的渔业船舶，包括捕捞渔船和渔业辅助船。远洋渔业船员是指在远洋渔船上工作的所有船员，包括职务船员。

本规定所称省级人民政府渔业行政主管部门包括计划单列市人民政府渔业行政主管部门。

第四十四条 本规定自 2020 年 4 月 1 日起施行。农业部 2003 年 4 月 18 日发布、2004 年 7 月 1 日修正、2016 年 5 月 30 日修正的《远洋渔业管理规定》同时废止。

附表：一、申请远洋渔业项目基本情况表（略）

二、公海渔业捕捞许可证申请书（略）

三、农业农村部远洋渔业企业资格和项目年审登记表（略）

农业农村部 国家林业和草原局关于进一步规范蛙类保护管理的通知

农渔发〔2020〕15 号

各省、自治区、直辖市农业农村（农牧）厅（局、委）、林业和草原主管部门，福建省海洋与渔业局，内蒙古森工集团，新疆生产建设兵团农业农村局、林业和草原主管部门，大兴安岭林业集团：

为切实解决部分蛙类交叉管理问题，进一步明确保护管理主体，落实执法监管责任，加强蛙类资源保护，现将有关事项通知如下。

一、明确管理责任，完善名录调整

根据专家研究论证意见，对于目前存在交叉管理、养殖历史较长、人工繁育规模较大的黑斑蛙、棘胸蛙、棘腹蛙、中国林蛙(东北林蛙)、黑龙江林蛙等相关蛙类(以下简称“相关蛙类”),由渔业主管部门按照水生动物管理。对其他蛙类,农业农村部和国家林草局将本着科学性优先和兼顾管理可操作性的总体原则,共同确定分类划分方案,适时调整相关名录。各地渔业主管部门、林业和草原主管部门要依法依规推进地方重点保护野生动物名录的调整。

二、加强协调配合,做好工作衔接

各地渔业主管部门、林业和草原主管部门要建立工作协调机制,制定工作方案,确保相关蛙类管理调整工作交接到位;要做好相关证件撤回注销和档案资料移交,主动告知从业者相关管理政策,优化办事流程;对于情况复杂、短时间内难以完全交接到位的,可协商通过设立一定过渡期等措施,确保有关调整工作平稳有序,避免出现管理真空。

三、加大保护力度,打击违法活动

各地渔业主管部门要依据有关法律法规,加大相关蛙类野生资源保护力度,利用活动仅限于增养殖群体。除科学研究、种群调控等特殊需要外,禁止捕捞相关蛙类野生资源;确需捕捞的,要严格按照有关法律规定报经相关渔业主管部门批准,在指定的区域和时间内,按照限额捕捞。各地渔业主管部门、林业和草原主管部门要加强协调配合,把蛙类保护与当地森林等自然生态系统保护有机结合起来,严禁在自然保护区开展捕捞利用活动;积极会同公安、市场监管等部门加大执法监管力度,严厉打击非法捕捞、出售、购买、利用相关蛙类野生资源的行为。

四、规范养殖管理,科学增殖放流

各地渔业主管部门要加强相关蛙类的养殖管理,强化苗种生产审批和监管。在县级以上地方人民政府颁布的养殖水域滩涂规划确定的养殖区和限养区内从事养殖生产的,要依法向县级以上人民政府渔业主管部门提出申请,由本级人民政府核发养殖证。各地渔业主管部门、林业和草原主管部门要相互配合,科学合理安排蛙类野外增殖放流,扩大种群规模,加强放流效果跟踪评估,保护种质资源。

五、加强科学监测,强化保护宣传

各地渔业主管部门、林业和草原主管部门要加强本底调查,准确掌握蛙类野生资源状况,建立健全监测网络和保护体系,全方位提升野生蛙类保护能力和水平;要加强对蛙类分布的自然保护区域、重要栖息地等生态环境的监测和保护,严防破坏野外生境等违法行为发生;要建立信息发布和有奖举报机制,主动公开蛙类野生资源和栖息地状况,接受公众监督,积极开展蛙类保护宣传,营造全社会关心支持蛙类保护的良好氛围。

农业农村部　国家林业和草原局

2020 年 5 月 28 日

关于印发《渔政执法装备配备指导标准》的通知

农渔发〔2020〕23 号

各省、自治区、直辖市农业农村(农牧)厅(局、委),福建省海洋与渔业局,新疆生产建设兵团农业农村局:

为贯彻落实中办、国办《关于深化农业综合行政执法改革的指导意见》和《国务院办公厅关于切实做好长江流域禁捕有关工作的通知》(国办发明电〔2020〕21 号)等文件精神,积极适应新时代新形势对渔政执法工作的新要求,保障长江禁捕等重大战略决策的落实落地,我部编制了《渔政执法装备配备指导标准》(以下简称《标准》,见附件),按执法区域和队伍性质提出了省市县三级渔政执法机构执法装备配备的项目和数量。现印发给你们,请结合本地实际组织实施,有关要求如下。

一、高度重视渔政执法装备建设。船艇等渔政执法装备是渔政执法机构履行打击非法捕捞、保障安全生产、管理涉外渔业、维护国家渔业权益等职能职责的必备手段。省级渔业主管部门要做好渔政执法装备建设的牵头抓总工作,要在厘清本辖区渔业执法职责和任务的基础上,根据本《标准》合理确定不同层级渔政执法机构的执法装备配备需求,抓紧起草本地区渔政执法装备标准、规划和年度实施计划,依照相关程序报批后实施,确保渔政执法装备与新时期渔业执法任务相适应。具有涉外渔业管理任务、边境交界水域及长江流域等渔业执法任务较重的地区,可适当提高渔政执法装备配置标准。

二、因地制宜统筹配备不同层级执法装备。各省级渔业主管部门要依据《农业综合行政执法事项指导目录》、渔业海(水)上执法特点和本《标准》要求,按照职权法定、属地管理、重心下移的原则,在明确省市县执法权限和职责分工的基础上,统筹配备各层级渔政执法装备,适度向市县两级倾斜,全方位提升执法监管能力。跨区域的湖泊渔政执法机构可参考地市级标准配备装备;县级以下设置中队或乡镇基层渔政执法队伍的,原则上不超过县级装备配置标准。独立建设扣船所有困难的,亦可由地方政府统一建设使用。依照本《标准》配备的各类渔政执法装备均应考虑到水上执法特点,具备一定防水性能。

三、多元化途径保障执法装备建设及维护经费。按照支出与事权相适应原则,各级渔业主管部门要在充分调研的基础上,摸清本辖区渔政执法装备数量及性能需求,专题向同级党委、政府做好汇报,并主动加强与财政、发改等有关部门的沟通协调,落实渔政执法装备建设及维护资金;同时,统筹使用好渔业油价补贴一般性转移支付资金,加强当前亟须的渔政执法装备的建设和运维,多元化途径保证渔政执法装备配备能够满足执法工作需要。

四、加强渔政执法装备规范管理。建造、更新、改造船艇等专用渔政执法装备,要按照《渔业行政执法船舶管理办法》相关规定办理注册登记、统一编号后方可执行渔业执法任务;报废船艇须提出后续处置方式报我部办理注销手续。要按要求建立执法装备台账,指定专人负责日常使用记录、保养、校验和日常维修,并强化相关人员业务培训,规范使用执法装备,确保水上执法安全。要根据渔政执法的新形势、新任务及时补充、更新执法装备,持续加强渔政执法能力建设和条件保障。

农业农村部

2020 年 11 月 7 日

关于印发《"平安渔业"创建活动工作方案》的通知

农渔发〔2020〕24 号

各省、自治区、直辖市农业农村(农牧)厅(局、委),福建省海洋与渔业局,新疆生产建设兵团农业农村局:

为学习贯彻习近平总书记关于安全生产重要论述和指示批示精神,贯彻落实党中央、国务院关于安全生产的决策部署,根据《国务院关于促进海洋渔业持续健康发展的若干意见》(国发〔2013〕11 号)、《国务院办公厅关于加强渔业安全生产工作的通知》(国办发〔2008〕113 号)和《国务院安委会关于印发〈全国安全生产专项整治三年行动计划〉的通知》(安委〔2020〕3 号)等有关要求,经全国评比达标表彰工作协调小组批准,农业农村部决定,自 2020 年起继续组织开展"平安渔业"创建活动。

现将《"平安渔业"创建活动工作方案》印发给你们,请切实加强组织领导,采取有效措施,因地制宜制定具体实施方案,充分调动地方各级政府及其渔业主管部门的积极性,扎实开展并不断深化"平安渔业"创建活动,促进渔业高质量发展和渔区社会和谐稳定。

农业农村部

2020 年 11 月 30 日

"平安渔业"创建活动工作方案

为加强渔业安全生产管理,推动渔港综合管理改革,构建渔业安全生产长效机制,切实减少渔业安全事故,保障渔民群众生命财产安全,促进渔业高质量发展和渔区社会和谐稳定,根据《国务院关于促进海洋渔业持续健康发展的若干意见》(国发〔2013〕11 号)、《国务院办公厅关于加强渔业安全生产工作的通知》(国办发〔2008〕113 号)和《国务院安委会关于印发〈全国安全生产专项整治三年行动计划〉的通知》(安委〔2020〕3 号),制定本方案。

一、指导思想

以习近平新时代中国特色社会主义思想为指导,深入贯彻落实习近平总书记关于安全生产重要论述和指示批示精神,按照李克强总理等国务院领导同志关于进一步加强海上渔船安全管理、认真落实各项防范措施、确保海上生产安全的批示要求,牢固树立安全发展理念,强化底线思维和红线意识,坚持问题导向、目标导向和结果导向,坚持"依港管船管人管安全"基本思路,扎实开展并不断深化全国平安渔业示范县和全国文明渔港评选活动,进一步压实党政领导责任、部门监管责任和船东船长主体责任,强化制度建设和监督管理,提升渔业防灾减灾能力,构建渔业安全生产长效机制,有效遏制重特大事故发生,为渔业高质量发展和现代渔业强国建设创造良好的安全环境。

二、目标任务

自 2020 年起,农业农村部每两年开展一次"平安渔业"创建工作,创建一批全国平安渔业示范县(区、市)和全国文明渔港。通过典型示范带动,渔业安全生产政府重视和社会关注程度不断提高,安全生产氛围更加浓厚,管理基础更加扎实;渔业安全生产法治化水平进一步提升,监管体系更加健全,责任更加落实;渔业安全基础建设进一步加强,安全装备和信息化水平不断提高,风险防控能力切实加强;渔业安全生产违法违规行为和安全隐患显著减少,渔业安全事故起数和死亡人数持续下降,安全生产形势持续向好。

三、创建内容

按照《中华人民共和国安全生产法》和《中共中央国务院关于推进安全生产领域改革发展的意见》提出的防止生产安全事故奖励惩处挂钩原则,对属地管理、部门监管和船东船长(依港管理)三个责任主体开展“平安渔业”创建,其创建内容包括全国平安渔业示范县和全国文明渔港。具体申报条件分别见附件1、5。

四、创建程序

(一)申报初审。由县级人民政府自愿申报全国平安渔业示范县和全国文明渔港,市级渔业主管部门审核后,将申报材料报至本省(区、市)渔业主管部门。

全国平安渔业示范县申报材料:《全国平安渔业示范县(区、市)申报表》(附件2)、《全国平安渔业示范县考核表》(附件3、4),以及申请综合材料,包括渔业发展概况、渔业安全生产管理情况、对照创建内容和标准所开展的工作完成情况、平安渔业示范县创建活动开展情况等。

全国文明渔港申报材料:《全国文明渔港申报表》(附件6)、《全国文明渔港考核表》(附件7),以及申请综合材料,包括渔港基本情况、规划建设情况、文明渔港考核指标及工作进度对照情况、文明渔港创建情况等。

(二)省级评荐。省级渔业主管部门成立考核工作组,根据各地申报情况,采取专家审核和实地考察等方式进行初评,提出推荐意见,于2021年1月15日前连同申报材料(一式两份)报送至农业农村部(相关材料请以纸质文件和光盘形式报送)。

(三)复核公示。农业农村部根据各地的推荐情况,对各省(区、市)推荐的示范县和渔港材料组织复核,必要时进行现场核验,最终确定全国平安渔业示范县和全国文明渔港建议名单。建议名单将在全国范围内进行公示,公示期满如无异议,公布名单并授予标牌。

五、工作要求

(一)切实加强组织领导。各级渔业主管部门要高度重视,切实加强“平安渔业”创建活动的组织领导。把创建活动作为提升渔业安全管理能力的重要手段,明确创建活动领导和工作机构,认真制定本地区创建活动工作方案,形成“政府领导、部门负责、分工协作、责任落实”的工作机制。

(二)深入开展创建活动。要严格把关,按照创建条件逐条逐项对照检查,细致考评各项申报指标,坚持“优者上、劣者汰”原则,公平公正推举候选对象,切实体现创建活动的示范引领作用。要全面动员、广泛参与、深入基层,进一步扩大参与度和影响面。

(三)广泛宣传营造氛围。要充分发挥“平安渔业”创建的示范效应,组织开展广泛的学习、宣传、教育工作,树立模范标杆、扩大榜样效应,进一步提高渔业从业人员安全生产意识,营造全社会“知安全、懂安全、保安全”的渔业安全生产氛围。

(四)确保活动取得实效。要延展细化“平安渔业”创建工作,推动“平安渔业”入渔村、进渔港、上渔船。有条件的地方可延伸开展“平安渔业”示范乡、村、船等相关创建活动,推出一批渔业安全生产基层先进乡镇、企业、船只与个人,进一步激发渔业安全生产工作基层活力,确保“平安渔业”创建活动取得实效。

联系人:农业农村部渔业渔政管理局赵中榜

联系电话:010－59192946,传真:010－59192994。

材料邮寄地址:北京市朝阳区农展馆南里11号农业农村部渔业渔政管理局安全处,邮编:100125;电子文档发至邮箱:yyjaqc@agri.gov.cn。

附件:1.全国平安渔业示范县(区、市)申报条件(略)
2.全国平安渔业示范县(区、市)申报表(略)
3.全国平安渔业示范县考核表(沿海)(略)
4.全国平安渔业示范县考核表(内陆)(略)
5.全国文明渔港申报条件(略)
6.全国文明渔港申报表(略)
7.全国文明渔港考核表(略)

关于加强长江流域禁捕执法管理工作的意见

农长渔发〔2020〕1号

长江流域各省(直辖市)农业农村厅(委):

长江流域重点水域禁捕,是为全局计、为子孙谋的重要决策,是扭转长江生态环境恶化趋势的必然要求,是落实“共抓大保护、不搞大开发”的有力举措。习近平总书记高度重视,多次作出重要批示,对压实地方责任和强化执法监管等提出明确要求。为贯彻落实中央领导同志有关重要批示精神,提升长江流域渔政执法监管能力,维护长江流域重点水域禁捕管理秩序,加强水生生物保护和水域生态修复,经商国家发展改革委、公安部、财政部等有关部门,现就加强长江流域禁捕执法管理工作提出以下意见。

一、总体要求

（一）指导思想。坚持以习近平新时代中国特色社会主义思想为指导，全面贯彻党的十九大、十九届历次全会和习近平总书记系列重要讲话及批示精神，坚决落实党中央、国务院“以共抓大保护、不搞大开发为导向推动长江经济带发展”等重大决策部署，全面适应长江流域重点水域常年禁捕新形势新要求，根据《国务院办公厅关于加强长江水生生物保护工作的意见》（国办发〔2018〕95号）、《长江流域重点水域禁捕和建立补偿制度实施方案》（农长渔发〔2019〕1号）以及《农业农村部关于长江流域重点水域禁捕范围和时间的通告》（农业农村部通告〔2019〕4号）等有关规定，围绕禁捕后长江流域水生生物保护和水域生态修复重点任务需要，进一步加强长江流域渔政执法能力建设，推动建立人防与技防并重、专管与群管结合的保护管理新机制，为坚决打赢长江水生生物保护攻坚战提供坚实保障。

（二）基本原则

坚持责能匹配、保障有力。把加强执法能力建设作为保护长江水生生物资源、维护流域禁捕管理秩序的重要方面和基础工作，为实行最严格长江水生生物保护制度提供队伍支撑，为渔政执法提供能力保障。

坚持属地为主、分级负责。按照“中央指导支持、省级统筹落实、市县具体实施”的原则，长江流域各级渔业主管部门要主动加强与财政、发改等有关部门的沟通协调，落实属地责任，加强执法装备建设，保障运行经费需求，增强本地区的渔政执法管理力量，提高长江水生生物保护能力。

坚持突出重点、注重实效。根据长江流域渔政执法需要和水生生物保护管理实际需求，按照“用什么建什么、缺什么补什么”的原则，突出重点、有针对性地分级分类配备渔政执法装备设施，确保满足新时期渔政执法工作需要。

（三）总体目标。通过合理配置机构力量、加强设施装备建设、推广应用信息化手段、建立协助巡护队伍和健全执法协作机制等方面努力，力争1～2年内建成投用一批亟需的渔政执法船艇、无人机和远程监控网络，建立高素质的专业执法队伍和适宜规模的协助巡护队伍；通过近几年持续努力，尽快形成与长江大保护和禁捕新形势相适应的渔政执法力量，形成权责明确、规模适宜、运行有力、管护有效的渔政执法管理格局，充分控制防范和及时发现制止非法捕捞及各种破坏水生生物资源和渔业水域生态的违法行为，为各项保护修复措施顺利实施提供有力保障。

二、主要任务

（一）保障机构人员力量。落实中共中央办公厅、国务院办公厅《关于深化农业综合行政执法改革的指导意见》“沿海、内陆大江大湖和边境交界等水域渔业执法任务较重、已经设有渔政执法队伍的，可继续保持相对独立设置”的规定，长江流域沿江、沿湖有禁捕执法监管任务的县（市、区），要保留原有渔政执法机构。机构改革后渔政执法职能并入农业行政综合执法机构的，要根据管理任务需要合理配置执法力量，保障行政执法的专业性和独立性。

（二）加强设施装备建设。各地要根据管理任务实际需求，落实《全国农业执法监管能力建设规划（2016—2020年）》（农计发〔2016〕100号）、《全国农业综合行政执法基本装备配备指导标准》（农法发〔2019〕4号）等有关要求，加快制定实施渔政执法设施建设和装备配备计划，紧急购置一批渔政船艇、执法车辆、无人机、执法记录仪等基本装备，充实强化基层一线渔政执法力量，实现重点水域、关键时段有效覆盖，形成与保护管理新形势相适应的监管能力。农业农村部通过有关建设项目，加强重点区域执法力量部署。

（三）推广监控信息系统。各地要积极探索“互联网+”模式，建立健全长江流域渔政执法管理和指挥调度系统平台，加快建设配备雷达、视频监控和信息处理等设施设备，运用先进的信息采集与传输、大数据、人工智能等技术，通过远程监控、在线监测、智能处理等手段，对执法监管、案件处理、行动指挥、调度决策、资源监测、信息服务等提供有力支撑。农业农村部将加强相关信息管理系统平台建设，强化数据归集和分析应用，全面提升渔政执法的信息化、网络化和智能化水平。加强部门间协同配合，推动实现与公安、水利、交通等部门相关信息管理平台互联互通和野外设施设备共建共享，逐步解决渔政执法发现难、取证难问题。

（四）建立协助巡护队伍。各地要结合执法监管实际需求和退捕渔民安置需要，通过劳务派遣、政府购买服务、设置公益性岗位等方式，吸收条件适宜的退捕渔民建立规模适宜的巡护队伍，协助渔业主管部门开展执法巡查、保护巡护、法规宣传等工作，及时发现、报告和制止各种非法捕捞及其他破坏水生生物和渔业水域生态的违法行为。

（五）大力整治违法行为。各地要加强日常执法监管，努力保障监管覆盖面和违法查处率。针对非法捕捞等违法行为多发的重点区域和重点时段，及时组织开展专项执法行动，有力打击各类非法捕捞行为，坚决取缔涉渔“三无”船舶。强化渔政特编船队等协同联动模式，提升跨部门跨地区执法合力。进一步健全两法衔接机制，对构成犯罪的违法行为依法追究刑事责任，增强处罚威慑，有效遏制电鱼等严重破坏资源环境的犯罪现象。

（六）加强休闲垂钓管理。各地要综合考虑本地区水生生物资源情况和公众休闲垂钓合理需求，制定并发布垂钓管理办法，依法划定允许垂钓区域范围，合理控制垂钓总体规模，严格限定钓具、钓法、钓饵。钓具数量原则上一人最多允许使用一杆、一钩，禁止在长江流域重点水域禁捕范围和时间内使用船艇、排筏等水上漂浮物进行垂钓，规范渔获物的品种、数量、规格，禁止垂钓渔获物上市交易，避免对禁捕管理和资源保护产生不利影响。要将垂钓行为纳入渔政日常执法管理范畴，有条件的地方应率先探索实行持证垂钓管理制度，引导公众有序规范参与以休闲娱乐为目的的垂钓活动。

三、保障措施

（一）统筹协调推进，强化资金保障。长江流域各省级农业农村部门要根据渔业资源状况、禁捕水域面积、珍稀濒危物种保护需求、经济社会发展程度等因素，制定渔政执法装备设施建设方案，并积极协调发展改革、财政部门按规定纳入投资计划和预算管理。有关地方可统筹使用禁捕工作中央财政过渡期补助资金，加快解决当前执法能力欠缺的突出问题。

（二）优化工作方案，确保责任落实。长江流域各级渔业主管部门要结合本地区本部门实际，有针对性地研究制定加强渔政执法能力建设和执法监管工作的实施方案，合理确定本地区渔政执法力量规模、设施布局、装备配置等，周密部署重点区域重点时段执法任务，逐项明确时间表、路线图、责任人，确保各项目标要求落到实处。要加强与保护区主管部门沟通协调，明确水生生物保护区水域执法监管职责划分和落实机制，确保执法监管到位。

（三）总结经验做法，不断强化提升。有条件的地区应当根据长江禁捕工作推进情况，率先试点、大胆探索不同类型的渔政执法管理新机制，尽快形成可复制、可推广的经验模式。各省级渔业主管部门要认真分析研判本行政区域渔政执法管理工作的重点和难点，及时总结借鉴相关经验做法，不断改进提升执法管理水平。

（四）动员社会参与，加强公众引导。要广泛宣传动员社会参与，提高公众对各类破坏水生生物和水域生态行为的辨识能力和抵制意识。引导公益组织发挥积极作用，探索建立有奖举报等管理制度，鼓励社会主体参与对相关违法行为的监督、抵制和举报等。

各地工作过程中要注意总结经验做法和意见建议，有关情况及时向我部长江流域渔政监督管理办公室反馈。

农业农村部

2020 年 3 月 18 日

关于印发《2020 年渔业渔政工作要点》的通知

农办渔〔2020〕5 号

各省、自治区、直辖市农业农村（农牧）厅（局、委），福建省海洋与渔业局，计划单列市渔业主管部门，新疆生产建设兵团农业农村局：

2020 年是全面建成小康社会和脱贫攻坚决胜之年，也是“十三五”收官之年和“十四五”谋划之年。为贯彻落实好党中央、国务院决策部署及农业农村部党组工作要求，坚持稳中求进总基调，以改革创新为动力，强制度、补短板、抓落实，坚持不懈稳数量、提质量、转方式、保生态，持之以恒推进渔业供给侧结构性改革，持之以恒推进渔业高质量发展，我部研究制定了《2020 年渔业渔政工作要点》。现印发给你们，请结合实际，抓好落实。

农业农村部办公厅

2020 年 3 月 4 日

2020 年渔业渔政工作要点

2020 年全国渔业渔政系统要以习近平新时代中国特色社会主义思想为指导，对标对表全面建成小康社会和“十三五”目标任务，贯彻落实党中央、国务院决策部署及农业农村部党组工作要求，坚持稳中求进总基调，以改革创新为动力，强制度、补短板、抓落实，坚持不懈稳数量、提质量、转方式、保生态，持之以恒推进渔业供给侧结构性改革，持之以恒推进渔业高质量发展。重点做好以下工作。

一、全力做好新冠肺炎疫情防控期间水产品稳产保供工作

（一）突出解决水产品压塘卖难问题。强化“点对

点”联系机制，加快推动水产品加工企业复工复产，增加压塘水产品收储。及时调度发布水产品供销信息，加大电商、直供等水产品流通模式拓展力度，纾解水产品滞销卖难问题。做好存塘水产品病害防治，防范水产品质量安全风险。

（二）突出抓好春季渔业生产。加快推进水产苗种繁育企业复工复产，指导开展水产苗种余缺调剂和供需对接，确保苗种供应。加强春季水产养殖生产技术指导，组织开展池塘清淤、消毒，以及进排水系统和养殖设施设备更新改造，做好饲料等物资准备。加快渔业油价补贴资金发放，指导船员做好疫情防控和安全生产风险防范，有序恢复捕捞生产秩序。

二、全面推进水产养殖业绿色发展

（一）推进规划编制发布和养殖证核发。宣传贯彻《关于加快推进水产养殖业绿色发展的若干意见》，发布实施《水产养殖业绿色发展宣传方案》。加快省、市级养殖水域滩涂规划的编制发布，力争2020年底实现规划全覆盖。规范养殖生产秩序，严格依法核发养殖证，强化养殖证持证情况执法。

（二）推进水产健康养殖。高标准开展水产健康养殖示范创建活动，继续将稻渔综合种养纳入创建范围。提升深远海养殖装备水平，引导深远海养殖规范有序发展。加强水产种业和疫病防控体系建设，实施《2020年国家水生动物疫病监测计划》，完善水产新品种审定管理，推进水产苗种产地检疫全覆盖。

（三）强化产地水产品兽药残留监控。实施《2020年国家产地水产品兽药残留监控计划》，继续开展产地水产品兽药残留专项整治行动，确保阳性样品查处率100%，加大对违法用药行为打击力度。推动将“渔用非药品”纳入兽药管理监管，开展水产养殖用药减量行动和规范用药科普下乡活动。

（四）促进稻渔综合种养产业高质量规范发展。组织召开全国稻渔综合种养发展提升现场会，指导举办稻渔综合种养高峰论坛、模式创新大赛和优质稻米评比推介活动，加强稻渔综合种养相关重要标准制修订及宣贯培训。

三、大力推进渔业一二三产业融合发展

（一）推进大水面生态渔业发展。贯彻落实《关于推进大水面生态渔业发展的指导意见》，加快各地大水面生态渔业发展规划编制，贯彻普及《大水面生态增养殖容量计算方法》，科学、有序恢复大水面渔业生产。培育壮大大水面生态渔业经营主体。

（二）推动产业融合发展。加强休闲渔业发展模式总结和推介，加快产业融合发展管理人才培养。加强水产品市场培育，组织开展水产品公共品牌推介宣传。开展水产品加工业发展监测，组织开展水产品加工技术供需对接和推广应用。积极推动水产品冷链物流建设。

四、持续强化渔业资源养护和水域生态修复

（一）突出抓好长江水生生物保护行动。严格按照国务院领导审定同意的工作安排，推进实施长江流域重点水域禁捕。优化退捕渔民生计保障政策，完善就业创业支持服务，落实就业创业扶持政策，加快引导长江捕捞渔民退捕转产上岸。加强长江珍稀濒危特有水生生物保护，健全长江水生生物资源调查监测网络，推动建立长江水生生物完整性指数评估体系。全面加强长江流域渔政执法监督管理，密切渔业行政执法和刑事司法衔接，保障长江流域重点水域禁捕秩序。

（二）强化渔业资源养护。优化海洋伏季休渔制度。全面完成海洋渔业资源总量管理制度2020年任务目标，在沿海各省开展限额捕捞试点。继续组织开展水生生物增殖放流活动。完成渤海综合治理攻坚战年度任务目标。继续组织开展国家级海洋牧场示范区创建，做好前三批国家级海洋牧场示范区的年度评价和复查工作，科学总结评价海洋牧场建设成效。完善海洋牧场监测评价制度，构建全国海洋牧场监测体系。

（三）加强珍稀濒危物种保护。加强重点水生野生动物及其栖息地保护，组织实施好重点物种保护行动计划。加强与其他野生动物保护部门的协作，推进重点保护物种名录的修订，联合开展专项执法行动。做好重点物种履约工作。举办第11届水生野生动物保护宣传月活动。

五、大力加强渔业改革创新

（一）大力推进渔港建设和综合管理改革。加强渔港建设，提升生产服务、渔业管理和防灾减灾能力，加快推动形成一批带动力强、经济与社会效益相互促进的渔港经济区。积极推动出台《关于加强渔港建设与管理 促进渔港经济区全面发展的意见》。推动建立港长制和驻港监管机制，完善渔船进出港报告制度，优化渔船渔港综合管理平台和渔船进出渔港报告系统，启动渔获物定点上岸和可追溯体系建设。启动“十四五”渔船管理政策研究。

（二）进一步深化渔业油价补贴改革。加快资金发放和项目实施进度，确保各项任务，特别是渔船更新改造和减船转产任务按期完成，全面总结第一轮渔业油价补贴改革执行情况。加快推动出台新一轮渔业油价

补贴改革方案，在做好新政策解读宣贯的同时，加快研究制定细化落实方案。

（三）加强渔业科技和技术推广创新。组织开展“十四五”渔业科技发展战略研究，推动开展水产种业基础理论和育种技术创新、渔业关键装备与设施研制、资源养护与生态修复共性技术研发和水产绿色增养殖技术与模式集成。加强水产技术推广体系建设和重要技术示范应用，加快渔业高质量绿色发展相关标准制修订。

六、积极推进渔业“走出去”和国际合作

（一）推进远洋渔业高质量发展。贯彻落实习近平总书记对加大远洋渔业支持力度的指示精神，争取和完善远洋渔业发展扶持政策，召开远洋渔业发展35周年座谈会。贯彻落实新修订的《远洋渔业管理规定》，推进远洋渔业企业履约评价试行工作，强化远洋渔业规范管理。开拓金枪鱼产品国内市场，开发新渔场新资源，稳妥有序推进南极磷虾资源开发。加快推进远洋渔业基地建设。

（二）推进渔业对外合作。强化多边渔业合作，推进落实联合国《2030年可持续发展议程》目标，推动加入港口国措施协定。开展双边渔业合作，继续推进与主要渔业国家对话机制，加强与南海、“一带一路”国家双边合作。深化与韩、俄等周边渔业合作，实施联合增殖放流，维护我入渔利益和海洋权益。全力筹备办好第四届全球水产养殖大会，彰显中国负责任大国形象。

（三）积极发展水产品贸易。积极参与WTO渔业补贴谈判，争取公平合理的渔业发展政策。积极研究应对美国相关法案，妥善做好对美水产品贸易工作。加强水产品国际贸易监测和分析，支持参加国际渔业博览会，积极开拓国际、国内市场，促进水产品国际贸易。

七、不断强化渔业法治建设和执法监管

（一）加强渔业法律和规章修订。积极推动《渔业法》修订出台。修改完善水产良种审定、渔船渔港管理、水生野生动物保护和安全生产等渔业规章，进一步完善渔业法律制度体系。

（二）组织开展中国渔政“亮剑2020”行动。组织实施休渔禁渔执法、长江流域水生生物保护区禁捕、水生野生动物保护、涉渔“三无”船舶和“绝户网”清理取缔、打击电鱼、跨海区作业渔船整治、涉外渔业管理执法、渤海综合治理等专项执法行动，统筹做好日常执法，进一步完善部门间执法机制，查办一批典型大案要案。

（三）加强渔政队伍及其能力建设。开展全国渔政机构普查，落实渔政执法人员资格管理，举办渔政执法骨干人员能力提升活动。逐步建立健全渔政执法装备配备标准、渔政执法行为规范。加强渔政执法法律服务队伍和跨海区渔政执法协同能力建设。

（四）坚持不懈抓好渔业安全生产。开展渔业安全生产集中整治，加大渔业安全警示教育和技能培训力度，组织开展渔业安全应急演练和“平安渔业示范县”创建。加强渔业风险防范和应急处置，强化灾情统计报送和灾后恢复生产指导。加快推进渔业互助保险改革方案落实落地。

八、扎实开展渔业扶贫和援藏援疆

推进渔业改革创新高质量发展与贫困地区产业发展有效衔接，以“三区三州”深度贫困地区、定点扶贫地区、大兴安岭南麓片区等为重点，制定并落实《2020年渔业扶贫和援藏援疆行动方案》。加大稻渔综合种养、集装箱养鱼、盐碱水养殖、冷水鱼养殖等产业扶贫模式示范推广力度，扩大辐射带动范围。

关于印发《2020年渔业扶贫和援藏援疆行动方案》的通知

农办渔〔2020〕6号

有关省、自治区、直辖市农业农村厅（局、委），农业农村部长江流域渔政监督管理办公室、中国水产科学研究院、全国水产技术推广总站、中国水产学会，中国海洋大学、天津科技大学、西藏自治区农牧科学院、现代农业产业技术体系渔业体系，中国渔业协会、中国渔业互保协会、中国水产流通与加工协会、休闲垂钓协会、中国远洋渔业协会、中国水生野生动物保护分会：

2020年是全面打赢脱贫攻坚战收官之年。为统筹推进全年渔业扶贫和援藏援疆工作，助力攻克贫困最后堡垒，确保脱贫攻坚战圆满收官，确保农村同步全面建成小康社会，我部研究制定了《2020年渔业扶贫和援藏援疆行动方案》，现印发给你们，请抓好落实。

农业农村部办公厅

2020年3月6日

2020年渔业扶贫和援藏援疆行动方案

2020年是全面建成小康社会目标实现之年，是全面打赢脱贫攻坚战收官之年。为深入贯彻习近平总书

记关于扶贫工作的重要论述和中央一号文件精神，落实中央脱贫攻坚专项巡视“回头看”反馈意见，助力攻克贫困最后堡垒，巩固脱贫成果防止返贫，我部决定继续组织开展渔业扶贫和援藏援疆行动。为确保行动顺利实施，特制定本方案。

一、深入推进渔业产业扶贫

1.支持云南省红河哈尼族彝族自治州红河县、元阳县发展稻鱼综合种养、集装箱养鱼产业，培育新型经营主体，巩固完善集中连片梯田稻渔综合种养产业扶贫典型模式。协调养殖专家现场技术指导，开展集中培训，推广冬闲梯田养殖技术，形成稻渔连作综合利用模式。另外，支持发展集装箱养鱼产业，推广罗非鱼、加州鲈等特色品种，提高集装箱养鱼收益。（牵头单位：全国水产技术推广总站、中国水产学会、中国水产科学研究院、部渔业渔政管理局，参与单位：云南省农业农村厅）

2.支持甘肃省白银市景泰县发展盐碱水养殖，巩固完善盐碱水养殖产业扶贫典型模式。组织开展盐碱水渔农综合利用产业扶贫培训班，推广盐碱水养殖技术。培育高价值耐盐碱苗种，探索阶段式接力养殖等新技术模式，增加养殖效益。（牵头单位：中国水产科学研究院、全国水产技术推广总站、中国水产学会、部渔业渔政管理局，参与单位：甘肃省农业农村厅）

3.支持广西壮族自治区柳州市三江侗族自治县发展稻渔综合种养产业，完善“一季稻＋再生稻＋金边鲤＋田螺”的综合经营方式，巩固南方丘陵特色稻渔综合种养产业扶贫典型模式。（牵头单位：中国水产科学研究院、部渔业渔政管理局，参与单位：广西壮族自治区农业农村厅）

4.支持重庆市彭水苗族土家族自治县发展生态渔业，帮助提升水产养殖尾水治理技术，打造生态渔业产业扶贫模式。（牵头单位：全国水产技术推广总站、中国水产学会、部渔业渔政管理局，参与单位：重庆市农业农村委员会）

5.支持位于大兴安岭南麓片区的黑龙江省齐齐哈尔市泰来县、内蒙古自治区兴安盟开展稻渔综合种养、盐碱水养鱼技术示范推广，举办综合种养培训班、水产养殖规范用药科普下乡活动启动仪式，组织专家开展巡回技术指导，赠送稻渔综合种养技术资料，加强人才培训，打造北方平原地域特色的稻渔综合种养产业扶贫典型模式。（牵头单位：全国水产技术推广总站、中国水产学会、部渔业渔政管理局，参与单位：黑龙江省农业农村厅、内蒙古自治区农牧厅）

6.充分利用渔业科技和推广人才优势，发挥现代农业产业技术体系渔业体系作用，组成渔业科技与推广扶贫专家服务团队，开展“院士专家科技服务团”等活动，深入贫困地区开展渔业技术推广服务，助力产业扶贫，为贫困地区培养渔业技术人才。（牵头单位：中国水产科学研究院、全国水产技术推广总站、中国水产学会、现代农业产业技术体系渔业体系，参与单位：相关省级农业农村部门）

二、持续开展定点扶贫和结对帮扶

7.继续结对帮扶湖南省湘西土家族苗族自治州永顺县太坪村，及时解决稻渔综合种养过程中的技术问题，使稻渔综合种养产业成为村民稳定收入来源。为太坪村村民免费提供人身意外伤害保险，扶持太坪村集体经济发展。（牵头单位：部渔业渔政管理局、中国渔业互保协会，参与单位：中国水产科学研究院、全国水产技术推广总站、中国水产学会、中国远洋渔业协会、湖南省农业农村厅）

8.组织远洋渔业企业购买湖南省湘西土家族苗族自治州永顺县农副产品作为远洋渔船生活物资。为我部定点扶贫地区青壮年劳力提供远洋渔船、远洋水产品加工厂就业机会，并为大学生提供社会实践机会。向湖南省湘西土家族苗族自治州永顺县贫困大学生无偿发放助学金，帮助其顺利完成大学学业。同时，继续在渔区开展助学教育扶贫，帮助困难家庭解决子女上学难问题。（牵头单位：中国远洋渔业协会、中国渔业互保协会，参与单位：部渔业渔政管理局、湖南省农业农村厅、湖北省农业农村厅）

9.支持湖南省湘西土家族苗族自治州发展稻鱼综合种养和冷水鱼养殖，捐赠大规格冷水鱼苗，并进行技术指导。（牵头单位：全国水产技术推广总站、中国水产学会，参与单位：部渔业渔政管理局、湖南省农业农村厅）

10.在湖北省恩施土家族苗族自治州举办水产养殖规范用药科普下乡活动，组织水产养殖专家现场指导，向养殖户赠送水生动物防疫系列宣传图册等技术资料。（牵头单位：全国水产技术推广总站、中国水产学会，参与单位：湖北省农业农村厅）

11.结对帮扶江西省上饶市余干县瑞洪渔村，对退捕后无生活来源的专业渔民，落实社会保障、专用生产设备报废补助和过渡期生活补助。督促地方将符合条件的困难退捕渔民纳入建档立卡扶贫对象和城乡低保范围。协调开展职业技能培训和就业培训指导，为符合条件的困难渔民提供公益性就业岗位和组织劳务输出。积极寻找相关项目，支持瑞洪渔村发展集体经济。

继续与当地基层党组织开展结对帮扶，联学共建。（牵头单位：部长江流域渔政监督管理办公室，参与单位：中国渔业互保协会、中国渔业协会、休闲垂钓协会、中国水生野生动物保护分会）

12.支持河北省保定市易县发展大水面增殖渔业，开展技术指导，推动当地大水面渔业与生态保护、观光旅游、群众增收共同发展。继续与易县白马乡上黄蒿村开展党支部联学共建，围绕加强基层党组织建设，扎实开展结对帮扶，跟进上黄蒿村红薯苗种升级换代项目，帮助协调专家解决技术难题。（牵头单位：中国水产科学研究院，参与单位：河北省农业农村厅）

13.在河北省张家口市涿鹿县实施集装箱养鱼示范项目，带动形成群众持续增收的特色渔业产业。组织技术骨干赴渔业发达地区考察学习，培育水产养殖技术人才。（牵头单位：全国水产技术推广总站、中国水产学会，参与单位：河北省农业农村厅）

三、推进渔业产业融合带动脱贫

14.搭建水产品产销对接平台，帮助贫困地区水产品企业获取行业最新信息，打通产品销售渠道。协助贫困地区渔业企业参加农交会、渔博会、水产养殖展览会、现代渔业博览会等活动，促进贫困地区渔业企业发展。（牵头单位：全国水产技术推广总站、中国水产学会、中国水产流通与加工协会、中国渔业协会、休闲垂钓协会，参与单位：部渔业渔政管理局、有关省级农业农村部门）

15.充分利用渔业行业协会各种资源，推动水产品加工与流通、休闲渔业、大水面生态渔业等龙头企业积极参与渔业扶贫，深入贫困地区开展合作，带动贫困地区渔业融合发展。（牵头部门：中国渔业协会、中国水产流通与加工协会、休闲垂钓协会，参与单位：有关省级农业农村部门）

16.深度挖掘贫困地区特色水产品，利用渔业行业协会平台广泛宣传。加强与大型电商平台对接，展示贫困地区渔业品牌，销售贫困地区优质水产品。（牵头单位：中国水产流通与加工协会、中国渔业协会、中国远洋渔业协会、休闲垂钓协会，参与单位：有关省级农业农村部门）

17.支持云南省红河哈尼族彝族自治州元阳县举办中国农民丰收节，打好农耕文化牌，弘扬稻渔文化，宣传元阳哈尼梯田稻渔品牌，促进梯田既作为"景观田"带动休闲旅游，又作为"增收田"带动农民群众增收。（牵头单位：全国水产技术推广总站、中国水产学会、部渔业渔政管理局、中国水产科学研究院、休闲垂钓协会，参与单位：云南省农业农村厅）

四、做好"三区三州"扶贫及援藏援疆工作

18.在西藏自治区"三江四湖"（雅鲁藏布江、怒江、澜沧江，巴松错、哲古错、错那和错鄂）、新疆维吾尔自治区"三河三湖"（额尔齐斯河、伊犁河、塔里木河，乌伦古湖、赛里木湖、博斯腾湖）开展渔业资源调查，为当地渔业资源合理保护和开发利用提供支撑。（牵头单位：中国水产科学研究院，参与单位：西藏自治区农业农村厅、西藏自治区农牧科学院、新疆维吾尔自治区农业农村厅）

19.在西藏自治区研发并示范推广适应当地的集装箱养殖模式，同时开展养殖技术指导和培训。在新疆维吾尔自治区示范推广冷水鱼养殖智能监控系统、"鱼菜共生"综合种养模式。组织专家赴西藏自治区、新疆维吾尔自治区调研，提出促进当地冷水鱼产业高质量发展的意见建议。继续支持青海省开展陆基冷水鱼养殖试验示范。（牵头单位：中国水产科学研究院、全国水产技术推广总站、中国水产学会、中国水产流通与加工协会、部渔业渔政管理局，参与单位：西藏自治区农业农村厅、西藏自治区农牧科学院、新疆维吾尔自治区农业农村厅、青海省农业农村厅）

20.发挥渔业科技援藏工作组作用，继续开展西藏自治区高盐湖泊卤虫资源调查，开展资源评估，提出开发技术路线。开展西藏特有鱼类增殖放流，支持西藏建设土著鱼类繁育保护基地、集装箱循环水养殖基地，构建亚东鲑等冷水鱼现代渔业产业体系。继续开展黑斑原鮡和裂腹鱼类人工繁育技术研究。（牵头单位：部渔业渔政管理局、中国水产科学研究院、全国水产技术推广总站、中国水产学会、西藏自治区农业农村厅、西藏自治区农牧科学院，参与单位：中国海洋大学、天津科技大学）

21.支持四川省凉山彝族自治州发展冷水鱼养殖，形成可在冷水资源丰富地区复制推广的典型模式。（牵头单位：部渔业渔政管理局、中国水产科学研究院，参与单位：四川省农业农村厅）

五、加大对贫困地区渔业发展扶持力度

22.加快新一轮渔业油价补贴政策改革步伐，争取调整资金使用结构，优化资金使用方式，支持渔业高质量发展，吸收贫困群众就业，辐射带动贫困地区渔业发展。（牵头单位：部渔业渔政管理局，参与单位：中国水产科学研究院、全国水产技术推广总站、中国水产学会、相关省份农业农村部门）

23.在渔业资源增殖放流、水产健康养殖示范创

建、水产种业能力提升、水生动物防疫体系建设等方面，向符合条件的贫困地区倾斜，促进贫困地区渔业发展和生态环境修复，形成良好的渔业产业环境，持续增加群众收入。（牵头单位：部渔业渔政管理局、部长江流域渔政监督管理办公室）

24.适时赴“三区三州”、大兴安岭南麓片区、环京津、广西壮族自治区、云南省、甘肃省和长江禁捕重点地区实地调研，了解渔业产业发展情况，摸排因新冠肺炎疫情、因灾、因退捕、因退养等因素导致的返贫情况，及时提出针对性政策建议，并采取积极帮扶措施。（牵头单位：部渔业渔政管理局、部长江流域渔政监督管理办公室、中国水产科学研究院、全国水产技术推广总站、中国水产学会、中国渔业协会、中国水产流通与加工协会、中国渔业互保协会，参与单位：渔业主产省份省级农业农村部门）

25.按照党中央、国务院安排部署，对现有渔业产业扶贫和援藏援疆政策措施进行梳理，遵循渔业产业发展规律，研究后续渔业扶贫转为常态推进方式方法，推动渔业产业扶贫帮扶资源、政策举措等有序转到乡村产业振兴战略统筹安排。（牵头单位：部渔业渔政管理局、中国水产科学研究院、全国水产技术推广总站、中国水产学会，参与单位：省级农业农村部门）

六、营造渔业扶贫的良好社会氛围

26.做好渔业脱贫攻坚宣传工作，全面展现新时代渔业产业扶贫实践，宣传扶贫事业历史性成就，揭示脱贫攻坚伟大成就背后的制度优势，通过制作渔业扶贫宣传片、新媒体广泛报道等喜闻乐见方式，讲好渔业减贫生动故事，为渔业扶贫工作营造良好社会氛围。（牵头单位：部渔业渔政管理局、中国水产科学研究院、全国水产技术推广总站、中国水产学会，参与单位：省级农业农村部门、中国渔业协会、中国远洋渔业协会、中国水产流通与加工协会、中国渔业互保协会）

关于实施2020年水产绿色健康养殖“五大行动”的通知

农办渔〔2020〕8号

各省、自治区、直辖市农业农村（农牧）厅（局、委），福建省海洋与渔业局，新疆生产建设兵团农业农村局，各计划单列市渔业主管局，全国水产技术推广总站：

为认真贯彻党中央、国务院关于应对新冠肺炎疫情、做好农产品稳产保供工作等重要精神，深入落实2020年中央1号文件作出的“推进水产绿色健康养殖”重要部署，以及《关于加快推进水产养殖业绿色发展的若干意见》有关工作要求，推广先进适用的水产绿色健康养殖技术和模式，加快推进水产养殖业绿色发展，我部决定从2020年起实施水产绿色健康养殖“五大行动”（以下称“五大行动”）。现就有关事项通知如下。

一、提高思想认识，明确行动工作目标

各地要加强对推进水产养殖业绿色发展重要性的认识，把开展好“五大行动”，作为当前打赢疫情防控阻击战、做好水产品稳产保供的重要任务之一，作为今后一段时期渔业渔政重点工作，加强组织领导，采取有效措施，层层压实责任，切实把“五大行动”相关工作抓紧、抓实、抓好，抓出典型经验，取得明显进展和显著成效。通过广泛开展“五大行动”，大力推广生态健康养殖模式，稳步推动水产养殖尾水治理，持续促进水产养殖用药减量，积极探索配合饲料替代幼杂鱼，因地制宜试验推广水产新品种，示范推广一批符合水产绿色健康养殖发展要求的技术模式，建立各类示范推广主体，达到加快转变水产养殖方式、持续改善养殖生态环境、提升产业发展质量、全力推进水产养殖业绿色发展的主要工作目标。

二、加强统筹协调，细化行动职责分工

我部渔业渔政管理局牵头组织推进水产养殖业绿色发展各项工作，全国水产技术推广总站组织实施“五大行动”；各省级渔业主管部门结合实际制定本辖区“五大行动”方案并组织实施。各省级渔业主管部门要统筹抓好“五大行动”等水产养殖业绿色发展各项工作，把握好工作的总体方向，担负起本辖区“五大行动”组织和指导责任。要努力协调相关单位之间和地区之间各方面关系，构建各级渔业主管部门统筹协调把方向、出政策，水产技术推广机构具体组织实施，水产科研、教学等相关机构积极配合，各类企业主动参与，上下联动、多方协作、分工明确的“五大行动”工作机制。

三、完善保障措施，督促行动落实落地

各级渔业主管部门要不断协调加大对“五大行动”等水产养殖业绿色发展工作的政策和资金支持。各级水产技术推广机构要按照“五大行动”方案（见附件）要求，强化责任落实，充分发挥技术和体系优势，加强与相关科研机构和大专院校等的协同配合，联合龙头企业、专业合作社等新型生产经营主体，抓好行动实施和

各项工作落实，加强工作调度和督促，确保各项行动落地生效；要做好技术服务推广和模式提炼示范，研究制定技术标准和操作规范，深入开展技术培训、交流研讨、现场观摩等活动，扩大辐射带动范围；要及时总结经验做法，充分利用各类媒体平台广泛宣传，增强水产养殖从业者的健康养殖意识和消费者认可度，营造良好社会氛围。要认真做好工作总结。请各省级水产技术推广机构，每年分别于 4 月 15 日、7 月 15 日、11 月 15 日前，将经过省级渔业主管部门审核后的工作实施方案、半年工作总结和全年工作总结报全国水产技术推广总站，全国水产技术推广总站分别于 7 月 31 日、11 月 30 日前将“五大行动”半年和全年工作总结报送我部渔业渔政管理局。

联系方式：

农业农村部渔业渔政管理局 010－59192976

全国水产技术推广总站 010－59195081

附件：1.2020 年生态健康养殖模式推广行动方案

2.2020 年养殖尾水治理模式推广行动方案

3.2020 年水产养殖用药减量行动方案

4.2020 年配合饲料替代幼杂鱼行动方案

5.2020 年水产种业质量提升行动方案

农业农村部办公厅

2020 年 3 月 30 日

附件 1

2020 年生态健康养殖模式推广行动方案

一、工作目标

2020 年通过开展生态健康养殖模式推广行动，建立“水产生态健康养殖技术模式推广基地”200 个以上，推广技术模式 9 个以上，打造一批可复制、可推广的技术模式样板，辐射带动生态健康养殖技术模式广泛应用，促进水产养殖业绿色发展。研究制定适应各地产业发展需要的水产生态健康养殖技术模式系列标准和操作规范并汇编成册。

二、重点任务

开展水产生态健康养殖技术模式示范，从我部筛选的 9 项技术模式或其他水产生态健康养殖技术模式中选择，积极稳妥进行推广。沿海地区每省（自治区、直辖市）应选择 3 个以上技术模式，建立海水类推广基地 5 个以上、建立淡水养殖类推广基地 5 个以上（天津、上海市可自行确定数量）；内陆水产养殖重点地区每省（自治区、直辖市）应选择 3 个以上技术模式，建立推广基地 6 个以上；其他地区每省（自治区、直辖市）和新疆生产建设兵团自行选择技术模式数量，建立推广基地 2 个以上。

（一）池塘工程化循环水养殖技术模式。根据鱼、虾、蟹池塘养殖特点，在池塘内通过功能区构建、多营养级营造、智能机械配置等进行水质调控、底质调控和精准管控，实现高效集约养殖；在养殖区利用排水渠、闲置塘、水田等构建生态净化渠、沉淀池、生态塘、复合人工湿地和渔农综合种养系统等对养殖尾水进行生态净化处理。

（二）工厂化循环水养殖技术模式。在室内建设养殖设施，通过对养殖水进行物理过滤、生物净化、杀菌消毒、脱气增氧等一系列处理后，使全部或部分养殖水得以循环利用的养殖模式。由于养殖过程全程受控，因而具有节水、节地、节约控温能耗、养殖生物生长速度快等显著优势。

（三）稻渔综合种养技术模式。利用稻田为基础条件，通过渔艺、农艺的融合，对其进行适度整理，在确保水稻稳产的前提下，适度开展水产养殖，做到“一水两用、一田多收”，提升稻田使用效率和经济效益。目前，已有稻虾、稻蟹、稻鱼、稻鳅、稻鳖等多种技术模式。

（四）深水抗风浪网箱养殖技术模式。将网箱养殖系统安放在离岸相对较深的水域，开展集约化养殖。目前市场推广的新型深水抗风浪养殖网箱具有较强的抗风、抗浪、抗海流的能力。

（五）大水面生态增养殖技术模式。根据湖泊水库等淡水水体生态容纳量，以“人放天养”为主要方式开展的水产增养殖。目前有水质保护型、资源养护型、生态修复型等增殖以及生态环保型网箱养殖等多种技术模式。

（六）盐碱水绿色养殖技术模式。在盐碱地集中区域挖池塘蓄水，在池塘养殖水生动植物。同时，筑台田改盐碱，辅助修建排、灌、引工程，在台田种植耐盐碱经济农作物，通过抬田降水，有效解决次生盐碱化问题。

（七）多营养层级综合养殖技术模式。在同一养殖区域内合理搭配不同营养层级、养殖生态位互补的动植物，实现水质调控、营养物质循环利用、生态防病及质量安全控制，在提高养殖效益的同时减少养殖废物排放。包括以主养杂食性鱼类、混养肉食性及滤食性鱼类的淡水池塘多营养层次综合养殖模式，以及由投饵类动物、滤食性贝类、大型藻类和沉积食性动物等组成的海水多营养层次综合养殖模式。

（八）鱼菜共生生态种养技术模式。在养殖池塘水面进行蔬菜无土栽培，利用鱼类与植物的营养生理、环境、理化等生态共生原理，使鱼类与蔬菜共生互补，实现池塘鱼菜生态系统内物质循环，达到养鱼不换水、种菜不施肥、资源可循环利用的目标。

（九）集装箱式循环水养殖技术模式。利用陆基集装箱与池塘相结合的养殖方式。集装箱为养殖载体，池塘为水质净化区，实现养殖尾水生态循环利用。

三、工作措施

（一）科学合理遴选主体。依托国家级水产健康养殖示范场或其他有条件的养殖单位，以“设施装备良好、模式技术先进、生态环境优良、规范标准生产、管理制度完善、产品质量安全、示范辐射突出”等标准，按不同类型技术模式，遴选确定一批水产生态健康养殖技术模式推广基地。

（二）集成技术完善标准。依托技术推广体系、科研院所及相关企业等，组建强有力的推广队伍，以推荐的 9 个重点技术模式和推广基地为基础，结合本地实际，对推广基地技术模式进行改进，进行总结提炼，研究制定一批技术标准和操作规范。

（三）组织开展示范推广。以水产技术推广体系为主，与科研机构、大专院校等形成合力，建立示范推广机制和专家团队，以推广基地为样板，通过科技咨询、技术培训、交流研讨、现场观摩等多种形式，加大宣传和辐射带动，推进水产生态健康养殖技术模式示范推广。

四、进度安排

（一）动员部署（3—4 月）。各地制定本辖区工作实施方案，制定重点任务清单，细化落实举措，明确责任部门和分工，启动宣传动员和工作部署。

（二）推广基地遴选和技术模式示范推广（4—10月）。各省级水产技术推广机构牵头，开展推广基地遴选、集成熟化技术模式，对推广基地技术模式进行改进完善。通过科技咨询、技术培训、交流研讨、现场观摩等多种形式，组织开展技术模式示范推广。

（三）总结阶段（11—12 月）。各地进行工作总结，内容包括总体情况、取得成效、典型案例、存在问题和改进措施建议等。

联系方式：
农业农村部渔业渔政管理局养殖处
联系电话：010—59192993
全国水产技术推广总站评价与示范处
联系电话：010—59195143
电子邮件：sfc@agri.gov.cn

附件 2

2020 年养殖尾水治理模式推广行动方案

一、工作目标

2020 年通过开展养殖尾水治理模式推广行动，建立“水产养殖尾水治理技术模式推广基地”100 个以上，集成示范养殖尾水处理技术模式，各推广基地率先实现养殖尾水资源化综合利用或达标排放，辐射带动水产养殖尾水治理取得新进展，促进水产养殖业绿色发展。研究制定适合当地产业发展需要的养殖尾水治理技术模式系列标准和操作规范并汇编成册。

二、重点任务

开展水产养殖尾水治理技术模式推广，从我部筛选的 5 项典型技术模式或其他尾水治理技术模式中选择，积极稳妥推广。沿海地区每省（自治区、直辖市）建立水产养殖尾水治理技术模式推广基地 5 个以上（天津、上海市可自行确定数量）；内陆养殖重点地区，每省（自治区、直辖市）建立推广基地 3 个以上；其他地区每省（自治区、直辖市）和新疆生产建设兵团建立推广基地 2 个以上。

（一）池塘底排污尾水处理技术模式。通过对传统养殖池塘进行升级改造，实现残饵粪污收集及尾水达标排放。在养殖池塘底部修建排污设施，将养殖过程中产生的含残饵、粪便等有机颗粒废弃物的尾水排出池塘，经处理后进行资源化循环利用或达标排放。

（二）集中连片池塘养殖尾水处理技术模式。对养殖尾水进行多级处理后再循环利用或达标排放。尾水设施总面积占养殖总面积较大的应建立“四池三坝”，处理工艺流程主要包括：“生态沟渠-沉淀池-过滤坝-曝气池-过滤坝-生物净化池-过滤坝-洁水池”；养殖投入较少的品种，可采用“四池两坝”的治理模式。

（三）人工湿地尾水处理技术模式。通过在人工湿地上建立人工水生态系统，利用内基质、植物、微生物等协同作用，经过物理、化学、生物三重处理，达到去除或消减尾水中污染物的目的。人工湿地分为表面流人工湿地、潜流湿地以及沟渠型人工湿地，可单独或组合应用，构建人工湿地-水产养殖复合系统。多级人工湿地尾水处理技术的应用，可实现养殖尾水循环利用或达标排放。

（四）“流水槽＋”尾水处理模式。该模式是在池塘、稻田（非基本农田）田埂或环沟中集中或分散建设标准化养鱼流水槽，与池塘或稻田形成一个闭合的良性生态循环系统，实现“一水两用、生态循环”。

（五）工厂化循环水处理技术模式。通过对养殖尾水进行物理过滤、生物净化、杀菌消毒、脱气增氧等一系列处理后，把养殖尾水中的有害固体物、悬浮物、可溶性物质和气体从水体中排出或转化为无害物质，并补充溶氧，使全部或部分养殖尾水得以循环利用的处理技术。

三、工作措施

（一）科学选择推广基地。依托“水产生态健康养殖技术模式推广基地”和国家级水产健康养殖示范场或其他有条件的养殖单位，科学选择推广基地，以代表性强、技术力量雄厚、工作基础好、标准化生产、信息化管理、环境优美为标准，具备可展示、可观摩、可培训等功能，遴选一批养殖尾水处理技术模式推广基地。

（二）改进模式制定规范。以水产技术推广机构为主导，联合科研机构和大专院校等，打造一批符合本地产业实际，有特色、效果好、可复制推广的养殖尾水治理技术模式。总结梳理养殖尾水处理技术成果，对成熟的技术模式进行总结，研究制定一批技术标准和操作规范。

（三）积极开展示范推广。由水产技术推广机构牵头，以推广基地为样板，通过科技咨询、技术培训、交流研讨、现场观摩等多种形式，示范推广先进的养殖尾水治理技术模式。充分发挥推广基地的辐射带动作用，提高技术模式的普及率，促进养殖尾水技术模式广泛应用。

四、进度安排

（一）动员部署（3—4 月）。各地制定本辖区工作实施方案，制定重点任务清单，细化落实举措，明确责任部门和分工，启动宣传动员和工作部署。

（二）推广基地遴选和技术模式示范推广（4—10 月）。有关省级水产技术推广机构牵头，开展推广基地遴选、集成熟化技术模式，对推广基地技术模式进行改进完善。各地通过科技咨询、技术培训、交流研讨、现场观摩等多种形式，组织开展技术模式示范推广。

（三）总结阶段（11—12 月）。各地进行工作总结，内容包括总体情况、取得成效、典型案例、存在问题和改进措施建议等。

联系方式：
农业农村部渔业渔政管理局养殖处
联系电话：010—59192993
全国水产技术推广总站评价与示范处
联系电话：010—59195143
电子邮件：sfc@agri.gov.cn

附件 3

2020 年水产养殖用药减量行动方案

一、工作目标

通过实施 2020 年水产养殖用药减量行动，建立水产养殖用药减量模式推广点 300 个以上。其中，辽宁、江苏、浙江、安徽、福建、江西、山东、湖北、湖南、广东 10 省，每省建立 15 个以上；天津、河北、吉林、黑龙江、河南、广西、海南、重庆、四川 9 省（自治区、直辖市），每省（自治区、直辖市）建立 10 个以上；除西藏外其余省（自治区、直辖市）以及大连、青岛、宁波和新疆生产建设兵团各建立 5 个以上。2020 年通过各地实施水产养殖用药减量行动，推广点兽药使用量同比平均减少 5%以上，抗生素类兽药使用量同比平均减少 10%以上，形成一批标准化技术成果和用药减量化技术模式，养殖者规范用药水平明显提高，水产养殖动物兽药残留问题得到初步缓解，养殖水产品质量安全水平稳步提升。

二、重点任务

根据水产养殖病害发生危害的特点和预防控制的实际，坚持以防为主、防治结合的原则，重点做好五方面技术措施减少用药。

（一）发展生态养殖减少用药。以生态环保、产品安全、节能减排等为导向，集成创新和示范推广一批符合生态健康养殖要求，操作简便、适宜推广的生态养殖模式。大力推广养殖尾水生态治理、配合饲料替代冰鲜幼杂鱼等生态养殖相关技术。示范推广池塘尾水处理、工厂化循环用水等先进设施装备。因地制宜示范推广稻渔综合种养、池塘工程化循环水养殖、多营养层次养殖、深水抗风浪网箱养殖等生态养殖模式，全面提高生态防病的综合水平。

（二）使用优质苗种减少用药。指导使用合法生产的优质水产苗种，苗种生产单位要依法规范进行苗种生产，确保苗种质量和不携带疫病，鼓励创建无规定水生动物疫病苗种场。对于采购外来苗种，养殖者要选择持有《水产苗种生产许可证》苗种生产单位的正规苗种，杜绝使用不明来源苗种。鼓励优先选用国家审定水产新品种，并经水产苗种产地检疫合格的水产良种。对于自繁自育的苗种，养殖者做好亲本选育和病害防控等技术措施，保障苗种质量和不染疫病，提高水产养殖动物成活率。

（三）加强疫病防控减少用药。强化重大水生动物疫病监测，加强对一、二类重大水生动物疫病的应急处置，依法采取封锁、隔离、扑杀、销毁、消毒、无害化处理等强制性措施，防止疫病扩散和盲目用药。加强水产养殖动植物病情测报，掌握疾病分布和流行趋势，科学研判防控形势，及时发布预警，不断提高基层水产养殖病害防治的服务能力和水平。实施水产苗种产地检疫制度，推广应用疫苗防病，从源头降低病害发生，减少用药风险。淡水鱼类重点防控草鱼出血病、鲫造血器官坏死病、鲤浮肿病、淡水鱼细菌性败血症、水霉病等；大黄鱼、鲆鲽类等海水鱼类重点防控病毒性神经坏死病、刺激隐核虫病、大黄鱼内脏白点病等；虹鳟等冷水鱼重点防控传染性造血器官坏死病等；虾类重点防控白斑综合征、急性肝胰腺坏死病、肝肠胞虫病等。

（四）指导规范用药减少用药。继续开展规范用药科普下乡活动，加大《兽药管理条例》《水产养殖用药明白纸》等相关法规和知识的宣传培训，不断提高从业者规范用药意识。教育养殖者不使用孔雀石绿、硝基呋喃类等禁用药品及化合物和氧氟沙星、环丙沙星等停用药品，不使用假劣兽药和原料药、人用药，以及所谓“非药品”“动保产品”等国家未批准药品。指导养殖者按照兽药说明书注明的用法、用量、休药期等使用兽药，避免滥用药、减少用药量。开展水产养殖动物病原菌耐药性监测，编制适合当地的水产养殖用药抗菌谱，指导科学用药。

（五）加强生产管理减少用药。指导养殖者加强养殖生产管理，落实《水产养殖质量安全管理规定》，完善水产养殖生产记录和用药记录制度，执行国家有关养殖技术规范操作要求，建立从养殖用水、生产管理、苗种质量、生产记录、饲料兽药、药残监测等全过程的水产品质量安全监控体系。地方各级水产技术推广机构和水产品质检机构，要配合做好各级产地水产品兽药残留监控相关工作，为查处违法用药行为提供有力技术支撑。

三、工作措施

（一）择优确定推广主体。依托“水产生态健康养殖技术模式推广基地”和国家级水产健康养殖示范场，以及符合条件的水产龙头企业、专业合作社等经营主体，聚焦重点养殖品种和不同养殖模式，遴选确定生产管理规范、辐射带动能力强的养殖单位作为推广点。指导推广点严格按标准规范生产，健全完善水产养殖生产以及水产用兽药、饲料等投入品记录制度。

（二）完善工作机制。强化技术推广部门履行关键农业技术试验示范等公益性职责的能力，加强与科研单位、大专院校的协同协作，构建“推广机构＋科研院所＋推广点＋养殖户”的减量用药技术服务体系，提升服务效能。组建水产养殖用药减量行动专家组，开展技术指导服务，把各项关键技术措施落实落地。

（三）加强宣传培训。各地要将水产养殖规范用药科普下乡活动作为重点工作，积极动员各级技术推广机构、水产学会及各分支机构、渔药生产企业的相关专家与科技人员，加大生态健康养殖技术和规范用药知识的科普宣传力度，探索构建“线上”“线下”相结合宣传培训模式，通过发放资料、推送微信和播放视频等现代化手段，将规范用药知识和实用技术送到池边塘头、进村入户，提高养殖者规范用药意识。

四、进度安排

（一）部署准备阶段（3—4月）。各地制定本辖区工作实施方案，选择确定推广点，启动宣传动员和工作部署。

（二）实施阶段（4—10月）。各有关省级水产技术推广机构组织对推广点管理人员和技术人员开展技术培训；指导推广点建立水产养殖减量用药技术模式；健全企业内部管理制度，建立健全养殖生产和投入品使用记录；对主要养殖品种的易发疾病开展病原监测和耐药性监测，指导规范用药、精准用药。

（三）总结阶段（11—12月）。各地进行工作总结，内容包括总体情况、取得成效、典型案例、存在问题和改进措施建议等。

联系方式：

农业农村部渔业渔政管理局养殖处

联系电话：010—59192976 全国水产技术推广总站质量安全处

联系电话：010—59195495，59195499

电子邮件：yyc@agri.gov.cn

附件4

2020年配合饲料替代幼杂鱼行动方案

一、工作目标

2020年通过辽宁、江苏等12个省（自治区）开展配合饲料替代幼杂鱼行动，建立配合饲料替代幼杂鱼试验推广点50个以上。相关技术试验示范取得新进展，力争大黄鱼、花鲈、石斑鱼、鲆鲽类等海水养殖鱼类推广点配合饲料替代冰鲜幼杂鱼率不低于60%，大口黑鲈推广点配合饲料替代率不低于80%，乌鳢推广点配合饲料替代率不低于50%，梭子蟹、青蟹推广点配合饲料替代率不低于30%，中华绒螯蟹推广点配合饲料替代率不低于60%，总结提炼大黄鱼等养殖品种的配合饲料替代幼杂鱼技术模式9种以上。

二、重点任务

在辽宁、江苏等12个省（区）开展配合饲料替代幼杂鱼试验，推广点数量可结合实际适当增加。各地要聚焦重点品种，因种施策、分类指导、稳步推进。

（一）海水鱼类。大黄鱼：浙江、福建、广东，每省建立2个试验推广点以上；石斑鱼：福建、广东、海南，每省建立1个试验推广点以上；花鲈：浙江、福建、广东，每省建立1个试验推广点以上；鲆鲽类：辽宁、山东，每省建立1个试验推广点以上。

（二）淡水鱼类。大口黑鲈：江苏、浙江，每省建立2个试验推广点以上；安徽、福建、江西、湖北、广东，每省建立1个试验推广点以上；乌鳢：浙江、安徽、江西、山东、湖北、湖南、广东，每省建立1个试验推广点以上。

（三）蟹类。梭子蟹：江苏、浙江、福建、山东、广东，每省建立1个试验推广点以上；青蟹：浙江，2个试验推广点；福建、广东、广西、海南，每省（区）建立1个试验推广点以上；中华绒螯蟹：江苏、湖北，每省建立2个试验推广点以上；辽宁、安徽、山东，每省建立1个试验推广点以上。

三、工作措施

（一）积极完善工作基础。建立水产技术推广机构牵头，科研单位等有关方面参加的工作机制和专家团队。制定配合饲料替代幼杂鱼试验技术方案，优化相关配套技术。依托“水产生态健康养殖模式推广基地”和国家级水产健康养殖示范场，兼顾水产龙头企业、专业合作社等经营主体，遴选一批生产管理规范、试验创新意识好、辐射带动能力强的养殖主体作为试验推广点。

（二）加强全程试验指导。有关省（自治区）水产技术推广机构要组织相关养殖企业与饲料企业做好对接，选择质量安全、价格合理、信誉度好、市场占有率大的饲料企业作为供应单位。指导养殖企业制定配合饲料替代幼杂鱼养殖技术措施，优化相关配套技术，做好前期病害防控与减量用药、养殖尾水处理等基础工作，开展配合饲料替代试验应用与对比试验，认真做好生产记录。

（三）做好工作总结评估。各地要及时进行试验情况分析，总结不同配合饲料厂家品牌、不同营养参数的替代应用效果。评估配合饲料替代成本，评价配合饲料替代养殖品种的营养品质等。根据试验效果，完成配合饲料替代幼杂鱼技术模式的性能评估和综合效益分析，探索建立配合饲料替代幼杂鱼技术评估指标体系，提出配合饲料替代幼杂鱼养殖转型升级技术解决方案。

四、进度安排

（一）部署准备阶段（3—4月）。各地制定本辖区工作实施方案，选择确定试验推广点，启动宣传动员和工作部署。

（二）实施阶段（4—10月）。各有关省级水产技术推广机构组织开展配合饲料产品的遴选与推荐工作，组织对试验推广点管理人员和技术人员开展技术培训，指导养殖主体开展对比试验，评估替代成本，评价配合饲料替代养殖品种的营养品质，研究建立相关配合饲料替代应用技术操作标准规范。

（三）总结阶段（11—12月）。各有关省进行工作总结，内容包括配合饲料替代幼杂鱼行动开展情况、取得成效、典型案例、存在问题和改进措施建议等。

联系方式：

农业农村部渔业渔政管理局养殖处

联系电话：010—59192976

全国水产技术推广总站质量安全处

联系电话：010—59195495，59195499

电子邮件：yyc@agri.gov.cn

附件5

2020年水产种业质量提升行动方案

一、工作目标

2020年通过水产种业质量提升行动，开展水产新品种试验推广、生产性能测试试点和南美白对虾等重要养殖品种联合育种，建立水产新品种试验推广基地100个以上，研究制定一批水产新品种良种良法配套技术规范和品种测试操作规程并汇编成册。示范推广优质、高效、多抗、安全的水产新品种20种以上，进行水产新品种示范推广效果调查评估，辐射带动有条件的养殖企业广泛参与，提升水产养殖良种化水平。

二、重点任务

依托水产遗传育种中心、省级以上水产原良种场、国家级水产健康养殖示范场等，以我部公告的水产新品种为主要对象，因地制宜、稳妥开展水产新品种试验推广，建立试验推广基地100个以上，组织开展水产新品种推广应用情况评估。选择基础条件好、技术力量强的试验推广基地,围绕重点品种开展生产性能测试试点。持续推进水产育种技术创新,加快先进育种技术的示范应用,完善联合育种工作机制;以市场为导向,推进南美白对虾、罗氏沼虾等重要品种联合育种,加快提升品种创新能力。

(一)东北、华北地区。建立水产新品种试验推广基地24个以上,其中辽宁、河北、大连各建立试验推广基地4个以上,吉林、黑龙江、北京、天津、山西、内蒙古各建立试验推广基地2个以上。

(二)华东地区。建立水产新品种试验推广基地26个以上,其中江苏、浙江、安徽、山东、江西各建立试验推广基地4个以上,上海、青岛、宁波各建立试验推广基地2个以上。

(三)华中地区。建立水产新品种试验推广基地12个以上,河南、湖北、湖南各建立试验推广基地4个以上。

(四)华南地区。建立水产新品种试验推广基地16个以上,福建、广东、广西、海南各建立试验推广基地4个以上。

(五)西南、西北地区。建立水产新品种试验推广基地24个以上,其中四川、云南各建立试验推广基地4个以上,重庆、贵州、陕西、甘肃、青海、宁夏、新疆、新疆生产建设兵团各建立试验推广基地2个以上。

三、工作措施

(一)规范做好试验推广。各省级水产技术推广机构要加强对水产新品种养殖单位的指导,准确把握我部公告的水产新品种特点,结合市场需求,根据当地生态环境、生产条件和当前养殖生产中品种所存在的问题,有针对性地进行品种初选、引种和试验推广。引种时要严把苗种质量关,选择经产地检疫合格的水产苗种;试验推广时要制定方案,设计好试验过程和试验区域,明确有代表性的对照品种,养殖管理和收获测产等环节都要科学、精准和严谨;试验结束时要全面总结试验工作,明确参试品种和对照品种的差异,编写试验报告。

(二)大力培育推广基地。依托"水产生态健康养殖技术模式推广基地"和国家级水产健康养殖示范场、水产遗传育种中心、省级以上水产原良种场等,充分发挥水产遗传育种中心等兼具公益性职能的单位在水产新品种试验推广、生产性能测试等方面的示范带动作用,试验区域要独立成区、统一标识,试验方法要科学严谨,按照"平等自愿、科学试验、展示示范、开放共享"原则,打造一批科技含量高、体制机制活、展示效果优、带动能力强的试验推广基地。

(三)建立示范协作机制。各省级水产技术推广机构要发挥好组织协调作用,联合相关科研院所、高等院校、新品种育种单位等,组建一支强有力的工作队伍,建立品种试验示范推广的协作机制,充分发挥各自优势,通力协作、密切配合。

四、进度安排

(一)动员部署(3—4月)。各地制定本辖区工作实施方案,制定重点任务清单,细化落实举措,明确责任部门和分工,启动宣传动员和工作部署。

(二)落实推进各项工作(4—10月)。水产新品种养殖示范推广,开展水产新品种推广应用情况调查分析;开展水产新品种生产性能测试试点;继续推进南美白对虾等联合育种,联合中国海洋大学、大连海洋大学、集美大学、科研单位等开展虾夷扇贝、大型海藻(海带、坛紫菜)联合育种。

(三)总结阶段(11—12月)。各地进行工作总结,内容包括总体情况、取得成效、典型案例、存在问题和改进措施建议等。

联系方式:

农业农村部渔业渔政管理局养殖处联系电话:010—59192918

全国水产技术推广总站苗种处

联系电话:010—59195032

电子邮件:aquseed@163.com

关于进一步加强远洋渔业安全管理工作的通知

农办渔〔2020〕13号

有关省、自治区、直辖市农业农村厅(局、委),福建省海洋与渔业局,各计划单列市渔业主管局,中国农业发展集团有限公司、有关远洋渔业企业,中国远洋渔业协会:

随着国内新冠肺炎疫情防控形势向好,远洋渔业企业陆续复工复产,远洋渔船近期大批开赴远洋渔场生产作业,开始出现违规生产苗头。为进一步加强远洋渔业安全管理,树立负责任渔业大国形象,严防疫情期间发生越界捕捞等重大涉外事件,现就有关事项通知如下。

一、坚持不懈抓好远洋渔业安全管理

各地渔业主管部门要高度重视远洋渔业安全管

理，督促和指导所辖远洋渔业企业切实落实主体责任，加强企业安全生产制度建设，强化远洋渔船安全生产。特别是在疫情期间，要在统筹抓好疫情防控和复工复产的基础上，坚持不懈抓好远洋渔业安全管理，强化对企业责任人和船长船员安全教育培训，严格依法从事远洋渔业生产。

二、适当调整海上作业安全缓冲距离

为预防和减少违规越界捕捞，维护我远洋渔船合法利益，结合远洋渔船生产作业特点，将公海渔船作业区与沿岸国200海里专属经济区外部界限的安全缓冲距离由3海里调整为1海里。严禁越线进入缓冲区捕捞，一旦进入按违规从严处理，将安全隐患扼杀在苗头和萌芽阶段，做到早发现、早预警、早应对。安全缓冲距离作为渔业管理预警措施，不影响我国有关海洋法原则立场。

三、加强远洋渔船作业安全监管

各远洋渔业企业必须严格遵守我部远洋渔业管理有关规定，切实加强所属渔船管控，与渔船保持密切联系，安排专人24小时全天候实时监控渔船动向。按照我部新修订的《远洋渔船船位监测管理办法》要求，保证船位监测设备每天24小时开机并正常报位，确保所属渔船船长严格依法依规开展作业，确保不发生越界捕捞等违规行为。各地渔业主管部门和中国远洋渔业协会要继续加强远洋渔船船位监测，进一步完善船位预警系统，确保实时报送预警信息，密切关注西南大西洋公海等重点海域作业渔船船位，发现异常及时报告及时处理。

四、妥善应对远洋渔船涉外事件

远洋渔船在他国专属经济区通航时，应遵守沿岸国规定和国际通行规则，将渔具覆盖或妥为收存，不得违法从事捕捞活动，避免赴有关国家争议海域作业。在通过海盗多发等高风险地区时，要做好应急预案，强化安保措施。遇他国执法船要求登临检查时，应停船配合检查，疫情期间做好防疫措施，并及时向渔业主管部门报告，禁止逃避执法检查或以暴力、危险手段抗拒执法检查。如遇对方过度执法、暴力执法等不当行为，应以适当方式获取证据，并向渔业主管部门报告，争取通过外交或司法途径予以妥善处理。因违规作业引发涉外事件的，我部将按有关规定予以严厉处罚。

农业农村部办公厅
2020年4月16日

农业农村部办公厅 中国银保监会办公厅 关于推进渔业互助保险系统体制改革有关工作的通知

农办渔〔2020〕16号

各省、自治区、直辖市农业农村（农牧）厅（局、委），各银保监局，福建省海洋与渔业局，计划单列市渔业主管局，新疆生产建设兵团农业农村局：

年初，李克强总理等国务院领导同志批准了《关于渔业互助保险系统体制改革有关工作的报告》。为加快推进渔业互助保险系统体制改革工作，建立规范发展的渔业风险保障体系，按照中央领导同志批示精神，现将有关工作通知如下。

一、改革方案

按照党中央、国务院关于加强金融监管维护金融安全和深化社会组织管理体制改革的总体要求，根据《保险法》《农业保险条例》和《相互保险组织监管试行办法》，农业农村部会同银保监会研究确定了“剥离协会保险业务，设立专业保险机构承接”的改革总体思路，形成了渔业互助保险系统整体改革方案。

（一）中国渔业互保协会改革方案

中国渔业互保协会牵头联合有关省（市）渔业互保协会发起设立具有独立法人资格的全国性渔业互助保险机构。该机构为专业性的相互保险组织，初始运营资金由中国渔业互保协会脱钩后和有关省（市）渔业互保协会以借款方式注入，接受银保监会的监管和农业农村部的行业指导。遵循“互助共济、服务渔业”的宗旨，开展渔业行业内的财产保险、责任保险、意外伤害保险、再保险等经银保监会核准的保险业务。

中国渔业互保协会作为主要发起会员和借款人，参与全国性渔业互助保险机构的监督管理，履行法定及章程规定的义务，在符合保险监管规定后可收回借款本息，同时继续开展章程规定的其他业务。

（二）有关省（市）渔业互保协会改革方案

河北、山东、江苏、浙江、福建、广东和宁波等7省（市）渔业互保协会改革方案参照中国渔业互保协会制定。银保监会将在统筹考虑相关情况的基础上，对设立有关省（市）渔业互助保险机构依法进行审批，具体有两种形式：

1.对于地方协会满足专业性相互保险组织设立条件的,由中国渔业互保协会联合其共同发起设立具有独立法人资格的省(市)渔业互助保险机构,接受银保监会的监管、同级渔业主管部门的行业指导和中国渔业互保协会的业务指导。

2.对于地方协会不具备专业性相互保险组织设立条件的,直接转制成为全国性渔业互助保险机构的分支机构,由全国性渔业互助保险机构负责管理,接受当地渔业主管部门的行业指导和银保监会派出机构的监管。

二、实施步骤

(一)先期由中国渔业互保协会作为主要发起人,牵头完成全国性渔业互助保险机构的申报、筹建等工作,经银保监会批准筹建并组织验收后开业,力争2020年内完成。此后,中国渔业互保协会不再从事保险业务。

(二)全国性渔业互助保险机构成立后,由中国渔业互保协会联合地方协会完成有关省(市)渔业互助保险机构的申报、筹建等工作。对符合设立条件的,经银保监会批准筹建并组织验收后开业;对不具备设立条件的,直接转制成为全国性渔业互助保险机构的分支机构。省(市)渔业互助保险机构改革完成后,地方协会不再从事保险业务。

三、有关要求

(一)统一思想,协调推进。开展渔业互助保险系统体制改革是健全农业保险运行机制和加强渔业安全管理的重要举措。各省(自治区、直辖市)渔业主管部门和银保监会派出机构要高度重视,加强领导,通力合作,统筹协调推进体制改革任务。体制改革中,中国渔业互保协会和地方协会要主动向有关部门汇报,争取支持。

(二)加强指导,抓好落实。各省(自治区、直辖市)渔业主管部门在渔业互助保险系统体制改革期间要加强监督,强化服务,确保渔民风险保障不断档、不弱化。体制改革后,要按照党中央政社脱钩“五脱五不脱”的原则,认真履行好行业指导职责,在发展方向、产业服务、政策支持、制度建设、行业自律等方面加强指导,搞好服务。

(三)坚持宗旨,提升能力。中国渔业互保协会和地方协会要始终坚持“互助共济、服务渔业”的宗旨,发挥依托渔业部门、支撑渔业管理、扎根渔区基层、服务渔民群众的特点,主动作为,全力协助地方政府和渔业主管部门做好渔业安全生产管理和防灾减灾救灾等工作。同时,要进一步加大人才队伍建设,强化内控管理和合规建设,不断提升规范化、专业化水平。中国渔业互保协会和地方协会要加强对新成立的渔业互助保险机构的业务指导,为广大渔民群众提供更加优质的保险服务。

农业农村部办公厅
中国银保监会办公厅
2020年5月22日

关于进一步规范远洋渔船审批有关事项的通知

沿海各省、自治区、直辖市农业农村厅(委),福建省海洋与渔业局,计划单列市渔业主管局,中国农业发展集团有限公司、各远洋渔业企业:

近两年,我部先后印发文件,明确远洋渔船标准化船型参数及其调整有关要求,但对更新改造远洋渔船审批时来源船标准化船型基础档如何确定一直未能明确,对企业申报及审批带来一定影响。此外,一段时间以来,有企业反映在远洋渔船建造过程中存在渔船审批和审图、建造等环节之间脱节的问题。为进一步规范远洋渔船审批,现将有关事项通知如下。

一、明确来源船标准化船型定档规则

更新建造远洋渔船审批中来源船的标准化船型按照以下规则定档。

(一)来源船的“船长”参数在《远洋渔船标准化船型参数系列表(2018版)》中某一同类型标准化船型“登记船长”范围内的,基础档定为所对应的标准船型。

(二)来源船“船长”参数低于《远洋渔船标准化船型参数系列表(2018版)》中同类型标准化船型最小船型“登记船长”范围的,基础档定为同类型标准化船型最小船型。

(三)来源船的“船长”参数在《远洋渔船标准化船型参数系列表(2018版)》中相邻两个同类型标准船型“登记船长”范围之间的,如果来源船的“总吨位”和“主机总功率”两个船舶参数中一个能够满足上述两个标准船型中“总吨位”和“主机功率上限”要求,则基础档定为两个标准船型中较大船型;如果来源船的“总吨位”和“主机总功率”两个船舶参数均不能够满足上述两个标准船型中相关参数要求,则基础档定为两个标准船型中较小船型。

(四)特殊船型根据上述规则无法确定基础档的,

省级渔业主管部门可报请我局组织专家研究论证后确定。

(五)新建渔船的类型与来源船不同的,或者变更作业类型的,应以新建或变更后的作业类型为基础,根据来源船的船长参照上述规则定档。

二、严格船网工具指标管理

为解决渔船审批和审图、建造等环节之间脱节的问题,我局与中国船级社(以下简称"CCS")专门进行了沟通,对船网审批和渔船审图、开工、检验等事项如何相互衔接已达成一致意见。即由 CCS 先对总布置图、渔捞设备布置图和船体说明书进行相关审查,渔业部门根据 CCS 审查情况开展船网审批,CCS 根据船网批准书开展具体的审图和检验工作。由此,既保证了船网审批的严肃性,又可减少审批脱节对远洋渔业企业带来的不利影响。为规范船网审批,我部曾于 2019 年 3 月下发《农业农村部办公厅关于进一步明确渔船和捕捞许可业务办理有关事项的通知》(农办渔〔2019〕20 号),对制造、更新改造、购置和进口渔船的船网申请提出明确要求,对违反规定的情形明确了处罚措施。各远洋渔业企业应严格遵守渔船审批有关要求,按照图纸审查、船网审批、龙骨安放、申请检验证书、登记证书、捕捞许可证的顺序依次有序办理相关手续。

请各省(自治区、直辖市)渔业主管部门加强对辖区内远洋渔业企业的宣传培训和监督管理,及时将上述要求传达到每个远洋渔业企业,严格审核远洋渔船申请材料,切实提高企业守法意识。请相关协会和行业组织强化宣传引导,加强行业自律,促进远洋渔业健康有序发展。

联系人及联系方式:渔船渔港处马晓丽,010—59192992。

农业农村部渔业渔政管理局

2020 年 4 月 7 日

关于印发《海参池塘养殖生产管理指引》的通知

河北、辽宁、江苏、浙江、福建、山东、广东、海南省农业农村厅,福建省海洋与渔业局,大连、青岛、宁波市农业农村局,青岛市海洋发展局:

为进一步推进海参养殖业绿色高质量发展,切实加强养殖海参质量安全监管,我局会同全国水产技术推广总站,组织海参健康养殖、病害防治等领域专家,制定了《海参池塘养殖生产管理指引》,现予以发布。

请你厅(局)组织本辖区内行政、执法、推广和科研等单位,结合当前海参养殖违法违规用药专项整治行动和规范用药科普下乡活动,利用各类媒介开展宣传和培训,营造良好社会氛围,确保养殖海参质量安全。

附件:海参池塘养殖生产管理指引

农业农村部渔业渔政管理局

2020 年 8 月 2 日

附件

海参池塘养殖生产管理指引

一、日常养殖管理

(一)清塘

新池塘建成后及投放苗种前,均需进行清塘,旧池塘一般 2～3 年清塘一次。将池塘、沟渠积水排净,反复冲洗清除池底污物、杂物,挖出过多淤泥,然后封闸晒池 1 周以上,期间再次翻耕,把底层未氧化的底泥翻到表层继续氧化,使有机物彻底分解。晒池后对池塘进行彻底消毒,以杀死蟹类、野杂鱼类等敌害生物,并防止藻类大量滋生。消毒要求使用生石灰及次氯酸钠溶液(水产用)、含氯石灰(水产用)等国家已批准的水产养殖用兽药,按照产品说明书的用法用量,兑水全池泼洒,浸泡 7～10 天后将水排出,再引入海水浸泡 2～3 天,将水排出,重复进排水 1～2 次。严禁使用敌敌畏等农药、原料药和其他有毒有害物质进行消毒。

(二)基础饵料培养

根据养殖海区水质肥瘦,放养海参苗种前可提前 10 天放进海水,以利于底栖硅藻等单胞藻类繁殖,为海参苗种提供充足的基础饵料。按 45～75 千克/公顷的用量施用氮磷比为 5∶1～10∶1 的复合肥进行池水施肥。可根据水色适当调整,使池水透明度保持在 50 厘米左右,投放到水中硝酸盐含量低于 10 毫克/升。不得使用未经国家登记注册的化学或生物肥料。

(三)苗种投放

1.苗种选择

苗种应购自具有《水产苗种生产许可证》的省级以上水产原良种场或育苗生产单位。购买的苗种须具有苗种产地检疫合格证。选购时应注意同批次苗种规格整齐,以体长 2 厘米以上,活力与附着力强,经刺激反应灵敏,收缩有力。

2.投苗时机

春季 4—5 月池塘水温达到 10℃以上,秋季 10—

11 月池塘水温 22℃以下时投放。放苗以早上或傍晚为宜,并做到四不放,即"下雨天不放、大风天不放、高温天气不放、阳光过强不放"。

3.投苗规格及密度

春季海参苗种规格以 50～300 头/千克为宜,控制放苗密度 45 000～120 000 头/公顷左右。秋季放苗以 20～100 头/千克为宜,控制放苗密度 45 000～48 000 头/公顷左右。放苗密度依池塘条件和参苗大小合理调整。

4.投苗方法

投放大批海参苗种前可先投放少量苗种进行试验,观察 7 天左右,看活动、摄食等无异常后再大量投放。投苗时注意购苗地与池塘水温差应不超过 2℃,盐度差不超过 5‰。投苗时将海参苗种均匀洒放到参礁所在水域,3 天以内观察海参苗种分布、活动、摄食与存活情况。

(四)水质调控

按时观测水色、水温、水位、盐度、pH、底层溶解氧及池塘内藻类生长情况,同时仔细观察海参摄食活动与便型等状况。根据潮水周期和水质情况及时进行换水。大雨过后要及时排出表层低盐度水,池塘内外水温差别较大时要避免换水或少换水。春、秋季水位保持 1～1.5 米,夏眠、冬眠期间水位要尽量保持 1.8 米以上。主要水质理化指标要求如下:

1.溶解氧:要求达到 3.5 毫克/升以上,当 2.0 毫克/升以下时,幼参参体不伸展,附着力减弱,易下沉池底,低于 1 毫克/升时,易引起海参死亡。

2.盐度:海参适宜生长盐度为 28‰～32‰,若长期处于低盐、高盐状态(小于 22‰、大于 38‰),导致海参生长缓慢,抗逆能力降低,发生病害。

3.pH:7.8～8.5 之间生长较好,小于 7.2 或大于 9 时,幼参活力减弱、生长停止,易造成死亡。

4.氨氮:半致死浓度为 1.65 毫克/升,pH 越高,则未离解氨的比例越大。非离子氨能抑制海参苗种正常生长发育,降低对疾病的抵抗力。

5.硫化氢:底泥、残饵、尸体、粪便以及有机物的腐败分解是硫化氢的主要来源,安全浓度为 0.002 毫克/升以下。

(五)饲料投喂

海参在春、秋季水温 10～20℃时生长速度最快,基础饵料不足时可人工投喂饲料,投喂量根据海参摄食和生长快慢情况调整,一般每次投喂海参体重 0.5% 左右,每 7～10 天投喂一次,水温超过 20℃时的夏眠期间和低于 5℃时的冬眠期间停止投喂。严格遵守《饲料和饲料添加剂管理条例》,人工饵料由马尾藻粉、鼠尾藻粉、海带粉、鱼粉等原料按一定比例复合配制而成,或使用商品化海参专用人工配合饲料,一般粗蛋白在 18%～25%范围内,脂肪不超过 5%。投喂的海参饲料卫生标准应符合《饲料卫生标准》(GB 13078—2017),质量标准应符合《刺参配合饲料》(SC/T 2037—2006)等相关规定。

(六)病害防治

1.预防措施:防止投饵过多,保持池底和水质清洁,防止发生腐皮综合征等病害。适当提高水深,降低池水透明度,预防大型藻类滋生,及时清除池塘中大型藻类,防止藻类死亡腐烂后造成池底环境恶化。夏季可通过增加池塘水深、降低池塘透明度以及敷设遮阳网、使用池塘降温装备等措施预防高温灾害。利用地笼或在夜间利用灯光等方式诱捕蟹类等敌害生物,减少养殖池塘中敌害生物量。

2.治疗措施:应使用国家批准的水产养殖用兽药,严格按照说明书用法用量使用,禁止使用假、劣兽药以及国家禁用药品和其他化合物。严格执行休药期制度。

(七)生物敌害防除

养殖过程中要定时清塘,控制进水时机,并在进水口处设孔径 1～2 厘米的铁丝网以过滤水草和杂物,在不影响滤水的情况下,增设 2～3 道 30～50 目(孔径 0.61～0.36 毫米)的聚乙烯网拦截过滤大型藻类及鱼虾蟹等敌害生物。

1.浒苔等大型藻类:初春时要控制藻菌相,保持池水透明度在 30 厘米左右,能够有效防止黄管菜等大型藻类大量繁生。如池塘中有大型藻类繁生可先及时采用人工捞除,严禁施用除草(藻)剂等农药。

2.鱼虾蟹类等生物敌害:虾蟹类可采用地笼网诱捕,肉食性鱼类可以用粘网或钩钓捕杀,发现海星要捡出池外晒干。

二、其他技术要点

(一)汛期养殖注意事项

养殖池塘设置排淡阀(闸),汛期集中降雨时迅速排掉池塘顶部的淡水层。汛期后彻底清除腐败杂藻,密切监测养殖池水溶解氧情况,低于 3 毫克/升时可采取机械增氧方法增氧。

(二)夏季养殖注意事项

高温期应增加池水深度至 1.8 米以上,避免水温随气温骤变。面积小于 4 公顷的池塘高温期可加盖遮阳网,铺设面积占池塘面积的 3/5～2/3 为宜,遮阳网距离水面高度大于 1.5 米。也可使用低温水管降温,同时又能增加池水溶氧,可有效降低水温 1～2℃。为防止夏季高温致死，可将池塘中的海参转移到度夏车间暂养，待池塘水温适宜时移回。

（三）冬季养殖注意事项

冬季应增加池水水深至 1.8 米以上，封冰后要及时打通气孔，及时清除冰面积雪，增加池水透明度，增强水中浮游植物的光合作用，定期监测溶解氧，保证海参不会因缺氧发生死亡现象或氧气超饱和导致海参病害发生。及时巡塘，防止池塘闸门漏水。

以上指引供参考，海参养殖生产请严格遵守相关法律法规和标准。

渔业经济统计

一、经　济　核　算

（一）总产值

全国渔业经济总产值
（按当年价格计算）

单位：万元

指　　标	2020 年	2019 年	2020 年比 2019 年增减（±）
渔业经济总产值	**275 434 669.36**	**264 064 971.47**	**11 369 697.89**
1.渔业	135 172 365.47	129 344 905.31	5 827 460.16
其中：海水养殖	38 361 985.60	35 752 877.65	2 609 107.95
淡水养殖	63 871 516.20	61 865 997.32	2 005 518.88
海洋捕捞	21 971 998.25	21 160 229.84	811 768.41
淡水捕捞	4 039 442.71	3 980 895.96	58 546.75
水产苗种	6 927 422.71	6 584 904.54	342 518.17
2. 渔业工业和建筑业	59 350 774.44	58 991 718.57	359 055.87
其中：水产品加工	43 541 924.34	44 646 079.21	－1 104 154.87
渔用机具制造	3 950 351.14	3 792 916.75	157 434.39
其中：渔船渔机修造	2 414 257.41	2 337 259.60	76 997.81
渔用绳网制造	1 334 170.74	1 282 381.00	51 789.74
渔用饲料	8 335 029.59	7 378 617.49	956 412.10
渔用药物	279 149.20	211 431.69	67 717.51
建筑业	2 272 674.92	2 087 174.64	185 500.28
其他	971 645.25	875 498.79	96 146.46
3. 渔业流通和服务业	80 911 529.45	75 728 347.59	5 183 181.86
其中：水产流通	65 589 018.81	59 741 538.89	5 847 479.92
水产（仓储）运输	4 710 666.33	4 241 603.22	469 063.11
休闲渔业	8 257 151.15	9 636 785.82	－1 379 634.67
其他	2 354 693.16	2 108 419.66	246 273.50

各地区渔业经济总产值、渔业产值
（按当年价格计算）

单位：万元

地 区	2020 年		2020 年比 2019 年增减（±）		渔业产值占农业产值比重（%）
	渔业经济总产值	其中：渔业产值	渔业经济总产值	其中：渔业产值	
全国总计	**275 434 669.36**	**135 172 365.47**	**11 369 697.89**	**5 827 460.16**	**9.27**
北 京	160 894.71	37 380.70	−89 110.29	−5 963.12	1.55
天 津	727 627.90	699 185.00	−40 757.15	−34 820.00	14.29
河 北	3 032 790.29	2 574 949.12	238 732.83	298 342.30	3.61
山 西	91 189.75	67 437.30	−7 327.81	−3 290.10	0.34
内蒙古	247 640.02	184 623.11	−15 743.37	−1 441.47	0.80
辽 宁	13 040 609.00	6 642 164.00	−259 347.00	119 935.00	13.47
吉 林	1 565 761.00	496 388.19	110 948.00	78 494.56	1.39
黑龙江	1 550 808.30	1 302 891.00	62 536.50	18 264.30	1.80
上 海	528 583.34	477 679.60	−55 317.11	−39 355.30	18.21
江 苏	35 971 335.58	18 540 218.00	6 393 567.14	1 961 529.58	22.31
浙 江	22 239 757.00	11 336 086.00	−86 547.00	318 979.00	32.33
安 徽	9 244 412.66	5 795 012.82	341 474.54	255 090.52	9.55
福 建	31 355 975.78	14 226 369.26	−993 623.85	102 387.98	28.02
江 西	10 616 202.37	5 142 069.27	103 814.90	−16 533.30	12.39
山 东	41 475 879.73	15 655 283.02	244 041.97	914 864.01	14.05
河 南	1 967 939.27	1 292 627.00	−79 105.93	−7 270.00	1.18
湖 北	27 572 521.00	12 385 151.00	623 512.00	−144 169.00	15.84
湖 南	7 396 665.42	5 088 828.29	688 898.01	400 332.39	6.36
广 东	38 407 134.84	16 087 886.76	2 167 714.34	1 503 273.92	20.01
广 西	10 829 578.75	5 338 720.03	1 580 189.13	−317 565.80	8.60
海 南	5 842 641.00	4 258 954.00	−2 522.00	84 525.00	21.46
重 庆	1 858 801.00	1 195 169.00	53 494.00	24 286.00	3.90
四 川	5 362 828.83	3 177 302.80	321 379.21	256 605.51	3.12
贵 州	733 465.62	668 398.36	47 771.27	36 413.35	1.40
云 南	1 738 092.96	1 094 735.18	80 248.06	64 530.53	1.76
西 藏	2 418.25	2 418.25	102.12	102.12	0.06
陕 西	567 823.87	339 259.78	25 811.75	40 992.85	0.74
甘 肃	32 501.21	23 251.67	6 763.66	427.91	0.09
青 海	77 215.00	61 215.00	−1 235.00	565.00	0.76
宁 夏	387 260.76	212 729.78	20 572.57	16 472.66	2.70
新 疆	312 683.15	272 351.18	−15 236.60	−2 545.24	0.63
中农发集团	495 631.00	495 631.00	−96 001.00	−96 001.00	

各地区渔业经济总产值(一)
(按当年价格计算)

单位:万元

地　　区	总　　计	一、渔业产值			
		合　计	海水养殖	淡水养殖	海洋捕捞
全国总计	**275 434 669.36**	**135 172 365.47**	**38 361 985.60**	**63 871 516.20**	**21 971 998.25**
北　京	160 894.71	37 380.70		18 765.70	8 215.00
天　津	727 627.90	699 185.00	35 986.00	540 269.00	96 414.00
河　北	3 032 790.29	2 574 949.12	1 273 713.22	512 700.23	579 489.78
山　西	91 189.75	67 437.30		62 921.50	
内蒙古	247 640.02	184 623.11		155 802.75	
辽　宁	13 040 609.00	6 642 164.00	3 738 451.00	1 108 502.00	1 093 606.00
吉　林	1 565 761.00	496 388.19		419 216.00	
黑龙江	1 550 808.30	1 302 891.00		1 138 752.31	
上　海	528 583.34	477 679.60	1 135.00	223 494.00	236 567.00
江　苏	35 971 335.58	18 540 218.00	3 287 225.00	10 658 092.00	2 236 291.00
浙　江	22 239 757.00	11 336 086.00	2 443 916.00	2 477 011.00	5 855 378.00
安　徽	9 244 412.66	5 795 012.82		4 880 197.13	
福　建	31 355 975.78	14 226 369.26	8 410 529.99	1 803 023.21	3 369 458.81
江　西	10 616 202.37	5 142 069.27		4 466 420.00	
山　东	41 475 879.73	15 655 283.02	9 317 568.91	1 829 520.28	3 551 597.66
河　南	1 967 939.27	1 292 627.00		1 108 080.00	
湖　北	27 572 521.00	12 385 151.00		11 445 997.00	
湖　南	7 396 665.42	5 088 828.29		4 730 330.00	
广　东	38 407 134.84	16 087 886.76	6 480 036.48	7 505 486.07	1 458 754.00
广　西	10 829 578.75	5 338 720.03	2 193 298.00	1 973 701.00	836 252.00
海　南	5 842 641.00	4 258 954.00	1 180 126.00	520 449.00	2 154 344.00
重　庆	1 858 801.00	1 195 169.00		1 035 774.00	
四　川	5 362 828.83	3 177 302.80		2 859 555.41	
贵　州	733 465.62	668 398.36		606 763.88	
云　南	1 738 092.96	1 094 735.18		974 726.67	
西　藏	2 418.25	2 418.25		2 208.00	
陕　西	567 823.87	339 259.78		305 652.56	
甘　肃	32 501.21	23 251.67		22 536.46	
青　海	77 215.00	61 215.00		61 215.00	
宁　夏	387 260.76	212 729.78		179 503.58	
新　疆	312 683.15	272 351.18		244 850.46	
中农发集团	495 631.00	495 631.00			495 631.00

各地区渔业经济总产值(二)
(按当年价格计算)

单位:万元

地区	一、渔业产值(续)		二、渔业工业和建筑业		
	淡水捕捞	水产苗种	合计	水产品加工	渔用机具制造
					小计
全国总计	**4 039 442.71**	**6 927 422.71**	**59 350 774.44**	**43 541 924.34**	**3 950 351.14**
北京	6 581.50	3 818.50	8 174.00	6 465.00	
天津	8 231.00	18 285.00	7 749.00	960.00	
河北	66 321.77	142 724.12	298 123.67	257 793.00	9 752.00
山西	3 078.50	1 437.30	7 159.86	5 295.00	
内蒙古	19 579.71	9 240.65	11 336.00	11 336.00	
辽宁	84 010.00	617 595.00	3 108 704.00	2 610 263.00	111 831.00
吉林	60 600.00	16 572.19	649 949.71	648 835.71	386.00
黑龙江	109 221.69	54 917.00	77 825.00	34 780.00	
上海	1 682.00	14 801.60	13 873.00	13 873.00	
江苏	1 558 391.00	800 219.00	5 761 200.99	3 283 541.73	269 995.96
浙江	345 776.00	214 005.00	5 156 983.00	4 163 231.00	286 300.00
安徽	487 274.47	427 541.22	1 296 053.82	542 064.78	606 556.37
福建	148 171.47	495 185.78	11 278 748.77	9 734 065.00	713 142.00
江西	269 195.00	406 454.27	3 070 411.64	2 229 859.04	27 173.51
山东	173 314.11	783 282.06	14 066 700.03	10 991 529.89	1 677 011.81
河南	68 226.00	116 321.00	186 133.00	39 265.00	516.00
湖北	121 824.00	817 330.00	5 791 000.00	4 181 638.00	14 174.00
湖南	45 162.00	313 336.29	914 689.08	386 668.22	68 384.82
广东	175 784.00	467 826.21	4 391 516.08	2 466 313.07	77 786.01
广西	79 757.00	255 712.03	1 326 281.70	723 982.40	62 791.01
海南	22 181.00	381 854.00	1 182 921.00	1 103 011.00	22 083.00
重庆	37 350.00	122 045.00	117 129.00	9 373.00	1 553.00
四川	15 810.32	301 937.07	317 322.49	17 204.00	214.00
贵州	20 539.91	41 094.57	14 574.00	14 519.50	
云南	65 073.33	54 935.18	165 019.80	57 515.58	47.43
西藏	210.25				
陕西	11 050.33	22 556.89	53 664.17	3 605.22	180.22
甘肃	37.00	678.21	12.00		
青海			16 000.00		
宁夏	10 627.20	22 599.00	39 054.63		
新疆	24 382.15	3 118.57	22 465.00	4 937.20	473.00
中农发集团					

各地区渔业经济总产值(三)
(按当年价格计算)

单位:万元

地区	二、渔业工业和建筑业(续)					
	渔用机具制造(续)		渔用饲料	渔用药物	建筑	其他
	渔船渔机修造	渔用绳网制造				
全国总计	**2 414 257.41**	**1 334 170.74**	**8 335 029.59**	**279 149.20**	**2 272 674.92**	**971 645.25**
北京			1 549.00	160.00		
天津			2 981.00		3 808.00	
河北	8 077.00	1 269.00	28 578.00		1 359.00	641.67
山西			356.26	1 508.60		
内蒙古						
辽宁	70 208.00	30 739.00	187 936.00	11 294.00	155 933.00	31 447.00
吉林	53.00	56.00	703.00	25.00		
黑龙江			41 400.00	635.00	700.00	310.00
上海						
江苏	142 157.77	107 658.35	1 808 291.92	115 264.52	180 236.74	103 870.12
浙江	162 808.00	115 375.00	496 085.00	1 681.00	103 053.00	106 633.00
安徽	10 370.68	596 185.69	124 948.64	10 304.66	9 791.37	2 388.00
福建	650 682.00	59 551.00	554 028.00	2 165.00	102 987.77	172 361.00
江西	19 171.52	8 001.99	542 354.83	15 574.22	215 927.48	39 522.56
山东	1 194 594.00	331 810.00	219 617.00	19 916.00	689 312.64	469 312.69
河南	4.00	512.00	141 076.00	2 730.00	1 961.00	585.00
湖北	1 523.00	11 582.00	1 161 833.00	31 666.00	395 382.00	6 307.00
湖南	25 984.23	42 400.59	311 195.04	34 272.31	107 326.82	6 841.87
广东	50 894.23	20 541.00	1 754 248.00	7 874.00	59 854.00	25 441.00
广西	61 154.61	1 340.40	393 030.41	6 257.25	139 572.30	648.33
海南	15 600.00	6 451.00	51 760.00	1 771.00	1 938.00	2 358.00
重庆	260.00	605.00	89 716.00	1 595.00	14 449.00	443.00
四川	214.00		234 403.05	11 813.00	53 685.44	3.00
贵州			40.50	14.00		
云南	23.71	23.72	100 288.96	1 173.02	5 378.33	616.48
西藏						
陕西	14.66	59.00	18 967.15	480.22	28 871.03	1 560.33
甘肃					12.00	
青海			16 000.00			
宁夏			39 054.63			
新疆	463.00	10.00	14 588.20	975.40	1 136.00	355.20
中农发集团						

各地区渔业经济总产值(四)
(按当年价格计算)

单位:万元

地 区	三、渔业流通和服务业				
	合 计	水产流通	水产(仓储)运输	休闲渔业	其 他
全国总计	**80 911 529.45**	**65 589 018.81**	**4 710 666.33**	**8 257 151.15**	**2 354 693.16**
北 京	115 340.01	82 048.00	383.00	32 909.01	
天 津	20 693.90			19 644.00	1 049.90
河 北	159 717.50	42 209.88	16 115.00	74 340.46	27 052.16
山 西	16 592.59	10 585.78	1 102.60	4 886.21	18.00
内 蒙 古	51 680.91	23 919.71	3 848.28	23 912.92	
辽 宁	3 289 741.00	2 314 119.00	388 369.00	482 328.00	104 925.00
吉 林	419 423.10	152 878.02	6 246.80	258 756.28	1 542.00
黑 龙 江	170 092.30	114 500.00	6 198.00	47 314.30	2 080.00
上 海	37 030.74	25 651.00		11 379.74	
江 苏	11 669 916.59	10 109 514.29	494 455.52	703 560.45	362 386.33
浙 江	5 746 688.00	4 828 681.00	264 682.00	288 762.00	364 563.00
安 徽	2 153 346.02	1 608 376.66	144 405.71	369 299.65	31 264.00
福 建	5 850 857.75	5 227 926.26	270 191.23	93 172.22	259 568.04
江 西	2 403 721.46	1 980 635.77	112 463.10	269 648.88	40 973.71
山 东	11 753 896.68	7 687 122.08	1 702 748.02	1 763 945.61	600 080.97
河 南	489 179.27	379 471.13	46 071.00	61 456.14	2 181.00
湖 北	9 396 370.00	7 394 871.00	566 723.00	1 153 789.00	280 987.00
湖 南	1 393 148.05	843 644.66	171 060.41	258 878.43	119 564.55
广 东	17 927 732.00	16 584 200.00	66 784.00	1 190 000.00	86 748.00
广 西	4 164 577.02	3 942 903.56	157 266.59	43 827.74	20 579.13
海 南	400 766.00	160 031.00	15 767.00	200 458.00	24 510.00
重 庆	546 503.00	303 850.00	40 237.00	191 792.00	10 624.00
四 川	1 868 203.54	1 190 602.14	184 407.63	485 688.77	7 505.00
贵 州	50 493.26	5 636.00	836.00	43 653.26	368.00
云 南	478 337.98	353 448.76	26 706.23	97 937.95	245.04
西 藏					
陕 西	174 899.92	111 025.96	8 950.12	49 568.75	5 355.09
甘 肃	9 237.54	110.31	75.53	9 049.31	2.39
青 海					
宁 夏	135 476.35	105 897.27	12 727.96	16 330.27	520.85
新 疆	17 866.97	5 159.57	1 845.60	10 861.80	
中农发集团					

(二)渔民家庭收支

全国渔民人均纯收入

单位:元

地　　区	2020 年	2019 年	2020 年比 2019 年增减(±)	
			绝对量	幅度(%)
全国总计	**21 837.16**	**21 108.29**	**728.87**	**3.45**
北　　京	13 283.61	11 129.67	2 153.94	19.35
天　　津	27 796.90	27 996.42	−199.52	−0.71
河　　北	19 547.25	18 443.26	1 103.99	5.99
山　　西	11 285.95	10 954.96	330.99	3.02
内 蒙 古	14 341.42	13 320.22	1 021.20	7.67
辽　　宁	20 968.19	19 582.95	1 385.24	7.07
吉　　林	16 023.89	15 515.74	508.15	3.28
黑 龙 江	20 578.13	19 724.58	853.55	4.33
上　　海	28 975.14	28 668.72	306.42	1.07
江　　苏	29 803.48	28 745.03	1 058.45	3.68
浙　　江	29 192.30	29 852.62	−660.32	−2.21
安　　徽	19 575.57	17 867.65	1 707.92	9.56
福　　建	24 214.75	23 002.62	1 212.13	5.27
江　　西	17 587.75	16 020.46	1 567.29	9.78
山　　东	24 424.31	23 521.36	902.95	3.84
河　　南	17 723.15	16 127.64	1 595.51	9.89
湖　　北	20 297.37	20 466.69	−169.32	−0.83
湖　　南	18 393.65	16 771.80	1 621.85	9.67
广　　东	22 375.01	21 996.75	378.26	1.72
广　　西	22 747.00	22 595.47	151.53	0.67
海　　南	16 554.60	15 099.11	1 455.49	9.64
重　　庆	19 960.30	19 247.20	713.10	3.70
四　　川	19 926.09	19 515.53	410.56	2.10
贵　　州	10 695.31	12 282.21	−1 586.90	−12.92
云　　南	17 076.98	18 777.18	−1 700.20	−9.05
西　　藏				
陕　　西	15 509.22	15 050.21	459.01	3.05
甘　　肃	9 497.73	9 255.93	241.80	2.61
青　　海	15 958.12	17 071.25	−1 113.13	−6.52
宁　　夏	15 109.89	14 139.30	970.59	6.86
新　　疆	19 020.87	18 469.55	551.32	2.99

各地区渔民家庭收支调查(一)

单位:元/人

地　　区	一、家庭总收入	(一)家庭经营收入	其中:经营渔业	(二)工资性收入	其中:渔业	(三)财产性净收入	1.红利收入
全国总计	**71 669.28**	**63 728.27**	**59 919.99**	**4 957.09**	**1 632.51**	**426.67**	**107.71**
北　京	50 528.74	43 535.71	41 356.06	4 641.56	305.19	173.16	51.95
天　津	216 506.48	205 698.69	200 951.60	7 688.02	3 183.67	1 007.10	
河　北	139 974.17	133 230.54	131 434.14	2 276.42	1 623.45	214.65	−11.49
山　西	78 329.37	77 714.74	73 653.92	87.69	26.12	50.37	
内蒙古	43 425.13	40 959.15	29 910.62	1 204.93	235.11	6.10	
辽　宁	124 443.50	112 320.33	107 876.92	6 832.76	3 812.42	340.88	2.35
吉　林	42 912.90	41 530.88	35 019.91	863.27	35.84	163.67	
黑龙江	81 833.85	79 732.12	70 791.25	562.50	29.33	859.04	19.23
上　海	148 574.95	139 312.99	137 922.18	5 538.64	1 666.67	962.24	342.86
江　苏	122 954.81	111 750.98	108 552.24	5 635.42	587.05	1 252.33	118.89
浙　江	102 207.36	84 896.58	80 958.78	11 501.22	4 897.81	779.34	371.55
安　徽	61 343.98	56 036.09	50 946.31	3 376.67	799.40	318.87	19.79
福　建	78 228.40	70 934.12	68 073.42	4 619.61	2 218.86	286.57	183.42
江　西	60 749.10	55 064.85	50 141.07	2 290.21	513.49	242.52	113.61
山　东	95 997.02	88 514.61	84 963.17	3 711.76	1 147.90	721.34	82.92
河　南	42 248.35	36 514.25	32 919.26	4 471.35	370.84	411.36	23.66
湖　北	42 775.68	34 217.49	30 909.48	5 598.45	564.53	218.01	32.90
湖　南	49 572.84	43 920.63	36 972.81	3 529.85	1 080.49	264.48	92.06
广　东	52 703.43	44 058.37	41 739.86	6 561.16	3 101.75	182.54	105.01
广　西	66 061.15	57 983.63	53 639.58	5 506.97	1 637.73	648.44	
海　南	32 603.38	27 609.18	25 106.50	3 177.19	936.49	68.17	
重　庆	87 250.63	81 234.01	76 676.22	4 366.64	770.34	840.06	702.36
四　川	52 179.66	45 751.88	42 393.41	4 358.11	1 095.53	232.75	74.83
贵　州	17 538.29	14 602.93	11 927.54	2 316.56	591.75	21.47	
云　南	76 769.44	73 211.49	68 927.99	2 694.64	1 691.93	343.44	20.30
西　藏							
陕　西	106 977.55	97 186.36	94 517.27	7 653.82	3 229.09	300.00	87.27
甘　肃	29 263.71	27 691.69	20 331.52	1 339.02	802.33	100.64	6.85
青　海	25 223.21	20 149.52	12 629.52	5 032.14	1 702.38		
宁　夏	130 065.54	125 077.98	120 727.33	3 664.17	1 482.08	159.61	
新　疆	154 913.04	152 841.30	150 647.83	1 947.83	1 756.52	15.22	

各地区渔民家庭收支调查(二)

单位:元/人

地　　区	一、家庭总收入(续)						二、家庭经营费用支出
	(三)财产性净收入(续) 2.转让经营权租金收入	(四)转移性收入	1.社会救济或政策性生活补贴	2.其他转移性收入	(五)生产补贴(惠农补贴)	其中:渔业补贴	
全国总计	**99.66**	**2 557.25**	**1 153.57**	**1 088.34**	**69.49**	**1 334.19**	**44 198.76**
北　京	21.65	2 178.30			82.68	2 095.61	31 413.15
天　津	927.50	2 112.68			396.43	1 716.26	166 160.49
河　北	151.02	4 252.56	4 042.81	4 042.81		209.76	105 818.12
山　西	50.37	476.56	235.07	233.21		241.49	63 789.93
内蒙古	6.10	1 254.96	408.56	103.66	76.22	770.18	23 701.84
辽　宁	135.93	4 949.54	3 464.45	3 212.15	192.64	1 292.45	93 471.26
吉　林	40.32	355.08	148.27			206.81	22 837.26
黑龙江	783.56	680.20	299.62	69.58	1.33	379.26	54 645.31
上　海		2 761.08	1 544.90	1 544.90	10.20	1 205.97	104 689.75
江　苏	176.26	4 316.07	2 035.08	1 971.19	65.00	2 215.98	79 826.95
浙　江	81.69	5 030.23	3 437.41	3 435.51	219.21	1 373.61	63 532.56
安　徽	157.35	1 612.35	367.25	204.57	50.04	1 195.07	35 274.45
福　建	23.70	2 388.10	1 704.78	1 698.57	45.33	637.98	49 048.17
江　西	66.73	3 151.52	86.88	17.61	104.30	2 960.33	40 392.23
山　东	142.93	3 049.32	2 217.02	2 209.87	98.85	733.46	60 094.67
河　南	31.13	851.39	55.01	17.02	3.67	792.71	23 191.79
湖　北	48.25	2 741.74	218.97	35.95	62.22	2 460.56	20 541.19
湖　南	15.04	1 857.89	113.12	19.58	58.75	1 686.01	29 081.70
广　东	56.17	1 901.36	1 214.59	1 180.75	34.32	652.46	28 187.64
广　西	334.63	1 922.11	734.98	733.23	67.25	1 119.88	39 002.02
海　南		1 748.84	1 446.54	1 446.54	23.97	278.33	15 110.78
重　庆	90.79	809.93	185.51	141.29	56.88	567.54	56 486.35
四　川	54.08	1 836.92	149.25	70.18	38.40	1 649.27	28 315.64
贵　州	11.51	597.34	426.76	423.38		170.58	6 530.94
云　南	185.06	519.87	46.15	28.37	19.47	454.24	53 943.92
西　藏							
陕　西		1 837.36	36.36	36.36		1 801.01	77 818.36
甘　肃		132.37	32.75	0.09	24.27	75.35	14 652.35
青　海		41.55			29.64	11.90	6 604.76
宁　夏	159.61	1 163.77	664.36	325.73		499.41	111 970.78
新　疆		108.70				108.70	130 095.65

各地区渔民家庭收支调查(三)

单位:元/人

地　　区	二、家庭经营费用支出(续)					三、生产性固定资产折旧	其中:渔业固定资产折旧
	其中:经营渔业支出	(1)燃料及冰费用	(2)雇工费用	(3)饲料及苗种费用	(4)其他费用		
全国总计	**42 656.26**	**8 905.77**	**9 369.35**	**22 501.30**	**1 879.84**	**3 281.54**	**3 010.31**
北　京	31 100.55	3 815.74	1 805.63	25 349.16	130.01	3 815.09	2 930.53
天　津	163 203.81	10 386.40	9 155.01	142 005.22	1 657.18	2 098.37	2 055.71
河　北	105 017.55	18 902.69	42 943.00	37 892.86	5 278.99	5 003.26	4 958.20
山　西	62 784.89	5 787.13	4 831.34	50 771.64	1 394.78	1 827.80	1 708.02
内蒙古	19 615.95	2 354.58	1 733.23	14 874.63	653.52	4 906.09	2 275.65
辽　宁	91 837.95	19 460.09	35 798.85	33 301.56	3 277.46	8 579.61	8 344.88
吉　林	21 864.64	2 840.42	3 402.59	14 474.27	1 147.37	1 491.32	1 053.49
黑龙江	50 239.63	6 235.31	5 252.40	37 096.83	1 655.10	2 230.87	1 576.97
上　海	104 621.73	10 009.52	15 245.15	75 002.68	4 364.39	4 374.71	4 284.01
江　苏	77 861.99	14 901.96	20 588.41	39 815.06	2 556.56	5 684.89	5 194.87
浙　江	62 869.07	18 236.78	16 551.51	23 804.54	4 276.23	6 408.14	5 594.06
安　徽	33 105.40	1 901.79	3 743.26	25 625.54	1 834.81	1 097.68	973.91
福　建	47 659.38	12 624.76	9 917.38	22 694.88	2 422.37	4 343.55	4 264.19
江　西	37 929.65	1 645.36	2 557.03	32 315.68	1 411.57	619.50	534.53
山　东	58 136.17	16 951.72	21 754.00	16 003.46	3 427.00	9 484.25	8 758.05
河　南	22 594.77	1 618.27	1 067.90	19 398.69	509.91	569.06	438.11
湖　北	19 530.55	1 137.66	1 011.77	16 212.75	1 168.37	744.00	482.68
湖　南	26 355.58	1 762.03	2 031.49	21 267.32	1 294.74	1 101.85	713.59
广　东	27 188.43	14 284.37	8 290.96	3 929.11	683.99	2 040.63	1 984.33
广　西	37 516.31	11 230.25	6 587.27	19 085.39	613.39	3 107.38	2 972.78
海　南	13 938.90	3 359.20	1 042.70	8 995.75	541.25	938.00	922.85
重　庆	54 167.68	3 847.68	4 165.43	43 954.04	2 200.54	3 463.78	3 173.46
四　川	27 450.22	1 231.93	1 274.78	23 312.57	1 630.94	1 135.11	992.47
贵　州	5 946.73	774.87	890.01	4 018.25	263.59	302.27	182.24
云　南	51 817.87	2 645.35	3 725.05	43 539.17	1 908.30	976.17	828.59
西　藏							
陕　西	77 384.91	5 774.91	4 709.09	65 083.82	1 817.09	2 324.36	2 199.03
甘　肃	13 965.11	2 469.20	1 105.96	9 883.98	505.97	5 071.03	3 756.68
青　海	6 604.76	405.95	1 226.19	4 972.62		2 588.91	2 041.67
宁　夏	109 301.86	6 379.45	5 430.70	92 918.42	4 573.29	2 724.28	1 543.78
新　疆	130 002.17	8 733.04	12 540.00	104 086.96	4 642.17	5 466.09	5 286.38

各地区渔民家庭收支调查(四)

单位:元/人

地　　区	四、税费支出	其中:渔业税费支出	五、转移性支出	六、纯收入	其中:渔业纯收入	七、可支配收入	八、生活消费支出
全国总计	**2 351.82**	**2 193.30**	**1 460.34**	**21 837.16**	**14 780.97**	**20 857.92**	**10 138.53**
北　　京	2 016.88	1 957.14	1 385.50	13 283.61	5 673.03	12 107.77	9 212.77
天　　津	20 450.72	18 078.27	1 246.44	27 796.90	20 797.48	26 824.18	14 510.65
河　　北	9 605.54	9 605.54	783.53	19 547.25	17 519.12	19 932.16	9 736.04
山　　西	1 425.69	1 288.81	961.94	11 285.95	8 131.53	10 401.63	14 481.59
内 蒙 古	475.79	357.13	1 332.07	14 341.42	8 000.65	13 169.96	9 629.65
辽　　宁	1 424.45	1 172.23	3 692.96	20 968.19	13 546.42	17 352.04	14 654.53
吉　　林	2 560.43	2 552.28	460.05	16 023.89	9 585.34	15 761.56	8 530.50
黑 龙 江	4 379.54	4 145.88	501.01	20 578.13	14 927.66	20 776.32	8 765.72
上　　海	10 535.35	10 535.35	932.57	28 975.14	21 692.66	28 331.67	12 318.85
江　　苏	7 639.49	6 320.09	2 780.90	29 803.48	21 733.52	27 634.03	11 594.31
浙　　江	3 074.37	3 025.25	3 086.71	29 192.30	17 803.71	26 387.34	15 567.69
安　　徽	5 396.29	5 232.90	1 409.85	19 575.57	12 638.08	19 228.41	9 500.14
福　　建	621.93	587.89	836.97	24 214.75	19 479.40	23 399.28	11 159.10
江　　西	2 149.62	2 080.23	1 235.08	17 587.75	10 127.75	18 047.46	9 472.36
山　　东	1 993.80	1 963.45	1 601.38	24 424.31	19 463.28	23 647.98	11 701.48
河　　南	764.34	752.84	604.61	17 723.15	9 521.40	17 361.04	6 315.43
湖　　北	1 193.13	1 148.65	1 434.00	20 297.37	10 348.07	19 131.20	8 142.71
湖　　南	995.64	689.84	1 434.84	18 393.65	10 313.87	18 022.39	9 061.30
广　　东	100.15	100.15	1 043.54	22 375.01	16 749.45	21 400.92	8 939.25
广　　西	1 204.75	1 152.38	1 328.54	22 747.00	14 369.07	21 779.66	11 589.05
海　　南			451.76	16 554.60	12 627.78	16 102.85	8 829.99
重　　庆	7 340.20	7 145.92	1 634.29	19 960.30	13 100.78	18 439.60	8 286.70
四　　川	2 802.82	2 792.15	860.47	19 926.09	12 324.28	19 243.36	8 634.91
贵　　州	9.77		272.11	10 695.31	6 813.71	10 480.10	3 689.93
云　　南	4 772.38	4 738.56	1 153.42	17 076.98	13 263.28	16 168.23	7 429.12
西　　藏							
陕　　西	11 325.60	11 216.51	767.13	15 509.22	6 982.28	17 105.81	11 514.09
甘　　肃	42.61	42.61	905.36	9 497.73	3 369.54	9 041.64	5 719.73
青　　海	71.43		1.43	15 958.12	5 685.48	15 956.69	1 705.95
宁　　夏	260.59	260.59	1 348.66	15 109.89	11 428.93	13 942.89	10 576.08
新　　疆	330.43	330.43	1 439.13	19 020.87	16 785.36	18 052.68	15 820.00

二、生 产

(一)水产品总产量

全国水产品总产量

单位:吨

指 标	2020 年	2019 年	2020 年比 2019 年增减(±)	
			绝对量	幅度(%)
全国总计	**65 490 169**	**64 803 616**	**686 553**	**1.06**
海水产品	33 143 754	32 824 954	318 800	0.97
淡水产品	32 346 415	31 978 662	367 753	1.15
养殖产量	52 241 988	50 790 728	1 451 260	2.86
海水养殖	21 353 076	20 653 287	699 789	3.39
淡水养殖	30 888 912	30 137 441	751 471	2.49
捕捞产量	13 248 181	14 012 888	−764 707	−5.46
海洋捕捞	9 474 104	10 001 515	−527 411	−5.27
远洋渔业	2 316 574	2 170 152	146 422	6.75
淡水捕捞	1 457 503	1 841 221	−383 718	−20.84
养殖产品中:鱼类	27 613 587	27 086 062	527 525	1.95
甲壳类	6 032 862	5 674 350	358 512	6.32
贝类	14 987 114	14 579 369	407 745	2.80
藻类	2 621 383	2 543 861	77 522	3.05
其他类	987 042	907 086	79 956	8.81
捕捞产品中:鱼类	7 596 664	8 212 746	−616 082	−7.50
甲壳类	1 972 651	2 152 753	−180 102	−8.37
贝类	533 289	616 773	−83 484	−13.54
藻类	21 978	17 445	4 533	25.98
头足类	564 901	569 204	−4 303	−0.76
其他类	242 124	273 815	−31 691	−11.57

各地区水产品产量(一)

单位:吨

地区	2020年							
	总产量	1.养殖产品小计	a.海水养殖	b.淡水养殖	2.捕捞产品小计	a.海洋捕捞	b.远洋渔业	c.淡水捕捞
全国总计	**65 490 169**	**52 241 988**	**21 353 076**	**30 888 912**	**13 248 181**	**9 474 104**	**2 316 574**	**1 457 503**
北京	22 888	14 790		14 790	8 098		5 548	2 550
天津	284 769	247 062	9 739	237 323	37 707	26 952	6 093	4 662
河北	1 003 418	747 753	488 132	259 621	255 665	171 612	50 469	33 584
山西	46 799	45 167		45 167	1 632			1 632
内蒙古	117 565	106 607		106 607	10 958			10 958
辽宁	4 623 030	3 865 586	3 064 802	800 784	757 444	463 847	249 843	43 754
吉林	244 788	225 963		225 963	18 825			18 825
黑龙江	674 141	631 727		631 727	42 414			42 414
上海	244 103	82 625	257	82 368	161 478	10 840	149 635	1 003
江苏	4 901 846	4 215 347	922 756	3 292 591	686 499	417 719	9 421	259 359
浙江	5 895 538	2 588 743	1 372 396	1 216 347	3 306 795	2 568 624	568 376	169 795
安徽	2 324 054	2 180 103		2 180 103	143 951			143 951
福建	8 329 804	6 122 683	5 268 029	854 654	2 207 121	1 528 951	607 935	70 235
江西	2 626 904	2 554 738		2 554 738	72 166			72 166
山东	8 286 092	6 150 915	5 141 394	1 009 521	2 135 177	1 655 165	384 378	95 634
河南	980 594	869 129		869 129	111 465			111 465
湖北	4 679 284	4 604 012		4 604 012	75 272			75 272
湖南	2 589 158	2 564 638		2 564 638	24 520			24 520
广东	8 758 058	7 466 461	3 312 352	4 154 109	1 291 597	1 131 722	61 193	98 682
广西	3 458 010	2 867 825	1 506 672	1 361 153	590 185	484 058	18 450	87 677
海南	1 646 448	617 476	266 547	350 929	1 028 972	1 014 614		14 358
重庆	523 976	518 836		518 836	5 140			5 140
四川	1 604 097	1 598 994		1 598 994	5 103			5 103
贵州	248 718	241 607		241 607	7 111			7 111
云南	643 990	614 542		614 542	29 448			29 448
西藏	933	180		180	753			753
陕西	168 999	164 220		164 220	4 779			4 779
甘肃	14 028	14 028		14 028				
青海	18 257	18 257		18 257				
宁夏	161 625	152 769		152 769	8 856			8 856
新疆	163 022	149 205		149 205	13 817			13 817
中农发集团	205 233				205 233		205 233	

各地区水产品产量(二)

单位:吨

地区	2019年							
	总产量	1.养殖产品小计	a.海水养殖	b.淡水养殖	2.捕捞产品小计	a.海洋捕捞	b.远洋渔业	c.淡水捕捞
全国总计	**64 803 616**	**50 790 728**	**20 653 287**	**30 137 441**	**14 012 888**	**10 001 515**	**2 170 152**	**1 841 221**
北京	30 190	21 079		21 079	9 111		6 661	2 450
天津	262 231	222 149	5 155	216 994	40 082	26 952	7 973	5 157
河北	990 116	707 755	448 802	258 953	282 361	190 932	55 906	35 523
山西	46 307	44 040		44 040	2 267			2 267
内蒙古	125 956	111 904		111 904	14 052			14 052
辽宁	4 550 106	3 758 969	2 947 318	811 651	791 137	487 098	264 924	39 115
吉林	236 626	217 501		217 501	19 125			19 125
黑龙江	648 300	608 300		608 300	40 000			40 000
上海	280 277	83 555		83 555	196 722	12 592	183 137	993
江苏	4 841 159	4 094 150	915 258	3 178 892	747 009	445 577	9 370	292 062
浙江	5 767 227	2 441 611	1 270 357	1 171 254	3 325 616	2 723 652	442 155	159 809
安徽	2 314 603	2 109 524		2 109 524	205 079			205 079
福建	8 145 763	5 946 541	5 107 162	839 379	2 199 222	1 611 613	516 508	71 101
江西	2 588 135	2 420 568		2 420 568	167 567			167 567
山东	8 232 724	6 052 333	4 970 985	1 081 348	2 180 391	1 677 385	413 716	89 290
河南	990 858	878 603		878 603	112 255			112 255
湖北	4 695 432	4 533 682		4 533 682	161 750			161 750
湖南	2 544 116	2 463 211		2 463 211	80 905			80 905
广东	8 664 017	7 291 432	3 291 325	4 000 107	1 372 585	1 195 747	67 840	108 998
广西	3 421 459	2 761 464	1 425 970	1 335 494	659 995	550 819	18 126	91 050
海南	1 721 571	625 342	270 955	354 387	1 096 229	1 079 148		17 081
重庆	541 717	524 116		524 116	17 601			17 601
四川	1 576 856	1 538 002		1 538 002	38 854			38 854
贵州	243 623	233 024		233 024	10 599			10 599
云南	636 500	606 137		606 137	30 363			30 363
西藏	406	96		96	310			310
陕西	166 208	161 196		161 196	5 012			5 012
甘肃	14 353	14 353		14 353				
青海	18 526	18 526		18 526				
宁夏	157 660	149 533		149 533	8 127			8 127
新疆	166 758	152 032		152 032	14 726			14 726
中农发集团	183 836				183 836		183 836	

各地区水产品产量（三）

单位：吨

地　区	2020年比2019年增减（±）							
	总产量	1.养殖产品小计	a.海水养殖	b.淡水养殖	2.捕捞产品小计	a.海洋捕捞	b.远洋渔业	c.淡水捕捞
全国总计	**686 553**	**1 451 260**	**699 789**	**751 471**	**-764 707**	**-527 411**	**146 422**	**-383 718**
北　京	-7 302	-6 289		-6 289	-1 013		-1 113	100
天　津	22 538	24 913	4 584	20 329	-2 375		-1 880	-495
河　北	13 302	39 998	39 330	668	-26 696	-19 320	-5 437	-1 939
山　西	492	1 127		1 127	-635			-635
内蒙古	-8 391	-5 297		-5 297	-3 094			-3 094
辽　宁	72 924	106 617	117 484	-10 867	-33 693	-23 251	-15 081	4 639
吉　林	8 162	8 462		8 462	-300			-300
黑龙江	25 841	23 427		23 427	2 414			2 414
上　海	-36 174	-930	257	-1 187	-35 244	-1 752	-33 502	10
江　苏	60 687	121 197	7 498	113 699	-60 510	-27 858	51	-32 703
浙　江	128 311	147 132	102 039	45 093	-18 821	-155 028	126 221	9 986
安　徽	9 451	70 579		70 579	-61 128			-61 128
福　建	184 041	176 142	160 867	15 275	7 899	-82 662	91 427	-866
江　西	38 769	134 170		134 170	-95 401			-95 401
山　东	53 368	98 582	170 409	-71 827	-45 214	-22 220	-29 338	6 344
河　南	-10 264	-9 474		-9 474	-790			-790
湖　北	-16 148	70 330		70 330	-86 478			-86 478
湖　南	45 042	101 427		101 427	-56 385			-56 385
广　东	94 041	175 029	21 027	154 002	-80 988	-64 025	-6 647	-10 316
广　西	36 551	106 361	80 702	25 659	-69 810	-66 761	324	-3 373
海　南	-75 123	-7 866	-4 408	-3 458	-67 257	-64 534		-2 723
重　庆	-17 741	-5 280		-5 280	-12 461			-12 461
四　川	27 241	60 992		60 992	-33 751			-33 751
贵　州	5 095	8 583		8 583	-3 488			-3 488
云　南	7 490	8 405		8 405	-915			-915
西　藏	527	84		84	443			443
陕　西	2 791	3 024		3 024	-233			-233
甘　肃	-325	-325		-325				
青　海	-269	-269		-269				
宁　夏	3 965	3 236		3 236	729			729
新　疆	-3 736	-2 827		-2 827	-909			-909
中农发集团	21 397				21 397		21 397	

(二)水产养殖

全国水产养殖产量(按水域和养殖方式分)

单位:吨

指标		2020 年	2019 年	2020 年比 2019 年增减(±) 绝对量	幅度(%)
总计		**52 241 988**	**50 790 728**	**1 451 260**	**2.86**
1. 海水养殖		21 353 076	20 653 287	699 789	3.39
按水域分	海上	12 617 567	11 938 269	679 298	5.69
	滩涂	6 070 744	6 139 640	−68 896	−1.12
	其他	2 664 765	2 575 378	89 387	3.47
养殖方式中	池塘	2 573 803	2 503 495	70 308	2.81
	普通网箱	565 112	550 317	14 795	2.69
	深水网箱	293 120	205 198	87 922	42.85
	筏式	6 295 033	6 174 565	120 468	1.95
	吊笼	1 392 719	1 289 917	102 802	7.97
	底播	5 386 308	5 128 217	258 091	5.03
	工厂化	325 308	275 875	49 433	17.92
2.淡水养殖		30 888 912	30 137 441	751 471	2.49
按水域分	池塘	22 797 586	22 300 543	497 043	2.23
	湖泊	825 676	862 331	−36 655	−4.25
	水库	2 834 439	2 870 495	−36 056	−1.26
	河沟	502 408	538 309	−35 901	−6.67
	其他	679 694	652 433	27 261	4.18
	稻田养成鱼	3 249 109	2 913 330	335 779	11.53
养殖方式中	围栏	37 004	41 414	−4 410	−10.65
	网箱	320 905	427 302	−106 397	−24.90
	工厂化	302 620	266 405	36 215	13.59

全国海水养殖产量(一)

单位:吨

指　　标	2020 年	2019 年	2020 年比 2019 年增减(±)	
			绝对量	幅度(%)
海水养殖	**21 353 076**	**20 653 287**	**699 789**	**3. 39**
1.鱼类	1 749 764	1 605 802	143 962	8. 97
其中:鲈鱼	195 246	180 173	15 073	8. 37
鲆鱼	110 984	116 109	−5 125	−4. 41
大黄鱼	254 062	225 549	28 513	12. 64
军曹鱼	33 778	42 224	−8 446	−20. 00
鰤鱼	20 932	29 997	−9 065	−30. 22
鲷鱼	122 449	101 279	21 170	20. 90
美国红鱼	77 408	70 187	7 221	10. 29
河鲀	15 841	17 473	−1 632	−9. 34
石斑鱼	192 045	183 127	8 918	4. 87
鲽鱼	7 477	12 337	−4 860	−39. 39
卵形鲳鲹	101 693	44 869	56 824	126. 64
2. 甲壳类	1 775 001	1 743 826	31 175	1. 79
虾	1 487 501	1 450 183	37 318	2. 57
其中:南美白对虾	1 197 735	1 144 370	53 365	4. 66
斑节对虾	84 529	84 066	463	0. 55
中国对虾	30 979	38 583	−7 604	−19. 71
日本对虾	42 293	50 968	−8 675	−17. 02
蟹	287 500	293 643	−6 143	−2. 09
其中:梭子蟹	100 895	113 810	−12 915	−11. 35
青蟹	159 433	160 616	−1 183	−0. 74

全国海水养殖产量(二)

单位:吨

指 标	2020 年	2019 年	2020 年比 2019 年增减(±)	
			绝对量	幅度(%)
3.贝类	14 800 800	14 389 727	411 073	2.86
其中:牡蛎	5 424 632	5 225 595	199 037	3.81
鲍	203 485	180 267	23 218	12.88
螺	261 739	241 234	20 505	8.50
蚶	385 108	387 676	−2 568	−0.66
贻贝	886 875	870 652	16 223	1.86
江珧	12 601	13 457	−856	−6.36
扇贝	1 746 238	1 828 107	−81 869	−4.48
蛤	4 217 649	3 967 387	250 262	6.31
蛏	860 265	869 251	−8 986	−1.03
4. 藻类	2 615 136	2 538 396	76 740	3.02
其中:海带	1 651 573	1 624 018	27 555	1.70
裙带菜	225 604	202 393	23 211	11.47
紫菜	222 018	212 304	9 714	4.58
江蓠	368 967	348 085	20 882	6.00
麒麟菜	3 856	420	3 436	818.10
石花菜				
羊栖菜	26 533	27 032	−499	−1.85
苔菜	20			
5. 其他类	412 375	375 536	36 839	9.81
其中:海参	196 564	171 700	24 864	14.48
海胆(千克)	7 952 530	8 242 633	−290 103	−3.52
海水珍珠(千克)	2 121	2 784	−663	−23.81
海蜇	90 414	89 576	838	0.94

全国淡水养殖产量

单位:吨

指　　标	2020 年	2019 年	2020 年比 2019 年增减(±)	
			绝对量	幅度(%)
淡水养殖产量	**30 888 912**	**30 137 441**	**751 471**	**2.49**
1.鱼类	25 863 823	25 480 260	383 563	1.51
2. 甲壳类	4 257 861	3 930 524	327 337	8.33
虾	3 481 974	3 151 842	330 132	10.47
其中:罗氏沼虾	161 888	139 609	22 279	15.96
青虾	228 765	225 321	3 444	1.53
克氏原螯虾	2 393 699	2 089 604	304 095	14.55
南美白对虾	665 202	671 180	−5 978	−0.89
蟹(河蟹)	775 887	778 682	−2 795	−0.36
3. 贝类	186 314	189 642	−3 328	−1.75
其中:河蚌	55 308	57 658	−2 350	−4.08
螺	90 640	92 893	−2 253	−2.43
蚬	16 776	18 185	−1 409	−7.75
4. 藻类(螺旋藻)	6 247	5 465	782	14.31
5. 其他类	574 667	531 550	43 117	8.11
其中:龟	47 323	45 750	1 573	3.44
鳖	332 616	325 497	7 119	2.19
蛙	137 999	107 352	30 647	28.55
珍珠(千克)	454 367	609 353	−154 986	−25.43
6. 观赏鱼(万尾)	444 015	392 507	51 507	13.12

全国淡水养殖主要鱼类产量

单位:吨

指　标	2020 年	2019 年	2020 年比 2019 年增减(±)	
			绝对量	幅度(%)
青鱼	694 532	679 582	14 950	2.20
草鱼	5 571 083	5 533 083	38 000	0.69
鲢鱼	3 812 899	3 810 286	2 613	0.07
鳙鱼	3 130 301	3 101 637	28 664	0.92
鲤鱼	2 896 669	2 885 284	11 385	0.39
鲫鱼	2 748 519	2 755 632	−7 113	−0.26
鳊鲂	781 737	762 858	18 879	2.47
泥鳅	367 428	356 881	10 547	2.96
鲶鱼	346 852	355 310	−8 458	−2.38
鮰鱼	308 488	297 732	10 756	3.61
黄颡鱼	565 477	536 964	28 513	5.31
鲑鱼	1 615	1 955	−340	−17.39
鳟鱼	37 841	39 373	−1 532	−3.89
河鲀	10 916	9 911	1 005	10.14
短盖巨脂鲤	59 449	68 651	−9 202	−13.40
长吻鮠	21 195	22 063	−868	−3.93
黄鳝	307 233	313 790	−6 557	−2.09
鳜鱼	376 986	337 082	39 904	11.84
池沼公鱼	9 485	10 730	−1 245	−11.60
银鱼	11 928	13 541	−1 613	−11.91
鲈鱼	619 519	477 808	141 711	29.66
乌鳢	501 095	461 993	39 102	8.46
罗非鱼	1 655 410	1 641 662	13 748	0.84
鲟鱼	104 280	102 042	2 238	2.19
鳗鲡	250 740	234 223	16 517	7.05

各地区海水养殖产量(按品种分)(一)

单位:吨

地区	海水养殖产量	1.鱼类	其中					
			鲈鱼	鲆鱼	大黄鱼	军曹鱼	鰤鱼	鲷鱼
全国总计	**21 353 076**	**1 749 764**	**195 246**	**110 984**	**254 062**	**33 778**	**20 932**	**122 449**
天　津	9 739	1 006		75				
河　北	488 132	14 069		6 703				
辽　宁	3 064 802	69 498	8 083	51 961				5
上　海	257							
江　苏	922 756	72 047	333	5 426	4			
浙　江	1 372 396	70 439	11 893	116	32 422		66	5 013
福　建	5 268 029	464 961	38 681	4 849	204 576	100	3 960	42 557
山　东	5 141 394	95 507	15 781	40 334	182			93
广　东	3 312 352	742 823	108 818	1 520	16 878	25 633	16 847	69 095
广　西	1 506 672	97 464	9 785			36		4 415
海　南	266 547	121 950	1 872			8 009	59	1 271

各地区海水养殖产量(按品种分)(二)

单位:吨

地区	1.鱼类(续)					2.甲壳类	(1)虾	其中	
	其中(续)								
	美国红鱼	河鲀	石斑鱼	鲽鱼	卵形鲳鲹			南美白对虾	斑节对虾
全国总计	**77 408**	**15 841**	**192 045**	**7 477**	**101 693**	**1 775 001**	**1 487 501**	**1 197 735**	**84 529**
天　津		1	70			8 733	8 733	8 733	
河　北		2 152	784	2 499		30 202	28 676	18 594	56
辽　宁		1 815				29 741	27 731	12 019	
上　海						257	257	134	123
江　苏		195		1 056		106 867	79 499	19 185	7 393
浙　江	8 517		418	48	18	105 933	62 011	36 756	721
福　建	15 756	10 198	35 193	2		217 134	139 421	115 642	5 816
山　东	1 405	1 130	350	3 706		176 604	160 147	114 906	1 227
广　东	42 629	350	89 361	166	42 608	629 598	542 379	448 474	63 695
广　西	6 294		3 290		59 067	351 150	332 760	331 358	975
海　南	2 807		62 579			118 782	105 887	91 934	4 523

各地区海水养殖产量(按品种分)(三)

单位:吨

地区	2.甲壳类(续)					3.贝类
	(1)虾(续)		(2)蟹	其中		
	其中(续)					
	中国对虾	日本对虾		梭子蟹	青蟹	
全国总计	**30 979**	**42 293**	**287 500**	**100 895**	**159 433**	**14 800 800**
天津						
河北	5 122	4 721	1 526	1 524		385 046
辽宁	11 571	2 074	2 010	1 010		2 333 252
上海						
江苏	3 259	575	27 368	24 008	1 987	688 597
浙江	390	1 420	43 922	17 099	26 090	1 071 557
福建	5 279	7 585	77 713	32 349	37 497	3 308 910
山东	4 873	17 161	16 457	13 299	555	4 077 303
广东	485	8 706	87 219	11 564	62 390	1 862 058
广西		51	18 390		18 390	1 053 056
海南			12 895	42	12 524	21 021

各地区海水养殖产量(按品种分)(四)

单位:吨

地区	3.贝类(续)								
	其中								
	牡蛎	鲍	螺	蚶	贻贝	江珧	扇贝	蛤	蛏
全国总计	**5 424 632**	**203 485**	**261 739**	**385 108**	**886 875**	**12 601**	**1 746 238**	**4 217 649**	**860 265**
天津									
河北	2 400		5 533	9 129			319 152	48 430	150
辽宁	311 680	2 600		69 832	27 932		341 790	1 352 967	38 357
上海									
江苏	37 782		74 117	31 488	42 611			388 847	56 035
浙江	244 141	387	17 103	147 413	231 627		639	93 961	315 454
福建	2 068 647	155 009	7 380	63 473	112 259		10 017	467 837	305 755
山东	971 462	34 021	16 111	7 677	384 450	392	959 024	1 313 900	140 176
广东	1 125 194	11 468	76 271	51 582	74 210	12 209	111 547	269 089	2 700
广西	662 086		52 722	3 995	13 786		2 844	279 920	1 638
海南	1 240		12 502	519			1 225	2 698	

各地区海水养殖产量（按品种分）（五）

单位：吨

地　区	4.藻类	其　中					
		海带	裙带菜	紫菜	江蓠	麒麟菜	石花菜
全国总计	**2 615 136**	**1 651 573**	**225 604**	**222 018**	**368 967**	**3 856**	
天　津							
河　北	600	600					
辽　宁	470 947	289 753	178 794				
上　海							
江　苏	47 024			46 924			
浙　江	119 015	20 965		74 948			
福　建	1 235 977	827 883		72 858	277 852		
山　东	669 168	509 156	45 950	12 476	45 210		
广　东	67 695	3 216	860	14 812	45 138		
广　西							
海　南	4 710				767	3 856	

各地区海水养殖产量（按品种分）（六）

单位：吨

地　区	4.藻类（续）		5.其他	其　中			
	其中（续）						
	羊栖菜	苔菜		海参	海胆（千克）	海水珍珠（千克）	海蜇
全国总计	**26 533**	**20**	**412 375**	**196 564**	**7 952 530**	**2 121**	**90 414**
天　津							
河　北			58 215	12 976			6 939
辽　宁			161 364	56 380	2 362 330		75 953
上　海							
江　苏			8 221	75			3 832
浙　江	19 919	20	5 452	98			832
福　建	6 614		41 047	28 077			2 467
山　东			122 812	98 893	5 473 000		240
广　东			10 178	41	117 200	1 436	151
广　西			5 002			685	
海　南			84	24			

各地区海水养殖产量(按水域和养殖方式分)(一)

单位:吨

地区	海水养殖产量	按养殖水域分			养殖方式中
		1.海上	2.滩涂	3.其他	1.池塘
全国总计	**21 353 076**	**12 617 567**	**6 070 744**	**2 664 765**	**2 573 803**
天　津	9 739			9 739	6 193
河　北	488 132	337 945	52 906	97 281	84 020
辽　宁	3 064 802	2 251 263	615 150	198 389	189 478
上　海	257		257		
江　苏	922 756	228 878	520 629	173 249	267 564
浙　江	1 372 396	630 569	426 121	315 706	312 742
福　建	5 268 029	3 592 512	1 212 713	462 804	303 507
山　东	5 141 394	3 635 870	1 246 849	258 675	220 464
广　东	3 312 352	1 237 484	1 301 526	773 342	722 227
广　西	1 506 672	631 601	586 150	288 921	284 659
海　南	266 547	71 445	108 443	86 659	182 949

各地区海水养殖产量(按水域和养殖方式分)(二)

单位:吨

地区	养殖方式中(续)					
	2.普通网箱	3.深水网箱	4.筏式	5.吊笼	6.底播	7.工厂化
全国总计	**565 112**	**293 120**	**6 295 033**	**1 392 719**	**5 386 308**	**325 308**
天　津						3 546
河　北			322 302		34 592	17 085
辽　宁	1 323	2 202	994 927	112 427	1 536 905	49 495
上　海						
江　苏			112 293	311	434 650	20 090
浙　江	29 073	26 265	527 189	1 850	291 578	9 526
福　建	283 867	103 834	1 620 786	136 392	426 982	42 576
山　东	82 750	27 534	1 891 829	1 057 633	1 711 866	157 812
广　东	121 545	37 891	443 438	79 983	611 744	12 070
广　西	34 449	45 703	382 269	3 903	328 775	569
海　南	12 105	49 691		220	9 216	12 539

各地区淡水养殖产量(按品种分)(一)

单位:吨

地区	淡水养殖产量	1.鱼类	其中				
			青鱼	草鱼	鲢鱼	鳙鱼	鲤鱼
全国总计	**30 888 912**	**25 863 823**	**694 532**	**5 571 083**	**3 812 899**	**3 130 301**	**2 896 669**
北京	14 790	14 789	418	5 312	1 130	529	4 517
天津	237 323	198 678		33 554	19 933	8 742	85 002
河北	259 621	231 278	77	34 011	33 074	15 973	101 334
山西	45 167	44 765	344	14 500	8 554	4 283	10 517
内蒙古	106 607	103 253		14 955	18 178	14 093	39 718
辽宁	800 784	717 317	500	105 035	83 338	48 433	316 910
吉林	225 963	219 389	2 130	21 433	53 872	42 189	54 180
黑龙江	631 727	614 985	47	61 741	127 015	54 435	225 533
上海	82 368	57 322	5 338	22 199	6 983	5 794	369
江苏	3 292 591	2 348 064	96 873	405 099	423 136	243 915	148 822
浙江	1 216 347	919 728	59 629	95 727	138 824	99 658	34 357
安徽	2 180 103	1 518 753	79 856	272 581	267 335	272 605	95 034
福建	854 654	720 868	12 051	171 353	75 322	63 575	56 731
江西	2 554 738	2 197 028	56 956	572 610	279 749	398 288	143 784
山东	1 009 521	868 282	5 131	198 371	157 464	96 198	209 885
河南	869 129	791 255	12 531	139 748	185 425	135 213	204 680
湖北	4 604 012	3 375 140	195 046	871 446	570 970	443 696	118 209
湖南	2 564 638	2 109 722	87 957	630 692	337 195	299 177	172 848
广东	4 154 109	3 794 906	50 720	899 317	209 150	350 363	107 520
广西	1 361 153	1 315 650	14 583	328 394	226 259	174 842	153 593
海南	350 929	343 970	882	3 684	4 571	8 068	2 249
重庆	518 836	502 491	2 178	111 811	102 491	51 038	41 988
四川	1 598 994	1 533 687	2 192	286 302	319 003	180 033	192 256
贵州	241 607	234 673	2 006	42 118	27 845	33 114	85 984
云南	614 542	606 221	5 872	90 115	62 460	49 481	142 433
西藏	180	180					
陕西	164 220	152 823	311	38 466	31 460	19 501	46 254
甘肃	14 028	13 759	904	4 262	1 234	355	3 240
青海	18 257	18 035		35	6		60
宁夏	152 769	151 357		44 924	15 253	8 174	62 284
新疆	149 205	145 455		51 288	25 670	8 536	36 378

各地区淡水养殖产量(按品种分)(二)

单位:吨

地区	1.鱼类(续)						
	其中(续)						
	鲫鱼	鳊鲂	泥鳅	鲇鱼	鮰鱼	黄颡鱼	鲑鱼
全国总计	**2 748 519**	**781 737**	**367 428**	**346 852**	**308 488**	**565 477**	**1 615**
北京	638	561	31	2	516	2	
天津	38 969	391	2 249	541	1 488	700	
河北	20 506	209	3 468	188	227	1 554	11
山西	1 101	20	30	4	469	171	
内蒙古	12 423	450	643	1 173	1	75	
辽宁	62 130	1 072	5 410	39 094	94	1 516	161
吉林	27 926	1 856	3 164	3 383	2	2 410	222
黑龙江	110 802	215	5 609	5 218	19	1 337	
上海	9 225	1 140	214		536	1 371	
江苏	604 898	166 866	42 570	4 725	403	24 634	
浙江	102 036	30 917	27 529	1 183	1 981	129 652	70
安徽	192 082	93 759	38 775	17 003	9 426	36 388	
福建	38 860	4 269	3 121	9 407	3 438	5 259	
江西	231 645	68 854	86 365	33 555	8 427	58 062	50
山东	89 714	2 961	6 051	19 925	3 298	2 150	
河南	47 160	10 191	4 949	7 147	30 884	1 748	
湖北	353 832	243 168	39 891	18 316	56 661	136 949	
湖南	209 806	88 972	18 817	26 371	20 797	34 889	30
广东	168 272	24 773	22 000	31 960	42 071	72 574	85
广西	34 123	1 696	2 929	29 517	12 971	6 602	1
海南	520	200	106	1 255	50		
重庆	111 002	5 546	15 500	7 805	8 388	10 344	93
四川	202 571	31 531	33 059	76 060	89 100	33 709	423
贵州	9 973	268	1 869	2 828	3 043	993	8
云南	39 298	384	1 885	8 867	3 529	1 863	13
西藏							153
陕西	4 775	340	823	388	3 195	318	3
甘肃	842	77	3	19	36		278
青海	22						
宁夏	12 213	9	305	831	5 985	92	
新疆	11 155	1 042	63	87	1 453	115	14

各地区淡水养殖产量(按品种分)(三)

单位:吨

地　区	1.鱼类(续)						
	其中(续)						
	鳟鱼	河鲀	短盖巨脂鲤	长吻鮠	黄鳝	鳜鱼	池沼公鱼
全国总计	**37 841**	**10 916**	**59 449**	**21 195**	**307 233**	**376 986**	**9 485**
北　京	146						
天　津						4	
河　北	1 385		5		9	8	934
山　西	1 343					2	25
内蒙古						18	762
辽　宁	3 288	1				160	815
吉　林	338					335	3 584
黑龙江	448					777	130
上　海						71	
江　苏		3 320	236	16	4 601	30 218	
浙　江	60		5 296	1 128	512	13 134	2
安　徽		9	1 360	16	35 188	43 753	
福　建	14	270	2 030	138	492	1 163	
江　西	131		6 301	631	82 686	41 352	
山　东	101				1 297	1 230	
河　南	223		86		2 452	270	2
湖　北				1 533	133 585	74 776	
湖　南	674		2	89	30 340	22 685	
广　东	59	7 316	27 367	2 781	2 431	143 278	78
广　西	156		15 795	318	1 233	174	
海　南			491	125			
重　庆	1 555		72	2 859	789	686	
四　川	1 516		10	10 577	10 883	2 359	
贵　州	184			583	277	47	
云　南	5 496		398	377	408	89	2
西　藏	27						
陕　西	1 085			24	50	102	
甘　肃	1 790						4
青　海	14 745						3 147
宁　夏	20						
新　疆	3 057					295	

各地区淡水养殖产量(按品种分)(四)

单位:吨

地 区	1.鱼类(续)						2.甲壳类
	其中(续)						
	银鱼	鲈鱼	乌鳢	罗非鱼	鲟鱼	鳗鲡	
全国总计	**11 928**	**619 519**	**501 095**	**1 655 410**	**104 280**	**250 740**	**4 257 861**
北 京		548	5	264	170		
天 津		10		2 465			38 471
河 北	40	830	56	6 909	6 907		25 917
山 西	72	1 073	320	972	762		182
内 蒙 古	60	27	496	29			914
辽 宁	946	20	1 937	753	2 063		79 499
吉 林	877	47	1 407	2	27		3 593
黑 龙 江	1 891	8	439				14 884
上 海		1 352		17			24 639
江 苏	62	40 074	24 187	2 297	1 015	8 237	890 939
浙 江	37	85 574	41 207	2 091	5 956	1 674	157 818
安 徽	2 274	9 898	32 102	3 032	290	144	561 290
福 建		11 623	2 921	119 522	3 625	107 422	95 034
江 西	1 566	18 749	42 031	4 523	3 985	18 537	236 074
山 东	1 092	3 761	38 666	8 105	9 348		132 352
河 南	122	4 804	1 234	807	1 363		69 343
湖 北	1 525	21 317	27 212	3 297	6 454	1 371	1 150 215
湖 南	240	21 410	36 788	1 256	7 369		384 576
广 东	130	361 220	229 690	740 141	1 169	110 470	303 457
广 西	208	2 981	917	259 965	1 031	1 010	7 035
海 南				317 653		1 069	2 960
重 庆		4 635	8 527	5 889	3 028		10 749
四 川	157	22 053	10 052	2 755	6 301	800	51 885
贵 州	80	2 904	174	463	19 096		4 338
云 南	444	1 682	593	170 245	19 142	6	3 676
西 藏							
陕 西	55	796	78	1 025	3 774		2 477
甘 肃		1	1		627		254
青 海							222
宁 夏		567	18	23	178		1 343
新 疆	50	1 555	37	910	600		3 725

各地区淡水养殖产量(按品种分)(五)

单位:吨

地　　区	2.甲壳类(续)						3.贝类	其　中
	(1)虾	其　中				(2)蟹(河蟹)		河蚌
		罗氏沼虾	青虾	克氏原螯虾	南美白对虾			
全国总计	**3 481 974**	**161 888**	**228 765**	**2 393 699**	**665 202**	**775 887**	**186 314**	**55 308**
北　　京								
天　　津	35 800		31		35 769	2 671		
河　　北	22 616		21	12	22 377	3 301		
山　　西	107		11	44	47	75		
内 蒙 古	445		126		314	469		
辽　　宁	16 879				15 879	62 620	2	
吉　　林	204		140			3 389	3	3
黑 龙 江	750			166	40	14 134		
上　　海	18 303	1 016	60	270	16 957	6 336		
江　　苏	531 818	55 942	107 420	246 165	119 185	359 121	26 552	5 948
浙　　江	147 633	26 223	26 588	22 264	71 104	10 185	8 616	2 857
安　　徽	461 520	1 861	48 134	409 247	2 278	99 770	48 421	25 295
福　　建	93 890	1 672	1 420	2 865	86 636	1 144	29 274	3 227
江　　西	216 956	907	24 731	189 977	1 341	19 118	36 786	9 361
山　　东	111 537	45	1 003	51 687	57 653	20 815	399	62
河　　南	67 456	548	4 269	61 130	1 509	1 887	597	336
湖　　北	999 352	833	8 897	982 010	7 612	150 863	4 365	2 413
湖　　南	377 921	897	2 984	359 491	7 309	6 655	13 629	4 430
广　　东	297 571	69 216	1 702	398	214 183	5 886	5 692	364
广　　西	6 599	1 076	613	4 155	39	436	8 060	371
海　　南	2 930	743	59	49	1 465	30		
重　　庆	9 910	165	62	9 218	412	839	64	4
四　　川	50 428	263	176	48 868	778	1 457	1 915	404
贵　　州	3 992	70	28	1 743	195	346	1 072	178
云　　南	3 254	403	232	2 587	32	422	842	55
西　　藏								
陕　　西	2 047		2	1 330	130	430		
甘　　肃	28	1			16	226		
青　　海						222		
宁　　夏	227			10	217	1 116		
新　　疆	1 801	7	56	13	1 725	1 924	25	

各地区淡水养殖产量(按品种分)(六)

单位:吨

地　区	3.贝类(续)		4.藻类(螺旋藻)	5.其他类					6.观赏鱼(万尾)
	其中(续)				其　中				
	螺	蚬			龟	鳖	蛙	珍珠(千克)	
全国总计	**90 640**	**16 776**	**6 247**	**574 667**	**47 323**	**332 616**	**137 999**	**454 367**	**444 015**
北　京				1		1			40 246
天　津				174					4 293
河　北				2 426		2 411			4 602
山　西				220		214	3		449
内 蒙 古			2 440						20
辽　宁				3 966			3 966		60 649
吉　林				2 978			2 978		33 728
黑 龙 江				1 858			1 827		
上　海				407	77	330			10 867
江　苏	17 364	3 198	1 250	25 786	1 461	19 696	3 256	54 004	86 580
浙　江	4 392	117	452	129 733	8 710	102 104	6 294	541	8 398
安　徽	21 859	1 267		51 639	5 435	39 751	5 455	171 790	13 210
福　建	3 405	7 749	64	9 414	265	4 815	2 323		3 000
江　西	22 163	3 566	1 291	83 559	8 033	30 241	43 459	210 000	3 406
山　东	198	3		8 488		6 609	25		80 686
河　南	219	42		7 934	41	7 417	431		22 638
湖　北	1 627	325		74 292	8 970	47 620	17 702		755
湖　南	5 780	148		56 711	3 352	27 479	21 762	17 959	1 612
广　东	3 056	216		50 054	8 784	19 859	3 318	43	33 254
广　西	7 301	144		30 408	2 048	19 280	6 051		17
海　南			133	3 866	19	418	2 417		687
重　庆	60			5 532	14	1 402	4 115	30	15 245
四　川	1 511			11 507	93	2 165	8 358		5 213
贵　州	893	1		1 524	16	87	1 095		90
云　南	787		617	3 186	4	84	3 065		7 660
西　藏									
陕　西				8 920		550	99		5 900
甘　肃				15	1	14			
青　海									
宁　夏				69		69			738
新　疆	25								72

各地区淡水养殖产量(按水域和养殖方式分)(一)

单位:吨

地　　区	淡水养殖产量	按水域分			
		1.池塘	2.湖泊	3.水库	4.河沟
全国总计	**30 888 912**	**22 797 586**	**825 676**	**2 834 439**	**502 408**
北　　京	14 790	14 492			
天　　津	237 323	232 942		1 000	69
河　　北	259 621	228 699	2 352	22 079	1 420
山　　西	45 167	31 999	294	12 859	
内 蒙 古	106 607	61 685	17 901	24 686	2 085
辽　　宁	800 784	609 404	92	97 601	2 954
吉　　林	225 963	93 304	35 015	84 425	3 748
黑 龙 江	631 727	443 810	69 054	72 687	20 914
上　　海	82 368	79 944	859		1 353
江　　苏	3 292 591	2 599 934	73 472	28 807	105 350
浙　　江	1 216 347	907 503	5 905	76 346	32 116
安　　徽	2 180 103	1 265 967	243 085	126 501	83 400
福　　建	854 654	532 435	4 478	165 832	40 563
江　　西	2 554 738	1 645 002	258 875	365 745	39 861
山　　东	1 009 521	789 721	3 481	134 329	
河　　南	869 129	719 309	3 374	81 019	10 492
湖　　北	4 604 012	3 739 213			
湖　　南	2 564 638	1 792 370	57 529	207 494	11 440
广　　东	4 154 109	3 810 942	8 564	244 099	10 719
广　　西	1 361 153	755 040		454 569	63 994
海　　南	350 929	289 350	1 595	55 620	28
重　　庆	518 836	464 480		41 696	1 500
四　　川	1 598 994	884 889	1 077	207 395	61 798
贵　　州	241 607	97 232	225	55 913	2 942
云　　南	614 542	370 933	1 703	184 840	1 068
西　　藏	180	180			
陕　　西	164 220	91 608	4 415	43 232	3 025
甘　　肃	14 028	9 737	94	2 842	11
青　　海	18 257	122	222	17 913	
宁　　夏	152 769	117 144	31 315	961	256
新　　疆	149 205	118 196	700	23 949	1 302

各地区淡水养殖产量(按水域和养殖方式分)(二)

单位:吨

地　区	按水域分(续)		养殖方式中		
	5.其他	6.稻田	1.围栏	2.网箱	3.工厂化
全国总计	**679 694**	**3 249 109**	**37 004**	**320 905**	**302 620**
北　京	298				195
天　津	725	2 587			
河　北	3 473	1 598		110	2 107
山　西	5	10		211	102
内蒙古		250			194
辽　宁	34 996	55 737	782	46 760	72
吉　林	343	9 128	1 253	3 369	270
黑龙江	7 757	17 505		1 193	50
上　海		212			60
江　苏	142 206	342 822	11 425	2 869	17 575
浙　江	32 969	161 508	2 080	7 421	20 636
安　徽	21 190	439 960	6 066	15 526	15 645
福　建	94 522	16 824	1 214	20 102	88 522
江　西	37 481	207 774		5 235	17 817
山　东	73 148	8 842	2 079	944	65 685
河　南	3 495	51 440		1 371	2 124
湖　北		864 799			12 826
湖　南	38 993	456 812		14 555	27 472
广　东	77 585	2 200	4	839	4 587
广　西	50 303	37 247	9 074	108 772	2 300
海　南	4 308	28		680	
重　庆	750	10 410			348
四　川	12 356	431 479			1 685
贵　州	12 689	72 606	505		3 064
云　南	2 059	53 939	70	68 403	17 743
西　藏					
陕　西	21 700	240	2 452	4 855	598
甘　肃	1 343	1		235	130
青　海				14 745	
宁　夏		3 093			
新　疆	5 000	58		2 710	813

(三)国内捕捞

全国海洋捕捞产量

单位:吨

指　　标	2020 年	2019 年	2020 年比 2019 年增减(±)	
			绝对量	幅度(%)
海洋捕捞产量	**9 474 104**	**10 001 515**	**−527 411**	**−5.27**
1. 鱼类	6 487 763	6 828 817	−341 054	−4.99
2. 甲壳类	1 810 820	1 917 943	−107 123	−5.59
虾	1 206 347	1 270 481	−64 134	−5.05
其中:毛虾	367 354	389 217	−21 863	−5.62
对虾	192 860	215 435	−22 575	−10.48
鹰爪虾	231 671	240 249	−8 578	−3.57
虾蛄	206 010	221 355	−15 345	−6.93
蟹	604 473	647 462	−42 989	−6.64
其中:梭子蟹	424 630	458 380	−33 750	−7.36
青蟹	71 196	79 153	−7 957	−10.05
蟳	22 444	24 259	−1 815	−7.48
3. 贝类	361 928	411 943	−50 015	−12.14
4. 藻类	21 739	17 438	4 301	24.66
5. 头足类	564 901	569 204	−4 303	−0.76
其中:乌贼	119 074	131 067	−11 993	−9.15
鱿鱼	295 666	289 987	5 679	1.96
章鱼	104 870	106 014	−1 144	−1.08
6. 其他类	226 953	256 170	−29 217	−11.41
其中:海蜇	128 584	145 794	−17 210	−11.80

全国海洋捕捞主要鱼类产量

单位:吨

指　标	2020 年	2019 年	2020 年比 2019 年增减(±)	
			绝对量	幅度(%)
海鳗	309 073	309 524	−451	−0.15
鳓鱼	59 587	67 220	−7 633	−11.36
鳀鱼	609 882	625 352	−15 470	−2.47
沙丁鱼	95 306	98 760	−3 454	−3.50
鲱鱼	11 236	11 374	−138	−1.21
石斑鱼	91 908	97 411	−5 503	−5.65
鲷	122 960	131 072	−8 112	−6.19
蓝圆鲹	414 349	448 739	−34 390	−7.66
白姑鱼	82 791	90 126	−7 335	−8.14
黄姑鱼	58 584	62 664	−4 080	−6.51
鮸鱼	57 698	62 287	−4 589	−7.37
大黄鱼	46 017	59 830	−13 813	−23.09
小黄鱼	292 290	284 238	8 052	2.83
梅童鱼	196 905	220 032	−23 127	−10.51
方头鱼	39 043	39 778	−735	−1.85
玉筋鱼	90 568	88 478	2 090	2.36
带鱼	903 435	916 693	−13 258	−1.45
金线鱼	319 709	329 187	−9 478	−2.88
梭鱼	109 404	111 110	−1 706	−1.54
鲐鱼	392 556	414 710	−22 154	−5.34
鲅鱼	355 079	348 929	6 150	1.76
金枪鱼	32 457	38 196	−5 739	−15.03
鲳鱼	331 362	326 621	4 741	1.45
马面鲀	122 327	127 669	−5 342	−4.18
竹筴鱼	39 126	39 966	−840	−2.10
鲻鱼	73 365	83 344	−9 979	−11.97

全国海洋捕捞产量(按海域、渔具分)

单位:吨

指标		2020年	2019年	2020年比2019年增减(±)	
				绝对量	幅度(%)
合计		**10 001 515**	**10 444 647**	**−443 132**	**−4.24**
按捕捞海域分	渤海	602 415	629 572	−27 157	−4.31
	黄海	2 268 382	2 292 305	−23 923	−1.04
	东海	3 808 428	4 075 847	−267 419	−6.56
	南海	2 794 879	3 003 791	−208 912	−6.95
按捕捞渔具分	拖网	4 551 909	4 766 005	−214 096	−4.49
	围网	754 523	823 311	−68 788	−8.36
	刺网	2 154 161	2 241 845	−87 684	−3.91
	张网	1 035 779	1 150 760	−114 981	−9.99
	钓具	297 841	352 894	−55 053	−15.60
	其他渔具	679 891	666 700	13 191	1.98

全国淡水捕捞产量

单位:吨

指标	2020年	2019年	2020年比2019年增减(±)	
			绝对量	幅度(%)
淡水捕捞产量	**1 457 503**	**1 841 221**	**−383 718**	**−20.84**
1. 鱼类	1 108 901	1 383 929	−275 028	−19.87
2. 甲壳类	161 831	234 810	−72 979	−31.08
虾	131 491	195 931	−64 440	−32.89
蟹	30 340	38 879	−8 539	−21.96
3. 贝类	171 361	204 830	−33 469	−16.34
4. 藻类	239	7	232	3 314.29
5. 其他类	15 171	17 645	−2 474	−14.02
其中:丰年虫	3 788	234	3 554	1 518.80

各地区海洋捕捞产量（按品种分）（一）

单位：吨

地区	海洋捕捞产量	1.鱼类	其中				
			海鳗	鳓鱼	鳀鱼	沙丁鱼	鲱鱼
全国总计	**9 474 104**	**6 487 763**	**309 073**	**59 587**	**609 882**	**95 306**	**11 236**
天 津	26 952	23 675			17 252		
河 北	171 612	87 638			33 814		
辽 宁	463 847	265 412	255	400	27 313	576	12
上 海	10 840	4 001	97	1			
江 苏	417 719	232 353	6 784	1 801	1 834	360	107
浙 江	2 568 624	1 715 887	84 597	9 201	44 862	11 155	1 400
福 建	1 528 951	1 084 257	55 930	10 666	59 992	6 964	4 828
山 东	1 655 165	1 179 619	10 654		395 253	3 676	989
广 东	1 131 722	814 026	69 604	22 119	26 635	50 099	2 836
广 西	484 058	268 233	11 308	14 273		10 452	808
海 南	1 014 614	812 662	69 844	1 126	2 927	12 024	256

各地区海洋捕捞产量（按品种分）（二）

单位：吨

地区	1.鱼类（续）							
	其中（续）							
	石斑鱼	鲷鱼	蓝圆鲹	白姑鱼	黄姑鱼	鮸鱼	大黄鱼	小黄鱼
全国总计	**91 908**	**122 960**	**414 349**	**82 791**	**58 584**	**57 698**	**46 017**	**292 290**
天 津								1 671
河 北	42				172			5 918
辽 宁		104		291	769	125	5 028	54 905
上 海					21	25	9	44
江 苏	25	248	21	2 857	4 854	1 737	461	24 661
浙 江	1 241	6 458	44 614	42 627	30 837	41 032	994	126 119
福 建	15 799	43 706	197 341	8 176	8 084	10 066	2 431	8 938
山 东		42		9 484	6 846		2 059	41 914
广 东	35 155	33 877	79 428	14 494	3 388	3 667	23 347	16 835
广 西	4 661	20 632	51 886	1 240	60	705		
海 南	34 985	17 893	41 059	3 622	3 553	341	11 688	11 285

各地区海洋捕捞产量(按品种分)(三)

单位:吨

地区	1.鱼类(续)							
	其中(续)							
	梅童鱼	方头鱼	玉筋鱼	带鱼	金线鱼	梭鱼	鲐鱼	鲅鱼
全国总计	**196 905**	**39 043**	**90 568**	**903 435**	**319 709**	**109 404**	**392 556**	**355 079**
天　津				248		356	1 179	1 475
河　北	165		65	1 461		7 715	5 935	7 591
辽　宁	3 766	179	2 432	7 000		10 837	26 990	35 821
上　海	15			55				4
江　苏	52 698	155	356	44 481	8	6 672	3 668	6 266
浙　江	118 432	14 684	26 496	365 030	1 431	6 818	167 497	78 285
福　建	16 875	5 342	10 494	128 842	8 422	14 032	111 922	39 912
山　东			36 629	87 804		29 284	31 352	158 451
广　东	2 665	6 639	2 335	114 566	69 889	22 894	27 966	23 824
广　西		35		22 581	26 638	7 353	9 096	1 847
海　南	2 289	12 009	11 761	131 367	213 321	3 443	6 951	1 603

各地区海洋捕捞产量(按品种分)(四)

单位:吨

地区	1.鱼类(续)					2.甲壳类		
	其中(续)						(1)虾	其中
	金枪鱼	鲳鱼	马面鲀	竹筴鱼	鲻鱼			毛虾
全国总计	**32 457**	**331 362**	**122 327**	**39 126**	**73 365**	**1 810 820**	**1 206 347**	**367 354**
天　津		70				1 316	833	60
河　北		2 138	435		2 410	42 361	29 166	4 421
辽　宁	90	2 129	253		1 637	90 175	64 356	21 723
上　海	1	61		5		6 697	745	
江　苏		29 029	650	20	9 652	125 121	45 653	25 991
浙　江	2 819	101 696	21 158	4 137	7 910	688 054	504 600	151 483
福　建	1 926	53 898	30 213	8 674	19 344	272 671	160 102	48 159
山　东		34 706	1 526	6	5	202 519	165 250	50 743
广　东	10 384	60 972	35 130	4 226	14 977	204 832	137 955	32 059
广　西		8 546	19 372	160	7 384	112 270	59 783	24 117
海　南	17 237	38 117	13 590	21 898	10 046	64 804	37 904	8 598

各地区海洋捕捞产量(按品种分)(五)

单位:吨

地区	2.甲壳类(续)						
	(1)虾(续)			(2)蟹	其中		
	其中(续)						
	对虾	鹰爪虾	虾蛄		梭子蟹	青蟹	蟳
全国总计	**192 860**	**231 671**	**206 010**	**604 473**	**424 630**	**71 196**	**22 444**
天津	1		417	483	223		
河北	1 249	1 367	18 562	13 195	8 361	5	1 296
辽宁	4 125	3 771	26 800	25 819	12 051	3 992	4 020
上海	3	619		5 952	4 595		
江苏	1 695	7 288	7 122	79 468	72 147	2 015	1 002
浙江	56 978	139 203	48 868	183 454	151 995	2 778	5 116
福建	23 684	37 520	30 589	112 569	75 975	14 512	4 182
山东	14 828	19 181	43 612	37 269	24 631	346	1 805
广东	59 423	12 896	22 830	66 877	38 322	24 341	2 565
广西	14 633	7 190	4 408	52 487	26 791	8 728	2 051
海南	16 241	2 636	2 802	26 900	9 539	14 479	407

各地区海洋捕捞产量(按品种分)(六)

单位:吨

地区	3.贝类	4.藻类	5.头足类	其中			6.其他类	其中
				乌贼	鱿鱼	章鱼		海蜇
全国总计	**361 928**	**21 739**	**564 901**	**119 074**	**295 666**	**104 870**	**226 953**	**128 584**
天津	1 260		701	48	597	56		
河北	15 934		12 981	974	1 403	9 357	12 698	8 980
辽宁	47 952	368	21 599	3 088	11 693	3 584	38 341	9 712
上海	1		136	23	16	97	5	
江苏	27 846	932	11 971	1 968	6 315	3 062	19 496	12 289
浙江	20 505	1 254	124 867	33 969	66 745	22 499	18 057	3 346
福建	30 850	1 789	125 655	29 897	72 989	16 962	13 729	11 413
山东	118 995	1 580	87 371	7 186	34 009	29 287	65 081	46 667
广东	33 623	5 095	52 655	13 759	21 393	10 610	21 491	10 579
广西	46 251		31 907	11 272	15 788	4 473	25 397	24 084
海南	18 711	10 721	95 058	16 890	64 718	4 883	12 658	1 514

各地区海洋捕捞产量(按海域分)

单位:吨

地区	海洋捕捞产量	按捕捞海域分			
		1.渤海	2.黄海	3.东海	4.南海
全国总计	**9 474 104**	**602 415**	**2 268 382**	**3 808 428**	**2 794 879**
天 津	26 952	4 176	22 776		
河 北	171 612	134 265	37 347		
辽 宁	463 847	183 374	278 566	1 907	
上 海	10 840			10 840	
江 苏	417 719	354	373 992	43 373	
浙 江	2 568 624		180 782	2 387 842	
福 建	1 528 951			1 364 466	164 485
山 东	1 655 165	280 246	1 374 919		
广 东	1 131 722				1 131 722
广 西	484 058				484 058
海 南	1 014 614				1 014 614

各地区海洋捕捞产量(按渔具分)

单位:吨

地区	海洋捕捞产量	按捕捞渔具分					
		1.拖网	2.围网	3.刺网	4.张网	5.钓具	6.其他
全国总计	**9 474 104**	**4 551 909**	**754 523**	**2 154 161**	**1 035 779**	**297 841**	**679 891**
天 津	26 952	18 244	2 915	3 108	10		2 675
河 北	171 612	36 400	1 981	70 591	36 497	10	26 133
辽 宁	463 847	159 530	5 148	220 608	36 497	11 074	30 990
上 海	10 840	10 527			313		
江 苏	417 719	65 129	3 859	126 350	160 133	224	62 024
浙 江	2 568 624	1 485 314	135 553	333 516	450 188	20 736	143 317
福 建	1 528 951	632 820	232 200	219 689	236 100	50 470	157 672
山 东	1 655 165	1 112 232	36 247	376 287	85 336	15 197	29 866
广 东	1 131 722	566 975	111 952	331 334	4 538	74 445	42 478
广 西	484 058	327 339	40 312	55 261	146	6 011	54 989
海 南	1 014 614	137 399	184 356	417 417	26 021	119 674	129 747

各地区淡水捕捞产量(按品种分)

单位:吨

地区	淡水捕捞产量	1.鱼类	2.甲壳类	虾	蟹	3.贝类	4.藻类	5.其他类	其中:丰年虫
全国总计	**1 457 503**	**1 108 901**	**161 831**	**131 491**	**30 340**	**171 361**	**239**	**15 171**	**3 788**
北京	2 550	2 550							
天津	4 662	3 761	732	396	336	160		9	
河北	33 584	31 583	1 996	1 685	311	1		4	
山西	1 632	1 545	6	5	1			81	81
内蒙古	10 958	10 880	24	22	2			54	54
辽宁	43 754	39 794	3 322	831	2 491	5	63	570	
吉林	18 825	17 880	690	683	7	255			
黑龙江	42 414	41 766	104	104		543		1	
上海	1 003	974	13	11	2			16	
江苏	259 359	155 021	38 597	30 015	8 582	63 006	146	2 589	
浙江	169 795	127 125	11 439	8 120	3 319	29 894		1 337	
安徽	143 951	97 786	29 899	26 741	3 158	15 058		1 208	
福建	70 235	47 129	4 976	4 136	840	17 445		685	
江西	72 166	56 001	10 007	9 294	713	4 754	25	1 379	
山东	95 634	76 350	12 853	8 919	3 934	3 102		3 329	2 900
河南	111 465	93 968	11 225	10 729	496	6 258		14	
湖北	75 272	60 267	12 219	11 671	548	1 809		977	
湖南	24 520	20 793	2 477	2 216	261	983		267	
广东	98 682	68 190	11 576	7 600	3 976	18 211		705	
广西	87 677	73 259	5 678	4 749	929	7 785		955	
海南	14 358	12 884	249	203	46	1 220		5	
重庆	5 140	4 462	592	517	75	86			
四川	5 103	4 628	414	379	35	57		4	
贵州	7 111	6 349	712	693	19	29		21	
云南	29 448	26 976	1 687	1 631	56	692	5	88	
西藏	753							753	753
陕西	4 779	4 520	131	101	30	8		120	
甘肃									
青海									
宁夏	8 856	8 813	43	2	41				
新疆	13 817	13 647	170	38	132				

(四)远洋渔业

各地区远洋渔业

单位:吨、万元

地　　区	远洋捕捞产量	运回国内量	境外出售量	远洋渔业总产值	2020年比2019年增减(±) 远洋捕捞产量	运回国内量	境外出售量	远洋渔业总产值
全国总计	**2 316 574**	**1 573 507**	**743 067**	**2 391 939**	**146 422**	**257 788**	**−111 366**	**−43 448**
北　京	5 548	4 638	910	10 066	−1 113	1 596	−2 709	3 294
天　津	6 093	5 066	1 027	5 785	−1 880	−864	−1 016	−1 865
河　北	50 469	5 000	45 469	14 582	−5 437	2 100	−7 537	−1 404
辽　宁	249 843	105 216	144 627	191 618	−15 081	−5 848	−9 233	−101 427
上　海	149 635	120 316	29 319	163 611	−33 502	−23 684	−9 818	−34 183
江　苏	9 421	7 575	1 846	12 490	51	−103	154	773
浙　江	568 376	510 074	58 302	603 996	126 221	115 740	10 481	34 305
福　建	607 935	367 595	240 340	498 501	91 427	81 169	10 258	57 899
山　东	384 378	294 486	89 892	555 768	−29 338	65 334	−94 672	56 652
广　东	61 193	21 940	39 253	94 620	−6 647	−1 133	−5 514	−16 661
广　西	18 450		18 450	13 386	324	−595	919	442
海　南								
中农发集团	205 233	131 601	73 632	227 516	21 397	24 076	−2 679	−41 273

各地区远洋渔业主要品种产量

单位:吨

地　　区	远洋捕捞产量	其中 金枪鱼	鱿鱼	竹筴鱼
全国总计	**2 316 574**	**327 400**	**520 341**	
北　京	5 548	520	2 530	
天　津	6 093	350		
河　北	50 469		4 780	
辽　宁	249 843	11 070	12 532	
上　海	149 635	108 200	18 383	
江　苏	9 421	1 680	6 180	
浙　江	568 376	91 020	369 113	
福　建	607 935	24 980	39 815	
山　东	384 378	35 050	23 121	
广　东	61 193	17 220	2 160	
广　西	18 450			
海　南				
中农发集团	205 233	37 310	41 727	

三、生　产　要　素

(一)水产养殖面积

全国水产养殖面积(按水域和养殖方式分)

单位:公顷

指　标		2020 年	2019 年	2020 年比 2019 年增减(±) 绝对量	幅度(%)
总　计		**7 036 106**	**7 108 497**	**−72 391**	**−1.02**
1.海水养殖		1 995 550	1 992 177	3 373	0.17
按水域分	海上	1 123 317	1 105 763	17 554	1.59
	滩涂	561 994	584 778	−22 784	−3.90
	其他	310 239	301 636	8 603	2.85
养殖方式中	池塘	411 484	376 091	35 393	9.41
	普通网箱(米^2)	19 759 461	22 926 367	−3 166 906	−13.81
	深水网箱(米^3)	38 213 920	19 358 969	18 854 951	97.40
	筏式	332 946	325 314	7 632	2.35
	吊笼	134 866	139 827	−4 961	−3.55
	底播	872 516	896 485	−23 969	−2.67
	工厂化(米^3)	39 409 547	35 152 943	4 256 604	12.11
2.淡水养殖		5 040 556	5 116 320	−75 764	−1.48
按水域分	池塘	2 625 404	2 644 726	−19 322	−0.73
	湖泊	720 648	770 093	−49 445	−6.42
	水库	1 420 871	1 416 569	4 302	0.30
	河沟	147 447	155 390	−7 943	−5.11
	其他	126 186	129 542	−3 356	−2.59
	稻田养成鱼	2 562 686	2 317 488	245 198	10.58
养殖方式中	围栏(米^2)	81 114 746	117 502 974	−36 388 228	−30.97
	网箱(米^2)	13 509 224	23 277 915	−9 768 691	−41.97
	工厂化(米^3)	58 030 991	54 579 776	3 451 215	6.32

全国海水养殖面积(按品种分)

单位:公顷

指　　标	2020 年	2019 年	2020 年比 2019 年增减(±)	
			绝对量	幅度(%)
海水养殖	**1 995 550**	**1 992 177**	**3 373**	**0.17**
1. 鱼类	78 874	75 351	3 523	4.68
2. 甲壳类	295 174	287 855	7 319	2.54
虾	246 046	237 427	8 619	3.63
其中:南美白对虾	177 510	168 044	9 466	5.63
斑节对虾	11 616	11 236	380	3.38
中国对虾	19 787	18 546	1 241	6.69
日本对虾	19 420	21 443	−2 023	−9.43
蟹	49 128	50 428	−1 300	−2.58
其中:梭子蟹	20 671	21 754	−1 083	−4.98
青蟹	23 541	24 055	−514	−2.14
3. 贝类	1 197 407	1 204 247	−6 840	−0.57
牡蛎	164 934	145 086	19 848	13.68
鲍	15 554	14 691	863	5.87
螺	35 092	38 299	−3 207	−8.37
蚶	34 527	33 638	889	2.64
贻贝	44 054	47 155	−3 101	−6.58
江珧	771	815	−44	−5.40
扇贝	382 376	414 449	−32 073	−7.74
蛤	365 138	383 943	−18 805	−4.90
蛏	43 326	44 538	−1 212	−2.72
4. 藻类	141 807	141 737	70	0.05
海带	46 132	44 494	1 638	3.68
裙带菜	7 063	6 947	116	1.67
紫菜	72 399	74 755	−2 356	−3.15
江蓠	10 459	9 388	1 071	11.41
麒麟菜	76	77	−1	−1.30
石花菜				
羊栖菜	1 376	1 329	47	3.54
苔菜	15		15	
5. 其他类	282 288	282 987	−699	−0.25
其中:海参	242 813	246 745	−3 932	−1.59
海胆	9 303	8 993	310	3.45
海水珍珠	1 811	2 061	−250	−12.13
海蜇	14 738	12 460	2 278	18.28

各地区水产养殖面积(一)

单位:公顷

地 区	2020年			
	总面积	海水养殖面积	淡水养殖面积	其中:池塘
全国总计	**7 036 106**	**1 995 550**	**5 040 556**	**2 625 404**
北 京	2 088		2 088	2 070
天 津	23 706	975	22 731	22 452
河 北	141 001	105 341	35 660	21 756
山 西	12 870		12 870	2 663
内 蒙 古	127 029		127 029	17 980
辽 宁	839 349	650 719	188 630	37 174
吉 林	300 804		300 804	32 745
黑 龙 江	419 850		419 850	106 000
上 海	10 522	266	10 256	9 240
江 苏	598 538	177 629	420 909	316 424
浙 江	254 827	82 535	172 292	92 683
安 徽	478 550		478 550	204 708
福 建	250 247	163 144	87 103	35 314
江 西	405 373		405 373	162 498
山 东	744 618	580 350	164 268	100 387
河 南	128 593		128 593	101 703
湖 北	525 886		525 886	525 886
湖 南	426 775		426 775	265 103
广 东	474 096	164 719	309 377	246 997
广 西	186 062	52 277	133 785	61 211
海 南	44 665	17 595	27 070	17 959
重 庆	82 970		82 970	48 615
四 川	193 145		193 145	100 946
贵 州	64 931		64 931	12 640
云 南	105 782		105 782	34 119
西 藏	4		4	4
陕 西	51 282		51 282	12 799
甘 肃	7 971		7 971	1 625
青 海	17 400		17 400	340
宁 夏	23 102		23 102	10 906
新 疆	94 070		94 070	20 457

各地区水产养殖面积(二)

单位:公顷

地 区	2019 年			
	总面积	海水养殖面积	淡水养殖面积	其中:池塘
全国总计	**7 108 497**	**1 992 177**	**5 116 320**	**2 644 726**
北 京	2 192		2 192	2 169
天 津	23 900	813	23 087	22 739
河 北	143 014	107 041	35 973	21 962
山 西	12 418		12 418	2 642
内 蒙 古	129 199		129 199	17 921
辽 宁	839 645	661 817	177 828	37 977
吉 林	330 204		330 204	32 757
黑 龙 江	400 323		400 323	108 966
上 海	11 817		11 817	10 463
江 苏	603 089	179 951	423 138	308 712
浙 江	255 060	82 019	173 041	94 544
安 徽	483 012		483 012	202 732
福 建	250 064	163 713	86 351	35 161
江 西	411 531		411 531	161 909
山 东	758 895	561 501	197 394	122 510
河 南	139 903		139 903	110 512
湖 北	531 552		531 552	531 552
湖 南	425 678		425 678	258 321
广 东	478 212	164 990	313 222	244 772
广 西	183 193	49 822	133 371	60 702
海 南	51 737	20 510	31 227	20 574
重 庆	82 817		82 817	53 091
四 川	193 096		193 096	99 978
贵 州	61 532		61 532	11 747
云 南	93 939		93 939	25 397
西 藏	3		3	3
陕 西	51 156		51 156	12 697
甘 肃	6 131		6 131	1 534
青 海	17 400		17 400	340
宁 夏	23 494		23 494	11 056
新 疆	114 291		114 291	19 286

各地区水产养殖面积(三)

单位:公顷

地区	2020年比2019年增减(±)			
	总面积	海水养殖面积	淡水养殖面积	其中:池塘
全国总计	**−72 391**	**3 373**	**−75 764**	**−19 322**
北京	−104		−104	−99
天津	−194	162	−356	−287
河北	−2 013	−1 700	−313	−206
山西	452		452	21
内蒙古	−2 170		−2 170	59
辽宁	−296	−11 098	10 802	−803
吉林	−29 400		−29 400	−12
黑龙江	19 527		19 527	−2 966
上海	−1 295	266	−1 561	−1 223
江苏	−4 551	−2 322	−2 229	7 712
浙江	−233	516	−749	−1 861
安徽	−4 462		−4 462	1 976
福建	183	−569	752	153
江西	−6 158		−6 158	589
山东	−14 277	18 849	−33 126	−22 123
河南	−11 310		−11 310	−8 809
湖北	−5 666		−5 666	−5 666
湖南	1 097		1 097	6 782
广东	−4 116	−271	−3 845	2 225
广西	2 869	2 455	414	509
海南	−7 072	−2 915	−4 157	−2 615
重庆	153		153	−4 476
四川	49		49	968
贵州	3 399		3 399	893
云南	11 843		11 843	8 722
西藏	1		1	1
陕西	126		126	102
甘肃	1 840		1 840	91
青海				
宁夏	−392		−392	−150
新疆	−20 221		−20 221	1 171

各地区海水养殖面积(按品种分)(一)

单位:公顷

地区	海水养殖面积	1.鱼类	2.甲壳类	虾	其中			
					南美白对虾	斑节对虾	中国对虾	日本对虾
全国总计	**1 995 550**	**78 874**	**295 174**	**246 046**	**177 510**	**11 616**	**19 787**	**19 420**
天　津	975	5	970	970	970			
河　北	105 341	559	25 435	24 022	14 160	70	5 477	3 756
辽　宁	650 719	6 523	18 118	17 360	3 448		9 963	3 438
上　海	266		266	266	133	133		
江　苏	177 629	7 751	19 697	12 112	1 557	2 504	1 494	202
浙　江	82 535	4 309	24 770	10 672	6 532	151	111	395
福　建	163 144	14 661	23 119	14 585	9 579	1 436	956	2 165
山　东	580 350	4 559	93 583	86 480	71 844	228	1 724	8 571
广　东	164 719	33 218	59 086	51 522	42 072	6 685	62	880
广　西	52 277	1 949	19 839	18 766	18 439	100		13
海　南	17 595	5 340	10 291	9 291	8 776	309		

各地区海水养殖面积(按品种分)(二)

单位:公顷

地区	2.甲壳类(续)			3.贝类	其中			
	蟹	其中			牡蛎	鲍	螺	蚶
		梭子蟹	青蟹					
全国总计	**49 128**	**20 671**	**23 541**	**1 197 407**	**164 934**	**15 554**	**35 092**	**34 527**
天　津								
河　北	1 413	618		69 280	170		1 249	3 270
辽　宁	758	668		444 413	23 164	2 099		14 801
上　海								
江　苏	7 585	7 371	214	108 089	2 626		19 052	4 380
浙　江	14 098	2 195	9 980	35 498	4 449	15	3 561	5 765
福　建	8 534	3 943	4 088	77 709	36 564	6 245	428	2 759
山　东	7 103	5 363	453	364 236	54 459	6 384	1 501	1 003
广　东	7 564	448	6 822	67 130	28 145	811	5 856	2 353
广　西	1 073		1 070	29 505	15 210		3 043	157
海　南	1 000	65	914	1 547	147		402	39

各地区海水养殖面积(按品种分)(三)

单位:公顷

地区	3.贝类(续)					4.藻类	其中			
	其中(续)									
	贻贝	江珧	扇贝	蛤	蛏		海带	裙带菜	紫菜	江蓠
全国总计	**44 054**	**771**	**382 376**	**365 138**	**43 326**	**141 807**	**46 132**	**7 063**	**72 399**	**10 459**
天　津										
河　北			48 201	10 045	172	7	7			
辽　宁	2 900		201 291	152 826	3 306	14 598	8 709	5 839		
上　海										
江　苏	5 573			69 034	3 600	40 986			40 986	
浙　江	1 827		189	4 443	12 405	17 438	1 060		15 359	
福　建	1 634		262	14 543	13 633	44 399	20 987		12 884	8 788
山　东	28 055	80	127 447	88 239	9 616	21 856	15 287	1 214	2 580	400
广　东	3 920	691	4 883	16 123	557	2 148	82	10	590	1 208
广　西	145		95	9 133	37					
海　南			8	752		375				63

各地区海水养殖面积(按品种分)(四)

单位:公顷

地区	4.藻类(续)				5.其他	其中			
	其中(续)								
	麒麟菜	石花菜	羊栖菜	苔菜		海参	海胆	海水珍珠	海蜇
全国总计	**76**		**1 376**	**15**	**282 288**	**242 813**	**9 303**	**1 811**	**14 738**
天　津									
河　北					10 060	9 493			69
辽　宁					167 067	151 766	2 203		11 792
上　海									
江　苏					1 106	101			961
浙　江			994	15	520	9			200
福　建			382		3 256	1 482			1 489
山　东					96 116	79 691	5 536		207
广　东					3 137	267	1 564	1 036	20
广　西					984			775	
海　南	76				42	4			

各地区海水养殖面积(按水域和养殖方式分)(一)

单位:公顷

地区	海水养殖面积	按养殖水域分			养殖方式中	
		1.海上	2.滩涂	3.其他	1.池塘	2.普通网箱(米²)
全国总计	**1 995 550**	**1 123 317**	**561 994**	**310 239**	**411 484**	**19 759 461**
天津	975			975	975	
河北	105 341	60 368	17 188	27 785	28 428	
辽宁	650 719	452 167	109 533	89 019	80 550	412 912
上海	266		266			
江苏	177 629	45 232	113 155	19 242	30 593	
浙江	82 535	23 037	35 906	23 592	28 094	618 343
福建	163 144	88 027	45 038	30 079	22 529	12 519 795
山东	580 350	381 737	154 796	43 817	122 854	2 242 434
广东	164 719	48 873	62 600	53 246	66 746	2 885 611
广西	52 277	20 457	14 943	16 877	17 280	580 407
海南	17 595	3 419	8 569	5 607	13 435	499 959

各地区海水养殖面积(按水域和养殖方式分类)(二)

单位:公顷

地区	养殖方式中(续)				
	3.深水网箱(米³)	4.筏式	5.吊笼	6.底播	7.工厂化(米³)
全国总计	**38 213 920**	**332 946**	**134 866**	**872 516**	**39 409 547**
天津					134 800
河北		48 417		12 190	3 772 700
辽宁	333 440	48 452	8 201	457 966	3 528 819
上海					
江苏		45 992	494	89 917	588 000
浙江	6 802 288	21 452	140	23 840	2 117 677
福建	13 846 395	46 129	6 276	15 652	13 364 915
山东	2 828 633	98 957	116 154	215 443	12 429 214
广东	2 811 014	16 533	3 423	44 457	1 472 475
广西	4 370 302	7 014	178	12 148	433 060
海南	7 221 848			903	1 567 887

各地区淡水养殖面积(按水域和养殖方式分)(一)

单位:公顷

地区	淡水养殖面积	按水域分			
		1.池塘	2.湖泊	3.水库	4.河沟
全国总计	**5 040 556**	**2 625 404**	**720 648**	**1 420 871**	**147 447**
北京	2 088	2 070			
天津	22 731	22 452		220	35
河北	35 660	21 756	1 066	11 875	624
山西	12 870	2 663	618	9 588	
内蒙古	127 029	17 980	51 068	54 516	3 465
辽宁	188 630	37 174	77	95 115	5 736
吉林	300 804	32 745	117 481	148 040	2 530
黑龙江	419 850	106 000	156 536	136 243	14 814
上海	10 256	9 240	300		716
江苏	420 909	316 424	47 640	7 028	28 526
浙江	172 292	92 683	2 643	66 056	8 363
安徽	478 550	204 708	149 442	79 037	37 490
福建	87 103	35 314	776	43 668	3 880
江西	405 373	162 498	84 521	145 557	9 716
山东	164 268	100 387	1 771	61 017	
河南	128 593	101 703	1 921	20 724	4 233
湖北	525 886	525 886			
湖南	426 775	265 103	55 227	95 575	1 063
广东	309 377	246 997	1 681	52 683	1 107
广西	133 785	61 211		67 387	3 213
海南	27 070	17 959	93	8 782	60
重庆	82 970	48 615		33 311	1 004
四川	193 145	100 946	4 750	71 792	15 460
贵州	64 931	12 640	182	48 191	1 941
云南	105 782	34 119	917	69 483	426
西藏	4	4			
陕西	51 282	12 799	7 960	28 345	1 890
甘肃	7 971	1 625	25	6 171	4
青海	17 400	340	4 233	12 827	
宁夏	23 102	10 906	10 655	1 049	492
新疆	94 070	20 457	19 065	46 591	659

各地区淡水养殖面积(按水域和养殖方式分)(二)

单位:公顷

地区	按水域(续)		养殖方式中		
	5.其他	6.稻田	1.围栏(米²)	2.网箱(米²)	3.工厂化(米³)
全国总计	**126 186**	**2 562 686**	**81 114 746**	**13 509 224**	**58 030 991**
北京	18				141 100
天津	24	20 284			140 000
河北	339	2 300		5 302	1 113 793
山西	1	13		5 912	14 713
内蒙古		6 286			15 300
辽宁	50 528	66 694	550 000	835 194	64 514
吉林	8	46 350	1 265 870	70 800	46 700
黑龙江	6 257	73 480		18 920	1 350
上海		104			28 000
江苏	21 291	226 842	4 527 986	833 635	2 068 607
浙江	2 547	56 618	124 139	438 300	8 924 762
安徽	7 873	339 103	24 989 738	3 813 512	877 429
福建	3 465	16 417	38 670	1 148 083	21 308 642
江西	3 081	135 279		90 800	1 591 747
山东	1 093	5 035	1 240 360	66 160	5 077 199
河南	12	75 812		121 851	260 849
湖北		490 266			7 763 000
湖南	9 807	331 434		1 052 648	632 295
广东	6 909	3 740	670	94 698	1 252 108
广西	1 974	49 982	31 086 651	3 234 262	242 025
海南	176	27		27 600	
重庆	40	22 164			47 000
四川	197	318 106			102 455
贵州	1 977	186 814	540 000		92 398
云南	837	80 428	533 360	1 126 870	1 439 806
西藏					
陕西	288	4 752	16 217 302	76 301	4 566 670
甘肃	146			104 953	6 760
青海				313 423	
宁夏		4 069			
新疆	7 298	287		30 000	211 769

（二）水产苗种

全国水产苗种数量

指　　标	计量单位	2020 年	2019 年	2020 年比 2019 年增减（±）	
				绝对量	幅度（%）
淡水鱼苗产量	**亿尾**	**13 097**	**12 517**	**580**	**4.63**
其中：罗非鱼	亿尾	206	215	－9	－4.21
淡水鱼种产量	吨	3 568 842	3 553 948	14 894	0.42
投放鱼种产量	吨	4 166 981	4 093 655	73 326	1.79
河蟹育苗量	千克	829 634	936 617	－106 983	－11.42
扣蟹	千克	65 437 804	67 989 822	－2 552 018	－3.75
稚鳖数量	万只	59 415	60 920	－1 504	－2.47
稚龟数量	万只	12 004	13 456	－1 453	－10.80
鳗苗捕捞量	千克	16 368	11 992	4 376	36.49
海水鱼苗产量	**万尾**	**1 165 566**	**1 143 960**	**21 606**	**1.89**
其中：大黄鱼	万尾	238 079	341 646	－103 568	－30.31
鲆鱼	万尾	48 898	48 084	814	1.69
虾类育苗量	亿尾	24 394	18 121	6 273	34.62
其中：南美白对虾	亿尾	15 615	15 070	544	3.61
贝类育苗量	万粒	267 831 571	252 219 677	15 611 894	6.19
其中：鲍鱼育苗量	万粒	872 529	865 215	7 314	0.85
海带育苗量	亿株	398	370	28	7.61
紫菜育苗量	亿贝壳	133	11	121	1 058.92
海参	亿头	551	525	26	4.88

各地区水产苗种数量(一)

地　　区	淡水鱼苗(亿尾)	其中:罗非鱼(亿尾)	淡水鱼种(吨)	投放鱼种(吨)	河蟹育苗(千克)	扣蟹(千克)
全国总计	**13 097.09**	**205.81**	**3 568 842**	**4 166 981**	**829 634**	**65 437 804**
北　　京	5.78		1 664	3 264		
天　　津	63.50		14 281	21 958	500	309 500
河　　北	37.21	0.23	19 573	32 857		2 827
山　　西	1.52		3 557	6 217	75	
内 蒙 古	1.98		8 645	12 420		
辽　　宁	74.00		93 598	92 049	80 000	33 324 010
吉　　林	11.76		12 162	20 143		75 267
黑 龙 江	15.49		46 319	74 983		
上　　海	4.75		2 083	4 992	12 500	5 187 000
江　　苏	475.84	0.44	269 996	394 298	718 260	10 895 964
浙　　江	188.03		50 977	84 278	160	108 788
安　　徽	442.80	1.10	302 589	398 315		12 425 383
福　　建	32.12	5.85	16 150	40 292		
江　　西	375.48	2.83	303 029	423 102	3 520	154 912
山　　东	56.92	0.26	113 932	149 669	12 119	60 128
河　　南	60.37		85 926	96 530		41 571
湖　　北	1 218.00		1 037 079	1 011 438		2 734 896
湖　　南	529.67		440 908	412 225		
广　　东	8 091.35	94.34	224 625	193 777	2 000	
广　　西	743.10	18.50	128 283	138 034		12
海　　南	63.86	58.96	1 365	1 915		
重　　庆	87.00	1.30	85 153	103 819		
四　　川	287.32	0.85	187 093	270 805		
贵　　州	73.23	0.25	13 611	26 519	500	1 500
云　　南	131.68	20.74	56 523	103 560		14 630
西　　藏	0.41		24	24		
陕　　西	6.56	0.16	9 989	9 580		63 000
甘　　肃	0.66		2 336	2 625		8 356
青　　海	0.01					1 800
宁　　夏	9.09		22 599	23 287		28 260
新　　疆	7.60		14 773	14 006		

各地区水产苗种数量(二)

地 区	稚鳖(万只)	稚龟(万只)	鳗苗捕捞(千克)	海水鱼苗(万尾)	其中	
					大黄鱼(万尾)	鲆鱼(万尾)
全国总计	**59 415.28**	**12 003.61**	**16 368**	**1 165 566.17**	**238 078.62**	**48 898.00**
北 京	2.00	4.00				
天 津	96.00			2 643.00		2 480.00
河 北	715.10			5 287.00		627.00
山 西	243.50	15.73				
内 蒙 古						
辽 宁				3 688.00		3 331.00
吉 林						
黑 龙 江						
上 海	3.00	5.50	134			
江 苏	3 219.00	347.00	9 148	12 975.00	1 050.00	70.00
浙 江	8 681.60	991.28	1 456	32 415.00	20 445.00	35.00
安 徽	7 250.39	671.59				
福 建	89.20	12.01	5 519	416 570.00	216 194.00	180.00
江 西	12 264.98	5 291.66				
山 东	1 517.00			78 227.00	112.00	41 908.00
河 南	1 701.00	50.00				
湖 北	6 278.00	2 166.00				
湖 南	4 259.26	1 070.19				
广 东	6 033.00	678.00	32	469 856.00	245.00	267.00
广 西	6 485.22	569.00	79	40.97	32.62	
海 南	8.00	123.00		143 864.20		
重 庆	73.80	1.50				
四 川	431.37	5.13				
贵 州	5.60	2.00				
云 南	0.01	0.02				
西 藏						
陕 西	56.25					
甘 肃	2.00					
青 海						
宁 夏						
新 疆						

各地区水产苗种数量(三)

地　　区	虾类育苗(亿尾)	其中:南美白对虾(亿尾)	贝类育苗(万粒)	其中:鲍鱼(万粒)	海带(亿株)	紫菜(亿贝壳)	海参(亿头)
全国总计	**24 394.37**	**15 614.65**	**267 831 571**	**872 529**	**397.64**	**132.58**	**550.60**
北　京							
天　津	43.60	31.60					
河　北	309.98	289.75	500 000				21.17
山　西							
内蒙古							
辽　宁	132.00	89.00	5 246 301	17 053	6.00		196.00
吉　林							
黑龙江							
上　海	13.52	13.52					
江　苏	292.81	244.20	20 040			4.73	
浙　江	285.76	39.90	81 685 845		0.80	1.95	
安　徽	248.88		59 331				
福　建	4 733.21	4 269.01	126 318 304	677 808	309.84	5.40	
江　西	25.10						
山　东	8 972.00	4 035.00	53 450 259	19 540	81.00	120.00	332.87
河　南	22.33						
湖　北	2 047.00						
湖　南							
广　东	5 123.00	4 484.00	315 669	158 028		0.50	0.06
广　西	204.77	199.97	93 173	100			
海　南	1 931.98	1 917.48	142 649				0.50
重　庆	3.90						
四　川	3.07						
贵　州							
云　南	0.79	0.55					
西　藏							
陕　西							
甘　肃	0.67	0.67					
青　海							
宁　夏							
新　疆							

(三)年末渔船拥有量

全国渔船年末拥有量(一)

指标		2020年			2019年			2020年比2019年增减(±)		
		艘	总吨	千瓦	艘	总吨	千瓦	艘	总吨	千瓦
渔船合计		**563 262**	**10 059 327**	**18 563 868**	**731 169**	**10 402 357**	**19 905 327**	**−167 907**	**−343 030**	**−1 341 459**
机动渔船合计		374 757	9 796 816	18 563 868	468 312	10 048 442	19 905 327	−93 555	−251 626	−1 341 459
1. 生产渔船		360 152	8 706 560	16 248 031	451 537	8 988 192	17 651 971	−91 385	−281 632	−1 403 940
(1)捕捞渔船		251 343	8 298 311	14 827 661	334 976	8 552 017	16 100 724	−83 633	−253 706	−1 273 063
441千瓦(含)以上		3 226	1 785 946	2 980 765	3 041	1 660 055	2 765 850	185	125 891	214 915
44.1(含)~441千瓦		50 356	5 645 620	9 123 702	51 704	5 721 910	9 556 433	−1 348	−76 290	−432 731
44.1千瓦以下		197 761	866 745	2 723 194	280 231	1 170 052	3 778 441	−82 470	−303 307	−1 055 247
(2)养殖渔船		108 809	408 249	1 420 370	116 561	436 175	1 551 247	−7 752	−27 926	−130 877
2. 辅助渔船		14 605	1 090 256	2 315 837	16 775	1 060 250	2 253 356	−2 170	30 006	62 481
(1)捕捞辅助船		10 953	994 099	1 607 350	13 042	936 168	1 505 731	−2 089	57 931	101 619
(2)渔业执法船		2 810	81 159	676 281	2 806	80 704	656 932	4	455	19 349
机动渔船按船长分	24米(含)以上	36 351	7 496 242	11 449 915	36 750	7 149 161	11 198 186	−399	347 081	251 729
	12(含)~24米	42 860	1 359 994	3 246 950	61 946	1 729 050	3 967 597	−19 086	−369 056	−720 647
	12米以下	295 546	940 580	3 867 003	369 616	1 170 231	4 739 544	−74 070	−229 651	−872 541
非机动渔船合计		188 505	262 511		262 857	353 915		−74 352	−91 404	

全国渔船年末拥有量(二)

指标		总数			海洋渔船			内陆渔船		
		艘	总吨	千瓦	艘	总吨	千瓦	艘	总吨	千瓦
渔船合计		**563 262**	**10 059 327**	**18 563 868**	**217 821**	**9 310 512**	**16 528 966**	**345 441**	**748 815**	**2 034 902**
机动渔船合计		374 757	9 796 816	18 563 868	214 017	9 300 908	16 528 966	160 740	495 908	2 034 902
1. 生产渔船		360 152	8 706 560	16 248 031	203 543	8 246 487	14 489 895	156 609	460 073	1 758 136
(1)捕捞渔船		251 343	8 298 311	14 827 661	136 784	7 950 711	13 437 789	114 559	347 600	1 389 872
441 千瓦(含)以上		3 226	1 785 946	2 980 765	3 212	1 780 458	2 970 898	14	5 488	9 867
44.1(含)～441 千瓦		50 356	5 645 620	9 123 702	47 882	5 616 131	9 066 974	2 474	29 489	56 728
44.1 千瓦以下		197 761	866 745	2 723 194	85 690	554 122	1 399 917	112 071	312 623	1 323 277
(2)养殖渔船		108 809	408 249	1 420 370	66 759	295 776	1 052 106	42 050	112 473	368 264
2. 辅助渔船		14 605	1 090 256	2 315 837	10 474	1 054 421	2 039 071	4 131	35 835	276 766
(1)捕捞辅助船		10 953	994 099	1 607 350	9 438	986 616	1 579 301	1 515	7 483	28 049
(2)渔业执法船		2 810	81 159	676 281	536	56 831	427 458	2 274	24 328	248 823
机动渔船按船长分	24 米(含)以上	36 351	7 496 242	11 449 915	35 948	7 458 601	11 386 424	403	37 641	63 491
	12(含)～24 米	42 860	1 359 994	3 246 950	34 149	1 250 784	3 003 782	8 711	109 210	243 168
	12 米以下	295 546	940 580	3 867 003	143 920	591 523	2 138 760	151 626	349 057	1 728 243
非机动渔船合计		188 505	262 511		3 804	9 604		184 701	252 907	

各地区机动渔船年末拥有量

地区	2020 年			2019 年			2020 年比 2019 年增减(±)		
	艘	总吨	千瓦	艘	总吨	千瓦	艘	总吨	千瓦
全国总计	**374 757**	**9 796 816**	**18 563 868**	**468 312**	**10 048 442**	**19 905 327**	**−93 555**	**−251 626**	**−1 341 459**
北京	36	10 249	14 943	36	10 249	14 688			255
天津	1 569	37 085	69 600	2 124	37 705	77 068	−555	−620	−7 468
河北	7 334	281 193	499 762	7 537	277 672	503 254	−203	3 521	−3 492
山西	193	390	3 081	137	348	2 618	56	42	463
内蒙古	1 242	2 223	18 894	1 253	2 220	18 641	−11	3	253
辽宁	29 607	697 777	1 586 693	31 090	687 776	1 576 379	−1 483	10 001	10 314
吉林	4 195	7 282	74 408	4 188	7 060	73 218	7	222	1 190
黑龙江	10 143	16 800	110 664	10 029	16 353	109 238	114	447	1 426
上海	576	116 084	182 161	563	108 320	155 772	13	7 764	26 389
江苏	35 250	485 824	1 134 088	55 272	583 047	1 545 762	−20 022	−97 223	−411 674
浙江	28 624	3 058 108	4 550 364	29 595	2 996 813	4 485 746	−971	61 295	64 618
安徽	7 712	79 279	118 719	11 243	99 737	161 849	−3 531	−20 458	−43 130
福建	52 819	1 500 233	2 868 989	48 435	1 413 442	2 802 613	4 384	86 791	66 376
江西	9 001	34 811	91 656	28 920	140 726	397 761	−19 919	−105 915	−306 105
山东	59 034	1 191 309	2 348 716	61 505	1 194 903	2 469 289	−2 471	−3 594	−120 573
河南	3 787	18 439	65 006	3 937	18 765	67 640	−150	−326	−2 634
湖北	11 036	21 981	94 468	19 743	42 497	180 082	−8 707	−20 516	−85 614
湖南	9 876	17 845	51 559	34 931	79 148	318 448	−25 055	−61 303	−266 889
广东	49 427	1 005 448	2 085 778	54 123	1 048 309	2 212 143	−4 696	−42 861	−126 365
广西	22 834	514 612	855 840	24 145	542 641	894 742	−1 311	−28 029	−38 902
海南	21 967	530 510	1 373 595	24 630	564 834	1 395 586	−2 663	−34 324	−21 991
重庆	2 350	7 668	32 649	3 352	11 093	44 419	−1 002	−3 425	−11 770
四川	630	1 880	13 088	4 429	5 470	42 345	−3 799	−3 590	−29 257
贵州	1 491	3 143	32 813	2 629	4 655	47 318	−1 138	−1 512	−14 505
云南	935	2 618	20 685	1 261	3 846	26 394	−326	−1 228	−5 709
西藏									
陕西	589	1 544	9 228	616	1 659	9 708	−27	−115	−480
甘肃	35	92	1 503	37	100	1 677	−2	−8	−174
青海	1 127	1 198	13 789	1 127	1 198	13 789			
宁夏	26	122	1 843	28	128	1 852	−2	−6	−9
新疆	1 025	3 808	17 641	1 093	4 018	18 910	−68	−210	−1 269
中农发集团	287	147 261	221 645	304	143 710	236 378	−17	3 551	−14 733

各地区机动渔船年末拥有量(按船长分)

地区	24米(含)以上			12(含)~24米			12米以下		
	艘	总吨	千瓦	艘	总吨	千瓦	艘	总吨	千瓦
全国总计	**36 351**	**7 496 242**	**11 449 915**	**42 860**	**1 359 994**	**3 246 950**	**295 546**	**940 580**	**3 867 003**
北京	14	10 146	13 122	7	79	935	15	24	886
天津	86	23 880	38 020	284	11 278	24 205	1 199	1 927	7 375
河北	1 193	179 290	222 176	2 300	70 577	174 198	3 841	31 326	103 388
山西				13	42	330	180	348	2 751
内蒙古				18	525	1 361	1 224	1 698	17 533
辽宁	2 951	387 260	761 104	6 757	245 434	512 031	19 899	65 083	313 558
吉林	10	906	2 064	341	1 678	10 097	3 844	4 698	62 247
黑龙江	19	2 063	5 705	111	1 215	5 664	10 013	13 522	99 295
上海	259	110 877	156 446	88	4 818	21 249	229	389	4 466
江苏	3 136	332 212	582 222	3 896	92 602	213 752	28 218	61 010	338 114
浙江	12 428	2 943 834	4 223 436	2 015	69 372	152 923	14 181	44 902	174 005
安徽	121	7 142	1 928	930	36 756	29 900	6 661	35 381	86 891
福建	4 778	1 205 938	1 923 583	4 442	167 181	447 016	43 599	127 114	498 390
江西	7	449	1 997	295	2 616	8 177	8 699	31 746	81 482
山东	5 071	874 248	1 376 301	5 058	137 078	336 536	48 905	179 983	635 879
河南	12	904	2 300	990	11 636	18 291	2 785	5 899	44 415
湖北	6	444	2 748	754	6 380	14 556	10 276	15 157	77 164
湖南	6	157	1 086	718	1 686	10 838	9 152	16 002	39 635
广东	3 128	648 819	1 018 468	8 225	238 208	590 758	38 074	118 421	476 552
广西	1 688	422 732	502 505	747	45 577	107 244	20 399	46 303	246 091
海南	1 147	197 685	390 805	4 010	208 761	537 335	16 810	124 064	445 455
重庆	2	130	786	553	3 049	10 883	1 795	4 489	20 980
四川	4	210	970	38	414	1 905	588	1 256	10 213
贵州	3	282	417	95	928	7 344	1 393	1 933	25 052
云南	4	200	1 774	12	140	1 111	919	2 278	17 800
西藏									
陕西				20	369	1 336	569	1 175	7 892
甘肃				3	15	309	32	77	1 194
青海							1 127	1 198	13 789
宁夏							26	122	1 843
新疆	2	108	400	129	645	4 573	894	3 055	12 668
中农发集团	276	146 326	219 552	11	935	2 093			

各地区机动渔船年末拥有量(生产渔船)

地区	生产渔船			捕捞渔船			养殖渔船		
	艘	总吨	千瓦	艘	总吨	千瓦	艘	总吨	千瓦
全国总计	**360 152**	**8 706 560**	**16 248 031**	**251 343**	**8 298 311**	**14 827 661**	**108 809**	**408 249**	**1 420 370**
北京	14	10 146	13 122	14	10 146	13 122			
天津	1 513	33 891	58 651	1 228	33 494	56 212	285	397	2 439
河北	6 597	257 039	435 377	4 582	231 164	327 233	2 015	25 875	108 144
山西	183	337	1 999	125	134	909	58	203	1 090
内蒙古	1 180	1 447	12 616	1 012	1 204	10 350	168	243	2 266
辽宁	28 841	634 688	1 399 069	17 167	578 275	1 211 475	11 674	56 413	187 594
吉林	4 068	5 637	65 174	2 643	3 392	40 863	1 425	2 245	24 311
黑龙江	10 009	13 617	93 950	7 549	10 254	68 821	2 460	3 363	25 129
上海	467	91 736	128 397	467	91 736	128 397			
江苏	34 017	458 696	1 035 664	25 620	401 992	862 462	8 397	56 704	173 202
浙江	26 108	2 545 903	3 707 681	20 186	2 529 174	3 639 511	5 922	16 729	68 170
安徽	7 410	76 598	97 071	5 869	51 223	78 314	1 541	25 375	18 757
福建	50 656	1 297 180	2 524 753	21 963	1 217 698	2 208 415	28 693	79 482	316 338
江西	8 885	33 380	77 689	3 516	12 722	24 619	5 369	20 658	53 070
山东	58 581	1 074 079	2 169 351	42 867	1 005 620	1 920 525	15 714	68 459	248 826
河南	3 674	17 293	56 459	2 887	15 412	45 859	787	1 881	10 600
湖北	10 762	19 744	69 595	2 913	7 831	18 669	7 849	11 913	50 926
湖南	9 481	15 679	32 990				9 481	15 679	32 990
广东	46 236	930 115	1 810 849	41 898	913 806	1 756 022	4 338	16 309	54 827
广西	21 836	501 011	794 958	21 101	499 828	782 131	735	1 183	12 827
海南	21 772	523 699	1 346 320	21 641	522 432	1 339 764	131	1 267	6 556
重庆	2 144	6 556	23 593	2 092	6 294	22 996	52	262	597
四川	546	1 224	5 374				546	1 224	5 374
贵州	1 386	1 902	21 055	1 223	1 651	18 195	163	251	2 860
云南	809	1 877	10 066	718	1 693	8 922	91	184	1 144
西藏									
陕西	565	1 404	7 099	55	199	488	510	1 205	6 611
甘肃	22	22	240				22	22	240
青海	1 112	982	11 660	1 008	765	8 878	104	217	2 782
宁夏	4	4	83				4	4	83
新疆	987	3 413	15 481	712	2 911	12 864	275	502	2 617
中农发集团	287	147 261	221 645	287	147 261	221 645			

各地区海洋机动渔船年末拥有量

地区	2020年			2019年			2020年比2019年增减(±)		
	艘	总吨	千瓦	艘	总吨	千瓦	艘	总吨	千瓦
全国总计	**214 017**	**9 300 908**	**16 528 966**	**220 361**	**9 228 396**	**16 535 208**	**−6 344**	**72 512**	**−6 242**
北京	14	10 146	13 122	14	10 146	12 867			255
天津	536	36 480	65 742	536	36 480	65 742			
河北	6 218	278 981	473 248	6 337	275 026	475 855	−119	3 955	−2 607
辽宁	27 368	691 195	1 560 359	28 617	680 115	1 540 620	−1 249	11 080	19 739
上海	313	113 094	159 551	326	107 741	150 780	−13	5 353	8 771
江苏	5 637	387 254	721 070	5 783	388 243	740 182	−146	−989	−19 112
浙江	23 157	3 042 102	4 477 914	23 443	2 980 990	4 410 176	−286	61 112	67 738
福建	49 676	1 496 645	2 848 413	45 272	1 409 827	2 781 658	4 404	86 818	66 755
山东	32 318	1 092 934	1 992 099	34 269	1 087 222	2 050 662	−1 951	5 712	−58 563
广东	38 550	977 969	1 974 383	42 085	1 021 083	2 098 625	−3 535	−43 114	−124 242
广西	8 012	496 467	648 071	8 778	524 303	680 739	−766	−27 836	−32 668
海南	21 931	530 380	1 373 349	24 597	563 510	1 290 924	−2 666	−33 130	82 425
中农发集团	287	147 261	221 645	304	143 710	236 378	−17	3 551	−14 733

各地区海洋机动渔船年末拥有量(按船长分)

地区	24米(含)以上			12(含)～24米			12米以下		
	艘	总吨	千瓦	艘	总吨	千瓦	艘	总吨	千瓦
全国总计	**35 948**	**7 458 601**	**11 386 424**	**34 149**	**1 250 784**	**3 003 782**	**143 920**	**591 523**	**2 138 760**
北京	14	10 146	13 122						
天津	86	23 880	38 020	284	11 278	24 205	166	1 322	3 517
河北	1 192	179 209	221 706	2 296	70 539	173 689	2 730	29 233	77 853
辽宁	2 943	386 306	759 658	6 690	244 701	507 622	17 735	60 188	293 079
上海	252	109 788	151 705	59	3 293	7 803	2	13	43
江苏	2 982	316 670	561 034	1 753	63 331	141 331	902	7 253	18 705
浙江	12 424	2 942 654	4 222 633	1 881	67 029	145 786	8 852	32 419	109 495
福建	4 778	1 205 938	1 923 583	4 400	166 948	446 380	40 498	123 759	478 450
山东	5 068	874 427	1 375 985	4 912	136 700	333 286	22 338	81 807	282 828
广东	3 100	642 887	1 006 664	7 244	232 483	583 628	28 206	102 599	384 091
广西	1 686	422 685	501 957	609	44 786	100 624	5 717	28 996	45 490
海南	1 147	197 685	390 805	4 010	208 761	537 335	16 774	123 934	445 209
中农发集团	276	146 326	219 552	11	935	2 093			

各地区海洋机动渔船年末拥有量(生产渔船)

地 区	生产渔船			捕捞渔船			养殖渔船		
	艘	总吨	千瓦	艘	总吨	千瓦	艘	总吨	千瓦
全国总计	**203 543**	**8 246 487**	**14 489 895**	**136 784**	**7 950 711**	**13 437 789**	**66 759**	**295 776**	**1 052 106**
北 京	14	10 146	13 122	14	10 146	13 122			
天 津	495	33 313	55 283	414	33 187	53 993	81	126	1 290
河 北	5 509	255 065	411 750	3 539	229 259	304 267	1 970	25 806	107 483
辽 宁	26 657	629 035	1 379 669	15 246	573 701	1 196 656	11 411	55 334	183 013
上 海	271	91 495	126 786	271	91 495	126 786			
江 苏	5 417	364 319	648 647	4 747	326 547	561 956	670	37 772	86 691
浙 江	20 982	2 531 809	3 647 744	15 817	2 518 400	3 589 430	5 165	13 409	58 314
福 建	47 533	1 293 679	2 505 603	19 021	1 214 480	2 190 870	28 512	79 199	314 733
山 东	31 925	976 969	1 818 777	16 643	909 157	1 577 227	15 282	67 812	241 550
广 东	35 576	905 959	1 715 828	32 066	891 007	1 664 052	3 510	14 952	51 776
广 西	7 140	483 848	598 954	7 113	483 749	598 254	27	99	700
海 南	21 737	523 589	1 346 087	21 606	522 322	1 339 531	131	1 267	6 556
中农发集团	287	147 261	221 645	287	147 261	221 645			

各地区内陆机动渔船年末拥有量

地区	2020年			2019年			2020年比2019年增减(±)		
	艘	总吨	千瓦	艘	总吨	千瓦	艘	总吨	千瓦
全国总计	**160 740**	**495 908**	**2 034 902**	**247 951**	**820 046**	**3 370 119**	**−87 211**	**−324 138**	**−1 335 217**
北京	22	103	1 821	22	103	1 821			
天津	1 033	605	3 858	1 588	1 225	11 326	−555	−620	−7 468
河北	1 116	2 212	26 514	1 200	2 646	27 399	−84	−434	−885
山西	193	390	3 081	137	348	2 618	56	42	463
内蒙古	1 242	2 223	18 894	1 253	2 220	18 641	−11	3	253
辽宁	2 239	6 582	26 334	2 473	7 661	35 759	−234	−1 079	−9 425
吉林	4 195	7 282	74 408	4 188	7 060	73 218	7	222	1 190
黑龙江	10 143	16 800	110 664	10 029	16 353	109 238	114	447	1 426
上海	263	2 990	22 610	237	579	4 992	26	2 411	17 618
江苏	29 613	98 570	413 018	49 489	194 804	805 580	−19 876	−96 234	−392 562
浙江	5 467	16 006	72 450	6 152	15 823	75 570	−685	183	−3 120
安徽	7 712	79 279	118 719	11 243	99 737	161 849	−3 531	−20 458	−43 130
福建	3 143	3 588	20 576	3 163	3 615	20 955	−20	−27	−379
江西	9 001	34 811	91 656	28 920	140 726	397 761	−19 919	−105 915	−306 105
山东	26 716	98 375	356 617	27 236	107 681	418 627	−520	−9 306	−62 010
河南	3 787	18 439	65 006	3 937	18 765	67 640	−150	−326	−2 634
湖北	11 036	21 981	94 468	19 743	42 497	180 082	−8 707	−20 516	−85 614
湖南	9 876	17 845	51 559	34 931	79 148	318 448	−25 055	−61 303	−266 889
广东	10 877	27 479	111 395	12 038	27 226	113 518	−1 161	253	−2 123
广西	14 822	18 145	207 769	15 367	18 338	214 003	−545	−193	−6 234
海南	36	130	246	33	1 324	104 662	3	−1 194	−104 416
重庆	2 350	7 668	32 649	3 352	11 093	44 419	−1 002	−3 425	−11 770
四川	630	1 880	13 088	4 429	5 470	42 345	−3 799	−3 590	−29 257
贵州	1 491	3 143	32 813	2 629	4 655	47 318	−1 138	−1 512	−14 505
云南	935	2 618	20 685	1 261	3 846	26 394	−326	−1 228	−5 709
西藏									
陕西	589	1 544	9 228	616	1 659	9 708	−27	−115	−480
甘肃	35	92	1 503	37	100	1 677	−2	−8	−174
青海	1 127	1 198	13 789	1 127	1 198	13 789			
宁夏	26	122	1 843	28	128	1 852	−2	−6	−9
新疆	1 025	3 808	17 641	1 093	4 018	18 910	−68	−210	−1 269

各地区内陆机动渔船年末拥有量(按船长分)

地区	24米(含)以上			12(含)~24米			12米以下		
	艘	总吨	千瓦	艘	总吨	千瓦	艘	总吨	千瓦
全国总计	**403**	**37 641**	**63 491**	**8 711**	**109 210**	**243 168**	**151 626**	**349 057**	**1 728 243**
北京				7	79	935	15	24	886
天津							1 033	605	3 858
河北	1	81	470	4	38	509	1 111	2 093	25 535
山西				13	42	330	180	348	2 751
内蒙古				18	525	1 361	1 224	1 698	17 533
辽宁	8	954	1 446	67	733	4 409	2 164	4 895	20 479
吉林	10	906	2 064	341	1 678	10 097	3 844	4 698	62 247
黑龙江	19	2 063	5 705	111	1 215	5 664	10 013	13 522	99 295
上海	7	1 089	4 741	29	1 525	13 446	227	376	4 423
江苏	154	15 542	21 188	2 143	29 271	72 421	27 316	53 757	319 409
浙江	4	1 180	803	134	2 343	7 137	5 329	12 483	64 510
安徽	121	7 142	1 928	930	36 756	29 900	6 661	35 381	86 891
福建				42	233	636	3 101	3 355	19 940
江西	7	449	1 997	295	2 616	8 177	8 699	31 746	81 482
山东	3	179	316	146	378	3 250	26 567	98 176	353 051
河南	12	904	2 300	990	11 636	18 291	2 785	5 899	44 415
湖北	6	444	2 748	754	6 380	14 556	10 276	15 157	77 164
湖南	6	157	1 086	718	1 686	10 838	9 152	16 002	39 635
广东	28	5 932	11 804	981	5 725	7 130	9 868	15 822	92 461
广西	2	47	548	138	791	6 620	14 682	17 307	200 601
海南							36	130	246
重庆	2	130	786	553	3 049	10 883	1 795	4 489	20 980
四川	4	210	970	38	414	1 905	588	1 256	10 213
贵州	3	282	417	95	928	7 344	1 393	1 933	25 052
云南	4	200	1 774	12	140	1 111	919	2 278	17 800
西藏									
陕西				20	369	1 336	569	1 175	7 892
甘肃				3	15	309	32	77	1 194
青海							1 127	1 198	13 789
宁夏							26	122	1 843
新疆	2	108	400	129	645	4 573	894	3 055	12 668

各地区内陆机动渔船年末拥有量(生产渔船)

地区	生产渔船			捕捞渔船			养殖渔船		
	艘	总吨	千瓦	艘	总吨	千瓦	艘	总吨	千瓦
全国总计	**156 609**	**460 073**	**1 758 136**	**114 559**	**347 600**	**1 389 872**	**42 050**	**112 473**	**368 264**
北京									
天津	1 018	578	3 368	814	307	2 219	204	271	1 149
河北	1 088	1 974	23 627	1 043	1 905	22 966	45	69	661
山西	183	337	1 999	125	134	909	58	203	1 090
内蒙古	1 180	1 447	12 616	1 012	1 204	10 350	168	243	2 266
辽宁	2 184	5 653	19 400	1 921	4 574	14 819	263	1 079	4 581
吉林	4 068	5 637	65 174	2 643	3 392	40 863	1 425	2 245	24 311
黑龙江	10 009	13 617	93 950	7 549	10 254	68 821	2 460	3 363	25 129
上海	196	241	1 611	196	241	1 611			
江苏	28 600	94 377	387 017	20 873	75 445	300 506	7 727	18 932	86 511
浙江	5 126	14 094	59 937	4 369	10 774	50 081	757	3 320	9 856
安徽	7 410	76 598	97 071	5 869	51 223	78 314	1 541	25 375	18 757
福建	3 123	3 501	19 150	2 942	3 218	17 545	181	283	1 605
江西	8 885	33 380	77 689	3 516	12 722	24 619	5 369	20 658	53 070
山东	26 656	97 110	350 574	26 224	96 463	343 298	432	647	7 276
河南	3 674	17 293	56 459	2 887	15 412	45 859	787	1 881	10 600
湖北	10 762	19 744	69 595	2 913	7 831	18 669	7 849	11 913	50 926
湖南	9 481	15 679	32 990				9 481	15 679	32 990
广东	10 660	24 156	95 021	9 832	22 799	91 970	828	1 357	3 051
广西	14 696	17 163	196 004	13 988	16 079	183 877	708	1 084	12 127
海南	35	110	233	35	110	233			
重庆	2 144	6 556	23 593	2 092	6 294	22 996	52	262	597
四川	546	1 224	5 374				546	1 224	5 374
贵州	1 386	1 902	21 055	1 223	1 651	18 195	163	251	2 860
云南	809	1 877	10 066	718	1 693	8 922	91	184	1 144
西藏									
陕西	565	1 404	7 099	55	199	488	510	1 205	6 611
甘肃	22	22	240				22	22	240
青海	1 112	982	11 660	1 008	765	8 878	104	217	2 782
宁夏	4	4	83				4	4	83
新疆	987	3 413	15 481	712	2 911	12 864	275	502	2 617

各地区捕捞机动渔船年末拥有量(按功率分)

地区	44.1千瓦以下			44.1(含)～441千瓦			441千瓦(含)以上		
	艘	总吨	千瓦	艘	总吨	千瓦	艘	总吨	千瓦
全国总计	**197 761**	**866 745**	**2 723 194**	**50 356**	**5 645 620**	**9 123 702**	**3 226**	**1 785 946**	**2 980 765**
北京				6	788	1 480	8	9 358	11 642
天津	919	1 981	4 462	300	25 422	43 005	9	6 091	8 745
河北	2 700	21 137	48 203	1 879	209 283	277 707	3	744	1 323
山西	125	134	909						
内蒙古	1 012	1 204	10 350						
辽宁	12 287	92 826	197 079	4 469	374 279	711 262	411	111 170	303 134
吉林	2 592	3 258	38 270	51	134	2 593			
黑龙江	7 545	10 230	68 625	4	24	196			
上海	202	351	1 901	191	25 883	37 335	74	65 502	89 161
江苏	21 880	77 031	298 364	3 690	315 676	540 987	50	9 285	23 111
浙江	8 830	51 065	124 587	10 620	1 981 491	2 750 621	736	496 618	764 303
安徽	5 759	47 509	67 978	110	3 714	10 336			
福建	14 734	51 377	175 715	6 769	836 553	1 452 649	460	329 768	580 051
江西	3 516	12 722	24 619						
山东	34 523	161 140	487 410	7 983	609 090	1 004 978	361	235 390	428 137
河南	2 853	15 288	44 173	34	124	1 686			
湖北	2 913	7 831	18 669						
湖南									
广东	33 865	138 654	403 580	7 527	547 246	988 458	506	227 906	363 984
广西	19 106	45 164	243 920	1 888	407 030	479 966	107	47 634	58 245
海南	16 603	114 670	395 720	4 746	294 524	790 478	292	113 238	153 566
重庆	2 092	6 294	22 996						
四川									
贵州	1 222	1 615	18 129	1	36	66			
云南	718	1 693	8 922						
西藏									
陕西	55	199	488						
甘肃									
青海	1 008	765	8 878						
宁夏									
新疆	702	2 607	9 247	10	304	3 617			
中农发集团				78	14 019	26 282	209	133 242	195 363

各地区海洋捕捞机动渔船基本情况

地区	合计		1.国内海洋捕捞		2. 纳入双控管理渔船数		3.远洋渔船	
	艘	千瓦	艘	千瓦	艘	千瓦	艘	千瓦
全国总计	**136 784**	**13 437 789**	**134 079**	**10 558 711**	**114 956**	**9 953 837**	**2 705**	**2 879 078**
北京	14	13 122					14	13 122
天津	414	53 993	398	37 909	355	37 520	16	16 084
河北	3 539	304 267	3 516	277 688	3 539	304 265	23	26 579
辽宁	15 246	1 196 656	14 918	879 840	14 558	689 892	328	316 816
上海	271	126 786	193	27 539	252	42 667	78	99 247
江苏	4 747	561 956	4 705	547 190	3 669	489 065	42	14 766
浙江	15 817	3 589 430	15 141	2 828 100	15 754	2 881 415	676	761 330
福建	19 021	2 190 870	18 540	1 647 518	12 699	1 629 893	481	543 352
山东	16 643	1 577 227	16 144	926 728	14 905	1 201 788	499	650 499
广东	32 066	1 664 052	31 824	1 475 002	27 986	1 402 348	242	189 050
广西	7 113	598 254	7 094	571 666	7 456	572 711	19	26 588
海南	21 606	1 339 531	21 606	1 339 531	13 783	702 273		
中农发集团	287	221 645					287	221 645

注：统计截至 2020 年 12 月 31 日；海南省未完成入库渔船 4 538 艘、187 395.11 千瓦未纳入统计。

各地区海洋捕捞机动渔船年末拥有量(按功率分)

地区	44.1 千瓦以下			44.1(含)～441 千瓦			441 千瓦(含)以上		
	艘	总吨	千瓦	艘	总吨	千瓦	艘	总吨	千瓦
全国总计	**85 690**	**554 122**	**1 399 917**	**47 882**	**5 616 131**	**9 066 974**	**3 212**	**1 780 458**	**2 970 898**
北京				6	788	1 480	8	9 358	11 642
天津	105	1 674	2 243	300	25 422	43 005	9	6 091	8 745
河北	1 657	19 232	25 237	1 879	209 283	277 707	3	744	1 323
辽宁	10 379	88 398	183 328	4 456	374 133	710 194	411	111 170	303 134
上海	6	110	290	191	25 883	37 335	74	65 502	89 161
江苏	1 362	23 785	36 057	3 344	295 364	507 008	41	7 398	18 891
浙江	4 470	40 527	75 196	10 611	1 981 255	2 749 931	736	496 618	764 303
福建	11 793	48 169	158 273	6 768	836 543	1 452 546	460	329 768	580 051
山东	9 877	64 525	144 736	6 405	609 242	1 004 354	361	235 390	428 137
广东	24 351	124 057	319 027	7 214	542 645	986 688	501	224 305	358 337
广西	5 119	29 085	60 043	1 887	407 030	479 966	107	47 634	58 245
海南	16 571	114 560	395 487	4 743	294 524	790 478	292	113 238	153 566
中农发集团				78	14 019	26 282	209	133 242	195 363

各地区海洋捕捞机动渔船年末拥有量(按作业类型分)(一)

地区	拖网			围网			刺网		
	艘	总吨	千瓦	艘	总吨	千瓦	艘	总吨	千瓦
全国总计	**25 936**	**3 341 179**	**5 837 610**	**5 691**	**897 416**	**1 304 006**	**76 019**	**1 990 955**	**3 597 365**
北京									
天津	24	5 490	9 180	9	4 608	3 536	356	14 833	28 264
河北	179	36 659	56 856	40	15 791	15 098	3 320	176 809	232 313
辽宁	3 481	226 391	608 530	84	3 381	7 892	8 906	285 160	464 681
上海	197	52 812	70 340	12	20 066	32 279			
江苏	802	59 377	126 215	35	5 637	5 114	2 939	202 863	354 538
浙江	5 703	1 072 998	1 658 369	433	139 824	188 231	5 497	483 978	621 392
福建	2 853	432 351	842 020	1 272	394 470	545 604	8 147	157 814	347 802
山东	5 235	517 194	917 612	247	72 844	108 495	8 053	158 155	295 772
广东	4 076	367 105	678 793	1 135	130 107	184 558	21 771	244 040	517 353
广西	1 807	387 832	467 958	218	2 858	8 862	4 339	24 167	52 186
海南	1 455	121 108	281 623	2 200	98 903	189 044	12 687	242 992	682 624
中农发集团	124	61 862	120 114	6	8 927	15 293	4	144	440

各地区海洋捕捞机动渔船年末拥有量(按作业类型分)(二)

地区	张网			钓业			其他		
	艘	总吨	千瓦	艘	总吨	千瓦	艘	总吨	千瓦
全国总计	**10 057**	**375 475**	**563 690**	**9 685**	**1 021 238**	**1 572 818**	**9 396**	**324 448**	**562 300**
北京	6	788	1 480	8	9 358	11 642			
天津	12	2 010	3 914	9	6 091	8 745	4	155	354
河北									
辽宁	1 184	7 999	18 477	933	45 058	81 380	658	5 712	15 696
上海	39	1 089	3 219	23	17 528	20 948			
江苏	880	53 848	69 564	1	25	29	90	4 797	6 496
浙江	2 443	250 651	327 374	1 021	454 101	648 879	720	116 848	145 185
福建	2 311	33 316	78 428	1 273	135 963	203 042	3 165	60 566	173 974
山东	2 052	18 737	39 105	892	136 352	207 041	164	5 875	9 202
广东	225	2 317	5 162	2 177	104 748	185 216	2 682	42 690	92 970
广西				254	640	5	495	68 252	69 243
海南	901	4 224	16 087	2 950	37 974	123 178	1 413	17 121	46 975
中农发集团	4	496	880	144	73 400	82 713	5	2 432	2 205

各地区内陆捕捞机动渔船年末拥有量(按功率分)

地区	44.1千瓦以下			44.1(含)～441千瓦			441千瓦(含)以上		
	艘	总吨	千瓦	艘	总吨	千瓦	艘	总吨	千瓦
全国总计	**112 071**	**312 623**	**1 323 277**	**2 474**	**29 489**	**56 728**	**14**	**5 488**	**9 867**
北　　京									
天　　津	814	307	2 219						
河　　北	1 043	1 905	22 966						
山　　西	125	134	909						
内 蒙 古	1 012	1 204	10 350						
辽　　宁	1 908	4 428	13 751	13	146	1 068			
吉　　林	2 592	3 258	38 270	51	134	2 593			
黑 龙 江	7 545	10 230	68 625	4	24	196			
上　　海	196	241	1 611						
江　　苏	20 518	53 246	262 307	346	20 312	33 979	9	1 887	4 220
浙　　江	4 360	10 538	49 391	9	236	690			
安　　徽	5 759	47 509	67 978	110	3 714	10 336			
福　　建	2 941	3 208	17 442	1	10	103			
江　　西	3 516	12 722	24 619						
山　　东	24 646	96 615	342 674	1 578	-152	624			
河　　南	2 853	15 288	44 173	34	124	1 686			
湖　　北	2 913	7 831	18 669						
湖　　南									
广　　东	9 514	14 597	84 553	313	4 601	1 770	5	3 601	5 647
广　　西	13 987	16 079	183 877	1					
海　　南	32	110	233	3					
重　　庆	2 092	6 294	22 996						
四　　川									
贵　　州	1 222	1 615	18 129	1	36	66			
云　　南	718	1 693	8 922						
西　　藏									
陕　　西	55	199	488						
甘　　肃									
青　　海	1 008	765	8 878						
宁　　夏									
新　　疆	702	2 607	9 247	10	304	3 617			

各地区远洋渔船年末拥有量

地 区	2020 年		2019 年		2020 年比 2019 年增减(±)	
	艘	千瓦	艘	千瓦	艘	千瓦
全国总计	**2 705**	**2 879 078**	**2 701**	**2 846 993**	**4**	**32 085**
北 京	14	13 122	14	12 867		255
天 津	16	16 084	16	8 836		7 248
河 北	23	26 579	23	26 579		
辽 宁	328	316 816	332	303 393	−4	13 423
上 海	78	99 247	81	103 448	−3	−4 201
江 苏	42	14 766	42	14 766		
浙 江	676	761 330	674	766 572	2	−5 242
福 建	481	543 352	476	498 096	5	45 256
山 东	499	650 499	487	659 615	12	−9 116
广 东	242	189 050	229	188 055	13	995
广 西	19	26 588	23	28 388	−4	−1 800
海 南						
中农发集团	287	221 645	304	236 378	−17	−14 733

各地区辅助渔船年末拥有量

地区	合计			其中					
				捕捞辅助船			渔业执法船		
	艘	总吨	千瓦	艘	总吨	千瓦	艘	总吨	千瓦
全国总计	**14 605**	**1 090 256**	**2 315 837**	**10 953**	**994 099**	**1 607 350**	**2 810**	**81 159**	**676 281**
北京	22	103	1 821				22	103	1 821
天津	56	3 194	10 949	45	2 273	6 867	9	240	4 082
河北	737	24 154	64 385	698	22 503	55 782	35	1 583	8 397
山西	10	53	1 082				10	53	1 082
内蒙古	62	776	6 278	10	276	670	52	500	5 608
辽宁	766	63 089	187 624	646	53 517	132 136	106	9 572	55 488
吉林	127	1 645	9 234	22	27	128	91	1 591	8 872
黑龙江	134	3 183	16 714				106	3 022	15 530
上海	109	24 348	53 764	31	18 948	22 116	78	5 400	31 648
江苏	1 233	27 128	98 424	985	21 494	45 582	248	5 634	52 842
浙江	2 516	512 205	842 683	2 128	494 352	704 222	174	15 297	133 864
安徽	302	2 681	21 648	142	759	4 508	160	1 922	17 140
福建	2 163	203 053	344 236	1 846	193 095	292 532	76	5 009	44 430
江西	116	1 431	13 967	10	27	29	106	1 404	13 938
山东	453	117 230	179 365	321	108 572	120 582	124	8 106	57 981
河南	113	1 146	8 547				113	1 146	8 547
湖北	274	2 237	24 873	48	143	409	226	2 094	24 464
湖南	395	2 166	18 569				242	1 637	15 897
广东	3 191	75 333	274 929	2 822	64 142	183 784	225	6 058	77 304
广西	998	13 601	60 882	848	7 093	18 454	143	6 246	42 047
海南	195	6 811	27 275	176	6 089	17 666	19	722	9 609
重庆	206	1 112	9 056	126	428	1 238	80	684	7 818
四川	84	656	7 714				79	645	7 520
贵州	105	1 241	11 758	1	5	62	102	1 173	11 155
云南	126	741	10 619	43	202	414	83	538	10 205
西藏									
陕西	24	140	2 129				20	135	2 069
甘肃	13	70	1 263				11	70	1 043
青海	15	216	2 129				15	216	2 129
宁夏	22	118	1 760				22	118	1 760
新疆	38	395	2 160	5	154	169	33	241	1 991

各地区海洋辅助渔船年末拥有量

地区	合计			其中					
				捕捞辅助船			渔业执法船		
	艘	总吨	千瓦	艘	总吨	千瓦	艘	总吨	千瓦
全国总计	**10 474**	**1 054 421**	**2 039 071**	**9 438**	**986 616**	**1 579 301**	**536**	**56 831**	**427 458**
北京									
天津	41	3 167	10 459	38	2 249	6 767	3	918	3 692
河北	709	23 916	61 498	698	22 503	55 782	10	1 362	5 598
辽宁	711	62 160	180 690	620	53 205	129 004	77	8 828	51 447
上海	42	21 599	32 765	29	18 862	21 783	13	2 737	10 982
江苏	220	22 935	72 423	196	18 388	40 740	24	4 547	31 683
浙江	2 175	510 293	830 170	1 997	494 023	702 008	83	14 984	124 888
福建	2 143	202 966	342 810	1 842	193 077	287 766	60	4 779	41 744
山东	393	115 965	173 322	321	108 572	120 582	67	7 223	51 200
广东	2 974	72 010	258 555	2 692	62 604	179 565	138	5 343	65 149
广西	872	12 619	49 117	830	7 064	17 651	42	5 388	31 466
海南	194	6 791	27 262	175	6 069	17 653	19	722	9 609

各地区内陆辅助渔船年末拥有量

地区	合计			其中					
				捕捞辅助船			渔业执法船		
	艘	总吨	千瓦	艘	总吨	千瓦	艘	总吨	千瓦
全国总计	**4 131**	**35 835**	**276 766**	**1 515**	**7 483**	**28 049**	**2 274**	**24 328**	**248 823**
北京	22	103	1 821				22	103	1 821
天津	15	27	490	7	24	100	6	−678	390
河北	28	238	2 887				25	221	2 799
山西	10	53	1 082				10	53	1 082
内蒙古	62	776	6 278	10	276	670	52	500	5 608
辽宁	55	929	6 934	26	312	3 132	29	744	4 041
吉林	127	1 645	9 234	22	27	128	91	1 591	8 872
黑龙江	134	3 183	16 714				106	3 022	15 530
上海	67	2 749	20 999	2	86	333	65	2 663	20 666
江苏	1 013	4 193	26 001	789	3 106	4 842	224	1 087	21 159
浙江	341	1 912	12 513	131	329	2 214	91	313	8 976
安徽	302	2 681	21 648	142	759	4 508	160	1 922	17 140
福建	20	87	1 426	4	18	4 766	16	230	2 686
江西	116	1 431	13 967	10	27	29	106	1 404	13 938
山东	60	1 265	6 043				57	883	6 781
河南	113	1 146	8 547				113	1 146	8 547
湖北	274	2 237	24 873	48	143	409	226	2 094	24 464
湖南	395	2 166	18 569				242	1 637	15 897
广东	217	3 323	16 374	130	1 538	4 219	87	715	12 155
广西	126	982	11 765	18	29	803	101	858	10 581
海南	1	20	13	1	20	13			
重庆	206	1 112	9 056	126	428	1 238	80	684	7 818
四川	84	656	7 714				79	645	7 520
贵州	105	1 241	11 758	1	5	62	102	1 173	11 155
云南	126	741	10 619	43	202	414	83	538	10 205
西藏									
陕西	24	140	2 129				20	135	2 069
甘肃	13	70	1 263				11	70	1 043
青海	15	216	2 129				15	216	2 129
宁夏	22	118	1 760				22	118	1 760
新疆	38	395	2 160	5	154	169	33	241	1 991

各地区非机动渔船年末拥有量

地区	合计		海洋渔业非机动渔船		内陆渔业非机动渔船	
	艘	总吨	艘	总吨	艘	总吨
全国总计	**188 505**	**262 511**	**3 804**	**9 604**	**184 701**	**252 907**
北京	217	217			217	217
天津	1 146	540			1 146	540
河北	1 959	1 155			1 959	1 155
山西	37	20			37	20
内蒙古	168	133			168	133
辽宁	2 271	3 038	310	282	1 961	2 756
吉林	2 353	1 506			2 353	1 506
黑龙江	1 481	997			1 481	997
上海	38	1 482	1	1 458	37	24
江苏	68 838	143 851	150	331	68 688	143 520
浙江	15 079	19 584	179	197	14 900	19 387
安徽	12 640	25 024			12 640	25 024
福建	1 705	1 432	1 597	1 343	108	89
江西	15 532	15 173			15 532	15 173
山东	31 091	15 790	10	5	31 081	15 785
河南	4 800	3 780			4 800	3 780
湖北	17 592	14 872			17 592	14 872
湖南	4 920	3 897			4 920	3 897
广东	1 864	6 178	1 523	5 882	341	296
广西	279	84			279	84
海南	34	106	34	106		
重庆	425	295			425	295
四川	654	308			654	308
贵州	85	10			85	10
云南	2 440	2 449			2 440	2 449
西藏	25	74			25	74
陕西	268	225			268	225
甘肃	29	29			29	29
青海	40	40			40	40
宁夏	153	121			153	121
新疆	342	101			342	101

(四)基础设施

各地区渔业基础设施情况

单位:个

地区	国家级水产原良种场	渔港合计	沿海中心渔港	沿海一级渔港	沿海二级渔港	沿海三级渔港	未评级渔港
全国总计	**85**	**1 089**	**67**	**91**	**211**	**381**	**339**
北京	3						
天津	2	5					5
河北	4	30	5	5	8	5	7
山西	1						
内蒙古	1						
辽宁	1	71	2	9	27	13	20
吉林	1						
黑龙江	1						
上海	1	1		1			
江苏	7	44	6	6	4		28
浙江	6	129	9	13	28	32	47
安徽	3						
福建	1	234	9	13	52	160	
江西	4						
山东	12	177	9	11	6	80	71
河南							
湖北	12						
湖南	4						
广东	5	107	9	11	29	39	19
广西	2	15	4	5	6		
海南	2	50	6	5	13	11	15
重庆	1						
四川	2						
贵州							
云南							
西藏							
陕西	1						
甘肃	1						
青海	1						
宁夏							
新疆							
大连	4	99	4	6	30	22	37
青岛	1	61	2	2		4	53
宁波	1	57	1	3	7	14	32
厦门		3	1				2
深圳		6		1	1	1	3

注:在渔港数据中,辽宁、浙江、山东、福建、广东等省统计数据不包含计划单列市数据。

(五)渔业人口

全国渔业人口与从业人员

指　标	计量单位	2020 年	2019 年	2020 年比 2019 年增减(±)	其中:海洋渔业		
					2020 年	2019 年	2020 年比 2019 年增减(±)
1. 渔业乡	个	694	718	−24	379	389	−10
2. 渔业村	个	7 120	7 550	−430	3 271	3 390	−119
3. 渔业户	户	4 391 007	4 636 828	−245 821	1 335 965	1 350 826	−14 861
4. 渔业人口	人	17 207 654	18 282 027	−1 074 373	5 257 826	5 350 029	−92 203
其中:传统渔民	人	5 554 348	6 004 984	−450 636	2 720 313	2 856 694	−136 381
5. 渔业从业人员	人	12 395 858	12 916 952	−521 094	3 494 297	3 644 062	−149 765
(1)专业从业人员	人	6 664 892	7 021 090	−356 198	2 145 665	2 214 152	−68 487
其中:女性	人	1 276 745	1 357 365	−80 620	313 309	343 035	−29 726
其中:捕捞	人	1 298 588	1 530 996	−232 408	890 633	921 283	−30 650
养殖	人	4 575 402	4 663 678	−88 276	888 844	900 938	−12 094
其他	人	790 902	826 416	−35 514	366 188	391 931	−25 743
(2)兼业从业人员	人	4 188 354	4 335 816	−147 462	793 241	867 802	−74 561
(3)临时从业人员	人	1 542 612	1 560 046	−17 434	555 391	562 108	−6 717

各地区渔业人口与从业人员(一)

地　区	1.渔业乡（个）	2.渔业村（个）	3.渔业户（户）	4.渔业人口(人)		5.渔业从业人员(人)
				小　计	其中:传统渔民	
全国总计	**694**	**7 120**	**4 391 007**	**17 207 654**	**5 554 348**	**12 395 858**
北　京	8	32	1 910	4 926	1 060	5 506
天　津		4	8 879	29 360	11 026	19 696
河　北	28	158	51 280	219 881	134 090	179 281
山　西			1 019	4 890		5 024
内蒙古	4	31	6 865	37 157	4 886	25 600
辽　宁	127	670	176 142	695 471	304 115	524 256
吉　林	1	4	22 176	83 982	912	68 248
黑龙江			46 224	168 779	143 462	118 535
上　海		14	5 555	16 948	7 660	12 269
江　苏	31	479	282 759	1 164 873	340 700	951 493
浙　江	91	647	297 961	969 812	369 537	654 384
安　徽	9	91	152 556	649 676	172 450	558 577
福　建	51	563	400 125	1 621 849	842 178	888 620
江　西	11	181	223 666	1 062 434	222 668	789 689
山　东	94	1 198	423 776	1 538 003	596 127	1 253 687
河　南	23	364	117 353	460 493	23 466	380 980
湖　北	63	863	449 954	1 453 979	520 113	1 127 480
湖　南	5	235	238 024	1 048 481	128 978	828 888
广　东	81	896	499 564	2 167 910	964 728	1 214 032
广　西	14	205	225 931	1 011 999	308 105	809 371
海　南	22	272	80 690	384 057	179 477	221 974
重　庆		6	121 316	401 803	6 680	334 694
四　川	30	169	439 544	1 497 240	184 393	1 031 356
贵　州		2	29 398	152 971	6 740	76 354
云　南			61 954	255 566	65 009	224 849
西　藏		1	35	138	138	138
陕　西	1	33	19 534	67 686	11 281	56 993
甘　肃			1 968	9 117	449	7 843
青　海			106	3 750		3 504
宁　夏			1 588	7 850		9 000
新　疆		2	3 155	16 573	3 920	13 537

各地区渔业人口与从业人员(二)

单位:人

地区	5.渔业从业人员(续)						
	(1)专业从业人员					(2)兼业从业人员	(3)临时从业人员
	小计	其中:女性	a.捕捞	b.养殖	c.其他		
全国总计	**6 664 892**	**1 276 745**	**1 298 588**	**4 575 402**	**790 902**	**4 188 354**	**1 542 612**
北京	3 781	945	652	2 495	634	1 497	228
天津	12 805	232	2 392	10 035	378	5 714	1 177
河北	84 471	17 206	32 633	38 604	13 234	31 437	63 373
山西	2 811	632	456	2 166	189	1 370	843
内蒙古	14 238	3 098	3 811	8 685	1 742	8 694	2 668
辽宁	329 973	42 774	112 266	183 567	34 140	120 522	73 761
吉林	18 232	2 563	3 869	12 880	1 483	43 907	6 109
黑龙江	78 594	27 508	18 538	51 140	8 916	32 641	7 300
上海	11 022	999	3 268	7 375	379	801	446
江苏	546 624	126 752	100 960	406 469	39 195	281 880	122 989
浙江	404 127	72 259	145 419	160 479	98 229	149 590	100 667
安徽	269 502	58 265	35 299	206 265	27 938	214 059	75 016
福建	545 493	87 682	175 620	297 075	72 798	266 515	76 612
江西	356 085	65 000	12 409	288 033	55 643	331 074	102 530
山东	635 075	115 815	186 028	304 064	144 983	267 551	351 061
河南	168 113	40 346	19 407	129 285	19 421	181 395	31 472
湖北	751 431	184 420	18 801	686 323	46 307	261 296	114 753
湖南	371 854	84 957		343 434	28 420	396 365	60 669
广东	788 238	130 145	218 339	503 038	66 861	354 815	70 979
广西	406 904	50 906	64 823	302 862	39 219	316 153	86 314
海南	184 731	26 802	110 947	54 109	19 675	30 185	7 058
重庆	168 257	55 401	5 632	150 292	12 333	119 871	46 566
四川	352 896	57 604	4 012	304 296	44 588	606 139	72 321
贵州	23 612	2 910	2 651	17 027	3 934	38 000	14 742
云南	83 282	14 753	14 700	63 771	4 811	99 428	42 139
西藏	60		60			78	
陕西	32 804	4 051	1 128	27 730	3 946	18 280	5 909
甘肃	3 505	501	326	2 903	276	2 968	1 370
青海	2 523	227	2 124	349	50	931	50
宁夏	4 960	872	338	4 151	471	2 650	1 390
新疆	8 889	1 120	1 680	6 500	709	2 548	2 100

各地区海洋渔业人口与从业人员(一)

地区	1.渔业乡(个)	2.渔业村(个)	3.渔业户(户)	4.渔业人口(人)		5.渔业从业人员(人)
				小计	其中:传统渔民	
全国总计	**379**	**3 271**	**1 335 965**	**5 257 826**	**2 720 313**	**3 494 297**
北京						249
天津		3	2 284	5 938	2 589	2 717
河北	11	67	36 315	141 540	109 902	130 871
山西						
内蒙古						
辽宁	72	328	116 011	491 266	222 915	337 363
吉林						
黑龙江						
上海		7	1 578	4 615	4 141	3 315
江苏	11	89	35 209	223 203	82 906	162 136
浙江	79	516	199 144	602 449	272 345	350 642
安徽						
福建	51	545	330 221	1 332 451	764 460	710 852
江西						
山东	61	803	286 019	884 689	392 819	897 079
河南						
湖北						
湖南						
广东	70	576	195 571	948 251	625 247	467 377
广西	5	110	64 877	312 853	87 096	264 415
海南	19	227	68 736	310 571	155 893	167 281
重庆						
四川						
贵州						
云南						
西藏						
陕西						
甘肃						
青海						
宁夏						
新疆						

各地区海洋渔业人口与从业人员(二)

单位:人

地区	5.渔业从业人员(续)						
	(1)专业从业人员					(2)兼业从业人员	(3)临时从业人员
	小计	其中:女性	a.捕捞	b.养殖	c.其他		
全国总计	**2 145 665**	**313 309**	**890 633**	**888 844**	**366 188**	**793 241**	**555 391**
北京	249		218		31		
天津	1 987	60	1 023	922	42	650	80
河北	59 924	2 826	24 134	23 693	12 097	12 748	58 199
山西							
内蒙古							
辽宁	225 587	27 232	99 534	103 702	22 351	58 856	52 920
吉林							
黑龙江							
上海	3 182	55	2 892	8	282	5	128
江苏	91 249	21 643	43 894	39 274	8 081	54 202	16 685
浙江	242 936	32 788	121 948	49 551	71 437	53 017	54 689
安徽							
福建	452 935	75 233	163 871	225 055	64 009	191 736	66 181
江西							
山东	402 018	70 749	122 822	158 439	120 757	242 782	252 279
河南							
湖北							
湖南							
广东	341 251	47 105	178 840	121 698	40 713	99 720	26 406
广西	180 222	13 520	37 715	131 893	10 614	62 388	21 805
海南	144 125	22 098	93 742	34 609	15 774	17 137	6 019
重庆							
四川							
贵州							
云南							
西藏							
陕西							
甘肃							
青海							
宁夏							
新疆							

四、加工与贸易

(一)水产品加工

全国水产加工情况

指　　标	计量单位	2020 年	2019 年	2020 年比 2019 年增减(±)	
				绝对量	幅度(%)
1.水产加工企业	个	9 136	9 323	−187	−2.01
水产品加工能力	吨/年	28 882 019	28 921 556	−39 537	−0.14
其中:规模以上加工企业	个	2 570	2 524	46	1.82
2.水产冷库	座	8 056	7 957	99	1.24
冻结能力	吨/日	930 543	868 930	61 613	7.09
冷藏能力	吨/次	4 620 653	4 671 761	−51 108	−1.09
制冰能力	吨/日	214 863	208 177	6 686	3.21
3.水产加工品总量	吨	20 907 861	21 714 136	−806 275	−3.71
淡水加工产品	吨	4 115 121	3 953 244	161 877	4.09
海水加工产品	吨	16 792 740	17 760 892	−968 152	−5.45
(1)水产冷冻品	吨	14 759 139	15 322 657	−563 518	−3.68
其中:冷冻品	吨	7 600 877	7 938 585	−337 708	−4.25
冷冻加工品	吨	7 158 262	7 384 072	−225 810	−3.06
(2)鱼糜制品及干腌制品	吨	2 650 891	2 915 215	−264 324	−9.07
其中:鱼糜制品	吨	1 267 727	1 393 957	−126 230	−9.06
干腌制品	吨	1 383 164	1 521 258	−138 094	−9.08
(3)藻类加工品	吨	1 048 090	1 151 716	−103 626	−9.00
(4)罐制品	吨	329 857	354 145	−24 288	−6.86
(5)水产饲料(鱼粉)	吨	707 638	699 008	8 630	1.23
(6)鱼油制品	吨	53 243	48 991	4 252	8.68
(7)其他水产加工品	吨	1 116 003	1 103 978	12 025	1.09
其中:助剂和添加剂	吨	40 848	67 845	−26 997	−39.79
珍珠	千克	27 943	166 710	−138 767	−83.24
4.用于加工的水产品总量	吨	24 771 592	26 499 616	−1 728 024	−6.52
其中:淡水产品	吨	5 241 770	5 581 716	−339 946	−6.09
海水产品	吨	19 529 822	20 917 900	−1 388 078	−6.64
5.部分水产品年加工量	吨	1 782 023	1 728 887	53 136	3.07
其中:对虾	吨	490 773	487 141	3 632	0.75
克氏原螯虾	吨	566 102	509 938	56 164	11.01
罗非鱼	吨	549 463	559 876	−10 413	−1.86
鳗鱼	吨	129 160	122 454	6 706	5.48
斑点叉尾鮰	吨	46 525	49 478	−2 953	−5.97

各地区水产加工品总量

单位：吨

地 区	2020 年		2019 年		2020 年比 2019 年增减(±)			
					绝对量		幅度(%)	
	水产加工品总量	其中：淡水加工产品	水产加工品总量	其中：淡水加工产品	水产加工品总量	其中：淡水加工产品	水产加工品总量	其中：淡水加工产品
全国总计	**20 907 861**	**4 115 121**	**21 714 136**	**3 953 244**	**−806 275**	**161 877**	**−3.71**	**4.09**
北 京	2 425	1 642	2 312	1 670	113	−28	4.89	−1.68
天 津	1 400	1 400	1 822	1 312	−422	88	−23.16	6.71
河 北	98 451	13 985	84 057	12 633	14 394	1 352	17.12	10.70
山 西	785	295	1 050	350	−265	−55	−25.24	−15.71
内蒙古	3 366	3 366	5 581	5 581	−2 215	−2 215	−39.69	−39.69
辽 宁	2 333 821	27 844	2 390 997	36 150	−57 176	−8 306	−2.39	−22.98
吉 林	254 549	1 474	261 593	1 491	−7 044	−17	−2.69	−1.14
黑龙江	10 442	10 442	12 199	12 199	−1 757	−1 757	−14.40	−14.40
上 海	2 430	338	13 183	9 748	−10 753	−9 410	−81.57	−96.53
江 苏	1 286 801	645 015	1 287 053	641 343	−252	3 672	−0.02	0.57
浙 江	1 857 099	68 785	1 988 206	81 617	−131 107	−12 832	−6.59	−15.72
安 徽	209 008	204 177	202 278	197 486	6 730	6 691	3.33	3.39
福 建	3 704 087	192 471	4 297 124	189 286	−593 037	3 185	−13.80	1.68
江 西	371 737	371 737	364 888	364 888	6 849	6 849	1.88	1.88
山 东	6 464 797	118 904	6 684 339	103 995	−219 542	14 909	−3.28	14.34
河 南	19 831	19 831	19 905	19 905	−74	−74	−0.37	−0.37
湖 北	1 538 116	1 538 116	1 311 295	1 311 295	226 821	226 821	17.30	17.30
湖 南	218 561	218 561	219 485	219 485	−924	−924	−0.42	−0.42
广 东	1 454 584	396 997	1 350 100	330 257	104 484	66 740	7.74	20.21
广 西	745 052	123 930	741 751	124 017	3 301	−87	0.45	−0.07
海 南	257 802	83 094	398 589	212 207	−140 787	−129 113	−35.32	−60.84
重 庆	584	584	543	543	41	41	7.55	7.55
四 川	3 921	3 921	4 688	4 688	−767	−767	−16.36	−16.36
贵 州	4 929	4 929	1 802	1 802	3 127	3 127	173.53	173.53
云 南	32 068	32 068	31 395	31 395	673	673	2.14	2.14
西 藏								
陕 西	1 150	1 150	1 100	1 100	50	50	4.55	4.55
甘 肃								
青 海	28 000	28 000	28 000	28 000				
宁 夏								
新 疆	2 065	2 065	8 801	8 801	−6 736	−6 736	−76.54	−76.54

各地区水产加工品总量(按品种分)(一)

单位:吨

地　　区	水产加工品总量	淡水加工品	海水加工品	1.水产冷冻品	冷冻品	冷冻加工品
全国总计	**20 907 861**	**4 115 121**	**16 792 740**	**14 759 139**	**7 600 877**	**7 158 262**
北　　京	2 425	1 642	783	2 425		2 425
天　　津	1 400	1 400		1 400	1 400	
河　　北	98 451	13 985	84 466	70 494	37 247	33 247
山　　西	785	295	490	785	295	490
内 蒙 古	3 366	3 366		2 218	2 148	70
辽　　宁	2 333 821	27 844	2 305 977	1 736 903	618 462	1 118 441
吉　　林	254 549	1 474	253 075	236 514	150 345	86 169
黑 龙 江	10 442	10 442		6 055	6 055	
上　　海	2 430	338	2 092	2 430	238	2 192
江　　苏	1 286 801	645 015	641 786	635 516	418 195	217 321
浙　　江	1 857 099	68 785	1 788 314	1 440 505	1 001 663	438 842
安　　徽	209 008	204 177	4 831	165 304	69 509	95 795
福　　建	3 704 087	192 471	3 511 616	2 500 927	1 444 140	1 056 787
江　　西	371 737	371 737		132 931	57 925	75 006
山　　东	6 464 797	118 904	6 345 893	4 962 928	2 692 903	2 270 025
河　　南	19 831	19 831		18 462	6 553	11 909
湖　　北	1 538 116	1 538 116		731 608	278 857	452 751
湖　　南	218 561	218 561		149 658	77 538	72 120
广　　东	1 454 584	396 997	1 057 587	1 041 549	421 060	620 489
广　　西	745 052	123 930	621 122	652 727	168 817	483 910
海　　南	257 802	83 094	174 708	225 544	119 643	105 901
重　　庆	584	584		318	250	68
四　　川	3 921	3 921		2 901	681	2 220
贵　　州	4 929	4 929		4 065	2 000	2 065
云　　南	32 068	32 068		21 322	11 603	9 719
西　　藏						
陕　　西	1 150	1 150		1 150	1 150	
甘　　肃						
青　　海	28 000	28 000		11 000	11 000	
宁　　夏						
新　　疆	2 065	2 065		1 500	1 200	300

各地区水产加工品总量(按品种分)(二)

单位:吨

地 区	2.鱼糜制品及干腌制品	鱼糜制品	干腌制品	3.藻类加工品	4.罐制品	5.鱼粉
全国总计	**2 650 891**	**1 267 727**	**1 383 164**	**1 048 090**	**329 857**	**707 638**
北 京						
天 津						
河 北	2 808		2 808		7 070	16 725
山 西						
内蒙古	638		638	440	70	
辽 宁	133 152	43 802	89 350	255 232	20 142	58 466
吉 林	17 905	4 168	13 737		130	
黑龙江	2 217	43	2 174			
上 海						
江 苏	124 581	23 374	101 207	26 081	18 784	1 441
浙 江	167 496	79 901	87 595	33 323	47 002	139 650
安 徽	38 386	17 638	20 748		5 303	
福 建	598 889	335 703	263 186	339 154	33 390	24 207
江 西	209 868	71 862	138 006	1 422	14 182	
山 东	600 972	327 549	273 423	386 288	125 945	265 735
河 南	1 364	317	1 047		2	3
湖 北	460 481	230 285	230 196		11 104	89 340
湖 南	60 970	20 766	40 204	840	3 429	2 200
广 东	180 848	89 776	91 072	4 655	41 562	80 151
广 西	37 262	18 248	19 014		669	
海 南	4 658	2 081	2 577			10 500
重 庆	256	21	235		10	
四 川	948	280	668		27	
贵 州	864	41	823			
云 南	6 123	1 787	4 336	655	686	2 220
西 藏						
陕 西						
甘 肃						
青 海						17 000
宁 夏						
新 疆	205	85	120		350	

各地区水产加工品总量(按品种分)(三)

单位:吨

地区	6.鱼油制品	7.其他水产加工品	其中	
			助剂和添加剂	珍珠(千克)
全国总计	**53 243**	**1 116 003**	**40 848**	**27 943**
北京				
天津				
河北	74	1 280		
山西				
内蒙古				
辽宁	1 860	128 066		
吉林				
黑龙江		2 170		
上海				
江苏		480 398	215	6 000
浙江	896	28 227	4 796	980
安徽		15		15 000
福建	14 000	193 520	9 937	
江西	134	13 200		45
山东	35 167	87 762	20 947	
河南				
湖北		2 583	240	
湖南	5	1 459	205	2 350
广东	47	105 772		3 568
广西		54 394	4 498	
海南		17 100		
重庆				
四川		45		
贵州				
云南	1 060	2		
西藏				
陕西				
甘肃				
青海				
宁夏				
新疆		10	10	

各地区用于加工的水产品量

单位:吨

地　　区	用于加工的水产品量	淡水产品	海水产品
全国总计	**24 771 592**	**5 241 770**	**19 529 822**
北　　京	2 625	1 842	783
天　　津	1 500	1 500	
河　　北	186 186	14 255	171 931
山　　西	995	505	490
内 蒙 古	5 282	5 282	
辽　　宁	3 444 910	26 392	3 418 518
吉　　林	287 552	1 602	285 950
黑 龙 江	24 433	24 433	
上　　海	2 430	338	2 092
江　　苏	1 466 890	725 953	740 937
浙　　江	1 651 576	82 561	1 569 015
安　　徽	268 867	262 629	6 238
福　　建	4 388 835	208 090	4 180 745
江　　西	678 577	678 577	
山　　东	7 344 779	85 250	7 259 529
河　　南	33 593	33 593	
湖　　北	1 915 405	1 915 405	
湖　　南	235 311	235 311	
广　　东	1 660 646	543 320	1 117 326
广　　西	746 654	163 835	582 819
海　　南	347 883	154 434	193 449
重　　庆	1 072	1 072	
四　　川	5 144	5 144	
贵　　州	4 995	4 995	
云　　南	49 632	49 632	
西　　藏			
陕　　西	1 120	1 120	
甘　　肃			
青　　海	13 000	13 000	
宁　　夏			
新　　疆	1 700	1 700	

各地区水产品加工企业、冷库基本情况

地区	水产品加工企业			水产品冷库			
	小计（个）	水产品加工能力（吨/年）	其中：规模以上加工企业（个）	数量（座）	冻结能力（吨/日）	冷藏能力（吨/次）	制冰能力（吨/日）
全国总计	**9 136**	**28 534 343**	**2 513**	**8 188**	**882 134**	**4 643 754**	**214 863**
北京	2	2 200	1	11	29	27 334	2
天津	1	1 500	1	1	5	200	
河北	223	316 658	35	236	6 703	60 326	4 443
山西	2	1 100	1	4	5	253	5
内蒙古	26	6 950	21	30	340	2 234	227
辽宁	873	2 914 809	316	608	64 955	598 513	18 093
吉林	101	306 495	39	50	230 374	231 780	115
黑龙江	17	12 515		17	465	1 010	450
上海	6	15 105	1	14	441	3 492	164
江苏	1 084	2 345 734	318	1 132	39 504	191 970	25 151
浙江	1 862	2 467 839	288	1 168	43 518	864 814	29 277
安徽	168	280 310	84	475	14 586	45 704	2 009
福建	1 161	5 155 699	387	822	108 270	540 809	18 265
江西	172	296 002	42	189	2 221	22 260	3 062
山东	1 700	8 274 124	520	1 909	200 315	1 287 133	52 149
河南	44	67 561	8	84	1 493	17 490	618
湖北	251	1 810 855	111	384	74 806	171 273	5 468
湖南	172	391 301	58	230	44 767	90 564	3 683
广东	944	2 240 247	178	566	26 024	366 984	43 552
广西	186	1 059 992	62	44	1 837	95 618	3 193
海南	33	316 229	10	57	3 510	5 246	3 928
重庆	8	3 225	4	18	12 837	5 412	46
四川	13	31 540	8	37	1 696	5 576	680
贵州	22	5 808	1	5	28	195	10
云南	48	172 175	14	61	1 955	3 914	258
西藏							
陕西	4	870	1	4	100	50	3
甘肃							
青海	2	13 000					
宁夏	1	10 000	1	5	500	800	
新疆	10	14 500	3	27	850	2 800	12

(二)水产品贸易

各地区水产品进出口贸易情况

单位:万美元,吨

地　　区	2020 年进出口		2019 年进出口		2020 年比 2019 年增减(±)			
					绝对量		幅度(%)	
	金额	数量	金额	数量	金额	数量	金额	数量
全国总计	**3 460 558.87**	**9 490 430**	**3 935 379.33**	**10 531 941**	**−474 820.46**	**−1 041 511**	**−12.07**	**−9.89**
北　京	171 793.90	643 151	279 604.81	821 014	−107 810.91	−177 863	−38.56	−21.66
天　津	69 731.60	170 645	84 706.02	190 140	−14 974.41	−19 495	−17.68	−10.25
河　北	35 879.03	77 985	42 824.22	94 248	−6 945.19	−16 263	−16.22	−17.26
山　西	97.06	60	36.80	116	60.26	−56	163.74	−47.97
内蒙古	146.17	314	7 225.27	3 651	−7 079.10	−3 337	−97.98	−91.39
辽　宁	426 200.82	1 773 793	519 139.25	2 074 561	−92 938.43	−300 768	−17.90	−14.50
吉　林	34 591.05	79 272	42 045.78	98 621	−7 454.73	−19 348	−17.73	−19.62
黑龙江	2 173.90	3 050	2 353.33	4 185	−179.42	−1 134	−7.62	−27.11
上　海	191 097.82	252 237	238 464.70	322 921	−47 366.88	−70 684	−19.86	−21.89
江　苏	68 044.75	129 614	77 227.31	144 004	−9 182.56	−14 391	−11.89	−9.99
浙　江	253 138.40	709 423	278 825.10	776 167	−25 686.69	−66 743	−9.21	−8.60
安　徽	12 320.20	63 320	18 848.14	90 488	−6 527.94	−27 167	−34.63	−30.02
福　建	801 122.43	1 846 333	750 471.71	1 841 957	50 650.72	4 376	6.75	0.24
江　西	10 395.37	7 754	16 159.58	25 890	−5 764.21	−18 136	−35.67	−70.05
山　东	711 905.31	2 112 175	857 889.25	2 455 363	−145 983.94	−343 188	−17.02	−13.98
河　南	3 605.21	8 102	4 505.79	7 214	−900.58	887	−19.99	12.30
湖　北	7 907.59	19 767	16 845.77	34 875	−8 938.18	−15 108	−53.06	−43.32
湖　南	42 397.35	44 678	24 025.23	29 733	18 372.12	14 945	76.47	50.26
广　东	500 998.15	1 104 204	546 683.69	1 128 352	−45 685.54	−24 148	−8.36	−2.14
广　西	35 763.02	131 510	32 205.99	100 833	3 557.04	30 676	11.04	30.42
海　南	48 706.16	183 168	52 529.20	177 031	−3 823.04	6 136	−7.28	3.47
重　庆	3 670.05	18 239	6 572.50	21 000	−2 902.45	−2 761	−44.16	−13.15
四　川	14 986.08	50 723	13 990.45	32 911	995.63	17 813	7.12	54.12
贵　州	172.76	17	359.22	25	−186.45	−8	−51.91	−32.41
云　南	4 486.02	11 136	4 858.89	8 470	−372.86	2 666	−7.67	31.47
西　藏	71.30	222	54.31	90	16.99	132	31.28	147.25
陕　西	479.46	1 507	7 935.02	12 725	−7 455.56	−11 218	−93.96	−88.15
甘　肃	974.90	1 532	19.70	67	955.19	1 466	4 847.64	2 203.25
青　海	209.56	371			209.56	371		
宁　夏	96.33	114	1 313.58	2 407	−1 217.25	−2 293	−92.67	−95.26
新　疆	7 397.11	46 011	7 658.74	32 881	−261.63	13 130	−3.42	39.93

各地区水产品出口贸易情况

单位:万美元,吨

地区	2020年出口		2019年出口		2020年比2019年增减(±)			
					绝对量		幅度(%)	
	金额	数量	金额	数量	金额	数量	金额	数量
全国总计	**1 904 089.48**	**3 811 795**	**2 065 312.47**	**4 266 786**	**−161 222.99**	**−454 991**	**−7.81**	**−10.66**
北　京	2 156.93	2 815	1 931.30	2 491	225.63	324	11.68	12.99
天　津	2 662.66	4 760	1 824.69	3 040	837.97	1 720	45.92	56.56
河　北	18 599.13	26 286	23 506.83	28 464	−4 907.71	−2 178	−20.88	−7.65
山　西			11.12	17	−11.12	−17		
内蒙古	40.70	51			40.70	51		
辽　宁	244 215.03	709 162	289 890.18	820 469	−45 675.14	−111 307	−15.76	−13.57
吉　林	12 565.13	30 345	14 097.53	33 641	−1 532.39	−3 296	−10.87	−9.80
黑龙江	138.96	206	86.97	901	51.98	−695	59.77	−77.11
上　海	19 210.83	15 404	24 576.89	21 812	−5 366.07	−6 408	−21.83	−29.38
江　苏	41 012.24	48 126	41 353.66	50 340	−341.42	−2 214	−0.83	−4.40
浙　江	172 705.67	441 290	199 653.56	499 199	−26 947.89	−57 910	−13.50	−11.60
安　徽	2 899.56	2 909	4 551.38	3 788	−1 651.81	−879	−36.29	−23.21
福　建	594 025.40	826 089	561 042.48	870 108	32 982.92	−44 019	5.88	−5.06
江　西	6 600.09	3 938	10 827.95	5 604	−4 227.86	−1 666	−39.05	−29.73
山　东	431 405.63	944 252	510 620.43	1 136 976	−79 214.79	−192 724	−15.51	−16.95
河　南	8.64	100	94.64	82	−85.99	18	−90.87	22.08
湖　北	4 210.38	5 883	10 204.51	11 405	−5 994.13	−5 522	−58.74	−48.41
湖　南	2 196.94	3 009	2 108.81	2 885	88.13	124	4.18	4.32
广　东	281 415.99	538 035	294 986.21	572 204	−13 570.22	−34 169	−4.60	−5.97
广　西	15 756.31	35 630	18 859.67	41 664	−3 103.36	−6 035	−16.46	−14.48
海　南	45 644.61	168 336	47 805.95	156 978	−2 161.34	11 359	−4.52	7.24
重　庆	11.33	81	12.19	3	−0.86	78	−7.07	2749.89
四　川	4 763.75	2 639	5 090.10	2 116	−326.35	523	−6.41	24.72
贵　州	170.06	16	358.91	25	−188.85	−9	−52.62	−34.87
云　南	1 131.67	1 496	1 494.87	2 029	−363.20	−533	−24.30	−26.25
西　藏								
陕　西	61.58	72	76.55	122	−14.97	−50	−19.56	−40.72
甘　肃								
青　海	209.56	371			209.56	371		
宁　夏	46.19	23			46.19	23		
新　疆	224.51	470	245.09	423	−20.59	47	−8.40	11.12

各地区水产品进口贸易情况

单位:万美元,吨

地区	2020年进口		2019年进口		2020年比2019年增减(±)			
					绝对量		幅度(%)	
	金额	数量	金额	数量	金额	数量	金额	数量
全国总计	**1 556 469.39**	**5 678 635**	**1 870 066.86**	**6 265 155**	**−313 597.47**	**−586 520**	**−16.77**	**−9.36**
北京	169 636.96	640 336	277 673.51	818 523	−108 036.54	−178 187	−38.91	−21.77
天津	67 068.94	165 885	82 881.33	187 100	−15 812.38	−21 214	−19.08	−11.34
河北	17 279.91	51 700	19 317.39	65 785	−2 037.48	−14 085	−10.55	−21.41
山西	97.06	60	25.68	99	71.38	−39	277.91	−39.23
内蒙古	105.47	263	7 225.27	3 651	−7 119.80	−3 388	−98.54	−92.79
辽宁	181 985.79	1 064 631	229 249.07	1 254 092	−47 263.28	−189 461	−20.62	−15.11
吉林	22 025.92	48 927	27 948.25	64 980	−5 922.33	−16 053	−21.19	−24.70
黑龙江	2 034.95	2 844	2 266.36	3 284	−231.41	−439	−10.21	−13.38
上海	171 886.99	236 834	213 887.81	301 109	−42 000.82	−64 276	−19.64	−21.35
江苏	27 032.51	81 488	35 873.65	93 664	−8 841.14	−12 176	−24.65	−13.00
浙江	80 432.73	268 134	79 171.53	276 967	1 261.20	−8 833	1.59	−3.19
安徽	9 420.63	60 412	14 296.76	86 700	−4 876.13	−26 288	−34.11	−30.32
福建	207 097.03	1 020 244	189 429.23	971 849	17 667.80	48 395	9.33	4.98
江西	3 795.28	3 816	5 331.63	20 286	−1 536.35	−16 470	−28.82	−81.19
山东	280 499.68	1 167 923	347 268.83	1 318 387	−66 769.15	−150 464	−19.23	−11.41
河南	3 596.57	8 002	4 411.16	7 132	−814.59	869	−18.47	12.19
湖北	3 697.21	13 884	6 641.27	23 470	−2 944.06	−9 586	−44.33	−40.84
湖南	40 200.41	41 669	21 916.42	26 848	18 284.00	14 821	83.43	55.20
广东	219 582.16	566 169	251 697.48	556 147	−32 115.32	10 022	−12.76	1.80
广西	20 006.71	95 880	13 346.31	59 169	6 660.40	36 711	49.90	62.04
海南	3 061.55	14 831	4 723.26	20 054	−1 661.71	−5 222	−35.18	−26.04
重庆	3 658.72	18 159	6 560.30	20 997	−2 901.58	−2 839	−44.23	−13.52
四川	10 222.33	48 084	8 900.35	30 794	1 321.98	17 290	14.85	56.15
贵州	2.70	1	0.31		2.40	1	782.95	
云南	3 354.35	9 640	3 364.02	6 442	−9.66	3 198	−0.29	49.65
西藏	71.30	222	54.31	90	16.99	132		
陕西	417.89	1 435	7 858.47	12 603	−7 440.58	−11 168	−94.68	−88.61
甘肃	974.90	1 532	19.70	67	955.20	1 466	4 848.32	2 204.11
青海								
宁夏	50.14	91	1 313.58	2 407	−1 263.44	−2 316	−96.18	−96.22
新疆	7 172.60	45 541	7 413.64	32 458	−241.04	13 083	−3.25	40.31

五、渔 政 管 理

各地区渔政管理机构情况（按机构性质分）

单位：个

地　　区	渔业执法机构个数	行政单位	参照公务员管理单位	事业单位	其　他
全国总计	**2 609**	**458**	**600**	**1 551**	
部 直 属	2	2			
北　　京	16	5	1	10	
天　　津	11	1	2	8	
河　　北	105	18	7	80	
山　　西	55	6	1	48	
内 蒙 古	97	12	23	62	
辽　　宁	75	5	7	63	
吉　　林	58	8	8	42	
黑 龙 江	91	6	12	73	
上　　海	10	2	8		
江　　苏	93	4	56	33	
浙　　江	97	8	77	12	
安　　徽	111	15	8	88	
福　　建	86	3	59	24	
江　　西	93	1	12	80	
山　　东	158	30	13	115	
河　　南	114	33	3	78	
湖　　北	101	5	13	83	
湖　　南	120	9	28	83	
广　　东	123	116	4	3	
广　　西	107	5	91	11	
海　　南	21	1	4	16	
重　　庆	40	1	30	9	
四　　川	202	65	65	72	
贵　　州	97		9	88	
云　　南	149	17	10	122	
西　　藏	57	22	2	33	
陕　　西	112	17	8	87	
甘　　肃	83	15	10	58	
青　　海	38	2	6	30	
宁　　夏	22	1		21	
新　　疆	65	23	23	19	

各地区渔政管理机构情况(按执法业务类型分)

单位:个

地　区	独立渔政执法队伍	农业综合执法队伍内设独立渔政执法分支机构	农业综合执法队伍内设科室	海洋与渔业整合设置的综合执法队伍	水利与渔业整合设置的综合执法队伍	渔政与其他行业整合设置的综合执法队伍
全国总计	**930**	**241**	**1 149**	**101**	**45**	**143**
部直属	2					
北　京	10		5			1
天　津	3	5	3			
河　北	38	13	41	6	4	3
山　西	6	5	44			
内蒙古	54	2	34		4	3
辽　宁	31	9	26	5		4
吉　林	40	2	15		1	
黑龙江	20	11	60			
上　海		10				
江　苏	59	13	18	1		2
浙　江	33	3	44	9	2	6
安　徽	59	7	43			2
福　建	40		16	23	1	6
江　西	7		86			
山　东	6	3	76	40	2	31
河　南	35	7	46		12	14
湖　北	46	21	19		4	11
湖　南	57	26	33		1	3
广　东	52	2	58	7	1	3
广　西	65	18	14	6		4
海　南	8	3	3	4		3
重　庆	5	8	26			1
四　川	39	33	119		2	9
贵　州	19	13	48		1	16
云　南	91	12	40			6
西　藏	2		55			
陕　西	55	6	29		10	12
甘　肃	19	5	59			
青　海	13	1	22			2
宁　夏	15	1	5			1
新　疆	1	2	62			

各地区渔政管理人员情况

单位：个

地　区	现有人数合计	按教育水平分				持渔业行政执法证人数
		大学本科以上	大学本科	大学专科	大学专科以下	
全国总计	**32 870**	**1 114**	**13 482**	**14 088**	**4 186**	**18 386**
部 直 属	96	35	27	19	15	32
北　京	235	28	166	39	2	210
天　津	116	2	65	26	23	100
河　北	1 197	24	514	517	142	756
山　西	270	11	138	116	5	43
内 蒙 古	824	22	349	402	51	464
辽　宁	2 123	77	950	885	211	1 389
吉　林	525	13	204	203	105	292
黑 龙 江	502	10	224	250	18	323
上　海	518	59	261	73	125	304
江　苏	1 801	107	729	732	233	1 298
浙　江	2 275	94	1 066	816	299	916
安　徽	1 011	23	301	585	102	678
福　建	1 735	57	827	598	253	1 017
江　西	820	17	261	418	124	411
山　东	3 947	142	1 666	1 623	516	1 736
河　南	762	10	234	445	73	361
湖　北	1 487	14	379	911	183	876
湖　南	2 043	66	634	1 059	284	1 295
广　东	2 794	119	1 098	1 024	553	1 618
广　西	1 050	31	451	473	95	641
海　南	784	9	168	380	227	273
重　庆	413	13	206	180	14	319
四　川	1 072	36	496	471	69	623
贵　州	699	14	333	339	13	251
云　南	1 305	22	540	527	216	822
西　藏	165	1	132	32		122
陕　西	983	12	294	480	197	580
甘　肃	567	21	333	193	20	287
青　海	347	8	194	133	12	177
宁　夏	109	5	79	23	2	90
新　疆	295	12	163	116	4	82

注：数据截至 2020 年 5 月。

六、科技与推广

(一)科技

全国渔业科技基本情况

一、渔业科研机构个数(个)	**82**
二、渔业科研机构从业人员(人)	**6 266**
1.科技活动人员	5 069
按职称分:高级职称	1 822
中级职称	1 979
初级职称及其他	716
按学历分:研究生	1 558
大学	1 826
大专	417
其他	368
2.生产经营活动人员	239
3.其他人员	958
三、本年度收入(千元)	**3 410 786**
1.科技活动收入	3 070 685
政府资金	2 538 883
财政拨款	1 865 415
承担政府项目	652 825
其他	20 643
非政府资金	531 80
其中:技术性收入	410 084
2.生产经营收入	68 769
3.其他收入	271 332
四、科研机构固定资产情况(千元)	
年末固定资产合计	5 222 427
五、科技著述和专利申请情况	
发表科技论文(篇)	2 857
其中:国外发表	883
出版科技著作(种)	60
专利受理数(件)	984
专利授权(件)	761
其中:发明专利	374
国外授权	0
拥有发明专利总数(件)	3 262

(二)技术推广

各地区水产技术推广机构情况(按层级分)

单位:个

地区	数量			省级站		市级站		县级站		区域站		乡级站	
		专业站	综合站	专业站	综合站	专业站	综合站	专业站	综合站	专业站	综合站	专业站	综合站
全国总计	**11 373**	**2 016**	**9 357**	**33**	**3**	**223**	**79**	**1 128**	**792**	**60**	**70**	**572**	**8 413**
北京	14	7	7	1		6	7						
天津	1	1		1									
河北	193	71	122	1		11		52	84	7	38		
山西	37	23	14	1		9	1	13	8				5
内蒙古	81	39	42	1		7	5	31	37				
辽宁	93	21	72	1		4	3	12	8	4	2		59
吉林	398	45	353	1		9		35	12		4		337
黑龙江	70	38	32	1		4	7	33	25				
上海	100	9	91	1				8	1				90
江苏	821	88	733	1		12	1	62	21		1	13	710
浙江	362	42	320	1		7	3	34	38				279
安徽	570	115	455	1		11	5	51	27	7	7	45	416
福建	734	146	588	1		8	1	65	6		2	72	579
江西	865	105	760	1		9	1	73	24	4	1	18	734
山东	893	219	674	1		13	2	92	24	6		107	648
河南	132	88	44	1		17	1	69	41	1	2		
湖北	542	313	229	1		8	2	40	24	9	1	255	202
湖南	891	89	802		1	6	8	50	65		12	33	716
广东	663	108	555	1		15	5	45	30	22		25	520
广西	1 032	69	963	1		11	3	57	35				925
海南	22	5	17		1	1	2	4	6				8
重庆	723	19	704	1				18	20				684
四川	835	82	753	1		12	5	69	72				676
贵州	800	51	749	1		7	2	43	49				698
云南	178	105	73	1		14	2	90	32				39
陕西	99	60	39	1		8	3	51	36				
甘肃	76	26	50	1		9	4	15	40			1	6
青海	11	4	7	1			1	3	6				
宁夏	36	4	32	1		1	4	2	14				14
新疆	11	7	4	1		4	1	2	3				
大连	12	4	8		1			4	2				5
青岛	48	9	39	1				5	2			3	37
宁波	27	1	26	1									26
厦门	1	1		1									
深圳	1	1		1									
新疆兵团	1	1		1									

各地区水产技术推广机构情况（按机构性质分）（一）

单位：个

地区	行政单位					
	合计	省级站	市级站	县级站	区域站	乡级站
全国总计	**86**		**7**	**48**	**1**	**30**
北京						
天津						
河北	8			8		
山西						
内蒙古						
辽宁						
吉林						
黑龙江						
上海						
江苏	2			1		1
浙江	11			4		7
安徽	2		1	1		
福建						
江西	2			2		
山东	14			2		12
河南	3			3		
湖北	1			1		
湖南	14		1	2	1	10
广东	3			3		
广西						
海南	2			2		
重庆	3			3		
四川	13		4	9		
贵州						
云南						
陕西	5			5		
甘肃	2			2		
青海	1		1			
宁夏						
新疆						
大连						
青岛						
宁波						
深圳						
厦门						
新疆兵团						

各地区水产技术推广机构情况(按机构性质分)(二)

单位:个

地 区	事业单位						
	合 计	全额拨款					
		小 计	省级站	市级站	县级站	区域站	乡级站
全国总计	**11 287**	**10 572**	**36**	**279**	**1 772**	**111**	**8 374**
北 京	14	14	1	13			
天 津	1	1	1				
河 北	185	151	1	10	107	33	
山 西	37	34	1	8	20		5
内蒙古	81	76	1	12	63		
辽 宁	93	93	1	7	20	6	59
吉 林	398	398	1	9	47	4	337
黑龙江	70	70	1	11	58		
上 海	100	95	1		9		85
江 苏	819	767	1	13	72	1	680
浙 江	351	348	1	10	68		269
安 徽	568	539	1	15	72	14	437
福 建	734	731	1	9	70	2	649
江 西	863	805	1	10	94	5	695
山 东	879	844	1	14	110	6	713
河 南	129	115	1	16	95	3	
湖 北	541	189	1	9	41	5	133
湖 南	877	835	1	10	108	11	705
广 东	660	588	1	17	62	21	487
广 西	1 032	1 032	1	14	92		925
海 南	20	20	1	3	8		8
重 庆	720	719	1		34		684
四 川	822	822	1	13	132		676
贵 州	800	800	1	9	92		698
云 南	178	178	1	16	122		39
陕 西	94	92	1	10	81		
甘 肃	74	71	1	11	52		7
青 海	10	10	1		9		
宁 夏	36	36	1	5	16		14
新 疆	11	11	1	5	5		
大 连	12	12	1		6		5
青 岛	48	46	1		7		38
宁 波	27	27	1				26
厦 门	1	1	1				
深 圳	1	1	1				
新疆兵团	1	1	1				

各地区水产技术推广机构情况(按机构性质分)(三)

单位:个

地区	差额拨款						自收自支					
	小计	省级站	市级站	县级站	区域站	乡级站	小计	省级站	市级站	县级站	区域站	乡级站
全国总计	**541**		**12**	**69**	**8**	**452**	**174**		**4**	**31**	**10**	**129**
北京												
天津												
河北	22		1	18	3		12			3	9	
山西	1		1				2		1	1		
内蒙古	5			5								
辽宁												
吉林												
黑龙江												
上海	5					5						
江苏	46			7		39	6			3		3
浙江	3					3						
安徽	2			2			27			3		24
福建	2			1		1	1					1
江西	55			1		54	3					3
山东	32		1	4		27	3					3
河南	6		1	5			8		1	7		
湖北	256		1	17	5	233	96			5		91
湖南	36		3	3		30	6			2		4
广东	62		1	3		58	10		2	7	1	
广西												
海南												
重庆	1			1								
四川												
贵州												
云南												
陕西	2		1	1								
甘肃	3		2	1								
青海												
宁夏												
新疆												
大连												
青岛	2					2						
宁波												
深圳												
厦门												
新疆兵团												

各地区水产技术推广经费情况(一)

单位:万元

地区	总计	人员经费					
		合计	省级站	市级站	县级站	区域站	乡级站
全国总计	**391 885.66**	**266 800.25**	**27 041.15**	**54 066.74**	**98 700.02**	**1 779.66**	**85 212.68**
北京	6 211.40	4 612.35	2 013.25	2 599.10			
天津	615.56	299.88	299.88				
河北	7 551.06	5 855.70	617.90	2 213.76	2 750.04	274.00	
山西	1 696.01	1 277.46	131.91	566.48	553.07		26.00
内蒙古	8 333.18	7 279.38	1 028.60	2 240.10	4 010.68		
辽宁	8 303.39	3 223.58	1 677.70	693.00	676.08	41.80	135.00
吉林	21 677.33	7 717.32	408.25	1 392.66	3 272.02	73.00	2 571.39
黑龙江	4 131.03	3 351.12	32.72	502.81	2 815.59		
上海	16 610.26	10 367.50	4 373.21		4 082.69		1 911.60
江苏	35 367.07	26 234.72	1 613.64	4 245.44	9 797.99	17.00	10 560.65
浙江	20 469.77	11 709.28	538.99	2 265.79	4 692.64		4 211.86
安徽	12 753.20	10 360.71	332.00	2 031.63	3 910.17	372.11	3 714.80
福建	13 520.27	8 261.33	562.00	1 483.84	2 776.19	15.20	3 424.10
江西	10 152.80	8 123.72	386.62	433.72	2 593.47	125.45	4 584.46
山东	23 894.69	18 621.46	552.40	3 406.24	7 024.39	25.00	7 613.43
河南	7 617.96	5 649.27	470.30	2 459.19	2 719.78		
湖北	12 590.67	10 314.79	369.60	1 924.29	3 784.42	79.10	4 157.38
湖南	13 789.76	11 040.86	285.00	1 273.43	2 936.93	407.00	6 138.50
广东	33 414.00	24 128.00	1 456.00	13 160.00	3 920.00	350.00	5 242.00
广西	20 194.17	17 004.72	334.15	1 359.68	4 018.75		11 292.14
海南	1 689.45	1 060.96	281.29	297.00	444.27		38.40
重庆	19 614.90	10 732.51	916.84		3 465.01		6 350.66
四川	17 224.88	12 690.90	50.00	1 514.85	5 956.05		5 170.00
贵州	18 468.08	10 161.36	219.30	773.91	2 983.91		6 184.24
云南	13 920.56	11 458.94	324.76	2 664.81	8 124.24		345.13
陕西	12 410.70	9 309.10	1 563.70	1 842.30	5 903.10		
甘肃	5 685.87	4 193.86	863.25	1 635.84	1 687.77		7.00
青海	2 133.03	752.63	474.62	9.48	268.53		
宁夏	3 254.50	1 748.96	514.21	393.85	756.62		84.28
新疆	3 402.77	1 534.50	749.58	683.54	101.38		
大连	1 905.73	1 025.28	400.70		573.58		51.00
青岛	5 372.25	1 883.98	282.97		497.35		1 103.66
宁波	5 059.93	3 356.31	1 458.00		1 603.31		295.00
厦门	110.00	80.00	80.00				
深圳	2 446.00	1 230.00	1 230.00				
新疆兵团	293.43	147.81	147.81				

各地区水产技术推广经费情况(二)

单位:万元

地 区	公共经费					
	合 计	省级站	市级站	县级站	区域站	乡级站
全国总计	**37 941.65**	**3 827.62**	**4 209.58**	**21 049.47**	**174.96**	**8 680.02**
北 京	463.35	183.80	279.55			
天 津	110.68	110.68				
河 北	451.34	33.79	174.14	186.41	57.00	
山 西	79.72	10.91	46.10	20.71		2.00
内 蒙 古	454.54	54.00	268.77	131.77		
辽 宁	439.14	290.50	60.86	67.38	3.00	17.40
吉 林	12 519.30	84.07	126.19	12 270.40		38.64
黑 龙 江	172.21	2.85	30.31	139.05		
上 海	1 282.78	621.07		483.61		178.10
江 苏	2 110.96	90.78	346.06	853.29	1.96	818.87
浙 江	1 591.46	504.87	183.35	473.02		430.22
安 徽	1 082.91	18.00	156.05	412.36	40.00	456.50
福 建	532.23	46.00	105.98	190.94	0.80	188.51
江 西	942.57	20.95	55.58	303.24	21.80	541.00
山 东	1 783.04	414.20	189.83	601.13	1.80	576.08
河 南	429.32	37.02	108.86	283.44		
湖 北	869.20	40.00	228.53	275.07	6.60	319.00
湖 南	1 611.45	72.00	220.80	550.85	32.00	735.80
广 东	1 680.00	30.00	540.00	450.00	10.00	650.00
广 西	1 240.91	28.27	100.91	306.58		805.15
海 南	178.89	42.98	29.48	98.43		8.00
重 庆	2 467.28	99.47		800.26		1 567.55
四 川	1 614.81	10.00	249.38	734.84		620.59
贵 州	773.30	3.56	111.10	164.68		493.96
云 南	802.30	22.08	189.21	557.01		34.00
陕 西	675.10	140.30	164.80	370.00		
甘 肃	326.77	64.77	188.20	73.80		
青 海	27.99	25.49		2.50		
宁 夏	98.82	40.72	18.47	36.28		3.35
新 疆	117.24	62.65	37.07	17.52		
大 连	102.98	34.00		59.98		9.00
青 岛	408.16	208.16		41.70		158.30
宁 波	376.22	255.00		93.22		28.00
厦 门	20.00	20.00				
深 圳	81.00	81.00				
新疆兵团	23.68	23.68				

各地区水产技术推广经费情况(三)

单位:万元

地区	项目经费					
	合计	省级站	市级站	县级站	区域站	乡级站
全国总计	**87 143.76**	**28 068.11**	**16 312.67**	**35 172.53**	**62.10**	**7 528.35**
北京	1 135.70	776.90	358.80			
天津	205.00	205.00				
河北	1 244.02	803.02	314.70	74.80	51.50	
山西	338.83	265.23	53.60	20.00		
内蒙古	599.26	136.00	329.55	133.71		
辽宁	4 640.67	3 294.70	1 081.07	264.90		
吉林	1 440.71	228.28	491.13	721.30		
黑龙江	607.70	475.52	3.00	129.18		
上海	4 959.98	2 295.11		2 639.98		24.89
江苏	7 021.39	280.00	2 036.72	4 564.26	1.00	139.41
浙江	7 169.03	1 954.16	1 260.87	3 946.45		7.55
安徽	1 309.58	145.00	344.59	755.99		64.00
福建	4 726.71	2 197.00	671.52	1 843.19		15.00
江西	1 086.52	451.23	134.00	489.29	1.00	11.00
山东	3 490.19	1 337.90	531.36	1 582.93		38.00
河南	1 539.37	275.40	485.88	778.09		
湖北	1 406.68	146.36	466.74	579.68		213.90
湖南	1 137.44	202.00	228.04	643.80	8.60	55.00
广东	7 606.00	1 882.00	4 124.00	740.00		860.00
广西	1 948.54	760.00	667.85	520.09		0.60
海南	449.60	178.10	71.50	200.00		
重庆	6 415.11	1 164.22		5 250.89		
四川	2 919.17		393.30	2 391.87		134.00
贵州	7 533.42	433.08	305.00	3 595.34		3 200.00
云南	1 659.33	81.64	345.31	1 229.38		3.00
陕西	2 426.50	353.10	681.70	1 391.70		
甘肃	1 165.23	888.25	166.48	110.50		
青海	1 352.41	1 352.41				
宁夏	1 406.72	583.01	672.80	150.91		
新疆	1 751.03	1 637.87	93.16	20.00		
大连	777.47	588.57		188.90		
青岛	3 080.11	249.11		69.00		2 762.00
宁波	1 327.40	1 181.00		146.40		
厦门	10.00	10.00				
深圳	1 135.00	1 135.00				
新疆兵团	121.94	121.94				

各地区水产技术推广人员编制情况(按层级分)

单位:人

地 区	编制人数					
	合 计	省级站	市级站	县级站	区域站	乡级站
全国总计	**33 562**	**1 426**	**3 886**	**13 107**	**413**	**14 730**
北 京	212	76	136			
天 津	130	20	110			
河 北	907	26	154	652	75	
山 西	263	16	113	128		6
内蒙古	711	61	236	414		
辽 宁	423	74	116	163	25	45
吉 林	958	31	132	302	11	482
黑龙江	675	31	85	559		
上 海	467	175		170		122
江 苏	2 302	48	176	710	6	1 362
浙 江	818	20	94	427		277
安 徽	1 342	17	154	534	57	580
福 建	1 349	33	116	387	2	811
江 西	1 511	20	61	482	18	930
山 东	2 395	21	220	968	6	1 180
河 南	972	38	204	706	24	
湖 北	1 244	30	113	492	26	583
湖 南	2 129	14	225	680	79	1 131
广 东	2 611	27	404	640	84	1 456
广 西	2 693	18	108	507		2 060
海 南	105	18	25	54		8
重 庆	1 127	38		338		751
四 川	1 626	10	172	818		626
贵 州	2 855	12	120	663		2 060
云 南	1 044	23	218	760		43
陕 西	1 224	156	179	889		
甘 肃	576	120	134	300		22
青 海	56	20	1	35		
宁 夏	166	28	35	89		14
新 疆	137	71	45	21		
大 连	84	22		57		5
青 岛	212	24		55		133
宁 波	193	43		107		43
厦 门	6	6				
深 圳	29	29				
新疆兵团	10	10				

各地区水产技术推广实有人员情况（按层级分）

单位：人

地　区	实有人数					
	合　计	省级站	市级站	县级站	区域站	乡级站
全国总计	**30 389**	**1 248**	**3 511**	**11 930**	**391**	**13 309**
北　京	171	66	105			
天　津	119	19	100			
河　北	762	33	152	518	59	
山　西	197	12	91	89		5
内蒙古	700	52	204	444		
辽　宁	389	64	115	144	21	45
吉　林	913	29	110	281	11	482
黑龙江	568	23	62	483		
上　海	395	139		140		116
江　苏	2 088	46	179	635	6	1 222
浙　江	717	18	65	316		318
安　徽	1 079	16	121	472	50	420
福　建	989	27	110	338	2	512
江　西	1 388	16	52	404	16	900
山　东	2 421	21	248	921	6	1 225
河　南	906	32	196	654	24	
湖　北	1 281	26	96	460	27	672
湖　南	1 974	14	209	639	90	1 022
广　东	2 360	25	356	596	79	1 304
广　西	2 400	17	104	470		1 809
海　南	111	20	27	56		8
重　庆	1 099	37		281		781
四　川	1 567	4	141	715		707
贵　州	2 072	12	90	521		1 449
云　南	987	21	201	731		34
陕　西	1 333	132	184	1 017		
甘　肃	564	80	124	341		19
青　海	54	19	1	34		
宁　夏	151	30	28	80		13
新　疆	121	63	40	18		
大　连	75	22		48		5
青　岛	249	5		34		210
宁　波	135	54		50		31
厦　门	7	7				
深　圳	38	38				
新疆兵团	9	9				

各地区水产技术推广实有人员情况(按技术职称和文化程度分)

单位:人

地区	技术职称					文化程度					
	正高级	副高级	中级	初级	其他	博士	硕士	本科	大专	中专	其他
全国总计	**555**	**3 624**	**9 764**	**8 439**	**8 007**	**72**	**1 416**	**10 391**	**11 462**	**4 076**	**2 972**
北　京	4	33	48	25	61	3	30	95	25	4	14
天　津	7	34	37	30	11	2	12	84	17	3	1
河　北	49	135	240	186	152	2	29	377	199	82	73
山　西	5	21	63	32	76		3	89	61	13	31
内蒙古	11	132	206	101	250	1	37	274	271	69	48
辽　宁	27	71	123	63	105		63	199	113	9	5
吉　林	44	158	295	252	164		26	258	405	161	63
黑龙江	30	135	128	78	197		18	261	222	45	22
上　海	18	65	120	141	51	9	72	180	89	26	19
江　苏	80	329	799	557	323	11	187	708	829	202	151
浙　江	28	106	305	148	130	3	84	385	190	35	20
安　徽	31	158	437	267	186		43	364	473	132	67
福　建	8	170	283	323	205	1	66	400	277	194	51
江　西	15	93	334	433	513		25	316	554	296	197
山　东	26	227	803	803	562	8	150	848	837	360	218
河　南	15	103	312	189	287	1	30	348	319	111	97
湖　北	4	49	340	428	460	2	26	165	538	354	196
湖　南	4	72	526	597	775		28	440	754	344	408
广　东	32	124	426	724	1 054	21	107	651	650	439	492
广　西	9	72	1 015	968	336		20	609	1 319	331	121
海　南	1	10	15	32	53		18	50	28	5	10
重　庆	11	116	448	281	243	1	45	471	455	92	35
四　川	9	173	586	463	336		58	528	733	177	71
贵　州	6	307	911	688	160	1	52	859	927	194	39
云　南	16	355	319	138	159		25	411	406	97	48
陕　西	11	112	249	269	692	1	26	368	401	205	332
甘　肃	15	111	156	93	189		21	241	182	60	60
青　海	2	8	19	11	14		3	28	21	1	1
宁　夏	10	53	55	22	11		8	104	29	8	2
新　疆	7	26	36	18	34		35	56	22	3	5
大　连	2	13	25	18	17		20	30	23	1	1
青　岛	3	16	40	31	159	2	10	89	68	15	65
宁　波	12	31	42	22	28	3	29	76	16	8	3
厦　门		1	5		1		1	4	2		
深　圳		3	14	8	13		8	18	6		6
新疆兵团	3	2	4				1	7	1		

各地区水产技术推广实有人员情况(按性别和年龄分)

单位:人

地区	性别		年龄结构		
	男性	女性	35岁及以下	36～49岁	50岁以上
全国总计	**22 351**	**8 038**	**6 005**	**14 802**	**9 582**
北京	95	76	41	78	52
天津	74	45	20	55	44
河北	461	301	122	396	244
山西	128	69	20	97	80
内蒙古	449	251	92	267	341
辽宁	260	129	60	204	125
吉林	655	258	115	412	386
黑龙江	370	198	68	264	236
上海	296	99	119	121	155
江苏	1 552	536	493	774	821
浙江	564	153	186	251	280
安徽	848	231	106	589	384
福建	783	206	220	463	306
江西	1 140	248	287	608	493
山东	1 672	749	482	1 340	599
河南	589	317	134	515	257
湖北	1 021	260	148	666	467
湖南	1 641	333	233	1 079	662
广东	1 868	492	637	1 082	641
广西	1 829	571	563	1 277	560
海南	76	35	33	49	29
重庆	788	311	298	482	319
四川	1 169	398	338	749	480
贵州	1 556	516	561	1 031	480
云南	668	319	129	502	356
陕西	842	491	202	800	331
甘肃	391	173	122	259	183
青海	31	23	9	31	14
宁夏	100	51	11	62	78
新疆	77	44	38	62	21
大连	56	19	9	41	25
青岛	165	84	75	118	56
宁波	101	34	29	53	53
厦门	6	1	2		5
深圳	24	14	3	21	14
新疆兵团	6	3		4	5

各地区水产技术推广机构自有试验示范基地情况

单位：个，公顷

地区	合计		省级站		市级站		县级站		区域站		乡级站	
	数量	养殖面积	数量	养殖面积	数量	养殖面积	数量	养殖面积	数量	养殖面积	数量	养殖面积
全国总计	**545**	**11 280.4**	**30**	**581.9**	**82**	**1 364.6**	**280**	**5 403.5**	**7**	**43.7**	**146**	**3 886.7**
北　京	4	23.5	2	19.3	2	4.2						
天　津	4	25.6	1	20.0	3	5.6						
河　北	9	53.7	2	7.7	1	1.0	1	15.0	5	30.0		
山　西	3	16.4			2	16.0	1	0.4				
内蒙古	7	519.6			2	32.0	5	487.6				
辽　宁	5	72.7			1	8.0	4	64.7				
吉　林	6	59.0			2	5.0	4	54.0				
黑龙江	9	215.0	1	16.0	4	19.0	4	180.0				
上　海	10	128.0	3	79.8			4	35.5			3	12.7
江　苏	28	1 206.9	1	35.0	5	221.3	8	476.8			14	473.8
浙　江	6	52.2	2	22.4			4	29.8				
安　徽	23	534.5					11	99.5			12	435.0
福　建	13	81.8			1	9.6	12	72.2				
江　西	19	287.4	1	7.0			13	91.1			5	189.3
山　东	21	1 152.1			3	204.1	7	315.0			11	633.0
河　南	21	329.9			5	30.5	14	285.7	2	13.7		
湖　北	81	2 668.6			6	397.3	21	917.3			54	1 354.0
湖　南	19	1 128.1			4	51.6	12	376.5			3	700.0
广　东	113	600.0	1	2.0	18	232.0	70	298.0			24	68.0
广　西	6	1 161.2			1	9.7	4	1 150.5			1	1.0
海　南	2	10.0			2	10.0						
重　庆	8	76.0					8	76.0				
四　川	31	167.4	1	29.0	6	39.2	24	99.2				
贵　州	30	54.2			2	7.0	9	27.2			19	20.0
云　南	31	124.6	1	6.0	5	18.8	25	99.7				
陕　西	16	127.7	3	30.0	3	27.3	10	70.4				
甘　肃	9	113.6	3	100.0	3	3.5	3	10.2				
青　海	1	0.4	1	0.4								
宁　夏												
新　疆	4	229.8	1	146.7	1	11.9	2	71.2				
大　连												
青　岛												
宁　波	3	57.0	3	57.0								
厦　门	1	0.5	1	0.5								
深　圳	1	0.5	1	0.5								
新疆兵团	1	2.6	1	2.6								

各地区水产技术推广机构合作试验示范基地情况

单位：个，公顷

地区	合计		省级站		市级站		县级站		区域站		乡级站	
	数量	养殖面积	数量	养殖面积	数量	养殖面积	数量	养殖面积	数量	养殖面积	数量	养殖面积
全国总计	**2 526**	**95 518.5**	**130**	**3 145.1**	**296**	**9 039.8**	**1 612**	**67 192.6**	**2**	**39.2**	**486**	**16 101.9**
北京	4	12.0			6	12.0						
天津	4	948.0			11	948.0						
河北	9	701.5	16	286.8	15	136.3	40	278.4				
山西	3	135.5			5	52.9	8	82.6				
内蒙古	7	592.6	1	20.0			15	572.6				
辽宁	5	830.3			7	645.8	13	184.5				
吉林	10	8 480.7	8	666.0	11	438.5	67	6 006.2			4	1 370.0
黑龙江	9											
上海	45	667.2	13	348.0			15	189.8			35	129.4
江苏	50	2 330.3			17	359.0	37	980.0			22	991.3
浙江	12	2 104.5	3	61.9	9	59.2	106	1 742.0			6	241.4
安徽	97	8 234.6			13	788.0	165	5 162.6			74	2 284.0
福建	18	1 484.5	34	259.0	6	33.4	100	1 187.2			5	5.0
江西	108	15 784.3	1	62.0	20	353.0	105	8 067.3			89	7 302.0
山东	51	10 371.1			13	378.0	127	9 582.1			30	411.0
河南	21	8 413.4	1	15.0	24	767.4	98	7 614.0	1	17.0		
湖北	210	16 647.3	6	45.0	16	850.0	118	13 203.3			129	2 549.0
湖南	26	4 166.3	5	602.0	26	1 175.0	104	2 323.8	1	22.2	7	43.4
广东	147	2 454.0	5	350.0	34	952.0	80	1 072.0			34	80.0
广西	21	1 779.3	14	51.4	36	433.0	45	955.9			15	339.0
海南	2	54.0			7	40.0	1	14.0				
重庆	10	1 207.7	15	140.0			93	1 049.7			2	18.0
四川	49	1 734.3					91	1 467.3			18	267.0
贵州	31	489.3			5	100.0	21	373.0			1	16.3
云南	36	95.7			3	7.5	18	68.2			5	20.0
陕西	16	3 295.7			4	364.7	66	2 931.0				
甘肃	9	151.0			4	55.4	19	95.7				
青海	1											
宁夏		1 220.0			3	90.0	14	1 130.0				
新疆	4	319.6	7	218.7	1	0.9	1	100.0				
大连		80.0					1	80.0				
青岛	1	87.1					2	87.0			1	0.1
宁波	12	627.5					42	592.5			9	35.0
厦门	1											
深圳	1											
新疆兵团	1	19.3	1	19.3								

各地区水产技术推广机构房屋条件情况(一)

单位:米²

地区	办公用房面积					
	合计	省级站	市级站	县级站	区域站	乡级站
全国总计	**453 933**	**36 863**	**73 963**	**142 098**	**2 720**	**198 289**
北京	5 278	375	4 903			
天津	1 422	210	1 212			
河北	7 164	700	2 110	3 719	635	
山西	2 765	126	2 092	506		41
内蒙古	7 032	461	2 955	3 616		
辽宁	4 483	2 611	953	866	53	
吉林	19 423	1 326	3 775	2 304	155	11 863
黑龙江	2 502	142	314	2 046		
上海	11 701	6 059		3 941		1 701
江苏	32 401	235	3 385	6 820		21 961
浙江	9 286	383	740	3 134		5 030
安徽	22 209	178	2 331	6 811	531	12 358
福建	14 560	603	5 259	3 236	19	5 443
江西	24 221	2 470	524	3 537	99	17 591
山东	21 498	635	2 204	9 721	90	8 848
河南	10 161	300	2 142	7 198	520	
湖北	28 469	571	2 976	13 194		11 728
湖南	35 441	180	6 009	12 871	496	15 886
广东	26 434	500	6 772	6 843	122	12 197
广西	48 249	2 400	1 062	4 059		40 728
海南	1 629	180	369	1 080		
重庆	16 976	2 102		5 158		9 716
四川	18 187		2 810	9 705		5 671
贵州	15 057	300	2 413	3 970		8 374
云南	19 246	462	6 197	11 047		1 540
陕西	16 189	1 820	3 995	10 374		
甘肃	6 639	858	2 663	2 819		299
青海	2 285	1 680	10	595		
宁夏	2 267	660	804	739		64
新疆	5 973	2 300	2 983	690		
大连	449	106		343		
青岛	7 815	450		267		7 098
宁波	3 520	2 476		891		153
厦门	58	58				
深圳	2 769	2 769				
新疆兵团	175	175				

各地区水产技术推广机构房屋条件情况(二)

单位:个

地　区	培训教室					
	合　计	省级站	市级站	县级站	区域站	乡级站
全国总计	**1 480**	**34**	**79**	**470**	**11**	**886**
北　京	8	3	5			
天　津	6		6			
河　北	13		1	11	1	
山　西	6		3	3		
内蒙古						
辽　宁	6			6		
吉　林	19	1		5		13
黑龙江						
上　海	35	5		6		24
江　苏	132	1	6	16		109
浙　江	84	3	3	21		57
安　徽	123	1	1	19	6	96
福　建	83		3	22		58
江　西	123	1		29		93
山　东	58		2	36		20
河　南	39		3	34	2	
湖　北	127		4	27		96
湖　南	131	1	6	50	2	72
广　东	99	2	22	40		35
广　西	93	1	2	15		75
海　南	4	1	1	2		
重　庆	91	1		10		80
四　川	61	2	2	57		
贵　州	67			11		56
云　南	14	1	4	9		
陕　西	24	1	1	22		
甘　肃	10		4	6		
青　海	2	1		1		
宁　夏	4	1		3		
新　疆	3	1		2		
大　连	2			2		
青　岛	2					2
宁　波	10	5		5		
厦　门						
深　圳						
新疆兵团	1	1				

各地区水产技术推广机构房屋条件情况(三)

单位:米²

地　区	培训教室面积					
	合　计	省级站	市级站	县级站	区域站	乡级站
全国总计	**121 572**	**4 192**	**6 124**	**40 545**	**1 112**	**69 599**
北　京	472	182	290			
天　津	404		404			
河　北	697		20	645	32	
山　西	619		264	355		
内蒙古						
辽　宁	432			432		
吉　林	2 255	40		365		1 850
黑龙江						
上　海	2 737	1 062		325		1 350
江　苏	10 415	96	560	1 213		8 546
浙　江	8 954	389	570	1 645		6 350
安　徽	10 267	62	30	1 545	720	7 910
福　建	9 018		300	2 098		6 620
江　西	7 120	400		2 240		4 480
山　东	5 885		150	3 279		2 456
河　南	2 775		144	2 481	150	
湖　北	8 920		164	2 128		6 628
湖　南	18 544	70	410	11 252	210	6 602
广　东	8 170	200	1 640	2 118		4 212
广　西	4 205	270	53	1 212		2 670
海　南	200	40	50	110		
重　庆	5 685	80		680		4 925
四　川	3 031	20	280	2 731		
贵　州	5 235			880		4 355
云　南	1 102	120	434	548		
陕　西	1 090	60	60	970		
甘　肃	635		301	334		
青　海	290	200		90		
宁　夏	191	75		116		
新　疆	215	125		90		
大　连	142			142		
青　岛	645					645
宁　波	1 096	576		520		
厦　门						
深　圳						
新疆兵团	126	126				

各地区水产技术推广机构房屋条件情况(四)

单位:个

地区	实验室数量					
	合计	省级站	市级站	县级站	区域站	乡级站
全国总计	**1 901**	**307**	**274**	**865**	**19**	**436**
北京	12	2	10			
天津	27	6	21			
河北	35	1	7	22	5	
山西	4		3	1		
内蒙古	16	2	6	8		
辽宁	60	1	29	30		
吉林	26	1	8	17		
黑龙江	22	1		21		
上海	64	48		10		6
江苏	214	2	14	58		140
浙江	87	1	10	32		44
安徽	213	14	7	53	10	129
福建	69	1	9	59		
江西	81	1	5	65	1	9
山东	61	1	6	41		13
河南	46	2	10	32	2	
湖北	92	1	11	65		15
湖南	53	1	18	31	1	2
广东	175	1	30	80		64
广西	83	17	20	40		6
海南	18	1	13	4		
重庆	40	1		38		1
四川	42		5	37		
贵州	10		2	8		
云南	26	1	6	19		
陕西	217	160	16	41		
甘肃	6	1	3	2		
青海	3	1		2		
宁夏	12	1	4	7		
新疆	3	2		1		
大连	56	27		29		
青岛	14	2		5		7
宁波	9	2		7		
厦门	2	2				
深圳	2	1	1			
新疆兵团	1	1				

各地区水产技术推广机构房屋条件情况(五)

单位:米²

地　区	实验室面积					
	合　计	省级站	市级站	县级站	区域站	乡级站
全国总计	**168 958**	**36 870**	**29 845**	**84 664**	**925**	**16 655**
北　京	5 824	4 385	1 439			
天　津	973	160	813			
河　北	3 945	1 600	318	1 997	30	
山　西	1 070		770	300		
内蒙古	2 585	1 956	295	334		
辽　宁	4 796	650	1 740	2 406		
吉　林	2 654	660	1 426	569		
黑龙江	943	628		315		
上　海	1 997	1 272		653		72
江　苏	16 130	817	2 600	8 569		4 144
浙　江	16 795	6 241	3 231	5 963		1 361
安　徽	11 126	1 080	285	6 674	615	2 472
福　建	6 643	1 030	652	4 961		
江　西	7 636	990	91	6 137	200	218
山　东	8 344	80	2 452	5 392		420
河　南	4 674	1 200	907	2 512	55	
湖　北	8 372	30	479	7 583		280
湖　南	4 729	700	929	2 985	25	90
广　东	19 196	120	5 600	7 800		5 676
广　西	6 437	580	903	4 844		110
海　南	1 869	1 050	529	290		
重　庆	5 487	2 216		2 651		620
四　川	4 568		3 006	1 562		
贵　州	1 304		60	1 244		
云　南	1 971	231	264	1 476		
陕　西	3 026	1 184	346	1 496		
甘　肃	825	429	153	243		
青　海	756	700		56		
宁　夏	2 843	1 200	556	1 087		
新　疆	1 260	1 200		60		
大　连	3 806	1 500		2 306		
青　岛	3 107	550		1 365		1 192
宁　波	2 206	1 369		837		
厦　门	510	510				
深　圳	407	407				
新疆兵团	144	144				

各地区水产技术推广机构房屋条件情况(六)

单位:万元

地区	实验室设备原值					
	合计	省级站	市级站	县级站	区域站	乡级站
全国总计	**126 015.3**	**41 931.6**	**25 445.6**	**46 661.4**	**270.0**	**11 706.6**
北京	7 056.7	5 722.2	1 334.4			
天津	911.8	612.3	299.5			
河北	3 858.2	2 020.0	748.8	1 029.4	60.0	
山西	270.6		205.6	65.0		
内蒙古	2 668.7	2 512.0	45.3	111.5		
辽宁	6 193.2	1 200.0	3 243.0	1 750.2		
吉林	2 294.7	926.0	801.1	567.7		
黑龙江	810.0	600.0		210.0		
上海	2 094.8	1 404.4		683.9		6.5
江苏	10 001.3	1 199.0	1 710.2	6 231.4		860.7
浙江	12 013.9	6 470.0	1 201.0	3 961.1		381.8
安徽	4 131.4	700.8	133.4	2 567.7	153.0	576.5
福建	5 188.0	680.0	2 265.7	2 242.3		
江西	3 930.9	1 000.0	30.0	2 848.5	40.0	12.4
山东	6 012.7	550.0	1 452.2	3 749.5		261.0
河南	3 256.8	1 500.0	388.1	1 357.7	11.0	
湖北	3 724.7	20.0	739.1	2 879.6		86.0
湖南	3 879.5	720.0	762.5	2 366.0	6.0	25.0
广东	12 256.0	480.0	5 446.0	3 458.0		2 872.0
广西	3 317.7	161.0	821.9	2 303.2		31.7
海南	3 135.5	1 839.0	946.5	350.0		
重庆	2 490.7	1 367.4		1 121.3		2.0
四川	2 843.2		1 533.6	1 309.6		
贵州	595.2		29.2	566.0		
云南	888.4	65.1	140.8	682.5		
陕西	1 501.7		506.0	995.7		
甘肃	577.7	310.0	242.7	25.0		
青海	1 248.4	1 238.4		10.0		
宁夏	1 161.8	462.3	239.3	460.3		
新疆	1 076.0	796.0	180.0	100.0		
大连	3 459.2	1 749.0		1 710.2		
青岛	7 955.4	1 000.0		364.4		6 591.0
宁波	3 633.6	3 049.5		584.1		
厦门	500.0	500.0				
深圳	875.0	875.0				
新疆兵团	202.2	202.2				

各地区水产技术推广机构信息平台情况

地　区	网站(个)	手机平台(户)	电话热线(条)	技术简报(个)
全国总计	**503**	**5 090**	**31 585**	**2 362**
北　京		8	12	7
天　津		30	1 353	5
河　北	12	53	94	14
山　西	4	34	290	2
内蒙古	2	48	42	7
辽　宁	3	9	995	9
吉　林	9	358	1 091	35
黑龙江			3 650	
上　海	3	33	55	5
江　苏	87	433	1 320	164
浙　江	34	171	352	29
安　徽	81	333	1 711	125
福　建	1	175	187	46
江　西	28	157	241	212
山　东	25	758	9 025	61
河　南	13	160	451	315
湖　北	14	225	1 007	626
湖　南	23	174	394	132
广　东	42	133	803	42
广　西	3	731	467	46
海　南	2	17	14	5
重　庆	5	124	1 394	144
四　川	12	316	4 280	110
贵　州	13	167	1 565	148
云　南	74	242	213	35
陕　西	4	72	397	4
甘　肃	3	27	41	10
青　海		20	43	6
宁　夏		38	35	12
新　疆		5	10	
大　连	1	4	5	2
青　岛	2	24	21	1
宁　波	3	9	21	2
厦　门				
深　圳			2	1
新疆兵团		2	4	

各地区水产技术推广履职成效情况(一)

地　　区	示范关键技术（个）	检验检测（批次）	指导面积（公顷）	服务对象		
				农户（户）	企业（个）	合作组织（个）
全国总计	**4 320**	**226 613**	**4 207 000.2**	**1 497 288**	**31 571**	**26 156**
北　京	24	21 363	11 442.2	961	294	9
天　津	42	3 551	28 193.2	2 354	160	87
河　北	98	5 119	60 841.4	9 350	426	86
山　西	26	87	3 564.3	717	50	119
内蒙古	50	1 592	83 793.3	3 074	210	193
辽　宁	24	4 285	29 941.8	8 643	151	35
吉　林	126	898	152 795.0	4 478	293	270
黑龙江	117	273	241 274.0	10 160	247	165
上　海	34	5 664	12 638.5	5 705	48	418
江　苏	471	16 933	526 574.3	162 414	4 591	3 685
浙　江	302	13 878	242 041.3	34 113	1 977	1 009
安　徽	311	21 088	511 323.7	38 529	3 866	2 816
福　建	192	8 703	86 731.0	23 122	2 818	680
江　西	175	1 876	267 463.6	56 542	1 784	1 981
山　东	358	8 981	292 698.6	42 463	1 113	925
河　南	204	2 206	87 522.9	33 641	412	783
湖　北	387	14 957	466 145.0	163 400	1 246	3 298
湖　南	169	4 616	182 312.5	80 878	1 612	1 630
广　东	162	49 464	146 657.0	75 688	1 606	620
广　西	214	8 247	133 767.6	85 600	1 699	1 449
海　南	8	534	3 866.0	3 949	175	79
重　庆	84	2 698	39 574.4	19 350	1 695	593
四　川	177	5 004	175 865.9	119 937	1 953	2 829
贵　州	102	464	141 103.9	437 887	996	973
云　南	92	1 442	66 795.4	50 919	420	341
陕　西	95	8 556	23 801.7	6 089	665	412
甘　肃	53	323	6 714.7	1 927	250	274
青　海	7	93	309.4		47	56
宁　夏	81	1 487	33 749.1	1 710	162	167
新　疆	9	64	10 924.8	300	54	43
大　连		4 010	4 200.0	842	97	9
青　岛	64	3 685	8 943.7	2 170	101	33
宁　波	55	3 996	118 650.2	8 698	319	84
厦　门		286	1 120.0	1 520	5	
深　圳	7	190	233.0	78	20	
新疆兵团			3 427.0	80	9	5

各地区水产技术推广履职成效情况(二)

地 区	渔民技术培训		推广人员培训		公共信息服务		
	期数（期）	人数（人次）	业务培训（人次）	学历教育（人次）	信息覆盖用户（户）	发布公共信息（条）	发放技术资料（份）
全国总计	**13 775**	**910 037**	**44 923**	**2 522**	**1 603 710**	**3 663 406**	**5 279 680**
北 京	45	7 453	191	2	1 258	10 695	3 269
天 津	62	2 400	854	80	2 717	1 543	10 909
河 北	215	10 926	730	44	7 694	4 832	31 327
山 西	28	1 023	79	7	539	1 142	14 735
内 蒙 古	111	4 929	543	49	38 147	78 337	34 415
辽 宁	31	1 962	455	2	5 377	24 717	7 994
吉 林	51	2 241	647	61	5 040	22 234	19 109
黑 龙 江	137	8 863	468	52	11 687	3 192	27 107
上 海	234	10 386	1 786	24	4 065	10 845	41 956
江 苏	1 811	134 460	6 083	220	160 540	204 655	528 743
浙 江	652	49 321	2 806	53	93 555	89 565	91 014
安 徽	924	67 143	3 333	247	119 043	143 511	333 075
福 建	359	15 116	1 983	26	111 807	569 862	255 807
江 西	542	29 544	1 027	242	44 498	47 254	212 986
山 东	625	37 267	2 633	223	91 667	49 965	224 452
河 南	469	32 005	1 009	109	33 024	121 721	247 500
湖 北	1 737	135 649	1 186	109	233 300	709 065	1 002 058
湖 南	772	38 439	1 614	196	43 698	157 703	296 788
广 东	828	50 860	3 076	384	116 366	946 523	180 578
广 西	542	26 830	4 276	100	105 068	90 482	188 591
海 南	51	5 636	134	7	6 769	3 992	9 540
重 庆	334	26 567	799	16	17 895	22 534	127 193
四 川	1 095	77 543	2 861	58	99 982	185 760	749 630
贵 州	727	60 198	2 411	91	201 507	29 453	201 596
云 南	617	40 638	1 146	22	14 638	56 844	163 702
陕 西	274	12 471	1 566	69	10 954	9 477	142 281
甘 肃	165	3 410	330	14	1 906	3 069	25 520
青 海	22	510	130	4	178	396	2 734
宁 夏	164	8 459	273		2 555	10 839	46 112
新 疆	11	364	44	3	404	472	4 074
大 连	2	68	44	2	720	24 540	1 040
青 岛	60	3 574	160	6	12 108	14 419	26 030
宁 波	50	2 435	183		4 233	9 758	6 835
厦 门	23	1 147	18		362	2 865	1 280
深 圳	4	140	35		189	945	19 460
新疆兵团	1	60	10		220	200	240

各地区水产技术推广机构技术成果

地　　区	技术成果数量（个）	审定新品种（个）	获奖情况（个）				获得专利（项）	发表论文（篇）	制定标准/规范（个）	出版图书（本）
			国家级	省部级	市厅级	县级				
全国总计	**166**	**1**	**8**	**85**	**88**	**36**	**214**	**1 456**	**222**	**153**
北　　京	4			3			3	15	1	
天　　津	12			2						
河　　北	3			2	5		12	69	9	5
山　　西										
内 蒙 古				3			1	17		4
辽　　宁	2				1		1	43	4	
吉　　林	2			1	1		3	24	3	
黑 龙 江	2			1			13	53		1
上　　海	9			4			17	45	2	3
江　　苏	11			19	12	3	26	200	34	1
浙　　江	18			4	10	3	9	52	21	6
安　　徽	9		4	4	4	11	12	131	20	4
福　　建	4			3	1		13	64	2	2
江　　西	3				5	9	3	34	9	2
山　　东	2				4		26	79	6	1
河　　南	12		2	16	6	4	6	62	20	5
湖　　北	1			2				29	9	2
湖　　南	23		1	7	23	3	3	191	38	104
广　　东	13				4		6	29	10	1
广　　西	5						13	53	1	3
海　　南	1				1			1		
重　　庆	2			9			10	54	5	2
四　　川	10			1	1	1	3	11	9	
贵　　州			1	2	3		3	22		3
云　　南				1			2	18		
陕　　西					1		2	56	2	
甘　　肃	7				4		12	22	1	
青　　海	2			1			1	6		1
宁　　夏					1			10		1
新　　疆	2						4	23	13	2
大　　连	1						1	10	2	
青　　岛	1						3	3		
宁　　波	5	1			1	2	6	25	1	
厦　　门										
深　　圳								5		
新疆兵团										

七、灾 害

各地区渔业灾情造成的经济损失(一)

单位:万元

地 区	1.水产品损失					
	小 计	台风、洪涝	病 害	干 旱	污 染	其 他
全国总计	**1 525 996.46**	**1 151 197.97**	**208 778.81**	**72 865.49**	**20 537.84**	**72 616.35**
北 京	110.00		110.00			
天 津	3 629.30		787.20			2 842.10
河 北	11 515.00	95.00	1 830.00		390.00	9 200.00
山 西	32.00	5.00				27.00
内 蒙 古	2 674.00	20.00	63.00	2 166.00		425.00
辽 宁	5 969.00	3 013.00	706.00		250.00	2 000.00
吉 林	3 560.00	3 500.00		40.00		20.00
黑 龙 江	14 971.70	14 971.70				
上 海	1 525.01	2.50	1 275.01		247.50	
江 苏	107 706.00	38 226.00	45 785.00	4 639.00	2 567.00	16 489.00
浙 江	61 014.00	31 750.00	28 099.00	1 092.00	25.00	48.00
安 徽	361 572.80	325 439.23	20 069.52	12 698.49	2 875.56	490.00
福 建	6 799.00	1 374.00	5 240.00	173.00	10.00	2.00
江 西	210 880.86	146 503.22	46 777.86	11 416.28	946.98	5 236.52
山 东	50 534.70	26 012.40	6 984.20	6 014.10	11 135.00	389.00
河 南	41 185.00	26 027.00	1 806.00	12 999.00	185.00	168.00
湖 北	348 502.00	321 276.00	9 816.00	2 497.00	173.00	14 740.00
湖 南	122 278.00	95 821.00	8 405.00	13 782.00	529.00	3 741.00
广 东	49 952.36	20 339.43	21 987.00	2 407.61	663.39	4 554.93
广 西	21 424.19	9 714.74	1 264.70	315.35	253.30	9 876.10
海 南	2 620.00	338.00	770.00		192.00	1 320.00
重 庆	8 819.00	8 176.00	531.00	69.00	7.00	36.00
四 川	59 496.70	58 351.80	1 123.90	21.00		
贵 州	14 627.17	14 408.95	38.22	166.00		14.00
云 南	11 111.03	4 974.45	2 951.60	2 128.66	86.62	969.70
西 藏						
陕 西	971.00	660.50	42.50	241.00		27.00
甘 肃	210.14	198.05	9.60		1.49	1.00
青 海						
宁 夏	128.50		128.50			
新 疆	2 178.00		2 178.00			

各地区渔业灾情造成的经济损失(二)

单位:万元

地区	2.(台风、洪涝)损毁渔业设施							
	小计	池塘	网箱(鱼排)	围栏	沉船	船损	堤坝	泵站
全国总计	**293 670.05**	**182 043.64**	**4 698.85**	**1 697.92**	**1 468.00**	**2 774.26**	**45 184.10**	**3 494.11**
北京								
天津								
河北	1.00	1.00						
山西								
内蒙古	1 285.00	1 285.00						
辽宁	6 614.00					26.00	5 044.00	40.00
吉林	800.00						800.00	
黑龙江	1 900.00	1 900.00						
上海	35.30					35.30		
江苏	2 636.00	1 209.00	133.00	54.00			132.00	
浙江	16 962.00	4 245.00	2 010.00	59.00	1 263.00	407.00	289.00	
安徽	46 663.27	26 058.30	354.55	94.42	70.00	24.66	10 574.27	275.11
福建	3 591.00	224.00	332.00			1 536.00	2.00	
江西	23 851.98	17 276.28	242.00	147.00	49.70	7.00	2 048.00	8.00
山东	3 757.80	2 407.80				52.00	260.00	
河南	1 530.00	923.00	21.80	254.20			25.00	40.00
湖北	131 636.00	89 842.00	368.00	772.00		625.00	19 395.00	2 791.00
湖南	27 234.00	19 080.00			32.00	37.00	4 051.00	67.00
广东	8 097.22	5 165.82	1 093.00	25.00		20.00	486.40	20.00
广西	1 069.33	426.56	134.50		2.30	1.30	45.38	
海南	650.00	650.00						
重庆	1 730.00	1 239.00			21.00	3.00	420.00	
四川	7 756.03	6 628.61			30.00		486.00	249.00
贵州	1 614.72	1 034.77		45.00			350.05	
云南	2 951.00	2 063.00					622.00	4.00
西藏								
陕西	1 288.60	381.50	10.00	242.00			148.00	
甘肃	15.80	3.00		5.30			6.00	
青海								
宁夏								
新疆								

各地区渔业灾情造成的经济损失(三)

单位:万元

地 区	2.(台风、洪涝)损毁渔业设施(续)							直接经济损失合计
	涵 闸	码 头	护 岸	防波堤	工厂化养殖	苗种繁育场	其 他	
全国总计	**6 517.16**	**1 947.00**	**4 969.25**	**5 331.47**	**9 519.36**	**8 219.00**	**15 805.93**	**1 819 666.51**
北 京								110.00
天 津								3 629.30
河 北								11 516.00
山 西								32.00
内蒙古								3 959.00
辽 宁	237.00	55.00	150.00	81.00	800.00	180.00	1.00	12 583.00
吉 林								4 360.00
黑龙江								16 871.70
上 海								1 560.31
江 苏				270.00	151.00	400.00	287.00	110 342.00
浙 江		1 288.00	890.00	323.00	4 500.00	829.00	859.00	77 976.00
安 徽	1 127.16		943.75	665.05	1 505.00	920.00	4 051.00	408 236.07
福 建						165.00	1 332.00	10 390.00
江 西	872.00		388.50	331.00	635.00	341.00	1 506.50	234 732.84
山 东		302.00			288.00	438.00	10.00	54 292.50
河 南	26.00					220.00	20.00	42 715.00
湖 北	3 947.00		1 302.00	3 026.00	511.00	3 736.00	5 321.00	480 138.00
湖 南	81.00	302.00	777.00	116.00	572.00	711.00	1 408.00	149 512.00
广 东	221.00		470.00	517.00			79.00	58 049.58
广 西			2.00	1.30	185.36	25.20	245.43	22 493.52
海 南								3 270.00
重 庆			10.00		12.00		25.00	10 549.00
四 川	4.00		36.00			18.30	304.12	67 252.73
贵 州				1.12	60.00	100.00	23.78	16 241.89
云 南	2.00				50.00		210.00	14 062.03
西 藏								
陕 西					250.00	135.50	121.60	2 259.60
甘 肃							1.50	225.94
青 海								
宁 夏								128.50
新 疆								2 178.00

各地区渔业灾情造成的数量损失(一)

地　区	1.受灾养殖面积(公顷)						2.水产品损失(吨)		
	小　计	台风、洪涝	病　害	干　旱	污 染	其　他	小　计	台风、洪涝	病　害
全国总计	**808 794**	**573 625**	**124 397**	**57 854**	**8 372**	**44 546**	**1 169 504**	**923 963**	**139 820**
北　京	93		93				62		62
天　津	1 972		1 012			960	4 567		986
河　北	2 681	1 081	754		65	781	2 043	80	754
山　西	13	3		1		9	25	4	
内蒙古	2 676	1	23	2 404		248	2 069	10	38
辽　宁	2 197	81	116		2 000		1 587	243	574
吉　林	618	400		200		18	2 044	2 000	
黑龙江	2 529	2 529					9 899	9 899	
上　海	480	1	458		21		553	1	527
江　苏	61 336	15 875	25 884	4 133	2 226	13 218	40 906	16 103	17 501
浙　江	61 465	52 669	7 979	786	24	7	26 636	16 102	10 374
安　徽	168 240	140 805	13 537	11 497	1 727	674	236 875	211 941	12 974
福　建	1 508	454	711	340	1	2	6 264	1 134	4 898
江　西	109 072	68 533	32 000	6 981	406	1 152	186 251	127 292	43 689
山　东	23 380	10 333	4 019	7 394	895	739	38 601	14 649	6 485
河　南	25 324	16 754	2 494	5 755	182	139	37 305	25 484	1 647
湖　北	215 766	191 317	10 352	2 303	82	11 712	372 119	360 019	7 523
湖　南	63 794	31 982	14 353	12 173	150	5 136	73 507	56 833	7 063
广　东	28 767	11 099	5 990	1 907	479	9 292	52 046	20 709	18 656
广　西	4 265	2 286	1 390	363	70	156	10 378	3 999	1 014
海　南	233	80	76		25	52	1 122	264	448
重　庆	2 124	1 611	412	74	3	24	5 252	4 053	965
四　川	12 667	12 510	152	5			35 141	34 465	666
贵　州	12 858	12 520	7	320		11	7 016	6 923	11
云　南	3 018	508	1 122	1 202	6	180	15 230	11 241	1 528
西　藏									
陕　西	273	188	24	15	10	36	555	463	39
甘　肃	7	5	1	1			56	52	3
青　海									
宁　夏	83		83				110		110
新　疆	1 355		1 355				1 285		1 285

各地区渔业灾情造成的数量损失(二)

地区	2.水产品损失(吨)(续)			3.(台风、洪涝)损毁渔业设施					
	干旱	污染	其他	池塘(公顷)	网箱(鱼排)(箱)	围栏(千米)	沉船(艘)	船损(艘)	堤坝(米)
全国总计	**62 323**	**13 389**	**30 009**	**155 226**	**28 250**	**19 258**	**83**	**688**	**2 572 867**
北京									
天津			3 581						
河北		135	1 074	10					550
山西			21	2					
内蒙古	1 831		190	319					
辽宁		500	270	2			11		20 510
吉林	24		20						120
黑龙江				2 529					
上海		25						4	
江苏	2 797	2 599	1 906	300	16	7			84
浙江	132	19	9	1 281	4 464	4	7	97	668
安徽	9 919	1 813	228	24 399	1 146	18 032	4	12	1 037 880
福建	227	3	2	65	785			3	4
江西	11 524	732	3 014	32 427	370	624	21	3	76 688
山东	10 900	6 222	345	4 014				28	350
河南	9 792	218	164	369	262	216			300
湖北	1 906	126	2 545	72 414	19 883	63		418	1 310 129
湖南	8 098	78	1 435	9 458	100		38	115	105 009
广东	2 660	591	9 430	2 908	1 167	5			2 997
广西	283	185	4 897	199	37		1	1	479
海南		70	340	83					
重庆	196	6	32	263				7	8 351
四川	10			3 717			1		2 656
贵州	76		6	289		5			2 290
云南	1 912	66	483	133					1 750
西藏									
陕西	36		17	42	20	302			2 052
甘肃		1		3					
青海									
宁夏									
新疆									

各地区渔业灾情造成的数量损失(三)

地区	3.(台风、洪涝)损毁渔业设施(续)							4.人员损失(人)			
	泵站(座)	涵闸(座)	码头(米)	护岸(米)	防波堤(米)	工厂化养殖(座)	苗种繁育场(个)	小计	失踪	死亡	重伤
全国总计	**869**	**1 201**	**4 227**	**83 782**	**38 425**	**124**	**87**	**22**	**17**	**5**	
北京											
天津											
河北						8					
山西											
内蒙古											
辽宁	359	26	450	1 000	2 150	18	2	3	2	1	
吉林											
黑龙江											
上海											
江苏				890	150	2					
浙江			2 071	399	380	57	13	10	10		
安徽	17	201		10 717	6 820	5	8				
福建							9	9	5	4	
江西		15		34 923	14 153	3	4				
山东			2	151	420	18	3				
河南	2	6					4				
湖北	354	739		30 182	9 720	7	23				
湖南	45	22	1 700	1 500	460	1	12				
广东	30	156		970	1 320						
广西	18			200	35	1	1				
海南											
重庆		15		110							
四川	43	20		2 740			1				
贵州					317	1	5				
云南	1	1				1					
西藏											
陕西			4		2 500	2	2				
甘肃											
青海											
宁夏											
新疆											

八、附　录

附录一

水产品产量数据调整说明

1. 根据第二次农业普查结果调整水产品产量数据说明

第二次全国农业普查结束后，按照国家统计局要求，原农业部对 2006 年渔业统计数据进行了调整。调整以农业普查水产养殖面积调查结果为依据，以各省、自治区、直辖市 2006 年的养殖单产水平、养殖结构为参考依据，综合测算各省、自治区、直辖市水产品产量调减比例，核定 2006 年水产品产量。并以此为基数，参考渔业统计年报中各年度间的产量调整比例，对 1997—2005 年的水产品产量数据进行了相应调整。

2. 根据第三次农业普查结果调整水产品产量数据说明

第三次全国农业普查结束后，农业农村部联合国家统计局对 2016 年渔业统计数据进行了调整。调整以农业普查结果为依据，对各省、自治区、直辖市 2016 年水产养殖面积进行适当核定修正，并以各省、自治区、直辖市 2016 年水产养殖面积、从业人员、水产苗种等指标数据为参考依据，综合测算核定各省、自治区、直辖市 2016 年水产品产量。并以此为基数，参考渔业统计年报中各年度间的产量调整比例，对 2012—2015 年的水产品产量数据进行了相应调整。

附录二

调整后历年产量对照表（一）

单位：万吨

年 份	调整前	调整后	其 中				
			海洋捕捞	远洋渔业	海水养殖	淡水捕捞	淡水养殖
1988	1 225.32	1 225.32	504.66	9.64	249.29	71.98	389.75
1989	1 332.58	1 332.58	548.33	10.71	275.73	80.78	417.03
1990	1 427.26	1 427.26	594.40	17.09	284.22	85.64	445.91
1991	1 572.99	1 572.99	644.35	32.35	333.31	100.39	462.59
1992	1 824.46	1 824.46	720.84	46.43	424.31	99.09	533.79
1993	2 152.31	2 152.31	795.53	56.22	540.23	112.07	648.26
1994	2 515.69	2 515.69	925.61	68.83	604.80	126.79	789.66
1995	2 953.04	2 953.04	1 054.07	85.68	721.51	151.02	940.76
1996	3 280.72	3 280.72	1 152.99	92.65	765.89	175.43	1 093.76
1997	3 601.78	**3 118.59**	1 092.73	103.70	691.66	163.45	1 067.04
1998	3 906.65	**3 382.66**	1 201.25	91.31	751.99	197.51	1 140.60
1999	4 122.43	**3 570.15**	1 203.46	89.91	851.89	197.95	1 226.94
2000	4 278.99	**3 706.23**	1 189.43	86.52	927.96	193.44	1 308.88
2001	4 382.09	**3 795.92**	1 155.64	88.49	989.38	186.23	1 376.20
2002	4 565.18	**3 954.86**	1 128.34	109.64	1 060.47	194.71	1 461.69
2003	4 706.11	**4 077.02**	1 121.20	115.77	1 095.86	213.28	1 530.92
2004	4 901.77	**4 246.57**	1 108.08	145.11	1 151.29	209.60	1 632.49
2005	5 101.65	**4 419.86**	1 111.28	143.81	1 210.81	220.97	1 733.00
2006	5 290.40	**4 583.60**	1 136.40	109.07	1 264.16	220.38	1 853.59
2007	4 747.52	4 747.52	1 136.03	107.52	1 307.34	225.64	1 970.99
2008	4 895.59	4 895.59	1 149.63	108.33	1 340.32	224.82	2 072.49
2009	5 116.40	5 116.40	1 178.61	97.72	1 405.22	218.39	2 216.46
2010	5 373.00	5 373.00	1 203.59	111.64	1 482.30	228.94	2 346.53
2011	5 603.21	5 603.21	1 241.94	114.78	1 551.33	223.23	2 471.93
2012	5 907.68	**5 502.14**	1 190.02	124.40	1 575.20	204.02	2 408.51
2013	6 172.00	**5 744.22**	1 191.99	135.70	1 664.65	204.17	2 547.69
2014	6 461.52	**6 001.92**	1 200.18	203.68	1 732.40	202.49	2 663.17
2015	6 699.64	**6 210.97**	1 216.81	218.93	1 796.56	199.34	2 779.34
2016	6 901.25	**6 379.48**	1 187.20	198.75	1 915.31	200.33	2 877.89
2017		6 445.33	1 112.42	208.62	2 000.70	218.30	2 905.29
2018		6 457.66	1 044.46	225.75	2 031.22	196.39	2 959.84
2019		6 480.36	1 000.15	217.02	2 065.33	184.12	3 013.74
2020		6 549.02	947.41	231.66	2 135.31	145.75	3 088.89

注：根据第二次全国农业普查结果调整了1997—2006年产量，根据第三次全国农业普查结果调整了2012—2016年产量。

调整后历年产量对照表(二)

单位:万吨

年 份	调整前	调整后	海洋产品	捕捞	养殖	淡水产品	捕捞	养殖
1988	1 225.32	1 225.32	763.59	514.30	249.29	461.73	71.98	389.75
1989	1 332.58	1 332.58	834.77	559.04	275.73	497.81	80.78	417.03
1990	1 427.26	1 427.26	895.71	611.49	284.22	531.55	85.64	445.91
1991	1 572.99	1 572.99	1 010.01	676.70	333.31	562.98	100.39	462.59
1992	1 824.46	1 824.46	1 191.58	767.27	424.31	632.88	99.09	533.79
1993	2 152.31	2 152.31	1 391.98	851.75	540.23	760.33	112.07	648.26
1994	2 515.69	2 515.69	1 599.24	994.44	604.80	916.45	126.79	789.66
1995	2 953.04	2 953.04	1 861.26	1 139.75	721.51	1 091.78	151.02	940.76
1996	3 280.72	3 280.72	2 011.53	1 245.64	765.89	1 269.19	175.43	1 093.76
1997	3 601.78	**3 118.59**	1 888.10	1 196.44	691.66	1 230.50	163.45	1 067.04
1998	3 906.65	**3 382.66**	2 044.55	1 292.56	751.99	1 338.11	197.51	1 140.60
1999	4 122.43	**3 570.15**	2 145.26	1 293.37	851.89	1 424.89	197.95	1 226.94
2000	4 278.99	**3 706.23**	2 203.91	1 275.95	927.96	1 502.32	193.44	1 308.88
2001	4 382.09	**3 795.92**	2 233.50	1 244.12	989.38	1 562.42	186.23	1 376.20
2002	4 565.18	**3 954.86**	2 298.45	1 237.98	1 060.47	1 656.40	194.71	1 461.69
2003	4 706.11	**4 077.02**	2 332.82	1 236.97	1 095.86	1 744.20	213.28	1 530.92
2004	4 901.77	**4 246.57**	2 404.47	1 253.18	1 151.29	1 842.09	209.60	1 632.49
2005	5 101.65	**4 419.86**	2 465.89	1 255.08	1 210.81	1 953.97	220.97	1 733.00
2006	5 290.40	**4 583.60**	2 509.63	1 245.47	1 264.16	2 073.97	220.38	1 853.59
2007	4 747.52	**4 747.52**	2 550.89	1 243.55	1 307.34	2 196.63	225.64	1 970.99
2008	4 895.59	4 895.59	2 598.28	1 257.96	1 340.32	2 297.31	224.82	2 072.49
2009	5 116.40	5 116.40	2 681.55	1 276.33	1 405.22	2 434.85	218.39	2 216.46
2010	5 373.00	5 373.00	2 797.53	1 315.23	1 482.30	2 575.47	228.94	2 346.53
2011	5 603.21	5 603.21	2 908.05	1 356.72	1 551.33	2 695.16	223.23	2 471.93
2012	5 907.68	**5 502.14**	2 889.61	1 314.41	1 575.20	2 612.53	204.02	2 408.51
2013	6 172.00	**5 744.22**	2 992.35	1 327.70	1 664.65	2 751.87	204.17	2 547.69
2014	6 461.52	**6 001.92**	3 136.25	1 403.85	1 732.40	2 865.66	202.49	2 663.17
2015	6 699.64	**6 210.97**	3 232.29	1 435.73	1 796.56	2 978.67	199.34	2 779.34
2016	6 901.25	**6 379.48**	3 301.26	1 385.95	1 915.31	3 078.22	200.33	2 877.89
2017	6 445.33	6 445.33	3 321.74	1 321.04	2 000.70	3 123.59	218.30	2 905.29
2018	6 457.66	6 457.66	3 301.43	1 270.21	2 031.22	3 156.23	196.39	2 959.84
2019	6 480.36	6 480.36	3 282.50	1 217.17	2 065.33	3 197.86	184.12	3 013.74
2020	6 549.02	6 549.02	3 314.38	1 179.07	2 135.31	3 234.64	145.75	3 088.89

附录三

渔业统计指标解释

第一章　水产品产量

第 1 条　水产品特征及产量统计范围

水产品指渔业(捕捞和养殖)生产活动的最终有效成果,它具有以下特征:

(1)它是渔业生产活动的成果。水产品既是渔业生产的劳动对象,也是渔业生产的劳动成果,它包括全部海淡水鱼类、甲壳类(虾、蟹)、贝类、头足类、藻类和其他类渔业产品。

(2)它是渔业生产活动的最终成果。渔业生产过程中的中间成果,如鱼苗、鱼种、亲鱼、转塘鱼、存塘鱼和自用作饵料的产品,不是最终成果,不能统计在水产品产量中。

(3)它是渔业生产活动的最终有效成果。水产品在上岸前已经腐烂变质,不能供人食用或加工成其他制品的,不统计在水产品产量中。

第 2 条　产量统计年度和统计者

(1)年水产品产量按日历年度计算。即从每年 1 月 1 日至 12 月 31 日止已从养殖水域捕捞起水或者已从天然水域捕捞并已返航卸港的水产品均统计在年产量中,有的生产渔船在外地收港卸鱼或者在海上由收购船扒载收购的,也按到港计算产量。

(2)水产品产量统计中,养殖产量按照水域所在地统计,国内捕捞产量按照渔船所属地统计,远洋渔业产量按照远洋渔业管理办法进行统计。

第 3 条　产量计量标准

除海蜇按三矾后的成品计量、各种藻类按干品计量外,其余各种水产品均按捕捞起水时鲜品实重(原始重量)计量。此外,供观赏的水生动物按个体计算。

第 4 条　养殖产量与捕捞产量划分原则

凡人工养殖并已起水的水产品数量为养殖产量,凡捕捞天然生长的水产品数量为捕捞产量。

(1)凡是人工投放苗种(不包括灌江纳苗)并进行人工饲养管理的淡水养殖水域中捕捞的水产品产量计算为淡水养殖产量,否则为淡水捕捞产量。

(2)凡是人工投放苗种或天然纳苗并进行人工饲养管理的海水养殖水域中捕捞的水产品产量计算为海水养殖产量,否则为海洋捕捞产量。

(3)稻田养殖起水的水产品,也计算为淡水养殖产量。

第 5 条　水产品分类

水产品分为海水产品和淡水产品两大类。

一、海水产品

海水产品包括海洋捕捞产品、海水养殖产品和远洋渔业产品。其中,海洋捕捞产品产量指国内海洋捕捞产品产量不包括远洋渔业产量。

1.海洋捕捞产品:包括海洋捕捞鱼类、甲壳类(虾、蟹)、贝类、藻类、头足类和其他类。

(1)海洋捕捞鱼类:海鳗、鳓鱼、鳀鱼、沙丁鱼、鲱鱼、石斑鱼、鲷鱼、蓝圆鲹、白姑鱼、黄姑鱼、鮸鱼、大黄鱼、小黄鱼、梅童鱼、方头鱼、玉筋鱼、带鱼、金线鱼、梭鱼、鲐鱼、鲅鱼、金枪鱼、鲳鱼、马面鲀、竹筴鱼和鲻鱼等。

(2)海洋捕捞甲壳类:虾和蟹。虾包括毛虾、对虾、鹰爪虾、虾蛄等。蟹包括梭子蟹、青蟹和蟳等。

(3)海洋捕捞贝类:蛤、蛏、蚶和螺等。

(4)海洋捕捞藻类:江蓠、石花菜和紫菜等。

(5)海洋捕捞头足类:乌贼、鱿鱼和章鱼等。

(6)海洋捕捞其他类:海蜇等。

2.海水养殖产品:包括海水养殖鱼类、甲壳类(虾、蟹)、贝类、藻类、其他类。

(1)海水养殖鱼类:鲈鱼、鲆鱼、大黄鱼、军曹鱼、鰤鱼、鲷鱼、美国红鱼、河鲀、石斑鱼和鲽鱼等。

(2)海水养殖甲壳类:虾和蟹。虾包括南美白对虾、斑节对虾、中国对虾和日本对虾等。蟹包括梭子蟹和青蟹等。

(3)海水养殖贝类:牡蛎、鲍、螺、蚶、贻贝、江珧、扇贝、蛤和蛏等。

(4)海水养殖藻类:海带、裙带菜、紫菜、江蓠、麒麟菜、石花菜、羊栖菜和苔菜等。

(5)海水养殖其他类:海参、海胆、海水珍珠和海蜇等。

3.远洋渔业产品:见第 27 条。

二、淡水产品

淡水产品包括淡水养殖产品和淡水捕捞产品。

1.淡水养殖产品:包括鱼类、甲壳类(虾、蟹)、贝类、藻类和其他类产品。

(1)淡水养殖鱼类:鲟鱼、鳗鲡、青鱼、草鱼、鲢鱼、鳙鱼、鲤鱼、鲫鱼、鳊鲂、泥鳅、鲇鱼、鮰鱼、黄颡鱼、鲑鱼、鳟鱼、河鲀、短盖巨脂鲤、长吻鮠、黄鳝、鳜鱼、鲈鱼、乌鳢和罗非鱼等。

(2)淡水养殖甲壳类：虾和河蟹，其中虾包括罗氏沼虾、青虾、克氏原螯虾和南美白对虾等。

(3)淡水养殖贝类：河蚌、螺、蚬等。

(4)淡水养殖藻类：即螺旋藻。

(5)淡水养殖其他类产品：龟、鳖、蛙和珍珠等。

(6)观赏鱼统计按"条"计量，其重量不计入淡水养殖总产量。

2.淡水捕捞产品：包括鱼类、甲壳类(虾、蟹)、贝类、藻类和其他类。其他类中包括丰年虫等。

第6条 海洋捕捞产量(按海区、渔具分类)

1.按捕捞海域分为渤海、黄海、东海和南海区产量。渤海、黄海、东海、南海区划分界线：

(1)渤海：东以辽宁老铁山西角经庙岛群岛至蓬莱角连线与黄海为界。

(2)黄海：南以长江口北角至韩国济州岛西南端连线与东海为界，东至朝鲜半岛与朝鲜海峡。

(3)东海：南以闽粤省界经东山岛南端至台湾省南端的鹅銮鼻灯塔连线与南海为界，东至对马海峡日本琉球群岛与我国台湾省。

(4)南海：东以巴士海峡、巴林塘海峡、菲律宾群岛与太平洋为界，南至加里曼丹，西临中南半岛及马来半岛。

2.按捕捞渔具分为拖网、围网、刺网、张网、钓具和其他渔具产量。

(1)拖网：单拖和双拖。

(2)围网：单船围网、双船围网和多船围网。

(3)刺网：定置刺网、漂流刺网、包围刺网和拖曳刺网。

(4)张网：单桩、双桩、多桩、单锚、双锚、船张、墙张和并列张网。

(5)钓具：漂流延绳钓、定置延绳钓、曳绳钓和垂钓(如鱿钓)。

(6)其他渔具：地拉网、敷网、抄网、掩罩、陷阱、耙刺、笼壶等类型。

第7条 海水养殖产量(按养殖水域分类)

(1)海上养殖：在低潮位线以下从事海水养殖生产。

(2)滩涂养殖：在潮间带间从事海水养殖生产。

(3)其他养殖：在高潮位线以上从事海水养殖生产。

第8条 淡水养殖产量(按养殖水域分类)

按养殖水面类型不同，分为池塘、湖泊、水库、河沟、稻田及其他养殖方式。

第9条 部分养殖方式分类产量

(1)普通网箱：网箱一般由合成纤维如尼龙、聚氯乙烯等网线编织而成，装置在网箱架上。普通网箱面积均为数平方米到数十平方米。一般安置在港湾、沿岸、湖泊、水库和河沟等水域。

(2)深水网箱：深水网箱是一种大型海水网箱，主要有重力式聚乙烯网箱、浮绳式网箱和碟形网箱三种类型，具有抗风浪性能。网箱水体均为数百立方米到数千立方米。深水网箱一般安置在水深20米以下的海域。

(3)工厂化：工厂化养殖即按工艺过程的连续性和流水性的原则，通过机械或自动化设备，对养殖水体进行水质和水温的控制，保持最适宜于鱼类生长和发育的生态条件，使鱼类的繁殖、苗种培育、商品鱼的养殖等各个环节能相互衔接，形成一个独自的生产体系，以进行无季节性的连续生产，达到高效率、高速度的养殖目的。

第二章 水产养殖面积

第10条 水产养殖面积

水产养殖面积指在报告期内实际用于养殖水产品的水面面积，包括海水养殖面积和淡水养殖面积。在报告期内无论是否全部收获或尚未收获其产品，均应统计在养殖面积中。但有些水面不投放苗种或投放少量苗种，只进行一般管理的，不统计为养殖面积。养殖面积法定计量单位为公顷。

第11条 海水养殖面积

海水养殖面积指利用天然海水养殖水产品的水面面积，包括海上养殖、滩涂养殖、其他养殖。工厂化、深水网箱不计入养殖面积。

第12条 淡水养殖面积

淡水养殖面积指在淡水水域养殖水产品的水面面积，包括池塘、湖泊、水库、河沟和其他五部分。工厂化、稻田养殖不计入养殖总面积。

第13条 养殖面积核算

(1)海上、滩涂、池塘、湖泊、水库、河沟等方式养殖面积按照实际使用的水面计算，计量单位公顷。

(2)普通网箱按照实际占用水面计算面积，计量单位为米^2。

(3)工厂化养殖：按照实际养殖水体的体积计算，计量单位为米^3。

(4)深水网箱：按照实际占用水的体积计算，计量单位为米^3。

(5)在江河、湖泊、水库投放苗种或灌江纳苗、增殖放流的水域不统计面积；湖泊、水库、河沟虽有专人管理，或有苗种投放，但人工养殖水产品起捕量不足

30%的水面也不统计为养殖面积(其产量列入捕捞产量)。

第三章　渔业经济总产值和增加值

第 14 条　渔业经济总产值和增加值

渔业经济总产值和增加值指以货币表现的核算期内渔业经济活动的总产出和总成果，包括了全社会渔业、渔业工业和建筑业、渔业流通和服务业。

第 15 条　渔业产值和增加值

渔业产值指以货币表现的核算期内捕捞和养殖水产品及水产苗种的总产出和总成果。具体包括人工养殖的水生动物和海藻的产值、天然水生动物和天然海藻采集的产值，即包括海洋捕捞、海水养殖、淡水捕捞、淡水养殖产品以及水产苗种的产出。其计算方法：水产品及苗种的产量分别乘以其产品的现行价格。

渔业增加值指以货币表现的核算期内全社会从事渔业捕捞和养殖生产活动所创造的最终产品的价值，其计算方法：渔业总产出扣除渔业中间投入。

渔业产值和增加值的数据取自同级统计部门。

第 16 条　渔业工业、建筑业产值和增加值

渔业工业、建筑业产值和增加值指以货币表现的核算期内全社会从事水产品加工业、渔用机具制造业、渔用饲料工业、渔用药物制造业、渔业建筑业等的产出和成果。

水产品加工业产值等于加工产品量乘以现行价格，其增加值采用食品加工业增加值率进行推算。

渔用机具制造业产值、增加值等于渔船渔机修造业、渔用绳网制造业和其他设备制造业的产值、增加值之和；其产值计算方法主要采用"工厂法"计算，增加值的计算方法采用统计部门"规模以上工业企业总产值表"中的相应指标增加值率进行推算。

渔用饲料工业产值主要采用"工厂法"，增加值是渔用饲料工业现行总产出乘以"规模以上"饲料工业现价增加值率。

渔用药物制造业产值取同级相关部门统计年报表中的有关数据，其增加值等于渔用药物总产出乘以"规模以上"生物制药业现价增加值率。

渔业建筑业产值计算方法是从建筑产品所有方的建筑工程造价角度入手，依据投资完成额计算，其增加值采用建筑业增加值率来推算。

第 17 条　渔业流通和服务业产值和增加值

渔业流通和服务业包括渔业流通业，渔业(仓储)运输业，休闲渔业，渔业文化教育、科学技术和信息等产值和增加值。

渔业流通业产值以营业额来计算，其增加值等于渔业流通业产值乘以批发零售贸易业现价增加值率进行推算。

渔业(仓储)运输业产值即营业收入，其增加值计算方法与建筑业相同。

休闲渔业产值包括涉渔的一切旅游服务业产值，以营业额计算，其增加值用旅游业增加值率进行推算。

渔业文化教育、科学技术和信息等产值及其增加值根据财政部门《一般预算支出决算明细表》和有关资料进行推算。

第 18 条　计算总产值的价格

计算总产值的价格按当年价格计算。

当年价格就是当年出售产品时的实际价格。水产品当年价格以各地渔业生产单位初次出售的价格的平均价格为依据；工业产品以报告期内的产品出厂价格为当年价格。商业以零售价格为当年价格。

第四章　渔业船舶拥有量

第 19 条　渔业船舶

渔业船舶指从事渔业生产的船舶以及为渔业生产服务的船舶，按有无推进动力分为机动渔业船舶和非机动渔业船舶。按生产性质分为生产渔船和辅助渔船。

国内海洋捕捞渔业船舶转为远洋渔业船舶的当年，应纳入远洋渔业船舶统计范围内，在国内渔船统计范围中不再进行统计。

第 20 条　机动渔业船舶

机动渔业船舶指依靠本船主机动力来推进的渔业船舶，分为渔业生产船和渔业辅助船。

渔业生产船是直接从事渔业捕捞和养殖活动的船舶统称。从事捕捞业活动的渔船为捕捞船，从事养殖业活动的渔船为养殖船。捕捞船，按主机总功率分为：441 千瓦(含)以上、44.1(含)～441 千瓦、44.1 千瓦以下三类；按船长分为：24 米(含)以上、12(含)～24 米、12 米以下；按作业方式分为拖网、围网、刺网、张网、钓业、其他共 6 类，有关解释请参照第 6 条的相关内容。

渔业辅助船指从事各种加工、贮藏、运输、补给、渔业执法等渔业辅助活动的渔业船舶统称，包括水产运销船、冷藏加工船、油船、供应船、科研调查船、教学实习船、渔港工程船、拖轮、驳船和渔业行政执法船等。其中捕捞辅助船指水产运销船、冷藏加工船、油船、供应船等为渔业捕捞生产提供服务的渔业船舶。钓业、围网等作业渔船中的子船纳入捕捞辅助船统计范围。

机动渔船年末拥有量应按数量、吨位、功率分别统计，各计量单位规定如下：

(1)数量的单位为"艘","艘"应按船舶单元计算,子母式作业船应分别统计。

(2)吨位的单位为"总吨","总吨"应为丈量确定的船舶总容积,每 2.83 米^{3}为 1 总吨。

(3)功率的单位为"千瓦","千瓦"应按主机总功率计算。1 马力等于 0.735 千瓦。

第 21 条 非机动渔船

非机动渔船指无配置机器作为动力的渔船,依靠人力、风力、水力或其他船只带动的渔业船舶,包括风帆船、手摇船等。

第五章 渔业灾情

第 22 条 渔业灾情

渔业灾情指由于遭受台风(洪涝)、病害、干旱、污染和其他灾害而造成水产品产量减少、苗种损失、设施损坏、水域污染以及人员伤亡等。

水产品损失指由于灾害造成的水产品损失数量和金额。

受灾养殖面积指由于灾害造成水产品产量损失在 10%以上的养殖面积。

渔业设施损毁指由于台风(洪涝)造成池塘、网箱(鱼排)、围栏、渔船损坏或沉没、堤坝、泵站、涵闸、码头、护岸、防波堤、工厂化养殖场及苗种繁育场等被毁,从而造成的渔业设施毁坏的数量和金额。

人员损失指由于灾害而造成人员失踪、死亡和重伤的人数。

第六章 渔业人口与渔业从业人员

第 23 条 渔业乡和渔业村

在农村中,从事渔业生产与经营的人员占全部从业人员 50%以上或渔业产值占农业产值的比重 50%以上的乡、村,即为渔业乡和渔业村;达不到上述标准的,但一直是以经营渔业为主,并经上级主管部门批准定为渔业乡、村的,亦可统计为渔业乡和渔业村。

第 24 条 渔业户(家庭)

渔业户指农(渔)村和城镇住户中主要从事渔业生产与经营的家庭。凡家庭主要劳动力或多数劳动力从事渔业生产与经营的时间占全年劳动时间 50%(6 个月)以上或渔业纯收入占家庭纯收入总额 50%以上者均可统计为渔业户。

第 25 条 渔业人口

渔业人口指依靠渔业生产和相关活动维持生活的全部人口,包括实际从事渔业生产和相关活动的人口及其赡(抚)养的人口,具体如下:

(1)直接从事渔业生产和相关活动的在业人口。

(2)兼营渔业和其他非渔业劳动者中,凡从事渔业生产和相关活动的时间全年累计达到或超过 3 个月者,或者虽全年累计不足 3 个月,但渔业纯收入占纯收入总额比重超过 50%者。

(3)由从事渔业生产和相关活动的人口赡(抚)养的人口。

(4)在既有渔业劳动者又有非渔业劳动者的家庭中,根据渔业与非渔业纯收入比例分摊的被渔业劳动者赡(抚)养的人口。

渔业人口中的传统渔民:指凡渔业乡、渔业村的渔业人口均可称为传统渔民。

第 26 条 渔业从业人员

渔业从业人员:全社会中 16 岁以上,有劳动能力,从事一定渔业劳动并取得劳动报酬或经营收入的人员。

渔业专业从业人员:全年从事渔业活动 6 个月以上或 50%以上的生活来源依赖渔业活动的渔业从业人员;

渔业兼业从业人员:全年从事渔业活动 3~6 个月或 20%~50%的生活来源依赖渔业活动的渔业从业人员;

渔业临时从业人员:全年从事渔业活动 3 个月以下或 20%以下的生活来源依赖渔业活动的渔业从业人员。

第七章 远洋渔业

第 27 条 远洋渔业产量和远洋渔船

远洋渔业产量:由各远洋渔业企业和各生产单位按我国远洋渔业项目管理办法组织的远洋渔船(队)在非我国管辖水域(外国专属经济区水域或公海)捕捞的水产品产量。中外合资、合作渔船捕捞的水产品只统计按协议应属于中方所有的部分。

远洋渔船:按上述办法、协议,在上述水域进行常年或季节性生产的渔船。

第八章 水产苗种

第 28 条 苗种

鱼苗:卵黄囊基本消失,鱼鳔充气,能平游主动摄食的仔鱼,包括人工孵化和江河湖海港湾采捕的天然鱼苗。

鱼种:鱼苗经培育后,发育至全体鳞片,鳍条长全,外观具有成鱼基本特征的幼鱼,一般全长在 1.7~23.3 厘米,因出塘季节和培育期的不同,又俗称为夏花、冬片、春片、秋片、仔口和老口。

扣蟹:蟹苗经数次退皮变成外形接近蟹形的仔蟹,

再经过4～5个月饲养培育成每千克100～200只性腺未成熟的幼蟹。

第29条　苗种数量统计原则

由苗种孵化或育成的单位归属统计，从他处购进或以其他方式取得苗种，不再进行统计。

第九章　水产加工业

第30条　水产加工企业

水产加工企业：从事水产品保鲜(保活)、保藏和加工利用的企业。

规模以上企业：年主营业务收入500万元以上的水产加工企业。

水产品加工能力：年加工处理水产品的总量。

第31条　水产冷库

水产冷库指主要用于水产品冻结、冷藏和制冰的场所，一般以低温冷藏库数作为冷库座数。

冷库的冻结能力、冷藏能力、制冰能力均指冷库建造设计的及后来改扩建新增的生产能力之和。

第32条　水产加工品

水产加工品指以水产品为原料，采用各种食品贮藏加工、水产综合利用技术和工艺所生产的产品，如冷冻冷藏品、腌制品、干制品、熏制品、罐头食品、各种生熟小包装食品，以及鱼油、鱼肝油、多烯脂肪酸制剂、饲料鱼粉、藻胶、碘、贝壳工艺品等。

一、水产冷冻品

水产冷冻品指为了保鲜，将水产品进行冷冻加工处理后得到的产品，包括冷冻品和冷冻加工品，但不包括商业冷藏品。

冷冻品泛指未改变其原始性状的粗加工产品，如冷冻全鱼、全虾等。

冷冻加工品指采用各种生产技术和工艺，改变其原始性状、改善其风味后制成的产品，如冻鱼片、冻虾仁、冷冻烤鳗、冻鱼籽等。

二、鱼糜制品和干腌制品

鱼糜制品指将鱼(虾、蟹、贝等)肉(或冷冻鱼糜)绞碎经配料、擂溃成为稠而富有黏性的鱼肉浆(生鱼糜)，再做成一定形状后进行水煮(油炸或焙烤烘干)等加热或干燥处理而制成的食品，如鱼糜、鱼香肠、鱼丸、鱼糕、鱼饼、鱼面、模拟蟹肉等。

干腌制品指以水产品为原料，经脱水(烘干、烟熏、焙烤等)或添加腌制剂(盐、糖、酒、糟)制成具有保藏性和良好风味的产品，如烤鱼片、鱿鱼丝、鱼松、虾皮、虾米、海珍干品，以及海蜇、腌鱼、烟熏鱼、糟鱼、醉虾蟹、醉泥螺、卤甲鱼、水生动植物调味品(虾蟹酱、蚝油、鱼酱油)等。

藻类加工品指以海藻为原料，经加工处理制成具有保藏性和良好风味的方便食品，如海带结、干紫菜、调味裙带菜等。

三、水产罐制品

水产罐制品指以水产品为原料按照罐头工艺加工制成的产品，包括硬包装和软包装罐头，如鱼类罐头、虾贝类罐头等。

四、鱼粉

鱼粉指用低值水产品及水产品加工废弃物(如鱼骨、内脏、虾壳等)等为主要原料生产而成的加工品。

五、鱼油制品

鱼油制品指从鱼肉或鱼肝中提取油脂，并制成的产品，如粗鱼油、精鱼油、鱼肝油、深海鱼油等。

六、其他水产加工品

其他水产加工品指除上述加工产品之外的加工品统称，如助剂和添加剂(蛋白胨、褐藻胶、碘、甘露醇、卡拉胶、琼胶等)、珍珠加工品、贝壳工艺品、鱼酒、鱼奶等。

第十章　渔民家庭当年收支情况调查

第33条　家庭常住人口数

家庭常住人口数指全年经常在家或在家居住6个月以上，而且经济和生活与本户连成一体的人口数。外出从业人员在外居住时间虽然在6个月以上，但收入主要带回家中，经济与本户连为一体，仍视为家庭常住人口；在家居住，生活和本户连成一体的国家职工、退休人员也为家庭常住人口。但是现役军人、中专及以上(走读生除外)的在校学生，以及常年在外(不包括探亲、看病等)且已有稳定的职业与居住场所的外出从业人员，不应当作家庭常住人口。

第34条　家庭渔业从业人员人数

家庭渔业从业人员人数指家庭常住人口中从事渔业生产、销售、运输等活动累计6个月以上的人数。

第35条　全年总收入

全年总收入指调查期内被调查对象从各种来源渠道得到的收入总和。按收入的性质划分为家庭经营收入、工资性收入、财产净收入、转移性收入和政府生产补贴(惠农收入)。

第36条　家庭经营收入

家庭经营收入指以家庭为单位进行生产经营和管理而获得的收入，包括渔业(水产品及鱼苗)收入、其他家庭经营收入。

渔业收入：水产品及鱼苗用于市场交易的现金收入或自产自食的实物收入。市场交易的现金收入等于交易的水产品及鱼苗或与水产品有关的劳务活动量乘以市场价格，只要交易发生，包括现款和应收款都要计算为收入；自产自食的实物收入，按自食水产品数量乘以相应水产品成本价格计算。如某个水产品的市场平均价格为 10 元/千克，用于计算该水产品市场交易的现金收入；成本价格为 6 元/千克，用于计算自产自食的该水产品实物收入。

经营其他行业收入：渔民家庭自主经营的除渔业外的其他行业，如种植业、畜牧业、林业等第一产业，或从事第二、三产业所取得的经营收入。第一产业的收入包括现金和实物两个部分，计算方法与渔业收入类似；第二、三产业只计算现金部分。

第 37 条　工资性收入

工资性收入指渔民家庭中从业人员通过各种途径得到的全部劳动报酬和各种福利，包括在渔业生产劳动中获得的工资和在其他行业劳动中获得的工资。

工资的形式包含计时计件劳动报酬、奖金、津贴，以及单位代个人缴纳的养老保险、医疗保险、失业保险、房租费、水电费、托儿费、医疗费等，单位定期或不定期发放过节费、调动工作的安家费、相当于现金的通用购物卡、免费或低价提供的实物产品和服务折价、工作餐补贴折价，零星或兼职劳动中得到现金、实物补贴折价等，还包括股份制企业派发或奖励给员工的股票和期权。

工资按照收付实现制计算，只要是在调查期内实际得到的工资，无论该工资是补发还是预发，都应归为本期得到的工资收入。本调查期内应得但因拖欠等原因未得到的工资不应计入。

工资不包括因员工或员工家属大病、意外伤害、意外死亡等原因支付给员工或其遗属的抚恤金和困难补助金，应该将其列入转移性收入中的社会救济和补助收入。

第 38 条　财产性净收入

财产性净收入指渔民家庭住户或成员将其所拥有的金融资产和自然资源交由其他机构单位、住户或个人支配而获得的回报并扣除相关的费用之后得到的净收入。财产性净收入包括利息净收入、红利收入、储蓄性保险净收益和转让承包土地或水面经营权租金净收入等。

利息净收入指利息收入扣除该住户或个人付给债权方的生活性借贷款利息支出后得到的净值。利息收入指按照双方事先约定的金融契约条件，借出金融资产（存款、债券、贷款和其他应收账款）的住户或个人从债务方得到的本金之外的附加额。利息收入是应得收入，包括各类定期和活期存款利息、债券利息、个人借款利息等，银行代扣的利息所得税也包括在内。

红利收入指住户或个人作为股东将其资金交由公司支配或处置而有权获得的收益。包括股票发行公司按入股数量定期分配的股息、年终分红以及从集体财产入股或其他投资分配得到的股息和红利。股票买卖结算后获得的收益（含亏损）不包含在内。

储蓄性保险净收益指住户或个人参加储蓄性保险，扣除缴纳的保险本金及相关费用后，所获得的保险净收益，不包括保险责任人对保险人给予的保险理赔收入。

转让承包土地或水面经营权租金净收入指住户将拥有经营权或使用权的土地转让给其他机构单位或个人获得的补偿性收入扣除相关成本支出后得到的净收入，也包括从其他机构单位或个人获得的实物形式的收入。

其他财产净收入指住户所得的除上述以外的其他财产性收入扣除相关的维护成本之后得到的净收入。如通过在国外购买的土地、矿产等自然资源获得的财产净收入等。

财产性净收入不包括将非金融资产（如住房、生产经营用房、机械设备、专利、专有技术、商标商誉等）交由其他机构单位、住户或个人支配而获得的回报，应该计入“经营净收入”。财产性净收入也不包括转让资产所有权的溢价所得，这些是“非收入所得”，不包含在本调查中。

第 39 条　转移性收入

转移性收入指国家、单位、社会团体对住户的各种经常性转移支付和住户之间的经常性收入转移。它包括政府、非行政事业单位、社会团体对居民转移的养老金或退休金、社会救济和补助、惠农补贴、政策性生活补贴、救灾款、经常性捐赠和赔偿以及报销医疗费等；住户之间的赡养收入、经常性捐赠和赔偿，以及农村地区（村委会）在外（含国外）工作的本住户非常住成员寄回带回的收入等。

转移性收入不包括住户之间的实物馈赠。

养老金或离退休金指根据国家有关文件规定或合同约定，在劳动者年老或丧失劳动能力后，根据他们对社会、单位所做的贡献和所具备的享受养老保险资格或退休条件，按月以货币形式或实物产品及服务给予的待遇，主要用于保障因年老或疾病丧失劳动能力的劳动者的基本生活需要。包括离退休人员的养老金或离退休金、生活补贴，农民享有的新型农村养老保险金，城镇居民享有的社会养老保险金，国家或地方政府给予城镇无保障老人的养老金，因工致伤离退休人员的护理费，退休人员异地安家补助费、取暖补贴、医疗费、旅游补贴、书报费、困难补助以及在原工作单位所得的各种其他收入，相当于现金的购物卡券也包含在内。也包括发给的实物和购买指定物品的票证、购物卡券，应同时计入相应的实物产品和服务项目中。

社会救济和补助指国家、机关企事业单位、社会团体和个人对各类特殊家庭、人员提供的特别津贴。包括国家对享受城镇居民最低生活保障待遇的家庭发放的最低生活保障金、对农村五保户发放的五保救助金、国家和社会及机构单位对特殊困难家庭给予的困难补助、扶贫款、救灾款、国家或机构单位向由于失去工作能力或意外死亡等原因而失去工作的职工或其遗属定期发放的抚恤金等。也包括发给的实物和购买指定物品的票证、购物卡券，应同时计入相应的实物产品和服务项目中。

惠农补贴指政府为扶持农业、林业、牧业、渔业和农林牧渔服务业，以现金或实物形式发放的各种生产补贴。现金形式发放的补贴包括粮食直补、购置和更新大型农机具补贴、良种补贴、购买生产资料综合补贴、退耕还林还草补贴、畜牧业补贴等生产性补贴。实物形式发放的补贴指政府低价或免费提供的相关产品和服务，如免费或低价提供的种子、农机具服务等。包括经营渔业的生产性补贴和经营其他产业的生产性补贴。在鱼塘改造中，如果是以渔民家庭为主进行投入建设，得到了政府补贴，计入渔民得到的惠农补贴；如果是政府直接奖励或投入改造建设，则按相关市场价格计入生产性固定资产。

政策性生活补贴指根据国家的有关规定，中央财政、各级地方财政给予家庭的相关政策性生活补贴。包括家电下乡和以旧换新等家电补贴、能源补贴、给农村寄宿制中小学生的生活补贴等；也包括其他低价或免费提供的实物产品和服务，如廉租房等。

报销医疗费指参加新型农村合作医疗、城镇职工基本医疗保险、(城镇)居民基本医疗保险、城乡居民大病保险的居民在购买药品、进行门诊治疗或住院治疗之后，从社保基金或单位报销的医疗费。报销医疗费属于一种实物收入。报销医疗费包括使用社保卡进行医疗服务付费时直接扣减的、由社保基金支付的部分。从商业医疗保险获得报销的医疗费不包括在内。

外出从业人员寄回带回收入指在外(含国外)工作的本住户非常住成员寄回、带回的收入。无论是以现金、汇款、转账、银行卡共享等任何形式寄回、带回的收入，都应计入。

赡养收入指亲友因赡养和抚养义务经常性给予住户及其成员的现金和实物收入。

其他经常转移收入指住户从除上述各项转移性收入以外得到的其他经常性转移收入。如经常性捐赠收入、经常性赔偿收入、失业保险金、亲友搭伙费等。

经常性捐赠收入指住户从他人、组织、社会团体处得到的经常性捐献或赠送收入。这种捐赠收入带有义务性和经常性，不包括遗产及一次性馈赠收入、婚丧嫁娶礼金所得、压岁钱等。捐赠收入与赡养收入的区别：赠送是对本住户的成员无赡养义务的其他住户或个人给本住户及其成员的现金。本住户成员内部间的捐赠收入和捐赠支出均不必记账。

经常性赔偿收入指住户及其成员因受到财产损失、人身伤害、精神损失得到的国家、单位、个人定期支付的经常性赔偿，不包括一次性赔偿所得。

第 40 条　全年总支出

全年总支出指渔民家庭全年用于生产、生活和再分配的全部支出。包括：家庭经营费用支出、生产性固定资产折旧、税费支出、生活消费支出、转移性支出。

第 41 条　家庭经营费用支出

家庭经营费用支出指以家庭为单位从事生产经营活动而消费的商品和服务、自产自用产品。包括经营渔业费用支出和经营其他行业费用支出。

经营渔业费用支出包括燃料、水电及加冰费用、雇工费用、饲料费用、购买种苗费用，以及加工费用、修理费、承包或租用费等其他生产支出。其中燃料、水电费指用于生产的，不包括用于生活的支出；修理或改造费用等，指额度在1 000元以下的日常渔需物质支出，在此价值量之上的如渔具的大修理、鱼塘清淤、改造等较大规模投入，则按量按价计入固定资产。

经营其他行业费用支出指从事除渔业经营外的其他行业，如种植业、畜牧业、林业等第一产业，或从事第二、三产业经营的支出。其计算方法参考经营渔业支出。

第 42 条　生产性固定资产原价及折旧

生产性固定资产指使用年限在 2 年及以上、单位价值在1 000元以上的房屋建筑物、机器设备、器具工具、役畜、产品畜等资产，其中渔业生产性固定资产包括生产用车船、精养鱼池、大型网具、防逃设施、涵闸、泵站等。

生产性固定资产原价指固定资产当初的购进价、新建价或开始转为固定资产的价值。自繁自养的幼畜成龄转作役畜、产品畜、种畜，按市场同类牲畜的平均价格计价。国家奖励和外单位赠送的固定资产按购置同类固定资产的价格参照其新旧程度酌情计价。

渔民家庭的生产性固定资产折旧按农业生产性固定资产折旧方法处理，即 15 年的使用期限。

第 43 条　税费支出

税费支出指渔民家庭以现金和实物形式缴纳的从事生产经营活动的各种税赋支出，以及承包费、一事一议款、以资代劳款、乡村提留、集资摊派等费用，包括经营渔业税费支出和经营其他产业税费支出。对于无法区分家庭产业经营活动的税费支出，按一定比例分摊。

第 44 条 转移性支出

转移性支出指渔民家庭或成员对国家、单位、住户或个人的经常性或义务性转移支付，包括缴纳的税款、各项社会保障支出、赡养支出、经常性捐赠和赔偿支出以及其他经常转移支出等。

个人所得税指家庭或成员被扣缴的工资薪金所得、对企事业单位的承包经营承租经营所得、个体工商户的生产经营所得、劳务报酬所得、稿酬所得、特许权使用费所得、利息股息红利所得、财产租赁所得、财产转让所得、偶然所得、经国务院财政部门确定征税的其他所得等个人所得的税款。生产税、消费税不在其内。

社会保障支出指家庭成员参加国家法律、法规规定的社会保障项目中由单位和个人共同缴纳的保障支出。包括养老保险、医疗保险、失业保险、工伤保险、生育保险以及其他社会保障支出。

赡养支出指家庭成员因赡养和抚养义务而付给亲友的经常性现金和定期的实物支出。现金赡养支出应按实际发生的金额计算，不论是从报告期收入中开支的，还是从银行存款、手存现金以及其他所得中开支的，均应包含在内。

其他经常转移支出指家庭或成员除缴纳的税款、社会保障支出、赡养支出以外的其他经常性转移支出，如经常性捐赠支出、经常性赔偿支出、各种罚款（如交通罚款）；政府部门向居民提供服务收取的服务费，如迁户口的办理费、办理身份证费，缴纳工会费、党费、团费以及学会团体组织费等。

经常性捐赠支出指家庭或成员赠予他人的经常性和带有义务性的现金支出，包括向寺庙的经常性捐款、定期资助贫困学生或贫困地区的款项、个人对公共设施建设的各类捐款，如解困基金、水利基金、防洪基金等，但不包括以商品或服务方式给予他人的价值额。婚丧嫁娶礼金支出及一次性馈赠支出如压岁钱、探望病人给予的礼金等不含在内。经常性捐赠支出应按实际发生的金额计算，不论是从报告期收入中开支的，还是从银行存款、手存现金以及其他所得中开支的，均应包括在内。

经常性赔偿支出指家庭或成员向因受到财产损失、人身伤害、精神损失的国家、单位、个人定期支付的赔偿支出，不包括一次性赔偿支出。

第 45 条 生活消费支出

生活消费支出指渔民家庭用于满足家庭日常生活消费需要的全部支出，包括伙食支出、烟酒支出、衣着支出、居住支出、生活用品支出、交通通信支出、教育文化娱乐支出、医疗保健支出、其他用品及服务支出。

伙食支出指渔民家庭住户购买粮、油、菜、肉、禽、蛋、奶、水产品、糖、饮料、干鲜瓜果等食品的支出，也包括在外饮食、餐馆外卖食品和其他饮食服务的支出，但不包括用于宠物食品的支出。

烟酒支出指渔民家庭住户用于烟草和酒类的支出。烟草包括卷烟、烟丝、烟叶。涵盖住户购买的所有烟草，包括在餐馆、酒吧等购买的烟草。不包括烟具。酒指用高粱、大麦、米、葡萄或其他水果发酵制成的含酒精饮料。主要有白酒、黄酒、葡萄酒、啤酒，包括低度酒精饮料或不含酒精的啤酒等。此处指买来在家喝的酒类，不包括在餐馆、旅馆、酒吧等消费的酒（在外饮食）。

衣着支出指渔民家庭住户用于穿着的支出，包括购买服装、服装材料、鞋类、其他衣类及配件，以及衣着相关加工服务的支出。

居住支出指渔民家庭住户用于居住的支出，包括房租、水、电、燃料、住房装潢、物业管理等方面的支出。

生活用品支出指渔民家庭住户购买家具和家用电器、日用杂品的支出。

家具和家用电器包括家具、家具材料、室内装饰品、家庭使用的各类大型器具和电器，小家电等，如冰箱、冷饮机、空调、洗衣机、吸尘器、干衣机、微波炉、洗碗机、消毒碗柜、炊具、炉灶、热水器、取暖器、保险柜、缝纫机、榨汁机、烤面包炉、酸奶机、熨斗、电水壶、电扇、电热毯等。

日用杂品包括床上用品、窗帘门帘和其他家用纺织品，以及洗涤及卫生用品、厨具、餐具、茶具、家用手工工具、其他日用品、护肤品、美容美发用品等。

交通通信支出指渔民家庭户在交通工具、交通费、通信器材、通信服务方面的支出。

交通工具包括家用汽车、摩托车、自行车及其他家庭交通工具。不包括经营用交通工具。

交通费包括乘坐各种交通工具（如飞机、火车、汽车、轮船等）所支付的交通费以及用于车辆使用的燃料费、停车费、维修费、车辆保险等。不包括因公出差暂由个人垫付的交通费。

通信工具包括固定电话机、移动电话机、寻呼机、传真机等。

通信服务费包括电话费、电话初装费、入网费、电信费、邮费等。

教育文化娱乐支出指渔民家庭户用于住户成员的教育活动、文化娱乐活动的支出。

教育包括职业技术培训费、学杂费、赞助费、一揽子教育服务费、教育用品支出等。文化娱乐包括用于文娱耐用消费品、其他文娱用品和文化娱乐服务。

文娱耐用消费品包括各种音像、摄影和信息处理设备，如彩色电视机、照相机、摄像机、组合音响、家用计算机，也包括中高档乐器、健身器材等，还包括文娱耐用消费品的零配件和维修。

其他文娱用品包括除教材及参考书以外的各种书报杂志及音像制品、文具纸张、体育户外用品、玩具、用于花鸟虫鱼等业余爱好的相关用品、宠物及宠物用品等其他文娱用品，也包括以上文娱用品的维修支出。

文化娱乐服务指和文化娱乐活动有关的各种服务费用。包括团体旅游、景点门票、体育健身活动、电影、话剧、演出票、有线电视费以及其他文化娱乐服务支出。

医疗保健支出指渔民家庭户购买医疗器具和药品，支付门诊和住院费方面的支出。

医疗器具和药品包括药品、滋补保健品、医疗卫生器具及用品和保健器具。

门诊和住院费指门诊和住院的医疗总费用，包括从各种医疗保险或其他医疗救助计划中获得的医药费和医疗费的报销款额；挂号费、诊疗费、注射费、手术费、透视费、镶牙费、出诊费、送药费、陪侍费、住院费、救护车费等；提供给门诊病人的药物、医疗器械和设备及其他保健产品。报销医疗费应按收付实现制记录，即仅当医疗费报销到手时才计入。

其他用品及服务指渔民家庭户在其他用品及服务方面的支出。

其他个人用品包括首饰、手表和其他杂项用品。

其他服务包括旅馆住宿费、美容美发洗浴、其他杂项服务。无法归入七大类服务支出的其他各项服务支出，如迷信、丧葬费、诉讼费、公证费、房地产中介服务费等也包含在内。

第 46 条　全年纯收入和渔业纯收入

全年纯收入指渔民家庭当年从各种来源得到的总收入相应地扣除所发生的费用后的收入总和。全年纯收入主要用于再生产投入和当年生活消费支出，也可用于储蓄和各种非义务性支出。渔民人均纯收入是按人口平均的纯收入水平，反映的是一个地区或一个渔民家庭的居民平均收入水平。计算方法：

全年纯收入＝全年总收入－家庭经营费用支出－生产性固定资产折旧－税费支出

渔业纯收入＝出售水产品收入＋从事渔业所获得的工资性收入－经营渔业支出－渔业固定资产折旧－渔业税费支出

第 47 条　可支配收入

可支配收入指渔民家庭户可用于最终消费支出和储蓄的总和，即可以用来自由支配的收入。可支配收入既包括现金，又包括实物收入。本调查按照收入的来源，可支配收入包含四项，分别为：工资性收入、经营净收入、财产净收入、转移净收入。计算公式为：

可支配收入＝工资性收入＋经营净收入＋财产净收入＋转移净收入

其中：

经营净收入＝经营收入－经营费用－生产性固定资产折旧－税费支出

转移净收入＝转移性收入－转移性支出

第 48 条　渔民家庭收支调查台账首页及问卷

渔民家庭收支调查台账首页是用于采集渔民家庭收支情况基础数据的方法。在调查户中建立台账首页，按一定时间将发生收支情况通过问卷访问进行记录，由县级渔业统计人员按时间要求，直接通过村干部或村农业技术员收集或调查。本台账首页及问卷为参考表样，各地可根据实际情况自行设计，方便渔民理解。在台账首页中需要一次性填写的内容包括样本户地址及代码、居住房屋面积和估价、拥有大型网具价值、养殖面积、机动渔船数量、功率和吨位等。

样本户地址及代码指渔民家庭收支调查样本户的居住地址，按省、地、县、乡、村的行政地址填写，代码是国家统计局公布的标准代码（12 位）。村内的样本户按自然顺序编码。样本户所在的行政区划名称发生改变，但尚未获得国家标准名称和代码的，原地址和代码不变，可在备注中说明。

居住房屋面积指住宅用于生活居住的建筑面积，应扣除住宅中非生活居住（出租、生产或商用）的建筑面积。

建筑面积以房屋产权证或租赁证为准，也可按使用面积乘以 1.333 计算得出。如果没有相应证明，则由调查员根据本住宅或类似住宅判断填写。建筑面积应填写整数，不为整数时应四舍五入。

居住房屋的估价指居住房屋建筑本身的市场估值，仅包含建筑物本身的价值，不包含宅基地的价值。市场估值主要由调查员辅助住户进行填报。按农村地区的住宅市场估值方法进行估价，调查员预先了解本地区目前平均的房屋建造成本，并将这些信息提供给调查户。针对某个具体住宅，首先估计目前如果要建造同类住房所需要的成本，然后按照 30 年折旧的期限，根据住宅的建筑年份对剩余的价值进行折算。例如，农村的一栋两层小楼，于 1997 年建成，已经使用了 15 年。目前建造同类住房的成本约为 20 万元，则按照 30 年的折旧期限，目前该住宅的价值为 10 万元。如果住宅的使用年限已经超过 30 年，则根据住宅目前的实际情况酌情进行估价。对于竹草土坯房，原则上住宅的市场估值不超过5 000元。

（中国水产学会 高宏泉）

领导讲话

农业农村部副部长于康震在全国渔业改革创新高质量发展推进会上的讲话

（2020年1月15日）

同志们：

今年是全面建成小康社会和脱贫攻坚决胜年，是“十三五”收官之年，也是“十四五”谋划之年，收好官、谋好局，实现渔业发展稳产提质、稳中有进十分重要。为此，经农业农村部党组同意，在春节即将到来之际，我们决定召开此次会议。韩长赋部长对本次会议高度重视，专门做出了批示，充分肯定2019年的工作，对2020年的工作提出要求。这次会议的主要任务是，以习近平新时代中国特色社会主义思想为指导，深入学习领会总书记关于“三农”工作重要论述，贯彻落实中央经济工作会议、中央农村工作会议和全国农业农村厅局长会议精神，总结2019年工作，部署2020年重点任务，进一步统一思想，明确工作思路，推进改革创新，强化制度建设，补齐发展短板，加快推进渔业高质量发展。刚才，8个省渔业主管部门的负责同志从不同角度作了典型经验交流发言，值得大家学习借鉴。下面，我讲三点意见。

一、充分肯定2019年渔业渔政工作

一年来，全国渔业渔政系统按照部党组部署，立足自身职能，深入学习，狠抓落实，攻坚克难，渔业发展稳中有进，形势良好，为“菜篮子”产品稳价保供做出了突出贡献。全国水产品产量保持在6 450万吨左右，其中国内海洋捕捞约1 000万吨，比上年减少4%左右；养殖约5 050万吨，同比增长1%左右。产业结构进一步优化，养捕比78∶22。水产品市场供应充足、价格平稳、质量安全，产地水产品兽药残留监测合格率99.5%，市场监测合格率97.1%。渔民人均纯收入预计21 108元，增长6.2%。渔业渔政工作成效显著、亮点纷呈。

（一）水产养殖业绿色发展迈出坚实步伐

一是出台政策文件引领绿色发展。年初，经国务院同意，10部委联合印发了《关于加快推进水产养殖业绿色发展的若干意见》，国务院新闻办公室专门为此举办了新闻发布会，我们还在浙江德清召开了现场会，举办了高峰论坛，掀起了水产养殖业绿色发展的热潮。国家10个部委及地方有关部门认真贯彻《意见》，11个省（自治区、直辖市）出台了贯彻落实配套文件。二是划定重要养殖水域滩涂空间。全国1 430个县级人民政府发布了养殖水域滩涂规划，基本覆盖了全国所有水产养殖主产县。三是扎实推进水产健康养殖。全国共升级改造池塘环保设施86.7万公顷，池塘循环水跑道式养殖水槽3 000余条，“深蓝1号”等深远海大型智能养殖渔场相继建成投产。创建国家级健康养殖示范场934家、健康养殖示范县10个，在27个省份开展水产养殖用药减量行动。水产苗种产地检疫试点由6个省份扩大到24个省份，基本覆盖了水产苗种生产大省。四是规范发展稻渔综合种养。新增稻渔综合种养20多万公顷，全国总面积逾233万公顷，生产优质稻米1 750万吨、水产品200多万吨，仅水产品一项就带动农民增收超过600亿元，稳粮增渔、保供增效作用明显。

（二）产业融合发展取得显著成效

一是大水面生态渔业成为融合发展的新热点。联合生态环境部、国家林业和草原局出台了《关于促进大水面生态渔业发展指导意见》，召开了大水面生态渔业现场推进会。各地充分挖掘当地民俗、历史等文化资源，推动大水面渔业与观光、旅游、体验等融合发展，涌现出查干湖、千岛湖、庐山西海等一大批渔业生产生态融合发展的典型。二是休闲渔业产业规模不断壮大。全年全国休闲渔业产值超过940亿元，同比增长12.3%，接待人数超过2.7亿人次，同比增长5.8%。

"休闲渔业＋海洋牧场""休闲渔业＋田园综合体"等产业融合模式不断涌现。三是新业态新模式发展势头良好。举办水产品电商消费论坛暨网上销售平台推广活动，大力推动"互联网＋渔业"新业态新模式，水产品电商成交量持续攀升，预计销售量同比增长20%以上。

（三）渔业产业扶贫扎实推进

一是打造渔业扶贫典型模式。以集中连片、深度贫困等地区为重点，利用稻渔综合种养、盐碱水渔农综合利用、集装箱循环水养鱼、冷水鱼养殖等方式开展渔业产业扶贫，被誉为获利最直接、见效最快、持续增收最稳定的扶贫模式。甘肃景泰的盐碱水养殖模式，辐射1 600户贫困户，户均增收2 400元，带动2 000多名贫困人口脱贫。广西三江的"一季稻＋再生稻＋金边鲤＋田螺"稻渔模式，亩增粮250千克，亩增收4 000元，带动形成了60亿元的螺蛳粉产业。稻渔综合种养使云南哈尼梯田成为既带动区域经济发展的"景观田"，又成为农民脱贫致富的"增收田"。二是首次组织扶贫产销对接活动。充分发挥渔业行业协会作用，在广东珠海举行全国渔业扶贫产销对接活动，160多家企业参加，免费为来自37个贫困县（市）45家渔业企业提供产品推介展位。活动现场举行了产销对接签约仪式，意向成交金额达3 000余万元。三是援疆援藏持续推进。支持新疆、西藏种业建设，打牢产业发展基础。开展组团式科技援藏，西藏"三江四湖"渔业资源调查和卤虫科学考察取得丰硕成果。新疆渔业资源调查和冷水鱼养殖取得显著进展，尼勒克县水库冷水鱼网箱养殖水下机器人清污在全国首次取得成功。

（四）资源养护事业再上新台阶

一是长江禁捕平稳有序推进。联合10部委成立了长江水生生物保护暨长江禁捕工作协调机制，落实《长江流域重点水域禁捕和建立补偿制度实施方案》，累计安排中央资金72亿元、地方资金39.04亿元，全力推进长江禁捕工作。截至2019年年底，约4.74万艘渔船完成船证回收，约8.32万渔民实现转产转业或得到安置保障，长江水生生物保护区实现全面禁捕。二是休禁渔实现全覆盖。发布海河、辽河、松花江和钱塘江4个流域禁渔期制度，实现内陆重点流域、主要江河湖海休禁渔"两个全覆盖"。全国共放流近400亿尾水生生物苗种，新建24个国家级海洋牧场示范区。三是渔业资源总量管理制度改革进展顺利。2019年国内海洋捕捞产量约1 000万吨，同比下降4%左右。累计压减渔船20 414艘、功率123.7万千瓦，提前完成"十三五"减船数量、压减近海捕捞产量的目标。捕捞限额试点范围扩大到沿海9个省份。四是渔船渔港综合改革取得进展。全面实施渔船进出港报告制度，启动定点上岸渔港申报工作，试点推进渔获物可追溯和渔船船员记分管理制度。在浙江台州开展渔港改革试点，44个渔港实行县乡两级"港长制"，推动综合执法关口前移，促进依港管船、管人、管渔获。五是水生野生动物保护取得新进展。发布鼋保护拯救计划，查处特大斑海豹幼崽盗猎案件，严肃处理湖北荆州中华鲟死亡事件，加强行刑衔接，加大司法打击和政务追责力度，在社会上形成有效震慑和保护效果。

（五）法治及安全保障进一步强化

一是《中华人民共和国渔业法》修订加快推进。全国人大常委会首次组织开展《渔业法》执法检查，4位副委员长带队赴8个省份现场检查，提出将《渔业法》修改列入全国人大常委会2020年工作计划的建议。目前，《渔业法》修订草案已经农业农村部常务会审议通过，正式报请国务院审议。二是中国渔政"亮剑2019"取得新战果。全年累计查处涉渔违法违规案件3.24万件、查获违法人员4.32万名，向司法机关移送涉嫌犯罪案件2 909件、移送涉案人员4 709名。清理取缔涉渔"三无"船舶10 586艘、"绝户网"110.33万张（顶），同比增长8.63%和1.06倍。韩长赋部长出席全国渔业执法工作座谈会暨渔业执法先进集体和先进个人表彰会，对50个单位、100名个人进行了表彰。三是渔业安全生产形势保持平稳。首次举行全国渔业安全技能大比武，渔业互助保险体制改革方案已经国务院批准。全年发生渔业船舶水上事故162.5起、死亡（失踪）171人，同比分别减少8起、100人，实现了"双下降"。

（六）渔业"走出去"和国际合作进一步拓展

一是远洋渔业有新成效。预计全年产量保持在200万吨以上，为"菜篮子"产品稳产保供做出了积极贡献。首次发布中国国际鱿鱼可持续发展指数，深入推进远洋渔业互利共赢合作，召开中国南太渔业合作论坛并发布楠迪宣言，我国与瓦努阿图、加纳、巴新签署了渔业合作备忘录。强化远洋渔业规范发展，加强远洋渔船监督管理，继续"零容忍"严厉打击违法捕鱼，首次建立履约评价制度，协调外交部、交通运输部、海关总署，推动落实打击非法捕鱼的港口国措施。二是国际合作持续深化。中韩渔业联合委员会年会顺利召开，在韩管控水域作业渔船规模保持基本稳定；与越南联合发表了《〈中越北部湾渔业合作协定〉实施十五周年总结会联合声明》；妥善处理与菲律宾间的渔船碰撞事件；成功举办中韩、中俄、中老联合增殖放流活动。继续与欧盟、美国、太平洋岛国开展渔业合作，积极参与国际渔业治理，国务院批准加入《南印度洋渔业协定》。

2019年，是机构改革后渔业渔政新机构运转的第一年，全年渔业渔政各项工作任务圆满完成，为持续推进渔业高质量发展打下坚实基础，成绩来之不易，农业农村部党组对此给予充分肯定。

2019年，还是新中国成立70周年。刚才，大家观看了渔业七十周年发展宣传片，相信大家和我一样深有感触，倍受鼓舞。经过几代渔业人的奋力拼搏，我国渔业取得了历史性变革和举世瞩目的巨大成就。彻底告别“吃鱼难”，今天的水产品产量是70年前的140多倍，人均占有量是50多倍。从1989年起，我国水产品产量连续30年保持世界第一。70年，中国渔业从小到大、从弱到强，特别是十八大以来，渔业探索出一条产业发展与生态环保相结合、绿色可持续发展的新路子，在保障农产品供给和国家食物安全，增加农民收入和农村就业、维护国家海洋权益、加强生态文明建设等方面发挥了重要作用，还为世界渔业发展贡献了“中国方案”。在此，我代表农业农村部向长期以来重视、关心、帮助、支持渔业渔政工作的各有关部门、各级党委政府、全国渔业渔政系统广大干部职工，致以衷心的感谢和崇高的敬意！

二、深刻认识渔业渔政发展的新形势、肩负的新使命

虽然当前渔业发展总体形势不错，但是我们必须清醒认识到，全面完成“十三五”渔业发展目标，系统谋划“十四五”渔业发展思路，持续推进渔业高质量发展，我们必须认真分析国内外日益增多的风险挑战，必须充分认清复杂严峻的形势问题，必须准确把握发展中的新要求新任务。

（一）“菜篮子”稳价保供为渔业发展提出了新要求。去年，因猪肉涨价，党中央、国务院多次研究“菜篮子”产品保供给问题。水产品是“菜篮子”中的重要产品，胡春华副总理高度重视水产品供应问题，要求我们采取措施，防患于未然，避免水产品供给出现与生猪类似的情况。韩长赋部长多次提醒我们，要防止盲目扩大渔业禁限养范围。前段时间，一些地方在环保整治中，搞“一刀切”，把一些政策允许发展的水域也禁了，不仅养殖生产被禁，增殖与合理捕捞也被禁止，渔业生产空间大幅萎缩，2018年全国水产养殖面积718万公顷，比“十二五”末减少128万公顷，减幅15%。这个问题要引起重视，要始终把确保水产品安全有效供给作为渔业工作的首要任务，采取切实措施防止禁限养扩大化，稳定水产养殖面积，保护发展空间，在优化结构、提升质量、绿色发展的同时，切实稳定水产品生产。

（二）生态文明建设持续推进为渔业发展提出了新课题。十九届四中全会指出，生态文明建设是关系中华民族永续发展的千年大计，必须践行绿水青山就是金山银山的理念，坚定走生产发展、生活富裕、生态良好的文明发展道路，建设美丽中国。这对渔业资源保护提出了新课题、新要求。渔业资源是渔业发展的物质基础，是生态文明建设的重要内容。长江全面禁捕是长江大保护的一项重要举措，是我国第一次实行全流域的常年禁捕，工作还刚起步，禁捕任务艰巨复杂。各地工作推进力度还不平衡，部分地区受各种主客观因素的影响，相关政策资金措施还不够完善，整体进展缓慢滞后。实现长江捕捞退得出、渔民稳得住、禁捕管得好的目标，2020年是关键的一年，各地务必高度重视，切实完成任务。习近平总书记指出保护黄河是事关中华民族伟大复兴的千秋大业，对做好黄河流域生态保护和高质量发展提出了明确要求。如何践行两山理论，进一步完善黄河流域禁渔制度，养护好黄河水生生物资源，实现生产生态协调发展是我们必须尽快研究推进的新使命。今年，海洋渔业资源总量管理减量任务将要全面完成，下一步，如何建立长效机制，加快完善限额捕捞制度，实现投入和产出管理相衔接，加强渔港建设和环境整治，建立以渔港为中心的管船、管人、管渔获制度体系，是我们迫切需要推进的综合改革。

（三）实施乡村振兴战略要求渔业实现新突破。乡村要振兴，农村要脱贫，产业是基础，产业振兴既是高质量发展的主要目标，也是农民脱贫增收的重要途径。渔业要在振兴发展中发挥更大作用，必须要加快推进三产融合。近年来，渔业融合发展虽然规模不断在扩大，但是总体上，产业链延伸不够，价值链分配不合理，冷链物流基础设施不足，休闲渔业小而分散，供需信息对接不畅，渔业产业链整体效益发挥不充分。从水产品贸易和市场看，2019年1—11月贸易顺差仅为18.25亿美元，同比下降72.07%，进口水产品168亿美元，大幅增长22.22%，出口仅为186亿美元，下降8.17%；国内市场鱼价持续低迷，去年在CPI上涨的情况下，淡水产品价格下跌了3.92%，这是一个不小的降幅。这说明，我国水产品市场正面临着深层次调整，一方面，人们对优质水产品的需求不断增加，出口减少，进口增多；另一方面，国内大宗淡水产品总体上供大于求，生产效益下降，影响了渔民增收。我们必须要加快渔业转型升级步伐，坚定推动转方式调结构，提质增效、融合发展，尽快补上短板，提升产业素质，为乡村振兴战略贡献渔业力量。

（四）新机构新职能要求渔业人要有新担当。机构

改革为渔业渔政工作开启了新的篇章，各地渔业渔政机构重新设置，职能任务都有了新的要求。总的看，新机构运转是顺畅的，保持了渔业发展的良好势头。但是，不少地方反映，新成立的渔业行政管理机构编制与职能任务不匹配，职能任务没有减少，机构和人员大幅缩减，工作疲于应付，"小马拉大车"问题比较突出。有的省份还反映基层渔政执法机制不顺，执法机构还没有改革到位，或者隶属不同部门，协调指挥不畅。看来，新机构新队伍要真正发生化学反应，的确还有大量工作要做。这个时候，更需要我们，尤其是在座的各位要保持定力，一方面要按中央机构改革精神，积极推动落实机构改革到位，根据渔业渔政工作新形势新任务新要求，积极争取完善机构职能；另一面，要守土有责、守土尽责、勇于担当、积极作为，确保新机构有效运转，职责任务落实落地，加快推进渔业现代化建设。

面对新形势新任务新要求，谋划"十四五"和今后一段时间渔业渔政工作，我们要贯彻落实十九届四中全会要求，以制度建设为主线，以改革创新为动力，不断完善法制政策环境，持续推进渔业治理体系和治理能力现代化。要创新发展方式，对传统养殖、捕捞等产业要着力推进转型升级，不断提升质量和效益。对深远海养殖、稻渔综合种养、大水面生态渔业等新业态新模式，要高起点谋划，高标准发展。要深化资源管理制度改革，强化保护和生态修复，加快推进从投入管理为主转变为以产出管理为主。要创新体制机制，面对复杂繁重的产业发展、资源养护等任务，整合资金集中投入，整合力量集中攻坚，协调各方集中参与，重点突破、打好硬仗。要创新方式方法，从日常的项目、资金管理中脱身，利用好市场化、科技化、信息化手段，激发市场主体活力、强化市场主体责任、压实市县党委政府责任。

三、扎实做好2020年渔业渔政重点工作

中央农村工作会议和全国农业农村厅局长座谈会对今年的农业农村工作进行了全面部署，中央1号文件和农业农村部1号文件也已经印发实施。可以说，渔业渔政工作的大政方针已定，需要我们做的就是贯彻落实、真抓实干。今年工作的总体思路是：以习近平新时代中国特色社会主义思想为指导，坚决对标对表全面建成小康社会和"十三五"目标任务，坚决贯彻中央和部党组的决策部署，坚持新发展理念，坚持稳中求进总基调，以改革创新为动力，强制度、补短板、抓落实，坚持不懈稳数量、提质量、转方式，持之以恒推进渔业供给侧结构性改革，持之以恒推进渔业高质量发展。

显良同志下午还将就2020年工作进行具体部署，这里，我重点强调七个方面的工作。

(一)抓高质量发展，促保供提质

一要大力推进养殖业绿色发展。要继续落实好十部委联合印发的《关于加快推进水产养殖业绿色发展的若干意见》，今年年底前要全面完成水域滩涂规划发布。要坚决纠正盲目扩大禁养区和限养区以及"一刀切""一禁了之"的行为，保障养殖者权益和水产养殖业发展空间，为水产品保供提供良好的基础。要继续开展养殖尾水集中处理，水产健康养殖示范创建，鼓励盐碱水渔农综合利用、稻渔综合种养、贝藻立体养殖、深水抗风浪网箱养殖等绿色养殖方式。继续开展水产养殖用药减量行动，提升水产苗种质量，全面实施水产苗种产地检疫制度。严厉打击养殖违法用药行为，加强水产养殖用兽药及其他投入品使用的监管，实施好国家产地水产品兽药残留监控计划，确保水产品质量安全。

二要推进渔业"三产"融合发展。要落实好全国大水面生态渔业现场推进会和三部委联合印发的《关于推进大水面生态渔业发展的指导意见》精神，加快推进大水面摸底调查，加强规划指导，保障大水面生态渔业发展空间，打造推介一批大水面生态渔业发展模式，开创大水面生态保护与渔业发展协调推进的新局面。加快水产品加工流通业发展，适应市场需求，大力发展水产品物流骨干网络和冷链物流体系，强化技术支撑、引导发展适销对路的加工调理水产品。积极推动休闲渔业发展，挖掘渔业历史、文化资源，加大宣传推广力度，促进渔旅结合，精心组织农民丰收节渔业活动。加强互联网理念和技术在渔业的应用，加快发展水产品电子商务等新模式新业态。

(二)抓渔业扶贫，促全面小康

帮助贫困地区发展渔业产业，继续开展盐碱水养殖、冷水鱼养殖、稻渔综合种养、集约化集装箱养殖等行之有效的渔业产业扶贫，带动贫困群众增收。充分发挥渔业科研院校、水产技术推广机构、国家渔业产业技术体系、渔业行业协会的作用，从科技创新、技术培训、产销对接等方面共同推动渔业产业扶贫取得积极成效。同时，要提高政治站位，继续做好援疆援藏工作，有效对接新疆和西藏产业需求，重点在规划编制、产业发展方面提供技术和资金支持。

(三)抓资源保护，促生态文明

一要坚决打赢长江流域重点水域禁捕攻坚战。2020年是长江禁捕工作的攻坚期、冲刺期，时间紧、任务重、难度大。各地要按照中央领导同志的重要批示

精神，进一步提高政治站位，健全工作机制，紧扣时间节点，狠抓工作落实，加快推进转产转业和就业安置，全面保障好退捕渔民的基本生活和长远生计，确保2020年底前长江捕捞渔民全面退得出、稳得住。全力维护禁捕管理秩序，确保捕捞管得住、不反弹。

二要继续巩固渔业资源总量控制成果。渔业资源总量管理制度改革是硬任务。目前看，个别省份在减船减功率两方面都还存在较大差距，需进一步加大工作力度。要采取措施，完成所有沿海省份开展限额捕捞试点的任务。同时，要科学有序发展海洋牧场，开展渔业资源增殖放流等措施积极修复渔业资源。增殖放流数量、渔业水域污染事故调查处理率今年也是有考核任务的，要确保年底完成任务。

三要坚决打赢渤海综合治理攻坚战。今年是渤海综合治理攻坚战的决胜之年，重点有两项硬任务：一要研究制订地方海水养殖污染控制方案，推进沿海县（市、区）海水池塘和工厂化养殖升级改造；二要完成渔港认定和环境清理整治，实现应公布的渔港尽快公布，同时实现名录内渔港污染防治设备设施全覆盖。环渤海三省一市是攻坚战的实施主体，各级渔业主管部门要加大工作力度，继续推动地方政府落实主体责任，确保按期完成任务。

（四）抓改革创新，促转型升级

一要稳慎推动新一轮渔业油价补贴改革。今年出台的新一轮改革方案，将紧紧围绕解决新时代我国渔业发展的新矛盾，紧紧围绕2035年基本实现渔业现代化、本世纪中叶建成现代化渔业强国的目标来开展。既要发挥资金的引导作用，促进海洋捕捞渔民减船转产，促进渔业转型升级，又要牢记油补设立的初心，起到富裕渔民的作用。通过改革，破解渔业发展矛盾，顺应国际补贴趋势，构建新时代渔业支持政策，推动渔业高质量发展。

二要加快推动渔港建设与改革。加大渔港投入，改革完善渔港管理制度，推进渔业治理体系和治理能力现代化，是渔港建设和管理改革的主攻方向。要下决心推动渔港建设与管理改革，争取国务院发文部署，综合施策，按照港、产、城一体化的思路，推动渔港经济区建设，把渔港打造成沿海新的经济增长点，成为渔业管理的“岸上堡垒”，实现依港管船、管人、管渔获的目标。

三要强化渔业科技创新。广大渔业科技工作者要把渔业高质量发展作为渔业科技创新工作方向和重点，面向基层生产，在关键领域开展科技攻关，解决制约产业发展的关键技术瓶颈。要加强人才培养，打造一流的科研创新团队。要发挥好水产学会、产业技术体系和科技创新联盟作用，积极谋划“十四五”渔业科技发展重点工作。

四要加强水产技术推广。坚持科技创新与技术推广双轮驱动。在渔业科技创新的同时，创新技术推广方式方法和手段，加强先进渔业技术模式集成示范和推广应用，在技术示范、模式引领上取得新进展，把先进的科学技术转化为老百姓实实在在的收益。水产技术推广部门要稳定、强化体系队伍建设，强化公益性职能，全面支撑渔业行业发展。

（五）抓制度建设，促长效机制

一要修订好《渔业法》。全国人大常委会已经同意将《渔业法》列入2020年立法工作计划，修法工作正处于非常有利的时机，我们要抓住机遇、顺势而为、乘势而上，加快推进《渔业法》修改进程，争取法律早日修订出台。

二要加强制度体系建设。经过七十年的努力，渔业管理制度体系已基本建立起来，但其中有些显得老旧和过时，与国际上推动的TAC限额捕捞、《渔船安全公约》《港口国措施协定》等不接轨，与当前强化渔业资源管理的要求也不适应。要对现行管理制度进行系统梳理，对不完善的、过时的要加快修订，对缺失的尽快补充，与国际未接轨的尽快接上，不断完善渔业制度体系。

三要研究制定好渔业发展“十四五”规划。渔业发展“十四五”规划将是十九大后我国渔业发展的第一个五年规划。要把发展机遇研判准，把困难挑战分析透，立足我国基本国情和发展阶段，坚持发展与保护相协调，推动渔业高质量发展，突出以改革创新破解发展难题，实事求是、遵循规律，着眼长远、统筹兼顾，提出“十四五”时期渔业发展目标、工作思路、重点任务和重大项目，给全国渔业行业良好预期，激励渔业人努力奋进。

（六）抓渔政执法，促依法兴渔

一要深入实施中国渔政“亮剑2020”执法行动。今年要继续深入实施中国渔政“亮剑2020”执法行动，要强化对高危群体的排查和监控，及时发现违法动向，实施精准执法，严厉查处涉渔“三无”船舶和“绝户网”、涉外违法捕捞、禁渔期违法捕捞、非法捕捉水生野生保护动物等突出问题。

二要完善渔政执法机制。当前，各地渔业执法机构呈现名称多元、职能多元、归属部门多元的特点。有一点我要强调，只要承担渔业执法职能，就是渔政监督管理机构，就要接受渔业主管部门业务指导，渔业执法不能弱化。各级渔业主管部门要采取措施，尽快推动形成统一指挥、制度健全、运转高效、支撑有力的渔政执法体系。要进一步与公安、海警等执法部门合作，共同做好渔业执法工作，保障渔业高质量发展。

三要加强渔政执法队伍建设。要把加强渔政队伍建设摆到突出位置，推动新组建的渔业执法机构尽快完成“化学反应”，形成战斗力。要推进严格规范公正文明执法，始终坚持正规化、专业化、职业化方向，全面落实渔政执法资格管理和持证上岗制度，健全执法公示、全过程记录和法制审核等规范执法制度。要加强渔政执法队伍装备、经费保障，保障一线执法人员执勤补贴待遇，打造形成一支信念坚定、敢于担当、清正廉洁、保障有力的渔政执法队伍。

(七)抓对外开放，促合作共赢

一要强化渔业国际合作。多边渔业合作要“多发声”，协调筹备好第四届全球水产养殖大会、《开普敦协定》区域研讨会，推动加入港口国措施协定，讲好中国渔业故事，宣传我国渔业发展成就，增强国际渔业规则制定话语权。周边渔业合作要“求稳定”，加强涉韩渔船管控，维护黄海渔业生产秩序，积极推动重启中日渔委会会谈，恢复双方在《中日渔业协定》框架下的合作，开展与越南的务实合作，维持与俄罗斯的良好合作关系。双边渔业合作要“扩圈子”，巩固深化与欧盟、美国、东盟及其他“一带一路”沿线渔业国家对话与合作，产生更多渔业合作成果。

二要继续推进远洋渔业规范发展。今年是远洋渔业发展35周年，要保持定力，坚守初心，控制规模，把稳节奏，积极参与全球海洋治理，努力成为世界远洋渔业领域的引领者。不辜负习近平总书记对远洋渔业发展的嘱托，继续加强与有关部门沟通，争取远洋渔业扶持政策。强化远洋渔业规范管理，宣传贯彻新《远洋渔业管理规定》，抓好远洋渔业企业履约评价工作。推进远洋渔业转型升级，将鱿鱼打造成国际渔业中的中国品牌，稳妥有序开发南极磷虾资源，加快开发金枪鱼国内市场，摆脱国外市场依赖，促进金枪鱼全产业链发展。

三要促进水产品贸易健康发展。针对国际水产品贸易顺差大幅收窄的情况，要加强跟踪研究，对国内产业受到的影响要有全面系统的评估，抓紧开展系统性应对工作。首先要全面分析进口产品结构，采取不同的措施，区别对待与我水产品差异化和同质化竞争的部分。其次要研究制定促进水产品出口，提高出口产品竞争力的政策措施，开拓新市场，推进出口市场多元化。

最后，我再强调几点。

一是安全生产。去年抓安全生产成效突出，但形势依然严峻，不能掉以轻心，安全生产工作“永远在路上”。去年发生的“琼琼海渔01039”沉没，32人遇险获救重大险情，现在想起来还让人后怕。今年要继续把渔业安全监管工作放在重中之重的位置，严防死守，坚决遏制重特大事故的发生。渔业互保是安全生产工作的重要组成部分，是渔区社会“稳定器”和“安全阀”，各地要按照国务院批准的改革方案，积极支持渔业互保机构开展工作，维护渔区稳定。二是水产品质量安全。昨天也是在这里，农业农村部召开了农产品质量安全强监管推进会，对今年的农产品质量安全工作进行了部署。水产品质量安全是会议重要内容之一，大家要高度重视，按照会议要求做好各项监管整治工作。春节和“两会”临近，要确保不出大的问题。三是作风和能力建设。要严格执行中央八项规定精神，力戒形式主义、官僚主义，少开会少发文，多作调查研究，多解决基层和群众关注的实际问题，坚决不搞花架子、不做表面文章。要强化初心使命，敢担当、能担当、会担当，在推进工作中总结经验，在解决矛盾中增长才干，在完成急难险重任务中经受考验。

同志们，做好今年的渔业渔政工作至关重要。让我们紧密团结在以习近平同志为核心的党中央周围，勠力同心，锐意进取，只争朝夕，不负韶华，在实干中攻坚克难，在奋斗中彰显担当，为渔业高质量发展贡献力量！为坚决打赢脱贫攻坚战、实施乡村振兴战略贡献力量！为全面夺取建成小康社会伟大胜利贡献力量！

农业农村部渔业渔政管理局局长张显良在渔业改革创新高质量发展推进会上的总结讲话

(2020年1月15日)

今天上午，于康震副部长就围绕学习贯彻中央经济工作会议、中央农村工作会议和全国农业农村厅局长会议精神做了重要讲话，充分肯定了2019年渔业渔政工作成效，深入分析了当前渔业渔政工作面临的形势和任务，明确了以改革创新推进渔业高质量发展的工作要求，强调了2020年工作重点。各级渔业部门要认真学习、深刻领会、抓好落实。

刚才，根据会议安排，大家分组进行了交流讨论，发言很热烈，积极性非常高，围绕推动渔业改革创新高质量发展，在油补政策改革、养殖业绿色发展、资源养护、渔业渔政队伍建设等方面提出了很多很好的意见和建议，对我们进一步理清思路、做好工作很有帮助。会后，我们将对这些意见和建议进行认真梳理，提出解决问题的办法和措施，将可行的措施在相关工作安排中予以落实。

做好2020年渔业渔政工作非常重要，于部长上午讲话已做了明确要求，为贯彻落实于部长讲话精神，做好今年渔业渔政工作，结合大家的讨论，我对今年的具体工作从七个方面再部署一下。

一、关于水产养殖业绿色发展

（一）狠抓规划编制发布和养殖证核发

一要抓紧编制发布养殖水域滩涂规划。各地要加快省、市级规划的编制发布工作。农业农村部将在今年向各省级人民政府通报各地规划编制发布情况，敦促未出台规划地区加快进度，确保今年年底实现养殖水域滩涂规划全覆盖。年底县级规划仍未出台的，农业农村部将公开通报、现场督察、暂停项目支持和参与健康养殖示范场、示范县等创建活动的资格。二要依法核发养殖证。各省（自治区、直辖市）要加强养殖证核发工作，严格依照农业农村部《水域滩涂养殖发证登记办法》，做到规范核发、应发尽发，杜绝抽屉证，必须将证件发到养殖者手中。同时要加强养殖证持证情况执法，对未依法取得养殖证擅自在全民所有的水域从事养殖生产的，责令改正，补办养殖证或者限期拆除养殖设施，规范养殖生产秩序。农业农村部将组织开展养殖证制度实施情况调研，为推动将《水域滩涂养殖发证登记办法》上升为国务院条例做准备。

目前，有的地方将养殖证与海域使用证捆绑申报，这是不符合《渔业法》的相关规定的，养殖证、海域证分别遵守不同的法律，应各自独立办理。养殖证核发是《渔业法》赋予渔业行政主管部门的法定职责，应当按照农业农村部《水域滩涂养殖发证登记办法》，在新发布的《养殖水域滩涂规划》所划定的禁养区以外的区域独立核发。至于一水两证问题，我们将在下一步《渔业法》修订中多向人大反映，争取得到妥善解决。

（二）大力推行水产健康养殖

一是继续开展健康养殖示范创建。今年全国要创建国家级水产健康养殖示范场200个以上、健康养殖示范县5个以上，鼓励开展省级示范创建活动。农业农村部拟联合生态环境部开展“百县千场”养殖尾水治理，通过生产端引导，监管端倒逼，实现尾水达标排放。二是提升深远海养殖装备水平。要关注和支持深远海养殖装备发展，农业农村部拟与工信部签署深远海养殖装备合作备忘录，发布《深远海大型智能养殖渔场发展规划》，引导深远海养殖规范有序发展。三是规范发展稻渔综合种养。要加强规划引导，不要盲目跟风、一哄而上，防止价格大幅度下跌给养殖户带来损失。要严格遵守《稻渔综合种养技术规范通则》中边沟、鱼凼面积不得超过10%的技术标准，保护粮食生产能力，防止出现类似“大棚房”的情况。要加强新技术模式试验示范，大力推进融合发展，提高质量和效益。四是加强种业和疫病防控体系建设。今年中央预算内投资将安排2.6亿元支持水产种业和防疫体系建设。各地要积极支持育种体系建设和重点品种联合育种，推进“育繁推一体化”。农业农村部将出台《水产新品种审定管理办法》。各地要完善水产苗种生产许可管理，严肃查处无证生产。五是推进水产苗种产地检疫全覆盖。农业农村部将出台《进一步完善水产苗种产地检疫制度的意见》。各地要建立、完善、实施水产苗种产地检疫制度，壮大渔业官方兽医队伍，及时报告、处置重大疫情，规范病死水生动物的无害化处理。六是强化产地水产品兽药残留监控。各地要继续实施《2020年产地水产品兽药残留监控计划》，确保阳性样品查处率100%，积极做好案件移送司法工作。要利用《水产养殖用药明白纸》等开展宣传，重点宣传提醒严禁使用国家2017年起新停用的氧氟沙星等四种药物。推动尽快将渔用非药品纳入兽药管理范围，采取措施防止隐性添加违禁药物造成养殖户损失。

二、关于一二三产业融合发展

（一）推进大水面生态渔业发展

《关于推进大水面生态渔业发展的指导意见》已经下发，各地要认真贯彻落实。一是抓紧制定发展规划。要掌握基本情况，摸清大水面中保护区数量、面积占比和由于保护区划定而退出渔业生产的大水面情况，会同生态环境、自然资源、林业草原等部门，抓紧制定本区域大水面生态渔业发展规划。二是有序恢复渔业生产。要因地制宜，抓紧研究出台有效措施。对于超出法律法规要求被迫退出的大水面渔业，在科学论证合理布局的基础上，要重新恢复生产。对于可以发展生态渔业但还没有被充分利用的大水面区域，要积极推进生态渔业发展。三是加强生态环境保护。明确大水面增养殖水质管理要求，加强监测和执法监管。要严格按照《水生生物增殖放流管理规定》对苗种场和放流品种进行监管，严防种质退化和疫病传播，保护好增殖水域生物多样性。四是强化科技支撑。要加强大水面生态渔业关键共性技术研发。宣传贯彻《大水面生态增养殖容量计算方法》，促进容量管理制度的实施。五是完善机制。建立由农业农村部门牵头，生态环境、水利、自然资源、林业草原等部门参与的工作机制，协同研究、制定落实支持措施。引导成立行业协会、商会或产业联盟，培育和壮大大水面生态渔业经营主体。今年我们也计划推出一些大水面生态渔业的典型模式，推出更多像查干湖、千岛湖这样的好模式。

（二）提升产业融合发展效益

一是拓宽发展空间。发展一产的同时，有效运用文化、休闲、旅游等要素，实现三产因地制宜、有机融合。推动水产增养殖生态化、景观化、休闲化设计和改造，以生态种植养殖为依托，融合发展加工流通、休闲渔业，着力促进渔业一产与美食餐饮、特色民宿、渔事体验、休闲垂钓和科普教育等业态充分融合，有效延伸产业链条，提升价值链。要加强休闲渔业发展模式总结和推介，做好三产融合管理人才培训。二是注重市场培育。市场培育对产业发展至关重要，主动融入市场，真正满足市场需求，才能有效破解“卖难、价低、养在深闺无人识”的难题。品牌是产业与市场之间的桥梁和纽带，有的地方通过培育稻渔综合种养区域公共或特色品牌，带动苗种、养殖、加工、流通等一条龙全产业链条，效果十分明显。各地要采取措施引导和加强品牌建设，着力推进公共品牌认定，搭建宣传推介和产品展示平台，提升品牌竞争力。三是研发新产品。要积极发挥国家水产品加工技术研发中心作用，加强速食便捷水产品研发，开展水产品加工技术供需对接活动，探索建立水产品加工业景气指数指标体系，开展水产品加工情况监测，发布相关情况，积极引导生产与消费。

三、关于渔业资源养护和水域生态修复

（一）突出抓好长江水生生物保护行动

要坚持以“共抓大保护、不搞大开发”为导向，以《国务院办公厅关于加强长江水生生物保护工作的意见》为纲领，坚持问题导向、目标导向、结果导向，加大工作推进力度，助力长江经济带高质量绿色发展。一是推进实施长江流域重点水域禁捕。严格按照国务院领导审定同意的工作安排，有针对性地优化退捕渔民生计保障政策，完善就业创业支持服务，落实就业创业扶持政策，加快引导长江捕捞渔民退捕转产上岸，降低对长江天然渔业资源的捕捞强度。加大督促检查指导力度，加强资金使用监管，提高资金使用效益，采取明察暗访、抽样调查、实地考察、现场走访等多种方式，找不足、查弱项，赶进度、补短板，争分夺秒一项一项抓落实，确保2020年底前如期完成长江流域重点水域常年禁捕的目标任务。二要拯救长江珍稀濒危特有水生生物。健全长江水生生物资源调查监测网络，推动建立长江水生生物完整性指数评估体系。要全面加强长江流域渔政执法监督管理，发挥好渔业行政执法和刑事司法衔接的作用，保障长江流域重点水域禁捕秩序平稳有序。

（二）强化渔业资源养护

一是科学谋划调整海洋伏季休渔制度。按照统筹平衡“资源保护、渔民生计、执法监管”的原则，进一步调整优化伏季休渔制度，争取明年出台。二是实施好海洋渔业资源总量管理制度。2020年是压减近海捕捞渔船、捕捞产量任务实施的最后一年。农业农村部和各省都签订了责任书，明确了各省压减的数量，各省一定要对照责任书认真检查，确保完成压减任务。同时，沿海各省要开展限额捕捞试点工作，尚未开展试点的广西、海南两省要尽早谋划，确保完成试点任务。限额捕捞是“十四五”和今后一个时期捕捞管理的方向，也是国外普遍采用的方法，要积极推进。三是继续开展增殖放流。组织实施好水生生物增殖放流，确保实现《中国水生生物资源养护行动纲要》确定的每年增殖400亿单位以上的目标。四是打好渤海综合治理攻坚战。环渤海三省一市要对标对表渤海综合治理攻坚战硬任务要求，采取更加有效措施，确保年底前完成海水养殖污染控制、渔港认定和环境清理整治等工作。

（三）科学规范发展海洋牧场

做好前三批国家级海洋牧场示范区的年度评价和复查工作，科学评价海洋牧场建设效果。进一步完善海洋牧场监测评价制度，构建全国海洋牧场监测体系，加强示范区运行情况的跟踪监测，提高海洋牧场管理的信息化水平。发挥好行业协会作用，推动行业自律与政府监管相结合，行业内部认定和政府监督抽查相结合，切实加强海洋牧场监管。按照农业农村部与海南省签署的《共同推进海南全面深化农业农村改革开放备忘录》，加快推进海南现代化海洋牧场建设。继续组织开展国家级海洋牧场示范区创建，发挥先行先试和示范带动作用。

（四）继续加强珍稀濒危物种保护

进一步加强重点水生野生动物及其栖息地保护，组织实施好中华鲟、长江江豚、斑海豹、中华白海豚、海龟、鼋等重点物种保护行动计划。建立健全部门间协调机制，加强野生动物保护部门协作，推进重点保护物种名录的修订。加强与其他国家和地区以及国际公约组织的沟通协调，巩固与相关部门的合作关系，联合相关部门开展专项执法行动，同时结合专项执法开展相关培训宣传，做好重点物种履约工作。继续加大水生野生动物保护科普宣传，举办第11届水生野生动物保护宣传月。

四、关于渔业改革创新

（一）大力推进渔港综合管理改革

积极推动出台“关于加强渔港建设与管理，促进渔港经济区全面发展的意见”。一是推动建立港长制和驻港监管机制。完善渔船进出港报告制度，不断优化完善渔船渔港综合管理平台，优化渔船进出渔港报告系统，抓紧将内陆渔船、船员管理系统整合进来，推动渔船检验数据与渔船管理数据的衔接，启动渔获物定点上岸和可追溯体系建设，更好地服务于依港管船、管人、管渔获物等功能需要。二是加强渔港建设。提升生产服务能力，提高渔业管理和防灾减灾能力，有力促进渔业生产、流通、消费的有机结合，推动渔港与水产品冷藏加工、配送、休闲渔业等相关产业融合发展，加快推动形成一批带动力强、经济与社会效益相互促进的渔港经济区。同时，启动“十四五”渔船管理政策研究，全面梳理总结“十三五”渔船管理现状，分析研究当前渔船管理存在的问题，结合国外渔船管理经验及今后资源保护要求，确定下一个五年渔船管理思路。

（二）进一步深化渔业油价补贴改革

油补资金对渔业发展非常重要，我们要全力做好这项工作，今年要出台新一轮油补政策改革方案，我们将积极与财政部做好沟通，争取理解和支持，根据新形势新任务进行适当调整，努力争取稳定油补资金基本盘，为渔业发展创造好的条件。调研中，我们发现有的地方将油补一般性转移支付中的“退坡”资金挪用至非渔领域，更有个别地方，将该资金全部挪用，两年时间内一分钱也未用于支持渔业发展，这是很严重的问题。我们将在新一轮改革中考虑减少甚至取消这些地方一般性转移支付资金，适当时候与财政部一起进行监督检查，必要时请审计入驻监督。请各地务必高度重视这项工作，把情况摸清摸透，提前为新政策出台和出台后的执行工作做好准备。

（三）加强渔业科技和技术推广创新

充分发挥国家现代农业产业技术体系、国家渔业科技创新联盟、国家水产品加工技术研发中心作用，推动开展水产种业基础理论和育种技术创新、渔业关键装备与设施研制、资源养护与生态修复共性技术研发和水产绿色增养殖技术与模式集成，提升产业素质和竞争力。加强水产推广体系建设和重要技术示范应用，加快渔业高质量绿色发展相关标准制修订。加强渔业渔政管理综合服务平台建设，充分发挥信息化技术手段引领渔业发展的作用。今年是渔业科技发展承前启后的关键一年，我们已经组织水科院、推广总站开展“十四五”渔业科技发展战略研究，接下来将开展相关调研活动，并召开全国渔业科技工作座谈会，研究部署下一阶段渔业科技重点方向任务。也请各地渔业主管部门、高等院校和科研院所对当前渔业科技发展的基本情况和存在问题进行梳理，对“十四五”渔业科技的重点发展方向提出意见和建议。

五、关于渔业“走出去”和国际合作

（一）推进远洋高质量发展

一是召开远洋渔业发展35周年座谈会。总结35年来尤其是“十三五”远洋渔业发展成就，谋划部署“十四五”远洋渔业发展。二是加快完善落实远洋渔业扶持政策。认真贯彻落实习近平总书记对远洋渔业发展的重要指示，加强与有关部门的沟通、协调，争取和完善远洋渔业发展扶持政策。三是强化远洋渔业规范管理。严格落实新的船位监测办法，部署实施公海渔船电子渔捞日志，继续试点开展视频监控，研究扩大观察员制度实施范围，促进远洋渔业全程化、精细化、信息化管理，抓好远洋渔业企业履约评价工作。四是加快推进转型升级。发布实施鱿鱼产业可持续发展意见，切实保护公海鱿鱼资源，推进我国远洋鱿鱼产业可持续发展。大力开发金枪鱼国内市场，提高金枪鱼产业发展质量和效益。开拓新渔场新资源，稳妥有序推进南极磷虾资源开发，加快推进远洋渔业基地建设。

（二）推进渔业对外合作

一是办好重要渔业国际会议。全力办好上海第四届全球水产养殖大会，大会由农业农村部与联合国粮农组织（FAO）、亚太区域水产养殖中心（NACA）联合主办，届时将邀请国务院领导、FAO总干事出席大会。这次大会是近年来在我国召开的规格最高、人数最多、影响范围最广的国际性渔业盛会，将成为宣传展示我国渔业发展成就，提高渔业影响力，推进渔业对外开放的重要平台。请各有关单位和各地按照任务分工抓紧各项筹备工作。二是强化多边渔业合作。积极参与8个区域渔业组织的谈判磋商，积极参加联合国可持续渔业决议磋商、国家管辖海域外生物多样性养护和可持续利用协定谈判，鱼类种群协定磋商，推动加入港口国措施协定。三是开展双边渔业合作。继续推进与美国、欧盟、澳大利亚、新西兰等发达国家对话机制，不断深化与菲律宾合作，推动海藻产业成为两国合作新亮点，加强与马来西亚、印度尼西亚、文莱等南海及“一带一路”国家合作，与毛里塔尼亚、伊朗、桑给巴尔、阿根廷、塞拉利昂、斐济等开展双边渔业会谈，拓展双边入渔合作，推动渔业走出去。四是稳定周边渔业合作。以稳定周边渔业秩序为重点，推进与俄罗斯、韩国和日本会谈，开展联合增殖放流，最大限度维护我人渔利益和海洋权益。

六、关于渔业法治和安全监管工作

(一)组织开展中国渔政“亮剑2020”行动

重点抓好海洋伏季休渔、涉渔“三无”船舶和“绝户网”清理取缔、打击电鱼、跨海区作业渔船整治、涉外渔业管理执法、渤海综合治理、水生野生动物保护、内陆大江大河禁渔等专项执法行动。要处理好专项执法与日常执法的关系,统筹做好水产种质资源保护、安全生产、水产养殖和质量安全等日常执法工作。

(二)全面加强渔政队伍建设

做好全国渔政机构普查,全面掌握渔政队伍的现状。加大渔政执法人员培训力度,重点抓好新入职渔政执法人员的培训,落实渔政执法人员资格管理,举办渔政执法骨干人员能力提升活动,打造一支信念坚定、执法为民、敢于担当、清正廉洁的渔业行政执法队伍。完善渔政执法装备配备标准、渔政执法行为规范等渔政管理制度,提升渔政执法规范化水平。加强跨海区渔政执法协同能力建设,提高区域渔政执法整体效能。依托涉渔高校科研院所,建设一支渔政执法法律服务队伍。

(三)加强渔业法律和规章修订

一是做好《渔业法》修订。继续加强与司法部、全国人大农委、全国人大常委会法工委等立法部门的沟通汇报,积极反映渔业管理的实际情况和修法的实际需要。配合立法部门做好修法调研、征求意见和修订草案的修改完善,积极推动《渔业法》早日修订出台。二是做好管理规章修订。一些急需制修订的规章也要加快推动出台,重点是做好《渔港管理条例》《罚没和收容救护水生野生动物管理办法》《水生野生动物利用管理办法》《水产新品种审定管理办法》《渔业行政执法船舶管理办法》《休闲渔船管理办法》《渔业船舶登记办法》《南沙渔业管理规定》的制修订,进一步完善渔业法律制度体系。

(四)坚持不懈抓好渔业安全生产

一是开展集中整治。要按照国务院安委会的工作部署,在全国范围内组织开展为期三个月的渔业安全生产集中整治,对各种违法违规行为进行重点打击。二是创新管理方式。要创新渔船航前安全状况检查、船员教育及海上编组生产管理模式,加大渔业安全警示教育和技能培训力度,组织开展渔业安全技能大比武和应急演练,提升渔船渔民组织化水平和自救互救能力。三是做好应急值班。认真做好渔业应急处置和风险防范,密切关注台风、洪涝等重大灾害预警预报信息,落实好各项灾害防范措施,组织做好隐患排查治理、应急值守救援,强化灾情统计报送和灾后恢复生产指导。四是做好协调配合。要下大力气做好与其他部门的协调配合工作,充分发挥管理合力,共同促进渔业生产安全有序,努力营造渔业安全生产的良好环境。五是做好渔业互保改革。渔业互助保险对渔业安全生产非常重要,目前渔业互助保险体制改革方案已经国务院批准,各级渔业主管部门要全力支持这次改革工作,履行好对脱钩后渔业互保协会和新成立的渔业互助保险社的行业指导职责,支持改革重组后的渔业互助保险机构开展工作。

七、关于渔业扶贫及援疆援藏工作

2020年要实现现行标准下贫困人口全面脱贫,这是党和政府对人民的庄严承诺,是一项严肃的政治任务,渔业部门要全力参与。要推进渔业改革创新高质量发展与贫困地区产业发展有效衔接,以定点扶贫地区、深度贫困地区、大兴安岭南麓片区、环京津贫困地区、新疆和西藏等地区为重点,加强协调配合和上下联动,形成整体合力,为打赢脱贫攻坚战贡献渔业力量。为了明确扶贫工作任务,今年将延续之前的做法,研究制定2020年渔业扶贫及援疆援藏行动方案。方案中将明确现场观摩示范活动、集中培训活动、示范推广产业扶贫模式、贫困地区水产品产销对接活动等具体扶贫措施,这方面请水科院及所属研究所和中心、总站学会、行业协会提前谋划,以便统筹安排,形成合力。产业扶贫是渔业部门扶贫的主要抓手,各地要继续鼓励稻渔综合种养、集装箱养鱼、盐碱水养殖、冷水鱼养殖等行之有效的产业扶贫模式,加大示范推广力度,扩大辐射带动范围。同时,要加大宣传力度,讲好渔业扶贫故事,推广渔业扶贫经验,让更多群众受益。

最后,我再强调一下谋划“十四五”的问题。今年是“十三五”收官之年,各地要对标对表,确保各项工作完成,要认真总结成效和经验,高起点谋划好“十四五”渔业发展规划。“十四五”是建设现代化渔业强国的关键期,要把规划编制作为指导行业发展的基础性工作,按照既定的时间表、路线图,做好前期调研,形成基本思路,广泛征求内外部意见,科学确定规划目标、任务、重大项目、区域布局和重大措施,提高规划的预见性、指导性、科学性、可操作性和实效性,使之成为促进渔业改革创新高质量发展的纲领性文件。

同志们,渔业渔政工作任务艰巨、责任重大、使命光荣。让我们鼓足干劲,拼搏进取,真抓实干,切实抓好各项工作的落实,推动渔业渔政工作不断取得新发展、新提高、新突破,为坚决打赢脱贫攻坚战和全面建成小康社会做出新的更大贡献。马上要过春节了,给大家拜个早年，祝身体健康，万事如意！谢谢大家！

农业农村部副部长于康震在大水面生态渔业现场推进会上的讲话

（2020年9月10日）

同志们：

今天的大水面生态渔业现场推进会，是经农业农村部党组同意召开的。专题召开现场会推进大水面渔业发展，改革开放40多年来还是第一次，这也充分说明农业农村部对这项工作的高度重视。2018年9月26日，习近平总书记在吉林省考察查干湖，作出了“绿水青山、冰天雪地都是金山银山，保护生态和发展生态旅游相得益彰，这条路要扎实走下去”的重要指示。他还祝愿当地渔民群众“年年有鱼，年年有余”。这为我们推进大水面生态渔业，实现生态保护与产业发展融合协调指明了方向。我们召开这次会议的主要任务就是，贯彻落实习近平总书记的重要指示精神，交流探讨、研究部署推动大水面渔业高质量绿色发展，助力实施乡村振兴战略和打赢脱贫攻坚战。

今天上午，我们现场观摩了千岛湖渔业的生态网箱养殖、资源养护管理和三产融合发展等情况，刚才，中央党校的孙教授做了“绿水青山向金山银山转化路径”的报告，查干湖渔场介绍了发展经验，相信大家一定深受启发。6个省的代表围绕推进大水面生态渔业的发展进行了交流发言，有亮点、有突破、有经验、有成效，值得大家相互学习、相互借鉴。会议期间，同时举办了大水面生态渔业发展高峰论坛、成立了大水面生态渔业科技创新联盟，论坛和联盟的代表也列席下午的会议。今天，水利部和国家林草局的同志也到会指导。我想，这些都体现了大家在推进大水面生态渔业发展上已经有了广泛的共识，也有了很好的工作基础。下面，就新时期推进大水面生态渔业高质量绿色发展，我讲几点意见，供大家参考。

一、深刻分析大水面渔业发展的新问题新形势

众所周知，渔业生产是人类最古老的食物来源之一。史书记载，沿江河湖泊生活的先民，用木石击鱼，捕而食之。直到20世纪50年代，以捕捞方式从河流和湖泊中获取的渔业资源，还一直是我国老百姓餐桌上传统的、也是主要的水生生物蛋白来源。从20世纪60年代开始，伴随着“四大家鱼”的繁殖成功和大型水利工程的大量建设，逐渐开始在大水面中放养“四大家鱼”。到80年代，兴起了在大水面中利用“网箱、网围和网栏”的“三网”养殖。90年代后，规模化“三网”养殖的品种扩大到河蟹及名优鱼类，大水面渔业的产量也得到了大幅度提高，很多大水面成为了重要的渔业生产基地。可以说，一直以来，湖泊、水库等大水面，都是我国内陆渔业水域的主体，大水面增养殖是我国淡水渔业的重要生产方式，大水面渔业是我国渔业的重要组成部分。据初步统计，目前湖泊和水库的养殖面积约占全国淡水养殖面积的52%，产量占全国淡水渔业产量的20%左右，全国有面积333公顷以上的大水面约1 500个。大水面渔业的发展不但为解决“吃鱼难”做出了历史性的贡献，而且还在稳价格、保供给、农民脱贫致富和解决就业等方面发挥着重要的作用。但近几年，在资源与环境约束日益加大的新形势下，在生态文明建设和绿色发展已成为新时代发展主旋律的背景下，历史悠久的大水面渔业遇到了新的发展问题，可以说是老革命遇到了新问题。

（一）大水面渔业发展空间大幅萎缩。大水面一般都兼有多种功能，很多的饮用水源地保护区、自然保护区和水产种质资源保护区等，都建立在大水面之上，并从不同的角度建立了相应的管理制度。为实施长江大保护，去年出台了长江流域重点水域禁捕政策，也涉及很多大水面。部分生态保护制度和生产发展政策之间不协调，一些保护制度没有充分考虑渔业的生态和生产功能，没有给予大水面生态渔业充分合理的发展空间。近一段时间，国家密集出台了稳定生猪生产、保障供应的政策，目的是应对生猪生产持续下滑、猪肉市场量减价增的严峻局面。近几年，水产养殖萎缩得很厉害，会不会有一天水产品也会出现短缺呢？我觉得不排除这种可能性。在近年来的生态环境保护和督查工作中，一些地方“一刀切”地禁止大水面渔业发展。不仅政策明确禁止渔业生产的水域禁了，政策允许发展的水域也禁了；不仅养殖生产被禁了，连增殖与合理捕捞也被全面禁止。大水面渔业生产空间大幅萎缩，水域资源严重浪费，甚至影响到湖区、库区渔民的基本生产生活。在今年初国新办组织的《关于加快推进水产养殖业绿色发展的若干意见》新闻发布会上，我也就这个问题专门进行了回答，对于这种不加区分的一禁了之、一拆了之、简单化、一刀切的做法我们是不赞成的。

（二）大水面渔业的发展质量亟待提升。不可否认，过去少数地区少数的大水面渔业，过分追求产量，网箱养殖密度大，饵料质量差、利用率低，养殖用药不规范，导致水环境污染。极少数地方的增殖渔业过度

投饵施肥，导致水质恶化。这也成为社会诟病大水面渔业发展的主要理由，也是大水面渔业必须转型升级的重要原因。其他方面也存在一些短板，在增养殖方面，种苗来源杂、质量难保障，容易引发病虫害。在生产管理方面，放养、捕捞不科学，放养品种、放养比例、放养量、捕捞量等主要凭经验、比较粗放，不仅未能发挥净水功能，而且经济效益差。在融合发展方面，以大水面为载体的产业融合发展不足，除少数大水面形成了一二三产业深度融合发展格局外，多数大水面产业链条短，尚未向二三产业延伸。

（三）大水面渔业管理监督机制有待健全。湖泊、水库等大水面，往往都会跨行政区划，管理上又跨不同部门。跨省或同省跨市、县的大水面，因缺少跨区域的管理办法，管理难度大，难以实施统一的管理和经营，导致区域间容易出现渔业利益纠纷。渔业、水利、环保、自然资源等部门都对大水面有各自管理权限，有的还有交叉或职责分工还不清，没有形成合力，进而影响了大水面渔业经营主体的生产活动。在监管执法方面，由于大水面水域面积大，加上执法队伍力量不足、经费短缺、设备落后等原因，渔政执法难度较大，电、炸、毒鱼等违法行为屡禁不止。

（四）大水面渔业科技支撑能力有待提升。多年来我们在大水面渔业方面有了一定的理论和技术积累，但也还存在一些不足。中国科学院水生生物研究所、南京地理与湖泊研究所，中国水产科学研究院及下属研究所均有长期开展大水面生态渔业研究的专家团队，国家现代农业大宗淡水鱼和特色淡水鱼产业技术体系也设立了专门的大水面研究科学家岗位。但是，过去我们关注生产多了一些，关注产量多了一些，对渔业生态属性和环境保护修复功能的基础研究不充分，对资源环境承载能力和标准研究不充分，对适合大水面发展的品种、生产方式研究不充分，对绿色养殖、科学增殖和精准捕捞的技术及装备研究不充分。这些方面都非常重要，直接关系到大水面渔业能否实现生产生态相协调，能否突破目前的各种限制，在全国范围内顺利推开发展。

面对大水面渔业发展的严峻形势，迫切需要我们提出切实可行的思路和措施，推动大水面渔业转型升级发展，把大水面这块“绿水青山”转化为“金山银山”。

二、充分认识发展大水面生态渔业的重要意义

大水面渔业发展存在的问题，归根结底，还是保护与发展的辩证关系问题。党中央高度重视发展和保护的关系处理问题，而且一直坚持协调推进的政策导向。生态文明建设，创新、协调、绿色、开放、共享的新发展理念，“五位一体”总体布局，都是强调这个导向。习近平总书记 2018 年 4 月在深入推动长江经济带发展座谈会上的讲话中强调：“推动长江经济带探索生态优先、绿色发展的新路子，关键是要处理好绿水青山和金山银山的关系。要坚持在发展中保护、在保护中发展，实现经济社会发展与人口、资源、环境相协调，使绿水青山产生巨大生态效益、经济效益、社会效益。”学习领会习近平总书记的重要论述和重要指示精神，我理解，发展大水面生态渔业，就是要根据大水面生态系统健康和渔业发展需要，通过开展渔业生产调控活动，促进水域生态、生产和生活协调发展。在落实加强生态文明建设、推进实施乡村振兴和打赢脱贫攻坚战的战略任务中，发展大水面生态渔业是应有之义，具有重要意义。

（一）是加强水域生态文明建设的重要途径。山水林田湖草是生命共同体，生态是统一的自然系统，是相互依存、紧密联系的有机整体。水生生物资源是水域生态系统的核心，对于维系物质和能量循环、净化水质，以及保持生态系统健康具有极其重要、不可替代的作用。大水面生态渔业根据水体特定的环境条件，通过人工放养滤食性鲢鳙鱼和草食性草鱼等鱼类，可以有效抑藻、控草、固碳，改善该水域的水生生物群落组成，保障生态平衡，净化水质，保护水域环境。我们今天看到的千岛湖，通过大力推进实施“以鱼保水”“以鱼治水”工程，形成了“大头鱼保水、小头鱼治水”的生态保护和保水渔业发展好模式。密云水库是首都人民的大水缸，对水质的要求非常严格，为净化水质，库区每年都要增殖放流几十万余斤鱼苗。三峡库区因为实施了“以渔净水”措施，2018 年三峡水库 4 个水域监测断面的综合污染指数比 2010 年下降了 20%～40%。中国科学院水生生物研究所和西南大学的联合研究表明，三峡渔业水域不但未造成水环境污染，反而提高了生物多样性。这些生动的实践充分证明，鱼是水生态系统中不可分割的重要组成部分，渔业生产与生态保护是可以和谐共处的，是可以相互促进的，两者是一个有机整体，强行把两者割裂开来，甚至对立起来，是不科学、不合法，是不符合新发展理念要求的。

（二）是实现乡村振兴打赢脱贫攻坚战的具体举措。党的十九大提出实施乡村振兴战略，是新时代做好“三农”工作的总抓手。乡村振兴，产业兴旺是重点。大型湖泊和水库是我国各地乡村、渔村的独特宝贵资源，而且很多都在经济不发达地区。利用好这些大水面水域，发展好大水面渔业是推动当地产业兴旺的重要途径。所谓靠山吃山、靠水吃水，大水面是绿水青山，可以为老百姓提供更多优质生态产品和水产品；更

是金山银山，通过统筹生态环境保护与渔业发展，帮助老百姓创业增收、脱贫致富。江西庐山西海探索出了“资金入股＋就业安置＋渔船网具收购”的渔民转产转业方案，构建了紧密的利益联结机制，确保渔民退捕转产转得出、留得住。江苏洪泽湖探索出“定品、定时、定量、定点”捕捞制度，采取“谁投入、谁保护、谁生产、谁受益”机制，实现了“投入-保护-收益-加大投入”的良性循环。我们理应利用好这些大水面水域，传承好大水面渔业的产业基础，为推动当地乡村振兴、渔民增收脱贫发挥更大的作用。

（三）是推进渔业高质量发展的重要方向。渔业的高质量体现在更优的水产品、更美的水域生态环境、更高的产业效益。大水面因水域面积广、水体容量大、水质优良、渔业资源丰富，不仅有条件生产优质、绿色、生态的水产品，还具有发展渔旅融合的天然优势。通过深入发掘大水面水域的生态涵养、休闲观光和文化体验等多种功能和多重价值，可延伸发展休闲旅游、餐饮、渔业体验和赛事等多种产业。同时，休闲旅游的发展不仅带动了鲜活水产品销售，还为精深加工水产品提供了广阔的市场空间。水产品加工成休闲食品、旅游纪念品等，有效延长渔业产业链、提升价值链。发展大水面生态渔业，将对推动渔业的高质量发展发挥重要的作用。查干湖，通过实施大水面天然放养和品牌开发，成就了北方“中国淡水鱼类第一品牌”；通过冬捕旅游，创新了大水面“渔文旅”产业融合发展。

三、准确把握推进大水面生态渔业发展的总体要求

为贯彻落实习近平总书记考察查干湖时的重要指示精神，切实推进大水面生态渔业发展，农业农村部已着手做了大量工作。在农业农村部联合九部委印发的《关于加快推进水产养殖业绿色发展的若干意见》中，专门提出鼓励在湖泊水库发展不投饵滤食性、草食性鱼类等增养殖，实现以渔控草、以渔抑藻、以渔净水。在今年渔业高质量发展推进会上，我对相关工作又做了部署，提出要以大水面生态渔业为抓手，推进渔业融合发展，做好大水面生态渔业这篇大文章，更加突出大水面渔业的生态属性、美化效果、富民功能，把大水面生态渔业打造成渔业一二三产业融合发展、绿色发展的样板。

渔业渔政管理局大力抓好工作落实，成立了“促进大水面生态渔业发展领导小组”，积极组织开展调查研究，谋划出台促进大水面生态渔业发展的政策文件。调研组共计调研了 15 个省（自治区、直辖市）的 19 处湖泊、水库和 20 余家大水面经营主体，基本掌握了全国大水面渔业发展的现状和存在的问题，总结了部分地区大水面渔业发展的典型做法和经验，起草了“促进大水面生态渔业发展指导意见”初稿，正在征求意见，争取早日印发。

在大量调研和深入研究的基础上，我们初步明确了推进大水面生态渔业发展的总体思路：就是要以习近平新时代中国特色社会主义思想为指导，全面贯彻党的十九大和十九届二中、三中全会精神，认真落实党中央、国务院决策部署，践行“两山”理论，坚持新发展理念，以实施乡村振兴战略为引领，以满足人民对优美水域生态环境和优质水产品的需求为目标，有效发挥大水面渔业生态功能，加快体制机制创新，强化科技支撑，促进渔业资源合理利用，推动一二三产业融合发展，走出一条水域生态保护和渔业生产相协调的高质量绿色发展道路。目标是力争到 2025 年，大水面生态保护与渔业发展实现充分融合，渔业在水域生态修复中的作用明显提升，大水面生态渔业管理协调机制更加完善，优质水产品比重显著提高，产业链有效拓展延伸，形成一批管理制度完善、经营机制高效、利益联结紧密的生态渔业典型模式，基本实现环境优美、产品优质、产业融合、生产生态生活相得益彰的大水面生态渔业发展格局。

推进大水面渔业发展涉及多方面和多部门的关系，是一个系统的、复杂的工程，要弹好“协奏曲”，不能犯方向性错误，重点把握好以下几条重要原则。

一是坚持绿色发展、合理利用。绿色发展是大水面生态渔业的根本遵循，也是推动这项工作的最大优势所在，需要我们一以贯之的坚持做好。要充分发挥渔业的生态功能，合理利用渔业资源，加强水质监测和苗种监管，保护水域生态环境。兼顾大水面在防洪、供水、生态、渔业等多方面功能，实现“一水多用、多方共赢”，推进水域共享共用共治。

二是坚持因地制宜、分类施策。选择符合实际情况的发展和生产方式，是大水面生态渔业可持续发展的关键环节，也是体现生态和经济效益的主要手段。要根据生态环境状况、渔业资源禀赋、水域承载力、产业发展基础和市场需求等情况，做好发展规划，科学布局、分类施策，坚持“一水一策”，合理选择大水面生态渔业发展方式。

三是坚持科技引领、创新驱动。管理机制完善和重视技术创新是目前千岛湖、查干湖等成功典型的共同特征。要对现有成功案例进行分析、解剖，对管理体系和利益链接机制进行认真总结和宣传，促进各地采取适宜地方发展阶段和水平的管理运行机制，确保共同发展、利益共享。要加强基础理论研究和关键共性技术研发，强化模式提炼，推动成果转化和示范推广。

四是坚持质量兴农、三产融合。三产融合是大水面生态渔业体现“现代”特征、提高产业效益、促进大水面生态渔业高质量发展的关键一招，也是优势所在。要围绕高质量发展目标，提升水产品品质，实施品牌战略，提高质量效益。发挥大水面渔业优势特点，大力发展精深加工和休闲渔业，推进一二三产业融合发展，不断延伸产业链，提升价值链。

四、切实抓好大水面生态渔业发展的重点工作

当前，渔业发展和管理进入了新的历史阶段，大水面生态渔业发展也已进入关键时期，要按照渔业高质量发展要求，不断打破束缚思想的桎梏，扫除阻碍发展的藩篱，明确任务、狠抓落实，重点抓好以下几项任务。

(一)摸清底数，统筹规划。这是大水面生态渔业发展的基础性工作，前期各省做过一次粗线条的、面上的摸底。会后，请各省做一次更全面、更准确、针对性更强的摸底调查。首先是调查发展空间的情况，全省的大水面建了多少个不同类型的保护区，分别占到大水面面积的多大比率，由于保护区的划定而退出的大水面渔业水域有多少，哪些是合理退出的，哪些是超出法律法规要求被迫退出的，这些家底我们要摸清楚，这也是本次调查的重点。其次要统筹规划，根据摸底情况，会同水利、自然资源等部门，抓紧制定本区域大水面生态渔业发展规划，依法同步开展规划环评工作，并推动对接纳入当地经济社会中长期发展规划。尤其强调的一点是，要完善《养殖水域滩涂规划》，保障大水面生态渔业发展空间，对于明确划定为养殖区的大水面，要严格禁止占用和擅自改变用途；划定为限养区的大水面，要确保其必要的渔业功能。

(二)分类施策，合理利用。根据不同的大水面资源状况、承载能力确定不同生产方式，促进生产恢复及合理利用是大水面生态渔业发展的首要任务。经过专家广泛调研和反复研究，我们初步提出，增殖渔业要在水生生物自然保护区的核心区以外的水域开展，在水源地一级保护区、水生生物自然保护区的缓冲区发展增殖渔业要进行科学评估，确保渔业活动不对保护区造成负面影响。传统捕捞渔业要在水源地一级保护区、水生生物自然保护区以外的水域开展，并执行长江流域重要水域禁止“生产性捕捞”的有关规定。设施养殖渔业要在水源地一级保护区、水生生物自然保护区的核心区和缓冲区以外的水域进行，要合理控制规模，满足大水面养殖容量要求。此外，要严格区分增殖渔业的捕捞活动与传统捕捞生产，长江流域重要水域禁止的“生产性捕捞”，仅限于传统的对非增殖渔业资源的捕捞生产。各地要因地制宜，抓紧研究出台有效措施，对于超出法律法规要求被迫退出的大水面渔业，在科学论证的基础上，要重新恢复生产；对于可以发展生态渔业但还没有被充分利用的大水面区域，要积极推进生态渔业发展。当然在推动工作过程中，也要加强与有关部门的沟通，最好能做到联合发文，确保措施到位有效。

(三)保护生态，转型提质。协调好生态保护与合理利用的关系是大水面生态渔业可持续发展的根本要求。不仅在发展思路、基本原则和生产方式等方面，要坚持贯彻生态优先、绿色发展的理念和要求，而且有两个关键环节要确保做到，切实保护好水域生态环境，促进大水面生态渔业转型提质。第一个是水质的保护，这是环境是否得到有效保护的最直观参数。要加强与生态环境保护等部门的配合协作，明确大水面增养殖水质管理要求，加强监测和执法监管，确保大水面渔业发展不影响水质环境。同时，也鼓励大水面经营主体委托第三方机构加强水质监测分析，将水质情况定期向社会公布，主动接受各方监督。第二个是生物多样性保护，这是生态系统是否稳定健康的重要表征。关键是在苗种质量方面，渔业部门要严格按照《水生生物增殖放流管理规定》对苗种场和放流品种进行监管，严防种质退化和疫病传播；应选择遗传多样性高、来源于放流湖库或临近水体的优质亲本培育苗种，防止外来物种入侵，保护好增殖水域生物多样性。

(四)三产融合，提升效益。三产融合发展，不断延长产业链、提升价值链，不断提高质量和效益，减轻对一产的依赖，减轻对资源的依赖，是大水面生态渔业发展的内涵。省级渔业部门要主动作为，开拓创新，通过搭建产品展示推广平台，加强大水面生态渔业产品宣传推介和品牌创建，积极申请创建大水面绿色有机水产品、地理标志产品认证和区域公用品牌。通过加强企业与科研院所技术需求对接和补贴政策倾斜等措施，推动发展生态水产品产地精深加工。通过充分挖掘大水面生态渔业的文化内涵，利用好大水面生态渔业景观资源，大力发展休闲渔业，促进文化、旅游、体育、垂钓、观光、餐饮、康养深度融合，显著提升大水面生态渔业发展效益。

(五)强化研究，加大支撑。发展大水面生态渔业是一项技术性很强的工作，除了管理，研究也一定要跟得上。一方面要依靠科技重大专项的立项实施，加强大水面生态渔业基础理论、生态保护与渔业发展战略等研究和关键共性技术研发。另一方面也要依靠地方的研究力量，开发适宜本地实际、好用实用的简便技术。对于已经成熟的技术和方法，我们也会及时的总

结发布为标准规范,《大水面生态增养殖容量计算方法》就是一个对大水面生态渔业发展操作性、实用性和指导性很强的标准,大家要积极反馈修改建议。今年年底正式发布后,也请各地加强标准的宣传贯彻,制定本省的配套“明白纸”,促进容量管理制度的实施。

(六)完善机制、共建共治。有效的管理和监督机制是推动大水面生态渔业发展,为产业保驾护航的有力武器。我们要着重在创新机制、完善机制上下功夫,联合相关部门,共同推动产业发展。要建立部门间的工作协调机制。由同级农业农村部门会同生态环境、水利、自然资源、林业草原等部门,协同划定生态保护、环境质量和资源利用界限,统一管理体系、责任体系和执法标准。要创新完善渔政执法机制。由渔业渔政联合公安、生态环境、水利等相关部门,开展区域联合执法工作。鼓励探索“政府支持+社会参与”渔政管理新模式,加大渔政执法力度,强化行政执法与刑事司法衔接,这方面千岛湖有很好的创新。要建立健全适合当地实际的经营运行机制。通过引导各地成立行业协会、商会或产业联盟,培育和壮大大水面生态渔业经营主体。要构建紧密型利益联结机制,鼓励转产转业渔民通过资金入股或以渔船、渔具、养殖证、捕捞证等作价入股渔业经营主体,让渔民分享大水面生态渔业发展成果。

五、趁势而上推进大水面生态渔业高质量发展

2019年是新中国成立70周年,今明两年是全面建成小康社会的关键时期,是打赢脱贫攻坚战和实施乡村振兴战略的历史交汇期。我们要进一步把思想认识统一到党中央、国务院的决策部署上来,统一到农业农村部的工作要求上来,以高度的责任感、强烈的政治意识、务实的工作作风,全面推进大水面生态渔业高质量发展。

(一)加强组织领导。省级渔业部门要发挥牵头作用,主动入位,主动担责,将大水面生态渔业发展列入重要议事日程,成立专门的工作领导小组,将工作任务分解到部门、落实到人。要加强与有关部门的沟通协调和配合协作,联合建立健全相关管理监督机制,协同研究、制定、落实支持措施,共同推动大水面生态渔业发展。

(二)加大资金支持。要持续加大资金支持力度,不断完善保障体系。推动涉渔财政补贴资金向大水面生态渔业倾斜,重点用于一二三产业融合、水域环境监测、渔业资源调查评估和环保网箱改造等方面。积极争取支农惠农、精准扶贫、社会民生等相关资金,用于转产上岸渔民的临时生活补助、社会保障和职业技能培训等相关方面。鼓励农业信贷担保主体加强对大水面生态渔业生产经营项目的信贷担保支持,积极推动大水面渔业保险试点,提高风险承受能力。

(三)做好宣传推广。要更加注重宣传引导,让渔业的生态功能深入人心,让先进的模式和技术引领大水面生态渔业发展。依托行业组织、科研院所、高等院校、技术推广机构和有关企业,加强渔业科普宣传,打造一批大水面生态渔业样板,为产业发展营造良好的舆论氛围。依托新型职业农民培育工程开展大水面生态渔业经营主体带头人培训,带动先进经营理念、模式、技术的推广应用。

同志们,今天这个会,就是在新时期新形势下,推动大水面生态渔业发展的一个总动员和总开端。我们的大旗已经举起来了,锣鼓已经敲响了,戏已经开场了。接下来的工作,需要我们紧锣密鼓地抓紧谋划和推进。希望大家群策群力,同舟共济、齐心协力、攻坚克难,为大水面生态渔业的高质量发展、为现代化渔业强国建设做出更大的贡献!

农业农村部副部长于康震在全国稻渔综合种养发展提升现场会上的讲话

(2020年9月2日)

同志们:

今天,我们在四川隆昌召开全国稻渔综合种养发展提升现场会,这次会议是经农业农村部党组批准召开的,是新冠肺炎疫情发生以来农业农村部召开的第一个全国性的渔业现场会。农业农村部对这次会议高度重视,会前两天,韩部长特别交待,要把握好会议方向。我记得,上一次召开稻渔综合种养推进会,是2017年,在湖北潜江。3年多来,各地纷纷出台政策,全力推动,稻渔综合种养迅速发展。今年6月9日,习近平总书记视察了宁夏贺兰县稻渔空间乡村生态观光园,了解稻渔种养业融合发展的创新做法,给予了高度肯定。总书记指示,发展现代特色农业和文化旅游业,必须贯彻以人民为中心的发展思想,突出农民主体地位,把保障农民利益放在第一位。要探索建立更加有效、更加长效的利益联结机制,确保乡亲们持续获益。要注意解决好稻水矛盾,采用节水技术,积极发展节水型、高附加值的种养业。总书记的重要指示,为我们推进稻渔综合种养高质量发展指明了方向。这次会议的任务,就是深入贯彻落实习近平总书记的重要指示精神，总结“十三五”各地稻渔综合种养发展的成效、经验和做法，分析当前稻渔综合种养产业形势，研究部署持续推进稻渔综合种养规范高质量发展的思路、目标和工作措施。

刚才，张洪程院士和桂建芳院士做了精彩的报告，阐述了促进稻渔综合种养发展的作用和意义，提出了很好的发展建议，并针对一些热点问题进行了解读和释疑，我听了以后，深受启发，也深受鼓舞。6 个省的代表从不同的角度介绍了他们的做法和经验，有亮点、有突破、有成效，值得大家相互学习、相互借鉴。今天下午，大家还要现场观摩隆昌稻渔综合种养基地和专家大院，明天第四届稻渔综合种养产业发展高峰论坛也将在隆昌举行，通过这些交流活动，希望大家有更多收获。借此机会，我讲三点意见。

一、充分肯定“十三五”稻渔综合种养产业发展取得的成效

据统计，截至 2020 年 5 月底，全国稻渔综合种养面积逾 253 万公顷，比 2016 年增加 100 多万公顷，预计稻米产量将达到 1 900 万吨，水产品产量超过 300 万吨，带动农民增收超过 650 亿元。稻渔综合种养产业的快速发展，充分展示了农渔业科技的创新发展，充分体现了广大农渔民的勤劳智慧，充分兼顾了社会、经济、生态效益。

一是稳定了粮食生产。稻渔综合种养很好地起到了稳定水稻生产的作用，实现了“一水两用、一田双收”。一方面，稻渔综合种养有效地调动了农民种粮积极性。稻渔综合种养能获得较高的经济效益，因此激发了农民种田意愿，不仅减少了土地抛荒，而且还促进了很多抛荒田块重新种植水稻。因此，稻渔综合种养有助于稳定粮食种植面积，有助于解决“非粮化”问题。小龙虾养殖产量在全国排名前三位的湖北监利县、洪湖市和潜江市就是很有代表性的例子，2000—2019 年，这三个地区的稻谷产量和水稻面积不仅没有减少，反而都实现了稳步增长。另外一方面，稻渔综合种养基本不会减少水稻播种面积。2017 年，农业农村部制定发布了《稻渔综合种养技术规范 通则》标准，明确沟坑占比不高于总面积的 10%。各地在实际开展稻渔综合种养时，主要利用稻田已有的水渠和沟坑，有的还通过土地平整和集中开发将田埂变为农田，总体上实际沟坑占比新增面积控制在 5%左右。同时，很多地方充分利用冷浸田等非优质稻田开展生产，比如湖北省将 13 万多公顷低洼冷浸田开发成稻虾共作基地，增加了当地的水稻种植面积。

二是改善了土壤质量。稻渔综合种养充分挖掘生物共生互促原理，促进了稻田种养环境和土壤质量的改善。首先，“减肥减药”效果很明显。有研究表明，鱼虾类便等营养物质被循环利用后，稻渔综合种养氮肥平均投入可比水稻单作模式减少 30%以上；同时由于鱼虾类捕食稻谷的害虫，稻渔综合种养相比单纯种稻可减少农药使用量 50%以上。“减肥减药”降低了农业面源污染，促进形成生态绿色的种养环境。其次，土壤的理化性状得到了改善。我听说，张院士的团队就做过相关的研究，表明稻渔综合种养具有改善稻田土壤理化性状，延长水稻生育期的作用。湖北省农科院等单位的研究也发现，稻虾共作模式能增加土壤有机质和养分含量，有效改善贫瘠土壤的肥力水平。稻田土壤质量的改善，提高了土地的生产力水平，促进了农业的绿色可持续发展。

三是提升了稻渔产品品质。水产品作为重要的“菜篮子”产品和疫情防控期间的生活必需品，确保其优质稳定供应是农业农村部门的一项重要任务。近年来，在资源环境保护要求不断提高的形势下，我国水产养殖面积特别是池塘养殖和大水面网箱养殖面积持续萎缩，淡水水产品稳产保供压力不断加大。稻渔综合种养在稳定粮食生产的同时，对保障我国水产品优质稳定供给方面也作出了重要贡献。首先，是稳定了淡水水产品产量。2019 年，稻渔综合种养水产品产量超过 300 万吨，在淡水养殖水产品产量中占比接近 10%，成为我国淡水水产品的重要来源。其次，是供应了生态优质水产品。2019 年，我国小龙虾产业保持高速发展，消费市场持续火爆，今年疫情高峰结束后，小龙虾又成为了水产品中最先复苏的“网红”产品，深受消费者的青睐，而 85%以上的小龙虾都是通过稻渔综合种养方式生产的。同时，稻渔综合种养还生产出了“荷花鲤”“禾花鱼”“青田鳖”等等地方特色名优水产品，丰富了老百姓的菜篮子。第三，是产出了生态优质水稻。稻渔综合种养大大减少化肥农药的使用量，一大批优质生态大米应运而生，品质和效益都有显著提升，价格高出普通大米 50%以上，而且销路很好，比如盘锦的“蟹田米”就一直供不应求。

四是提升了农业综合效益。稻渔综合种养在促进农民增收、精准扶贫和产业融合等方面也发挥着重要作用。第一，是促进了农民增收。根据农业农村部调查，通过增加水产品收益、提高稻米价格和减肥减药降低生产成本，发展稻渔综合种养可实现亩均增效 1 500 元以上。同时，各地在发展实践中也探索出了“土地入股、合作经营”“土地自有、参与经营”“土地流转、打工赚钱”等利益联结机制，让农民在产业发展中得到了实惠。总书记视察的贺兰稻渔空间就是一个典型例子，

老百姓把土地流转给合作社、种养大户，同时，在原来的地上种稻养鱼，挣双份钱，旱涝保收，得到总书记的充分肯定。第二，是促进了产业扶贫。云南省在哈尼梯田开展“稻渔鸭”综合种养示范，带动了建档立卡贫困户 16 000 人，人均增收 1 200 元。广西三江县的“水稻＋再生稻＋金边鲤＋田螺”模式覆盖了全县 70%以上的贫困户，实现每亩增收 3 000 元。江西、湖南、四川、贵州、广东等省都通过稻渔综合种养进行产业扶贫，成为重要的脱贫致富产业，取得了明显成效。第三，是促进了三产融合。宁夏贺兰县、四川隆昌市、浙江德清县等地充分挖掘稻渔综合种养资源，打造出集有机水稻、水产养殖、餐饮垂钓、观光旅游、休闲娱乐为一体的田园综合体。稻渔农耕文化也得到了很好的传承，割稻摸鱼捉虾成为很多地方农民丰收节的重要活动。湖北“潜江龙虾”被专业机构评估品牌价值超过了 200 亿元。广西柳州市依托“稻螺种养”建立了螺蛳粉产业园，一个小小的螺蛳粉产业，2019 年实现产值 60 亿元。2020 年全国稻渔综合种养稻米品牌超过 300 个，水产品品牌超过 200 个。

“十三五”期间，稻渔综合种养发展取得的显著成效，离不开各地各级党委政府的大力支持，离不开广大科技工作者的创新推广。各级农业农村部门主动作为、敢于担当、狠抓落实，不断加强引导规范，强化科技支撑，多措并举推动稻渔综合种养产业有序、规范和创新发展。

一是推进有序发展。农业农村部始终将稳粮增收作为发展稻渔综合种养的根本前提，近几年来每年都组织召开全国稻渔综合种养现场会或观摩活动，强化示范引导，强调有序发展，避免一哄而上。各地也纷纷出台稻渔综合种养发展规划和政策，湖北省 2018 年印发了《湖北省“稻虾共作”产业发展规划（2019—2022 年）》；四川省积极开展“鱼米之乡”创建；安徽省从 2018 年开始实施《稻渔综合种养“百千万”工程》；湖南省从 2018 年起每年创建 10 个稻渔综合种养示范县。截至目前，全国有 15 个省（区）制定了稻渔综合种养产业扶持政策或发展规划。稻渔综合种养发展在各级政府和农业农村部门高度重视和支持下，总体上实现了有序的发展。

二是坚持规范发展。在促进稻渔综合种养有序发展的基础上，农业农村部大力抓规范发展。第一，是加强了标准的制定与宣传贯彻。2017 年，发布《稻渔综合种养技术规范 通则》标准，除明确了沟坑占比外，还提出平原地区粮食产量不低于 500 千克、丘陵山区亩产量不低于当地水稻单作平均单产等要求。第二，是强化示范创建引领。2017 年，农业农村部启动国家级稻渔综合种养示范区创建工作，将沟坑占比、粮食产量作为基本的、一票否决的条件，2017—2019 年共创建国家级示范区和示范场 103 个。第三，是督促地方加强管理。2019 年，农业农村部印发了关于规范稻渔综合种养产业发展的通知，要求针对个别地方沟坑占比偏大的情况进行整改。各地采取切实措施积极整改，同时加强了对沟坑面积、稻米产量的监督管理，初步建立了规范发展的长效机制。

三是推动创新发展。为推进稻渔综合种养模式不断创新，农业农村部重点抓好科学研究和技术指导两方面。一手抓科学研究。支持唐启升院士在云南红河州、桂建芳院士在江西鹰潭市和广西三江县建立院士工作站，加强稻渔综合种养基础研究、技术攻关和学术交流。协调科技部在蓝色粮仓重点研发计划中设立稻渔综合种养科研专项，从生态环境、品种培育和种养技术方面加大研究力度。鼓励现代农业产业技术虾蟹、特色淡水鱼和大宗淡水鱼体系相关岗位专家加强对稻渔综合种养关键技术开展持续研究。一手抓技术指导。2017—2019 年，农业农村部在 12 个省（自治区）开展了技术示范工作，在全国推广稻渔综合种养典型技术模式。今年 4 月，农业农村部印发了《稻渔综合种养技术指南》，指导各地做好疫情期间技术服务。在科学研究、技术推广和各地实践探索“三轮驱动”下，我国稻渔综合种养产品和模式不断创新，因地制宜形成了稻虾、稻鱼、稻蟹、稻鳅、稻鳖等一批特色明显、效益显著的种养模式。

总的看，稻渔综合种养已经成为乡村振兴中一个充满活力、极具潜力、富有效益的重要产业，在产业振兴、脱贫攻坚和农业高质量发展等方面发挥着重要作用。“十三五”稻渔综合种养发展成就的取得来之不易，在此我谨代表农业农村部党组，对各级农业农村部门、各位专家和广大农渔民兄弟的辛勤付出表示衷心的感谢！

二、处理好推进稻渔综合种养产业高质量发展的几个关系

近年来，随着稻渔综合种养规模的不断扩大，一些地区的个别经营主体，出现了片面追求经济利益，忽视粮食生产，导致稻渔综合种养沟坑面积过大、稻米单产下降的问题；有的忽视土壤保护，产生土壤长期淹水、耕地得不到休养的情况；有的忽视节约用水，出现资源浪费的苗头，影响了产业的健康持续发展。也有专家对稻渔综合种养影响粮食生产、耕地质量等表示了担忧。前段时间，渔业渔政局专门召开了研讨会，专家们就此进行了充分的讨论交流，为推进稻渔综合种养高

质量发展建言献策，提出了一些技术创新和提升发展的好建议，达成了广泛共识。其中一个重要的共识就是稻渔综合种养的发展必须坚持稳粮增收、不与粮争地这个根本原则，这是稻渔综合种养的产业之基，不可动摇。另外一个重要共识，就是稻渔综合种养必须坚持提质增效、种养循环、绿色发展，这是稻渔综合种养产业的生命力之所在。在新的形势下，提升稻渔综合种养发展水平要充分发挥产业优势，着力处理好以下几方面的关系。

一是要处理好"稻"和"渔"的关系。稻渔共生是典型的生态循环系统，"稻"和"渔"之间是和谐共生、互相促进的关系。所谓共生互促，就是说两者不是矛盾对立的关系。"稻"是根本，是关系到十四亿人口的吃饭问题，要保障"米袋子"不减量，保障水稻不减产，任何时候，粮食安全都必须摆在首位。"渔"是补充，是在一些撂荒地、低产田、种植效益不好、种植意愿不高的区域，作为稳定粮食种植面积的"调节器""稳定器"。要充分发挥好渔业稳定粮食生产方面的优势，助力粮食生产，推进水产品保供。绝不能因为养鱼赚钱，就摆不正"稻"和"渔"的位置。这方面我们是吃过亏的，上世纪末到本世纪初，稻渔综合种养发展势头本来很好，但由于大面积的开挖鱼坑鱼沟引起了对水稻可持续发展的担忧，2004 年开始，稻渔面积出现大面积下滑，从 163 万公顷一路下降到 120.8 万公顷，这样惨痛的教训必须引起我们的高度警惕。

二是要处理好"粮"和"钱"的关系。增加农民收入是"三农"工作的中心任务。促进农民增收，难点在粮食主产区和种粮农民，单纯靠种粮提高收入，难度很大。如何破解"国家要粮"和"农民要钱"的矛盾？首先，还是要明确"稳粮"这个基本要求。"粮"是前提，"钱"是动力，两者是辩证统一、相互依存的关系。单纯强调增加收入，忽视了粮食生产，发展就是短视的、不可持续的，产业基础出了问题，再想赚钱就成了空中楼阁。其次，要努力实现"增收"，单纯强调粮食生产，不考虑增加收入，老百姓没有收益，就没有种粮的积极性，粮食生产关系不稳定，粮食种植面积就很难稳住。研究一下各地发展的典型案例，不难发现，很多地方的稻渔综合种养依靠提高稻米品质和价格来增加收益，稻米能卖更高的价格，保障了农民的"钱袋子"，提高了种粮积极性，稻米的产量和播种面积才能有保障。以稻米收益为主、水产品收益为辅，两条腿走路，两笔账一起算，才能保障增收，实现双赢。总之，确保粮食安全，一方面是要防止非法占用耕地，防止非粮化、非农化；另外一方面要提高种粮的比较效益，充分调动积极性。稻渔综合种养在不多占用土地的同时，大幅提高了土地的利用率和产出率。对此，一定要全面、辩证的看。

三是要处理好"土"和"水"的关系。"土"就是指耕地，包括面积和质量两方面，都与"水"有密切的关系。首先，面积的问题已经反复强调过了，10%的沟坑面积，也就是不超过 10%的养殖水体面积是红线，是底线，是我们一以贯之坚持的。其次，是土壤质量问题。无论种稻还是养鱼都离不开水，但水的使用一定要适量和适度，否则一方面可能造成水资源浪费，另一方面也可能造成土壤质量下降。有专家指出，在部分地区的小龙虾轮作养殖模式中，由于土地"长期淹水"，导致土壤的还原性物质累积，可能影响水稻根系的发育。因此一定要控制好稻渔综合种养中的"水量"和"水时"，通过合理的田间工程，实现用水的按需供应，避免土壤处于长期淹水的状态。道理显而易见，土地只有"呼吸"到新鲜空气，才能保持持续健康的状态，也只有实现了"土""水"的科学搭配和合理运用，"土""水"之间才不会产生矛盾，"土""水""生物"才能构成一个健康的生态系统。

四是要处理好"一产"和"三产"的关系。"一产"是基础，是保障，只有做好、做强、做优、做精"一产"，供应优质稻米、水产品和优美的生态衍生品，才有可能打造中高端加工产品，才能吸引老百姓来旅游观光和体验消费。"三产融合"是产业发展方向，要在发展第一产业的最开始，就充分考虑二产、三产发展的交通、设施和空间等条件，同时有效运用文化、休闲、旅游等要素，才能实现三产因地制宜、有机融合，呈现"稻花香里说丰年，鱼跃人欢"的动人场景。

五是要处理好产业发展和科技支撑的关系。正如张洪程院士所说，稻渔产业早已有之，但是对其进行系统研究推广却是近几年的事情，产业仍然存在大量的科技问题需要解决。希望各地在积极推进稻渔综合种养发展的同时，要更注重加强科技支撑，系统解决水土环境、稻渔专用品种、成套种养技术、生态影响和产品质量等方面面临的科技问题，促进产业可持续发展。

六是要处理好积极推动和农民意愿的关系。各地推进稻渔综合种养发展的热情很高，但要通过示范引导的方式来推广稻渔综合种养，不能违背农民意愿、搞强制命令。要从实际出发，因地制宜发展稻渔综合种养，充分尊重农民意愿；不能从"本本"出发，搞一刀切、一哄而上、盲目发展。

三、切实推进提升稻渔综合种养发展质量

2020 年是全面建成小康社会和脱贫攻坚决胜年，习近平总书记的亲切关怀和殷切希望为稻渔综合种养

产业带来了前所未有的发展机遇。我们要进一步把思想认识统一到党中央、国务院的决策部署上来，统一到农业农村部的工作要求上来，以高度的责任感、强烈的政治意识、务实的工作作风，乘势而上、真抓实干，全面推进稻渔综合种养规范高质量发展。

今后一段时间，稻渔综合种养发展的总体思路是，全面贯彻习近平总书记在宁夏视察时作出的重要指示精神，围绕实施乡村振兴战略，以保障优质农渔产品安全有效供给为目标，以优化种养结构、生产生态协调、三产深度融合为方向，以科技创新和融合发展为动力，发挥好稻渔产业辐射带动、促进农民增收和产业增效方面的作用，持续推动稻渔综合种养规范高质量发展。近期，要重点抓好以下几个方面的工作。

（一）加强顶层设计，注重规划布局引领。一是强化组织领导。将稻渔综合种养作为稳定粮食生产、推进渔业高质量发展的重要内容，持之以恒加以推进。各级农业农村部门要在掌握本区域稻渔综合种养发展现状和潜力空间的基础上，将稻渔综合种养作为农业农村工作的重要方面进行谋划和考虑。二是科学布局规划。围绕主导种养模式和重点优势产品，科学布局优先发展、适度发展区域，防止"稻渔、稻水、渔土"矛盾，因地制宜推进产业健康发展。三是强化支持保障。要积极争取发改、财政等部门的支持，将稻渔综合种养纳入国家现代农业产业园建设、绿色循环优质高效特色农业促进项目、扶贫开发等政策支持范围。只要是有利于稻渔综合种养产业发展的政策和资金，我们都鼓励大家积极申报，争取得到更多的扶持。同时，各地要创新支持方式，采用信贷担保、贴息等方式，发挥财政资金的带动作用，引导民间金融资本进入，不断完善支持稻渔综合种养产业发展的政策体系。

（二）加强监督管理，做好规范发展引导。一是强化监督管理。接下来，农业农村部要抓紧修订《稻渔综合种养技术规范 通则》，进一步细化沟坑占比、粮食产量等指标在不同粮食生产功能区的不同要求，同时提出更科学合理的田间工程技术操作规范。各地要坚持建设标准，强化监督管理，严格执行《稻渔综合种养技术规范 通则》，确保沟坑占比、粮食产量、产品质量等方面符合有关要求，防止"重渔轻粮""非粮化"倾向。二是加强标准的宣传贯彻。刚才发布的《稻虾》《稻鳅》和《稻鳖》标准，是我们稻渔综合种养规范发展的重要依据，各地要加强宣传贯彻。在这里我再强调一下《稻虾》这个标准。《稻虾》标准明确要求稻虾共作要采取晒田和"繁养分离"的种养方式，通过适时晒田和"繁养分离"，防止稻田长期处于淹水状态，从而降低土壤中的还原性物质总量。这一点对于避免土地"潜育化"、影响水稻根系生长发育非常重要，关系到稻虾共作能否继续健康发展，关系到我们的小龙虾产业能否继续"红火"下去。稻虾主产省区对此必须有清醒的认识和高度的责任感，努力推进科学合理的种养模式，推动稻虾共作转型升级、规范发展。

（三）加强创新应用，提高技术支持能力。一是加强科技创新。新时期推进稻渔综合种养，要继续用好"科技"这个法宝，持续推进稻渔综合种养技术创新和模式推广，对土壤水质环境、水稻水产品产量质量等方面进行长期系统科学监测。要加大协同创新力度，把水稻、水产、土壤、环境、加工产品和市场放在同等重要的位置开展研究，依托"蓝色粮仓"重点研发计划专项等重大项目，加大投入，加强关键环节、核心技术攻关，加快培育适宜稻渔综合种养的水稻和水产新品种。二是做好技术推广。要充分发挥各级水产技术推广队伍和现代农业产业技术体系的作用，调动科研院所高等院校积极性，成立稻渔综合种养专家组，广泛开展技术指导工作，推广先进技术和模式，促进稻渔综合种养产业体系、生产体系和经营体系发展。

（四）加强市场培育，提升产业发展效益。一是重视市场需求。市场培育对产业发展至关重要，主动融入市场，真正满足市场需求，才能有效破解"卖难、价低、养在深闺无人问"的难题，显著提升产业效益。要根据市场需求积极引导产业发展，推动结构调整优化，防止产品雷同、低水平竞争。二是提升品牌价值。品牌是产业与市场之间的桥梁和纽带，有的地方通过培育稻渔综合种养区域公共或者特色品牌，带动苗种、养殖、加工、流通等一条龙全产业链条，效果十分明显。要积极想办法采取措施引导和加强稻渔综合种养品牌建设，不单是鱼，还有稻，以及节庆文化品牌，都要创建。要着力推进公共品牌认定，搭建宣传推介和产品展示平台，提升品牌竞争力。还要系统宣传全国稻渔综合种养发展成效及生态社会效益，推广节水型高附加值稻渔综合种养模式，不断提升稻渔综合种养影响力和竞争力。

同志们，距离年底满打满算还有四个月的时间，全面完成渔业渔政全年工作目标，时间紧，任务重。今天来的都是重点渔业省份的同志，借此机会，我再强调一下近期的几项重点工作。

一是要坚决打赢长江流域禁捕退捕攻坚战。有退捕任务的沿江10省（直辖市），要坚决贯彻落实党中央决策部署，层层压实责任，抓好退捕船网处置，做好渔民安置保障，强化日常执法监管，不折不扣按期完成长江重点水域禁捕退捕目标任务。

二是切实做好渔业灾后复产和水产品稳产保供。

要加快渔业灾后生产恢复，推进实施水产绿色健康养殖“五大行动”，强化水生生物疫病防控和质量安全监管，稳定全年产量，保障水产品供给。

三是突出抓好渔业安全生产工作。当前正是台风活跃季节，9 月 1 日、9 月 16 日，沿海陆续全面开渔了。各地要严格落实安全生产责任，加强安全执法和隐患排查，加强涉外渔业管理，筑牢安全事故防范屏障，确保不发生重大安全生产事故。

四是提前谋划“十四五”时期渔业渔政工作。“十四五”是开启全面建设社会主义现代化国家新征程的第一个五年，也是推进现代化渔业强国建设的重要时期。各地要把发展规划编制作为指导行业发展的基础性工作，认真总结成效经验，着眼长远、把握大势，研究新情况、做出新规划。

同志们，今天这个会，是在决战决胜全面建成小康社会和打赢脱贫攻坚战的重要时期召开的，是“十四五”推进稻渔综合种养规范高质量发展的一个总动员和新开端。希望大家继续开拓创新，真抓实干，为稻渔综合种养的高质量发展、为现代化渔业强国建设、为乡村振兴做出更大的贡献！谢谢大家。

2020 年渔业大事记

1 月

6—7 日 农业农村部部长韩长赋在重庆调研，要求各地要切实解决好退捕渔民的生产生活难题，让渔民安心过上新生活。

13 日 农业农村部渔业渔政管理局印发《关于 2019 年国家产地水产品兽药残留监控计划全年实施情况的通报》，通报 2019 年国家产地水产品兽药残留监控计划实施情况。

15 日 农业农村部在北京召开渔业改革创新高质量发展推进会，农业农村部副部长于康震出席会议并讲话，渔业渔政管理局局长张显良主持会议。

16—18 日 农业农村部国际合作司和渔业渔政管理局共同组成的农业农村部澳门调研组，赴澳门特别行政区开展专题调研。农业农村部渔业渔政管理局局长张显良参加调研。

17 日 农业农村部办公厅印发《关于公布国家级水产健康养殖示范场(第十四批)名单和调整示范场名单的通知》。

21 日 国家市场监督管理总局、农业农村部、国家林业和草原局印发《关于加强野生动物市场监管 积极做好疫情防控工作的紧急通知》。

26 日 国家市场监督管理总局、农业农村部、国家林业和草原局印发《关于禁止野生动物交易的公告》，要求疫情解除之前全面禁止野生动物交易。

1—3 月 农业农村部渔业渔政管理局组织开展 2020 年度远洋渔业企业资格和远洋渔业项目审查工作，对 181 家企业、2 705 艘远洋渔业船舶 2019 年远洋渔业项目执行情况进行审查，对其遵守国家法律法规和国际公约情况进行评估打分。

2 月

1 日 农业农村部办公厅印发《关于做好渔船渔民新型冠状病毒感染的肺炎疫情防控工作的通知》，要求严格落实渔船进出港报告，派员驻港实行全员健康检测，并实施每日零报告制度，严防疫情发生船岸交互扩散和在海上蔓延。

4 日 农业农村部办公厅印发《关于疫情防控期间做好渔业船舶管理等有关事项的通知》，要求适当延长渔业船舶管理相关业务办理期限，加快补贴资金发放速度，加强业务窗口防疫工作。

5 日 农业农村部将《中华人民共和国渔业法(修订草案送审稿)》及说明报请国务院审议。

6 日 农业农村部会同国家市场监督管理总局等 5 部门联合下发《关于联合开展打击野生动物违规交易专项执法行动的通知》，要求强化执法联动，形成执法合力。

10 日 农业农村部 2020 年第 2 号部令公布新修订的《远洋渔业管理规定》，于 2020 年 4 月 1 日起正式施行。

10—18 日 南太平洋渔业管理委员会第八次会议在瓦努阿图召开，农业农村部会同外交部条法司、港澳台司，中国远洋渔业协会，上海海洋大学等单位组团参会。

11 日 农业农村部办公厅印发《关于切实做好当前水产养殖技术指导服务的通知》，指导各地切实做好疫情期间春季水产养殖技术服务工作。

17 日 农业农村部办公厅印发《关于成立全国渔船管理专家委员会的通知》，成立全国渔船管理专家委员会。

19 日 农业农村部部长韩长赋主持召开长江禁捕退捕专题会议，研究《长江流域重点水域禁捕和退捕渔民安置保障工作情况和落实方案》。

19 日 农业农村部渔业渔政管理局指导中国水产流通与加工协会开发的“全国水产品产销对接平台”投入运营，1 000 多家企业在平台发布信息。

27 日 国务院联防联控机制召开新闻发布会，通报坚决取缔和严厉打击非法野生动物市场和贸易工作情况。农业农村部渔业渔政管理局副局长韩旭就水生野生动物保护管理及打击非法交易等方面答记者问。

27 日 农业农村部开展水产品稳产保供视频调度会商，要求各地压实责任，逐条落实国务院和有关部门出台的各项政策措施，推动渔业企业复工复产，确保当前和全年水产品稳定生产和有效供给。农业农村部副部长于康震主持并讲话。

27 日 农业农村部办公厅印发《关于成立全国渔港管理专家委员会的通知》，成立全国渔港管理专家委员会。

28 日 农业农村部渔业渔政管理局印发《关于做好新冠肺炎疫情期间渔业安全生产工作的通知》，统筹做好疫情防控和安全有序复工复产，遏制渔业重特大事故发生。

3 月

4 日 农业农村部印发《关于贯彻落实〈全国人民代表大会常务委员会关于全面禁止非法野生动物交易、革除滥食野生动物陋习、切实保障人民群众生命健康安全的决定〉进一步加强水生野生动物保护管理的通知》，明确水生野生动物管理对象、管理范围以及不同类型水生野生动物的管理要求，加强对各地农业农村部门贯彻落实全国人大常委会决定的指导。

5 日 国务院联防联控机制召开新闻发布会，介绍抓好春季农业生产情况。农业农村部渔业渔政管理局局长张显良就疫情防控期间做好春季渔业生产、确保养殖水产品质量安全、水生野生动物管理、促进稻渔综合种养发展等回答媒体提问。其中，明确中华鳖、乌龟等列入水生相关名录的两栖爬行类动物按照水生物种管理。

5 日 农业农村部渔业渔政管理局印发《关于做好新冠肺炎疫情防控期间渔业船员培训、考试和发证工作的通知》，进一步做好渔业船员特别是普通船员培训、考试和发证工作，解决船员持证上岗面临的突出问题，推进有序复工复产。

5 日 农业农村部印发《“中国渔政亮剑 2020”系列专项执法行动方案》，包括长江禁捕、水生野生动物保护、海洋伏季休渔、渤海综合治理等 9 个专项执法行动。

5 日 农业农村部渔业渔政管理局首次通过线上方式，组织对两家违规远洋渔业企业整改情况进行验收。渔业渔政管理局副局长刘新中出席会议。

6 日 中共中央政治局委员、国务院副总理胡春华专题听取长江流域禁捕和渔民安置保障工作汇报。

10 日 农业农村部办公厅印发《关于进一步加强远洋渔船新冠肺炎疫情防控的紧急通知》，部署严格防范输入性疫情、统筹抓好疫情防控和远洋渔业生产有关工作。

10 日 农业农村部发布第 276 号公告，废止 2014 年 1 月 20 日印发、2014 年 6 月 1 日起实施的《渔船用柴油机型谱与标识管理办法》。

11 日 农业农村部印发《关于 2020 年国家产地水产品兽药残留监控计划等 3 个计划的通知》，全面部署 2020 年国家产地水产品兽药残留监控等工作。

18 日 农业农村部召开全国渔业安全生产工作视频会议，分析当前渔业安全生产面临的形势和问题，部署 2020 年全国渔业安全重点工作，副部长于康震出席会议并讲话。

21 日 农业农村部发布水生野生动物专题普法宣传问答，对《中华人民共和国野生动物保护法》及全国人大常委会决定中与水生野生动物相关内容进行总结归纳，并对社会关注的问题进行回应解答。

25 日 农业农村部办公厅发布 2019 年涉渔违法违规十大典型案例。《人民日报》、中央电视台、法制网、学习强国、今日头条等媒体平台予以转载。

30 日 农业农村部办公厅印发《关于实施 2020 年水产绿色健康养殖“五大行动”的通知》，部署实施生态健康养殖、养殖尾水治理、水产养殖用药减量、配合饲料替代幼杂鱼和水产种业质量提升等水产绿色健康养殖技术推广“五大行动”。

31 日 农业农村部办公厅印发《稻渔综合种养生产技术指南》，要求各地加强规划引领，完善政策支持体系，因地制宜推进稻渔综合种养发展。

4 月

10 日 农业农村部办公厅印发《关于进一步做好远洋渔船防范境外新冠肺炎输入工作的通知》，建立健全远洋渔船输入疫情风险防控机制，切实防范境外疫情经远洋渔船输入国内。

15 日 农业农村部印发《关于进一步加快推进水域滩涂养殖发证登记工作的通知》，部署实施水域滩涂养殖发证登记工作。

16 日 农业农村部办公厅印发《关于进一步加强远洋渔业安全管理工作的通知》，严防疫情期间发生重大涉外事件。

16 日 农业农村部办公厅印发《关于成立全国玻璃钢渔船专家咨询委员会的通知》，成立全国玻璃钢渔船专家咨询委员会。

17 日 农业农村部印发《关于进一步扩大水产苗种产地检疫试点的通知》，首次将水产苗种产地检疫试点全国全覆盖。

17 日 农业农村部印发《关于 2020 年国家水生动物疫病监测计划的通知》，部署 2020 年国家水生动物疫病监测工作。

17 日、21 日 农业农村部渔业渔政管理局开展北方片区、南方沿海片区和中西部内陆片区水产品稳产保供调视频度会，会商解决水产品压塘、出口难问题，统筹抓好疫情防控和渔业生产。渔业渔政管理局局长张显良主持调度会商。

20 日 农业农村部发布《关于 2020 年伏季休渔期间特殊经济品种专项捕捞许可和捕捞辅助船配套服务安排的通告》，明确对海蜇、丁香鱼、毛虾等特殊经济品种实行专项捕捞许可。

20 日 农业农村部办公厅印发《关于做好 2020 年度休禁渔秩序评估工作的通知》，安排部署 2020 年度休禁渔秩序评估工作，组织对海洋伏季休渔及长江、黄河等江河流域禁渔开展休禁渔秩序评估。

22—27 日 中国俄罗斯渔业合作混合委员会第二十九次会议以视频方式举行。双方就黑乌两江渔业资源养护、海洋捕捞合作、实施打击 IUU 协议达成一致，并签署了会议纪要。农业农村部渔业渔政管理局副局长刘新中出席会谈。

23 日 农业农村部、财政部和人力资源和社会保障部联合召开长江流域禁捕和渔民安置保障工作部署推进视频会。农业农村部部长韩长赋出席会议并总结讲话，人力资源和社会保障部副部长汤涛、财政部部长助理欧文汉出席会议并讲话。农业农村部副部长张桃林主持会议。

23 日 由农业农村部渔业渔政管理局指导，中国农业电影电视中心联合中国水产流通与加工协会、湖北省农业事业发展中心共同举办“我为湖北拼大单——湖北水产品直销云购会”，在线推介湖北优质水产品，意向成交额 4.2 亿元。

28 日 农业农村部渔业渔政管理局组织召开 2020 年海洋伏季休渔管理工作部署暨“十四五”海洋伏季休渔制度研究视频会。

28 日 农业农村部与中国海警局部署开展“亮剑 2020”海洋伏季休渔执法行动，自 5 月 1 日始至 9 月 16 日，切实维护海洋伏季休渔管理秩序。

30 日 刘新中任农业农村部渔业渔政管理局一级巡视员。

5 月

14 日 农业农村部向国务院报送《关于落实全国人大常委会渔业法执法检查报告及审议意见情况的报告（送审稿）》，顺利完成全国人大常委会渔业法检查落实情况报告。

15 日 农业农村部印发《渔业安全生产专项整治三年行动工作方案》，进一步加强海上渔船安全管理。

18 日 农业农村部渔业渔政管理局印发《关于开展 2020 年水产品质检机构检测能力验证工作的通知》，部署 2020 年水产品质检机构检测能力验证工作。

19 日 农业农村部渔业渔政管理局印发《关于加强渔业安全生产专项整治三年行动信息宣传工作的通知》，要求营造良好的安全生产舆论氛围，夯实渔业安全生产基础。

19 日 农业农村部印发《关于加强远洋渔业公海转载管理的通知》，首次部署实施远洋渔业公海转载报告和公海转载观察员制度，停止远洋渔业辅助船制造审批，提升远洋渔业自捕水产品运输保障能力。

22 日 农业农村部印发《关于开展全国海洋捕捞渔船和沿海渔港核查工作的通知》，组织沿海各省（自治区、直辖市）开展全国海洋捕捞渔船和沿海渔港核查工作。

25 日 农业农村部渔业渔政管理局印发《关于开展 2020 年渔业“安全生产月”和“安全生产万里行”活动的通知》，于 6 月 1—30 日在全国范围统一开展。

25 日 农业农村部办公厅、中国银行保险监督管理委员会联合印发《关于推进渔业互助保险系统体制改革有关工作的通知》，加快推进渔业互助保险系统体制改革工作，建立规范发展的渔业风险保障体系。

28 日 农业农村部与国家林草局联合印发《关于进一步规范蛙类保护管理的通知》，明确黑斑蛙、棘胸蛙、棘腹蛙、中国林蛙（东北林蛙）、黑龙江林蛙等 5 种蛙类由渔业主管部门按照水生动物管理。

6 月

1 日 农业农村部印发《关于加强公海鱿鱼资源养护促进我国远洋渔业可持续发展的通知》，首次试行公海自主休渔制度，促进公海鱿鱼资源长期可持续利用。

2 日 农业农村部渔业渔政管理局印发《关于加快推进旧版渔业船员证书换发工作的通知》，定于 2020 年 10 月 31 日截止旧版渔业船员证书的换发。

6 日 “全国放鱼日”主会场活动在山东烟台举行，农业农村部副部长于康震出席活动并讲话。当天全国 31 个省（自治区、直辖市）和新疆生产建设兵团同步举办增殖放流活动 300 余场，放流各类水生生物苗种 12 亿余单位。

8 日 农业农村部办公厅与外交部办公厅联合印发《关于提请更新纳入我各口岸布控范围的非法、不报告和不受管制渔船清单的函》，向公安部、交通运输部、海关总署、国家市场监督管理总局更新我已加入的区域渔业组织 IUU 渔船名单，将其列入布控范围。

11日 农业农村部渔业渔政管理局组成西南大西洋公海项目专案组，赴浙江、山东对西南大西洋公海项目专案进行调查。农业农村部渔业渔政管理局一级巡视员刘新中任专案组组长。

18日 农业农村部部长韩长赋主持召开专题会，研究落实长江流域禁捕和退捕渔民安置保障政策措施。

18日 农业农村部、国家林业和草原局就《国家重点保护野生动物名录》公开征求意见。

19日 农业农村部部长韩长赋主持召开专题会，决定在长江水生生物保护暨长江禁捕工作部际协调机制下，抽调相关司局单位精干力量，会同有关部委组建长江禁捕退捕工作专班。

19日 农业农村部渔业渔政管理局指导全国水产技术推广总站、中国水产学会编制发布《中国小龙虾产业发展报告(2020)》。

20日 农业农村部部长韩长赋主持召开会议，会同国家发展和改革委员会、财政部、人力资源和社会保障部，研究长江禁捕退捕工作专班组建方案，讨论做好长江流域重点水域禁捕和退捕渔民安置保障工作。

21日 农业农村部部长韩长赋主持召开长江流域禁捕退捕视频调度会，专题调度江苏、安徽、江西、湖北、湖南、四川6个重点省份工作进展情况。

28日 中共中央政治局常委、国务院副总理韩正在北京出席长江流域重点水域禁捕和退捕渔民安置保障工作推进电视电话会议并讲话。会议对长江流域重点水域禁捕和退捕渔民安置保障工作做出布置。中共中央政治局委员、国务院副总理胡春华出席会议并讲话。

29日 农业农村部会同公安部联合召开打击长江流域重点水域非法捕捞专项整治行动部署视频会，农业农村部副部长于康震出席会议并讲话。

30日 中国越南海上低敏感领域合作专家工作组非正式磋商以视频方式召开。会议由外交部牵头组织，农业农村部渔业渔政管理局派员参加。

30日 农业农村部渔业渔政管理局应邀与印度尼西亚海洋与渔业部举行中印尼渔业合作非正式视频会谈。农业农村部渔业渔政管理局一级巡视员刘新中出席会谈。

7月

1日 人力资源和社会保障部、农业农村部联合召开推进退捕渔民安置保障工作电视电话会议。人力资源和社会保障部副部长李忠、农业农村部副部长于康震出席会议并讲话。江苏、安徽、江西、湖北、湖南、四川、上海、重庆、贵州、云南10省(直辖市)交流汇报退捕渔民安置保障工作进展情况。

5日 农业农村部召开长江禁捕退捕工作视频调度会，对沿江10省(直辖市)工作进展情况进行调度分析，推动有关工作部署和政策措施落实落地。农业农村部部长韩长赋出席会议并讲话，农业农村部副部长于康震主持会议。

6日 农业农村部牵头召开长江水生生物保护暨长江禁捕工作协调机制会。农业农村部部长韩长赋主持会议并总结讲话。会议审议通过了部际协调机制调整方案，增加民政部、国家市场监管总局为协调机制成员单位。

7—9日 农业农村部副部长于康震带队赴江西省巡查鄱阳湖区禁捕退捕工作，江西省副省长胡强等参加巡查调研。

13日 农业农村部召开长江退捕渔船渔民建档立卡专项督查动员会，农业农村部副部长于康震出席会议并讲话。会议通报了长江禁捕退捕工作巡查及每周调度中建档立卡存在的主要问题，介绍了长江退捕渔船渔民建档立卡工作专项督查方案。

14—20日 长江禁捕退捕工作专班派出10个督查组，由农业农村部渔业渔政管理局、长江流域渔政监督管理办公室、中国水产科学研究院和全国水产技术推广总站10位司局级干部带队，分赴沿江10省(直辖市)退捕任务集中地区开展建档立卡工作专项督查。

15日 国务院新闻办公室举行国务院政策例行吹风会。农业农村部副部长于康震，公安部、人力资源和社会保障部、国家市场监督管理总局有关负责同志介绍《关于切实做好长江流域禁捕有关工作的通知》，并答记者问。

15—18日 农业农村部部长韩长赋赴贵州、四川调研禁捕退捕工作，强调要压实责任、集中力量、细化措施，坚决打赢长江禁捕退捕攻坚战。

23日 农业农村部召开长江禁捕退捕建档立卡工作专项督查汇报会，听取3个专题调研组和10个专项督查组汇报。农业农村部部长韩长赋出席会议并讲话，农业农村部副部长于康震主持会议。

25日 农业农村部部长韩长赋在江苏南京主持长江流域禁捕退捕工作座谈会。江苏省省长吴政隆、副省长赵世勇出席座谈会。

28日 农业农村部与公安部联合印发《关于深入推进打击长江流域非法捕捞专项整治行动 积极开展涉渔“百日走访活动”的通知》，指导地方渔政联合公安部门实施长江流域禁捕退捕渔村渔民“百日走访”活动。

31日 中国日本海洋事务高级别磋商团长会谈以视频方式召开。该会议由外交部牵头组织，农业农村部渔业渔政管理局派员参加。

8 月

3—5 日 农业农村部部长韩长赋到湖南省湘阴县、岳阳县，湖北省洪湖市等地开展长江禁捕退捕专题调研。

3 日 农业农村部渔业渔政管理局印发《关于印发〈海参池塘养殖生产管理指引〉的通知》，推进海参池塘养殖高质量发展。

3 日 农业农村部渔业渔政管理局印发《关于开展鲑鳟鱼寄生虫监测的通知》，部署实施鲑鳟鱼寄生虫监测工作。

5—6 日 农业农村部渔业渔政管理局与厄瓜多尔驻华使馆，厄外交、渔业、国防、环保等有关部门举行视频会议，就我渔船在东南太平洋公海作业事宜交换意见。农业农村部渔业渔政管理局一级巡视员刘新中出席会议。

6 日 农业农村部渔业渔政管理局印发《关于明确 2020 年底养殖水域滩涂规划和水域滩涂养殖发证登记工作任务的通知》，部署 2020 年养殖水域滩涂规划和水域滩涂养殖发证登记工作。

6 日 农业农村部召开长江水生生物保护暨长江禁捕工作协调机制会议。农业农村部副部长于康震主持会议并讲话。部际协调机制成员单位联络员出席会议并做交流发言。

6 日 农业农村部与公安部联合印发《打击长江流域非法捕捞专项整治行动工作专班方案》。

7 日 农业农村部召开长江流域禁捕退捕工作视频调度推进会。农业农村部部长韩长赋出席会议并讲话，副部长于康震主持会议。

9 日 2020 年南海海龟放流活动在海南陵水举行，共放归罚没救助海龟 99 只，农业农村部渔业渔政管理局副局长韩旭出席活动并讲话。

15—20 日 农业农村部渔业渔政管理局委托上海海洋大学、大连海洋大学举办线上渔政执法能力提升活动培训，13 000 余名渔政执法人员在线接受培训。

18 日 农业农村部渔业渔政管理局印发《关于同意建设青岛国家深远海绿色养殖试验区的批复》。

18—20 日 第十七次中国韩国海洋生物资源专家组会议以视频形式召开。

19 日 中共中央政治局委员、国务院副总理胡春华考察长江禁捕退捕工作专班工作情况，要求农业农村部切实承担起牵头抓总职责，会同有关部门及时调度工作推进情况，推动各项政策措施落实落地，坚决按期完成长江禁捕退捕任务。

19 日 中共中央政治局委员、国务院副总理胡春华出席全国农业灾后恢复生产夺取秋粮丰收视频调度会并讲话，对做好长江重点水域禁捕和退捕渔民安置保障工作进行了部署。

20 日 农业农村部发布第 324 号公告，公告大黄鱼甬岱 1 号等 14 个水产新品种。

20—21 日 农业农村部渔业渔政管理局开展渔业无线电管理专项整治工作总结和“插卡式 AIS”管理改革的集中研讨，总结交流全国渔业无线电管理专项整治工作，介绍“插卡式 AIS”管理改革背景、工作进展和总体技术思路并研讨下一步工作方案。

21 日 农业农村部会同公安部下发打击长江流域非法捕捞专项整治行动 10 条宣传标语，切实提高社会公众参与度。

22 日 农业农村部渔业渔政管理局组织全国渔业行政执法人员执法资格统一考试工作。在全国 21 个省（自治区、直辖市）设置 24 个考点，5 771 名渔政执法人员参加考试。

24 日 农业农村部办公厅印发《关于做好 2020 年违规渔具清理整治工作有关事项的通知》，要求各地对违规渔具全面排查，确保三年“清网”行动任务目标按期完成。同时，更新了《渔具鉴定单位推荐名单（2020）》。

25 日 农业农村部渔业渔政管理局在西藏昌都组织开展渔业科技援藏集中研讨，总结 2019 年渔业科技援藏工作开展情况，部署 2020 年渔业科技援藏重点工作。农业农村部渔业渔政管理一级巡视员李书民参加研讨。

27 日 农业农村部召开长江禁捕退捕工作部长专题会。农业农村部部长韩长赋主持会议。会议传达了习近平总书记在安徽调研时对长江禁捕退捕工作的重要讲话精神和胡春华副总理在全国农业灾后恢复生产夺取秋粮丰收视频调度会和专班视察时的指示精神。

28 日 农业农村部办公厅印发《关于延长海洋渔船和捕捞许可证相关业务办理时限等有关事项的通知》，延长了海洋渔船和捕捞许可证相关业务的办理时限。

28 日 袁晓初任农业农村部渔业渔政管理局副局长。

9 月

2 日 全国稻渔综合种养发展提升现场会在四川隆昌召开。农业农村部副部长于康震出席会议并讲话，渔业渔政管理局局长张显良主持会议。

2 日 农业农村部渔业渔政管理局印发《关于开展养殖海参农药及兽药残留监控工作的通知》，部署开展养殖海参农药及兽药残留监控工作。

8 日 农业农村部发布第 334 号公告，公布天津市北塘渔港等 66 座渔港为第一批国家级海洋捕捞渔获物定点上岸渔港。

8—9 日 2020 年度中国韩国渔业执法工作会谈以视频形式召开。双方评价了渔业协定遵守事项及维护作业秩序情况，推进了中韩渔业执法交流合作，评价了第十九届中韩渔委会委托事项，并签署了会议纪要。

9 日 中越北部湾湾口外海域工作组第十三轮磋商和海上共同开发磋商工作组第十轮磋商以视频方式召开。会议由外交部牵头组织，农业农村部渔业渔政管理局派员参加。

10 日 农业农村部部长韩长赋向沿江 10 省(直辖市)省(市)长致信，推动各省(直辖市)围绕落实“两个确保”目标，抓好下一阶段重点工作。

11 日 农业农村部联合交通运输部、武警部队、福建省政府等单位在福建省漳州市东山县开展 2020 全国渔业水上突发事件应急演练。

14 日 农业农村部办公厅印发《关于对在境外港口搭乘远洋渔船来华的远洋渔业船员实施远端核酸检测工作的通知》。

14—15 日 农业农村部副部长于康震带队赴安徽省马鞍山市、芜湖市开展长江禁捕退捕工作调研。

15—17 日、26—28 日 农业农村部渔业渔政管理局先后组织相关人员赴吉林和黑龙江，对林蛙产业及保护管理情况进行调研。

16 日 农业农村部在上海召开长江口非法捕捞清理整治工作座谈会，研究部署进一步加强长江口禁捕执法管理工作。农业农村部副部长于康震出席会议并讲话。

16 日 农业农村部渔业渔政管理局在广东组织开展“十四五”全国渔业发展规划调研，渔业渔政管理局一级巡视员李书民参加调研。

17 日 2020 年全国水产苗种产地检疫培训班在北京举办。培训采取线上线下相结合的方式，北京主会场及全国各地分会场约 2 000 名已任命或将任命渔业官方兽医的代表参加培训。

20 日 首届全国珊瑚日活动在深圳大鹏举行，农业农村部渔业渔政管理局局长张显良出席活动并讲话。

22—24 日 第二十届中国韩国渔委会第一次筹备会以视频会议形式召开。双方就 2020 年两国专属经济区对方国入渔安排、作业条件和程序规则、维持海上作业秩序等议题进行了会谈。农业农村部渔业渔政管理局一级巡视员刘新中出席会谈。

26 日 农业农村部组织召开长江口禁渔管理线划定专家论证会暨长江水生生物保护研讨会。农业农村部副部长于康震出席会议并讲话。

28 日 农业农村部印发《关于批准安徽张林渔业有限公司为国家级大口黑鲈良种场的通知》。

29 日 农业农村部渔业渔政管理局与阿根廷驻华使馆，阿外交、渔业等有关部门举行视频会议，就加强中阿渔业合作事宜交换意见。农业农村部渔业渔政管理局一级巡视员刘新中出席会议。

30 日 农业农村部召开长江流域重点水域禁捕工作联合督查汇报会，强调要集中力量攻克“四清”“安置”“监管”三关。农业农村部部长韩长赋出席会议并讲话，农业农村部副部长于康震主持会议。

30 日 农业农村部渔业渔政管理局发布《水产养殖用药明白纸 2020 年 1、2 号》，进一步加强水产养殖用兽药及其他投入品使用的监管。

10 月

8 日 农业农村部部长韩长赋主持召开部长专题会议，研究长江口禁渔区向东海域扩延实施方案，并就长江退捕国务院专题汇报会议筹备工作进行部署安排。

12—13 日 中共中央政治局委员、国务院副总理胡春华在湖北省实地督导长江禁渔工作，强调要坚决有力落实长江禁渔各项工作部署，不折不扣如期完成既定目标任务。

15 日 农业农村部与公安部联合印发《打击长江流域非法捕捞专项整治行动百日攻坚工作方案》。

16 日 农业农村部渔业渔政管理局指导大水面生态渔业科技创新联盟在甘肃永靖组织举办大水面生态渔业发展高峰论坛暨大水面生态渔业科技创新联盟年会，宣传贯彻大水面增养殖容量计算标准。

16 日 农业农村部印发《关于做好长江建档立卡退捕渔民申领海洋渔业普通船员证书工作的通知》，要求切实做好长江建档立卡退捕渔民就业帮扶，支持有意愿的退捕渔民到海洋渔业船舶工作。

16 日 农业农村部对西南大西洋公海项目专案调查结果及违规远洋渔业企业及渔船处理意见做出通报。

19 日 农业农村部部长韩长赋主持召开长江流域重点水域禁捕退捕专题会，部署推进退捕渔民转产就业、社保安置、资金保障等重点工作。农业农村部副部长于康震、总农艺师广德福、总经济师魏百刚出席会议。财政部、人力资源和社会保障部、国家信访局和农业农村部有关领导及司局负责同志参会。

23 日 全国四季度“三农”重点工作视频调度会在北京召开。中共中央政治局委员、国务院副总理胡春华出席会议并讲话。农业农村部部长韩长赋要求沿江各省份进一步压紧压实市、县责任，适当提高养老保障标准，拓宽渔民转产就业渠道，加大专项打击整治力度，建立信访隐患排查机制，再接再厉打好长江禁捕退捕攻坚战，确保年底完成禁捕任务。

23日　农业农村部部长韩长赋主持召开部长专题会，再次研究长江口禁捕范围向东海域扩延实施方案，农业农村部副部长于康震、总农艺师广德福、总经济师魏百刚出席会议。

23日　农业农村部渔业渔政管理局联合各省份渔业主管部门共同举办第十一届全国水生野生动物保护科普宣传月活动。

23日　2020年度全国海洋牧场建设与管理培训班在辽宁大连举办，农业农村部渔业渔政管理局副局长韩旭出席。第三届中国国际海洋牧场发展论坛同期举行。

23日　农业农村部渔业渔政管理局印发《关于同意建设威海国家水产养殖绿色发展示范区的批复》。

25—30日　南极海洋生物资源养护委员会第39次年会通过视频形式召开，外交部条法司会同农业农村部渔业渔政管理局、自然资源部国际司、国家海洋局极地考察办公室、中国水产科学研究院黄海水产研究所等单位组团参加。

26日　农业农村部渔业渔政管理局与秘鲁驻华使馆，秘外交、渔业等有关部门举行视频会议，就秘鲁方面出台第016—2020号最高法令、强制进港外国渔船安装指定船位监测设备事宜交换意见。农业农村部渔业渔政管理局一级巡视员刘新中出席会议。

27日　农业农村部在威海开展全国沿海水产养殖绿色发展集中研讨活动，农业农村部渔业渔政管理局局长张显良出席会议。

27—28日　中国欧盟打击IUU工作组第五次会议以视频方式举行。双方通报了各自打击IUU渔业活动的政策措施和中国远洋渔船违规调查处理情况，并就我输欧水产品合法性认证执行情况和存在问题协调立场。农业农村部渔业渔政管理局二级巡视员赵丽玲出席会谈。

30日　农业农村部发布第349号公告，公告新版渔业船舶证书证件样式。

11月

2—6日　印度洋金枪鱼委员会第24次年会通过视频形式召开，农业农村部会同外交部条法司、港澳台司，中国远洋渔业协会，上海海洋大学等单位组团参加。

3—6日　第二十届中国韩国渔业联合委员会第二次筹备会及年会以视频会议形式召开。双方就中韩暂定措施水域内资源管理方案等议题进行了会谈并签署会议纪要。农业农村部渔业渔政管理局一级巡视员刘新中出席会谈。

4日　农业农村部发布《渔政执法装备配备指导标准》，按执法区域和队伍性质提出了省市县三级渔政执法机构执法装备配备的项目和数量。

6日　农业农村部渔业渔政管理局在上海组织开展"十四五"渔业发展研讨，听取院士专家对"十四五"渔业发展规划和渔业科技创新战略研究的意见建议。唐启升院士、朱作言院士、麦康森院士、焦念志院士、桂建芳院士、包振民院士、刘少军院士和相关产业技术体系首席及有关专家共同为"十四五"渔业发展建言献策。农业农村部渔业渔政管理局局长张显良、一级巡视员李书民、副局长江开勇参加研讨。

9日　中国美国礼节性会面以视频方式举行。农业农村部渔业渔政管理局一级巡视员刘新中和美驻华大使馆沃尔德参赞进行会谈。

10日　农业农村部渔业渔政管理局组织全国玻璃钢渔船专家咨询委员会委员在浙江省舟山市进行国家新材料渔船发展集中研讨，渔业渔政管理局局长张显良出席并讲话。

10—11日　第四次中国新西兰渔业会谈以视频形式召开。双方就渔业政策进展、渔业补贴改革、落实中新打击IUU声明以及区域渔业管理等议题深入交换了意见。其间还举办了中新海鸟保护研讨会。农业农村部渔业渔政管理局一级巡视员刘新中出席会谈。

12日　部省际长江口非法捕捞协调机制专班在上海召开长江口非法捕捞专项整治工作会议，部署2020年秋冬季长江口水域非法捕捞专项整治行动。农业农村部副部长于康震出席会议并讲话。

13日　远洋渔业发展35周年专题座谈会在北京召开。会议总结远洋渔业发展经验做法，研究部署"十四五"及今后一个时期远洋渔业发展重点任务。农业农村部副部长于康震出席会议并讲话，渔业渔政管理局长张显良主持会议。

15日　农业农村部部长韩长赋带队调研江西省长江禁捕退捕工作，部署落实禁捕退捕各项政策措施，继续深化打击非法捕捞销售专项整治行动。

17日　农业农村部与公安部联合召开打击长江流域非法捕捞专项整治行动百日攻坚工作视频推进会议，农业农村部副部长于康震出席会议并讲话。

17日　农业农村部办公厅印发《重大渔业违法违规案件挂牌督办工作规定》，建立重大渔业违法违规案件挂牌督办工作制度，加强重大渔业违法违规案件办理。

17—20日　南印度洋渔业组织第七次缔约方大会通过视频形式召开，农业农村部会同外交部条法司、港澳台司，中国远洋渔业协会，中国水产科学研究院东海水产研究所，上海海洋大学等单位组团参加。

18日 中国欧盟第五次渔业高级别对话以视频方式举行。双方就落实中欧《蓝色伙伴宣言》、打击IUU渔业活动、设立南极海洋保护区、国际渔业治理等方面交换意见。农业农村部渔业渔政管理局一级巡视员刘新中出席会谈。

19日 2020年全国水生动物疫病防控工作座谈会暨第二届农业农村部水产养殖病害防治专家委员会第四次全体会议在福建福州召开。农业农村部渔业渔政管理局一级巡视员李书民出席会议并讲话。

20日 农业农村部会同公安、交通、市场、林草、海警等部门和上海、江苏、浙江"两省一市"人民政府，在上海组织召开长江口禁捕管理工作协调机制会议暨联合执法誓师大会，启动联合执法行动。农业农村部副部长于康震出席会议并讲话。

20日 农业农村部发布《中国远洋渔业履约白皮书(2020)》。

24日 第五届中国休闲渔业高峰论坛在福建省厦门市举办，发布《中国休闲渔业发展监测报告(2020)》。

24日 农业农村部办公厅印发《关于进一步明确长江禁捕期间因特殊需要采集水生生物有关事项的函》，指导有关省(直辖市)加强长江流域重点水域禁捕期间，对因保种育种、科研教学、调查监测和种群调控等特殊需要采集相关水域水生生物行为的管理。

25日 全国渔船渔港管理专家委员会年度工作会暨海洋渔业资源总量管理工作总结推进会在北京召开，农业农村部渔业渔政管理局局长张显良为专家委员会委员颁发聘书。

25日 农业农村部渔业渔政管理局在北京召开全国渔船渔港管理专家委员会年度工作会议暨海洋渔业资源总量管理工作总结推进会。渔业渔政管理局局长张显良出席会议并讲话。

25日 农业农村部渔业渔政管理局在福建省福州市集中会商南极磷虾渔业发展情况，研讨谋划"十四五"南极磷虾渔业发展。渔业渔政管理局一级巡视员刘新中出席。

28日 农业农村部与中国长江三峡集团有限公司签订《长江流域水生生物及栖息地保护与修复战略合作框架协议》，并在湖北宜昌联合开展中华鲟增殖放流活动。农业农村部部长韩长赋、三峡集团董事长雷鸣山出席活动。

30日 长江禁捕退捕工作专班召开月会商会，部署长江禁捕退捕30天攻坚任务。专班主任、农业农村部副部长于康震出席会议并讲话。国家发展改革委、民政部、财政部、人力资源和社会保障部相关司局负责同志参加会议。

30日 农业农村部开展2020年渔业安全生产专项治理总结评估，研究部署年底前渔业安全生产重点工作，农业农村部副部长于康震出席。

30日 农业农村部、应急管理部印发《关于"平安渔业"创建活动工作方案的通知》，开展"平安渔业"创建活动。

30日至12月4日 美洲间热带金枪鱼委员会第95次年会通过视频形式召开，农业农村部会同外交部条法司、港澳台司，中国远洋渔业协会，上海海洋大学等单位组团参加。

12月

8—15日 中西部太平洋渔业委员会第17次年会通过视频形式召开，农业农村部会同外交部条法司、港澳台司，中国远洋渔业协会，上海海洋大学等单位组团参加。

11日 农业农村部渔业渔政管理局对2020年全国渔业安全生产专项治理有关情况进行通报。

15日 农业农村部联合广西、福建渔业主管部门，在南宁举办"2020年罚没水生野生动物制品销毁活动"，共销毁砗磲、玳瑁、唐冠螺等罚没水生野生动物制品60余吨。

16日 农业农村部在武汉召开长江流域水生生物资源监测体系工作会议，全面部署长江流域重点水域禁捕后水生生物资源监测和效果评估工作，挂牌成立"农业农村部长江流域水生生物资源监测中心"。农业农村部副部长于康震出席会议并讲话。

17日 中国韩国外交部门第十五次渔业问题会谈以视频形式召开。双方就渔业作业秩序进行了总结和讨论，积极推进渔业合作，通过双边合作机制完善合作关系。会议由外交部牵头组织，农业农村部渔业渔政管理局派员参加。

17日 农业农村部联合最高人民法院、最高人民检察院、公安部出台《依法惩治长江流域非法捕捞等违法犯罪的意见》，保障长江流域禁捕工作顺利实施。

21日 农业农村部在北京组织会商评估，再动员、再部署、再落实渔业安全生产任务，针对2020年商渔船碰撞事故高发频发，农业农村部会同应急管理部开展了专项督导检查和专题研判，并向国务院安全生产委员会做出报告。

22日 国务院召开长江禁捕退捕工作推进电视电话会议，国务院副总理韩正、胡春华出席会议并讲话。韩正指出，长江"十年禁渔"具有长期性、艰巨性、复杂性，要始终坚持问题导向，全力推进工作落实，久久为功，坚决打赢长江禁捕退捕攻坚战、持久战。

22 日　农业农村部办公厅印发《非法捕捞案件涉案物品认(鉴)定和水生生物资源损害评估及修复办法(试行)》,规范非法捕捞案件中涉案物品认(鉴)定和非法捕捞造成的水生生物资源损害评估与修复工作。

22 日　农业农村部渔业渔政管理局评选出渔业行政执法优秀案卷 78 卷并予通报公布。

25 日　长江水生生物保护暨长江禁捕工作协调机制召开长江流域重点水域禁捕退捕工作陆上大督查总结交流会暨长江禁捕退捕工作专班会商会。农业农村部副部长于康震出席会议并讲话,7 个联合督查组交流督查情况。

25 日　农业农村部发布第 377 号公告,公布河北省秦皇岛香溪河海域海之洋等 26 个国家级海洋牧场示范区。

25 日　农业农村部渔业渔政管理局印发《关于同意创建北黄海(辽宁)国家水产养殖绿色发展示范区的批复》。

28 日　农业农村部渔业渔政管理局印发《关于公布国家级水产健康养殖示范场(第十五批)名单的通知》

29 日　农业农村部对"中国渔政亮剑 2020"系列专项执法行动工作成绩突出的 106 个集体和 180 名个人进行通报表扬。

29 日　农业农村部印发《渔政执法工作规范(暂行)》,规范渔政执法行为,提高严格规范公正文明执法水平。

29 日　农业农村部渔业渔政管理局与厄瓜多尔驻华使馆,厄外交、渔业等有关部门举行视频会议,就我渔船在东南太平洋公海作业事宜再次交换意见。农业农村部渔业渔政管理局一级巡视员刘新中出席会议。

30 日　全国农业农村厅局长会议在北京召开。中央农村工作领导小组办公室主任,农业农村部党组书记、部长唐仁健出席会议并讲话,强调要坚持不懈抓好长江十年禁渔,区分阶段、稳扎稳打,确保退捕渔民稳得住,执法监管无死角,"禁渔令"长期落地见效。

30 日　农业农村部渔业渔政管理局印发《关于全国水产种质资源登记细则(试行)〉的通知》。

31 日　农业农村部会同公安部、国家市场监管总局组织沿江 14 省(直辖市)同步举办长江"十年禁渔"全面启动活动,中共中央政治局委员、国务院副总理胡春华出席武汉主会场活动并讲话,正式向全社会宣布长江流域重点水域自 2021 年 1 月 1 日零时起全面实施十年禁捕,开启了长江水生生物保护新征程。

(农业农村部渔业渔政管理局)

索　引

说　明

一、本索引采用分析索引方法，按汉语拼音顺序排列，同音字按声调排列。

二、“法律法规文献”“渔业经济统计”“领导讲话”“2020 年渔业大事记”栏目中的具体内容未作索引。“各地渔业”栏目中的条目按正文排列，不参与排序。

三、索引词条后的数字表示内容所在的正文页码。

J

L

N

Q

S

水产新品种半滑舌鳎鳎优1号

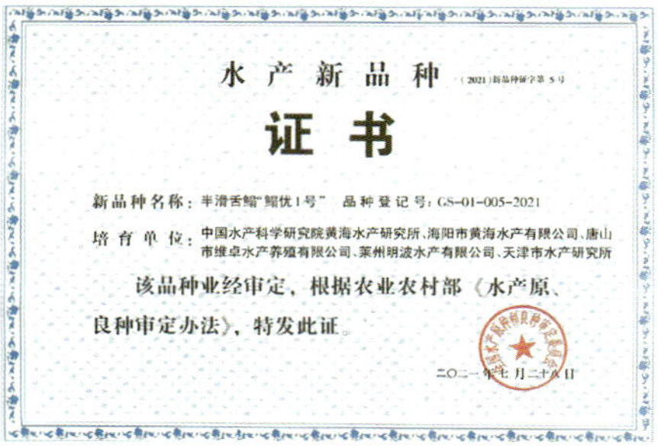

水产新品种 （2021）新品种证字第5号

证书

新品种名称：半滑舌鳎"鳎优1号" 品种登记号：GS-01-005-2021

培育单位：中国水产科学研究院黄海水产研究所、海阳市黄海水产有限公司、唐山市维卓水产养殖有限公司、莱州明波水产有限公司、天津市水产研究所

该品种业经审定，根据农业农村部《水产原、良种审定办法》，特发此证。

二〇二一年七月二十八日

新品种证书

农业农村部第451号公告，公布了2021年经过全国水产原种和良种审定委员会审定通过的11个水产新品种，中国水产科学研究院黄海水产研究所陈松林研究员主持，联合山东海阳市黄海水产有限公司、唐山维卓水产养殖有限公司、莱州明波水产有限公司及天津市水产研究所等单位联合培育和申报的半滑舌鳎鳎优1号新品种在列。

半滑舌鳎，又称鳎犸、龙利、鳎目鱼、鳎米和舌头鱼，是我国重要海水养殖鱼类，因其味道鲜美，营养丰富，深受广大消费者喜爱。但随着半滑舌鳎养殖业的发展，一些问题相继出现，其中，半滑舌鳎雄鱼个体小、生长慢且比例高达70% ~90%以及病害频发、养殖成活率低至30%等问题严重限制了渔民养殖的积极性和半滑舌鳎养殖产业的可持续发展，导致半滑舌鳎养殖规模缩小、产量下降、渔民收入减少。针对这些问题，中国水产科学研究院黄海水产研究所陈松林研究员领导其团队在国家863项目、国家自然科学基金重点项目、国家海水鱼产业技术体系专项及山东省农业良种工程等项目的支持下，对半滑舌鳎高产抗病分子育种技术及新品种培育进行了系统研究，联合上述水产养殖公司开展了10多年的技术攻关和联合育种。累计建立半滑舌鳎家系510多个，采用家系选育技术筛选出抗病家系和易感家系，建立了抗病性状基因组选择育种技术，研制出抗病育种基因芯片，经过4代家系选育，结合全基因组选择，最终培育出半滑舌鳎新品种鳎优1号，通过了国家审定，新品种登记号为GS-01-005-2021。鳎优1号新品种具有抗病力强、生长快和养殖存活率高等优点，与未经选育的半滑舌鳎相比，抗哈维氏弧菌感染能力提高30.9%，18月龄鱼的体重平均提高17.7%，养殖成活率平均提高15.7%；此外，鳎优1号新品种苗种的生理雌鱼比例为40%左右，比普通苗种的生理雌鱼比例提高20%左右。

半滑舌鳎鳎优1号

鳎优1号新品种的问世为半滑舌鳎养殖业提供了一个抗病高产的优良品种，对于解决半滑舌鳎养殖业中存在的病害问题和雄鱼比例过高的问题具有现实意义，对于推动半滑舌鳎种业发展，加快鱼类抗病育种进程，培育抗病高产优质的新品种具有推广应用价值。

半滑舌鳎新品种现场审定专家与研发人员合影

香港渔民互助社

把握“一带一路”建设及“粤港澳大湾区”规划 为行业走出康庄大道。

适逢国家推出“一带一路”建设及“粤港澳大湾区”规划，同时在香港确实不缺勇于尝试新事物的流动渔民朋友，流动渔民朋友们理应争取国家立项，协助香港流动渔民参与“一带一路”建设及“粤港澳大湾区”规划，为渔业寻找新出路。

善用“粤港澳大湾区”建设契机 促进业界发展。

现时，在邻近香港的内地水域有不少优良的养殖空间、渔场及岛屿，有鉴于地方较为偏远，故仍未被国家开发，然而有关位置却极为适合本已在较偏远地区生产的流动渔民做出尝试。流动渔民应争取国家在规划“粤港澳大湾区”时参考“横琴”及河套区等的深港合作模式，研究划出部分邻近香港的内地水域及岛屿，以内地与特区政府共管形式，让香港渔民及流动渔民可转型从事捕捞、养殖渔业，或试验创新渔农业等生产作业。这既可维持香港渔民的生产作业空间，也可促进香港与各省份在渔业科研及技术上的交流，强化香港渔业内涵。

渔业的持续发展，永远不可能是一成不变的，而是要经过大大小小的不断变化和进步。望各位渔民朋友继续保持活力，让行业可以创出与过往不同的精彩和辉煌！

香港渔民团体联会

2018年是香港渔民团体联会成立20周年纪念日子，感谢国家、省政府、地方政府、特区政府及各社会贤达廿年来长期支持，细心聆听渔民的意见，促进渔业持续发展，并让该行业可以继续为国家发展壮大及香港的繁荣稳定，作出贡献。

香港渔民团体联会由来自全港110多个渔民团体所组成，多年来为爱国爱港、团结渔民、维护渔业界权益，推动业界持续发展而努力。团结就是力量，香港渔民团体联会成立20年以来，真真正正见证着渔民强大的团结精神。再次感激各位渔民多年来一直众志成城联系渔业同仁，亲力亲为为渔业界贡献力量，为渔业可持续发展奠下了坚实的基础，让这股爱国爱港力量继续为国家和香港发光发热，同时，让香港渔民团体联会不断向前迈进。

浙江天和水产股份有限公司

浙江天和水产股份有限公司（简称天和水产）前身为温岭县松门冷冻厂，创办于1983年，位于温岭市松门镇，是中国较早专业从事淡水及海水鱼类、虾类、头足类水产品出口加工的企业之一。现已发展成为集生产加工、进出口贸易、电子商务、冷链物流等业务于一体的大型综合性企业。天和水产下辖湖北荆州天和水产食品有限公司、HAIERBAO SPAIN S.L.（BARCELONA）、杭州宽海科技有限公司三个子公司。天和水产2010年投资逾2亿元启动年产11000吨海洋水产即食产品技改项目；于2016年正式完成新三板股改，注册资金5 326.6万元，总资产2.6亿元。总占地面积超过10万平方米，建成车间7.5万平方米；现有职工420人。

天和水产在马德里注册并打造“海尔宝”品牌，年出口冻鱿鱼、红虾仁、淡水即食小龙虾等系列，销往欧盟、俄罗斯、美国、澳大利亚及北非等国家和地区；打造“外婆桥”品牌，发展面向大型电商平台的C端即食产品销售业务，以及面向餐饮、商超的B端业务。

随着新项目逐步投产，除原有产品系列外，公司将在开发地域性新产品、发展冷链物流和检测服务、建设地方公共服务平台、渠道电子商务化、副产物高效利用等方面发力，借此转型升级成为集加工企业、生产基地、物流检测服务于一体的大型企业。

公司坚持加大研发投入和技术投入，推动产业改造升级，参与国家科技支撑“水产全产业链质量控制技术与示范”项目等多个重大项目，参与《冻虾仁》《冷冻水产品包冰规范》两项国家标准的制定，获得“一种虾肉抗冻剂的制备方法及其应用”“一种虾肉生物保鲜剂及其应用”等多项国家发明专利授权。

公司已建立起较为完善的创新体系，企业成为自主创新的主体，自主创新能力、整合内外资源的能力、适应市场变化的能力逐年提高，企业竞争力不断加强。公司为农业产业化国家重点龙头企业、中国水产流通与加工协会常务理事单位，公司技术中心为浙江省水产出口基地公共服务平台。

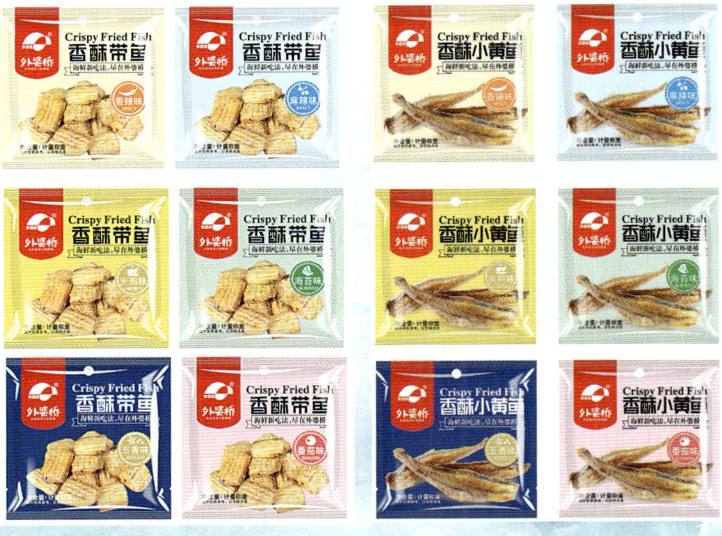

中国水产科学研究院淡水渔业研究中心

“稻渔生态种养关键技术创新与应用”获神农中华农业科技奖一等奖

获批首批“中非现代农业技术交流示范和培训联合中心”

中国水产科学研究院淡水渔业研究中心成立于1978年，隶属农业农村部，是农业农村部淡水渔业与种质资源利用学科群建设依托单位，是国家大宗淡水鱼、特色淡水鱼两个产业技术研发中心。

现有在职在编职工193人，其中高级专业技术人员65人，博士生导师及硕士生导师54人，中国水产科学研究院首席科学家4人，国家现代农业产业技术体系首席科学家2人、岗位科学家10人。2021年，共承担项目373项，合同总经费2.6亿元；发表学术论文232篇，其中SCI或EI收录104篇，出版专著1部；获国家授权专利29项，软件著作权5项，制修订标准4项；转让专利6项；获科技奖励8项，其中获得神农中华农业科技奖一、二、三等奖各1项。淡水鱼产业技术扶贫团队成功入选农业农村部产业技术扶贫优秀团队。“稻田生态综合种养技术”“池塘工程化循环水养殖技术”2项成果入选2021年农业农村部主推技术。完成长江禁渔巡航督察及渔业资源调查任务并获农业农村部“中国渔政亮剑2021”专项表彰。

国际合作与国内教育方面。2021年共承担国家技术援外培训及留学生项目等22个项目，为41个发展中国家培训了902名渔业技术和管理人才。获批中非现代农业技术交流示范和培训联合中心。组织参加联合国粮农组织与农业农村部共同举办促进可持续水产养殖发展的南南和三方合作高端圆桌会议并做主旨报告。与南京农业大学共同创办的无锡渔业学院，水产学科在泰晤士中国高等教育学科评级中获得A+。

2021届毕业

黄沙水产市场

黄沙水产市场建于1994年，是全资国有企业，全国三大活鲜水产批发市场、国家农业产业化龙头企业、农业农村部定点市场、广东省著名商标、广州市最大的“菜篮子”水产品批发市场，国家水产品价格采集定点单位，有“全国水产品价格风向标”的美誉。

黄沙水产市场以中高端鲜活水产品、冻品、干货的批发、零售、质量检验检测等业务为主，汇集全球20多个国家（地区）中高端鲜活海产，涵盖海鱼、虾、蟹、贝类等200多个品种，鲜活水产品年交易量逾25万吨、年交易额达100亿元，场内注册企业110家。

旗下远洋渔业公司拥有首批国家级海洋捕捞渔获物定点上岸渔港、10艘斐济远洋金枪鱼延绳钓渔船和2艘南沙灯光罩网渔船，年生产能力3500吨。

旗下海庆食品主要从事水产品加工贸易研发业务，建有创新体验中心、配送中心、SC加工厂、超低温冷库等，年加工能力1200吨；具备出口资质，与近30家国外鲜活水产品供应商、20多个国内产区、35家商超餐饮品牌合作，建成水产供应、流通、加工一体化供应链的“线上黄沙”交易平台。

经过近30年发展，黄沙水产市场成为中国十大鲜活水产批发市场之最，“黄沙水产”品牌享誉全球。黄沙水产市场正在加快产业化、数字化转型升级，推动产业链高质量发展，投资27亿元、总建筑面积19万平方米的黄沙水产新市场计划于2023年建成使用，打造成为全球智慧型水产全产业链运营商和行业创新引领者。

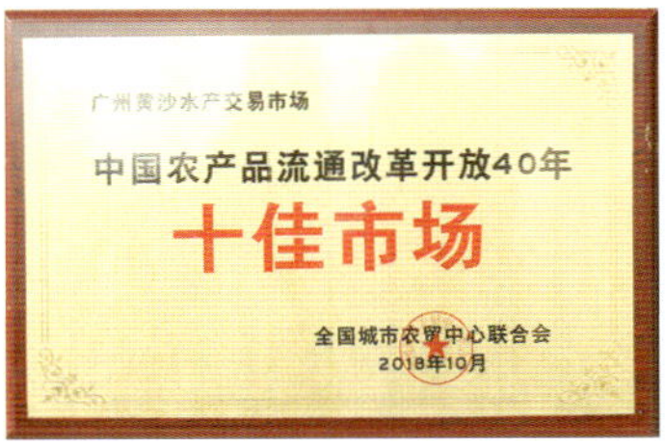

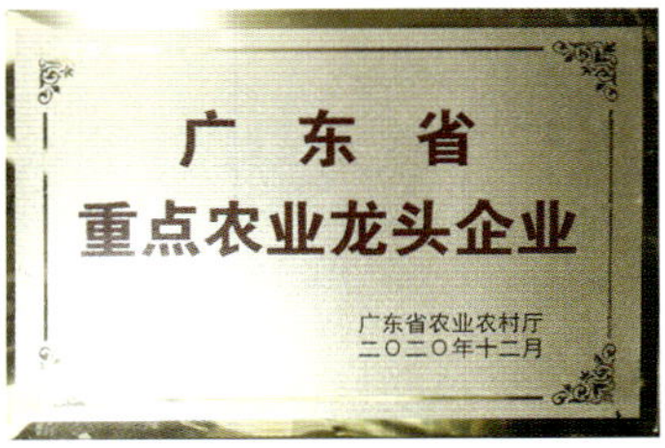

上海海洋大学淡水水产动物种质资源创新团队

成员：李家乐　邹曙明　白志毅　汪桂玲　罗国芝　沈玉帮　徐晓雁　李小勤
孙悦娜　牛东红　冯建彬　马克异　刘晓军　陈　杰　郑国栋

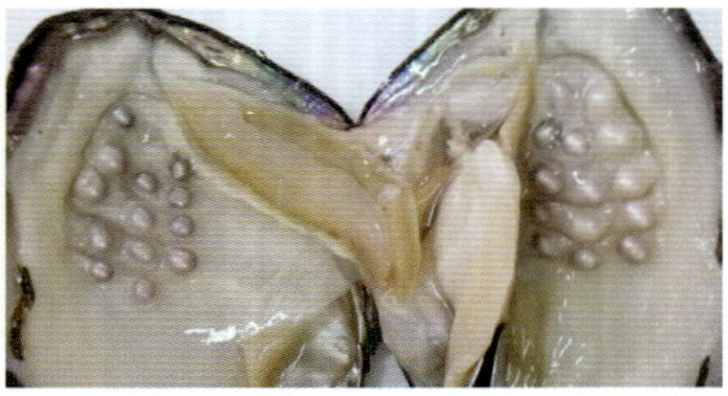

上海海洋大学淡水水产动物种质资源创新团队荣获2020—2021年度神农中华农业科技奖优秀创新团队奖。该团队是依托农业农村部淡水水产种质资源重点实验室、上海市水产动物遗传育种协同创新中心等平台，在完成国家、市部重要科技项目基础上形成的一支研究队伍，于2009年入选上海高校创新团队。团队收集了草鱼、团头鲂、淡水珍珠蚌等大批种质资源，开展了草鱼等淡水鱼类生长和抗病、淡水珍珠蚌产珠大小和颜色等重要性状遗传解析，估算遗传参数；构建首张草鱼、三角帆蚌等遗传连锁图谱，定位重要性状QTL，开发一批性状相关分子标记。率先将亲子鉴定技术应用于淡水水产动物种质资源鉴别，创建了亲子鉴定、框架法和配套系结合的种质评价创制技术，形成了独具特色的淡水水产动物优良种质遗传评价技术。创制出草鱼优良种质，参与培育团头鲂浦江1号、吉富品系罗非鱼等良种的基础上，培育出团头鲂浦江2号。率先培育出我国淡水珍珠蚌良种康乐蚌、三角帆蚌申紫1号及三角帆蚌申浙3号，还培育出我国缢蛏第一个良种申浙1号。

团队带头人李家乐教授现担任国务院学位委员会第八届学科评议组水产组召集人、教育部高等学校水产类专业教学指导委员会主任委员、中国科学技术协会淡水水产养殖领域首席科学传播专家、中国水产学会常务理事兼淡水养殖分会主任委员、全国水产原种和良种审定委员会委员，《水产学报》副主编，*Aquaculture and Fisheries*、《中国水产科学》等编委。团队有2人担任国家现代农业产业技术体系岗位科学家，主编的2部教材荣获农业教育优秀教材奖，授权专利66项，其中国际专利2项，发明专利40项；出版著作和教材12部；发表论文550余篇，其中SCI收录论文210余篇。累计培养研究生240余名，其中博士生33名，留学生10余名。将创制的良种推广应用后，良种覆盖率大幅提高，取得了显著的经济、社会和生态效益。团队参与的成果曾荣获国家科技进步二等奖，主持的科技成果曾获得上海科技进步一等奖、神农中华农业科技奖一等奖、范蠡科学技术奖一等奖、中国产学研合作创新成果一等奖等科技奖励。团队经过二十余年的不断建设和发展，逐渐形成了一支结构合理、凝聚力强、科研教学素质高的优秀创新队伍。

靖海集团

沙窝岛国家远洋渔业基地

靖海集团2016年3月获得农业部批准建设沙窝岛国家远洋渔业基地，并于2017年开始施工，被省政府列入省新旧动能转换重大项目，成为全国第二个国家级远洋渔业基地。

基地总投资50亿元，占地面积3.5平方千米，分为中心渔港、精深加工、交易市场、综合服务四大功能区。目前已完成一期投资20亿元，建成港池42公顷的中心渔港、年修造能力100万载重吨的船舶修造中心、库容35万吨的冷链物流园、年生产能力10万吨的鱿鱼精深加工车间、总面积6万平方米的干海产品加工园、年产量20万吨的海洋生物高效综合利用加工园等项目，四大功能区全面投入运营。年内可停泊国内外渔船1000余艘，实现水产品交易量60万吨，销售收入100亿元以上。

基地现已全面进入二期建设，重点打造沙窝岛国家渔港经济区和东北亚水产品交易中心等核心项目。

沙窝岛国家渔港经济区充分发挥沙窝岛中心渔港在港区规模、功能布局、服务保障、产城结合等方面的优势，以渔船挂靠渔港的运营方式，以港引船、以港管船、以港养船，对区域内的个体、联合体渔船实施集约化、规模化、一体化管理，进行统一的收购、仓储、加工、运输、销售，为合作伙伴及船东提供“一站式”“一条龙”的标准化服务，打造渔船集聚、鱼货集散、利益共享、抱团发展的新模式，建成辐射更广、配套更全、布局更优的现代化渔港经济示范区。

沙窝岛国家远洋渔业基地鸟瞰图

东北亚水产品交易中心充分发挥基地的区位、资源、产业等优势，搭建高水平开放合作平台，有效聚集产业、科技、人才、资本等资源，全面融入国内国际双循环相互促进的新发展格局中，对进口海产品、自捕渔获物以及大宗水产品进行现货交易、期货交易等，集聚海外基地水产品资源，大力发展资源回运、转口贸易、保税加工、流通交易等业务，建成威海与日韩水产品进出口的中转站和集散地，把基地真正变成全国人民的“鱼篮子”。

沙窝岛国家远洋渔业基地实景图

有限公司

靖海集团远洋渔业

靖海集团远洋渔业发展于1996年，拥有具备农业农村部远洋渔业资质的远洋捕捞公司3家，分别是山东沙窝岛远洋渔业股份有限公司、荣成市荣远渔业有限公司、山东海裕远洋渔业有限公司。拥有各类专业远洋捕捞渔船78艘，作业海区遍布太平洋、大西洋、印度洋。在印度尼西亚建有远洋渔业基地，在斐济、阿根廷设有办事处，在秘鲁、马来西亚东马设有冷链基地，船只作业类型为鱿鱼钓、金枪钓、灯光围网、拖网、远洋运输等。捕捞规模、产量、效益指标均居山东省同行业前列。

荣成市荣远渔业有限公司　现有船只26艘，其中西南大西洋及东南太平洋公海鱿鱼钓船15艘、西南大西洋公海单拖网船8艘、远洋运输船3艘，捕捞品种主要是鱿鱼及南极冰鱼、大西洋鳕鱼、鳐鱼等。公司在阿根廷设有办事处，在秘鲁设有冷链基地，主要负责船只坞修、补给及渔货收购、仓储、转载等相关业务。

山东沙窝岛远洋渔业股份有限公司　现有船只23艘，作业于太平洋、印度洋公海从事金枪鱼延绳钓生产，捕捞品种主要是黄鳍、长鳍、大目、剑旗、鲣鱼等。公司在斐济设有办事处，主要负责船舶代理及维修、渔货回运等相关业务。

山东海裕远洋渔业有限公司　现有船只29艘，其中西北太平洋及北印度洋公海灯光围网船25艘，远洋运输船4艘，捕捞品种主要是鱿鱼、带鱼、马鲛鱼、鲳鱼、鳗鱼、米鱼等。公司在印度尼西亚的马老奇港建有远洋渔业基地，在马来西亚设有冷链基地，主要负责船只靠泊、综合服务及冷链物流、商贸交易等相关业务。

靖海集团以远洋渔业为龙头，以沙窝岛国家远洋渔业基地及海外基地为平台，加大远洋捕捞、新渔船改造、新渔场开发、资源回运、海外水产品收储加工贸易等工作力度，做全做大做强远洋渔业全产业链，捕全球、买全球、卖全球，带动渔港贸易、精深加工、船舶修造、海水养殖、滨海旅游等产业一体化全面发展，为“经略海洋”做出应有的“靖海贡献”。

舟山市普陀远洋渔业有限公司

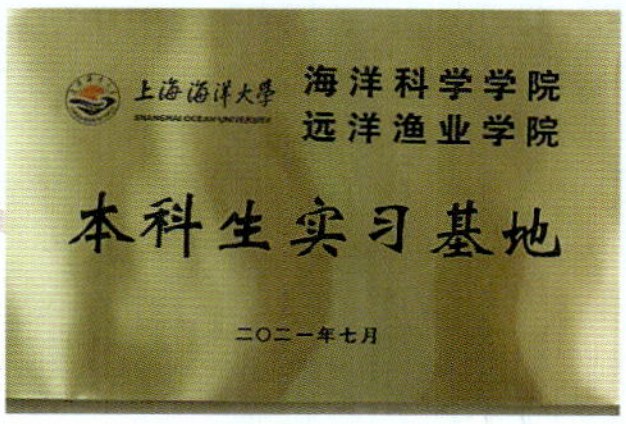

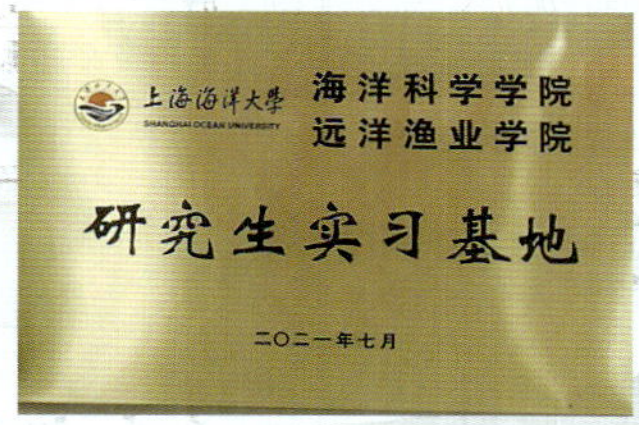

舟山市普陀远洋渔业有限公司坐落于沈家门渔港，是于1995年7月组建的具有法人资格的政府直属独资国有企业。2016年3月在舟山国家远洋渔业基地指挥部和普陀区政府的大力支持下，重新完成组建，成为舟山国家远洋渔业基地建设发展集团控股下属一级子公司，注册资本3亿元。作为全国资经营的远洋捕捞规模企业，公司现有船只42艘，平均年总产量约占舟山市远洋渔业总产量的7%。

公司具备远洋渔业资格证书和进出口经营权。公司为中国远洋渔业协会常务理事单位、鱿钓工作组副组长单位，浙江省远洋渔业协会副会长单位。

公司始终坚持党建引领生产经营，利用基地的综合优势，以“打造一支现代化远洋渔业船队、培育全市远洋渔业重点企业”为目标，以“管理与服务、示范与创新、团结与协作”为指导思想。为全面提升经营生产能力，公司积极与上海海洋大学合作，以公司为平台，建立了海洋科学学院、远洋渔业学院的本科生实习基地和研究生实习基地，通过线上线下交流、优秀大学生实习等途径强化公司管理、生产、科研等多方面的工作能力。

“不忘初心，牢记使命”，为进一步服务远洋渔船，坚持全心全意为远洋渔民服务的宗旨，公司联合舟山市海洋与渔业局等共同更新改造了新一代海上流动服务平台综合保障船浙普远98，船上配有手术室、远程医疗诊疗室、药房、病房等医疗房间，配备全自动血液分析仪、移动平板DR系统、B超仪、心电图仪、电动手术台、双摇病床等医疗设备设施。还有专业的渔政人员和医生以渔船为平台开展渔业生产指挥、安全执法、海上治安管理、医疗诊治、应急抢险、渔船生产生活物资补给等服务。

公司作为舟山国家远洋渔业基地基础产业中的重要捕捞生产管理平台，充分发挥着国有平台的优势，为进一步加强远洋渔业集聚化管理，切实解决舟山群众渔业各自为政的短板问题，切实降低涉外安全风险，公司作为样板企业率先启动股份制改革工作，通过改革实现远洋渔业企业集团化经营，实现远洋渔业的跨越式转型升级和可持续发展。

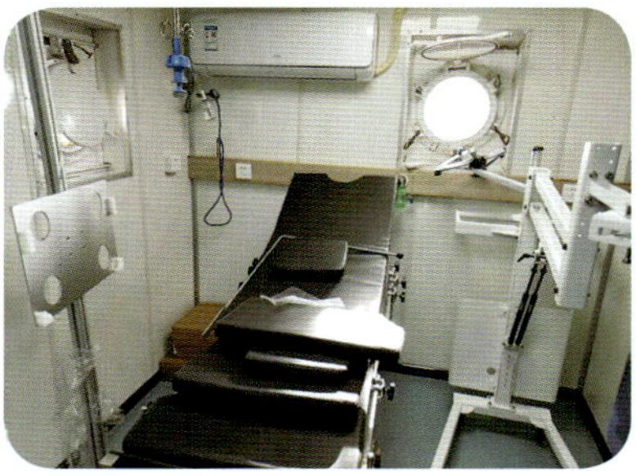

上海水产集团有限公司

上海水产集团有限公司（以下简称“水产集团”）是一家开发利用国际海洋渔业资源，以远洋捕捞及水产品贸易、精深加工为核心业务的国有集团公司，现为光明食品集团旗下全资子公司。

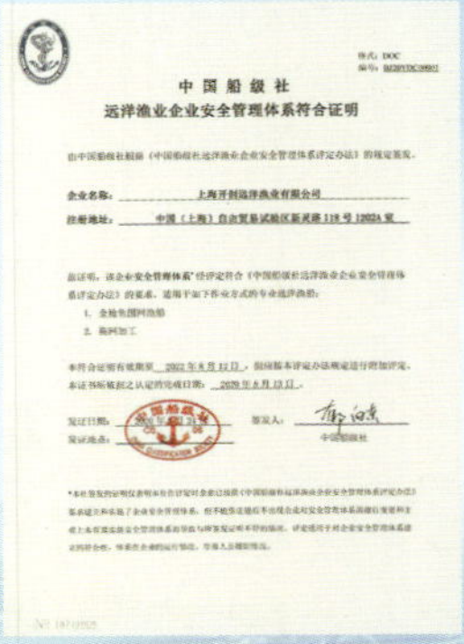
中国船级社
远洋渔业企业安全管理体系符合证明

取得远洋渔业企业安全管理体系符合证明

水产集团在境外10多个国家和地区建立了19家合资合作公司，已成为一家全球布局、跨国经营、利用世界资源打造的中国远洋渔业跨国企业。现拥有各类专业远洋渔船80余艘，年捕捞量约18万吨。水产集团在境内拥有“龙门”“水锦洋”品牌和“上海水产”标识的知识产权保护，在海外拥有“ALBO”（阿尔博）和“ALTAMARE”（阿特玛）品牌，秉承“来自海洋、回馈人类”的经营理念，为国内外市场提供安全、健康、天然的优质海产品。

多年来的跨国经营，使水产集团积累了丰富的海外经营管理经验，这也为近年来的海外收（并）购增加了“底气”。所以，在发展模式上，水产集团或下属子公司更加注重国际品牌、市场份额的跨国收（并）购，更加注重远洋渔业产业链的打造。2013年在非洲收购了摩洛哥西斯内罗公司；2014年在阿根廷全资收购了阿特玛渔业公司100%股权；2016年在西班牙全资收购了有150年历史的西班牙品牌企业ALBO股份有限公司；2018年在北美收购了加拿大的FCS渔业公司的70%股权。2020年，在阿根廷完成阿特玛渔业公司冷库扩建，实现了现有船队规模的产量扩容需求。

大型金枪鱼围网渔船“金汇68”

近年来，水产集团以光明食品集团高蛋白食品战略为引领，加快远洋渔业产业链的打造。一是抓住全球金枪鱼加工产业梯度转移机遇，推进舟山金枪鱼食品加工基地项目建设。2020年完成岱山加工厂建设项目基本土建和设备安装。二是积极推进捕捞资源要素集聚，加快老旧船舶的更新，不断夯实产业基础。2020年新船入列共10艘，包括1艘大型金枪鱼围网渔船“金汇68”和9艘单甲板冰鲜拖网船。三是高质量发展海产品国际贸易，推动产品回国，满足国内消费需求。上述举措，有力推动了水产集团在境内外海产品的精深加工，进入终端市场，实现“海陆一体化”经营，推进了水产集团的转型发展。

参加上海国际渔博会

水产集团正致力于海洋资源获取和市场拓展的双推进，呼应和践行“成为上海特大型城市主副食品供应的底板，安全、优质、健康食品的标杆，世界有影响力的跨国食品产业集团”的光明使命。

悦·龙门直营店在杨浦滨江开业

联合发布《海产品食品安全倡议书》

池州鳜鱼

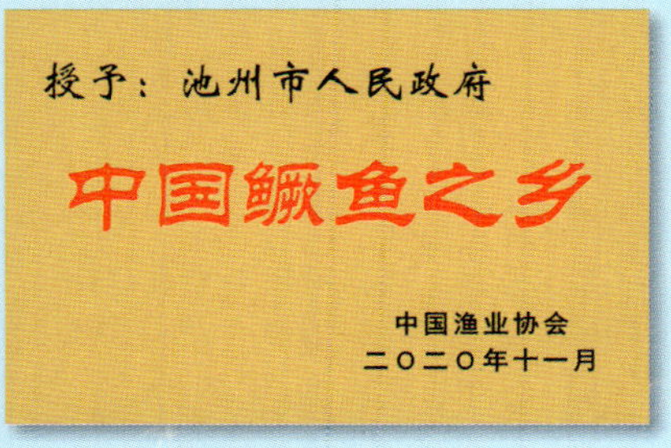

池州市位于安徽省西南部，是中国生态经济示范区、长江三角洲中心区27城之一、长江南岸重要的滨江港口城市、全国双拥模范城市和国家森林城市。境内河湖交织，塘库星罗棋布，水产品产量13.8万吨，名特优水产品占95%以上；建有省级以上水产良种场4家、省级农业产业化龙头企业5家，国家级水产健康养殖示范场41家；培育秋浦杂交斑鳜获批国家级水产新品种，填补了安徽省内空白；创建中国国际农博会名牌产品、安徽省名牌产品、安徽省著名商标、安徽省50强绿色食品和国家地理标志农产品各1个。

池州，自古盛产鳜鱼，被誉为“中国鳜鱼之乡”。一直以来，池州市委、市政府依托水域资源优势，秉承传统产业，与上海海洋大学、安徽农业大学、珠江水产研究所、安徽省水产研究所等省内外科研院所开展产学研合作，深度研究鳜鱼养殖技术瓶颈，挖掘鳜鱼历史文化，着力打造“一条鱼”全产业链。池州市多种模式鳜鱼养殖面积近5万亩，年产量0.5万吨，已开发出臭鳜鱼、鳜鱼丸、茶香鳜鱼等系列产品，年综合产值3亿多元；建有国家级鳜鱼遗传育种中心、全国现代鳜鱼种业示范场、国家级鳜鱼原种场、全国鳜鱼标准化生产综合示范区和安徽省特色农产品优势区。“十四五”期间，池州市将以被授予的“中国鳜鱼之乡”品牌为依托，着力整合鳜鱼品牌，打造“池州鳜鱼”市域公用品牌，按照一套班子、一个协会、一个专家指导组、一套政策“四个一”的发展思路，以良种化、规模化、标准化、品牌化和链条化等“五化”为抓手，树立渔业绿色发展新理念，有序推进池州鳜鱼产业高质量发展。

水产品高值化加工专用酶创制及产业化应用

主要完成人：毛相朝，薛长湖，孙建安，姜宏，孙慧慧，齐祥明，黄文灿，林洪，侯虎，董平，张斌，王彦超，王丽娜，吴其平，李海兵，郭晓华，邹圣灿，杨青，曾宪龙，于明晓

主要完成单位：中国海洋大学，荣成泰祥食品股份有限公司，威海百合生物技术股份有限公司，山东美佳集团有限公司，中国水产科学研究院黄海水产研究所，青岛康境海洋生物科技有限公司，众合发（北京）生物科技发展有限公司，青岛博智汇力生物科技有限公司，美泰科技（青岛）股份有限公司，颐海产业控股有限公司

项目主要创新点：

（1）系统阐明了水产品中多糖、蛋白质和脂质等营养成分的生物转化机制，建立了酶高通量挖掘策略，形成了具有我国自主知识产权的水产品加工专用酶资源库。建立了酶的多重交叉理性设计策略，实现了高稳定性、高活性、高重复利用率水产加工专用酶的创制，为酶的工业化应用提供了支撑。揭示了宿主菌中酶高效分泌途径机制，建立了水产品加工专用酶的规模化发酵和高效固定化技术，实现了酶的低成本工业化生产和应用。

（2）揭示了水产多糖生物加工过程的多酶协同反应调控机制和底物环境适应机制，建立了水产多糖的高效酶解技术，实现了结构复杂、溶解度低、流动性差的水产多糖的高效酶解。建立了基于内外切蛋白酶可控串联酶解的寡肽/氨基酸定向制备策略和蛋白质定向改性技术，实现了水产蛋白资源的定向高质化加工。建立了特定结构水产活性脂质的定向酶催化技术，解决了生产过程有机溶剂残留和副产物不可控的难题，显著提升了其营养品质。

（3）创新了水产多（寡）糖的生产模式，解决了工业化生产污染严重、资源浪费、产品纯度低等问题，实现了高纯度水产多（寡）糖的绿色规模化生产。开发了高值化水产蛋白系列产品，解决了水产蛋白产品品种单一、附加值低等问题，显著提升了企业的技术创新水平。创制了高营养品质和高附加值脂质产品，改变了国产水产脂质精深加工产品少、市场占有率低的局面，增强了企业的国际竞争力。

该项目已授权国家发明专利44项，制（修）订行业/团体标准4项，发表学术论文80篇，出版专著/教材4部。成果在荣成泰祥食品股份有限公司等企业应用。显著提升了我国水产品加工企业科技水平和国际竞争力。经中国农学会组织同行评价，水产品高值化加工专用酶创制及产业化应用成果总体处于国际领先水平，成果荣获2020—2021年度神农中华农业科技奖一等奖。

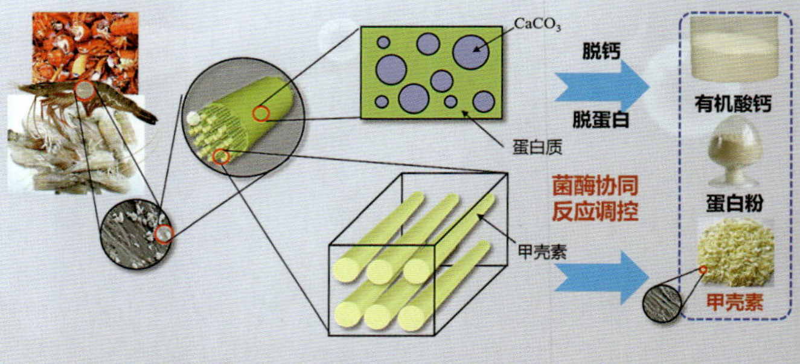

菌酶协同反应提取甲壳素技术

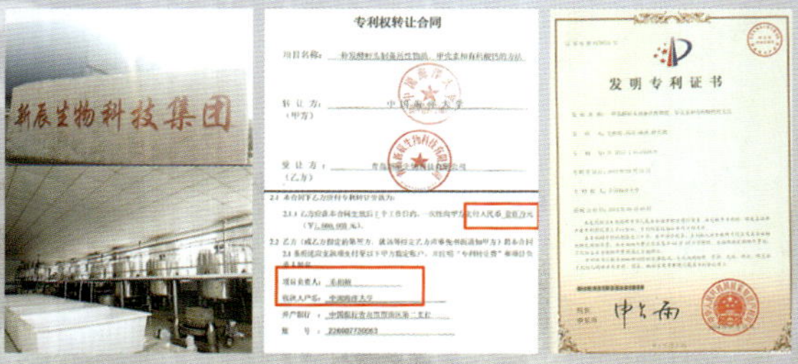

甲壳素提取技术产业化推广

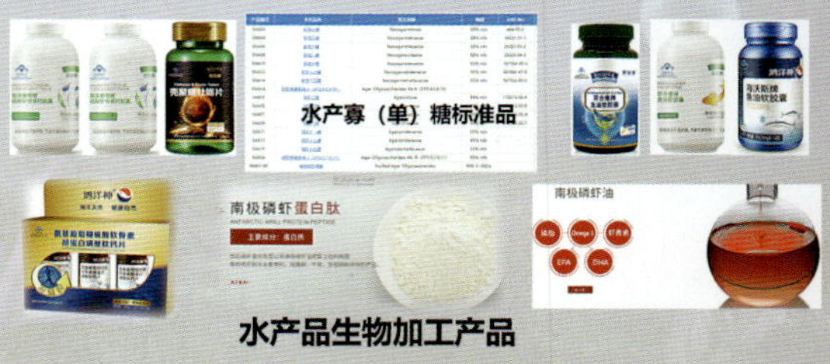

水产品生物加工产品

山东金溪湾海洋科技有限公司

山东金溪湾海洋科技有限公司成立于2016年3月，注册资本1亿元，法人代表董嘉峰。主营业务为水产养殖，底播增殖，水产品加工、销售，休闲渔业和海上旅游等，是一家集水产养殖技术研发、生产、加工、销售、服务于一体的多元化综合型企业。金溪湾海洋牧场位于日照市太公岛东部海域，距岸约11千米，规划建设人工鱼礁区、贝藻类养殖采摘区、休闲渔业垂钓区、海上平台休闲娱乐区、潜水体验区五大功能板块。目前已投资约3 900余万元，确权海域共433.7561公顷，在人工鱼礁区（94.2622公顷）投放集装箱礁和方形构件礁3.5836万空方并进行海参底播增值，在筏式养殖区（339.4939公顷）进行贻贝养殖，使海域内形成渔业产业链，海底修复效果显著；为便于管理人工鱼礁区和筏式养殖区，建造了钢制管护渔船2艘、木质养殖渔船2艘。为加大海洋渔业资源的开发和利用，公司于2019年7月申请建设省级海洋牧场项目，10月获批；2021年10月申请建设国家级海洋牧场项目，2022年1月成功获批。

山东金溪湾海洋科技有限公司于2020年11月牵头联合山海天辖内数个养殖企业，成立了日照山海天旅游度假区网箱养殖协会，有效整合社会各界资源，探索深远海养殖新模式，推动日照市水产养殖业走向“深蓝”。

未来，公司将在进一步扩大礁区规模、增加养殖面积的基础上，建设集海上养殖生产管理、安全网络监控、区域环境监测、休闲旅游于一体的综合性服务平台，实现渔旅有机结合，大力促进金溪湾海洋牧场休闲渔业发展。

天津市换新水产良种场

育种创新64年，推广良种遍神州

天津市换新水产良种场是淡水鱼类良种育、繁、推一体化的科技型种业企业、国家级场。获全国现代渔业种业示范场、全国水产健康养殖示范场等荣誉；“换新”牌淡水鱼苗种获天津市知名农产品企业品牌和“津农精品”称号。

场内建有农业农村部天津鲤鲫鱼遗传育种中心等5大育种科研平台，坚持品种创新，育种技术创新，先后育成黄金鲫、津新乌鲫、津鲢、津新鲤、津新鲤2号、乌克兰鳞鲤、墨龙鲤、津新红镜鲤、芦台鲂鲌、红白长尾鲫、蓝花长尾鲫11个“国审”水产新品种。拥有10项技术发明专利授权。

产品主要有：黄金鲫、津新鲫、津新鲤2号、框鳞镜鲤和观赏鱼红白长尾鲫、蓝花长尾鲫等“换新”牌优质苗种。年生产销售30亿尾以上，推广到全国30个省份。

天津市换新水产良种场创建先进成熟的苗种产业化生产技术体系，产品和相关育种技术水平达到国际先进、国内领先。产品获得省部院级科技进步奖二等奖2项、三等奖11项，荣获范蠡科学技术奖1项。

金万昆场长手选新品种

科研人员观察鱼类胚胎发育

换新场鲤鱼亲本展示

绿色生态健康安全的食用鱼和观赏鱼新品种

红白长尾鲫

蓝花长尾鲫

中华胭脂鱼

津新红镜鲤

津新鲤2号

黄金鲫

津新鲫

津新乌鲫

芦台鲂鲌

德国镜鲤

福建闽威实业股份有限公司

闽威实业育苗良种基地

福建闽威实业股份有限公司始创于1992年，是集海洋经济鱼类育苗、养殖、研发、加工、销售为一体的现代型渔业企业。于2017年10月24日在全国中小企业股份转让系统挂牌上市（股票代码：871927），旗下设有全资子公司福建闽威食品有限公司和福建闽威渔业有限公司。

公司注册资本8147万元，主营鲈鱼、大黄鱼等海洋经济鱼类，自建桐江鲈鱼育苗基地——福建省水产良种场与养殖基地、国家级水产健康养殖示范场。拥有冰鲜、冷冻、调味、休闲食品等生产线，可加工盐渍鱼、鱼松、鱼脯、鱼脆等20余种产品。公司推行ISO 9001、ISO 22000、HACCP体系管理，生产全程采用一品一码可追溯体系，确保了产品从“产地到餐桌”的安全，被认定为福建名牌农产品、绿色食品、国家农产品地理标志认证产品、首批中欧地理标志互认产品等。产品在国内市场占有率不断提升的同时，出口至韩国、以色列、泰国、新加坡、菲律宾、马来西亚等国家和地区。

公司重视科技创新与自主研发，建有国家海水鱼体系漳州综合试验站、福建省花鲈育种重点实验室、福建省院士专家工作站等科研实验平台。获得专利31项，商标注册25项，知识产权保持行业领先地位。公司被认定为福建省科技小巨人领军企业、福建省科技型企业、国家高新技术企业。

公司秉持“海洋精品、健康生活”的经营理念，向“成为消费者最依赖的海洋食品专家”的目标进发，近年来发展迅速，形成“以水产养殖为基础，以种苗繁殖为重点，以深加工产品为核心”的全产业链发展布局。公司抓质量、树品牌、创科技、增效益，发挥产业示范带动作用，被授予福建省农业产业化重点龙头企业、福建省政府质量奖提名奖、农业产业化国家重点龙头企业等称号。

中国水产科学研究院渔业机械仪器研究所

Fishery Machinery and Instrument Research Institute, Chinese Academy of Fishery Sciences

中国水产科学研究院渔业机械仪器研究所创建于1963年，隶属于农业农村部，是中国水产科学研究院下属的专业研究所。主要从事渔业装备与工程及相关学科的应用技术研究和技术成果推广，是我国在渔业装备应用基础和集成创新方面开展综合研究与科技攻关的国家级研究机构，发展定位是国家渔业装备科学研究中心。

重点研究方向　池塘养殖过程控制与机械化

循环水养殖系统耦合与管控

近海设施养殖机械化

深远海养殖系统与基础平台

渔业水域生态修复设施

选择性捕捞作业装备

渔船节能船型与作业系统

水产综合加工机械化

渔业目标探测与解析

渔业装备质量安全

渔业装备科技战略

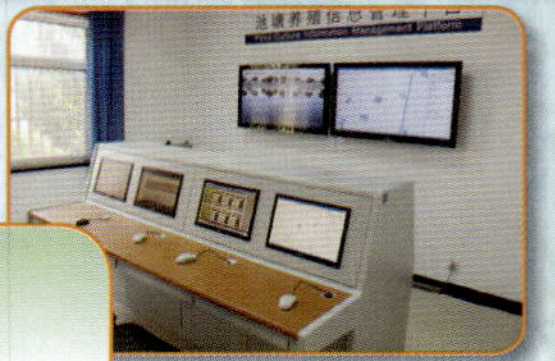

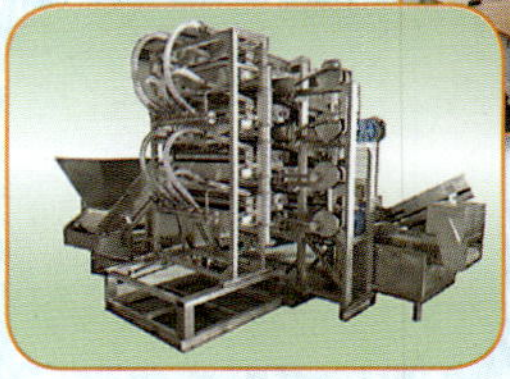

科研平台

农业农村部渔业装备与工程技术重点实验室

青岛海洋科学与技术试点国家实验室深蓝渔业工程联合实验室

农业农村部渔业船舶与装备研究中心

国家水产品加工装备研发分中心（上海）

地址：上海市杨浦区赤峰路63号　**网址**：http://www.fmiri.ac.cn

电话：021-65977260　**传真**：021-65976741

石斑鱼新种质创制与应用技术

田永胜，王林娜，李振通，刘阳，陈帅，黎琳琳，段鹏飞，王心怡
中国水产科学研究院黄海水产研究所，山东 青岛 266071

云龙石斑鱼（*Epinephelus moara*♀×E. *lanceolatus*♂）（GS-02-002-2018）

石斑鱼是我国重要的海水养殖和捕捞名贵鱼类品种，主要分布在热带和亚热带海域，少数分布在温带，世界上共有160多种，我国有68种，主要分布在东海和南海，2020年石斑鱼养殖量达192 045吨、捕捞量达91 908吨，年产值达200亿以上，养殖产量位居海水鱼类第三位，在渔业发展中占有重要的地位。石斑鱼肉味鲜美，营养丰富，深受广大消费者的青睐，被认为是我国四大名鱼之一，价格昂贵，具有很高的经济价值。近年来中国水产科学研究院黄海水产研究所“石斑鱼种质创新团队”在山东省泰山产业领军人才工程项目、院科研业务费等项目的资助下，与莱州明波水产有限公司合作开展了“石斑鱼新种质创制与应用技术”研究。在我国北方创建了石斑鱼育种活体库和种质冷冻库，培育鞍带石斑鱼、棕点石斑鱼、蓝身大斑石斑鱼等10多种石斑鱼育种群体；在国内外首次开展多种石斑鱼精子冷冻保存技术研究，建成国内第一个石斑鱼精子冷冻库，保存12种石斑鱼精子，保存量达5 150毫升。在国际上首次建立了石斑鱼胚胎超低温冷冻保存技术，获得了冷冻成活胚胎和鱼苗；实现了石斑鱼种质长期保存及产业化应用。率先研发了冷冻精子辅助石斑鱼远缘杂交育种技术，培育出优良杂交新种质“云龙石斑鱼”“金虎石斑鱼”，突破了“南鱼北育、北育南养”的技术瓶颈。云龙石斑鱼生长速度较母本快3.08倍，较同类养殖品种快1.37倍，适温度范围9～32℃。“金虎石斑鱼”当年生长速度为母本2.06倍，耐低氧达0.24毫克/升，两个新种质已在我国南北方池塘、网箱和工厂化条件下规模化养殖，产生了显著经济效益，为我国石斑鱼种业创新、产业发展和新旧动能转换创造了有利条件。以上技术获得渔业新技术新产品新装备2021年优秀科技成果。

金虎石斑鱼（E. *fuscoguttatus*♀×*E. tukula*♂）（下）和母本棕点石斑鱼（上）

宜昌市渔政监察支队打击非法捕捞

在上级坚强领导下，宜昌市渔政监察支队积极谋划，主动作为，深化联动，全力推进“中国渔政亮剑2021”系列专项执法行动。

一、以“快”破局，高站位谋划

一是谋划部署快。成立以分管局长为组长的领导小组，启动全市“渔政亮剑2021”系列专项执法行动。二是方案制定快。制定宜昌市“渔政亮剑2021”系列专项执法行动方案，协调相关部门召开联席会议。三是督导检查快。3月开始，由支队班子成员带队，分4个专班下沉全市10个渔政执法单位，督导落实专项执法行动。

二、以“准”定向，高密度巡查

一是盯准重点区域。与相关部门联动，以特编船队方式对长江干流、重要支流及重点水域进行巡航。二是盯准重点行业。与市场监管部门联手，强化综合执法检查。三是盯准重点线索。2021年共投入980多万元，启动了宜昌长江段渔政监管信息平台建设，实现了全天时应用、全方位覆盖、全天候监视。

三、以“狠”见效，高质量发力

一是狠抓行刑衔接。主动建立与公检法机关案件研讨协商机制，统一证据标准，打击与补偿并重。二是狠抓打击重点。坚决严打在长江干流作案、针对珍稀水生动物作案、“电毒炸”方式作案等恶劣的非法捕捞行为。通过整合行业优势，弥补部门短板，形成强有力的“共抓大保护”监管格局。

四、以“广”助力，高频次宣传

一是宣传范围广。借助传统媒体、新媒体等宣传法律政策，营造禁捕氛围。二是宣传内容广。发放禁渔、打非等宣传手册1 800余份，展示宣传横幅40余次，电子屏滚动播放300余天次，出动宣传车50余次。

南海渔业生物种质资源收集保存评价与创新利用

完成人：张殿昌，江世贵，郭华阳，张楠，郭梁，刘宝锁，蔡云川，马振华，何志超，周发林，李娜，陈明强，陈素文，苏天凤，吕俊霖

完成单位：中国水产科学研究院南海水产研究所，广东省渔业技术推广总站，海南晨海水产有限公司，深圳市龙岐庄实业发展有限公司

近十年来，中国水产科学研究院南海水产研究所系统构建了从活体到标本和基因资源等不同层级种类丰富的南海渔业生物种质资源库，收集保存了鱼、虾、贝、藻等140种5.2万余份活体资源，2632种10万余份标本资源，提取保存了基因组DNA样品8万余份，为渔业生物种质创新利用提供了材料保障；建立了重要渔业生物种类遗传多样性水平和经济性状精准评价体系，评价了32种重要捕捞种类遗传多样性本底水平；精准评价了卵形鲳鲹、斑节对虾等6种重要养殖种类经济性状和遗传背景，阐释了重要经济性状的遗传基础，为南海渔业生物种质资源保护政策制定与种质改良提供了科学依据；创制了南海重要养殖种类种质新材料，培育出斑节对虾南海1号、合浦珠母贝、卵形鲳鲹、黄鳍棘鲷等具有优良性状的新品系；发明了多项渔业生物人工繁育技术，突破了燕鱼和对虾等8种渔业生物规模繁养技术，优良种质的推广应用推动了南海渔业的高质量发展；创新了南海渔业生物种质资源共享利用体系，实现了从实物资源到信息资源全方位的共享利用，建成了华南地区重要的科普教育和科研实习基地，普及了海洋科学知识，提升了全民科学素养。相关成果获得了2020—2021年度神农中华农业科技奖二等奖。

潜江市农业发展中心

（潜江市龙虾产业发展中心）

潜江位于湖北省中南部、江汉平原腹地，是一座现代农业之城、新型工业之城、历史文化名城和生态宜居之城。经过20多年的探索创新和发展，潜江龙虾产业形成集选育繁育、生态养殖、加工出口、餐饮旅游、冷链物流、精深加工、电子商务、节会文化等于一体的完备产业链，潜江被评为中国小龙虾之乡、中国小龙虾美食之乡等。全市虾-稻综合产值达520亿元，从业人数超过20万人，带动2万多贫困人口脱贫致富。

规模化发展 全市有13个万亩和70个千亩集中连片虾稻共作标准化生态种养基地。2020年年底，全市渔业养殖面积100.8万亩，其中虾稻共作面积85万亩，小龙虾池塘养殖面积5万亩；渔业产量23.38万吨，其中小龙虾产量17.25万吨；渔业产值56.27亿元，其中小龙虾养殖产值48.3亿元。

集群化发展 全市按照规模化、科技化、集群化的发展思路，培育了3家农业产业化国家级重点龙头企业和20多家农业产业化省级重点龙头企业，形成4个小龙虾加工产业集群；潜江还建成了中国小龙虾交易中心，年销售鲜活小龙虾近20万吨，销售额超80亿元，成为长江中下游小龙虾交易集散地。

品牌化发展“潜江龙虾”荣获国家地理标志证明商标、中国百强农产品区域公用品牌，被列为中欧互认免检农产品地理标志产品。潜江龙虾区域公用品牌价值251.8亿元。

融合化发展 潜江成功举办了十二届潜江龙虾节，使之成为集美食盛宴、文化盛典、经贸盛会于一体的文化品牌；创建了潜江龙虾学院，培育了一大批小龙虾高级技能人才，有力地助推了我国小龙虾产业高质量发展。

互助共济 服务渔业

——广东省渔业互保协会

广东省渔业互保协会是由广东省农业农村厅主管、经广东省民政厅批准成立，由从事渔业生产、经营、管理以及服务的单位和个人自愿组成，实行渔业互助保险的全省性、非营利性社会组织。服务网点遍布全省各大渔港，为渔民群众提供全天候、便利的渔业互助保险服务，是广东省渔业保险领域的主力军。主要开设的险种有雇主责任互助保险、渔民人身意外伤害互助保险、渔船财产互助保险等。

协会始终坚持党的领导，始终坚决贯彻落实党和国家的各项方针政策和决策部署，不忘初心、牢记使命，坚持“互助共济，服务渔业”的宗旨，积极推进政策性渔业保险工作开展。2008—2016年，连续多年承担农业部渔业政策性保险试点项目广东分项目的实施工作；2013—2014年，作为广东省政策性渔业保险（试点）的主承担机构，负责实施广东省政策性渔业保险试点工作；2019年8月1日起，被确定为广东省政策性渔业保险和水产养殖保险（试点）的主承保人，负责政策性渔业保险和水产养殖保险开单、收费、理赔等工作。

协会对渔区安定和渔业经济发展起到了积极作用，获得渔民群众的信赖和上级有关部门的表彰，先后获得全省先进民间组织、全国先进民间组织、广东省“5A”级社会组织、广东省海洋与渔业安全生产管理先进单位、广东省优秀社会组织等荣誉称号。

2019年8月1日起，承担广东省政策性渔业保险和水产养殖保险工作

协会第六届第一次会员代表大会胜利召开

九江市水产科学研究所

九江市水产科学研究所和九江市彭泽鲫良种场是两块牌子，一套人马，行政隶属于九江市农业农村局，为公益一类事业单位，注册资金1080万元。到2020年年底，固定资产净值5100万元。业务范围包括渔业资源保护、淡水养殖技术研究、疫病防治技术推广、淡水种苗繁育、技术咨询、科普示范等内容。办公区坐落于九江市鄱阳湖生态科技城新产业综合体1号楼，面积1200平方米，办公区设有350平方米的九江市水生动物疫病防控检测区域中心。基地坐落于九江市濂溪区高垄乡谷山村，面积641亩，包括364亩净水面、3 000平方米工厂化育苗车间、121亩鄱阳湖水生生物研究中心等功能区域。

项目单位拥有水产苗种生产许可证、水域滩涂养殖证、水产健康养殖示范场、农村区域成果转化中心、无公害农产品产地认定证书等资质。作为国家级水产良种场，对彭泽鲫拥有国家种质标准、苗种养殖地方标准、成鱼养殖地方标准等自主知识产权。

单位现内设6个职能科室，有在职干部职工29人，其中科技人员24人（8人硕士学位），其中高级职称5人（其中正高1人、副高4人）、中级职称11人、初级职称8人，技术熟练的操作工人5人。

九江市水产科学研究所自成立以来，共承担各类科研课题近70项，其中有22项获部、省、市科学技术进步奖、星火奖、技术改进等奖项；在省级以上水产刊物上发表论文100多篇。彭泽鲫是九江市水产科学研究所历经8年选育出来的淡水优良品种。

九江市水生动物疫病防控监测区域中心

水科所新基地效果图

微山县渔业

一、机构设置

微山县渔业综合管理委员会为微山县渔业管理机构，共设置办公室、渔政船检科、生产技术科、财务审计科、综合股、法制办公室等6个职能科室；下设微山县南四湖管理综合执法大队、微山县渔业发展服务中心、微山县渔业养殖试验中心3个事业单位。截至2020年12月底，在职职工人数212人，其中行政编制人员19人，事业编制人员193人。

二、渔业生产

2020年度，微山县渔业养殖面积34万亩，水产品总产量13.03万吨，水产品总产值50亿元，渔业工业和建筑业产值2.2亿元，渔业流通和服务业产值8.51亿元。全县拥有国家级水产健康养殖示范场6处、国家级休闲渔业示范基地2处、省级水产健康养殖示范场4处、省级现代渔业园区4处、省级现代渔业示范园区1处、省级农业科技示范园区1处。全县渔湖产业获批国家地理标志证明商标9个，国家地理标志保护产品3个。持续开展南四湖人工增殖放流活动，2020年放流各类优质苗种2 300余万尾。微山县被中国渔业协会河蟹分会授予“中国河蟹生态养殖示范县”称号。

三、渔政管理

部署开展“中国渔政亮剑2020”系列专项执法行动，全年组织开展湖区执法巡查3503次，严厉查处非法生产案件589起，查扣采（运）砂船34艘。全年完成16508艘渔业机动船舶年度检验。扎实推进“港规范 · 船可控 · 人平安”行动，深入开展渔业安全生产隐患排查整治，被农业农村部评为2020年“全国平安渔业示范县”。

海南洋浦经济开发区渔业安全生产概况

2020年，海南洋浦经济开发区全面贯彻落实党中央、国务院和海南省委、省政府关于安全生产领域的决策部署，以创建平安渔业示范开发区、全国文明渔港及构建和谐渔区为目标，坚持“安全第一、预防为主、综合治理”工作方针，海上应急分指挥中心和渔政渔监驻港监管组强化措施，狠抓落实，严格监管，成效明显。2020年海南洋浦经济开发区荣获全国平安渔业示范县荣誉称号，洋浦渔政渔监中心在2017年、2013年、2019年被海南省海洋与渔业厅和洋浦管委会评为安全生产先进单位，2016年被海南省渔业互保协会评为先进单位。

洋浦经济开发区内三个办事处辖下涉渔的社区工作站（村委会）共16个，新英湾渔港、干冲油库渔港、干冲渔港、滀滩渔港为四个主要的自然形成的传统渔港；渔港码头的港区道路、配套供电工程、排水、消防及污水处理工程、通信导航等配套设施在不断完善。为保障神头公共工程配套填海工程实施后南滩渔船进出及避风安全，2020年开工建设南滩渔港防波堤工程，项目总投资3364万元，已竣工交付使用，有效保障了南滩渔港渔船进出及避风安全。目前，全区渔港港池水域面积约能满足1600艘渔船停泊。新英湾渔港是洋浦经济开发区重要的渔业后勤服务保障的渔港，渔船避风、中转等功能配套较好。

2020年投资134万元的渔港监控系统和渔港广播系统建成并投入使用。渔港监控和广播系统的建成，有效加强了对主要渔港、港池、渔港航道和在港渔船的实时全景监控，能够第一时间传送防风、防台及渔港和渔船的日常管理等信息，及时发现渔港内存在的不安全因素，避免各类安全事故发生，保障渔港安全运营，提升台风、风暴潮等极端天气下的渔港应急管理水平，更好地为渔业安全生产保驾护航，有效保障了全区渔业专业人员和从事渔业人口的生命财产安全。

国家级广西南澫中心渔港

加固加高后的东防波堤

冷链车辆正在等待南沙作业渔船装卸渔获物

南澫中心渔港渔船停泊有序

南澫中心渔港是广西壮族自治区农业农村厅直属渔港。在广西壮族自治区农业农村厅的正确领导和指导下，南澫中心渔港建设发展取得了显著成绩，为北海市和谐稳定发展做出了应有贡献。作为南澫中心渔港的建设者、维护者和管理者——广西壮族自治区北海渔业基地管理中心（以下简称渔业基地），近年来秉承以人为本、服务渔民、服务渔业的理念，深入贯彻落实习近平总书记在广西北海市视察工作的重要指示精神，发展向海经济，建设好港口，坚持稳中求进的工作总基调，以前所未有的力度、热度、速度，迎难而上，开拓进取，缪力推动南澫中心渔港基础设施升级改造扩建工程，取得了突飞猛进的发展，赢得了广大渔民赞誉。2021年5月被农业农村部评为全国文明渔港。

如今南澫中心渔港水清岸净，渔船停泊有序，具备较强的服务渔民、服务渔业功能，大大提升了渔民群众的获得感、幸福感、安全感。渔业基地将继续砥砺前行，发挥全国文明渔港示范引领作用，努力将南澫中心渔港建成广西现代化标杆性示范渔港，逐步向智慧渔港迈进。

方斑东风螺-海参-海藻多营养层级综合养殖技术

第一完成单位：中国水产科学研究院南海水产研究所

赵旺牵头完成的方斑东风螺-海参-海藻多营养层级综合养殖技术，针对方斑东风螺养殖过程中，残饵及排泄物不能有效清理，污染养殖环境，致使病害频发等问题，对方斑东风螺病害成因、混养种类与生物量、流水调控、光照控制、养殖底沙粒径、养殖前准备、日常管理等环节进行探索与优化，形成方斑东风螺-海参-海藻多营养层级综合养殖技术。

该技术以方斑东风螺养殖为主，混养海参以改良底质，混养海藻以改良水质。海参通过摄食作用与生物扰动，除去养殖系统中残饵、残渣、粪便等物质，促进沙层中氮、磷等释放，有效防止养殖底质恶化，在养殖系统中充当“清道夫”的角色；大型海藻可吸收CO_2，增加养殖水体的溶解氧含量，同时以水体中氮、磷等营养盐为养分，达到净化水质的效果。该技术有效改善了方斑东风螺养殖环境，提高了养殖成功率和产出效益，对方斑东风螺养殖业的可持续发展具有重要意义。

海参在“清理”

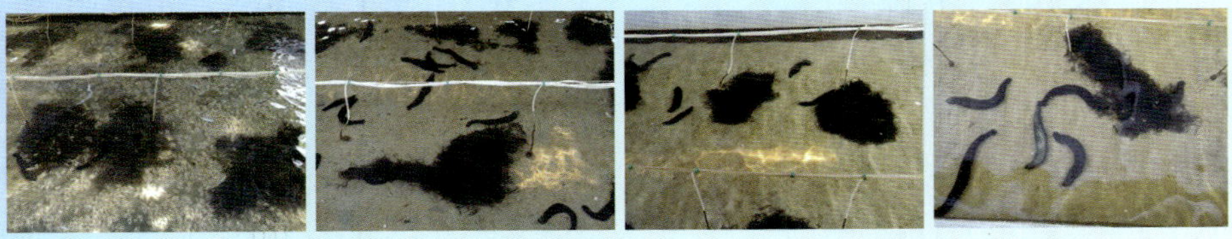

综合养殖

洛阳陆浑盈源渔业有限公司

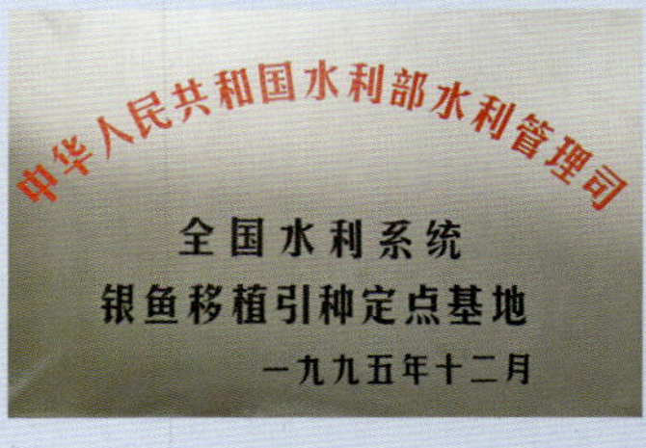

洛阳陆浑盈源渔业有限公司成立于2009年，注册资金1 000万元，是一家以规模化水产品养殖、加工、销售为一体的国营渔业养殖公司，是河南省渔业协会副会长单位，中国水产加工与流通协会理事单位。

公司自成立以来，以“品质至上、信誉至上、客户至上”为经营宗旨，秉承发展“生态渔业、健康渔业”的经营理念。近年来公司依托河南省水产科学研究院、洛阳师范学院等科研院所采用大水面生态增养殖技术模式，通过合理投放鲢、鳙等滤食性鱼类，大力实施“保水渔业”，肩扛“以水养鱼”“以鱼治水”“以鱼控藻”“以鱼控草”的社会责任，依托陆浑水库优势资源，每年向水库投放大量滤食性鱼类，在通过生物治污净化水库水质的同时，努力实现生态保护和渔业生产双赢。

近年来，公司逐渐形成了以陆浑花白鲢和陆浑银鱼为代表的两大支柱产业，实现了经济效益、生态效益、社会效益三提升。陆浑水库的水面主要增养殖品种包括鲢鱼、鳙鱼、银鱼、伊河鲂鱼等。陆浑鲢鱼、鳙鱼、银鱼等水产品获有机产品认证，陆浑渔业已然成为河南省内乃至全国知名品牌。随着国家级伊河鲂鱼种质资源保护区在陆浑水库建立，“伊河鲂”这一古老而名贵的鱼种将成为陆浑水产品的又一新亮点。

多年来，公司在做好生产的同时，全力打造品牌建设，取得了良好的社会效益和经济效益。获陆浑大银鱼第二届中国农业博览会金质奖；陆浑水库被水利部认定为全国水利系统银鱼移植引种定点基地；陆浑水库被农业部认定为国家级水产种植资源保护区；取得无公害水产品生产基地认证、有机产品认证；被农业农村部评为全国休闲渔业示范基地、水产健康养殖示范场；2015年成功申报“伊水大鲵”“伊河鲂鱼”地理标志，被农业农村部评为国家平安渔业示范县；2017年荣获第五届河南洛阳“名特优农产品（上海）展销周”优质奖；2021年成功创建国家级水产健康养殖和生态养殖示范区；成功申报河南省水产绿色健康养殖技术推广“五大行动”骨干基地。

深圳市渔业发展研究中心

深圳市渔业发展研究中心（2021年7月由原深圳市渔业服务与水产技术推广总站更名），为深圳市规划和自然资源局直属公益一类事业单位（正处级），加挂“深圳市水生动物防疫检疫站”牌子。负责深圳市渔业技术推广、咨询服务、病害防治及水产品种质检测，渔业职业技能培训，渔业资源增殖，渔业信息网络建设管理，渔业资源调查、监测与评价，渔业产业发展政策研究，渔业科技研究，渔业合作交流，渔业文化研究和传承保护，水生野生动物养护、救护和科普，外来水生生物入侵风险评估，本地养殖水产品质量安全监测，渔业水域生态环境监测等工作。

中心全力推进落实水产绿色健康养殖“五大行动”计划；通过农业农村部举办的14个项目的实验室检测能力验证，获得2022年国家级疫病检测实验室备选资格；蕨藻（海葡萄）产业化关键技术研究与推广获广东省推广一等奖；开展深圳市水产养殖种质资源普查工作获农业农村部渔业渔政管理局表扬；监测水生动物疫病样品145份；水产苗种产地检疫累计检疫出证68批次；完成12家养殖单位24批次30个项目的药残检测。启动渔业科研示范基地选址研究。完成渔业水域生态环境监测和人工鱼礁对渔业环境影响调查。放流海水鱼苗2900万尾、虾苗2.8亿尾、贝类1500万只。全年组织开展食用水产品“不安全、不上市”和规范水产养殖用药共2次水产品质量安全宣传活动，培训14次（含线上）共115人次，科技下乡14次，发放资料1320份。建立深圳渔业专家库，组织专家入库评审3次，累计入库119人。开展渔业项目评审3次。协助制定《深圳市海洋渔业局渔业评审专家管理办法》。

漏斗形池塘循环水高效养殖技术

完成单位：郑州市水产技术推广站，河南省水产技术推广站，河南省水产科学研究院

主要完成人：王健华，张超峰，李同国，康福平，刘修英，胡建平，杨雪冰、贾滔，刘猛，李素芳，朱文锦，郭江涛，孙新华，张亚，元洁琼，弓飞龙，张友凡

该技术是一种新型集约化水产养殖模式，简称河南“168”模式。具有节水、节地、节能、简单、灵活、安全、高效、质优等优点，包括漏斗形养殖池、生态处理系统和鱼粪残污收集系统。养殖池铺设防渗膜，不影响地下水，鱼粪残饵集中排出，实现清洁化生产，达到不发病，零用药，全过程养殖尾水不外排，实现零排放，收集的鱼粪残饵经发酵处理后作为农田肥料，达到零污染。

河南“168”的含义是：“1”是1 000平方米以内的漏斗形鱼池；“6”是六大模块，即养鱼设施、尾水集排、增氧曝气、生态循环、温控养殖、智能管理；“8”是八大优点，即生态养殖、尾水集排、环境优美、提质增效、品质优良、操作方便、节能高效、组装灵活。

该技术符合“十四五”水产绿色养殖池塘“五化”要求。标准化：漏斗形池塘、生态净化系统和鱼粪残污收集装置标准化。集约化：25米直径圆形池产量1.5万千克以上，是传统养殖的5-10倍，可建大棚保温全年养殖，同时能节约土地50%，节约水资源50%。机械化：配增氧机、节能泵、增压泵、投饵机等渔业装备。智能化：全自动高效收集鱼粪，减小劳动强度，降低劳动成本。清洁化：池塘漏斗形设计，能及时收集移除75%以上的鱼粪残饵，有效净化养殖水体。

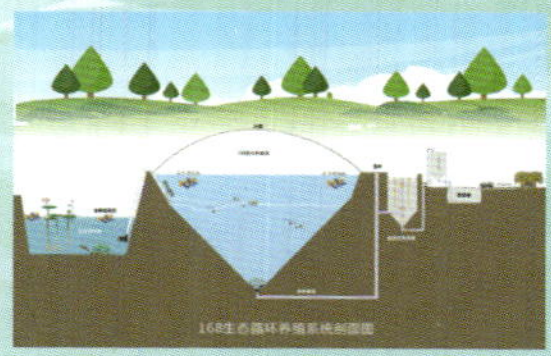

该技术是河南省农业农村厅发布的农业主推技术之一。2021年被农业农村部作为全国农业主推技术发布，被评为2021年度全国渔业“三新”优秀科技成果。

河北鑫海水产生物技术有限公司

河北鑫海水产生物技术有限公司成立于2000年，占地2 000亩，是一家集水产遗传选育、亲本养成、苗种繁育及工厂化养殖为一体的农业产业化省级龙头企业，在河北、山东、海南等设有5个子公司，初步建成全国范围内“产学研相结合、育繁推一体化”的水产种业体系。

公司2013年被农业部评为国家级南美白对虾良种场；2014年被农业部评为全国现代渔业种业示范场；2015年被评为高新技术企业；2016年被科技部认定为国家农业众创空间——星创天地，被河北省发改委认定为河北省企业技术中心；2017年被河北省科技厅认定为河北省农业科技小巨人企业和河北省工程技术研究中心；2018年与桂建芳和包振民两位院士签订合作协议，成立河北省企业院士工作站；2019年被河北省科技厅认定为河北省国际科技合作示范基地和河北省虾蟹养殖产业技术研究院；2021年被河北省科技厅认定为河北省引才引智示范基地。

公司现拥有水产新品种1个、专利14项、计算机软件著作权9项，获得中国水产科学研究院科学进步奖一等奖1项、沧州市科技进步二等奖3次。公司的南美白对虾选育工作，对打破国外企业对南美白对虾种质资源的垄断有着重要意义。

中国水产科学研究院渔业工程研究所

中国水产科学研究院渔业工程研究所1978年由国家批准成立，是我国从事渔业工程研究的科学研究单位，承担着我国渔业工程与装备学科领域的基础性、关键性和方向性重要科技任务；是农业农村部相关部门渔业工程技术重要支撑单位，是中国水产科学研究院十大优势学科中“渔业工程与装备”学科的重要实施单位，是中国水产学会渔业工程专业委员会的技术服务单位。经过30多年建设和发展，取得研究设计成果140余项，其中获得省部级以上奖励14项，院级奖励6项。在渔港与渔场工程、设施渔业工程、渔业船舶工程、渔业防灾减灾、渔业信息工程等专业领域中学科特色突出，在渔业工程、渔业生态环境修复研究、科技咨询、学术交流和国际合作等方面开展了卓有成效的工作。在全国渔业工程科技攻关，服务宏观决策，实现渔业大国向渔业强国转变等重要方面，发挥了不可替代的作用。渔业工程研究所现有编制80人。科技人员77人，在编在职人员61人，科技人员中，高级职称20人，本科以上59人。

福建省：2021年共查办各类渔业违法违规案件1412起，拆解“三无”船舶1080艘

加强渔民宣传教育工作

渔船救生设备检查

2021年，福建省海洋与渔业执法总队（以下简称“总队”）积极推进机构改革，统筹疫情防控和海洋与渔业执法工作，扎实推进“中国渔政亮剑2021”、福建海洋“蓝剑”等专项行动，严厉打击违法违规行为，有力保障海洋与渔业高质量发展。全年共查办各类渔业违法违规案件1 412起，行政处罚2 437万元；组织开展渔港“封港清查”行动893次，拆解“三无”船舶1 080艘；销毁超标苗种8万尾、问题水产品502公斤，移送公安4起。

党建引领，扎实推进执法队伍建设。2021年，总队加强政治监督，推进从严治党，有力保障执法工作正确政治方向。一方面，扎实开展党史学习教育。另一方面，推进执法法治建设。

海陆联动，坚决防范疫情海上输入。一是点线面布防。二是海陆空监管。

打非治违，强化海洋渔业资源保护。一是深化海洋伏休执法。二是创新闽江禁渔执法监管。三是扎实推进水生野生动物保护执法。

紧抓源头，严格渔船安全生产监管。一是各级渔业执法机构开展港口巡查98 504天次，检查港口14 854次，登临检查渔船26 573艘次。二是部署开展全省渔船检验质量检查活动。三是加大船员培训力度。四是扎实开展“严执法、强攻坚、促提升”以及“商渔共治2021”等专项行动。此外，总队执法船常年坚持应急值班值守，深化渔船安全应急防范。

惠民惠渔，全力保障水产品质量安全。2021年共开展水产养殖与水产品质量安全执法检查行动2 124次。各级执法机构扎实推进水产品“治违禁控药残促提升”三年执法行动，深入开展大黄鱼、海参等重点品种专项执法行动，检打联动，专案督办，对违法违规行为实行“零容忍”。